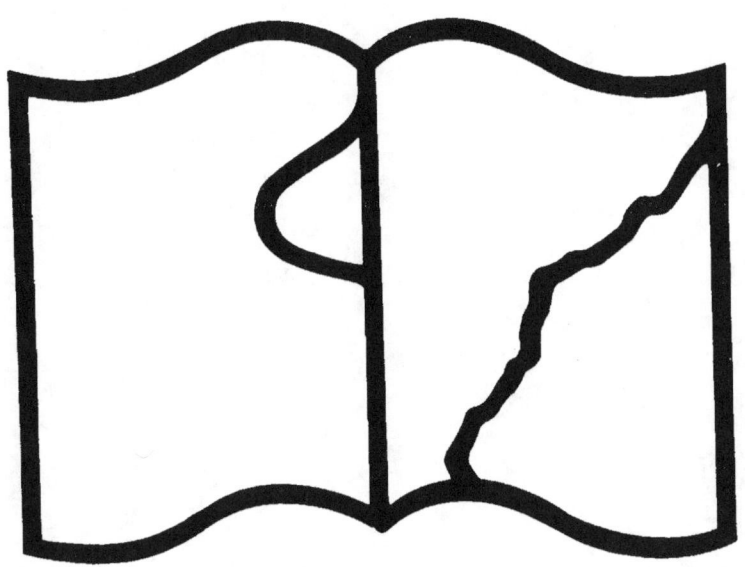

Texte détérioré — reliure défectueuse

NF Z 43-120-11

GRAND LIVRE

DES

PATISSIERS ET DES CONFISEURS

PAR

URBAIN-DUBOIS

AUTEUR DE LA *CUISINE ARTISTIQUE*, DE LA *CUISINE DE TOUS LES PAYS*, DE LA *CUISINE CLASSIQUE*
DE LA *CUISINE D'AUJOURD'HUI*,
DE LA *PATISSERIE D'AUJOURD'HUI*, DE L'*ÉCOLE DES CUISINIÈRES*

QUATRIÈME ÉDITION

OUVRAGE EN UN VOLUME

RENFERMANT QUATRE-VINGT-SEIZE PLANCHES GRAVÉES

PARIS
LIBRAIRIE E. DENTU
3, PLACE DE VALOIS (PALAIS-ROYAL)
ET DANS TOUTES LES GRANDES LIBRAIRIES

Droits de traduction et de reproduction réservés.

GRAND LIVRE

DES

PATISSIERS ET DES CONFISEURS

PAR

URBAIN-DUBOIS

AUTEUR DE LA *CUISINE ARTISTIQUE*, DE LA *CUISINE DE TOUS LES PAYS*, DE LA *CUISINE CLASSIQUE*
DE LA *CUISINE D'AUJOURD'HUI*,
DE LA *PATISSERIE D'AUJOURD'HUI*, DE L'*ÉCOLE DES CUISINIÈRES*

QUATRIÈME ÉDITION

OUVRAGE EN UN VOLUME

RENFERMANT QUATRE-VINGT-SEIZE PLANCHES GRAVÉES

PARIS
LIBRAIRIE E. DENTU
3, PLACE DE VALOIS (PALAIS-ROYAL)
ET DANS TOUTES LES GRANDES LIBRAIRIES

Droits de traduction et de reproduction réservés.

GRAND LIVRE

DES

PATISSIERS ET DES CONFISEURS

ŒUVRES COMPLÈTES DE URBAIN-DUBOIS

PATISSERIE D'AUJOURD'HUI
ÉCOLE DES JEUNES PATISSIERS
1re édition : 200 dessins : gâteaux, sujets d'ornements, entremets, glaces au complet, conserves.
1 volume broché. . . **10** fr. Relié. . . **11** fr.

CUISINE D'AUJOURD'HUI
ÉCOLE DES JEUNES CUISINIERS
3e édition : Service des déjeuners, service des dîners, 300 manières de préparer les œufs.
260 dessins, 40 planches. Broché. **12** fr. Relié. **13** fr.

CUISINE DE TOUS LES PAYS
ÉTUDES COSMOPOLITES
7e édition : 400 dessins : Cuisine anglaise, américaine, russe, allemande et italienne.
1 volume broché. **12** fr. Relié. **13** fr.

CUISINE ARTISTIQUE
ÉTUDES DE L'ÉCOLE MODERNE
3e édition : 2 grands volumes, 160 planches. Brochés. . . **25** fr.

CUISINE CLASSIQUE
ÉTUDES PRATIQUES, RAISONNÉES, DÉMONSTRATIVES DE L'ÉCOLE FRANÇAISE
16e édition : 2 grands volumes, 80 planches. Brochés. . . **35** fr.

GRAND LIVRE DES PATISSIERS
ET DES
CONFISEURS
4e édition : Un magnifique volume, unique en pâtisserie, renfermant 96 planches gravées.
Broché. . . . . . **20** fr. au lieu de **30**

ÉCOLE DES CUISINIÈRES
8e édition : 1,500 recettes, 500 dessins. Broché. **6** fr. Relié toile. **7** fr.

Éditeur : Maison DENTU et chez tous les libraires

GRAND LIVRE

DES

PATISSIERS ET DES CONFISEURS

PAR

URBAIN-DUBOIS

AUTEUR DE LA *CUISINE ARTISTIQUE*, DE LA *CUISINE DE TOUS LES PAYS*, DE LA *CUISINE CLASSIQUE*
DE LA *CUISINE D'AUJOURD'HUI*,
DE LA *PATISSERIE D'AUJOURD'HUI*, DE L'*ÉCOLE DES CUISINIÈRES*

QUATRIÈME ÉDITION

OUVRAGE EN UN VOLUME

RENFERMANT QUATRE-VINGT-SEIZE PLANCHES GRAVÉES

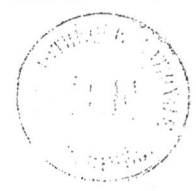

PARIS

LIBRAIRIE E. DENTU

3, PLACE DE VALOIS (PALAIS-ROYAL)

ET DANS TOUTES LES GRANDES LIBRAIRIES

Droits de traduction et de reproduction réservés.

Les formalités que la loi exige ayant été remplies, toute reproduction et traduction sont interdites.

Tout exemplaire non revêtu de la signature ci-dessous, de l'auteur-propriétaire, sera considéré comme contrefait.

PRÉFACE

Depuis bien longtemps on me demandait de faire pour la Pâtisserie, ce que j'ai fait pour la Cuisine, c'est-à-dire, établir sur de larges bases une œuvre où seraient concentrés tous les éléments propres à inspirer le goût de l'étude aux jeunes gens, et à les guider dans le travail minutieux et complexe de leur profession.

Cette œuvre existait déjà, en partie du moins, mais elle se trouvait disséminée dans les différents ouvrages que j'ai publiés. Pour donner un corps à ces éléments épars, pour mettre en pleine lumière leur importance, il ne me restait donc qu'à les réunir, à les grouper avec ordre, à les perfectionner en les complétant : c'est exactement ce que j'ai fait.

Et, bien que le volume de ce livre soit visiblement restreint, ceux qui voudront le suivre et l'étudier en ses lignes essentielles, comprendront sans peine qu'il ne sera ni moins utile, ni moins remarquable.

Je traite ici deux branches d'autant plus appréciables pour les pâtissiers, qu'elles constituent ensemble le complément indispensable de leurs études : les entremets sucrés et les pièces ornementales.

Ceux qui tiennent compte des leçons de l'expérience savent parfaitement qu'un pâtissier, ne connaissant pas à fond les multiples combinaisons des entremets, doit forcément rester un praticien incomplet; et que celui qui néglige l'étude de l'ornementation ne saurait prétendre à devenir un artiste accompli.

Mais ce serait une erreur de croire que tous les praticiens possèdent réellement le goût et les aptitudes nécessaires aux conceptions élevées et grandioses ; je sais fort bien qu'il en est, dont la nature rebelle ou timorée est incapable d'aucun effort persévérant ; cependant, même pour ceux-ci, n'est-ce pas naturel qu'ils cherchent à s'initier, au moins superficiellement, aux notions principales de l'art? ne doivent-ils pas se familiariser de bonne heure avec le progrès incessant de notre époque, aussi bien qu'avec les transformations qu'il entraîne?

Je ne suis pas seul à penser qu'à l'heure présente, nul ne doit rester indifférent aux innovations sérieuses et compétentes, tendant à élever l'intelligence des travailleurs.

Aussi, suis-je disposé à croire que les bonnes traditions, les enseignements et les puissants motifs de démonstration réunis en ce livre*, deviendront profitables aux esprits robustes qui sentent en eux l'ardente ambition d'étudier pour grandir.

URBAIN-DUBOIS

---

* Les modifications apportées à l'œuvre première m'ont été dictées par le désir de la rendre moins volumineuse et d'un maniement plus facile ; la question du prix me préoccupait aussi : je désirais le réduire à sa plus simple expression mais cette transformation d'ensemble présentait de graves difficultés, étant donné le luxe du livre et le nombre considérable de belles gravures ; je crois pourtant avoir atteint le but recherché, sans cependant que l'importance et la valeur de l'ouvrage en soient diminuées.

LA PATISSERIE

La Pâtisserie qui, à son début sur nos tables, n'était que le simple accessoire d'un dîner, a pris, depuis un demi-siècle, des développements très étendus. Son rôle, de secondaire qu'il était, est devenu important, capital; elle se pose à côté de la Cuisine comme une sœur cadette, mais émancipée et libre, avec des droits égaux et des prétentions aussi légitimes.

Cela est si vrai que la cuisine moderne ne pourrait plus se passer d'un auxiliaire si puissant et si riche de son propre *fonds*, riche surtout de la splendeur de ses ornements : la Cuisine et la Pâtisserie sont par ce fait indivisiblement unies, inséparables.

Bornée aux premiers besoins du métier, c'est-à-dire considérée dans sa plus simple expression, la Pâtisserie joue néanmoins un rôle éminent dans le service de la table ; mais, si par l'ornementation sérieuse, élevée, on s'attache à lui donner tout le relief qu'elle comporte, elle se transforme aussitôt, et s'élève d'un trait à la hauteur des plus intéressantes conceptions de l'art. La nature multiple et variée de son ornementation en rend certainement l'étude compliquée et difficile : il faut être ardent, passionné, convaincu pour la continuer! Mais rien n'arrête nos artistes, rien ne les détourne du but à atteindre; ils cherchent avec persévérance à orner leur esprit des connaissances qu'ils ignorent, à s'inspirer des beautés de la sculpture et de l'architecture : le bronze, le marbre, les fruits, les fleurs et ces mille sujets sans nom et sans style, mais gracieux et attrayants, tout enfin ce qui peut plaire et séduire, en attestant la fécondité de l'art, tout les attire, tout les entraîne. Quand ils ne peuvent innover, ils imitent, mais ils imitent avec tant de bon goût et de science, qu'ils ajoutent souvent à la beauté des modèles.

Qu'elles sont coquettes et élégantes ces pièces sorties de la pointe d'un cornet, ou exécutées en pastillage, avec leur forme svelte et légère, leurs lignes correctes, leurs fines colonnes ou leurs bordures dentelées! Rien n'est plus attrayant qu'une sultane, rien n'est plus subtil, plus léger qu'une aigrette dont la transparence imite le cristal! Quand on est étranger aux secrètes ressources de cet art, on ne se doute guère des surprises, des merveilleux produits qu'un praticien habile peut tirer d'un pain de sucre!

Pour ceux qui sont à même de juger de ses progrès, il est évident que la Pâtisserie a atteint un haut degré de perfection. Nos savants devanciers lui avaient imprimé un élan de grandeur qui n'est

pas près de disparaître, car nos praticiens contemporains cultivent l'héritage du passé avec une p[er]
vérance digne des premiers maîtres, et sans cesse en progression. La Pâtisserie n'est donc pas
science sans prestige, elle a ses souvenirs et ses traditions! Au point où elle est arrivée aujourd['hui]
on peut en définir la portée par ces mots qui la caractérisent justement : c'est un art dans l'art!

Si dans ce livre, spécialement consacré à la théorie, nous ne nous étions imposé une s[évère]
réserve vis-à-vis de toute personnalité, nous eussions pu citer un grand nombre de confrères qu[i de]
nos jours, ont acquis dans cette partie une notoriété marquante et en quelque sorte une célé[brité;]
mais pour être juste, il nous eût fallu nommer tous ceux s'en occupant à divers degrés, avec so[llici]
tude, tous ceux enfin qui, rivalisant d'efforts pour la faire progresser, consacrent leurs veilles et [leurs]
soins à la recherche du bien. A ces esprits supérieurs toutes nos sympathies sont acquises, et s['il]
nous est permis de les louer hautement, qu'ils sachent du moins que nous leur réservons notre [admi]
ration la plus sincère, et que nous serons toujours flatté d'applaudir à [l]eurs succès.

Mais à côté de ces praticiens habiles, assez heureux pour atteindre le faîte difficile de la [célé]
brité, combien d'hommes laborieux, combien d'intelligences d'élite, de capacités réelles, [mais]
modestes et souvent inconnues, travaillent en silence au perfectionnement de l'art, et lui app[ortent]
leur part si grande d'innovations utiles, sans même se douter de leur mérite!

Que de productions ingénieuses, hardies, s'échappent de ces imaginations actives et passion[nées,]
sans que les applaudissements de la foule viennent compenser leur labeur! A voir ces hom[mes à]
l'œuvre, on croirait qu'ils travaillent pour la postérité, et pourtant, ils le savent, leurs productio[ns,]
méritoires qu'elles soient, n'ont qu'une durée éphémère, et ne peuvent avoir du retentissemen[t]
dans un horizon restreint!

Si nous cherchions ailleurs d'autres arguments capables de rehausser l'importance et la [valeur]
de la pâtisserie, il nous suffirait de dire que, même dans ses transformations diverses, elle est to[ujours]
restée éminemment française. A l'étranger, on l'imite difficilement, et, bien qu'une foule d'h[abiles]
praticiens se soient répandus dans toutes les contrées gastronomiques, le génie de la science [est]
fidèle à son berceau! Cette considération ne suffirait-elle pas, en effet, pour nous la rendre s[ympa]
thique, si déjà elle n'avait tant d'autres titres à notre admiration?

Dans la pratique, la pâtisserie est d'une exécution très minutieuse, et réclame les soins at[tentifs]
d'une constante sollicitude, d'une expérience éprouvée, car ici tout est calcul, toutes les opér[ations]
sont méthodiques : le poids, la quantité, le nombre, sont des lois absolues. Le choix et la quali[té des]
matières premières, le point précis de la manipulation, le degré et la durée des cuissons, sont [autant]
de règles fixes qu'il faut suivre sous peine d'insuccès.

Le four exige une connaissance si précise et si approfondie, que l'expérience seule peut e[n faire]
apprécier la portée. En somme, pour réussir, il faut qu'un pâtissier soit d'une intelligence éclai[rée et]
sûre, d'une attention constante; il faut qu'il possède le goût fin et délicat, il faut enfin, qu'il s'ins[truise]
à l'école de la pratique : le goût et la pratique sont indispensables à l'artiste.

Mais il lui faut ce goût judicieux, cette pratique intelligente qui éclaire et guide avec sé[curité,]
et non point ce travail aveugle et machinal consistant à reproduire ce qu'on a déjà fait ou à co[pier]
qu'on a vu faire, sans réflexion, sans génie. Il faut, au contraire, qu'un homme, tout en restan[t dans]
le domaine des bons principes, sache néanmoins briser les liens dangereux de la routine, et fr[anchir]

le cercle de la voie battue; il faut qu'il sache se rendre compte des difficultés, en cherchant à les vaincre; il faut, en un mot, qu'il ait l'intelligence de se créer des ressources diverses : il ne doit point se borner à exceller dans un genre, il faut absolument qu'il soit varié dans ses connaissances aussi bien que dans ses productions.

Les praticiens qui n'ont aucune sympathie pour l'ornementation de la pâtisserie, prétendent que l'apprêt parfait d'une *pièce de fond* a un mérite supérieur aux pièces d'ornementation les plus élégantes, mais ce mérite, si précieux qu'il soit, et que nul ne conteste, n'a jamais été incompatible avec l'ornementation sérieuse et bien entendue : plus les pièces de fond sont parfaites, moins l'ornementation peut leur nuire.

Ce qui, selon nous, constitue le praticien vraiment supérieur, ce n'est pas de négliger l'étude d'une partie au détriment de l'autre, ni d'en répudier aucune, c'est, au contraire, de savoir les traiter toutes avec une égale science et un égal succès.

Les hommes sérieux et compétents savent fort bien qu'en pâtisserie comme en cuisine, il faut viser à charmer les yeux des gourmets avant d'en satisfaire le goût. Si cet axiome rencontre encore des incrédules, et si nous cherchons à le faire prévaloir, c'est que maintes fois nous avons pu constater les dangers d'une obstination systématique, aussi bien que les inconvénients d'une spécialité exclusive.

GRAND BUFFET DE BAL

On entend, par *buffet de bal*, un souper froid dressé sur une table, autour de laquelle aucun convive ne s'assied. Cependant, nous nous empressons d'ajouter que, dans bien des pays, en Russie notamment, il est fréquemment servi, indépendamment du buffet, des petites tables, entourées de sièges, sur lesquels les convives peuvent s'asseoir; nous ajoutons encore que, dans les soupers servis sur buffet, il est souvent servi un ou plusieurs hors-d'œuvre chauds, et du consommé : cela n'a rien d'anormal.

Les soupers froids sont ordinairement servis dans de vastes salles; les tables sont droites, ou disposées en fer-à-cheval; le fer-à-cheval est plus usité. Dans les deux cas, la table est toujours rapprochée des murs du fond ou des côtés, afin de laisser plus d'espace aux convives, et rendre le service indépendant; ce service s'opère toujours du côté opposé à celui où mangent les convives : il ne peut pas en être autrement.

Les salles qui conviennent le mieux pour dresser les tables en fer-à-cheval sont celles dont la forme est plus large que longue. Si alors le corps de la table s'étend sur toute la longueur de la salle, ses ailes s'adossant aux deux extrémités, l'espace réservé aux convives y gagne considérablement.

Les tables formant le buffet doivent être larges, parfaitement reliées entre elles, bien d'aplomb et surtout d'une solidité à toute épreuve; elles doivent être couvertes avec de grandes nappes, dont les pans arrivent jusqu'au parquet, tout au moins du côté visible aux convives.

Pour être luxueux, un grand buffet doit être garni de grosses pièces ornementales, exécutées, soit en pastillage, soit en *stéato-plastique*, c'est-à-dire en graisse à modeler : les deux genres s'allient parfaitement; ils se complètent l'un par l'autre.

Les pièces principales, les plus volumineuses, doivent être posées sur le milieu du buffet, et former ce qu'on appelle le *groupe central;* sur les grands buffets, ce groupe est toujours composé de trois pièces : les petits buffets peuvent cependant fort bien se passer de groupe central; une seule grosse pièce en tient souvent lieu; mais sur les buffets grands et vastes, il faut au moins trois pièces pour composer ce groupe central, quelquefois cinq. Quand il se compose de trois pièces, celle du milieu peut être exécutée en pastillage, en glace-royale ou en pâte d'amandes; en ce cas, les deux autres doivent être en stéato-plastique ou en stéarine. Si, au contraire, la pièce de milieu est en graisse, celles des côtés doivent être exécutées en pastillage. Dans les deux cas la pièce du milieu doit toujours être plus haute que les autres.

Ces pièces ornementales, bien qu'occupant le centre du buffet, doivent être plutôt placées sur l'arrière de la table, que sur l'avant, c'est-à-dire sur la troisième ligne, afin de conserver plus de place libre. Les moyennes pièces, en dehors du groupe central, sont distribuées sur les ailes du buffet, à distance les unes des autres, mais toujours symétriquement, c'est-à-dire, en plaçant à égale distance, de chaque côté, celles de même nature et de même hauteur; c'est là un simple détail qui a pourtant son importance.

Les moyennes pièces de pâtisserie se composent de sultanes sur socles ou sur tambours, de charlottes historiées, de napolitains, de gros biscuits, babas, meringues, et enfin de gradins garnis avec des gâteaux. Le nombre nécessaire de ces pièces ne peut pas être déterminé; ce qu'on peut dire, c'est qu'elles doivent être d'autant plus abondantes, que la table se trouve dépourvue et dégarnie de ses ornements obligés, c'est-à-dire, de candélabres ou autres pièces d'argenterie, de corbeilles de fleurs ou corbeilles de fruits naturels. Les pièces d'argenterie, les fruits et les fleurs jouent un rôle important sur la table d'un buffet de bal, surtout les belles fleurs, parfumées, artistement groupées. Mais, en somme, un buffet n'est vraiment grandiose, imposant au regard, que quand la troisième ligne se trouve abondamment garnie de pièces ornementales, symétriquement entremêlées avec celles dont nous venons de parler.

Un point essentiel, ne devant pas être perdu de vue par les praticiens dans l'ornementation d'une table de buffet, c'est que, plus la salle est vaste et la table longue, plus les pièces ornementales doivent être élevées, volumineuses; les petites pièces seules, isolées, sont sans effet et passent inaperçues; il est grand nombre de sujets qui, vus dans la cuisine ou le laboratoire de la pâtisserie, semblent avoir des dimensions démesurées, tandis qu'une fois dressés, ils se trouvent tout juste en harmonie avec l'étendue de la table et la hauteur de la salle; autre chose est de voir les grosses pièces dans le laboratoire ou sur des tables dressées dans une vaste salle.

En avant de la troisième ligne, sur celle du centre, doivent être disposées les grosses pièces de cuisine : les poissons entiers, les dindes, les chapons, les pâtés, les jambons, et enfin toutes les pièces mangeables, de forme volumineuse; ces pièces doivent être alternées avec des mets dressés

GRAND BUFFET DE BAL.

dans des plats ronds : des entrées et des entremets. La première ligne, c'est-à-dire la plus rapprochée des convives, est disposée dans le même ordre : les plats de rôts, de galantines, de langues à l'écarlate, dressés sur des plats longs, sont alternés avec des pains de fruits, avec des gelées et des crèmes, avec des pâtés, des salades, des chaufroix, et enfin, avec tous les mets dressés dans des plats ronds.

Les règles à observer dans la distribution des mets, sur la table d'un buffet, peuvent se résumer ainsi : veiller, avant tout, à la symétrie d'ensemble; rendre les mets d'un accès facile; les distribuer de telle façon que le convive, abordant la table, trouve à sa portée, dans un rayon peu étendu, un groupe varié, représentant en quelque sorte l'ensemble du souper : voilà en quelques mots le secret de la théorie.

Dans les cas où la disposition des appartements ne permet pas de dresser des tables en fer-à-cheval; par exemple, dans une salle longue et étroite, où l'on est obligé de placer les tables sur les côtés, en laissant les convives au milieu, alors le mode d'ornementation peut être modifié et les pièces ornementales être placées hors du buffet, c'est-à-dire au fond de la salle, du côté opposé aux portes donnant accès dans la salle ; en ce cas, ces pièces sont symétriquement disposées, sur une estrade formant gradin, de façon à être vues de tous les convives. C'est dans ces conditions qu'on dressait autrefois les buffets à la cour des Tuileries, et qu'on les dresse encore aujourd'hui à la cour de Belgique.

Sur la table du buffet, le couvert des convives est mis sur le côté rentrant du fer-à-cheval, et même sur les bouts. La serviette pliée à plat est tout simplement placée sur le côté gauche de l'assiette, en compagnie d'une fourchette: un couteau est placé à droite. Le pain coupé est déposé dans de petites corbeilles ou des assiettes, et celles-ci réparties à distance sur toute l'étendue de la table. Le vin est versé par des servants, le présentant aux convives, sur des petits plateaux, à mesure qu'il est demandé. Tout ce dont les convives ont besoin, et qu'ils ne peuvent prendre eux-mêmes, leur est donné par les servants placés derrière le buffet; quelques hommes de service seulement sont disséminés de loin en loin, du côté où se trouvent les convives, afin de mettre la table en ordre, à mesure que les places sont libres.

Même dans les buffets peu nombreux, il n'est pas toujours facile, ni possible de faire manger tout le monde à la fois, sans produire un certain embarras, si la salle n'est pas très vaste; en ce cas, mieux vaut que le souper ait lieu en deux fois, car alors la table peut être remise en ordre, et les plats dégarnis remplacés par des mets nouveaux.

Mais dans les grandes réunions, quand les convives excèdent le nombre de cinq cents, à moins toutefois de disposer d'une très vaste salle, il convient de dresser plusieurs buffets : plus le nombre des convives est élevé, plus les buffets doivent être multipliés. Mais le nombre de ces buffets est cependant subordonné à l'espace dont on dispose; car, multiplier les buffets dans un local insuffisant, serait augmenter la difficulté en cherchant à l'éviter.

Il ressort de ces considérations que le nombre des convives doit, avant tout, être basé sur la disposition, sur l'étendue du local; il en est d'un buffet comme d'un dîner : vouloir amplifier sur le nombre possible, ce n'est ni satisfaire aux nécessités du service, ni procurer aux invités les facilités qu'ils recherchent; en d'autres termes, c'est aller droit à la confusion.

Quel que soit le nombre des convives, la première condition d'un souper dressé sur buffet, c'est d'être abondant en toute chose, varié dans sa composition. En dehors des pièces ornementales, les mets doivent être dressés avec élégance, mais aussi avec simplicité; il faut que les convives, obligés qu'ils sont, le plus souvent, de se servir eux-mêmes, ne rencontrent aucun obstacle qui les gêne ou les intimide. Les parties mangeables d'une pièce ornée doivent toujours être visiblement distinctes, de façon à ne provoquer aucune méprise.

Les pièces dressées entières, tout en conservant leur forme, doivent être découpées, de manière à offrir les plus grandes facilités à ceux qui les abordent : seules, les pièces qui ne sont pas mangeables, doivent rester intactes.

Excepté les rôts et les poissons, les viandes doivent être désossées, faciles à s'en servir ou faciles à couper. Il en est de même des gros entremets, des gros biscuits et des babas.

Les pièces restant intactes, sont destinées par ce fait à ne pas être touchées; mais, en ce cas, elles doivent être entourées de garnitures abondantes, pouvant dédommager les convives.

Les mets pouvant être introduits dans un souper de bal, sont nombreux ; il convient cependant de n'admettre que les plus distingués, et même de choisir ceux qui, par leur nature et leurs qualités, se prêtent le mieux à être mangés froids.

En pâtisserie, ce sont d'abord les pâtés froids, les grandes pièces-montées destinées à concourir à la composition du *groupe central;* puis les grosses pièces de pâtisserie sur socle ou sur tambour, les gradins étagés, les petits socles historiés, les entremets moulés ou dressés sur plat : crèmes, gelées, pains, millefeuilles, napolitains, charlottes, babas, et enfin les petits gâteaux détachés, dressés sur serviette ou sur des socles bas. En cuisine, les poissons, les viandes de boucherie, la volaille et le gibier sont toujours admis, mais dans de certaines limites.

Parmi les gros poissons, les saumons, les truites, les filets de sole, les homards et langoustes, les crevettes, les huîtres et le caviar, composent une série de premier choix. Parmi les volailles, les dindes, les poulardes, les chapons, les poulets, les foies-gras, sont les seules espèces qui doivent y figurer.

Parmi le gibier, sont acceptés : d'abord les faisans, les perdreaux, les gélinottes et les coqs de bruyères, les bécassines, les grives et mauviettes; puis le sanglier, le daim et le chevreuil.

De la viande de boucherie, les filets, les rosbifs, frais ou salés, et les langues de bœuf à l'écarlate; les longes, selles ou noix de veau, et enfin les jambons, sont les seuls admissibles.

Les légumes ne sont acceptés qu'à titre de garniture ; mais les truffes sont indispensables.

Aux yeux de beaucoup de gourmets, et en somme pour la plupart des convives, les truffes ont un grand attrait; il faut qu'ils en voient en abondance, qu'ils en mangent à souhait : les truffes et le champagne constituent bien ce luxe générique, ébouriffant, qui captive et entraîne : c'est celui que les amphitryons visant à l'effet, ne négligeront jamais.

Quant aux apprêts qu'il convient de donner aux aliments divers composant les grands soupers, on peut les résumer par cet axiome incontestable, que les plus simples sont les meilleurs ; et, en effet, des belles pièces de volaille, de gibier, de poisson, devant être mangées froides, peuvent être cuites simplement; de coûteux apprêts n'en augmentent pas les qualités; le luxe de ces pièces, c'est d'être bien dressées, bien garnies; les belles garnitures variées et abondantes, ne doivent jamais être négligées. La gelée d'aspic, belle, limpide, transparente, savoureuse, est par ce fait le corollaire des pièces froides.

GRAND BUFFET DE BAL.

Les mets les plus recherchés dans ces soupers, sont les beaux rôtis, en général ; les poissons, les salades, maigres ou grasses ; les pâtés, les galantines, les chaufroix, les truffes ; les gâteaux grands ou petits, les biscuits, les gelées douces, les crèmes diverses, les charlottes, les compotes abondantes et variées, les beaux fruits frais ou confits, les fruits glacés, les sandwichs, les petits pains garnis, les petites bouchées.

Cependant, praticiens, ne l'oubliez pas, la fantaisie est une puissance avec laquelle il faut compter : elle a beaucoup d'attraits, beaucoup d'idoles ; elle aime la recherche, les surprises flatteuses, les originalités bien comprises ; elle entend satisfaire à tous ses caprices, elle veut qu'on lui obéisse. Mais, qu'importe! vous pouvez la suivre, vous avez les mains pleines de ressources, et la science culinaire aussi bien que celle du pâtissier sont en quelque sorte infinies, inépuisables. Variez, variez donc votre travail, changez, innovez ; vous trouverez ainsi d'agréables et utiles compensations à vos efforts.

Quant à la quantité de mets que peut comporter un souper dressé sur buffet, elle est naturellement subordonnée au nombre des convives. Dans la *Cuisine classique* existent un grand nombre de menus, où le nombre des mets est déterminé, en raison de l'importance des soupers.

LA CUISINE CHEZ TOUS LES PEUPLES

LE RUSTIQUE ET LE GOURMET

Le Rustique : D'où venez-vous ? où donc allez-vous ?

Le Gourmet : Pardon, je suis pressé. Vous voyez un homme en train de coucher par écrit, pour n'en pas oublier une seule, les plus admirables leçons. Elles sont d'hier, et laissent déjà bien loin les antiques préceptes de Pythagore, de Socrate et de Platon.

Le Rustique : Je suis confus de mon indiscrétion. Excusez-moi, de grâce. Au fait, si quelque détail vous échappe, à coup sûr, vous l'aurez retrouvé bien vite au fond de cette mémoire imperturbable, un vrai chef-d'œuvre de l'art.

Le Gourmet : C'est vrai ! Je m'appliquais justement à mettre en ordre cette foule d'idées ingénieuses et toutes nouvelles, attachées par un fil, mais par un fil si facile à rompre.

Le Rustique : Au moins dites-moi son nom, rien que le nom de ce nouveau sage ! Est-ce un Français ? Serait-il étranger ?

Le Gourmet : Il s'appelle *Urbain Dubois*; rassurez-vous, c'est un Français, mais il est cuisinier de LL. MM. le roi et la reine de Prusse. Avouez que l'on peut servir de plus méchants maîtres. Notez bien qu'il les sert *à bouche que veux-tu*. Cet Urbain Dubois a déjà publié deux gros tomes in-4° : *la Cuisine classique*, un vrai livre où les gourmets tels que moi ont appris déjà beaucoup de choses. Mais que de choses il nous reste à savoir ! Souffrez cependant que je vous les répète à ma façon :

« Pour manger avec aisance et sans raideur, il faut être assis d'aplomb, très à l'aise, ni trop haut ni trop bas; le buste à égale distance du dossier de la chaise et de la table. Une fois bien à l'aise, on aura soin de poser à gauche de son assiette une fourchette solide, à droite la cuiller et le couteau à large lame arrondie. Le potage est absorbé en tenant la cuiller de la main droite. Pour manger, on prendra sa fourchette de la main gauche, en tenant l'index allongé afin de la maintenir dans une position horizontale. On tiendra le couteau de la main droite, et jamais, sous aucun prétexte, il ne faut le porter à sa bouche... » Et voilà, pour manger convenablement, tout ce qu'il faut savoir. « Qui dit *un menu* prononce une grande parole. Un coup d'œil jeté sur un menu fait juger du cuisinier et de l'amphitryon. Menu mal jugé, dîner perdu. Chaque plat doit être en bon ordre, à sa place; à chaque mets, son caractère qui le distingue, par la forme et par le fond, du plat qui le précède ou du plat qui doit le suivre. Ayez bien soin de varier l'arome et la nuance des diverses sauces. Si, par malheur, quelque désastre arrive (un poisson qui manque, un rôt qui brûle), on reconnaît le bon service à la façon dont cette lacune est remplie. Oui; mais, pour franchir l'obstacle, il faut un coup d'œil rapide et la complète intelligence des devoirs acceptés, par un cuisinier qui se respecte. »

Quand il a bien raconté ces préliminaires, notre homme insiste, et, tout rempli des enseignements de *la Cuisine de tous les pays* [1], pour tous les pays, le voilà qui referait volontiers le festin de Trimalcion, ou, mieux encore, le menu de Balthazar.

En ce moment je compris son enthousiasme, et l'eau me vint à la bouche rien que des soupes (*soupe* est le mot qu'il emploie, il laisse aux cartes des restaurateurs le potage) que l'on trouve à chaque instant en nombre infini, de toute provenance : après les simples juliennes, viennent les succulentes purées; puis, les soupes exotiques qui font rêver les gourmets : la soupe écossaise, la soupe aux huîtres à l'américaine; le *puchero* (voilà pour l'Espagne), à la Mamesbury (voilà pour l'Angleterre), à la purée belge, à la soupe de turbot; la soupe à la reine de Hollande, le hochepot, voilà pour le monde entier; le riz aux choux (Milan), le sagou (Florence), la soupe aux queues de veau (Amsterdam), aux queues de bœuf (Suède), la bisque aux écrevisses (Chaussée-d'Antin), la bouillabaisse (Marseille),

---

1. *La Cuisine de tous les pays*. Un gros tome grand in-8° de 600 pages, dans lesquelles sont prodiguées les gravures les plus exactes et les plus variées. Paris, Dentu, libraire-éditeur.

tortue à l'américaine (New-York), potage Pierre-le-Grand (Moscou). Voilà comment nous retrouvons les deux mondes autour de cette immense table, entreteneuse de la paix universelle. Ainsi s'est agrandie, en voyageant, la définition de Montaigne, il appelait *la table* « une entreteneuse de l'amitié ».

Juge donc, ami lecteur (on se tutoierait volontiers en causant de ces fêtes de chaque jour), de la suite et de la variété des plats servis dans le livre du grand chef Urbain Dubois : pâté-chaud de poulet à l'anglaise ; grives rôties à l'allemande ; chapon rôti sauce toulousaine. Que dites-vous aussi de l'*aspasia* aux truffes, du saumon à l'allemande, du bar à la hollandaise, des mayonnaises de langouste, du levraut à la Cumberland, du jambon des Asturies et des asperges à l'espagnole ? Nous avons aussi l'oie à l'alsacienne, la truite à la genevoise ; les ortolans rôtis à l'italienne et l'aileron de tortue à l'anglaise, les huîtres d'Ostende et la bordure à la Toulouse, qu'en dites-vous ? C'est parfait, tout autant que le soufflé parfait ou les glaces panachées. Nous mangerons, s'il vous plaît, les petits-pois à la française, la fondue à la genevoise, la moscovite à l'ananas, les cailles à la Périgueux, les artichauts à la Colbert. Nous avons aussi le potage au blé vert, à l'usage des jeunes gens qui mangent leur blé en herbe, et les bouchées de grives à la bohémienne.

Vous êtes restée en ces menus, copiés dans les mémoires de toutes les grandes ambassades, aimable et généreuse princesse Bagration, et votre nom hospitalier revient sans cesse en cette histoire où tout flambe et flamboie. Il ne déplait pas au grand Empereur d'avoir donné son nom au poulet à la Marengo. Le sterlet à la Chambord, ou les côtelettes à la Joinville, deux souvenirs de reconnaissance et de respect. Pensez-vous que M. de Chateaubriand, un grand mangeur, n'ait pas été flatté la première fois qu'on lui servit, chez Borel, ce double beefsteak appelé un *Chateaubriand* ? « Et maintenant, disait-il à son digne ami Cuvier, je ne peux plus mourir ! » C'est ainsi que nous sommes restés fidèles au consommé à la Bagration, que nous acceptons volontiers la crème d'orge à la Kisseloff, la volaille à la Sévigné, le saumon à la Colbert, le faisan à la Richelieu, voire le chaufroix de grives à la Lucullus. Gloire à Rossini ! Purée à la Rossini, savarin à l'orange, timbale de poires à la Bourdaloue, pêches à la Condé.

Toutefois, dans cette cuisine de tous les pays, donnons la première place à la cuisine française. Honorons, comme il convient, les mauviettes rôties, le gigot de mouton braisé, le rosbif... international, les haricots à la bretonne, les pommes de terre frites !!! les perdreaux rôtis, le jambon, les pâtés de Strasbourg, les tomates farcies, les filets de sole au gratin, les bécassines en chaufroix, les quenelles sans nom d'auteur, la poularde au riz, les cardons à la moelle, la chicorée aux œufs pochés et autres anonymes qui manquent de parrains, mais non d'amateurs. L'art français avant tout.

Les menus les plus célèbres ont été composés par des cuisiniers français, pour les tables choisies dont le monde est fier à bon droit ; à savoir : S. M. le roi de Grèce, S. A. I. la grande-duchesse Marie, S. A. I. la grande-duchesse Hélène, S. A. R. le duc d'Aumale, le baron Werner, le marquis de Londesborough, Yorkshire-Club à New-York, le baron Sina, le duc d'Ossuna, le baron de Budberg, S. A. le prince Frédéric-Charles, le prince Radziwill, S. A. le duc de Saxe-Weimar, le comte de Bismarck, S. A. le prince Charles de Prusse, le duc de Marlborough, le baron de Rothschild, le comte Ferdinand de Trauttmannsdorff, Mᵐᵉˢ Karamzin, S. A. R. le prince Frédéric-Guillaume de Prusse.

Nous pourrions comparer, mais le temps nous manque, à ce grand couvert de l'Europe au dix-neuvième siècle, le petit couvert en 1745, et même les petits repas du temps du roi Louis XIV. Non seulement sous le grand roi on déjeune, on goûte, on soupe, mais encore on y *regoubillonne*, pour nous servir d'un mot consacré chez monsieur le grand prieur. Le célèbre auteur de *la Cuisine classique* et de *la Cuisine de tous les pays* eût bien fait de sauver la chose et le mot *regoubillonnage*. N'était-ce pas, je n'en sais rien, ce plat réservé, ce chaufroix qu'on appelait un *en-cas* ? Ces princes de la maison de Bourbon étaient de si gros mangeurs !

Dans les *Mémoires du duc de Luynes* sur la cour de Louis XV, un livre où l'histoire est à nu, voilà comment se nourrissait S. M. à son petit couvert : « Le dîner est toujours uniforme pour le nombre des plats ; il se compose ou de deux potages ou d'un potage avec un plat de pain pour mettre le bouillon ; ensuite on lui sert deux plats : d'un côté, une grosse pièce, un jour du mouton, l'autre du bœuf et l'autre du veau, dont il fait son principal dîner ; et, de l'autre côté, une entrée tout unie de veau ou de mouton. Ensuite on lui sert trois plats de rôti tous bardés, un de perdrix ou de lapin, l'autre de pigeons ou d'oiseaux de rivière. Ensuite on sert le dessert, composé de deux plats de fruits montés aux deux bouts de la table, deux compotes et deux assiettes de fruits secs, dans lesquelles il y a toujours régulièrement un morceau de cédrat seul. Le roi ne mange jamais de compote ni de cédrat, tout au plus une orange quand il se porte bien.

Comparé aux disciples de *la Cuisine de tous pays*, ce roi-là n'est même pas un gourmand, c'est un glouton. Toutefois il se piquait de cuisine. Il avait dans son antichambre une cuisine portative. Il excellait dans les œufs brouillés, sans doute par émulation avec le grand Condé, qui se piquait de bien faire une omelette. Il écrivait à Mᵐᵉ de Ventadour : « Chère maman, je vous quitte à la hâte ; ce soir j'essaye un nouveau cuisinier. » Ce nouveau cuisinier avait appartenu à M. le duc de Nevers ; il s'appelait Moustier, et il fit ses conditions avec le roi. Outre des gages considérables, il voulait trois habits par an, à son choix, et ne faire à souper que deux fois la semaine. Il voulut aussi être nommé par le grand maître-d'hôtel, et non par le premier maître-d'hôtel, ce qui était bien différent.

b

Presque à la même heure, il y avait en Prusse un grand homme appelé Frédéric II, qui donnait chaque jour à ses officiers l'exemple de la sobriété et du bel esprit. M. Urbain Dubois ne sera pas fâché de savoir comment vivait ce héros du dix-huitième siècle : « Le roi de Prusse donne tous les jours à dîner à un grand nombre d'officiers. Ce dîner est composé d'une soupière de bouillon, d'un grand plat de viandes bouillies de toute espèce, d'un grand plat de rôtis en pile, et d'un autre grand plat de légumes. On ne sert jamais de fruits sur sa table ; ils sont trop chers. Il reste trois ou quatre heures à table à faire la conversation, ne buvant que du vin de Champagne, avec de l'eau très modérément. » Et pas un des convives ne regrettait ce fameux festin donné par Frédéric-Guillaume, électeur de Brandebourg, à quarante personnes royales. Il y fut dépensé cinquante mille écus, si l'on en croit l'ex-écrivain de Voltaire, M. Nicolardot.

Les histoires de cette époque sont remplies de toute espèce d'honneurs accordés aux cuisiniers d'un grand mérite. Au bal masqué du roi, où parurent toutes les dames en grand habit (le roi portait un habit de velours bleu ciselé, doublé de satin blanc, avec une garniture de boutons de diamants, le Saint-Esprit bordé en diamants, et la veste d'une riche étoffe d'or) ; pendant que les plus beaux seigneurs de la cour, Richelieu, Noailles, Villeroy, La Trémouille, prince de Conti, prince de Clermont s'évertuaient, en dansant, à ne pas tourner le dos à Sa Majesté, on remarqua, faisant face à M. le prince de Beveren, un danseur masqué de si belle apparence et qui dansait si bien, qu'il intrigua tout le salon d'Hercule. Mme la princesse de Conti voulut danser avec l'inconnu, et l'admiration redoubla. Enfin, comme on lui demanda son nom, il répondit qu'il était vraiment quelqu'un, et qu'il avait eu souvent l'honneur de donner à dîner aux plus grands seigneurs de la cour ; puis il disparut en faisant un beau salut à Sa Majesté. On ne sut que plus tard que ce gentilhomme était le cuisinier de M. de Montijo, l'ambassadeur d'Espagne, dont la magnificence épouvantait la cour de France. Aux fêtes du mariage espagnol, il avait payé ses quatre carrosses trois cent vingt mille livres, il n'avait pas moins de soixante-dix laquais, dont chaque habit coûtait mille livres, et quarante écuyers. La fête qu'il avait donnée avec l'aide et le concours de son cuisinier lui avait coûté un million. Les princesses royales ne furent pas très fâchées de leur méprise, et tout bas elles convenaient qu'elles n'avaient jamais dansé avec un plus beau danseur.

Nous n'avons pas voulu passer sous silence une anecdote qui rentre si complètement dans notre sujet. — Pardieu, vous dira M. Nicolardot, le temps était loin où les Sabines, avant d'être enlevées par les Romains, posèrent pour conditions de cet enlèvement de ne jamais faire le pain ou le dîner de leurs maris. Ce même Nicolardot a trouvé, sans la chercher, une admirable expression dont la langue française fera son profit, je l'espère, en parlant d'un anachorète exténué par un long jeûne : Pendant quarante ans, saint Conrad ne *larda* son pain que d'herbes crues. Je crois bien que ceci est traduit des *Acta sanctorum !*

Mais, juste ciel ! que nous voilà loin de *la Cuisine de tous les peuples !* Dans ce livre savoureux, vous apprenez toute la science des *fines-herbes*, vous saurez enfin distinguer le *velouté* du *suprême*, et la *béchamel* de *l'espagnole* ; farces de volaille, de perdreaux, de géniottes à la crème, au gratin, toutes ces bonnes choses, les voilà mises à la portée de tous peuples. Mais le grand chapitre est et sera toujours le chapitre intéressant du bœuf. Le bœuf cosmopolite, on le mange à toutes les sauces : à la jardinière, à la flamande, à la provençale ; on le mange aussi rôti, braisé, glacé. Après le bœuf, le mouton, toute la boucherie. Entendez-vous grésiller le chapon au riz, à côté de la dinde et de la pintade. Ah ! bon ! voici maintenant les poulets, les canards et les canetons. Le traité des pâtés ferait un livre à part. Les œufs, voici les œufs, quelle fête ! Et la pâtisserie .. on s'y perd. Écoutez l'illustre Carême : « On fait assez volontiers une bonne pâtisserie, elle est très difficile à cuire. Il y a pâte et pâte : il y a la pâte fine et la pâte brisée. Étudiez, pâtissiers, mes frères, le four gai, le four vif, jusqu'à ce que vous arriviez à l'âme du four. » Telles étaient les leçons du Quintilien en bonnet de coton. Son grand malheur était que parfois il s'éloignait un peu trop de la cuisine bourgeoise et se perdait dans la nue. Urbain Dubois nous y ramène. Il a peut-être moins d'invention que son maître, il est plus clair et plus net. Certes, il a beaucoup lu Brillat-Savarin, mais il resté fidèle à Berchoux. L'auteur de *la Gastronomie*, à côté de l'auteur de *la Physiologie du goût*, c'est Virgile après Tite-Live. Berchoux enseigne à bien dîner, posément, longuement, sans emphase. Il sait par cœur le calendrier gastronomique ; en un mot c'est un bourgeois qui dîne, et *la Cuisine pour tous les pays* est un livre bourgeois.

Nous aurions voulu saluer dans ces pages tant de bienfaiteurs dont le nom doit vivre, et rendre les honneurs mérités aux habiles cuisiniers qui indiquaient la route aux sauciers et aux rôtisseurs de l'avenir, le timide Luines, le gracieux Tirolay, l'élégant Richaud, le fécond Feuilhet, l'intelligent Bouche-Seiche, Avice, un fantaisiste et le premier de tous, le maître absolu de la cuisine et des cuisiniers de son temps, le grand *Laguipière*. Il n'a pas eu son pareil tant qu'il a vécu ; on ne l'a pas remplacé depuis qu'il est mort.

Un cuisinier est un mortel divin.

(C'est un vers de Voltaire.) — Il eut pour *patronet* dans ses cuisines brûlantes un jeune élève qui s'appelait *Carême*. Homme généreux et dévoué, il n'a pas voulu passer sur cette terre comme passe le comédien célèbre, sans rien laisser de la passion qui l'animait. Il n'a pas emporté dans sa tombe une seule des inventions qui l'ont placé parmi les bienfaiteurs de l'humanité : pas une meringue, pas un soufflé, pas un nougat. Des envieux, — il avait des envieux plus à lui seul que tous les maréchaux de France réunis, — ces envieux disaient de lui : *Quoi d'étonnant! il porte avec lui une poudre secrète !* — Ma poudre secrète, la voilà, c'est de l'alun calciné mêlé à de la crème de tartre, avec quoi je fais du sucre tout ce que je veux. Mais quel est l'artiste en ce monde — je parle de l'artiste de talent — qui n'ait pas sa poudre secrète? Seulement il faut être bien désintéressé pour dire tout son secret, même après sa mort.

Cet homme est mort à son poste, en donnant une leçon de son art. Le jour même de sa mort, un de ses disciples lui avait fait manger des quenelles de sole. — « Les quenelles étaient bien faites, lui dit le grand artiste, mais trop vivement. Il faut, vois-tu, secouer doucement la casserole. » Disant ces mots, il imitait, par un faible mouvement, le mouvement qu'il voulait indiquer. — Après deux ou trois tours, la main s'arrêta. — *Carême* avait vécu.

Ne vous étonnez pas de ces louanges posthumes. Les Grecs eux-mêmes mirent en regard des sages sept cuisiniers célèbres choisis parmi ceux qui faisaient des repas publics. Ils firent mieux, si l'on en croit Athénée ; à la sentence que chacun des sages regardait comme sa devise, les Grecs opposèrent le ragoût que chacun des sept cuisiniers regardait comme son chef-d'œuvre. *Il en faudrait au moins un à l'Institut,* disait M. de Talleyrand.

Mais quoi ! le temps nous manque, il faut en finir. Si vous trouvez, ami lecteur, que nous avons parlé trop sérieusement d'une science frivole, écoutez à ce propos les très sérieuses paroles d'un homme sérieux : « Je lui faisais compte de sa charge. Alors il me fit un discours de cette science de gueule, avec une gravité et une contenance magistrale, comme s'il m'eust parlé de quelque grand point de théologie. Il m'a déchiffré une différence d'appétits : celui qu'on a à jeun, qu'on a après le second et le tiers service : les moyens surtout de lui plaire simplement, tantost de l'esveiller et picquer : la police de ses sauces, premièrement en général, et puis particularisant les qualitez des ingrédiens et leurs effects : les différences des salades, selon leur saison, celle qui doit estre servie froide, la façon de les orner et embellir, pour les rendre encore plus plaisantes à la vue. Après cela il est entré sur l'ordre du service, plein de belles et importantes considérations :

Il importe beaucoup de savoir en effet
Comme on découpe un lièvre et désosse un poulet.
(JUVÉNAL, satire V.)

Et tout cela enflé de riches et magnifiques paroles : et celles mesmes qu'on emploie à traicter du gouvernement d'un empire. »

Encore un mot pour finir. Nous lisons dans le *Traité des festins* du savant Muret, au chapitre II: *Des abus qui se commettent dans les festins,* les abus que voici : « Les défauts sont de quatre sortes. Le premier, c'est quand on n'invite jamais personne, et qu'on ne veut point non plus aller chez les autres, ce qui tient un peu du sauvage. Le second, c'est quand on veut bien donner à manger chez soy, mais qu'on ne veut point manger ailleurs, ce qui paraît un peu trop fier, méprisant et orgueilleux. Le troisième, c'est quand on va volontiers manger chez les autres, et qu'on ne voudrait pas avoir donné un verre d'eau chez soy, ce qui est d'une extrême ingratitude et avarice. Le quatrième, quand on invite des personnes pour les faire mourir de faim, ce qui ne peut avoir que des suites fâcheuses et produire de très méchants effets. »

Comme on l'interrogeait pour savoir quel titre il donnerait à la cuisine : *La cuisine,* répondait Socrate, *est un procédé.* S'il avait pu lire les livres de Carême et de M. Urbain Dubois, Socrate n'eût pas hésité à répondre : La cuisine est un grand art.

JULES JANIN.

(Débats.)

LA CUISINE... DANS TOUS LES PAYS

Un personnage qui peut avoir, à l'heure voulue, son influence diplomatique, M. *Urbain Dubois,* chef de cuisine du roi et de la reine de Prusse, vient de publier un gros livre.

Il y est question du Danemark et du Rhin, de la Saxe et du Hanovre, mais au point de vue de la bonne chère seulement.

Ce qui occupe le plus l'érudit écrivain dans ce fleuve que

Nous avons eu dans notre verre,

ce sont les *carpes,* et dans les affaires d'Italie, il médite principalement sur le *macaroni à la livournaise* et les *glaces à la palermitaine.*

En un mot, M. Urbain Dubois vient de publier, chez Dentu, *la Cuisine de tous les pays*, avec cette épigraphe significative : *Si la langue universelle est encore un grand rêve, on n'en saurait dire autant de la cuisine universelle.*

L'étiquette du sac m'a séduit. J'ai été entraîné par la déclaration de l'éditeur, qui dit, parlant comme un régisseur au public :

« *La Cuisine de tous les pays* est un ouvrage d'une incomparable originalité : simple, précis et à la fois très étendu, il renferme des éléments si divers qu'on peut dire, sans exagération, qu'il est un résumé scientifique de la cuisine universelle. A côté de l'école parisienne, celle des provinces françaises y est largement représentée; les cuisines : allemande, anglaise, américaine, hollandaise, italienne, russe, espagnole, turque, moldave, polonaise, fournissent leur contingent de mets populaires et nationaux. La cuisine des Persans, des Indiens et des Arabes n'a pas même été omise.

» L'auteur de ce livre n'a pas hésité à faire le tour de l'Europe, afin de recueillir par lui-même les matières indispensables à une œuvre qui, avant tout, devait être neuve et vraie. »

J'ai voulu savoir si la cuisine des peuples étrangers exciterait mon appétit... et ouvrant le livre aux bons endroits.. j'ai été me mettre à table devant les cuisines les plus excentriques.

Tout d'abord je suis en opposition avec l'honorable M. Urbain Dubois. — Il enseigne, avant de citer les plats, la manière de manger.

Il nous apprend, dans les termes suivants, la façon de manœuvrer son couvert; il dit :

« Pour manger avec aisance et sans raideur automatique, il faut d'abord être assis commodément et d'aplomb, ni trop haut ni trop bas; tenir le buste droit, à une égale distance du dossier de la chaise et de la table. Il faut avoir, à gauche de son assiette, une fourchette solide, lourde plutôt que légère; à droite, la cuiller et le couteau, celui-ci à large lame arrondie à son extrémité.

» Quand les mains ne sont pas occupées à découper ou à porter les aliments à la bouche, on peut les appuyer contre les parties angulaires de la table, mais à la hauteur du poignet seulement.

» Dès qu'on se dispose à manger (si ce n'est le potage qui s'absorbe toujours en tenant la cuiller de la main droite) ou à couper les aliments déposés dans son assiette, on doit prendre sa fourchette de la main gauche, en renversant les pointes, en appuyant dessus avec l'index allongé, pour la maintenir dans une position presque horizontale. On prend alors le couteau avec la main droite, et, à l'aide de sa lame arrondie, on enveloppe le morceau coupé soit avec la sauce, soit avec les garnitures qui se trouvent associées à la viande, pour les porter à la bouche, mais uniquement avec le concours de la fourchette et par conséquent de la main gauche : le couteau ne doit jamais être porté à la bouche.

» A mesure qu'on cesse de couper ou de manger, soit pour prendre part à la conversation, soit qu'on attende un autre mets, le couteau et la fourchette doivent être posés sur l'assiette, le manche de l'un tourné vers la droite, et la poignée de l'autre tournée vers la gauche, autrement dit les deux extrémités en dedans, de façon à pouvoir les enlever d'un trait lorsqu'on a besoin de s'en servir de nouveau.

» Comme on le voit, la méthode que je préconise repose en quelque sorte tout entière sur ce principe que la fourchette reste invariablement au service de la main gauche, tandis que la cuiller et le couteau appartiennent à la main droite; dans tous les cas, il ne faut pas les déplacer en les passant de gauche à droite ou de droite à gauche. Ce déplacement est quelquefois le résultat d'une distraction qu'on ne saurait trop éviter, car, dès que les instruments sont dérangés de l'emploi qui leur est naturellement assigné, l'embarras se manifeste. La gaucherie apparente ou réelle tient donc tout simplement à l'observation plus ou moins attentive de quelques règles qui, en apparence, paraissent insignifiantes, mais dont un convive expérimenté ne se départ jamais. »

Je ne suis pas de l'avis du préopinant, et je me servirai toujours de la main droite pour manier la fourchette, dût-on me renvoyer avec les enfants à la petite table...

M. Urbain Dubois paye un juste tribut d'hommages à la soupe, et il nous apprend que les soupes russes sont les plus chères, car le plus souvent la soupe, dans un festin russe, coûte autant que le reste du dîner.

J'aurai à citer, dans les soupes étrangères, deux ou trois spécimens fort singuliers.

On n'y croirait peut-être pas... si je ne donnais ici les vraies recettes fournies par mon auteur :

« *Soupe aux cerises, à l'allemande.* — Cette soupe, sans être très distinguée, jouit cependant en Allemagne d'une certaine popularité. — Retirer noyaux et queues à trois quarts de litre de cerises aigres, fraîchement cueillies; en mettre les deux tiers dans une marmite en terre ou dans une casserole non étamée, car l'étain ternirait la couleur des fruits; les mouiller avec un litre d'eau chaude; ajouter un morceau de cannelle et un peu de zeste de citron; poser la casserole sur feu vif, et cuire les cerises 10 minutes. Lier alors le liquide avec 2 cuillerées de fécule délayée à l'eau froide ; 10 minutes après, passer les cerises et le liquide au tamis. Verser ensuite la soupe dans la même casserole, ajouter les cerises réservées, ainsi qu'un peu de sucre, la faire bouillir, la retirer sur le côté du feu.

» D'autre part, piler 2 poignées de noyaux de cerises ; les déposer dans un poêlon rouge, ajouter 2 ou 3 verres de vin de Bordeaux ; donner quelques bouillons au liquide, le retirer sur le côté du feu. Quelques minutes après, le passer à travers une serviette, le mêler à la soupe, et verser celle-ci dans la soupière. Envoyer séparément une assiette de biscuits à la cuiller coupés en petits dés.

» *Soupe à la bière, à la berlinoise.* — Faire fondre 150 grammes de beurre dans une casserole, le mêler avec 150 grammes de farine pour former une pâte légère ; cuire celle-ci quelques secondes, en la tournant, sans lui faire prendre couleur ; la délayer ensuite avec la valeur de 3 litres de bière (blanche ou brune, mais légère) ; tourner le liquide sur feu jusqu'à l'ébullition, le retirer sur le côté pour le faire dépouiller 25 minutes.

» Verser dans une petite casserole la valeur d'un demi-verre de rhum, autant de vin blanc du Rhin, ajouter un morceau de gingembre coupé, un morceau de cannelle, 180 grammes de sucre, le zeste d'un citron ; couvrir la casserole, la tenir au bain-marie.

» Quand la soupe est bien dégraissée, la lier avec une quinzaine de jaunes d'œuf délayés ; la vanner sans la faire bouillir, ni même la chauffer trop ; la passer au tamis dans une autre casserole, lui mêler 200 grammes de beurre divisé en petites parties ; aussitôt après, ajouter l'infusion au rhum, en la passant, et la verser dans la soupière ; envoyer séparément de minces tranches de pain grillées. »

Il faut lire, dans la *Cuisine de tous les pays*, les potages singuliers dont la description n'exclut pas les recettes de nos soupes françaises les mieux famées ; il faut apprendre comment se font le *Cucido à la portugaise*, — le *Puchero à l'espagnole*, — le *Consommé des épicuriens*, — le *Consommé des Jacobins*, — la *Julienne à la russe*, — la *soupe aux queues de veau à l'indienne*, — le *couscous des Arabes*, — la *soupe du Pacha*, — le *cooki-leeki des Écossais*, — le *riz aux choux des Milanais*, — la *soupe du Grand-Duc*, — la *soupe Mille-fanti*, — la *purée de manvielles à la persane*, — et cela sans préjudice de la *bouillabaisse* provençale et de la *garbure* des Gascons.

Celui de tous les écrivains de ce siècle qui sut avoir le plus de gaieté communicative, le chansonnier Désaugiers, a dit :

> Un cuisinier, quand je dîne,
> Me semble un être divin
> Qui, du fond de sa cuisine,
> Gouverne le genre humain :
> Qu'ici-bas on le contemple
> Comme un ministre du ciel,
> Car la cuisine est un temple
> Dont les fourneaux sont l'autel...

Je ne suis pas aussi enthousiaste, en fait de bonne chère, que le prédécesseur de Béranger.

Et si je fouille aujourd'hui dans la *Cuisine de tous les pays*, c'est bien plus pour prendre des notes... que des réconfortants...

« *Petites anguilles du Tibre aux petits-pois.* — Prendre 5 à 6 petites anguilles vivantes, mais seulement de l'épaisseur du petit doigt ; les tuer, en supprimer la peau et la tête, distribuer les corps en tronçons. — Hacher un oignon, le faire revenir avec beurre ou huile, ajouter les tronçons d'anguille, les assaisonner, les sauter à feu vif et les cuire à moitié ; ajouter alors la valeur d'un demi-litre de petits-pois tendres, écossés, un bouquet de persil, un peu de sel et poivre ; couvrir la casserole, cuire le ragoût avec du feu sur le couvercle. Quand le poisson est cuit, lier le ragoût avec un morceau de beurre-manié ; en supprimer le bouquet, et le dresser sur un plat chaud. — Ce mets est très estimé à Rome, où les anguilles sont si bonnes ; on peut bien le préparer partout ailleurs, mais il faut absolument que les anguilles soient jeunes et minces. »

Vous rirez de moi si vous voulez, mais si jamais je vais à Rome... où mènent tous les chemins... je demanderai qu'on me serve les petits-pois... à part...

J'ai remarqué dans la viande de boucherie :

« *Ousoun-Kebap, rôti à la turque.* — Couper un morceau de filet de bœuf en très gros carrés, les assaisonner avec sel et poivre, les enfiler à une petite broche mince, en les alternant avec des tranches de graisse de queue de mouton[1] et quelques feuilles de laurier, les serrer étroitement, les faire rôtir au feu de broche ou à la napolitaine ;

1. « La queue de mouton en Turquie tient lieu du lard prohibé par les lois du prophète. J'ai vu à Constantinople, des queues de mouton, qui, sans exagération, pesaient bien 20 kilogrammes.

» C'est à ce point qu'on est obligé de soutenir les queues de mouton, vivants, par une espèce de petit chariot sur lequel elles portent. Les Turcs estiment beaucoup la graisse de queue de mouton. »

quand les viandes sont atteintes à point, les saler, les débrocher, les dresser sur un plat, les couper par tranches horizontales pour les servir. »

Il y a aussi :

« *Le Pain de foie de veau à l'allemande.* — Choisir un bon foie de veau (600 grammes), le gratter avec un couteau afin de retirer les fibres ou *grappes* des chairs; passer celles-ci au tamis, les assaisonner avec sel et poivre, les mêler avec une petite pincée d'oignon finement haché, un peu de persil.

» Mettre 300 grammes de beurre dans une terrine tiède, le travailler à la cuiller pour le lier en crème; ajouter 7 à 8 jaunes d'œuf, l'un après l'autre. Quand l'appareil est mousseux, mélanger une pincée de farine, 3 poignées de panure blanche râpée, et enfin le foie de veau; l'assaisonner, en essayer une petite partie dans un moule à tartelette, en le faisant pocher au four. — Beurrer un grand moule uni, à cylindre, le paner avec de la panure blanche, l'emplir avec l'appareil, le poser sur un plafond avec de l'eau, le masquer en dessus avec du papier beurré, et le pousser au four modéré pour le faire pocher trois quarts d'heure. Sortir alors le moule du four, en égoutter la graisse, et renverser le pain sur un plat chaud; le masquer avec une sauce piquante. »

Je n'ai que l'embarras du choix dans la nomenclature des mets inconnus à nos ménages français, et que M. Urbain Dubois nous enseigne, avec la manière de le servir.

Ici c'est un *cimier de cerf à l'allemande*, c'est-à-dire une venaison que l'on absorbe... avec une sauce aux cerises. Plus loin, ce sont des *noques viennoises* ou bien encore *l'ombre écaillé de Lausanne*. Mais il est un mets que je ne saurais passer sous silence, ce sont les :

« *Pattes d'ours à la russe.* — En Russie on vend les pattes d'ours écorchées. C'est un mets peu connu de l'Europe centrale et peu appétissant pour les Occidentaux.

» Laver les pattes d'ours, les essuyer, les saler, les déposer dans une terrine, les couvrir avec une marinade cuite, au vinaigre; les faire macérer 2 ou 3 jours. Foncer une casserole avec des débris de lard et de jambon, des légumes émincés, ranger les pattes d'ours sur les légumes, les mouiller à couvert avec la moitié de leur marinade et du bouillon; les couvrir avec des bardes de lard, les faire cuire 7 ou 8 heures à feu très doux, en allongeant le mouillement à mesure qu'il réduit.

» Quand les pattes sont à point, les laisser à peu près refroidir dans leur cuisson; les égoutter, les éponger, les diviser chacune en quatre parties sur leur longueur; les saupoudrer avec du cayenne, les rouler dans du saindoux fondu, les paner et les faire griller une demi-heure à feu très doux; les dresser sur un plat. Verser au fond de celui-ci une sauce piquante réduite, finie avec deux cuillerées... de gelée de groseilles. »

Je vous fais grâce du *gâteau de maïs américain*, — du *kalalou à l'orientale*, et même des *œufs de vanneau dans un nid en beurre*.

J'ai voulu uniquement vous prouver que la communion des peuples s'effectue... puisqu'ils laissent, les uns et les autres, pénétrer le secret de leurs casseroles respectives.

Le siècle dernier était fort enclin à plaisanter les bons moines, et j'ai répété en son temps les vers célèbres que voici :

> Un vendredi, le frère Polycarpe
> Au prieur vint se présenter :
> « Ne mangez pas, dit-il, de cette carpe !
> Hier, avec du lard, je la vis préparer... »
> L'ardent prieur, que ce discours chagrine,
> Lui jetant un sombre regard :
> « Partez ! dit-il, maudit bavard;
> Qu'alliez-vous faire à la cuisine?... »

Si le livre de M. Urbain Dubois avait fait partie de la bibliothèque de son monastère, le bon prieur eût vu qu'on pouvait faire des carpes à la marinière, — à la polonaise, — à la Narbonne, — à la russe, — à la bière, — à la matelote, et qu'il existait plus d'une manière... de ne pas les manger au gras.

Je n'ai cité ici que les mets *singuliers;* il y a douze cent quatre-vingt-sept recettes dans ce livre, qui sort du prosaïsme de la *Cuisinière Bourgeoise*.

Le cuisinier s'y fait chimiste, hygiéniste, historien...

Il va regarder dans tous les plats et découvre, au profit de la science culinaire, les marmites les plus imposantes.

Il vous initie aux menus les plus affriolants : un menu servi à Constantinople dans un dîner à l'ambassade de France, — un menu servi au roi de Grèce, au Kursaal de Nauheim, — un menu servi chez M. Baroche, ministre de la justice, — un autre chez M. de Metternich, ambassadeur d'Autriche à Paris.

LA CUISINE CHEZ TOUS LES PEUPLES.

Les noms des artistes culinaires qui ont servi ces menus sont mentionnés en toutes lettres.

C'est M. Jules Tarette chez M. Walewski.

C'est M. Charlier chez M. Thiers.

C'est M. Alexandre chez le maréchal Niel.

C'est M. Piscart chez le baron James de Rothschild.

Je ne dois point omettre M. Ripé, cuisinier du comte de Bismarck, qui a rendu hommage à la France en servant, l'an dernier, à la table du président du conseil à Berlin, des salmis de bécasses *à la Périgord*, une casserole de riz *à la Toulouse*, et le potage *à la Reine Hortense*.

Je ne sais si M. Urbain Dubois est jeune ou vieux; mais il a le courage de la jeunesse: il ose!... Ce n'est pas peu de chose, en gastronomie comme en affaires!...

Et bien que, contrairement à ses avis, je manie la fourchette comme je manie la plume, de la main droite, je n'en suis pas moins prêt à lui appliquer la maxime de Lucain : *Audaces fortuna juvat!*

TIMOTHÉE TRIMM.

(*Le Petit Journal.*)

L'ART DE LA CUISINE

Il y a cuisiniers et cuisinières, comme il y a fagots et fagots, et n'est pas qui veut expert en sauces, en ragoûts et en rôts. Pour être bon cuisinier, comme pour être bon peintre, il faut, avant tout, la vocation. Le premier venu, il est vrai, pourvu qu'il ait quelque intelligence, peut apprendre à peindre, comme le premier venu peut aussi apprendre à faire la cuisine. Dans le premier cas, vous aurez une toile bien faite, bien léchée; dans le second, une cuisine ayant peut-être bon air, mais le tableau comme le plat ne seront ni d'un peintre ni d'un cuisinier; ni l'un ni l'autre n'auront la marque de fabrique, la griffe du maître, rien enfin de ce qui provoque l'enthousiasme et l'admiration. Dans l'argot d'atelier, on appelle cela, je crois, le *coup de fion*, et tout le monde n'a pas cela dans la main.

C'est un don naturel que les fées bienfaisantes cachent quelque part dans le berceau des futurs artistes, et certains rapins le possèdent comme certains marmitons. Il se développe avec l'étude, et voilà tout. L'art de la cuisine a toujours été particulièrement en estime, dans tous les temps et dans tous les pays; il marchait même de pair avec les autres arts. C'est si vrai que les peuples qui ne savaient pas manger n'ont pas d'histoire artistique. Ce n'est pas en se nourrissant de brouet que l'on fait pousser les idées! Les Spartiates, qui furent parfois de bons soldats, ont toujours été de médiocres artistes. Je suis persuadé, au contraire, que l'on mangeait très bien à Athènes du temps de *Périclès*, et que *Phidias*, en sculptant les frises du Parthénon, avait mangé tout autre chose que des salaisons. La cuisine ne se rapprochait assurément pas de la nôtre, — je dis la nôtre pour me faire passer pour un sybarite. — Bien des ingrédients en honneur aujourd'hui manquaient aux cuisines du temps; mais les gourmets ne s'en plaignaient point, puisqu'ils ne les connaissaient pas, et ils avaient comme compensation bien des choses aujourd'hui ignorées.

A Rome, qui a aussi sa grande histoire artistique, on mangeait très bien ; puis il arriva que l'on mangea beaucoup. Les estomacs des citoyens d'un empire qui avait absorbé tout le monde connu devaient être insatiables, et les festins de *Lucullus* ou d'autres, décrits par des poètes qui s'en indignaient, tout en y prenant part et en se léchant les lèvres avant de les signaler à la postérité, étaient d'une opulence épouvantable. Il paraît même que quelquefois le repas se divisait en plusieurs parties, séparées par une sorte d'intermède que les convives mettaient à profit pour se préparer à faire bonne figure dans la suivante. On conçoit que, pour un pareil métier, l'estomac devait être plus que solide. Malgré cela, l'abondance n'excluait pas la délicatesse. Les cuisiniers d'alors s'en préoccupaient beaucoup, au contraire. Ils avaient de la concurrence et de l'émulation, et c'est bien certainement un cuisinier amoureux de son art et en quête de nouveauté culinaire qui suggéra l'idée de jeter les esclaves aux murènes, pour rendre la chair de celles-ci plus succulente.

Je ne parle pas des cuisines égyptienne, assyrienne et persane. Il ne nous en est pas revenu beaucoup de détails ; mais l'art était en grand honneur chez tous ces peuples, et, par suite, la cuisine ne dut pas y être dédaignée. Après la chute de l'empire romain, mort des suites d'une indigestion de provinces, il n'y eut plus de beaux jours pour la cuisine. Les barbares, qui se mirent à sillonner l'Europe et qui étaient toujours en marche, n'avaient pas le temps de s'en occuper et ne s'en inquiétaient guère, mangeant d'une façon très sommaire, mais avec une ignorance complète de tous les raffinements que l'on pouvait faire subir, pour la plus grande satisfaction du palais, au morceau de chair crue qu'ils dévoraient à belles dents.

Puis vint le moyen âge et le beau temps des chasses, où le gros gibier faisait à peu près tous les frais de la cuisine. Ce fut le temps des humeurs batailleuses, où, si l'on chantait après boire, on se pourfendait aussi quelquefois. Le sang était allumé par cette nourriture échauffante que l'on prenait en abondance, après des exercices violents. Ce fut aussi le temps des troubadours et des chevaliers, des chansons d'amour et des tournois en l'honneur des belles. Mais la cuisine manquait de délicatesse. Je me l'imagine à peu près comme une immense rôtisserie où, devant un foyer comme on n'en voit plus, rôtissaient des bêtes entières ou du moins des quartiers de bêtes et des pièces de venaison. Il n'y avait pas plus d'élégance dans la cuisine que dans les mœurs, et l'on mangeait brutalement, comme la plupart du temps on agissait.

Mais l'art de la cuisine, l'art véritable, appartient à notre époque moderne, et surtout contemporaine. L'antiquité gourmande ne nous a pas laissé de noms de cuisiniers, ce qui donnerait à croire qu'ils se valaient à peu près tous et qu'il n'y avait pas dans la profession de supériorités marquées. Ce qui fait, au contraire, la supériorité de la cuisine contemporaine, c'est l'émulation et la préoccupation qu'ont tous les artistes en cuisine de ne pas faire comme les autres, fussent-ils des maîtres; d'avoir, en un mot, chacun sa spécialité; c'est aussi le raisonnement. La cuisine, aujourd'hui, est raisonnée; elle a ses règles et ses théories, surtout la cuisine française, qui est cosmopolite et qui compte des représentants dans toutes les villes du monde.

Et ne croyez pas que cela soit rien. La cuisine d'un peuple exerce une grande influence, sur lui d'abord et aussi sur les autres peuples. Les nations polies et policées se préoccupent beaucoup de leur cuisine, et leur caractère général dépend très souvent de la façon dont on y mange. C'est le sang qui profite de tout cela et qui fait les gens épais ou alertes, selon la façon dont ils sont nourris. Aujourd'hui le comble de l'art, dans les dîners, c'est de bien manger, en touchant à beaucoup de choses, et le talent du cuisinier consiste à savoir varier les menus et aussi, et surtout, à préparer les mets de telle manière que, si l'appétit n'est pas toujours en éveil, le désir ne doit jamais être éteint. C'est pour cela qu'il faut au cuisinier de vocation une étude particulière, une observation soutenue, une sorte de prescience du goût de ses convives, et, en même temps, ce qu'il ne faut jamais oublier sur la terre des vignes généreuses, la savante gradation des vins qui doivent toujours venir à leur place.

Voici la théorie du cuisinier moderne, dans les mains duquel le hasard a mis des ingrédients nouveaux à faire tressaillir dans leurs tombeaux les grands gourmets d'autrefois, mais qui doivent être employés avec la plus grande circonspection, *secundum artem*, pour que la vraie mesure soit atteinte et non dépassée. C'est la théorie développée dans une série d'ouvrages que l'on pourrait appeler les codes de la cuisine moderne, par un artiste à réputation aujourd'hui européenne, M. *Urbain Dubois*, dont la juste renommée fut célébrée par des maîtres ès lettres, tels que *Jules Janin* et d'autres, et qui, pratiquement et théoriquement, démontre, avec une grande clarté et une grande précision de style, que la cuisine française est la première du monde, en ce sens qu'elle crée, tout en s'appropriant pour les perfectionner, les procédés des autres, et qu'il y aurait injustice à ne pas ranger au nombre des arts la grande cuisine, source des idées saines qui viennent de la satisfaction de l'estomac, la cuisine soignée, qui flatte agréablement trois sens : la vue d'abord, puis l'odorat et le goût.

Tout cela, me direz-vous, est très vrai; mais tous les lecteurs ne peuvent avoir un *Urbain Dubois* pour cuisinier. Hélas! les journalistes non plus, et c'est bien ce qui me désole. Mais, à défaut du praticien, on se contente du professeur, et, son livre en main, avec un peu d'habileté et beaucoup de bon vouloir, il n'y a qu'à suivre ses conseils pour devenir, sinon un artiste, du moins un cuisinier présentable à l'occasion. Il suffit de s'y mettre avec confiance et conviction.

9 Novembre 1878.

JEAN DE NIVELLE.

(*Le Soleil.*)

DÉTREMPES ET APPAREILS

DE PATISSERIE

Pâte à dresser. — *Proportions* : 500 grammes farine, 375 grammes beurre, 4 décilitres d'eau [1], un tas de sel.

Tamisez la farine sur le *tour*, rassemblez-la en tas, étalez-la en forme de couronne, en faisant un vide sur le milieu avec la main : c'est ce qu'on appelle faire la *fontaine*; au centre de la farine, déposez le beurre, manié en hiver, raffermi sur glace en été, mais, dans les deux cas, divisé en petites parties; ajoutez le sel et l'eau; incorporez peu à peu le beurre, la farine et le liquide; quand la farine est à peu près absorbée, que la pâte commence à prendre du corps, travaillez-la vivement, détachez-en les parties collées sur le *tour*, fraisez-la deux fois en été, trois fois en hiver. Détachez-la aussitôt du *tour* pour l'assembler et la mouler de forme ronde et lisse; couvrez-la, laissez-la reposer une heure.

Pour les détrempes, dans lesquelles le beurre entre en grande quantité, il convient toujours d'opérer vivement, afin d'éviter la décomposition de la pâte.

Pâte à dresser, pour pâté-chaud. — *Proportions* : 500 grammes farine, 200 grammes beurre, une pincée de sel, 4 à 5 décilitres d'eau froide.

Faites la fontaine, mettez sur le centre, eau, beurre et sel. Faites la détrempe, fraisez trois fois la pâte; laissez-la reposer.

Pâte à dresser, ordinaire. — *Proportions* : 500 grammes farine, 250 grammes beurre, 4 à 5 décilitres eau, 15 grammes sel. — Même opération que la précédente.

Pâte à dresser, molle. — *Proportions* : 500 grammes farine, 350 beurre, 1 tas de sel. Faites la détrempe, fraisez trois fois la pâte.

Pâte à dresser, pour timbale. — *Proportions* : 500 grammes farine, 200 grammes beurre, 3 jaunes d'œuf, 3 cuillerées de sucre en poudre, une pincée de sel, 2 à 3 décilitres d'eau froide.

Faites la détrempe, en procédant comme il est dit plus haut. — Cette pâte est destinée à foncer les timbales d'entremets.

Pâte à dresser, à l'eau chaude, pour pâté froid. — Dans le midi de la France, on ne prépare la pâte pour les pâtés que d'après cette méthode; cette pâte, cuite, est excellente à manger.

Proportions : 500 grammes farine, 300 grammes beurre, 3 décilitres d'eau, 20 grammes sel, 2 jaunes.

---

[1]. La quantité d'eau nécessaire à la détrempe est toujours difficile à préciser, car elle est variable selon que la farine est plus ou moins sèche, plus ou moins absorbante.

Tamisez la farine sur la table, faites la fontaine. Faites fondre le beurre et le sel dans l'eau, soufflez le beurre dans le centre de la fontaine. Faites la détrempe, en ajoutant l'eau nécessaire. Terminez comme la pâte à foncer. Laissez reposer.

Pâte à dresser, à l'alsacienne. — *Proportions* : 500 grammes farine, 150 grammes beurre, 3 à 4 décilitres d'eau, sel.

Tamisez la farine sur le tour, faites la fontaine; au centre de celle-ci, déposez le sel, le beurre, l'eau ; maniez le beurre avec la farine, incorporez celle-ci peu à peu, de façon à obtenir une pâte lisse et ferme ; fraisez-la trois fois, moulez-la, enveloppez-la dans un linge, laissez-la reposer quelques heures avant de l'employer. — Cette pâte convient pour les pâtés montés à la main et pour les pâtés façon de Strasbourg.

Pâte à dresser, cuite, à l'anglaise, pour les croûtes imitées. — *Proportions* : 500 grammes farine, 150 grammes beurre, 3 décilitres d'eau, un tas de sel [1].

Versez l'eau dans une casserole, ajoutez le beurre, faites partir le liquide en ébullition ; retirez-le hors du feu pour incorporer, à l'aide de la cuiller, toute la farine qu'il peut absorber, en opérant comme pour la pâte à chou, mais la pâte doit être un peu plus ferme; desséchez-la quelques minutes, versez-la sur le tour fariné, pour la travailler à la main, en lui faisant absorber peu à peu 250 grammes de farine ; laissez-la alors reposer quelques minutes, puis tourez-la comme du feuilletage, à 7 tours : ce travail exclut les bulles d'air que la pâte pourrait contenir et la rend très lisse. — Avec cette pâte on peut monter des croûtes à pâté, non mangeables; on peut aussi exécuter de jolies bordures et de petites croustades. — On ne cuit pas cette pâte, on la fait sécher à l'air, après l'avoir dorée.

Pâte à foncer ordinaire. — *Proportions* : 500 grammes farine, 250 grammes beurre, 3 décilitres d'eau froide, une pincée de sel. — Tamisez la farine sur le tour, faites la fontaine ; placez au centre de celle-ci le sel, l'eau, le beurre, ce dernier en petites parties à la fois ; rassemblez ces éléments en masse compacte, détachez la pâte du tour, fraisez-la deux fois; moulez-la ensuite pour la faire reposer une heure dans un linge fariné.

Pâte à foncer, pour entremets. — *Proportions* : 500 grammes farine, 300 grammes beurre, 125 grammes sucre, pincée de sel, 3 œufs, 3 décilitres eau. — Faites la fontaine ; quand la pâte est lisse, fraisez-la une fois.

Pâte à foncer, fine. — *Proportions* : 500 grammes farine, 350 grammes beurre, 3 jaunes d'œuf, 3 décilitres d'eau froide, grain de sel.

Tamisez la farine sur le tour, faites la *fontaine*, déposez dans le centre le sel, l'eau, les œufs, le beurre ; incorporez peu à peu la farine; assemblez la pâte pour la fraiser deux fois, la mouler et la laisser reposer une heure.

Pâte brisée. — *Proportions* : 500 grammes farine, 350 grammes beurre, 3 décilitres d'eau froide, 30 grammes sel.

Faites la fontaine, placez le beurre, le sel et l'eau dans le centre ; incorporez peu à peu la farine avec le beurre et l'eau ; quand la pâte est lisse, assemblez-la; moulez-la sans la fraiser ; donnez-lui 2 tours, en opérant comme pour la pâte feuilletée.

Pâte brisée, pour timbale. — *Proportions* : 500 grammes farine, 300 grammes beurre, 3 jaunes d'œuf, 3 décilitres eau froide, une pincée de sel.

Faites la détrempe lisse; moulez la pâte sans la fraiser ; laissez-la reposer avant de l'employer.

1. Un *tas* de sel équivaut au contenu d'une cuiller à café (10 grammes).

DÉTREMPES ET APPAREILS DE PATISSERIE.

Pâte à échaudé. — *Proportions :* 500 grammes farine, 150 grammes beurre, 8 à 9 œufs, un tas de sel, une pincée de potasse pulvérisée ou une pincée de bi-carbonate.

Faites la détrempe sur la table, en opérant comme pour la brioche, mais en tenant la pâte plus ferme. Mettez-la dans une terrine, couvrez et faites reposer 4 à 5 heures dans un lieu frais. Abaissez-la ensuite sur le tour, en bande de 3 centimètres de largeur ; coupez ces bandes en morceaux de 4 à 5 centimètres de longueur ; arrondissez légèrement les morceaux, posez-les debout sur une grille en fer blanc percée de petits trous et beurrée. Faites bouillir une casserole d'eau, retirez-la sur le côté, plongez la grille dans l'eau ; tenez-la ainsi jusqu'à ce que les morceaux de pâte montent ; enlevez-les à l'écumoire, mettez-les dans un grand vase d'eau froide ; faites-les dégorger 4 à 5 heures. Égouttez-les ensuite, laissez-les bien ressuyer à l'air ; rangez-les alors à distance, sur des plaques à échaudé, cuisez-les à four chaud.

Pâte à tourte. — *Proportions :* 500 grammes farine, 135 grammes beurre, un tas de sel ; faites la détrempe avec 3 décilitres d'eau ; fraisez la pâte trois fois.

Pâte à nouille. — Tamisez sur le tour, 500 grammes de farine ; faites la fontaine, déposez sur le centre une pincée de sel, 6 à 7 œufs entiers. Incorporez peu à peu la farine, afin d'obtenir une pâte lisse, pas trop ferme. Moulez-la ; couvrez-la avec un linge ou un moule à timbale ; laissez-la reposer un quart d'heure.

Pâte à nouille, sucrée. — *Proportions :* 500 grammes farine, 60 grammes beurre, 100 grammes sucre fin, un grain de sel, 4 à 5 jaunes, 2 œufs entiers. — Cette pâte convient pour le décor des pâtés et des grosses timbales foncées dans des moules unis ; on applique d'abord le décor, puis on fonce avec la pâte à foncer. En cuisant, cette pâte prend une nuance plus accentuée que celle avec laquelle on a foncé le moule.

Pâte à pouding, à l'anglaise. — Tamisez 500 grammes de farine sur le tour ; formez-la en cercle ; mettez dans le centre 300 grammes de graisse de rognon de bœuf, épluchée, fortement hachée, une pincée de sel, 3 décilitres d'eau. Faites-la détremper en pâte lisse ; laissez-la reposer.

Pâte à décorer les timbales. — Tamisez sur le tour 500 grammes de farine ; faites la fontaine ; déposez sur le centre 100 grammes de glace de sucre, pincée de sel, 2 œufs entiers, 5 à 6 jaunes, 4 cuillerées d'eau. Faites-la détremper, en pâte lisse ; laissez reposer la pâte.

Pâte anglaise blanche, pour bordures. — *Proportions :* 500 grammes farine, 125 grammes glace de sucre, 2 décilitres eau froide ou lait.

Faites la détrempe, bien lisse, enfermez-la sous une terrine, faites-la reposer une heure. — On emploie cette pâte pour les bordures de plat ou pour décorer.

Pâte à flan. — *Proportions :* 500 grammes farine, 350 grammes beurre, 2 cuillerées sucre, 2 jaunes d'œuf, 1 décilitre eau froide, pincée de sel.

Tamisez la farine sur le tour, faites la fontaine ; déposez au centre le beurre, le sucre, l'eau, les jaunes, le sel ; incorporez la farine, peu à peu, rassemblez la pâte pour la *fraiser* deux fois, la mouler, la faire reposer un quart d'heure.

Pâte à tartelette. — Tamisez 500 grammes de farine, sur le tour ; faites la fontaine ; dans le centre, déposez 350 grammes de beurre, manié et divisé en petites parties, 3 jaunes d'œufs, pincée de sel, 150 grammes de sucre en poudre, un peu d'eau froide. Mêlez d'abord le beurre avec les œufs et le sucre, incorporez ensuite la farine, peu à peu, sans travailler beaucoup la pâte ; faites-la reposer une demi-heure.

Pâte feuilletée, au beurre. — *Proportions* : 500 grammes belle farine [1], 500 grammes beurre, 3 à 4 décilitres d'eau [2] froide, une pincée de sel.

Tamisez la farine sur le *tour* pour former la *fontaine*; déposez dans le centre le sel, l'eau, un petit morceau de beurre; maniez avec la main le beurre et l'eau, incorporez la farine peu à peu, en la ramenant vers le centre, afin que l'eau ne s'échappe pas par les côtés. Quand l'eau se trouve à peu près absorbée, incorporez la farine avec le restant pour former une pâte molle, élastique, pouvant être roulée sur le tour sans s'y attacher ; quand elle est moulée, il ne doit rester sur le tour aucune parcelle de farine ni de pâte, c'est le signe le plus évident de la parfaite confection de la détrempe.

Dans l'intervalle, maniez le beurre dans un linge pour le lisser, en épongeant toute son humidité et lui donnant une forme carrée, de l'épaisseur de 3 centimètres; enveloppez-le avec un linge, tenez-le au frais ; en été, il convient de le faire frapper sur glace des deux côtés, pour le manier ensuite dans un linge, car au moment de l'emploi, il doit se trouver au même degré de consistance que la pâte.

Au bout d'un quart d'heure de repos, prenez la pâte sur le tour fariné, abaissez-la, en la battant avec la main, de l'épaisseur de 1 centimètre, pour lui donner la forme carrée; posez alors le beurre sur cette abaisse, pliez les bords de celle-ci sur le beurre pour les faire joindre sur le centre, de façon à l'envelopper complètement; saupoudrez la surface de la pâte avec de la farine, abaissez-la, avec le rouleau, en la poussant devant soi jusqu'à ce qu'elle se trouve trois fois plus longue que large. Pour obtenir ce résultat, le rouleau doit glisser sur la pâte, tout en la poussant en avant, aussi lisse que possible, mais surtout en maintenant les bords de l'abaisse bien droits. — Il faut bien observer pendant l'opération, que le beurre ne se sépare pas de la pâte ; c'est là un inconvénient qu'il faut éviter sous peine de manquer la détrempe. — Quand la pâte n'a plus que l'épaisseur de 7 à 8 millimètres, ployez-la en trois, sur sa longueur, en commençant par le bout le plus rapproché ; ramenez-la juste aux deux tiers de la longueur de l'abaisse ; puis ramenez l'extrémité opposée de la pâte sur la partie ployée, afin de la couvrir exactement : à ce point, elle doit former un carré légèrement allongé, c'est ce qui constitue un *tour*.

Assurez la pâte avec un coup de rouleau, faites-lui faire un demi-tour à droite, afin de l'abaisser dans le sens contraire qu'elle a été ployée, mais toujours en procédant d'après la même méthode ; pliez-la de nouveau en trois, laissez-la reposer 10 à 12 minutes : elle a alors 2 tours.

Poudrez la table avec de la farine, donnez de nouveau 2 *tours* à la pâte, en procédant exactement comme il vient d'être dit ; laissez encore reposer la pâte : 10 minutes après, donnez les deux derniers tours, toujours d'après la même méthode. Le feuilletage se trouve alors à 6 tours.

Dans quelques cas, on ne donne que 5 tours et demi. — Quand on veut diminuer la force du feuilletage, on lui donne 2 tours de plus.

En été, le travail du feuilletage exige des soins particuliers, car l'influence de la chaleur peut nuire à l'opération ; pour éviter cet inconvénient, il faut avoir recours à l'emploi de la glace ; mais en ce cas même, il convient d'user de certaines précautions, c'est-à-dire qu'il faut éviter le contact direct de la glace avec la pâte, en posant celle-ci sur un linge étalé sur un tamis ou un plafond ; on pose alors celui-ci sur la glace, ou, ce qui est préférable, sur les grilles d'une armoire à glace. En tout cas, il convient d'opérer dans un lieu aussi froid que possible.

On prépare également du feuilletage avec de la graisse de rognons de bœuf, épluchée, dégorgée, pilée, passée au tamis ; les proportions sont les mêmes que pour le feuilletage au beurre ; on procède à sa confection exactement d'après la même méthode.

Pâte feuilletée, commune. — *Proportions* : 500 grammes farine, 350 grammes beurre, sel, 3 à 4 décilitres d'eau. — Faites la détrempe. Quand la pâte est reposée, beurrez-la, tourez-la, en lui donnant 5 à 6 tours, selon l'emploi auquel elle est destinée.

1. La plus belle, la meilleure farine qu'on puisse employer en pâtisserie, c'est la farine de Hongrie. — Le beurre pour feuilletage doit être étoffé, ferme, élastique.
2. Il est absolument impossible de préciser la quantité exacte d'eau que telle quantité de farine absorbera, parce que toutes les farines n'ont pas les mêmes qualités ; c'est donc là une affaire d'appréciation que la pratique enseigne, car on ne mesure jamais l'eau : quand on n'est pas sûr de soi, il faut délayer la farine, en la mouillant peu à peu avec l'eau, mais en observant de ne pas corder la pâte ; laissez-la reposer.

Pâte demi-feuilletage. — Les rognures de feuilletage, assemblées, abaissées, constituent un excellent *demi-feuilletage*; mais si l'on doit faire la détrempe, on opère à l'égal du feuilletage, avec cette différence qu'on n'emploie que trois quarts de beurre au lieu de *livre* pour *livre*, et qu'on donne 5 tours à la pâte au lieu de 6 tours comme on donne au feuilletage fin.

Pâte à plomb. — *Proportions* : 500 grammes farine, 350 grammes beurre, 1 œuf entier, 2 à 3 jaunes, un tas de sel, 3 tas de sucre, 2 décilitres de crème.

Tamisez la farine sur le tour, étalez-la en fontaine ; au centre de celle-ci, placez le sel, le sucre, les œufs, le beurre ; incorporez peu à peu la farine avec le liquide ; fraisez la pâte deux fois ; faites-la reposer avant de la mouler.

Pâte à plomb, fine. — *Proportions*: 500 grammes farine, 450 grammes beurre, 1 tas de sel, quatre fois autant de sucre, 5 à 6 œufs, quelques cuillerées de crème crue.

Faites la fontaine, déposez dans le centre le sel, le sucre, la crème, le beurre ; amalgamez le beurre, les œufs et le liquide, incorporez la farine, en tenant la pâte légèrement molle ; fraisez-la deux fois ; laissez reposer 2 heures.

Pâte à plomb, aux fleurs d'oranger. — *Proportions* : 500 grammes farine, 400 grammes beurre, 4 à 5 jaunes d'œuf, pincée de sel, 50 grammes sucre, lait et eau de fleurs d'oranger. — Faites la fontaine; mettez dans le centre beurre, œufs, sel, sucre, lait et eau de fleurs d'oranger, faites la détrempe ; fraisez la pâte deux fois, laissez-la reposer 12 heures.

Pâte à gâteau des rois. — *Proportions* : 500 grammes farine, 350 grammes beurre, un peu de sel, un tas de sucre, 3 à 4 décilitres d'eau. — Faites la fontaine, déposez sur le centre le beurre, le sel, le sucre et l'eau ; faites la détrempe, assemblez la pâte, donnez 3 tours d'après le même procédé que pour le feuilletage.

Pâte à galette, fraisée. — *Proportions* : 500 grammes farine, 350 grammes beurre, 3 à 4 décilitres d'eau, un tas de sel. — Faites la fontaine, mettez dans le centre le beurre, l'eau et le sel ; assemblez la pâte, fraisez-la trois fois ; à chaque fois, trempez les mains dans l'eau froide pour humecter la pâte et la rendre plus lisse ; moulez-la, laissez-la reposer un quart d'heure.

Pâte à galette, fine. — *Proportions* : 500 grammes farine, 400 grammes beurre, un tas de sel, 3 à 4 décilitres d'eau. — Détrempez la pâte comme pour feuilletage ; quand elle est reposée, abaissez-la ; posez le beurre dessus, ployez-la ; donnez 4 tours et demi à 5 tours.

Pâte à pain de cuisine. — Ce pain est spécialement destiné à l'usage de la cuisine, soit pour en faire de la mie, soit pour faire des croûtons, soit enfin pour tailler des croustades : c'est ce qu'on appelle du pain *anglais*. Dans les grandes villes, on peut toujours trouver à l'acheter, mais à la campagne, les pâtissiers se trouvent dans l'obligation de le préparer eux-mêmes, ce qui du reste est bien facile.

Proportions : 500 grammes de belle farine, 3 à 4 décilitres de lait, 15 grammes levure, une pincée de sel.

Tamisez la farine dans une sébile ou une terrine, faites-la tiédir ; avec le tiers de cette farine et la levure délayée avec le lait tiède, préparez, dans la terrine même, un levain léger ; laissez-le monter au double de son volume ; incorporez-lui alors, peu à peu, le restant de la farine, en ajoutant le lait nécessaire pour obtenir une pâte ferme ; travaillez cette pâte 25 minutes, afin de lui donner du corps, en la coupant à plusieurs reprises avec les mains, en l'humectant de temps en temps avec du lait, afin de l'obtenir plus lisse.

A ce point, couvrez-la avec un linge pour la tenir à l'étuve tiède, et la faire lever une heure. Moulez-la sur la table farinée, déposez-la dans une casserole ronde ou carrée, mais légèrement beurrée : la pâte ne doit emplir la casserole qu'à moitié ; piquez le dessus de la pâte avec une aiguille à brider, tenez-la trois quarts d'heure à la température de la cuisine, avant de pousser la casserole au four. Il est à remarquer que plus on laisse revenir la pâte, plus le pain est léger. Or, dans les cas où le pain doit être serré, c'est-à-dire quand il doit servir pour croustade, la pâte doit peu lever ; en ce cas, le pain doit être cuit à casserole couverte, avec un poids sur le couvercle. — Le four pour cuire ce pain doit être bien atteint, mais légèrement tombé ; il faut le cuire une heure et quart.

Pâte à pain aux œufs, à l'allemande. — Tamisez 500 grammes de farine ; prenez-en le quart pour préparer un levain avec 15 grammes de levure délayée au lait tiède ; faites revenir le levain à l'étuve dans une terrine.

Dans l'intervalle, faites la fontaine avec le restant de la farine tiède ; déposez au centre une pincée de sel, 4 jaunes d'œuf, quelques cuillerées de lait tiède et 100 grammes de beurre ; faites la détrempe, en donnant à la pâte la même consistance qu'à la pâte à brioche ; quand elle est lisse, mêlez-lui le levain ; déposez-la dans une terrine, faites-la revenir à température douce, du double de son volume primitif ; rompez-la ensuite pour la mouler.

Pâte à pain, au beurre, à la polonaise. — Tamisez 500 grammes de farine, retirez-en le quart pour faire un levain avec 15 grammes de levure délayée au lait. Étalez le reste de la farine en fontaine : au centre de celle-ci déposez une pincée de sel, 150 grammes de beurre fondu, quelques cuillerées de crème ; faites la détrempe de même consistance que la pâte à brioche ; incorporez le levain, travaillez encore la pâte quelques minutes ; déposez-la dans une terrine saupoudrée de farine, couvrez-la avec un linge, faites-la lever à température douce.

Pâte à gaufre, aux avelines. — Torréfiez 500 grammes d'avelines ; retirez-en la peau, hachez-les finement ; mettez-les dans une terrine, mêlez-leur 500 grammes de sucre en poudre, 200 grammes de farine, étendez-les avec des œufs entiers, de façon à obtenir une pâte coulante. Cuisez la pâte étalée en couche mince sur des plaques cirées et farinées.

Pâte à gaufre, à l'italienne. — 500 grammes amandes hachées, 300 grammes sucre, 150 grammes farine, 1 œuf entier, 4 blancs, vanille ou zeste, grain de sel.

Mettez dans une terrine le sucre, les amandes, la farine, sel et zeste, délayez avec les œufs. — Pâte coulante ; cuisez sur plaque beurrée, farinée ; avec cette pâte on peut faire des cornets.

Pâte à gaufre, à l'allemande. — 500 grammes amandes émincées, 250 grammes sucre, 150 grammes farine, 6 œufs entiers, grain de sel, zeste râpé. — Travaillez dans une terrine le sucre, les amandes, la farine, les œufs ; ajoutez sel et zeste. — Pâte coulante ; cuisez sur plaque cirée.

Pâte à gaufres légères. — 500 grammes beurre, 500 grammes farine, 16 jaunes d'œuf, 16 blancs fouettés, 1 litre de crème fouettée, 2 cuillerées de sucre vanillé, grain de sel. — Faites fondre à moitié le beurre dans une terrine ; travaillez-le avec une cuiller jusqu'à ce qu'il soit lié ; ajoutez alors les jaunes, peu à peu, sans cesser de travailler ; quand l'appareil est mousseux, ajoutez la farine, en la tamisant ; incorporez ensuite les blancs fouettés, le sucre, la crème fouettée, non sucrée, le sel. — Cuisez dans un gaufrier creux : excellent résultat.

Pâte à feuilles de chêne. — Pilez 500 grammes d'amandes moulues, en ajoutant, peu à peu, 2 blancs et 500 grammes de sucre en poudre, zeste râpé. Retirez la pâte dans une terrine ; mêlez-lui 50 grammes de farine ; délayez-la au point voulu avec du blanc d'œuf. — Avec cette pâte, on peut faire des cornets : cuisez à four chaud sur plaque cirée.

Pâte blanche, à bordure. — *Proportions :* 500 grammes fécule, 500 grammes glace de sucre, 3 à 4 blancs d'œuf. — Faites la détrempe, en tenant la pâte ferme. Travaillez-la bien ; laissez reposer avant de l'abaisser.

DÉTREMPES ET APPAREILS DE PATISSERIE.

Pâte à Muffing. — *Proportions*: 600 grammes farine, un demi-litre de lait, 15 grammes levure, pincée de sel. — Délayer la levure avec moitié lait tiède; avec ce liquide et moitié de la farine faites la détrempe lisse; tirez la pâte en plusieurs fois pour l'allonger et en ramener les extrémités vers le centre; couvrez; faites lever doucement; incorporez ensuite le restant de la farine; diviser la pâte en petites parties, et faire lever, avant de la cuire.

Pâte à chou ordinaire. — *Proportions*: 2 décilitres et demi d'eau, un grain de sel, 25 grammes sucre, 150 grammes beurre, un brin de zeste. — Faites bouillir l'eau avec le beurre, sel et sucre; quand le beurre monte, retirez le liquide du feu, incorporez-lui 250 grammes de farine; liez bien la pâte, en la travaillant avec la cuiller; remettez-la sur feu pour la dessécher sans excès pour ne pas la rendre grise; laissez-la légèrement refroidir, incorporez-lui 7 à 8 œufs entiers.

Pâte à chou, fine. — *Proportions*: 500 grammes farine tamisée, 500 grammes beurre, demi-litre d'eau, 7 à 8 œufs, 30 grammes de sucre en poudre, grain de sel.

Versez l'eau dans une casserole, ajoutez le sucre, le sel, 400 grammes de beurre; faites bouillir; quand le beurre monte, retirez du feu; incorporez alors la farine au liquide, d'un trait, à l'aide d'une cuiller; liez la pâte sur feu, afin de l'obtenir lisse et légère; desséchez-la quelques minutes, c'est-à-dire travaillez-la sur feu jusqu'à ce que le beurre suinte; retirez-la alors du feu pour lui faire perdre sa plus grande chaleur, mais toujours en la travaillant à la cuiller; mêlez aussitôt les œufs un à un; en dernier lieu, ajoutez le restant du beurre, peu à peu. Quand la pâte est terminée, elle doit être bien lisse, avoir la consistance d'une farce à quenelle légère, tomber de la cuiller avec une certaine résistance, afin qu'en la couchant sur plaque elle ne s'étale pas. — On doit cuire la pâte aussitôt terminée.

Pâte à chou, pour pains de la Mecque. — Faites bouillir 2 décilitres et demi de lait avec un grain de sel, 30 grammes de sucre, 200 grammes de beurre; quand le beurre monte, retirez du feu, incorporez au liquide 250 grammes de farine; liez bien la pâte, remettez-la sur feu doux pour la dessécher 3 à 4 minutes, sans la quitter. Retirez-la du feu, et, 2 minutes après, incorporez-lui 7 à 8 œufs entiers, en même temps que 40 grammes de beurre; elle doit être légèrement coulante.

Pâte à gnoquis. — *Proportions*: 250 grammes farine, 250 grammes amidon en poudre ou fécule, 300 grammes beurre, 20 jaunes, 6 à 7 œufs entiers, 1 litre et demi de lait, une pincée de sucre, sel, muscade, une poignée de parmesan râpé.

Mettez dans une terrine farine et amidon, œufs, sucre, sel et muscade; délayez avec le lait, et passez au tamis dans une casserole; ajoutez moitié du beurre et le parmesan.

Tournez sur feu pour lier la pâte; aussitôt qu'elle commence à faire des grumeaux, retirez-la, travaillez-la hors du feu, jusqu'à ce qu'elle soit lisse; remettez-la sur feu, cuisez-la 5 à 6 minutes, sans la quitter. Mêlez-lui alors le restant du beurre, versez-la sur un plafond à rebord, beurré ou mouillé à l'eau froide, en lui donnant l'épaisseur d'un centimètre et demi; laissez refroidir sur glace 5 à 6 heures.

Pâte à ramequin. — *Proportions*: 500 grammes farine, 300 grammes beurre, 4 à 5 décilitres lait, 10 œufs, 150 grammes parmesan râpé, 150 grammes gruyère coupé en dés, 6 cuillerées crème fouettée, 50 grammes sucre, une pincée de poivre.

Faites bouillir le lait avec le sucre et la moitié du beurre; retirez aussitôt la casserole du feu pour incorporer la farine au liquide, en travaillant la pâte à la cuiller; liez-la sur feu, desséchez-la jusqu'à ce que le beurre suinte; retirez-la, changez-la de casserole, incorporez-lui les œufs l'un après l'autre, ainsi que le restant du beurre; en dernier lieu, ajoutez le parmesan, le gruyère et le poivre.

Pâte à conques. — *Proportions*: 500 grammes farine, 175 grammes beurre, 7 à 8 œufs, 1 décilitre crème crue, 15 grammes levure, 2 tas de sucre, 2 tas de sel.

Faites la détrempe sur la table, comme pour la brioche : même consistance de pâte; faites lever en lieu frais, rompez-la 4 heures après ; faites lever de nouveau, rompez-la encore avant de former les couques ; faites de nouveau lever ceux-ci. — La forme des couques est longue de 6 à 8 centimètres, pointue des deux bouts, genre navette ; on leur donne cette forme, en roulant la pâte sur la table farinée.

Pâte à grisin. — *Proportions* : 2 kilogrammes de farine, 500 grammes de levain de pain, 2 œufs par kilogramme de farine, 125 grammes de sucre, une pincée de sel.

Faites le levain, rafraîchissez-le ; ajoutez la farine, le sel, les œufs et le sucre. Faites lever la pâte tout doucement. Mettez-la sur la table, divisez-la en petites parties ; moulez celles-ci en bâtons ; rangez-les sur des plaques ; faites lever à température douce ; dorez et cuisez à bon four.

Pâte à beignets viennois. — *Proportions* : 500 grammes farine, 100 grammes beurre, 30 grammes sucre, 50 grammes amandes râpées, 1 œuf, 8 à 9 jaunes, 2 décilitres lait tiède, 2 ou 3 cuillerées crème crue, fleurs de muscade en poudre, sel.

Tamisez la farine dans une terrine chaude ; avec le quart de celle-ci et la levure délayée avec le lait, faites un levain dans la terrine même. Couvrez-le avec une partie de la farine ; faites lever. Travaillez ensuite le levain avec la main, en ajoutant peu à peu les œufs délayés avec le beurre et en incorporant la farine ; lissez la pâte sans lui faire prendre trop de corps.

En dernier lieu, ajoutez la crème, amandes, sel, zeste et fleur de muscade. Faites lever à température douce ; rompez la encore : il est absolument nécessaire d'opérer dans un lieu à température douce, éloigné des courants d'air.

Pâte à la russe. — *Proportions* : 500 grammes farine, 300 grammes beurre, 6 jaunes, 3 œufs entiers, 1 décilitre et demi crème, 15 grammes levure, un petit tas de sel, 3 tas de sucre en poudre, zestes hachés.

On procède à la confection de cette détrempe d'après la même méthode que pour la brioche. — Cette pâte est employée pour les croûtes.

Pâte à coulibiac. — *Proportions* : 500 grammes farine, 200 grammes beurre, 5 œufs, 1 décilitre lait, 15 grammes levure, une pincée de sel.

Faites fondre le beurre ; délayez la levure avec le lait tiède, passez-la au tamis. Tamisez la farine dans une terrine ; faites la fontaine, en la serrant contre les parois ; déposez sur le centre, les œufs, la moitié du beurre fondu, le sel et la levure dissoute à l'eau tiède ; incorporez la farine peu à peu ; à mesure que la pâte prend la consistance, mêlez le restant du beurre ; travaillez la pâte 10 à 12 minutes pour lui faire prendre du corps ; rassemblez-la alors sur le centre de la terrine ; saupoudrez-la en dessus avec de la farine, couvrez-la avec un linge, sans que celui-ci touche à la pâte ; tenez-la à température douce pour la faire lever du double de son volume.

Pâte à précieuses. — *Proportions* : 800 grammes farine, 260 grammes sucre, 200 grammes amandes moulues, 60 grammes beurre, 2 œufs entiers, 5 jaunes, grain de sel. — Faites la fontaine sur le tour ; mettez dans le centre, les œufs, le sucre et le beurre ; faites la détrempe. Moulez la pâte, laissez-la reposer un quart d'heure

Pâte à tarte anglaise. — Tamisez sur le tour 200 grammes de farine de froment et 200 de farine de riz ou de l'arow-root ; mêlez-les, étalez-les en cercle ; dans le centre, déposez 250 grammes de beurre divisé en petites parties, grain de sel, 2 décilitres d'eau, 2 cuillerées de sucre, 2 œufs entiers. Faites la détrempe en pâte lisse ; laissez reposer la pâte.

Pâte frolle (pasta-frolla) à la romaine. — *Proportions* : 500 grammes farine, 400 gr. beurre et saindoux, 250 gr. sucre en poudre, 4 à 5 jaunes d'œuf, grain de sel, le zeste d'un citron haché.

Faites la fontaine avec la farine tamisée ; déposez sur le centre, le sucre, le sel, le saindoux, les œufs,

DÉTREMPES ET APPAREILS DE PATISSERIE.

zeste ; maniez d'abord ces éléments ensemble, incorporez-les avec la farine, par petites parties à la ; rangez à mesure ces parties de côté, rassemblez-les ensuite pour mouler la pâte sans la fraiser ; faites-la oser 20 minutes sur glace. — Opérez vivement pour ne pas échauffer la pâte avec les mains.

Pâte frolle à la brémoise. — *Proportions :* 500 grammes farine, 200 grammes beurre, 0 grammes saindoux, 250 grammes sucre, 5 jaunes d'œuf, grain de sel, demi-zeste de citron haché.

Déposez les jaunes d'œuf dans une petite casserole, liez-les sur feu très doux, en les tournant à la iller; aussitôt liés, trempez le fond de la casserole à l'eau froide pour affaiblir la chaleur. — Faites la fonne avec la farine, déposez sur le centre, les jaunes d'œuf, le beurre, le saindoux, le sucre, le sel ; faites le lange avec la lame du couteau; assemblez vivement la pâte pour la rendre lisse ; faites-la reposer sur ce.

Pâte frolle à la française. — *Proportions :* 500 grammes farine, 350 grammes beurre, 0 grammes sucre, 1 œuf entier, 4 à 5 jaunes, grain de sel, 1 cuillerée cognac. — Opérez comme il est dit ur la pâte frolle à la romaine.

Pâte frolle à l'allemande. — *Proportions :* 500 grammes farine, 400 grammes beurre, 75 grammes sucre, 8 à 9 jaunes d'œuf, grain de sel.

Faites bien refroidir le beurre sur glace ; maniez-le ensuite, en l'épongeant dans un linge. Faites la ntaine, déposez sur le centre le beurre, le sucre, les œufs, le sel, une cuillerée d'eau bien froide. Avec la me d'un large couteau, mélangez le beurre avec les œufs et le liquide, incorporez la farine peu à peu ; mesure qu'une petite partie de pâte est consistante, retirez-la de côté. Rassemblez ensuite ces parties, sans ravailler davantage la pâte. Tenez-la sur glace jusqu'au moment de l'employer.

Pâte frolle à la florentine. — *Proportions :* 500 grammes farine, 400 grammes beurre, 50 grammes sucre, 200 grammes chocolat râpé, 8 jaunes et 1 œuf entier, pincée de cannelle, 1 cuillerée de ucre en poudre, grain de sel.

Faites la détrempe en pâte lisse ; moulez-la ; faites-la reposer une heure sur glace.

Pâte frolle à la napolitaine. — *Proportions:* 500 grammes farine, 300 grammes beurre, 00 gr. saindoux, 250 gr. sucre, 250 gr. amandes, 4 jaunes, 2 œufs entiers, 2 cuillerées de crème crue, grain de sel emi zeste râpé de citron ou d'orange.

Mondez les amandes, pilez-les avec une poignée de sucre, un blanc d'œuf ; passez-les au tamis. — Faites la fontaine avec la farine tamisée ; déposez au centre la crème, le restant du sucre et des œufs, le beurre, le sel, les amandes. Mêlez d'abord ces éléments à la main, incorporez ensuite la farine ; faites la détrempe en pâte lisse ; moulez-la, faites-la refroidir une heure sur glace.

Pâte à napolitain. — 500 grammes sucre au zeste de citron, 500 grammes amandes moulues, 500 grammes farine, 375 grammes beurre, 2 œufs entiers, 6 jaunes, grain de sel. — Opérez comme pour la pâte frolle. — On peut aussi préparer la pâte dans les proportions suivantes : 500 grammes farine, 400 grammes amandes douces dont quelques-unes amères, 250 grammes beurre, 200 grammes sucre en poudre, 6 à 7 œufs, grain de sel, zeste râpé sur du sucre.

On trouvera plus bas une pâte à napolitain donnant d'excellents résultats.

Pâte à brioche fine. — *Proportions :* 1 kilo belle farine, 7 à 800 grammes beurre fin, épongé, 16 œufs, 2 tas de sel, le double de sucre, 20 grammes de levure[1], eau tiède, quelques cuillerées de cognac : le bon beurre, la farine supérieure sont indispensables pour obtenir de la belle et bonne brioche.

(1) Pour les pâtes levées, la quantité de levure dépend de ses qualités : plus elle est faible, plus on l'augmente. — Il en est de même pour les œufs : plus ils sont petits, plus il en faut. — De toutes les pâtes levées, la brioche est celle qui exige le moins de levure.

Avec le quart de la farine et la levure délayée à l'eau tiède, faites un levain plutôt ferme que mou, moulez-le rond, coupez-le en croix : en hiver, faites-le lever en petite casserole avec deux cuillerées d'eau tiède au fond.

Faites la détrempe sur le tour avec le restant de la farine en couronne, moitié des œufs, 1 décilitre eau pour fondre sel et sucre; incorporez peu à peu la farine avec les liquides, assemblez la pâte, fraisez-la deux ou trois fois; travaillez-la vigoureusement pour lui faire prendre du corps, pétrissez-la longtemps en la battant contre le tour et ajoutant peu à peu les œufs; puis, travaillez-la encore jusqu'à ce qu'elle soit devenue lisse et élastique; incorporez-lui alors le beurre sans trop la travailler; étalez ensuite le levain sur la pâte, coupez-la avec les mains jusqu'à ce que toute trace ait disparu. — Mettez la pâte en terrine ou sébile, couvrez, faites lever à température douce jusqu'à ce qu'elle ait à peu près doublé de volume.

On fait ordinairement la pâte le soir, pour l'employer le matin; en été, 5 à 6 heures suffisent pour la faire lever. Dans les deux cas, il faut la rompre deux fois, c'est-à-dire la sortir de la terrine, la mettre sur le tour fariné pour la travailler 2 minutes; la remettre dans la terrine.

La pâte à brioche doit lever lentement. On prépare la brioche la plus fine avec autant de beurre que de farine, c'est-à-dire livre par livre.

Pâte à brioche commune. — *Proportions :* 500 grammes farine, 7 à 8 œufs, 300 grammes beurre fin, 10 à 12 grammes levure, 2 tas de sel, le double de sucre en poudre, le tiers d'un verre de crème crue. — Pour la manipulation, voyez l'article qui précède.

Pâte à brioche à l'italienne. — *Proportions :* 500 grammes farine, 300 grammes beurre, 7 à 8 œufs, 10 grammes sel, 50 grammes sucre, 12 grammes levure.

Tamisez la farine dans une terrine tiède, faites la fontaine ; au centre de celle-ci, déposez le sel, le sucre, le beurre, 4 à 5 œufs entiers, ainsi que la levure délayée avec un peu de lait tiède, passée au tamis ; maniez d'abord le beurre avec les œufs, incorporez peu à peu la farine avec le liquide ; travaillez la pâte avec la main, 10 à 12 minutes, pour lui faire prendre du corps ; quand elle est bien lisse, élastique, couvrez la terrine avec un linge, placez-la à l'étuve douce. Dès que la pâte commence à lever, rompez-la encore, en la travaillant avec une cuiller, sans la couper ; chaque 10 minutes recommencez ce travail, en incorporant peu à peu le restant des œufs. Au bout de 2 heures, la pâte doit être à point ; sortez-la de l'étuve, laissez-la raffermir ; moulez-la, faites-la lever à peu près au double de son volume. — Depuis qu'on a pu obtenir de la bonne levure en pâte, on est arrivé à diminuer la quantité de 25 à 30 pour cent.

Pâte à brioche mousseline. — Mêlez trois quarts de pâte à baba avec un quart de pâte à brioche, ramollie avec un œuf. Faites lever en terrine, puis en moules lisses beurrés.

Pâte à savarin. — *Proportions :* 500 grammes farine, 275 grammes beurre, 60 grammes sucre. 10 œufs, 15 grammes levure, 2 décilitres de lait, grain de sel, quelques cuillerées de crème crue. — Pour la manipulation de la pâte, voyez aux *Grosses pièces de pâtisserie*.

Pâte à savarin, à l'orange. — *Proportions :* 500 grammes farine, 300 grammes beurre, 10 œufs, 15 grammes levure, grain de sel, 3 cuillerées de sucre à l'orange, 4 cuillerées d'amandes amères hachées. 1 décilitre de crème crue. — Si la pâte est bien travaillée on peut lui absorber 12 à 14 œufs.

Faites la détrempe dans la terrine tiède, en opérant comme pour le baba ; la pâte doit être longtemps travaillée avec la moitié du beurre seulement, on mêle le reste en dernier lieu.

Pâte à cougloff, à la viennoise. — *Proportions :* 500 grammes farine, 500 grammes beurre, 4 cuillerées sucre, 18 à 20 œufs, selon leur grosseur, 125 grammes d'amandes amères, fleur de muscade et zeste haché, grain de sel, 15 grammes de levure.

Mettez le beurre dans une terrine tiède, travaillez-le jusqu'à ce qu'il soit lié en crème, bien mousseux ; ajoutez alors les œufs, un à un, en même temps que la farine ; travaillez longtemps la pâte ; quand elle est à point, mêlez-lui la levure délayée avec un peu d'eau tiède ; ajoutez les amandes, sel, sucre, zeste et fleur de muscade. Faites lever la pâte dans le moule beurré ; cuisez à four doux.

Pâte à cougloff à la bohémienne. — *Proportions :* 500 grammes farine, 500 grammes beurre, 15 œufs, 6 jaunes, 15 grammes levure, 4 cuillerées de sucre, zeste haché, 2 cuillerées de rhum, grain de sel. — Faites la détrempe dans une terrine tiède, en procédant comme il est dit à l'article précédent.

Pâte à cougloff, à la bavaroise. — *Proportions :* 500 grammes farine, 500 grammes beurre, 18 à 20 œufs, 6 jaunes, 15 grammes levure, 4 cuillerées amandes pilées, pincée de fleur de muscade, grain de sel. — Faites la détrempe dans la terrine tiède, en opérant comme il est dit pour le cougloff viennois.

Pâte à cougloff, à la crème. — *Proportions :* 500 grammes farine, 290 grammes beurre, 16 œufs, 1 cuillerée de sucre d'orange, grain de sel, 3 décilitres crème,, 15 grammes levure. — Travaillez le beurre dans une terrine tiède, pour le rendre mousseux ; ajoutez les œufs un à un, et en même temps un peu de farine. Travaillez longtemps la pâte ; ajoutez les ingrédients et la levure délayée. Emplissez les moules, faites lever, cuisez à four gai.

Pâte à cougloff, à la hollandaise. — *Proportions :* 500 grammes farine, 375 grammes beurre, 15 œufs entiers, 175 grammes sucre à l'orange, 15 grammes levure, grain de sel, 1 décilitre et demi lait.

Pâte à soleil. — Préparez 500 grammes de pâte à savarin, dans une terrine ou sébile ; quand elle est levée, incorporez-lui 200 grammes d'avelines pilées avec 2 œufs, passez au tamis ; emplissez les moules, laissez lever la pâte.

Pâte à gorenflot. — Préparez dans une sébile, 500 grammes de pâte à savarin ; quand elle est levée, rompez-la, mêlez-lui 500 grammes d'amandes pilées avec quelques cuillerées de marasquin passées au tamis. Emplissez les moules pour faire de nouveau lever la pâte.

Pâte à baba, aux raisins. — *Proportion :* 500 grammes farine, 300 grammes beurre, 8 œufs entiers, 60 grammes sucre, grain de sel, 1 décilitre de lait, quelques cuillerées de crème, 15 grammes levure, 150 grammes raisins secs, 100 grammes d'écorces confites. — Pour la manipulation de la pâte, voyez aux *Grosses pièces de pâtisserie*.

Pâte à baba, à la varsovienne. — *Proportions :* 500 grammes farine, 250 grammes beurre, 200 grammes sucre, 8 œufs entiers, 4 jaunes, une pointe de safran, 18 grammes de levure, 2 décilitres de lait, quelques cuillerées de crème, une pincée cannelle, 100 grammes amandes douces et amères, grain de sel. — Faites fondre le beurre pour l'épurer ; laissez-le refroidir à moitié. Faites piler les amandes avec une cuillerée de sucre à l'orange. Tamisez la farine dans une sébile, tenez-la à l'étuve douce. Déposez les jaunes et les œufs entiers dans une casserole, faites-les fouetter au bain-marie, jusqu'à ce qu'ils soient tièdes et mousseux. — Opérez dans un lieu chaud.

Délayez la levure avec le lait tiède, passez au tamis. Sortez la sébile de l'étuve, faites un creux sur le centre de la farine ; dans ce creux versez la levure délayée ; avec ce liquide et un quart de la farine, préparez un levain de consistance molle ; couvrez-le avec la farine qui l'entoure, puis couvrez la sébile avec un linge ; tenez-la à température douce jusqu'à ce que le levain ait doublé de volume. Rompez-le, ajoutez le sel, le sucre, la crème, le quart du beurre, les deux tiers des œufs ; incorporez peu à peu la farine, de façon à former une pâte ferme ; travaillez-la 10 à 12 minutes pour lui donner du corps. Incorporez enfin le restant du beurre et des œufs, peu à la fois, les amandes, le safran et la cannelle, mais sans cesser de travailler fortement la pâte. Couvrez-la avec un linge, tenez-la à température douce, laissez-la jusqu'à ce qu'elle soit légèrement montée ; emplissez alors les moules ; faites de nouveau lever la pâte avant de la cuire.

Pâte à baba, à la crème. — *Proportions :* 500 grammes farine, 375 grammes beurre, 7 à 8 œufs, 15 grammes de levure, grain de sel, 2 tas de sucre, 4 cuillerées de crème, 3 cuillerées de rhum.

Tamisez la farine dans une terrine ; prenez-en le quart pour faire le levain dans une casserole.

Faites la fontaine ; dans le centre mettez le beurre, la crème, le sel, le sucre, 2 œufs ; mélangez le beurre et les œufs avec les mains ; incorporez la farine peu à peu ; travaillez fortement la pâte, en ajoutant le restant des œufs, un à un. Quand elle est bien lisse, ajoutez le levain ; travaillez encore la pâte 4 à 5 minutes ; mêlez-lui alors le rhum. Faites-la revenir dans les moules.

On peut aussi mêler à la pâte des raisins de Smyrne et de Corinthe : 250 grammes par livre de farine et 60 grammes de cédrat.

Pâte à mazarin. — *Proportions :* 500 grammes farine, 100 grammes beurre, 80 grammes sucre, 5 œufs entiers, 6 jaunes, 2 décilitres de lait, 15 grammes levure grain de sel. — Pour la manipulation, voyez aux *Entremets chauds*.

Pâte à mazarin, à l'ananas. — *Proportions :* 500 grammes farine, 175 grammes beurre, 15 grammes levure, 100 grammes amandes moulues, 350 grammes raisins Smyrne et ananas coupé en dés, 4 cuillerées sucre au citron, 7 à 8 œufs, 2 décilitres lait, quelques cuillerées crème crue, grain de sel. — Faites la détrempe en terrine tiède, faites lever la pâte dans les moules ; cuisez les gâteaux ; en les sortant coupez-les en dessus, imbibez-les simplement avec du sirop au marasqui beurré servez, les chauds ou froids.

Pâte à munich, aux amandes. — *Proportions :* 500 grammes farine, 375 grammes beurre, 8 œufs, grain de sel, 60 grammes sucre, 100 grammes amandes émincées, 15 grammes levure.

Faites le levain avec le quart de la farine, la levure et l'eau nécessaire. Avec le restant de la farine, préparez la détrempe, dans une sébile, ajoutez les œufs, peu à peu, le sel ; réservez moitié du beurre pour la fin, de façon à donner plus de corps à la pâte ; tenez-la molle. Ajoutez le sucre, puis le levain. Faites lever la pâte avant de la mouler. Saupoudrez le moule beurré avec les amandes émincées.

Pâte à compiègne. — *Proportions :* 500 grammes farine, 300 grammes beurre, 50 grammes sucre, 5 œufs entiers, 5 jaunes, 2 cuillerées de sucre en poudre, grain de sel, zeste d'orange râpé, 15 grammes levure, demi-verre de crème fouettée. — Faites la détrempe d'après la même méthode que pour le baba.

Pâte à compiègne, aux amandes. — *Proportions :* 500 grammes farine, 250 grammes beurre, 7 jaunes, 2 œufs, 60 grammes amandes hachées, 15 grammes levure, grain de sel, grain de sucre, 1 décilitre crème crue.

Faites la détrempe dans une sébile tiède, en opérant comme pour le baba : pâte molle. Faites lever dans les moules.

Pâte à frire. — Déposez dans une terrine 500 grammes de farine tamisée, ajoutez un grain de sel, 4 cuillerées d'huile ; délayez-la avec 3 à 4 décilitres d'eau tiède, de la bière ou du vin blanc, en la travaillant à la cuiller, pour l'obtenir lisse, sans grumeaux, mais surtout sans la corder ; elle doit avoir la consistance d'une crème anglaise, mais assez liée pour qu'elle masque la cuiller ; laissez-la reposer une heure, à couvert.

Au moment de l'employer, incorporez-lui 4 à 5 blancs d'œuf fouettés, bien fermes.

Si cette pâte est destinée à des entremets chauds, on peut ajouter quelques cuillerées de cognac ou de l'eau de fleurs d'oranger, mais avant l'incorporation des blancs. — On peut toujours remplacer l'huile par du beurre fondu.

Pâte à frire, à l'italienne. — Cassez 6 œufs dans une terrine, mêlez-leur 6 cuillerées de farine ; délayez l'appareil avec un décilitre d'huile, 2 cuillerées de vin blanc ; ajoutez un grain de sel ; travaillez 7 à 8 minutes la pâte avec la cuiller.

DÉTREMPES ET APPAREILS DE PATISSERIE.

Pâte d'amandes, gommée, à la vanille. — Faites dégorger 7 à 8 heures, à l'eau froide, grammes de belles amandes douces mêlées avec quelques-unes d'amères, mondées.

Égouttez-les, pilez-les; passez-les au tamis, remettez-les dans le mortier; pilez-les de nouveau en leur ant peu à peu un blanc d'œuf et 500 grammes de sucre vanillé, passé au tamis de soie.

Mettez la pâte dans un poêlon ou une casserole; desséchez-la un quart d'heure, sur feu doux, sans uitter, c'est-à-dire jusqu'au point où elle se détache du vase. Mettez-la alors sur la table saupoudrée de re fin; aussitôt qu'elle est à peu près refroidie, travaillez-la avec les mains, en lui incorporant 2 cuillerées gomme adragante, ramollie, passée à travers un linge, comme pour le pastillage; travaillez-la encore, en incorporant du sucre fin, jusqu'à ce qu'elle acquière la consistance du pastillage; enfermez-la alors dans vase, laissez-la reposer quelques heures avant de l'employer.

Pâte d'amandes, pour charlotte. — Pilez 500 grammes d'amandes avec 500 grammes de sucre, ajoutant, peu à peu, 2 œufs; placez la pâte sur le tour, travaillez-la avec les mains, en lui incorporant) grammes de beurre, 300 grammes de farine, 6 œufs entiers et quelques jaunes, sel, zeste haché. Laissez-reposer; abaissez-la pâte mince, cuisez-la sur plaque; en la sortant, détaillez-la.

Pâte d'amandes, à couper. — Pilez 500 grammes d'amandes mondées, avec 500 grammes de cre en poudre, en ajoutant des blancs pour la rendre à consistance de pâte à macarons. Retirez-la sur la)le, incorporez-lui 500 grammes de glace de sucre. Abaissez-la, coupez-la, cuisez-la à four doux.

Pâte d'amandes, aux œufs. — Pilez bien 500 grammes d'amandes, en additionnant peu à peu, 50 grammes de sucre vanillé, 8 jaunes d'œuf; déposez cette pâte sur le tour, travaillez-la avec les mains, en corporant 250 grammes de sucre fin; moulez-la, tenez-la à couvert.

Pâte d'amandes, pour petit four. — *Proportions :* 500 grammes amandes, 500 grammes icre, 4 blancs d'œuf, essence, grain de sel. — Pilez les amandes avec le sucre, en additionnant les blancs eu à peu; retirez la pâte du mortier, tenez-la à couvert dans une terrine.

Pâte d'amandes, pour timbale. — Pilez 500 grammes d'amandes mondées et séchées, en joutant 1 blanc d'œuf; ajoutez, peu à peu, 500 grammes de sucre, un peu de zeste de citron haché; etirez la pâte dans une terrine, mêlez-lui 50 grammes de farine; délayez-la ensuite en pâte molle avec des lancs d'œuf.

Pâte à massepain. — Mondez 250 grammes d'amandes; faites-les dégorger, égouttez-les; pilez-les en ajoutant quelques gouttes d'eau; quand elles sont converties en pâte, passez-les au tamis; mettez-les dans un poêlon, mêlez-leur peu à peu 750 grammes de sucre cuit au petit *cassé*, à la vanille; desséchez la pâte uelques minutes sur feu, sans faire bouillir, mettez-la de nouveau dans le mortier pour la piler, jusqu'à ce qu'elle soit bien lisse, qu'elle ait pris beaucoup de corps; retirez-la, moulez-la sur un marbre saupoudré le sucre fin.

Pâte d'amandes, soufflée. — Pilez 500 grammes d'amandes mondées, dégorgées; mêlez-leur, eu à peu, 1 kilogramme de sucre et 8 blancs d'œuf, en donnant du corps à la pâte; travaillez-la alors sur le our, en incorporant encore 1 kilogramme de sucre fin; quand le sucre est absorbé, moulez la pâte, tenez-la à couvert.

Pâte d'amandes, à vacherin. — Pilez 500 grammes d'amandes mondées, en ajoutant 2 cuillerées d'eau froide et 100 grammes de sucre; passez-les aux tamis. Mettez-les dans un poêlon avec 500 grammes de glace de sucre; desséchez la pâte sur feu modéré, sans faire bouillir, sans cesser de remuer avec une cuiller, jusqu'à ce qu'elle ne s'attache plus aux doigts.

A ce point, mettez-la sur un marbre, travaillez-la avec la cuiller, puis avec la main jusqu'à ce qu'elle soit refroidie. Mêlez-lui alors 2 cuillerées de gomme adragante ramollie, passée, comme pour le pastillage. Mélangez bien la gomme et la pâte, incorporez-lui peu à peu, 4 à 500 grammes de glace de sucre, en opérant comme pour le pastillage.

Avec cette pâte, on prépare des abaisses pour entremets ou pièces mangeables.

Pâte à massepain, aux fleurs d'oranger. — *Proportions* : 500 grammes d'amandes, 600 grammes de sucre, 4 cuillerées d'eau de fleurs d'oranger, grain de sel.

Pilez les amandes avec l'eau de fleurs d'oranger, déposez-les dans un poêlon; ajoutez le sucre; posez le poêlon sur feu doux pour dessécher la pâte, sans faire bouillir, en la travaillant jusqu'à ce qu'elle ne colle plus aux doigts; travaillez-la ensuite sur le tour poudré de sucre fin pour la rendre lisse.

Pâte à plomquet. — (plum-cake). 500 grammes beurre, 500 sucre dont partie aux zeste de citron, 500 gr. farine et 125 fécule, 14 jaunes, 12 blancs fouettés. 200 grammes écorces confites: citron et orange en petits dés, autant de petits Corinthes, 1 décilitre rhum, grain de sel. — Faites mousser le beurre en terrine tiède, ajoutez peu à peu jaunes et sucre, puis fécule et farine, écorces et raisins, rhum, et ensuite les blancs fouettés; four très doux en moules à charlotte foncés de papier blanc.

Pâte à croûtes de Gênes. — *Proportions* : 500 grammes sucre, 350 grammes farine, 250 grammes beurre fin, 8 œufs, 200 grammes raisins de Smyrne, zeste, grain de sel.

Travaillez le beurre avec le sucre et les œufs dans une terrine; quand l'appareil est bien mousseux, ajoutez la farine séchée et tamisée, puis les œufs et les raisins. — Couchez les croûtes sur plaque beurrée.

Pâte à gâteau d'York. — *Proportions* : 500 grammes farine, 400 grammes sucre, 250 grammes d'amandes pilées, grain de sel, pincée de bicarbonate.

Étalez la farine en fontaine; sur le centre, déposez le sucre, les amandes et le sel. Délayez le sucre, le carbonate et les amandes avec du lait; incorporez la farine, peu à peu, en tenant la pâte molle et lisse, mais sans la fraiser; donnez-lui 7 tours, comme un feuilletage. — Coupez les gâteaux de forme ronde ou longue, de l'épaisseur d'un tiers de centimètre; rangez-les sur plaque; dorez-les avec du lait; cuisez à four chaud.

Pâte à biscuit anglais. — *Proportions* : 500 grammes farine, 250 grammes sucre, 80 grammes beurre, 4 œufs, un peu de lait, une cuillerée à café d'ammoniaque pulvérisée, grain de sel.

Faites la fontaine, placez dans le centre les œufs, le beurre, le sel, le lait. — Pâte lisse et ferme, abaissée, mince, détaillée au coupe-pâte; cuire à four vif.

Appareil à gaufres italiennes. — *Proportions* : 250 grammes farine, 200 grammes glace de sucre, 100 grammes d'amandes moulues, 4 blancs d'œuf, zestes, grain de sel.

Travaillez le sucre avec les blancs, ajoutez la farine, cuisez l'appareil à four chaud, sur plaque cirée et farinée.

Appareil à gaufres roulées. — *Proportions* : 500 grammes amandes, 250 grammes sucre, 175 grammes farine, 8 blancs fouettés, grain de sel, zeste.

Prenez les amandes moulues, mêlez-les avec le sucre, dans une terrine; ajoutez les blancs peu à peu; en dernier lieu, la farine. — Cuisez sur plaque cirée; roulez ensuite ces gaufres en cornet ou en tube.

Appareil de palais de dames. — *Proportions* : 500 grammes sucre, 500 grammes farine,

DÉTREMPES ET APPAREILS DE PATISSERIE.

11 œufs, grain de sel, essence. — Travaillez le sucre avec la moitié des œufs; quand l'appareil est mousseux, ajoutez le restant des œufs peu à peu; incorporez ensuite la farine, en la tamisant.

Couchez l'appareil à la poche, sur plaque beurrée et farinée; cuisez à four vif.

Appareil à dariole. — Pour 8 darioles : un moule à dariole de sucre, autant de farine, un demi-moule de pralin, 2 œufs, et 4 jaune, 4 moules de lait, 2 cuillerées d'eau de fleurs d'oranger, grain de sel.

Appareil de génoise, fouetté sur feu. — *Proportions :* 500 grammes farine, 500 grammes sucre, 500 grammes beurre fondu, 16 œufs entiers, zeste râpé, grain de sel.

Mettez dans une bassine le sucre, le sel, les œufs; mêlez et fouettez sur feu très doux. Quand l'appareil est léger, retirez du feu; ajoutez le beurre fondu, la farine, puis le zeste. — Cuisez sur plaque ou moules plats.

Appareil de génoise sur feu, à la crème de riz. — *Proportions :* 500 grammes de sucre; 375 grammes crème de riz, 500 grammes beurre, 4 cuillerées de kirsch, autant d'eau de fleurs d'oranger, 16 œufs, grain de sel.

Mêlez les œufs avec le sucre; fouettez sur feu; quand l'appareil est léger, retirez-le, mêlez-lui peu à peu la farine tamisée, puis le beurre fondu, kirsch et eau de fleurs d'oranger, sel. — Cuisez en moules plats ou sur plaque; four moyen.

Appareil de génoise, aux zestes. — *Proportions :* 500 grammes farine, 500 grammes beurre, 16 œufs, zeste, grain de sel.

Travaillez 12 œufs avec le sucre; ajoutez sel et zeste, farine, le beurre et puis le restant des œufs.

Appareil de génoise aux amandes et vanille. — *Proportions :* 500 grammes sucre, 400 grammes farine, 300 grammes beurre, 200 grammes amandes douces et amères râpées, 14 œufs entiers, 4 jaunes, 4 blancs fouettés, vanille, un grain de sel.

Mettez le sucre et les amandes dans une terrine, mêlez les œufs peu à peu; ajoutez la farine, travaillez 8 minutes; ajoutez le beurre, la farine, le sel, les blancs fouettés. — Cuisez sur plaque ou en moules plats.

Appareil de génoise à l'orange. — *Proportions :* 500 grammes sucre, dont 50 parfumé à l'orange, 300 grammes farine, 50 grammes fécule de pommes de terre, 250 grammes amandes, 450 grammes beurre, 14 œufs entiers, 4 jaunes, 4 blancs fouettés, un grain de sel.

Pilez les amandes avec un œuf, déposez dans une terrine, ajoutez le sucre, les œufs entiers, les jaunes, le sel; travaillez l'appareil comme du biscuit; quand il est mousseux et léger, incorporez les amandes, puis le beurre fondu en crème, la fécule et la farine, en les tamisant; ajoutez enfin les blancs fouettés.

Cuisez l'appareil dans un plafond beurré, fariné ou glacé.

Appareil de génoise, pour croquembouche. — *Proportions :* 500 grammes sucre, 500 grammes farine, 400 grammes beurre, 15 œufs, zeste, grain de sel.

Mêlez simplement le sucre et les œufs dans une terrine; ajoutez peu à peu la farine et le beurre fondu, sel, zeste. — Cuisez sur plaque beurrée, farinée ou couverte de papier beurré; four doux.

Appareil de génoise sèche, pour timbale. — *Proportions :* 500 grammes sucre, 500 grammes farine, 14 œufs entiers, 250 grammes beurre fondu et épuré, grain de sel, un petit verre d'eau-de-vie.

Mêlez dans une terrine le sucre, les œufs, le beurre, la farine et l'eau-de-vie, sans travailler beaucoup. — Cuisez sur plaque beurrée et farinée.

Appareil de génoise cassante. — Pesez 8 œufs, le même poids de sucre, autant de beurre, autant de farine, autant d'amandes. Déposez le sucre dans une terrine, travaillez-le vivement avec les œufs;

quand l'appareil est léger, ajoutez un grain de sel, la farine, les amandes pilées, passées au tamis, puis le beurre et 100 grammes de fécule; quand l'incorporation est faite, ajoutez 4 cuillerées de cognac. — Cuisez à four moyen, sur plaque ou en moules beurrés.

Appareil de génoise aux raisins. — *Proportions* : 500 grammes sucre, 350 grammes farine, 50 grammes fécule de pommes de terre, 400 grammes beurre fondu, 14 à 15 œufs, 4 blancs fouettés, 150 grammes raisins de Smyrne, demi-zeste de citron haché, grain de sel.

Travaillez, dans une terrine, le sucre avec les œufs; quand l'appareil est léger, incorporez la farine et la fécule, le beurre fondu en crème, le sel, les 4 blancs fouettés, puis les raisins et le zeste haché. — On cuit cet appareil en moules beurrés ou sur plaque couverte de papier.

Appareil de génoise aux pistaches. — *Proportions* : 500 grammes sucre (dont 50 vanillé), 350 grammes farine, 400 grammes beurre, 50 grammes fécule de pommes de terre, 14 œufs entiers, 3 blancs fouettés, 125 grammes de pistaches, grain de sel.

Maniez le beurre dans un linge, déposez-le dans une terrine tiède, travaillez-le à la cuiller, jusqu'à ce qu'il soit crémeux; ajoutez alors 1 œuf entier, une poignée de sucre, le sel et le zeste; quand l'appareil est bien mêlé, ajoutez une autre poignée de sucre; continuez ainsi l'opération jusqu'à ce que le sucre et les œufs soient absorbés; ajoutez les pistaches pilées, mêlées avec le suc de 2 oranges; incorporez la farine et la fécule en les tamisant, et ensuite les blancs fouettés.

Appareil de génoise angélique. — *Proportions* : 500 grammes sucre, 500 grammes farine, 14 œufs entiers bien battus, 200 grammes angélique, 500 grammes beurre fondu et épuré, 5 blancs fouettés, grain de sel.

Travaillez le sucre avec les œufs; quand l'appareil est mousseux, ajoutez la farine, le beurre ensuite, puis les blancs fouettés et l'angélique coupée en dés. — Cuisez en petits moules beurrés.

Appareil de génoise chinoise. — *Proportions* : 500 grammes sucre, 500 grammes farine, 600 grammes beurre fondu et épuré, 14 à 15 œufs, 5 blancs fouettés, 300 grammes chinois confits, 6 cuillerées de rhum, grain de sel.

Travaillez le sucre avec les jaunes; quand l'appareil est mousseux, ajoutez la farine tamisée, le beurre, le rhum, le sel, les blancs fouettés, puis les chinois coupés en tranches minces. Cuisez l'appareil sur plaque; quand il est à point, pralinez-le, saupoudrez avec du sucre en poudre; faites sécher au four. Divisez ensuite l'abaisse.

Appareil de gâteau de broche polonais. — *Proportions* : 500 grammes farine, 250 grammes fécule, 500 grammes beurre, 500 grammes sucre, 25 jaunes d'œuf, 17 blancs, 1 bâton de vanille, zeste de citron et d'orange, macis, sel. — Pour la manipulation, voyez au chapitre des *Grosses pièces de pâtisserie*.

Appareil de gâteau de broche, à l'allemande. — *Proportions* : 500 grammes sucre en poudre, vanillé, 500 grammes beurre, 375 grammes farine, 175 grammes amidon en poudre, 6 œufs entiers, 18 jaunes, demi-litre de crème fouettée, sel, liqueurs.

Travaillez le beurre en crème, ajoutez les œufs entiers, puis les jaunes; travaillez longtemps l'appareil; mêlez-lui ensuite les blancs fouettés, la farine et l'amidon : la crème fouettée ne doit être incorporée qu'au moment de cuire l'appareil.

Appareil de madeleine sur feu. — 250 grammes sucre, 250 grammes beurre, 250 grammes farine, 75 grammes amandes hachées, râpées, broyées, 7 œufs entiers, grain de sel, essence.

Déposez dans un bassin le sucre, la farine et les œufs; mêlez et fouettez sur feu doux; quand l'appareil est léger, retirez-le; incorporez peu à peu le beurre fondu en crème; les amandes, cuisez à four doux, dans des moules beurrés ou sur plaque couverte de papier.

DÉTREMPES ET APPAREILS DE PATISSERIE.

Appareil de madeleine à l'orange. — *Proportions* : 500 grammes sucre dont 50 à l'orange, 450 grammes farine, 50 grammes fécule, 1 œuf entier, 8 jaunes, 8 blancs fouettés, 450 grammes beurre fondu, 4 cuillerées cognac, une cuillerée eau d'oranger, sel.

Travaillez en terrine sucre, œufs; quand l'appareil est mousseux, incorporez farine et fécule tamisées, puis le beurre, et ensuite blancs fouettés, liqueur, essence; cuisez en petits moules beurrés, glacés, four gai.

Appareil de pannequets communs. — *Proportions* : 250 grammes farine, 125 grammes sucre, 100 grammes de beurre, 6 œufs entiers, un demi-litre de lait, sel, essence.

Mêlez dans une terrine le sucre, la farine, le beurre fondu; délayez peu à peu avec les œufs et le lait.

Appareil de pannequets, à la crème. — *Proportions* : 500 grammes farine, 250 grammes beurre, 125 grammes sucre, 10 œufs, 1 litre de crème crue, grain de sel, zeste râpé.

Mettez dans une terrine la farine, le sucre, le sel, les œufs et zeste; mêlez et délayez avec la crème; ajoutez le beurre dissous.

Appareil de pannequets, léger. — *Proportions* : 500 grammes farine, 450 grammes beurre, 350 grammes sucre, 12 jaunes d'œuf, 8 blancs fouettés, sel, 6 décilitres de lait.

Travaillez les jaunes et le sucre dans une terrine; ajoutez le beurre fondu et la farine, délayez, peu à peu, l'appareil avec le lait tiède; incorporez ensuite les blancs fouettés.

Appareil de précieuses. — *Proportions* : 500 grammes sucre en poudre, 250 grammes fécule, 75 grammes amandes hachées, un grain de sel, zeste râpé, 3 œufs entiers, 10 jaunes, 5 blancs fouettés.

Mettez, dans une terrine, farine, jaunes d'œuf, sel, sucre, zeste et amandes; travaillez 5 minutes avec une cuiller; incorporez ensuite les 5 blancs fouettés.

Appareil de biscuit luchonnais (Bouil). — 500 grammes sucre, 300 grammes farine, 420 grammes beurre, 20 jaunes d'œuf, 20 blancs fouettés, 350 grammes raisins de Corinthe, le suc d'un citron, zeste râpé, grain de sel.

Mêlez le sucre et les jaunes dans une terrine, travaillez l'appareil 20 minutes avec le fouet; ajoutez le suc de citron et le zeste; hachez le beurre avec la farine; mêlez-les avec l'appareil; incorporez les blancs fouettés et les raisins. — Cuisez en moule ou sur plaque.

Appareil de biscuit-punch. — *Proportions* : 500 grammes sucre, 250 grammes farine, 250 grammes fécule, 375 grammes beurre fondu, 3 œufs entiers, 11 jaunes, 4 blancs fouettés, un petit verre de rhum, zestes de citron et d'orange hachés, grain de sel.

Déposez le sucre dans une terrine, ajoutez les jaunes peu à peu, en travaillant l'appareil avec une cuiller; quand celui-ci est léger, ajoutez le beurre, le rhum, les blancs fouettés, la fécule et la farine tamisées, zeste et sel. — Cuisez l'appareil en moule ou sur plaque.

Appareil de biscuit commun. — *Proportions* : 500 grammes sucre, 300 grammes farine, 16 jaunes, 16 blancs fouettés, une cuillerée de fécule, zeste haché, sel.

Travaillez dans une terrine le sucre avec les jaunes; quand l'appareil est mousseux, incorporez la farine bien sèche, tamisée, en même temps que les blancs fouettés. — Cuisez en moule ou sur plaque couverte de papier. — En ajoutant 125 grammes de beurre fondu on obtient le biscuit au beurre.

Appareil de biscuit fin. — *Proportions* : 500 grammes sucre en poudre, non déglacé, 40 grammes sucre vanillé, 125 grammes belle farine, 125 grammes fécule de pommes de terre, 10 œufs [1], grain de sel.

[1]. Le nombre d'œufs prescrit pour les pâtes comme aussi pour les appareils de biscuit, est basé sur le poids des œufs de Paris dont 8 pèsent une livre; s'ils sont plus petits, il faut en augmenter le nombre.

La farine et la fécule doivent être bien séchées et tamisées, les œufs doivent être bien frais.

Coupez les œufs, mettez les 10 jaunes dans une terrine et les blancs dans la bassine à fouetter. Aux jaunes mêlez le sucre en poudre et le sucre vanillé; travaillez vivement l'appareil avec une cuiller en bois, jusqu'à ce qu'il soit mousseux et léger.

Mêlez-lui alors les blancs fouettés avec un grain de sel, bien fermes; ajoutez ensuite la fécule et la farine, en les tamisant peu à peu sur l'appareil. — Cuisez en moules ou en petites caisses.

Appareil de biscuit pour grosse pièce. — *Proportions* : 500 grammes sucre, 150 grammes fécule, 150 grammes farine, 10 à 12 jaunes, autant de blancs fouettés, vanille ou zeste, sel. — Voyez aux *Grosses pièces de pâtisserie*.

Appareil de biscuit, en moule de moyenne grosseur. — 500 grammes sucre, 150 grammes farine, 150 grammes fécule, 12 jaunes, 12 blancs fouettés, un grain de sel, zeste ou vanille.

Appareil de biscuit manqué, à l'orange. — *Proportions* : 500 grammes sucre en poudre dont une partie à l'orange, 400 grammes farine, 12 jaunes, 4 œufs entiers, 12 blancs fouettés, 250 grammes beurre fondu, sel, 1 décilitre cognac, essence d'amandes.

Travaillez le sucre avec les 12 jaunes et les œufs entiers; quand l'appareil est léger, incorporez le beurre fondu et la moitié de la farine, ainsi qu'une partie des blancs fouettés; le mélange opéré, ajoutez le reste de la farine en la tamisant, puis le reste des blancs fouettés. — Cuisez l'appareil en moule ou sur plaque couverte de papier.

Appareil de biscuit manqué, au cédrat. — *Proportions* : 500 grammes sucre en poudre, 400 grammes farine, 250 grammes beurre fondu, 10 jaunes d'œuf, 6 œufs entiers, 10 blancs fouettés, sel, zeste râpé, 150 grammes de cédrat confit coupé en petits dés, cognac, essence amandes.

Travaillez le sucre avec les jaunes, dans une terrine; faites mousser; ajoutez sel, zeste et œufs entiers; travaillez encore quelques minutes, puis mêlez la farine, les blancs fouettés et le cédrat; cuisez sur un plafond beurré et masqué de papier. — On praline ordinairement ce biscuit avec des amandes hachées, mêlées avec sucre en poudre et œufs.

Appareil de biscuit d'Espagne. — *Proportions* : 500 grammes sucre, 300 grammes farine, 50 grammes fécule, 20 jaunes d'œuf, 7 blancs fouettés, zeste de citron ou d'orange haché, sel.

Travaillez le sucre avec les jaunes, incorporez la farine et la fécule tamisées, ainsi que les blancs fouettés et le zeste.

Appareil de biscuit en feuilles. — *Proportions* : 500 grammes sucre dont 50 vanillé, 300 grammes amandes sèches, pilées avec le suc d'une orange; 350 grammes farine, 150 grammes beurre fondu, 21 jaunes d'œuf, 16 blancs fouettés, grain de sel, zeste d'orange.

Travaillez les jaunes et le sucre 10 à 12 minutes; ajoutez les amandes passées au tamis, le beurre fondu, les blancs fouettés, la fécule et la farine, en les tamisant. — Couchez, mince, sur plaque couverte, cuisez à four doux de papier.

Appareil de biscuit aux pistaches. — *Proportions* : 500 grammes sucre, 275 grammes farine, 150 grammes pistaches pilées et passées, 22 jaunes d'œuf, 8 blancs fouettés, vanille et eau de fleurs d'oranger, grain de sel.

Travaillez les jaunes avec le sucre et le sel; quand l'appareil est léger, incorporez les pistaches, pilées avec l'eau de fleurs d'oranger, puis les blancs fouettés et la farine, en la tamisant peu à peu. — Cuisez en petits moules ou sur plaque couverte de papier.

Appareil de biscuit aux noix fraiches. — *Proportions* : 500 grammes sucre, dont une partie à l'orange, 350 grammes farine, 400 grammes noix fraîches, épluchées ; 20 jaunes d'œuf, 10 blancs fouettés, le suc d'une orange, sel.

Pilez finement les noix avec un peu de sucre et le suc d'orange ; travaillez le sucre avec les jaunes dans une terrine ; quand l'appareil est mousseux, incorporez la purée de noix, la farine, puis les blancs fouettés. — Cuisez en petits moules ou sur plaque.

Appareil de biscuit aux avelines. — *Proportions* : 300 grammes sucre dont 50 grammes vanillé, 150 grammes farine et 160 grammes fécule, 400 grammes avelines, 22 jaunes, 6 blancs fouettés, sel.

Faites griller les avelines dans un poêlon jusqu'à ce que la peau s'en détache ; épluchez-les, pilez-les finement avec un peu de sucre. Travaillez les jaunes et le sucre dans une terrine ; quand l'appareil est mousseux, incorporez les avelines, la farine, la fécule, ainsi que les blancs fouettés. — Cuisez cet appareil en petits moules ou sur plaque couverte de papier.

Appareil de biscuit aux avelines et au kirsch. — *Proportions :* 500 grammes avelines torréfiées, sans peau ; 500 grammes sucre, 350 grammes fécule, 8 œufs entiers, 10 jaunes, 10 blancs fouettés, grain de sel, zestes râpés de citron ou d'orange, liqueur.

Pilez les avelines, en ajoutant peu à peu le sucre ; quand elles sont converties en pâte, mettez-les dans une terrine ; travaillez longtemps l'appareil, en ajoutant les œufs entiers, un à un, et 5 à 6 cuillerées de kirsch. Ajoutez ensuite les jaunes, puis la fécule, le sel, les zestes, les blancs fouettés. Cuisez à four doux en moule ou sur plaque couverte de papier.

Appareil ambroisie. — *Proportions :* 500 grammes amandes mondées, séchées, râpées, 500 grammes sucre, 150 grammes fécule, 300 grammes beurre fondu, 8 œufs, 1 décilitre curaçao, sel.

Broyez les amandes en mortier avec 2 blancs et 50 grammes sucre vanillé ; ajoutez ensuite sucre et œufs peu à peu ; travaillez l'appareil au pilon pour le faire blanchir ; quand il est mousseux, ajoutez fécule et beurre, puis la liqueur ; cuisez à four gai en moules plats foncés de papier.

Appareil de biscuit Beaumarchais. — 500 grammes sucre, 500 grammes amandes mondées, râpées, 200 grammes beurre fondu, 75 grammes fécule, 50 grammes sucre aux zestes, 8 œufs, 6 jaunes, 6 blancs fouettés, 2 ou 3 cuillerées marasquin, sel.

Broyez vivement les amandes au mortier avec un œuf et le quart du sucre. Montez en terrine œuf, jaunes et sucre ; quand l'appareil est léger ajoutez les amandes sans cesser de travailler ; puis la fécule, les blancs fouettés, le beurre, la liqueur ; cuisez à four moyen en moules plats ou petits moules.

Appareil de biscuit roulé. — *Proportions :* 500 grammes farine, 500 grammes sucre, 22 jaunes, 20 blancs, un grain de sel, zeste de citron haché, sel.

Travaillez le sucre avec les jaunes ; quand l'appareil est mousseux, incorporez les blancs fouettés, en même temps que la farine tamisée. — Cuisez sur plaque couverte de papier, en couche mince.

Appareil de biscuit au citron sur feu. — 500 grammes sucre, 250 grammes farine, 50 grammes fécule, 12 œufs, 4 jaunes, 4 blancs fouettés ; zeste citron râpé, grain de sel.

Mêlez le sucre et les œufs dans une bassine, fouettez-les sur feu doux ; quand l'appareil est mousseux, retirez-le du feu, incorporez la farine et la fécule, tamisées ; en dernier lieu, ajoutez le zeste. Cuisez en moule ou sur plaque couverte de papier.

Appareil de biscuit pensée. — *Proportions :* 500 grammes sucre, 250 grammes amandes, 250 grammes beurre, 150 grammes fécule, 14 jaunes, 4 blancs fouettés, une gousse vanille, grain de sel.

Mêlez le sucre et les jaunes dans une bassine ; travaillez l'appareil comme pour biscuit, quand il est bien léger, fouettez-le quelques minutes sur feu très doux ; incorporez les amandes, la fécule, le beurre et enfin les blancs fouettés. — Cuisez dans des moules à *trois-frères*.

Appareil de biscuit moscovite. — *Proportions :* 500 grammes sucre, dont une partie vanillé, 300 grammes farine, 200 grammes beurre cuit à la *noisette*, 150 grammes amandes, 18 jaunes, 2 œufs entiers, 12 blancs fouettés, grain de sel.

Pilez les amandes avec les œufs entiers; passez-les au tamis; travaillez le sucre avec les jaunes; quand l'appareil est léger, incorporez les amandes, le beurre, les blancs fouettés, la farine tamisée. — Cuisez en moule ou sur plaque couverte de papier.

Appareil de biscuit norwégien. — *Proportions :* 500 grammes sucre, 300 grammes farine, 300 grammes beurre fondu, 250 grammes avelines, 20 œufs, zestes, sel.

Travaillez le sucre avec 16 œufs. Pilez les avelines avec 4 œufs; passez-les au tamis; mêlez-les à l'appareil; 10 minutes après, ajoutez la farine tamisée, et enfin le beurre fondu. — Cuisez en moules plats ou sur plaque: glacez avec une glace au kirsch.

Appareil de biscuit sicilien. — *Proportions :* 500 grammes sucre, 250 grammes farine, 8 œufs entiers et 8 jaunes, 300 grammes beurre fondu, 20 grammes amandes amères, pilées, passées, 4 cuillerées marasquin, sel.

Mêlez le sucre, les œufs, les amandes et le sel; fouettez l'appareil jusqu'à ce qu'il soit mousseux; ajoutez alors le beurre, puis le marasquin. — Cuisez en moules plats ou sur plaque.

Appareil de biscuit fondant. — *Proportions :* 500 grammes sucre en poudre, 300 grammes farine, 300 grammes beurre fondu, 180 grammes amandes, 4 cuillerées de kirsch, 12 œufs, sel, zeste d'orange.

Mêlez le sucre avec les œufs; fouettez sur feu. Quand l'appareil est léger, ajoutez les amandes pilées avec un peu de lait; puis la farine tamisée, le beurre, le kirsch, sel et zestes. — Cuisez en moules plats ou sur plaque; four doux.

Appareil de biscuit à moka. — Travaillez, dans une bassine, 16 jaunes d'œuf et 500 grammes de sucre; quand l'appareil est léger, ajoutez 16 blancs fouettés, en même temps que 200 grammes de farine et 150 grammes de fécule, mêlées et tamisées. Cuisez sur plaques ou en moules de moyenne grosseur. — C'est le biscuit qu'on emploie pour les mokas ou tous autres gâteaux garnis de crème au beurre.

Appareil de biscuit sableux. — *Proportions :* 550 grammes beurre, 250 grammes sucre, 250 grammes fécule de pommes de terre bien sèche, une pincée de farine, 6 jaunes d'œuf, un œuf entier, la moitié d'un zeste de citron haché, sel.

Faites fondre à moitié le beurre, versez-le dans une terrine vernie, travaillez-le à la cuiller 5 à 6 minutes, pour le lier; ajoutez alors le sucre peu à peu; travaillez l'appareil jusqu'à ce qu'il soit bien léger; incorporez enfin les œufs, l'un après l'autre, puis la fécule tamisée. — Cuisez à four doux, bien atteint, dans un moule plat, beurré et glacé.

Appareil de biscuit Eugénie. — *Proportions :* 500 grammes amandes, 500 grammes sucre, 250 grammes beurre, 175 grammes fécule de pommes de terre, 7 œufs, 4 cuillerées de curaçao, sel.

Pilez les amandes avec quelques gouttes d'eau froide, quelques parties de sucre; mettez-les dans une terrine, travaillez fortement l'appareil en mêlant le restant du sucre; incorporez les œufs et le beurre, puis la fécule et le curaçao. — Cuisez à four doux, dans des moules beurrés et glacés.

Appareil de biscuit léger. — *Proportions :* 500 grammes sucre vanillé [1], 300 grammes farine, 50 grammes fécule, 17 jaunes d'œuf, 17 blancs fouettés, grain de sel.

---

1. Quand on dit du sucre vanillé, il faut entendre qu'il est mêlé avec une certaine quantité de sucre à la vanille.

Travaillez le sucre avec les jaunes; quand l'appareil est léger, incorporez la farine et la fécule bien sèches et tamisées, ainsi que les blancs fouettés.

Appareil de biscuit vanillé. — *Proportions* : 500 grammes sucre, dont une partie vanillée, 175 grammes farine, 175 grammes fécule, 12 jaunes d'œuf, 12 blancs fouettés, sel.

Pilez le sucre avec un bâton de vanille; passez au tamis. Travaillez le sucre avec les jaunes; quand l'appareil est bien léger, mêlez-lui les blancs fouettés, en tamisant la farine et la fécule dessus. — Cuisez en moule ou sur plaque; glacez à la vanille.

Appareil de biscuit mexicain. — *Proportions* : 500 grammes sucre, 500 grammes farine de riz, 500 grammes beurre fondu, 12 œufs entiers, 20 jaunes, vanille, sel.

Pilez le sucre avec la vanille; passez-le dans une bassine; ajoutez les œufs, mêlez et fouettez jusqu'à ce que l'appareil soit mousseux. Ajoutez alors la farine de riz, en la tamisant. — Cuisez en moules plats ou sur plaque, four modéré. Glacez au kirsch.

Appareil de biscuit à l'infante. — *Proportions* : 500 grammes sucre, 500 grammes beurre fin, 350 grammes amandes, 250 grammes belle farine, 10 blancs d'œuf nature, 10 blancs fouettés, 1 décilitre de rhum, zeste d'orange, grain de sel.

Pilez les amandes avec le zeste, délayez avec le rhum et passez. — Travaillez le beurre dans une terrine, en lui mêlant peu à peu 10 blancs d'œuf et le sucre en poudre. Ajoutez ensuite les amandes, puis la farine et les blancs fouettés. — Cuisez en moules plats ou sur plaque, feu modéré. — Glacez au rhum.

Appareil de biscuit de Genève. — *Proportions* : 500 grammes sucre, dont une partie à l'orange, 500 grammes farine, 12 jaunes, 4 œufs entiers, 6 blancs fouettés, 175 grammes beurre fondu, 150 grammes amandes finement râpées, grain de sel.

Mêlez le sucre et les jaunes, travaillez l'appareil 2 minutes seulement; incorporez ensuite le beurre fondu, les amandes, la farine, en même temps que les blancs fouettés. — Cuisez en moules beurrés ou sur plaque à rebords, couverte de papier.

Appareil de biscuit fin, aux amandes. — 500 grammes sucre vanillé, 325 grammes amandes (dont quelques-unes amères), 175 grammes farine, 80 grammes fécule, 5 œufs entiers, 12 jaunes, 8 blancs fouettés, sel.

Séchez les amandes, pilez-les avec une poignée de sucre et les œufs entiers, passez-les au tamis. — Travaillez le sucre avec les jaunes jusqu'à ce que l'appareil soit bien mousseux; ajoutez peu à peu les amandes, puis versez la moitié de l'appareil dans les blancs fouettés; mêlez aussitôt les deux parties, en additionnant la fécule et la farine, en tamisant celle-ci, peu à peu, sur l'appareil.

Appareil de biscuit d'amandes, à la vanille. — Pilez 500 grammes d'amandes douces, dont 40 grammes d'amères, mondées; mêlez-leur, peu à peu, 500 grammes de sucre en poudre, à la vanille, 10 jaunes d'œuf et 1 œuf entier, l'un après l'autre. Retirez l'appareil dans une terrine, mêlez-lui encore 6 jaunes d'œuf, en le travaillant. Fouettez les 14 blancs, et, avec une petite partie de ceux-ci, délayez d'abord l'appareil aux amandes, puis mêlez-les tous, en ajoutant peu à peu 200 grammes de farine tamisée sur l'appareil peu à peu.

Appareil de biscuit aux amandes, travaillé sur feu. — *Proportions* : 500 grammes sucre, 250 grammes farine de riz, 150 grammes amandes, 150 grammes beurre fondu, 12 œufs, 8 jaunes, zeste, sel.

Travaillez les œufs et le sucre dans une bassine; au bout de 7 ou 8 minutes, posez celle-ci sur feu modéré, sans cesser le travail; quand l'appareil est légèrement chaud, bien lié, incorporez la farine, le beurre, les amandes, le zeste haché. — Cuisez en moule ou sur plaque couverte de papier.

Appareil de biscuit aux amandes et au citron. — *Proportions :* 500 grammes amandes, 500 grammes sucre, 500 grammes beurre fondu, épuré ; 16 jaunes, 16 blancs fouettés, grain de sel, zeste de citron.

Travaillez, dans une terrine, les jaunes et le sucre ; quand l'appareil est mousseux, ajoutez les amandes moulues, le beurre, les blancs fouettés, sel, zeste. — Cuisez sur plaque beurrée.

Appareil de biscuit d'amandes, au kirsch. — Pilez 500 grammes d'amandes douces avec quelques-unes d'amères, mondées ; ajoutez de temps en temps un peu de sucre, 4 cuillerées de kirsch et 1 blanc d'œuf.

Mettez-les dans une terrine, ajoutez 500 grammes de sucre en poudre, 4 œufs entiers, grain de sel. Travaillez vivement l'appareil pendant 10 minutes ; ajoutez alors 10 jaunes ; travaillez encore 10 minutes. Quand l'appareil est mousseux, mêlez-lui 10 blancs fouettés et 350 grammes de fécule. — Cuisez en moules beurrés : four doux.

Appareil de biscuit aux amandes et à l'anisette. — Pilez 200 grammes d'amandes mondées, douces, et 30 grammes d'amères, en les mouillant avec un œuf ; ajoutez 500 grammes de sucre en poudre, puis 3 œufs entiers et 8 jaunes. Mettez l'appareil dans une terrine, mêlez-lui 125 grammes de fécule, un grain de sel et 4 cuillerées d'anisette. Fouettez les 8 blancs, mêlez-leur 125 grammes de fécule, incorporez-les avec l'appareil aux amandes. — Cuisez dans des moules unis.

Appareil de biscuit à l'abricot. — *Proportions :* 500 grammes sucre en poudre au citron, 250 grammes fécule de pommes de terre, 200 grammes marmelade d'abricots, 18 jaunes, 8 blancs fouettés, grain de sel.

Mettez les jaunes dans une bassine, broyez-les ; ajoutez le sucre, puis la marmelade passée ; travaillez l'appareil 12 à 15 minutes. Fouettez les blancs ; quand ils sont bien fermes, mêlez-les peu à peu avec l'appareil, en même temps que la farine, en tamisant celle-ci. — Cuisez dans des moules à flan, ou sur plaques minces.

Appareil de biscuit à la Richelieu. — *Proportions :* 500 grammes de sucre, 500 grammes amandes, 175 grammes beurre, 175 grammes farine, 16 jaunes d'œuf, 8 blancs fouettés, sel, vanille.

Pilez bien les amandes avec un peu de sucre et un jaune d'œuf, passez-les au tamis. Travaillez le sucre et les jaunes dans une terrine ; quand l'appareil est mousseux, incorporez les amandes, le beurre fondu, les blancs fouettés. — Cuisez en moules plats.

Appareil de biscuit à la reine. — Fouettez 16 blancs d'œuf, mêlez-leur 500 grammes de sucre, en faisant tomber celui-ci à travers un tamis ; incorporez à l'appareil la même quantité de crème fouettée que de blancs d'œuf, en même temps que 500 grammes de farine, en la tamisant sur l'appareil. — Cuisez sur plaques beurrées et farinées.

Appareil de biscuit mousseline. — *Proportions :* 500 grammes sucre parfumé, 300 grammes fécule et farine, 185 grammes beurre fondu, 20 jaunes, 16 blancs fouettés, suc d'orange ou de citron, sel.

Travaillez en terrine sucre et jaunes ; quand l'appareil est mousseux ajoutez farine et fécule, les blancs, le suc d'orange et enfin le beurre ; cuisez en moule à manquer, four moyen.

Appareil de biscuit pour Charlotte. — 500 grammes sucre, 500 grammes farine, 500 grammes beurre fondu, 9 à 10 jaunes, 9 blancs fouettés, zeste râpé, sel.

Travaillez vigoureusement en terrine les jaunes et le sucre ; faire l'appareil mousseux ; incorporez peu à peu les blancs fouettés, en même temps que la farine tamisée sur ceux-ci ; ajoutez le beurre fondu sans être chaud, puis zeste et sel.

Cuisez l'appareil four moyen, sur plaque couverte de papier.

Appareil de biscuit hollandais. — *Proportions :* 325 grammes farine, 175 grammes amandes, 250 grammes beurre, 8 œufs entiers, 8 jaunes, 8 blancs, sel, vanille.

DÉTREMPES ET APPAREILS DE PATISSERIE.

Hachez finement les amandes sans les monder. Travaillez dans une terrine le sucre avec les œufs entiers et les jaunes; quand l'appareil est mousseux, ajoutez la farine tamisée, les amandes, le beurre fondu en crème, les blancs fouettés, en dernier lieu. — Cuisez sur plaque ou dans les moules beurrés.

Appareil de biscuit friand. — *Proportions:* 500 grammes sucre, dont une partie vanillée, 200 grammes amandes pilées avec 4 jaunes, 200 grammes farine, 100 grammes fécule, 150 grammes beurre fondu, 24 jaunes, 12 blancs fouettés, sel.

Déposez le sucre dans une terrine, ajoutez les jaunes, travaillez l'appareil avec le fouet pendant 15 minutes, incorporez alors les amandes, le beurre, les blancs fouettés, la farine et la fécule; ces dernières, en les tamisant. — Cet appareil convient pour être poussé à la poche. On peut aussi le cuire en moule ou sur plaque beurrée, farinée.

Appareil de biscuit au pain noir. — *Proportions:* 500 grammes sucre, 200 grammes mie de pain noir, séchée, pilée, passée au tamis, 400 grammes amandes pilées avec 3 œufs, 22 à 24 jaunes, 16 à 18 blancs, une pincée de fécule, une cuillerée à café de poudre de cannelle, de girofle et de muscade, zestes hachés de citron et d'orange, 150 grammes d'écorces confites, grain de sel.

Travaillez 20 minutes les jaunes et le sucre; quand l'appareil est léger, incorporez les amandes, le pain noir, la fécule et les blancs; en dernier lieu, ajoutez les écorces coupées en petits dés, les zestes hachés. — Cuisez l'appareil en moule ou sur plaque.

Appareil de biscuit sableux. — *Proportions:* 500 grammes sucre, 500 grammes beurre, 250 grammes fécule, 250 grammes farine, 12 jaunes, 12 blancs fouettés, vanille, grain de sel.

Travaillez le beurre et le sucre dans une terrine, en ajoutant peu à peu les 12 jaunes; quand l'appareil est mousseux, ajoutez peu à peu moitié de la farine et moitié de la fécule; puis les blancs fouettés, et enfin le restant de la farine et fécule, en les tamisant. Cuisez à four doux, sur plaque couverte de papier. — Ce biscuit est employé pour la confection des tourtes de confiserie.

Appareil de biscuit sableux, pour chaud. — *Proportions:* 500 grammes sucre, 500 grammes beurre, 25 grammes farine, 250 grammes amidon en poudre ou fécule, 18 œufs entiers, sel, zestes.

Mettez dans une bassine 500 grammes de sucre en poudre et 18 œufs entiers; mêlez-les bien; puis, fouettez l'appareil sur feu très doux, sans faire grainer; quand il est mousseux et léger, retirez-le, fouettez-le jusqu'à ce qu'il soit refroidi; ajoutez alors farine et fécule, puis le beurre tiède, peu à peu. Cuisez sur plaques beurrées et farinées.

Appareil de biscuit Saint-Hilaire. — *Proportions :* 500 grammes amandes, 500 grammes sucre, 175 grammes farine, 175 grammes fécule de riz, 8 œufs entiers, 6 jaunes, 8 blancs fouettés, quelques fortes cuillerées crème fouettée, sel, zeste râpé.

Travaillez les œufs avec le sucre, ajoutez la farine et la fécule (tamisées), puis les amandes pilées avec un blanc d'œuf, passées au tamis; incorporez les blancs et la crème en dernier lieu. — Cuisez à four doux, en moule bas ou sur plaque couverte de papier.

Appareil de biscuit de Gênes. — *Proportions :* 500 grammes amandes, 500 grammes sucre, 250 grammes beurre, 150 grammes fécule, 8 œufs entiers, sel, 2 cuillerées sucre d'orange.

Pilez les amandes avec le sucre d'orange et un œuf, passez au tamis. Remettez l'appareil dans le mortier broyez-le avec un pilon en ajoutant peu à peu le restant du sucre et des œufs, en faisant mousser; ajoutez fécule et beurre fondu, cuisez en moules plats cannelés, beurrés, avec papier au fond; four gai.

Appareil de biscuit impérial. — *Proportions :* 500 grammes sucre, 500 grammes beurre, 500 grammes farine, 500 grammes fruits confits, préalablement ramollis, 30 blancs d'œufs fouettés, 20 jaunes, 4 cuillerées de rhum, grain de sel.

Travaillez les jaunes avec le sucre; quand l'appareil est mousseux, ajoutez la farine, le beurre fondu, les blancs, le rhum, en dernier lieu les fruits confits coupés en petits dés. — Cuisez à four doux dans des moules plats.

Appareil de biscuit Galicia. — *Proportions* : 500 grammes sucre, 380 grammes farine, 190 grammes amandes amères, 12 œufs, sel, zeste.

Cassez 9 œufs, en mettant les blancs dans une bassine, les jaunes dans une terrine; travaillez les jaunes avec le sucre, le sel, le zeste; ajoutez ensuite les 3 œufs restant. Quand l'appareil est mousseux, ajoutez la farine et les amandes, puis les blancs fouettés. — Cuisez sur plaque ou en moule.

Appareil de biscuit Malmaison. — *Proportions* : 500 grammes sucre, 375 grammes farine, 200 grammes beurre à la noisette, 175 grammes avelines torréfiées et pilées, 16 œufs, sel, zeste d'orange et de citron.

Travaillez les jaunes et le sucre comme pour biscuit fin; pilez les avelines avec un blanc d'œuf et un peu de sucre; passez-les au tamis, mêlez-les à l'appareil mousseux; ajoutez la farine, le beurre et les blancs fouettés. — Cuisez en moules plats, à cylindre, comme pour gâteaux du Congrès, beurrés et glacés; cuisez à four doux, bien atteint.

Appareil de biscuit sur feu. — *Proportions* : 500 grammes sucre vanillé, 175 grammes farine, 175 grammes fécule, 12 œufs entiers, sel.

Battez les œufs avec le sucre, posez la bassine sur feu très doux; fouettez jusqu'à ce que l'appareil soit bien mousseux; retirez-le, mêlez-lui la farine et la fécule, en les tamisant sur l'appareil. — Cuisez sur plaque ou en petits moules.

Appareil de biscuit au chocolat. — *Proportions* : 500 grammes sucre vanillé, 125 grammes chocolat en poudre, 250 grammes farine, 100 grammes fécule, 16 jaunes, 10 blancs fouettés, grain de sel.

Travaillez les jaunes avec le sucre jusqu'à ce que l'appareil soit léger; incorporez alors le chocolat, les blancs fouettés, la farine et la fécule, en les tamisant sur l'appareil, mais peu à peu. — Cuisez en moule ou sur plaque.

Appareil de biscuit au chocolat (2ᵉ méthode). — Mettez 500 grammes de sucre dans une terrine, travaillez-le avec 5 œufs entiers; ajoutez un grain de sel, 200 grammes de chocolat râpé, 400 grammes de farine, puis 10 jaunes d'œuf, et enfin 10 blancs fouettés. Cuisez à four doux, sur plaque couverte de papier.

Appareil de biscuit au café. — *Proportions* : Préparez un appareil de biscuit commun (page 18); quand les blancs sont incorporés, ajoutez peu à peu 2 petites cuillerées d'essence de café. — Cuisez en moule ou sur plaque.

Appareil de biscuit trois-frères. — *Proportions* : 500 grammes sucre vanillé; 375 grammes farine de riz, 100 grammes amandes, 100 grammes avelines, 16 œufs entiers, 350 grammes beurre épuré, un grain de sel.

Pilez les amandes et les avelines avec un peu de sucre et un œuf; passez-les au tamis. — Cassez 15 œufs dans une bassine, mêlez-leur le sucre, le sel; fouettez l'appareil sur feu très doux jusqu'à ce qu'il soit mousseux et lié; retirez-le alors pour incorporer tour à tour la farine, les amandes et avelines, puis le beurre liquide, mais froid.

Appareil de biscuit aux fleurs d'oranger. — *Proportions* : 500 grammes sucre vanillé, 150 grammes amandes, 400 grammes farine, 28 jaunes, 10 blancs fouettés, un demi-verre de rhum, autant de kirsch, 10 à 12 grammes de fleurs d'oranger, pralinées, grain de sel.

Pilez les amandes, délayez-les avec les liqueurs, exprimez-les dans un linge. — Travaillez le sucre avec les jaunes, le sel, comme pour biscuit; quand l'appareil est bien mousseux, incorporez la farine, les blancs fouettés, en dernier lieu, les fleurs d'oranger, pilées, l'infusion aux amandes (les amandes n'entrant pas dans l'appareil). — Cuisez en moules plats.

Appareil de biscuit financier. — *Proportions* : 500 grammes sucre, dont une partie à la vanille, 350 grammes farine, 150 gr. beurre fondu, 150 gr. poudre d'amandes douces et amères, 14 blancs d'œuf, 4 jaunes, sel.

Fouettez le sucre avec les blancs jusqu'à ce que l'appareil soit mousseux ; ajoutez le beurre fondu, la farine, les amandes pilées avec les jaunes, passées au tamis. — Cuisez l'appareil en moules plats ou sur plaques couvertes de papier.

Appareil de biscuit de Turin. — *Proportions* : 500 grammes sucre, 250 grammes farine, 250 gr. amandes, 250 grammes beurre, 12 œufs, 4 jaunes, zestes, sel, quelques cuillerées de crème.

Pilez les amandes avec la crème; quand elles sont converties en pâte, passez-les au tamis. Mettez dans une bassine les œufs, le sucre, le sel ; fouettez l'appareil sur feu doux jusqu'à ce qu'il soit lié et mousseux ; incorporez alors la farine et les amandes, le beurre fondu, les zestes râpés. — Cuisez en moules plats ou sur plaques.

Appareil de biscuit orangeade. — *Proportions* : 500 grammes sucre, dont une partie à l'orange ; 250 grammes amandes, 375 grammes farine, 250 grammes écorce confite d'oranges, 12 jaunes, 9 œufs entiers, grain de sel.

Pilez les amandes avec une petite partie du sucre et 2 ou 3 œufs ; passez-les au tamis. Mettez dans une terrine le restant du sucre, les jaunes, œufs entiers, le sel ; travaillez l'appareil jusqu'à ce qu'il soit mousseux ; ajoutez la farine, les amandes, les écorces hachées. — Cuisez dans des moules plats.

Appareil de biscuit viennois. — Déposez dans une terrine tiède 400 grammes de beurre épongé ; travaillez-le avec une cuiller pour le ramollir ; ajoutez alors 20 jaunes d'œuf, un à un, et de temps en temps une poignée de sucre vanillé, jusqu'à concurrence de 500 grammes. Quand l'appareil est bien mousseux, incorporez-lui 200 grammes de farine et 100 grammes de fécule, tamisées, 7 blancs fouettés, grain de sel. — Cuisez l'appareil en moules ou sur plaques.

Appareil de biscuit Cussy. — *Proportions* : 500 grammes sucre dont une partie à la vanille, 250 grammes amandes, 400 gr. beurre fondu, 250 gr. farine de riz, 8 œufs, 8 jaunes, 6 cuillerées de marasquin, un brin de zeste d'orange et de citron, sel.

Pilez les amandes avec le marasquin, passez-les au tamis. Travaillez le sucre et les œufs dans une terrine ; quand l'appareil est bien mousseux, fouettez-le quelques minutes sur feu ; retirez-le pour incorporer le beurre, la farine de riz et les zestes finement hachés ou râpés. — Cuisez l'appareil en moules plats ou sur plaques beurrées, glacées à la fécule.

Appareil de biscuit Cussy. 2ᵉ méthode. — *Proportions* : 500 grammes sucre en poudre, vanillé, 300 grammes farine de riz, 350 grammes beurre, 14 œufs, sel.

Travaillez le sucre et les œufs dans une bassine ; mêlez l'appareil, fouettez-le sur feu très doux ; quand il est bien mousseux, retirez-le ; mêlez-lui la farine de riz, puis le beurre fondu, décanté.

Appareil de biscuit Bucy. — Travaillez 16 jaunes avec 500 grammes de sucre et le zeste d'un citron râpé ; quand l'appareil est mousseux, incorporez 175 grammes d'amandes (douces et amères) pilées, passées au tamis ; ajoutez 250 gr. farine bien sèche, 50 gr. fécule en même temps que les 16 blancs fouettés et 400 grammes de beurre épuré, bien chaud. — Cuisez en moules plats.

Appareil de biscuit Delisle. — *Proportions* : 500 grammes sucre, 350 grammes beurre épuré, 350 grammes farine, 100 grammes fécule, 14 œufs, 8 jaunes, zeste citron et orange, grain de sel.

Travaillez dans une bassine les œufs et le sucre, sur feu doux; incorporez ensuite la farine et la fécule, puis le beurre, le sel, le zeste.

Appareil de biscuit Berchoux. — *Proportions* : 500 grammes sucre vanillé, 250 grammes beurre, 250 grammes avelines moulues, 100 grammes fécule, 16 œufs, 1 décilitre de kirsch, sel.

Fouettez les œufs avec le sucre sur feu très doux; ajoutez la fécule, les avelines, le sel, puis le beurre; le kirsch en dernier lieu.

Appareil de biscuit de Savoie. — *Proportions* : 500 grammes sucre en poudre vanillé; 350 grammes moitié farine, moitié fécule, bien sèches, 14 jaunes d'œuf, 14 blancs fouettés, sel.

Fouettez le sucre avec les jaunes; quand l'appareil est mousseux, ajoutez la farine et la fécule, le sel, puis les blancs fouettés.

Appareil de biscuit florentin. — *Proportions* : 500 grammes sucre vanillé, 400 grammes amandes, 300 grammes farine de riz, 300 grammes beurre, 12 jaunes, 10 blancs fouettés, sel, quelques gouttes d'essence de néroli ou fleurs d'oranger pralinées.

Travaillez le sucre avec les jaunes, fouettez légèrement sur feu doux; retirez l'appareil, mêlez-lui la farine de riz, les amandes moulues, les blancs, le beurre et enfin l'essence.

Appareil de biscuit breton. — *Proportions* : 500 grammes sucre, 175 grammes amandes, 200 grammes farine, 60 grammes fécule, 24 jaunes, 10 à 12 blancs fouettés, un bâton de vanille, grain de sel.

Pilez les amandes avec quelques jaunes. Mettez dans une terrine le sucre vanillé et le restant des jaunes; fouettez l'appareil; quand il est mousseux, ajoutez les amandes, le sel, puis les blancs fouettés, en même temps que la fécule et la farine, tamisées peu à peu.

Appareil de biscuit flamand. — *Proportions* : 500 grammes sucre, 350 grammes farine, 8 œufs entiers, 8 jaunes, 8 blancs fouettés, 150 grammes raisins, par parties égales: Smyrne et Corinthe, 100 grammes de cédrat confit, 375 grammes beurre fondu et épuré, grain de sel.

Travaillez le sucre avec les jaunes; quand l'appareil est mousseux, ajoutez la farine, le beurre, les blancs fouettés : raisins et cédrat en dernier lieu. Cuisez dans une caisse en fer-blanc, beurrée.

Appareil de biscuit surfin. — *Proportions* : 500 grammes sucre vanillé, 350 grammes farine et fécule, 4 cuillerées pralin d'amandes, 125 grammes beurre fondu, 2 œufs, 12 jaunes, 12 blancs fouettés, sel.

Montez en bassin, sur feu très doux, sucre et œufs; quand l'appareil est mousseux, ajoutez farine et fécule les blancs fouettés, puis le beurre fondu; cuisez en moules plats.

Appareil de biscuit au rhum. — 500 grammes sucre, 350 grammes farine, 6 œufs entiers, 8 jaunes, 8 blancs fouettés, 300 grammes beurre, le quart d'un verre de rhum, 100 grammes d'amandes, grain de sel.

Pilez les amandes avec un entier; passez-les au tamis. — Travaillez, dans une terrine, le sucre avec les œufs entiers et les jaunes, le sel; quand l'appareil est mousseux, ajoutez les amandes; 5 minutes après, le beurre, les blancs fouettés, la farine, puis le rhum.

Appareil de biscuit à la crème, en caisses. — *Proportions* : 500 grammes sucre vanillé, 125 grammes farine, 125 grammes fécule, 12 jaunes, 12 blancs fouettés, demi-litre de bonne crème fouettée, grain de sel.

Travaillez le sucre avec les jaunes, le sel; quand l'appareil est mousseux, ajoutez les blancs fouettés, puis la crème, bien égouttée. — Emplissez de petites caisses en papier, cuisez à four très doux; en les sortant, saupoudrez-les de sucre vanillé.

DÉTREMPES ET APPAREILS DE PATISSERIE. 27

Appareil de biscuit Palmerston. — *Proportions* : 500 grammes sucre vanillé, 400 grammes farine, 400 grammes beurre, 400 grammes amandes, dont quelques-unes amères, 14 œufs, 6 blancs fouettés, grain de sel.

Travaillez dans une bassine les œufs et le sucre ; 7 à 8 minutes après, fouettez l'appareil sur feu doux en incorporant le beurre par petites parties ; quand il est mousseux, retirez-le du feu, mêlez-lui la farine tamisée et les blancs, puis les amandes pilées, passées au tamis. — Cuisez l'appareil sur plaque ou en moules beurrés et farinés.

Appareil de meringue fine. — *Proportions* : 250 grammes sucre en poudre, 250 grammes glace de sucre, 8 à 9 blancs, grain de sel.

Pilez les pistaches et les amandes avec un blanc d'œuf. Travaillez dans une terrine les jaunes et 1 blanc d'œuf avec la moitié du sucre ; ajoutez-les avec les pistaches pilées. Fouettez 15 blancs, mêlez-les avec l'appareil, ajoutez le zeste, le sel, puis le restant du sucre et la farine, l'eau de fleurs d'oranger. — Cuisez à four doux.

Appareil de biscuit de Portugal. — *Proportions* : 500 grammes sucre, 250 grammes amandes, dont quelques-unes amères, 200 grammes fécule, 10 jaunes d'œuf, 18 blancs, 3 sucs d'orange, 4 zestes, grain de sel.

Travaillez le sucre avec les jaunes, comme pour biscuit ; pilez les amandes avec un blanc d'œuf, les zestes et deux cuillerées de sucre ; passez-les au tamis, mettez-les dans une terrine, délayez-les avec le suc d'orange. Quand l'appareil aux œufs est bien mousseux, incorporez-lui les amandes, la fécule tamisée, en même temps que les blancs fouettés. — Cuisez l'appareil sur plaques ou en petits moules.

Appareil de biscuit de Reims, de fabrique. — *Proportions* : 3 kilogrammes et demi de sucre, 2 kilogrammes et demi d'œuf, 2 kilogrammes et demi de farine, 125 grammes vanille, pincée de sel. — Travaillez à la machine les œufs et le sucre pilé avec la vanille, jusqu'à ce que l'appareil soit bien mousseux ; ajoutez la farine. Emplissez les moules beurrés à la graisse de rognons, fondue. Cuisez à bon four ; sortez-les pour les tenir 8 heures à l'étuve douce avant de les démouler.

Appareil de biscuit palermitain. — *Proportions* : 125 grammes pistaches, 500 grammes sucre, 3 jaunes d'œuf, 16 blancs, 90 gr. farine, 90 gr. amandes, eau de fleurs d'oranger, zeste, grain de sel

Déposez les blancs dans une bassine avec un grain de sel, une pincée d'alun en poudre ; fouettez-les d'abord tout doucement ; précipitez le mouvement à mesure que leur volume augmente ; quand ils sont fermes, fouettez-les plus vivement en leur faisant prendre du corps ; si alors ils tendent à grainer, ajoutez soit une petite poignée de sucre, soit le suc d'un demi-citron ou un peu d'acide citrique ; quand ils sont lisses et fermes, retirez le fouet ; incorporez alors le sucre par petites parties à la fois, à l'aide d'une grande cuiller, mais de façon à ne pas fatiguer trop les blancs.

Appareil à meringue, à l'italienne. — *Proportions* : 500 grammes sucre, 8 à 9 blancs d'œuf, grain de sel.

Cassez le sucre en petits morceaux, déposez-le dans un poêlon, humectez-le avec la moitié de son poids d'eau, laissez-le dissoudre ; ajoutez un demi-bâton de vanille, cuisez-le au *boulé* ; retirez-le alors du feu. Fouettez les blancs ; quand ils sont bien fermes, retirez la vanille du sirop pour verser celui-ci, peu à peu, sur les blancs, mais en fouettant toujours ; chauffez légèrement la bassine pour tiédir l'appareil, en le travaillant à la cuiller ; retirez-le aussitôt pour l'employer.

Appareil de nougat à la reine. — Mondez les amandes, divisez-les chacune en deux parties, faites-les sécher, pesez-les. Avec ces amandes, la moitié de leur poids de sucre en poudre, préparez un appareil à nougat, d'après les prescriptions données aux grosses pièces de pâtisserie.

Appareil de nougat, en dés. — Mondez les amandes; lavez-les bien, épongez-les sur un linge, coupez-les en dés, roulez-les ensuite dans une passoire, afin d'enlever les parties pulvérisées; faites-les sécher à température douce; pesez-les, et, avec elles, préparez le nougat, avec un peu plus que la moitié de leur poids de sucre (1 kilogramme d'amandes, 500 grammes de sucre). — Cet appareil est ordinairement appliqué à la préparation des pièces-montées en nougat.

Appareil de nougat aux pistaches. — *Proportions* : 500 grammes sucre, 300 grammes pistaches, 4 cuillerées de suc de citron.

Le procédé est le même que pour le nougat aux amandes. — On monde les pistaches pour les faire sécher; on peut les employer entières, coupées en moitiés, en filets ou en dés. — On peut mêler amandes et pistaches.

Appareil de nougat aux avelines. — *Proportions* : 500 grammes sucre, 300 grammes avelines, 4 cuillerées de suc de citron, sel.

Le procédé est le même que pour le nougat aux amandes (voyez aux *Grosses pièces de pâtisserie*); seulement, au lieu d'échauder les avelines, on les fait légèrement torréfier, puis on les frotte dans un linge pour en supprimer la peau, et les couper en dés ou les hacher.

ENTREMETS CHAUDS ET FROIDS

Au point de vue de la gastronomie, l'entremets de douceur est certainement d'une valeur considérable; il marche de pair avec les mets les plus indispensables à remplir le cadre d'un dîner distingué; il les égale tous en importance; il a, de plus, en sa faveur, le privilège de pouvoir en être exclu sans préjudice des règles élémentaires, sans que son absence ne laisse une lacune difficile à combler, car il plaît à tous. Il fait donc bien partie intégrante d'un dîner; il en est le complément indispensable, puisqu'il n'est pas de festin où il n'ait sa place marquée, son rôle distinct, d'avance désigné.

Au point de vue de la science culinaire, son rôle est d'autant plus sérieux qu'il exige du praticien des connaissances multiples; il est d'autant plus appréciable que tous ne réussissent pas avec un égal succès à lui donner son véritable cachet de distinction.

Les entremets de douceur sont de deux genres tout à fait distincts et apparents : les chauds et les froids. Mais, dans l'un comme dans l'autre genre, les variétés sont nombreuses et pour ainsi dire infinies; car la moindre modification, dans l'apprêt de leur confection ou dans l'ordre de leurs détails, en modifie l'expression et leur donne un caractère nouveau.

Pour la plupart, les entremets sucrés comportent une certaine coquetterie; mais l'art de les orner, de les rendre plus luxueux, mérite d'être étudié; les moyens dont les praticiens disposent aujourd'hui sont abondants et variés; il suffit de savoir les choisir et de s'attacher à les appliquer avec discernement.

La nature des entremets chauds est par elle-même très diverse; les uns sont cuits au four ou dans la friture, les autres au bain-marie ou dans l'eau. Quelques-uns sont servis secs; d'autres, au contraire, sont servis saucés. D'aucuns exigent d'être servis dans leur état naturel, sans luxe, sans entourage : tandis que les autres comportent des garnitures ou des ornements; tous, enfin, ont leur caractère particulier.

Les entremets chauds peuvent être ornés avec des hâtelets, avec de petites coupes ou croustades; ils peuvent être garnis avec des fruits au sirop, et aussi avec des fritures sucrées.

Les entremets froids sont aussi de différente nature ; les uns ne sont froids qu'à l'état naturel, les autres sont refroidis sur glace, d'autres, enfin, sont congelés ou plutôt *frappés* à la glace salée. Pour la plupart, ils se prêtent mieux que les chauds à être ornementés ou garnis : le sucre filé, les sujets en pastillage, les hâtelets transparents ou composés de fruits leur sont applicables. Ils peuvent être entourés et garnis avec de petits gâteaux, des fruits au sirop, des croûtons de gelée, de petits pains de fruits, et, enfin, avec des fruits glacés au *cassé*.

En dehors de leur genre particulier, les entremets froids trouvent dans la pâtisserie d'utiles auxiliaires : les meringues, les nougats, les croquembouches, les coupes, les corbeilles garnies, et, enfin, ces beaux et bons petits gâteaux dont notre école est si riche, constituent des ressources considérables. L'office lui-même contribue dans une large mesure à augmenter ce contingent : les plombières, les mousses, les glaces sont autant d'éléments d'un grand prix dont les praticiens habiles peuvent tirer le plus grand profit.

En somme, les entremets de douceur, qu'ils soient chauds ou froids, exigent d'être traités avec des soins compétents. Ils doivent être coquets et élégants, mais surtout délicats, bien rendus, bien finis. Ce n'est qu'à ces conditions qu'ils sont estimés et qu'ils possèdent une véritable valeur.

GARNITURES ET SAUCES D'ENTREMETS CHAUDS

Hâtelets d'entremets chauds. — Dans quelques cas, on peut orner les entremets chauds avec des hâtelets qui diffèrent naturellement de ceux des entrées ou des relevés, et par leur physionomie et par leur nature. Les hâtelets eux-mêmes, c'est-à-dire les brochettes sur lesquelles ils sont formés, sont différentes ; elles sont composées d'une simple lame sans ornements, pointue des deux bouts, afin de pouvoir orner l'une des extrémités avec un sujet en pastillage levé à la planche. — On garnit ces brochettes avec de jolis fruits confits ou en compote, mais de nuances variées, formant un ensemble agréable à l'œil. On pique ces hâtelets soit sur les entremets eux-mêmes, soit sur des supports disposés sur le centre des entremets ou sur des gradins d'entremets. — Ces mêmes hâtelets de fruits sont quelquefois appliqués aux compotes.

Garniture d'entremets chauds. — On compose ordinairement les garnitures des entremets chauds avec des fritures, croquettes ou beignets, comme aussi avec des fruits en compote, tels que : reines-claudes, ananas, pommes, abricots, pêches, etc.; ces fruits sont entiers ou divisés, selon leur grosseur, selon leur forme.

Sauce à pouding, à l'anglaise. — Travaillez dans une casserole, à l'aide d'une cuiller en bois, 100 grammes de beurre; quand il est ramolli, mêlez-lui 2 cuillerées de farine et 4 à 5 cuillerées de sucre en poudre; ajoutez 1 décilitre de madère, rhum ou cognac, autant d'eau, un peu de zeste; tournez la sauce sur feu, comme une sauce au beurre, jusqu'à ce qu'elle soit bien liée, mais en évitant de la faire bouillir; passez-la, finissez-la avec quelques cuillerées de madère ou de rhum, pour l'alléger au point voulu.

Sauce américaine. — Faites infuser, dans du sirop à 30 degrés, pendant 2 heures, un morceau de cannelle, un brin de macis ou fleur de muscade, racine de gingembre et zeste de citron; chauffez jusqu'à l'ébullition. — Passez le liquide, mêlez-lui 2 décilitres de bon rhum.

Sauce à la crème et au rhum. — Broyez 6 jaunes d'œuf dans un casserole; ajoutez 6 cuillerées de sucre en poudre et une demi-cuillerée d'*arow-root* [1]; délayez peu à peu l'appareil avec 3 décilitres de lait cuit; tournez la sauce sur feu modéré, pour la lier sans ébullition. Passez-la au tamis fin, vannez-la, finissez-la avec quelques cuillerées de bon rhum.

Sauce au madère. — Chauffez, dans une petite casserole, 2 décilitres de madère avec à peu près la même quantité de sirop à 32 degrés; au premier bouillon, liez le liquide avec une cuillerée d'arow-root délayé à l'eau froide; ajoutez le quart d'un zeste d'orange ou de citron. Passez la sauce, beurrez-la.

Sauce abricots. — Délayez la valeur de 2 décilitres de marmelade d'abricots avec 2 décilitres de sirop de fruits, léger; passez au tamis dans une casserole; ajoutez un morceau de vanille, un demi-verre de madère, de kirsch ou de noyau; chauffez à point, sans faire bouillir. — Si l'on opère avec de la purée de fruits frais, il faut ajouter du sucre et lier légèrement la sauce avec de l'arow-root.

Sauce églantine. — Déposez dans un poêlon la valeur d'un verre de marmelade de fruits d'églantier; délayez-la avec un verre de vin blanc et du sirop, ajoutez un peu de zeste de citron; faites bouillir en tournant; retirez-la sur le côté du feu; cuisez-la un quart d'heure en l'allongeant avec du sirop si elle devenait trop épaisse; quand elle est liée à point, passez-la; finissez-la avec quelques cuillerées de rhum.

Sauce à l'orgeat. — Cuisez 200 grammes de sucre au petit *cassé*; décuisez-le avec 2 décilitres de lait d'amandes, ajoutez un demi-bâton de vanille; faites bouillir le liquide, liez-le avec de l'arow-root délayé. — Au premier bouillon, passez la sauce, finissez-la avec quelques cuillerées de crème double.

Sauce chaude, aux pêches. — Épluchez quelques petites pêches, mettez-les dans un poêlon avec du sucre en poudre, un morceau de vanille; quand elles sont fondues, passez-les au tamis fin; délayez la purée avec un peu de sirop léger; chauffez-la; au premier bouillon, retirez-la du feu, finissez-la avec quelques cuillerées de marasquin et quelques gouttes de carmin; beurrez-la.

Sauce à l'ananas. — Infusez une heure quelques parures hachées d'ananas cru, avec 3 décilitres de sirop; passez au tamis; avec ce sirop, étendez 4 cuillerées de purée de pommes, ajoutez un demi-bâton de vanille; chauffez la sauce à point, en la tournant sur feu; liez-la avec un peu d'arow-root délayé; faites-la bouillir, passez-la; mêlez-lui 4 à 5 cuillerées d'ananas cru, coupé en petits dés. — On peut remplacer la vanille par une addition de kirsch; en ce cas, il faut mêler la liqueur au moment même de servir la sauce.

Sauce aux sucs de fruits. — Les sucs de groseilles, de cerises, de framboises sont très fréquemment servis comme sauces d'entremets chauds; ces sucs sont cuits ou crus; s'ils sont cuits, ils doivent être sucrés et concentrés à l'égal des sirops ordinaires. S'ils sont crus, ils sont simplement mêlés avec de la

---

[1]. L'*arow-root* est la seule fécule avec laquelle on doit lier les sauces aux fruits, la fécule de pommes de terre donne à ces sauces un goût désagréable.

glace de sucre, un peu de zeste, sans les chauffer. — Les sucs de fruits, cuits, peuvent être beurrés en dernier lieu ou légèrement liés avec de l'arow-root délayé à l'eau froide.

Sauce aux purées de fruits. — Les fraises, les pêches et abricots frais fournissent d'excellentes sauces d'entremets. Ces fruits sont passés au tamis, et la purée est déposée dans une terrine ou un poêlon; on la délaye avec du sirop ou on lui mêle une égale quantité de glace de sucre ou du sucre en poudre, on la tient sur glace jusqu'à ce qu'elle soit bien saisie. A défaut de fruits frais, on emploie des purées de fruits conservés; en général, le résultat n'est pas tout à fait le même.

Pour les sauces abricots, la pulpe conservée donne de bons résultats; à défaut de celle-ci, on emploie de la bonne marmelade. — Les purées de fruits frais : de fraises ou de framboises, sucrées, bien refroidies, appliquées aux entremets chauds, donnent à ceux-ci un cachet tout particulier.

Sauce au punch. — Mêlez dans une casserole 1 décilitre de rhum, 1 décilitre de cognac; ajoutez 150 grammes de sucre en pain, préalablement imbibé avec de l'eau, le quart d'un bâton de vanille, un zeste d'orange ou de citron, un brin de cannelle et de fleur de muscade. Quelques minutes avant de servir, chauffez le liquide sur feu, en laissant enflammer l'esprit; retirez la casserole du feu, couvrez-la aussitôt pour éteindre la flamme; additionnez le suc d'une orange, passez et servez.

Sauce bischof. — Mêlez dans un poêlon 2 décilitres de vin blanc avec autant de sirop; faites bouillir le liquide; ajoutez alors le zeste d'un citron et d'une orange, émincés en julienne, blanchis à fond; ajoutez encore une vingtaine d'amandes, autant de pistaches mondées, coupées en filets, 200 grammes de raisins : Corinthe et Smyrne, ramollis à l'eau tiède. Donnez seulement un bouillon et servez.

Sauce au chocolat. — Faites fondre à la bouche du four, dans une petite casserole, 200 grammes de bon cacao ou chocolat sans sucre; broyez-le avec une cuiller, étendez-le, peu à peu, avec du sirop ou de l'eau tiède; en ce dernier cas, sucrez-le, ajoutez un bâton de vanille; tournez le liquide sur feu; au premier bouillon, retirez-le sur le côté, cuisez-le un quart d'heure. Finissez la sauce, hors du feu, avec quelques cuillerées de bonne crème crue.

Sauce au café. — Torréfiez 200 grammes de café en grains; faites-le piler au mortier, déposez cette poudre dans un vase, contenant 3 décilitres d'eau bouillante; couvrez le vase, retirez-le aussitôt du feu; au bout d'un quart d'heure passez l'infusion à travers un linge. — D'autre part, broyez 10 jaunes d'œuf dans une casserole, ajoutez quelques cuillerées de sucre fin et une demi-cuillerée d'arow-root; délayez avec l'infusion au café; tournez la sauce sur feu comme une crème ordinaire; quand elle est liée, passez-la au tamis ou à la passoire fine.

Sauce crème anglaise, à l'orange. — Mêlez 8 à 10 jaunes d'œuf dans une terrine avec 200 grammes de sucre en poudre; délayez avec un demi-litre de bon lait ou de crème simple; passez le liquide au tamis, dans une casserole; liez-le sur feu, sans ébullition : retirez-le aussitôt, ajoutez un demi-zeste de citron, versez dans une terrine. Vannez la sauce hors du feu, jusqu'à ce qu'elle soit à peu près refroidie; passez-la.

Sauce crème anglaise, aux avelines. — Faites torréfier au four 200 grammes d'avelines sans coquilles; supprimez-en la peau, pilez-les, plongez-les dans une crème anglaise à la vanille, liée sur feu au moment, c'est-à-dire bouillante; retirez-la, vannez-la jusqu'à ce qu'elle soit à peu près refroidie; passez-la au tamis fin. — On peut infuser ces crèmes, aux amandes, aux noix fraîches, aux pistaches pilées, mais non torréfiées.

Sabayon au vin. — Déposez dans une terrine 10 jaunes et un œuf entier, un quart de litre de sucre en poudre, un brin de zeste; mouillez avec un quart de litre de bon vin du Rhin; passez à l'étamine, dans un poêlon ou une casserole ; posez-le sur feu très doux, fouettez le liquide jusqu'à ce qu'il soit bien chaud, mousseux et ferme ; retirez-le du feu, fouettez-le encore 4 à 5 minutes.

Sauce liée, aux liqueurs. — Faites bouillir 3 décilitres de sirop, liez-le avec de l'arow-root délayé à l'eau froide ; ajoutez un brin de zeste, cuisez 2 minutes. Passez la sauce, mêlez-lui soit de la crème d'anisette, crème d'angélique ou crème de noyau, soit enfin du rhum, du kirsch ou toute autre liqueur.

Sauce mousseuse à la moelle, pour le plum-pudding. — Faites dégorger 150 grammes de moelle ; coupez-la en morceaux, faites-la dissoudre, passez-la à travers une serviette, dans une terrine vernie ; travaillez-la avec une cuiller jusqu'à ce qu'elle commence à mousser : ajoutez alors 100 grammes de beurre frais, distribué en petites parties, en l'incorporant peu à peu, finissez la sauce avec 2 cuillerées de sucre d'orange et 4 à 5 cuillerées de rhum, kirsch ou cognac ; versez-la dans une saucière, servez-la telle et quelle.

Sauce aux cerises. — Mettez dans un poêlon 2 poignées de cerises aigres, pilées avec leurs noyaux ; délayez avec un verre de vin rouge ; ajoutez un morceau de sucre, de la cannelle, du zeste de citron ; faites bouillir jusqu'à ce que les cerises soient bien cuites ; passez-les alors au tamis, remettez la purée dans le poêlon, liez-la avec une cuillerée d'arow-root étendu à froid ; faites bouillir ; ajoutez 5 à 6 cuillerées de cerises, mi-sucre, préalablement rafraîchies à l'eau tiède ; retirez et servez. — En Allemagne, on prépare cette sauce avec des cerises sèches.

Sauce Richelieu, à la vanille. — Chauffez du sirop vanillé, à 30 degrés ; retirez-le, mêlez-lui quelques cuillerées de kirsch et quelques cuillerées de cerises mi-sucre, lavées à l'eau tiède, bien épongées.

Infusion pour baba. — *Proportions* : 1 litre de sirop à 28 degrés, 1 décilitre et demi de rhum, 1 décilitre de marasquin, zeste d'orange et de citron. Faites bouillir le sirop ; retirez-le, mêlez-lui les zestes et les liqueurs ; siropez aussitôt.

Infusion pour savarin. — *Proportions :* 1 litre de sirop vanillé, à 30 degrés, 1 décilitre de rhum, 1 décilitre de cognac, 1 décilitre de kirsch, 1 décilitre de lait d'amandes, concentré : zestes de citron et d'orange. — Faites bouillir le sirop avec la vanille, retirez-le du feu ; mêlez-lui les liqueurs, les zestes, le lait d'amandes ; passez ; siropez aussitôt.

ENTREMETS CHAUDS

POUDING DE CABINET A LA ROYALE

Broyez, dans une terrine, 8 jaunes et 4 œufs entiers ; ajoutez 350 grammes de sucre en poudre, vanillé ; à défaut de vanille, mettez des zestes. Délayez avec 6 décilitres de bon lait et 4 décilitres de crème crue ; laissez infuser quelques minutes, passez au tamis deux ou trois fois.

Beurrez un moule à timbale de la contenance d'un litre ; masquez-le avec un rond de papier. Coupez en tranches transversales et minces, une brioche cuite dans une casserole un peu plus large que le moule à timbale ; supprimez la croûte de ces tranches, en les coupant de même diamètre que le moule, videz-les au centre avec un coupe-pâte de 4 à 5 centimètres de diamètre; abricotez chaque tranche, d'un côté; puis montez-les dans le moule, l'une sur l'autre, en les saupoudrant alternativement avec des pistaches et des macarons écrasés. Quand le moule est plein, emplissez le puits laissé par les abaisses rondes, avec une garniture de fruits confits, composée d'abricots, ananas, chinois confits, coupés en dés, ainsi que des cerises entières. Versez alors l'appareil dans le moule, peu à peu; faites pocher le pouding au *bain-marie*, sans ébullition. Trois quarts d'heure après, renversez-le sur plat chaud; masquez-le avec une sauce abricots au marasquin.

POUDING DE CABINET A L'ITALIENNE

Émiettez, dans une terrine, 400 grammes de biscuit ordinaire, génoise ou madeleine; mêlez-lui quelques macarons écrasés, une cuillerée de sucre de citron, délayez avec 5 œufs entiers, 8 jaunes, 6 décilitres de crème crue, un petit verre de rhum; passez au tamis. Mêlez alors à cet appareil 250 grammes d'écorces confites de citron et d'orange, coupées en dés, ainsi que 2 poignées de raisins de Corinthe et Smyrne, épluchés et ramollis à l'eau tiède; versez l'appareil dans un moule à dôme beurré, fariné; couvrez-le avec un rond de papier; posez-le sur le fond d'une casserole, appuyé sur un grand coupe-pâte, ayant de l'eau chaude jusqu'à moitié de sa hauteur; faites-le pocher trois quarts d'heure au bain-marie. — Au moment de servir démoulez-le sur plat, glacez-le au pinceau avec de la marmelade d'abricots réduite; versez dans le fond du plat un peu de sauce au punch; envoyez le surplus en saucière.

POUDING DE CABINET A LA REINE

Coupez, à l'emporte-pièce rond, une trentaine de tranches de pain de cuisine, de l'épaisseur de 1 centimètre sur 4 de diamètre; imbibez-les avec quelques jaunes d'œuf étendus avec un peu de crème crue, sucrée; rangez-les sur une plaque. — Fouettez 6 œufs entiers et 8 jaunes; étendez-les avec 8 décilitres de crème; ajoutez le sucre nécessaire dont une partie vanillée; passez cet appareil au tamis fin. — Beurrez un moule à timbale, foncez-le avec un rond de papier; sur ce fond, rangez une couche de tranches de pain; saupoudrez-les avec de l'ananas confit coupé en dés, mêlé avec quelques pistaches, également en dés; sur ces fruits, rangez encore une couche de pain; saupoudrez aussi avec ananas et pistaches. Quand le moule est plein, versez l'appareil sur le pain, peu à peu; placez ce moule dans une casserole, sur un trépied, avec de l'eau chaude jusqu'à moitié de sa hauteur; faites pocher le pouding au bain-marie, une heure, sans ébullition; renversez-le sur plat, masquez-le avec du sirop d'ananas.

POUDING ANDALOUX AU VIN DE XÉRES

250 grammes sucre à l'orange, 250 grammes beurre ramolli, 250 grammes macarons coupés mêlés avec 125 grammes ananas confit en dés, 150 grammes raisins de Malaga épépinés coupés en petits dés mêlés avec quelques cuillerées pistaches et orangeat également coupés, 1 décilitre vin de xérès, 4 jaunes d'œufs, 2 ou 3 blancs fouettés, sel.

Beurrez des moules[1] à cylindre, poudrez-en le fond et le bord avec raisins, pistaches, orangeat. — Travaillez le beurre en terrine tiède pour le faire mousser ; ajoutez sucre, œuf et jaunes, puis les blancs, mêlés avec 2 cuillerées fécule tamisée dessus. Remplissez aux trois quarts les moules par couches alternées avec l'appareil, l'ananas et les macarons imbibés au xérès. — Faites pocher les poudings, trois quarts d'heure au bain-marie, à couvert, et à l'eau frémissante ; démoulez sur plat, nappez avec sauce abricot au xérès.

POUDING AU PAIN NOIR, A L'ALLEMANDE

Travaillez dans une terrine 150 grammes de beurre, avec une cuiller, en ajoutant 6 jaunes et 3 œufs entiers ; puis 200 grammes de sucre en poudre, dont une partie parfumée au zeste de citron ; quand le sucre est mêlé, ajoutez 200 grammes d'amandes râpées ou moulues, sans être mondées, pincée de cannelle en poudre, cuillerée chocolat râpé, 4 cuillerées de citronat en petits dés, 150 grammes beurre fondu, 250 grammes mie de pain noir (pumpernikel) râpée et humectée avec quelques cuillerées de vin rouge ; versez l'appareil en moules à dôme beurrés ; faites pocher l'appareil au bain-marie trois quarts d'heure. Démoulez sur plat, servez avec sauce bischof ou sauce aux cerises (p. 33).

POUDING A LA VERNET

Faites dégorger 400 grammes de moelle de bœuf ; pilez-la, passez-la au tamis ; travaillez-la dans une terrine, avec 100 grammes de beurre fondu, jusqu'à ce que l'appareil soit mousseux ; ajoutez 160 grammes de sucre, en même temps que 6 œufs et 6 jaunes ; ajoutez ensuite 2 décilitres poudre de macarons sucrée et vanillée ; une cuillerée de farine de riz, 250 grammes raisins de Smyrne, autant ananas coupés en dés, 4 cuillerées kirsch ; versez le tout en moules, à cylindre, beurrés, farinés ; faites pocher une heure au bain-marie, sans ébullition. — Dressez sur plat, masquez avec sirop d'ananas au kirsch.

POUDING DE PAIN A L'ANGLAISE

3 à 400 grammes mie de pain de cuisine, 125 grammes beurre fondu, 300 grammes sucre orangé, 100 grammes macarons écrasés, 350 grammes raisins de Smyrne, 2 œufs, 6 à 8 jaunes, 2 blancs fouettés, quelques cuillerées crème crue.

Coupez la mie de pain pour l'imbiber au lait chaud, et l'exprimer ensuite ; broyez-la dans une terrine en ajoutant le beurre, œufs et jaunes peu à peu, crème, sel, puis les blancs ; versez l'appareil en moules lisses, beurrés, farinés ; laissez une heure au bain-marie, sur trépied et à couvert. Démoulez sur plat, marquez aux sauces anglaise à la crème et au rhum (p. 31).

1. Les proportions indiquées à cette série sont en général suffisantes pour former deux entremets et souvent même davantage : c'est là, affaire d'appréciation du praticien.

POUDING AU PAIN, A LA GASTRONOME

Épluchez 100 grammes de graisse de rognons de bœuf; pilez-la avec une égale quantité de moelle de bœuf; passez-les au tamis; déposez-les dans une terrine. Ajoutez alors 250 grammes de sucre, 10 jaunes et 4 œufs entiers, de deux en deux, en travaillant avec une cuiller. Quand l'appareil est mousseux, incorporez-lui la valeur de 4 à 500 grammes de mie de pain de cuisine, d'abord imbibée avec du lait, puis bien exprimée et broyée; ajoutez encore 300 grammes de raisins de Smyrne et écorces confites, un peu de crème crue, 1 décilitre de rhum. — Versez l'appareil dans un moule à dôme beurré, fariné; mettez celui-ci dans une casserole avec de l'eau chaude jusqu'à moitié de hauteur; cuisez le pouding une heure et quart, à couvert, au four ou sur un fourneau. — Au moment de servir, renversez-le sur plat, marquez-le avec une sauce abricots au rhum.

POUDING WELLINGTON

Cuisez 3 douzaines de petits pannequets au sucre; parez-les, étalez-les sur une plaque, masquez-les avec une légère couche de marmelade d'abricots. — Cuisez un moyen moule à timbale de crème au bain-marie, parfumée au café; quand elle est refroidie, renversez-la dans une terrine, broyez-la avec une cuiller, passez-la au tamis; mêlez-lui alors 4 œufs entiers et 10 jaunes.

Beurrez un moule à dôme, masquez-en le fond et les parois avec quelques pannequets, en les appuyant du côté qui n'est pas masqué de marmelade; pliez les autres pannequets en carrés, rangez-les dans l'intérieur du moule, par couches, en les alternant avec une petite partie de l'appareil à la crème.

Quand le moule est plein, masquez-en toute l'ouverture avec un large pannequet. Placez le moule dans une casserole, en l'appuyant sur un grand coupe-pâte; versez de l'eau chaude dans la casserole jusqu'à moitié de la hauteur du moule, faites pocher le pouding au *bain-marie*, sans ébullition. — Au moment de servir, démoulez-le sur plat, masquez-le avec une crème anglaise, au café.

POUDING GEORGE-QUATRE

Cuisez 3 à 4 douzaines de pannequets minces; masquez-les d'un côté avec une couche de riz à la crème, sucré, vanillé, fini avec quelques jaunes d'œuf, un peu de beurre; pliez ces pannequets en carré long, tous dans les mêmes dimensions. — Beurrez grassement un moule à timbale avec du beurre épuré; glacez-le au sucre fin, puis masquez-en le fond et les pourtours avec les pannequets, en les dressant par couches et en couronnes superposées, mais à plat; garnissez le vide avec le restant des pannequets pliés, en les alternant avec des fruits confits, coupés en dés : ananas, cerises et angélique; fermez l'ouverture du moule avec un rond de papier, placez-le sur un petit plafond, poussez-le à four vif, tenez-le ainsi jusqu'à ce que les pannequets soient glacés de belle couleur. En sortant le pouding, dégagez-en les pourtours, renversez-le sur plat; masquez le fond de celui-ci avec une sauce abricots, au kirsch ou au marasquin.

POUDING A L'AMÉRICAINE

Levez les chairs blanches de 2 poulets rôtis, retirez-en la peau, pilez-les avec 150 grammes de moelle de bœuf; ajoutez la valeur de 3 décilitres de bouillie à la crème, vanillée; retirez l'appareil dans une terrine, incorporez-lui la valeur de 1 décilitre de marmelade de pommes, une pointe de fleur de muscade pilée, 3 œufs entiers, 8 jaunes, un demi-zeste de citron haché, 5 à 600 grammes de raisins de Corinthe et de Smyrne. Versez cet appareil dans un moule uni, à cylindre, beurré, fariné; faites-le pocher une heure, au bain-marie, sans ébullition. — Au moment de servir, renversez le pouding sur plat, masquez-le avec une crème anglaise au rhum ou au madère (page 31).

POUDING D'ABRICOTS, A L'ANGLAISE

Coupez en quartiers une vingtaine de bons abricots, fermes; déposez-les dans une terrine, saupoudrez-les avec une poignée de sucre en poudre, faites-les macérer une demi-heure, en les sautant de temps en temps.

Avec de la pâte à pouding mince, foncez un moule à dôme plus large que haut; garnissez-en le vide avec les quartiers d'abricots, en les dressant par couches, et les alternant avec de la cassonade ou du sucre; couvrez les fruits avec un rond de pâte, soudez celle-ci avec celle des parois; fermez le moule avec son couvercle, enveloppez-le dans un linge, plongez-le à l'eau bouillante, cuisez-le une heure et quart, à feu vif. — Au moment de servir, sortez le moule, déballez-le, renversez le pouding sur plat, masquez-le avec une sauce abricots, au madère.

POUDING A LA COWLEY

Travaillez dans une terrine, à l'aide d'une cuiller, 200 grammes de sucre avec 6 jaunes d'œuf; quand l'appareil est mousseux, ajoutez 200 grammes d'amandes pilées avec 2 jaunes d'œuf, passées au tamis. — D'autre part, déposez dans une terrine 5 à 6 décilitres de pulpe de pommes de terre cuites au four ou sous les cendres chaudes, passée au tamis; travaillez-la, en incorporant 2 cuillerées de sucre vanillé, 3 jaunes et un œuf entier; mêlez l'appareil aux amandes, ajoutez un morceau de beurre fin et 4 à 5 blancs d'œuf fouettés; versez-le alors dans un moule à timbale, beurré, glacé au sucre. — Placez le moule sur un plafond avec un peu d'eau chaude, poussez-le au four modéré. Au bout d'une heure, démoulez le pouding sur plat, masquez-le avec une crème anglaise à la vanille.

POUDING DE SEMOULE AU BAIN-MARIE

1 litre de lait, 250 grammes de semoule fine, 250 grammes de sucre, 250 grammes de beurre, 4 œufs entiers, 10 jaunes, 10 blancs fouettés, zeste, grain de sel.

Faites bouillir le lait; incorporez-lui, peu à peu, la semoule, en la laissant tomber en pluie; remuez avec une cuiller à l'endroit où elle tombe, afin d'obtenir une bouillie lisse, sans grumeaux. Au premier bouillon, retirez-la sur le côté; ajoutez le sucre, la moitié du beurre et le sel; cuisez 10 à 12 minutes; remettez-la sur feu pour la faire réduire 2 minutes sans la quitter; ajoutez le zeste, retirez-la; quand elle est à peu près froide, ajoutez le restant du beurre, les œufs, les jaunes, et enfin les blancs fouettés; retirez le zeste.

Beurrez des moules à cylindre, remplissez-les à peu près à hauteur avec l'appareil; faites pocher au bain-marie, à vase couvert, trois quarts d'heure, sans ébullition prononcée. Démoulez sur plat, nappez avec sauce églantine ou sabayon : excellent entremets.

POUDING DE RIZ, A L'ORANGE

Lavez 350 grammes de riz, faites-le blanchir à point, égouttez-le, placez-le dans une casserole; mouillez-le largement avec du lait, ajoutez un grain de sel, cuisez-le sans le toucher jusqu'à ce qu'il soit à sec, bien tendre; retirez-le alors du feu; ajoutez un morceau de beurre fin, 200 grammes de sucre en poudre, dont 50 grammes à l'orange; couvrez la casserole; 10 minutes après, versez l'appareil dans une terrine; incorporez-lui 300 grammes de fruits et écorces confits, coupés en petits dés, une poignée de cerises mi-sucre, entières, 6 jaunes, 2 œufs entiers, 4 blancs fouettés, et quelques cuillerées de crème fouettée. Avec cet appareil remplissez un moule à timbale beurré, pané; arrosez-le avec un peu de beurre, posez-le sur un plafond, poussez-le au four modéré.

Trois quarts d'heure après, retirez le pouding, démoulez-le sur plat, masquez le fond de celui-ci avec une crème anglaise, à l'orange. Envoyez le surplus en saucière.

POUDING DE RIZ, A LA BOURDALOUE

Cuisez un pouding de riz, en procédant d'après la méthode prescrite dans l'article qui précède, sans fruit. Quand il est sorti du four, cernez-le en dessus pour le vider, en laissant autour et au fond, une épaisseur de 2 centimètres; remplissez-en le vide avec une crème frangipane chaude, aux amandes, mêlée avec un gros salpicon de fruits confits variés, 2 jaunes d'œuf, un blanc fouetté ; tenez-le 20 minutes à la bouche du four. — Au moment de servir, démoulez le pouding sur plat, masquez-le avec une sauce abricots, à la vanille.

POUDING DE NOUILLES, A L'ITALIENNE

Préparez une pâte à nouille avec 4 œufs ; abaissez-la, émincez-la ; cuisez les nouilles 7 à 8 minutes, avec lait et grain de sel ; égouttez-les sur un tamis, versez-les aussitôt dans une casserole ; ajoutez un morceau de beurre fin, 200 grammes de sucre ; couvrez l'appareil. Cinq minutes après, incorporez-lui 125 grammes de beurre, 6 jaunes, 1 œuf entier, 6 macarons pulvérisés, un demi-zeste de citron haché, 300 grammes de cédrat confit, coupé en dés ; finissez-le avec 2 cuillerées de crème fouettée ; versez-le dans un moule à timbale beurré, glacé au sucre. Couvrez le pouding avec du papier, posez-le sur un plafond, poussez-le à four modéré pour le cuire trois quarts d'heure. — Au dernier moment, démoulez-le sur plat, masquez-le avec une crème anglaise, aux amandes.

POUDING SOUFFLÉ AUX AMANDES

Mettez, dans une casserole, 7 à 8 cuillerées de fécule de riz ; délayez-la avec 6 décilitres de lait d'amandes douces et amères ; ajoutez un grain de sel, un morceau de beurre ; liez l'appareil sur feu, en le tournant avec une cuiller ; quand il est arrivé au point de consistance d'un appareil à soufflé, retirez-le ; incorporez-lui 150 grammes de sucre vanillé, 100 grammes de beurre, 10 jaunes, un œuf entier, 2 cuillerées de crème, 4 blancs fouettés, bien fermes. — Beurrez un moule à timbale, remplissez-le avec l'appareil, par couches alternées avec des lames de biscuit coupées minces, masquées avec de la marmelade d'abricots ; quand le moule est plein, posez-le dans une casserole avec de l'eau chaude jusqu'à moitié de hauteur, faites pocher le pouding trois quarts d'heure, au bain-marie. — Au dernier moment, démoulez-le sur plat, masquez-le avec une crème anglaise aux amandes et à la vanille.

POUDING SOUFFLÉ, DE FRANCFORT

Travaillez 250 grammes de beurre dans une terrine, en lui mêlant un à un 6 à 8 jaunes d'œuf ; quand l'appareil est mousseux, ajoutez 175 grammes d'amandes séchées, pilées, passées au tamis, 175 grammes de sucre en poudre, 125 grammes de mie de pain noir, séchée, pulvérisée, passée au tamis, quelques cuillerées d'écorce confites, coupées en petits dés, 2 cuillerées de sucre vanillé, une pincée de cannelle en poudre, 4 blancs d'œuf fouettés ; rangez l'appareil dans un moule, couches par couches, alternées avec quelques cerises mi-sucre ; posez le moule dans une casserole, avec de l'eau chaude jusqu'à moitié de hauteur ; poussez-le à four doux, cuisez-le 35 minutes. — Démoulez le pouding sur plat, masquez le fond de celui-ci avec une sauce aux cerises ou une sauce abricots ; envoyez le surplus en saucière.

POUDING SOUFFLÉ MOUSSELINE

Mêlez en casserole, 150 grammes sucre et 150 grammes beurre à moitié fondu, tournez l'appareil sur feu très doux, en ajoutant peu à peu 12 jaunes et 2 cuillerées fécule, jusqu'à ce qu'il soit lié comme une crème anglaise, retirez-le, mêlez-lui un zeste de citron et le suc de deux ; vannez-le jusqu'à ce qu'il soit froid, passez-le ; incorporez-lui 9 à 10 blancs fouettés ; versez-le en moules à dôme beurré fariné ; placez celui-ci dans une casserole, appuyez sur un coupe-pâte, ayant de l'eau jusqu'au tiers de sa hauteur ; faites bouillir l'eau, poussez la casserole à four doux ; cuisez le pouding 35 minutes à four fermé ou sur le fourneau avec du feu sur le couvercle.

Au moment de servir, démoulez l'entremets sur plat, masquez le fond de celui-ci avec une crème anglaise au citron ; envoyez le surplus de la crème dans une saucière. — Ce pouding doit être servi en sortant du four.

POUDING SOUFFLÉ A LA SAXONNE

500 grammes de farine, 500 grammes de beurre, 500 grammes de sucre, trois quarts de litre de lait, 22 jaunes, 20 blancs fouettés, grain de sel, vanille : ces proportions suffisent pour 5 moules au moins.

Faites bouillir le lait avec une gousse de vanille coupée ; couvrez la casserole, retirez-la du feu quelques minutes après, placez la farine dans une autre casserole, délayez-la avec le lait chaud, mais peu à peu, afin de ne pas faire de grumeaux ; mêlez-lui alors la moitié du beurre, la moitié du sucre et le sel ; posez la casserole sur feu modéré, tournez l'appareil à la cuiller jusqu'à ce qu'il commence à prendre de la consistance ; retirez-le aussitôt, afin de mieux le lier, en le travaillant fortement. Quand il est bien lisse, remettez-le sur feu pour le travailler de nouveau et le dessécher jusqu'à ce qu'il se détache du fond de la casserole ; à ce point, versez-le dans une terrine ; aussitôt qu'il a perdu sa grande chaleur, travaillez-le fortement avec la cuiller, en lui incorporant, peu à peu, les jaunes d'œuf, ainsi que le restant du sucre et du beurre, puis les blancs, bien fermes.

Avec cet appareil remplissez un moule uni, à cylindre, préalablement beurré, glacé au sucre et à la fécule ; posez-le dans une casserole avec de l'eau jusqu'à moitié de hauteur ; faites bouillir l'eau, couvrez et cuisez 50 minutes, à four modéré, mais sans ébullition visible ; 10 minutes avant de servir mettez du feu sur le couvercle de la casserole, afin de saisir légèrement l'appareil sur le haut. Renversez le pouding sur plat ; masquez avec une crème anglaise à la vanille. — Cet appareil de pouding est peu pratiqué en France ; c'est un tort, car il est excellent.

POUDING SOUFFLÉ AU CHOCOLAT

Préparez un petit appareil, en procédant d'après la méthode prescrite dans l'article qui précède ; avant d'incorporer les œufs, mêlez-lui 3 à 4 cuillerées de chocolat sans sucre, dissous, broyé, puis délayé avec 2 jaunes d'œuf ; incorporez le restant des œufs à l'appareil, le beurre, et, en dernier lieu, les blancs fouettés ; versez-le dans un moule à cylindre beurré, fariné ; cuisez-le à couvert, au bain-marie, en opérant comme il vient d'être dit pour le pouding saxon. — Au moment de servir, renversez le pouding sur plat, masquez-le avec une sauce au chocolat à la vanille et à la crème (page 32).

POUDING SOUFFLÉ, A L'ESPAGNOLE

Faites fondre 250 grammes de beurre, épurez-le, versez-le dans une casserole pour le chauffer ; mêlez-lui 2 fortes poignées de panure blanche et fine ; cuisez celle-ci, en la tournant à la cuiller, jusqu'à ce qu'elle ait pris une couleur blonde ; retirez-la, délayez-la, peu à peu, avec 7 ou 8 décilitres de lait tiède ; tournez l'appareil sur feu jusqu'à ce qu'il commence à devenir consistant ; retirez aussitôt la casserole hors du feu, liez l'appareil, en le travaillant fortement. Quand il est lisse, mêlez-lui 200 grammes de sucre vanillé ; cuisez-le encore quelques minutes ; versez-le dans une autre casserole, mêlez-lui 3 œufs entiers et 6 jaunes. Quand il est froid, incorporez-lui 5 blancs fouettés et quelques cuillerées de crème fouettée ; versez-le dans un moule cylindrique, uni, beurré ; posez celui-ci dans une casserole avec de l'eau jusqu'à mi-hauteur ; faites pocher trois quarts d'heure le pouding, à four modéré. Renversez-le sur plat, masquez-le avec une crème anglaise.

ROYAL-PUDDING

Cuisez une brioche dans un moule à dôme ; quand elle est démoulée et refroidie, coupez-la en tranches transversales ; masquez ensuite chaque tranche avec une couche de frangipane ferme, saupoudrez-les avec une pincée d'ananas coupés en dés fins ; rangez-les dans le même moule bien beurré, en commençant par les tranches plus étroites, de façon à remettre en forme la brioche. Préparez un litre d'appareil à pouding de cabinet (page 33) parfumé aux zestes, aux amandes ou à la vanille ; versez-le peu à peu dans le moule ; cuisez trois quarts d'heure le pouding au bain-marie. Démoulez-le sur plat, masquez-le avec une sauce abricots au madère.

PLOMPOUDING (PLUM-PUDDING) A L'ANGLAISE

500 grammes graisse de rognon de bœuf épluchée, hachée, 300 grammes, moitié farine, 250 grammes mie de pain blanc râpée, 350 grammes bonne cassonade, 600 grammes petits raisins Corinthe et Smyrne, 100 gr. malaga épépinés, coupés en dés, 250 grammes cédrat confit.

Mélangez ces ingrédients en terrine, en ajoutant un à un 8 à 10 œufs, ajoutez pincée sel, muscade, cannelle et gingembre en poudre, zestes hachés, 2 décilitres rhum, autant de cognac, 5 à 6 heures après moulez les poudings soit en moules lisses beurrés et farinés, soit dans des serviettes mouillées, beurrées et farinées. En ce dernier cas, étalez ces serviettes sur des terrines, versez l'appareil dans le creux, et rassemblez les pans de chaque serviette, pour les serrer étroitement avec de la ficelle : si c'est en moules masquez-en l'ouverture avec la serviette pour en nouer les pans en dessous. Plongez-les à l'eau bouillante, cuisez-les sans arrêt de 4 à 5 heures, selon leur grosseur.

Les plompoudings qu'on ne servirait pas de suite ne doivent être réchauffés que dans l'eau de leur cuisson, ou alors les couper en tranches, et les chauffer au four avec sirop et cognac.

Égouttez, démoulez sur plat, servez-les avec un sabayon ou du sirop chauffé avec cognac. — Les plompoudings moulés à la française sont décrits plus bas.

POUDING A LA CAMBACÉRÈS

Pilez 250 grammes de moelle de bœuf crue ; passez-la au tamis, déposez-la dans une terrine, travaillez-la avec une cuiller, en additionnant 8 jaunes d'œuf et 150 grammes de sucre. — D'autre part, pilez 300 grammes d'amandes douces avec une douzaine d'amères ; passez-les au tamis. — Pilez également 300 grammes de raisins secs, épépinés, autant d'écorces confites ; passez aussi au tamis ; placez cette purée dans une autre terrine. Mêlez-lui les amandes, puis 4 à 5 œufs entiers, et enfin l'appareil à la moelle ; ajoutez 100 grammes de farine, 300 grammes de biscuit émietté, 100 grammes d'angélique coupée en dés, un décilitre de crème de noyau et un décilitre de rhum. Versez l'appareil dans un moule à dôme beurré et fariné ; faites-le pocher trois quarts d'heure, au bain-marie. — Au moment de servir, démoulez le pouding sur plat, masquez-le avec une sauce abricots, à la crème de noyau.

CHARLOTTE DE POMMES, A LA VANILLE

Beurrez grassement un moule à charlotte ; masquez-en le fond avec des lames minces de pain de cuisine coupées en pointe, en formant une rosace serrée, sans laisser de jour, mais en ayant soin de tremper à mesure ces lames de pain dans du beurre fondu, pour les imbiber. — Coupez d'autres lames minces de pain, en forme de carré long, juste de la hauteur du moule, de la largeur de 3 centimètres ; imbibez-les à mesure, d'un côté seulement, dans du beurre fondu, appliquez-les, une à une tout autour et contre les parois du moule, en les posant debout et à cheval ; couvrez le moule avec une cloche, tenez-le dans un lieu frais.

Coupez en quartiers une vingtaine de pommes reinettes ; supprimez-en le cœur, pelez-les pour les émincer un peu épais ; placez-les dans un sautoir, largement beurré ; ajoutez un demi-bâton de vanille coupé, une poignée de sucre en poudre ; posez le sautoir sur feu vif, sautez les pommes jusqu'à ce qu'elles soient bien saisies ; aussitôt qu'elles ont réduit leur humidité, liez-les avec un peu de marmelade d'abricots : les pommes doivent rester fermes et entières ; retirez-les du feu.

Dix minutes après, égouttez le liquide que les pommes ont rendu, et, avec elles, emplissez le vide du moule à charlotte ; couvrez-le avec une tranche ronde de pain, formant son diamètre ; beurrez grassement le pain, sur les bords. Posez le moule sur un plafond, poussez-le à four vif, pour saisir le pain ; retirez-le sur feu plus modéré, afin de bien chauffer les pommes et glacer le pain de belle couleur ; 25 minutes suffisent. — En sortant la charlotte du four, renversez-la sur plat, sans enlever le moule. Épongez le beurre du plat, enlevez le moule, glacez la charlotte au pinceau avec un peu de marmelade d'abricots, entourez-en la base avec une couronne de quartiers de pomme, parés, blanchis, finis de cuire dans de la marmelade d'abricots étendue avec du sirop et un peu de rhum. — Envoyez en même temps une sauce abricots à la vanille.

CHARLOTTE A LA VARSOVIENNE

Foncez un moule à charlotte avec du pain beurré, en procédant comme il vient d'être dit ; masquez intérieurement ce pain, autour et au fond, avec une couche de marmelade de pommes, très serrée. — Une demi-heure avant de servir, emplissez le vide du moule avec une macédoine de gros fruits variés, demi-confits ou cuits au sirop, suivant leur nature, tels que : reines-claudes, abricots, pêches, ananas, pommes, poires, cerises, verjus ; tous ces fruits doivent être sans noyaux, cuits, bien épongés, rangés par couches dans le moule, en les alternant avec un peu de marmelade d'abricots. Couvrez les fruits avec une tranche ronde de pain, du même diamètre que l'ouverture du moule, masquée d'un côté avec une couche de marmelade de pommes ; beurrez-la en dessus.

Posez le moule sur un plafond, poussez-le à four vif ; cuisez la charlotte jusqu'à ce que le pain soit de belle couleur. Sortez-la, tenez-la ainsi quelques minutes ; renversez-la ensuite sur plat ; épongez-en le beurre, enlevez le moule ; saucez le fond du plat avec une marmelade d'abricots au madère ; envoyez le surplus dans une saucière.

TIMBALE A LA CONDÉ

Beurrez un moule à timbale ; saupoudrez-le avec des amandes hachées ; foncez-le avec une pâte à flan ; masquez la pâte au fond et autour avec du papier beurré ; emplissez le vide de la caisse avec de la farine ordinaire, cuisez la croûte *à blanc*. Quand elle est de belle couleur, sortez-la ; enlevez la farine et le papier, sans la démouler ; abricotez, chauffez au four.

Cuisez 300 grammes de riz à la crème et à la vanille ; tenez-le à consistance d'appareil à pouding ; liez-le avec quelques jaunes d'œuf, finissez-le avec un morceau de beurre fin. Avec cet appareil masquez la croûte de la timbale, à l'intérieur, avec une couche de 2 centimètres d'épaisseur ; garnissez aussitôt le vide avec des moitiés d'abricots, fermes, pelés, légèrement blanchis, liés avec un peu de marmelade d'abricots; couvrez-les avec une couche de riz, et celui-ci avec un rond de papier; tenez 25 minutes la timbale à la bouche du four. — Renversez-la ensuite sur plat; ornez-la, en dessus, avec un petit décor d'angélique; entourez-en la base, avec une couronne de beignets d'abricots, c'est-à-dire des demi-abricots dont le creux est garni avec de la frangipane aux amandes, panés et frits; masquez-les avec de la sauce abricots, envoyez séparément une saucière de cette sauce.

TIMBALE DE MARRONS AU MARASQUIN

Retirez la première écorce à un cent de marrons; plongez-les à l'eau bouillante; supprimez-en la peau; mettez-les dans une casserole avec deux verres de lait et un demi-bâton de vanille, pour les cuire tout doucement. Quand le mouillement est à sec, les marrons doivent se trouver cuits; passez-les au tamis.

Pour 600 grammes de purée, cuisez 350 grammes de suc au *boulé*, avec un morceau de vanille dedans; quand il est à point, mêlez-lui peu à peu la purée de marrons; travaillez l'appareil sur feu jusqu'à ce qu'il soit bien desséché, lisse, compact, qu'il ne colle plus à la main et qu'il se détache du fond de la casserole. Prenez-le alors par petites parties avec une cuiller, pour masquer le fond et les parois d'un moule à charlotte, huilé à l'huile douce, et dont le fond est plaqué avec un rond de papier; pressez l'appareil, lissez-le aussi bien que possible, en lui donnant un demi-centimètre d'épaisseur. Emplissez aussitôt le vide de la timbale avec un appareil de riz à la crème et à la vanille, mêlé avec des cerises mi-sucre; renversez la timbale sur plat, masquez-la avec une sauce au marasquin.

TIMBALE A LA DUCHESSE

Prenez la valeur de 600 grammes de pâte à flan, un peu ferme; divisez-la en parties de la grosseur d'un œuf; roulez-les avec les mains, sur la table farinée, pour en former des cordons de l'épaisseur d'un macaroni; montez ceux-ci en spirale contre les parois intérieures du moule, en commençant par le fond, mais en ayant soin de tremper à mesure la pâte dans du beurre fondu, ayant perdu toute sa chaleur, disposé dans une assiette creuse et tiède; soudez le bout de ces cordons avec attention. Aussitôt le moule foncé, emplissez le vide de la timbale, par couches, avec des quartiers de pomme légèrement cuits au beurre, glacés à la marmelade d'abricots, en saupoudrant chaque couche avec une pincée de raisins de Smyrne; masquez l'appareil, en dessus, avec une abaisse en pâte; posez le moule sur un plafond, poussez-le à four vif; cuisez la timbale une demi-heure; renversez-la sur plat, masquez-la au pinceau avec de la marmelade d'abricots, serrée; envoyez séparément une sauce abricot au madère.

TIMBALE A L'ESPAGNOLE

Abaissez 600 grammes de pâte fine, de l'épaisseur de 2 millimètres; détaillez-la au coupe-pâte, en ronds de 3 centimètres de diamètre. Aussitôt coupés, prenez ces ronds avec la pointe d'une lardoire, trempez-les dans du beurre fondu et épuré; montez-les en couronnes superposées, un peu à cheval, en les appuyant contre les parois et le fond d'un moule à dôme.

Faites blanchir à grande eau 2 à 300 grammes de beau riz; mêlez au liquide le suc de quelques citrons. Quand il est à point, égouttez-le, déposez-le dans une terrine, mêlez-lui une poignée de sucre ou quelques cuillerées de sirop vanillé; laissez macérer 2 heures.

Déposez dans une autre terrine 4 décilitres de purée de marrons, sucrée, vanillée; travaillez-la à la cuiller, en lui incorporant 6 jaunes d'œuf, 5 blancs fouettés; ajoutez un morceau de beurre, quelques amandes vertes, 2 tranches d'ananas confit, émincé, 2 poignées de raisins de Smyrne et, en dernier lieu, le riz bien égoutté, puis quelques cuillerées de marasquin. — Remplissez le moule avec cet appareil, couvrez-le avec une abaisse mince de pâte et avec un rond de papier beurré; cuisez trois quarts d'heure, à four modéré. Démoulez la timbale sur plat, masquez-la avec un sirop vanillé, entourez-en la base avec une couronne de marrons demi-confits.

TIMBALE DE RIZ A LA NAPOLITAINE

Avec de la pâte frolle reposée, préparez une quinzaine d'abaisses rondes, évidées sur le centre, dont 2 seulement pleines, en procédant comme pour un gâteau napolitain. En les sortant du four, coupez-les à l'aide d'un moule à timbale; faites-les refroidir sous presse légère, afin de les obtenir bien droites. Masquez les deux abaisses pleines avec de la frangipane, et sur celles-ci, rangez celles qui sont évidées, en les posant les unes sur les autres, et les alternant aussi avec une couche de frangipane. Quand la timbale est montée, masquez-en les contours et le dessus avec de la marmelade d'abricots; tenez-la un quart d'heure à l'étuve douce. — Au moment de servir, dressez-la sur plat, masquez-la avec une sauce abricots au marasquin, saupoudrez avec des pistaches hachées; garnissez le puits avec un appareil de riz à la crème, vanillé, fini avec quelques cuillerées de lait d'amandes, et avec quelques cuillerées de crème fouettée.

TIMBALE DE FRUITS A LA PARISIENNE

Cuisez une brioche dans un moule à dôme, de forme élevée; quand elle est sortie du four et refroidie, coupez-la droite sur le haut, cernez-la pour la vider, en laissant 1 centimètre et demi d'épaisseur; tenez-la au chaud, sans la sortir du moule; réservez le rond enlevé.

Versez dans un poêlon un demi-verre de madère, ajoutez 250 grammes de raisins, par moitié de Smyrne et de Corinthe, préalablement ramollis à l'eau tiède; puis 4 à 5 cuillerées de confitures de cerises égouttées de leur sirop, lavées; donnez un seul bouillon au liquide, retirez-le du feu. — Dans un autre poêlon, placez quelques quartiers de pêche et d'abricot frais ou en compote.

Au moment de servir, masquez intérieurement la brioche avec une couche de marmelade d'abricots, serrée; garnissez-en le vide avec les pêches et les abricots, en les rangeant par couches alternées avec les raisins; arrosez avec un peu de marmelade d'abricots, délayée au madère.

Fermez l'ouverture de la brioche avec le rond supérieur tenu en réserve, renversez-la sur plat; masquez-la avec une sauce abricots au madère, saupoudrez-la avec des pistaches hachées, entourez-la avec une couronne de reines-claudes entières.

TIMBALES DE RIZ AUX POMMES

Foncez un moule à timbale avec de la pâte à flan; garnissez-en le vide, par couches, avec du bon riz cuit au lait et à la vanille, fini avec du beurre et de la crème; alternez chaque couche avec une couche de pommes au beurre, poudrez avec de l'ananas confit, couvrez avec de la pâte; cuisez à four vif, 25 minutes. Démoulez sur plat, arrosez avec sauce abricots au kirsch.

TIMBALE LAGUIPIERRE

Avec du beurre fin, beurrez l'intérieur d'un moule à timbale; panez-le au fond et autour avec des amandes mondées hachées ou coupées en dés fins.

Foncez ce moule avec de la pâte à timbale ou pâte à flan abaissée mince. — Abricotez la pâte à l'intérieur avec le pinceau.

Mêlez dans une terrine la valeur de 2 décilitres d'ananas confit coupé en petits dés, avec autant d'écorces d'orange confite, autant de cerises mi-sucre coupées, autant de raisins secs de Smyrne et autant de noisettes en dés pralinées au sucre. — Arrosez ces fruits avec quelques cuillerées de marasquin, faites les macérer 25 à 30 minutes.

Au dernier moment égouttez le liquide des fruits, liez-les avec un appareil à soufflé, de marrons, parfumé à la vanille, tenu légèrement consistant.

Remplissez le vide du moule avec cet appareil, posez-le sur mince plafond, poussez-le à four doux, cuisez 40 minutes.

Aussitôt le moule sorti du four, dégagez la timbale avec la lame du petit couteau, renversez-la sur plat chaud, nappez-la avec sauce abricot légère, au marasquin, poudrez avec de l'angélique confite coupée en dés fins; servez aussitôt.

Cette timbale peut aussi être simplement nappée au pinceau avec de l'abricot, et servie en même temps qu'un sabayon au marasquin ou tout autre liqueur.

TIMBALE A LA SAVARIN

Faites lever en moule à dôme de la pâte à savarin un peu ferme; cuisez les gâteaux, laissez refroidir; cernez-les pour les vider en réservant le couvercle.

D'autre part, mettez dans un petit poêlon 250 grammes de raisins secs, variez, arrosez avec un verre de vin blanc, ajoutez un peu de zeste; donnez un bouillon au liquide, versez-le sur un tamis. Mettez les raisins dans une terrine, mêlez-leur un égal volume de cerises confites et autant de boules de pommes coupées à l'aide d'une cuiller à racine, légèrement cuites dans du sirop; liez ces fruits avec quelques cuillerées de bonne frangipane; ajoutez 2 ou 3 cuillerées de lait d'amandes et de curaçao. — Chauffez les fruits sans ébullition; chauffez également la timbale pour l'emplir avec les fruits; couvrez-la avec son couvercle, renversez-la sur plat; masquez-la avec un peu de sauce abricots.

TIMBALE DE POIRES A LA D'ARENBERG

Décorez un moule à timbale avec de la pâte à nouille, sucrée; foncez-le avec de la pâte à flan. Coupez en quartiers une douzaine de petites poires de *beurré*, pelez-les, supprimez-en le cœur; émincez-les, cuisez-les avec beurre, sucre et vanille, en les tenant un peu fermes; liez-les avec quelques cuillerées de marmelade d'abricots, laissez-les à moitié refroidir, et avec elles, garnissez le vide du moule; couvrez avec une abaisse de pâte, en la soudant avec celle des bords. Poussez alors le moule à four modéré; cuisez la timbale trois quarts d'heure. — En la sortant, renversez-la sur plat chaud, masquez-la avec une sauce abricots, au marasquin.

CRÈME AU BAIN-MARIE, AU CAFÉ

Torréfiez dans un poêlon 250 grammes de café; aussitôt à point, versez-le dans une casserole contenant 7 à 8 décilitres de lait bouillant; couvrez hermétiquement, laissez infuser 25 minutes. Passez le liquide au tamis, allongez-le avec 3 décilitres de crème crue. — Mettez dans une terrine 3 œufs entiers et 15 jaunes, 300 grammes de sucre; battez l'appareil avec le fouet, étendez-le peu à peu avec l'infusion au café; passez deux ou trois fois au tamis, puis versez dans un moule à timbale dont le fond est masqué avec un rond de papier, très légèrement beurré. Placez le moule dans une casserole, en l'appuyant sur un trépied, avec de l'eau chaude jusqu'à moitié de sa hauteur; faites pocher l'appareil une heure, au bain-marie, à couvert, sans ébullition. — Retirez ensuite la casserole du feu, tenez-la ainsi un quart d'heure. Quand l'appareil est à moitié refroidi, dégagez-le du moule avec la lame d'un petit couteau; renversez la crème sur plat, masquez-la avec une anglaise au café.

CRÈME AUX FLEURS D'ORANGER

Le parfum de fleurs d'oranger est peut-être celui qui s'allie le mieux avec la crème au bain-marie; il faut seulement avoir soin d'employer de l'eau de fleurs d'oranger de bonne provenance et de premier choix.

Beurrez un moule à timbale; masquez-en le fond avec un rond de papier, afin de faciliter plus tard le démoulage de la crème. — Faites bouillir 7 à 8 décilitres de bon lait; retirez-le, sucrez-le à point. — Cassez 3 œufs dans une terrine, ajoutez 14 jaunes et un grain de sel ; broyez-les, délayez-les peu à peu avec le lait et 3 décilitres de crème crue. Passez l'appareil ; mêlez-lui un demi-décilitre d'eau de fleurs d'oranger ; passez-le encore, faites pocher la crème au bain-marie, en opérant comme il est dit dans l'article qui précède. — Au moment de servir, renversez la crème sur plat, masquez-la avec une anglaise aux amandes.

CROUTES AUX FRUITS ET AU MADÈRE

Égouttez 3 à 400 grammes de cerises en confitures ou cerises mi-sucre, bien rouges ; passez-les à l'eau tiède, égouttez-les, déposez-les dans un poêlon ; ajoutez une forte poignée de raisins de Smyrne, également lavés à l'eau tiède, autant d'amandes vertes confites, autant d'ananas frais ou confits, et enfin 4 cuillerées de pistaches mondées : les amandes, l'ananas, les pistaches doivent être coupés en dés. Mouillez ces fruits à couvert avec moitié madère, moitié sirop vanillé, tenez-les de côté pour ne les chauffer qu'au moment. — Coupez quelques tranches de mie de pain de cuisine, de 1 centimètre d'épaisseur ; sur ces tranches, coupez une trentaine de ronds, à l'aide d'un coupe-pâte ayant 4 centimètres de diamètre ; évidez 6 de ces ronds ; rangez-les sur une plaque légèrement beurrée ensemble avec les ronds qui ne sont pas vidés ; saupoudrez-les de sucre fin, faites-les glacer au four.

En les sortant, masquez-les en dessous avec un peu de marmelade consistante, collez-les de quatre en quatre. Dressez alors ces petites colonnes en cercle, dans le plat ; arrosez-les avec de la sauce abricots au madère, chaude. Sur chaque colonne posez un des anneaux réservés, et sur ceux-ci, posez une belle reine-claude. Garnissez alors le vide central avec les fruits préparés. Envoyez séparément une saucière du sirop au madère.

CROUTES AUX FRUITS, A LA PORTUGAISE

Coupez 9 tranches de mie de pain de cuisine d'un centimètre d'épaisseur ; sur ces tranches, coupez des croûtes de forme ovale, cernez-les à une petite distance des bords, faites-les frire au beurre dans un sautoir, pour leur faire prendre une légère couleur blonde. Égouttez-les sur un linge, ouvrez-les, videz-les ; emplissez-en le vide avec un salpicon d'ananas lié avec un peu de marmelade d'abricots ; dressez-les en couronne, sur plat. Garnissez le puits avec des quartiers d'orange, parés à vif, sucrés à la vanille ; envoyez séparément une sauce abricots au malaga.

CROUTES A LA VICTORIA

Collez sur le centre d'un plat rond un petit support en pain frit, ayant 6 à 7 centimètres de haut, masquez-le avec de la marmelade d'abricots, entourez-le complètement avec des cerises mi-sucre, dressées par rang, les unes sur les autres. — Bordez le plat avec une bordure en pain frit, en collant les détails avec du repère, selon la méthode appliquée aux bordures de plat ; tenez le plat à l'étuve.

Préparez un salpicon avec des écorces confites, raisins de Smyrne, ananas, cerises mi-sucre, quelques cuillerées d'angélique ou pistaches; mouillez avec un peu de madère, tenez-les au chaud.

Coupez 15 croûtes en brioche ou en savarin d'un demi-centimètre d'épaisseur, de forme ovale, d'un égal diamètre; masquez-les, d'un côté, avec une mince couche d'amandes hachées mêlées avec égale quantité de sucre en poudre, délayées avec du blanc d'œuf : c'est ce qu'on appelle *appareil à Condé*. Saupoudrez cette couche avec du sucre fin, faites glacer les croûtes au four.

Masquez le fond du plat avec une épaisse couche du salpicon préparé, bien égoutté; sur cette couche dressez les croûtes en couronne, puis dressez les tranches d'ananas debout et à cheval entre les croûtes et le support. Piquez alors en éventail, sur le haut du support, 3 petits hâtelets garnis de beaux fruits; piquez-en un plus haut que les autres, droit, sur le centre : ces hâtelets sont composés avec des reines-claudes vertes, des fraises, des détails de pommes ou poires, blancs ou rouges, coupés au couteau ou à l'emporte-pièce.

Envoyez en même temps une saucière de sauce madère, mêlée avec un salpicon de fruits. — Les salpicons de fruits qu'on sert avec les entremets chauds ne doivent jamais macérer longtemps ni dans le sirop; ils ne doivent pas bouillir surtout, si non ils deviennent désagréables à manger.

CROUTES A L'ITALIENNE

Coupez des tranches de mie de pain de cuisine, ayant l'épaisseur de 7 à 8 millimètres; distribuez-les de forme ovale; rangez-les dans un plat, les unes à côté des autres; imbibez-les avec de la crème double, crue, sucrée, parfumée; aussitôt qu'elles sont imbibées, égouttez-les bien, roulez-les dans des macarons pulvérisés, trempez-les dans des œufs battus; panez-les ensuite à la panure blanche; égalisez-les avec la lame d'un couteau, faites-les frire dans un sautoir avec du beurre clarifié. Quand elles sont de belle couleur, des deux côtés, égouttez-les sur un linge; nappez-les d'un côté, au pinceau, avec de la marmelade d'abricots, dressez-les en couronne sur plat; garnissez le centre de cette couronne avec des boules de pommes et poires enlevées à la cuiller, cuites dans un sirop léger; les premières blanches, les poires rouges; ajoutez quelques cuillerées de pistaches; nappez ces fruits avec un sirop réduit, parfumé au marasquin; envoyez le surplus dans une saucière.

CROUTES A L'ESPAGNOLE

Coupez une vingtaine de croûtes en brioche ordinaire, de l'épaisseur de 8 millimètres et de forme ovale; saupoudrez-les avec du sucre fin, faites-les glacer au four; dressez-les en couronne sur un plat, masquez-les avec une sauce abricots, au curaçao; garnissez le centre de la couronne avec des marrons demi-confits, mêlés avec quelques cuillerées de raisins de Smyrne et une poignée de pistaches; envoyez en même temps une saucière de sirop au curaçao, mêlé avec un salpicon de fruits choisis et quelques raisins de Smyrne.

CROUTES PRINTANIÈRES, AUX FRUITS

Mêlez dans une terrine quelques cuillerées d'ananas coupé en gros dés, quelques cerises crues, sans queues ni noyau; autant de belles fraises et de framboises, autant de quartiers d'orange parés à vif, quelques cuillerées de belles groseilles rouges et blanches. — Coupez une quinzaine de tranches de mie de pain de cuisine, de forme ronde, de l'épaisseur de 7 à 8 millimètres; cernez-les, faites-les frire au beurre. Videz-les; emplissez-en le vide avec un salpicon de fruits confits, lié avec un peu de marmelade d'abricots; masquez le salpicon avec une belle moitié d'abricots en compote, mais ferme, coupé du diamètre de l'ouverture; nappez-les au pinceau avec un sirop réduit.

Dressez les croûtes en couronne, sur plat; arrosez les fruits réservés, avec du sirop au punch, bien chaud; dressez-les dans le puits de la couronne formée par les croûtes; arrosez-les avec une partie du sirop, envoyez le restant dans une saucière, après lui avoir mêlé quelques pistaches mondées, coupées en filets.

POMMES A LA NESSELRODE

Préparez la valeur de 3 verres de marmelade de pommes de Canada, à la vanille, sucrée, passée. — Déposez dans une terrine 200 grammes de beurre épongé, légèrement ramolli; travaillez-le avec la cuiller, en additionnant, peu à peu, 1 œuf entier et 12 jaunes. Quand l'appareil est bien mousseux, ajoutez une pincée de fécule, puis la purée de pommes, et ensuite 200 grammes de poudre de macarons; versez cet appareil dans un moule beurré et fariné, faites-le pocher au bain-marie. — Au moment de servir, démoulez l'entremets sur plat chaud, masquez-le avec une bonne marmelade d'abricots, délayée au lait d'amandes.

POMMES AU RIZ, A L'ORANGE

Faites blanchir 300 grammes de beau riz; égouttez-le, cuisez-le dans une casserole avec du lait. Quand il est à point, sucrez-le, finissez-le avec quelques cuillerées de crème crue, 100 grammes de beurre fin, 3 jaunes d'œuf, 2 cuillerées de sucre d'orange. Versez l'appareil dans un moule à bordure uni, beurré, en tassant le moule sur un linge; tenez-le à l'étuve.

D'autre part, cuisez 8 à 10 belles pommes reinettes, coupées en quartiers; égouttez-les, déposez-les dans une petite terrine; mouillez-les à couvert avec un bon sirop vanillé; laissez-les refroidir avec un rond de papier dessus. — Deux heures après, égouttez-les, rangez-les dans un sautoir. Mêlez un peu de suc de pommes au sirop, faites-le réduire de moitié, versez-le dans le sautoir; faites macérer les pommes un quart d'heure. Dressez-les ensuite en buisson, dans le centre de la bordure de riz, renversée sur plat. Décorez-les avec quelques losanges d'angélique; arrosez-les avec le sirop réduit, envoyez séparément une sauce abricots, légèrement liée.

POMMES GRATINÉES

Masquez le fond d'un plat avec une couche épaisse de frangipane à la vanille et aux amandes; laissez-la refroidir. — Coupez en quartier 6 grosses pommes de calville; pelez-les, cuisez-les légèrement fermes, en sirop léger, acidulé; égouttez-les, faites-les refroidir dans du sirop vanillé.

Une demi-heure avant de servir, égouttez les quartiers de pomme; dressez-les en dôme sur la crème, emplissez-en les vides avec la frangipane; nappez-les au pinceau avec de la marmelade d'abricots, tiède; tenez un quart d'heure le plat à la bouche du four; sortez-les, saupoudrez-les avec des amandes pralinées et hachées; poussez autour du plat, contre la couche de crème, de grosses perles en meringue; saupoudrez celles-ci et les amandes avec du sucre en poudre, faites légèrement colorer au four.

POMMES VOISIN

Coupez en quartiers 8 bonnes pommes de reinette; pelez-les, supprimez-en le cœur; faites-les légèrement blanchir; égouttez-les, rangez-les dans un sautoir beurré; arrosez-les avec quelques cuillerées de marmelade d'abricots; tenez-les à la bouche du four. — Avec 8 autres pommes, préparez de la marmelade un peu serrée.

Foncez un cercle à flan avec de la pâte sucrée, masquez-en le fond et le tour avec du papier beurré, emplissez-en le vide avec de la farine ordinaire ou des noyaux de cerises séchés; cuisez à four modéré.

En sortant la croûte, videz-la, glissez-la sur un plat sans retirer le cercle; abricotez-la intérieurement. Montez alors les quartiers de pomme en pyramide, par couches, dans la croûte, en saupoudrant chaque couche avec une pincée de macarons écrasés; masquez la pyramide avec la marmelade préparée, et ensuite avec une couche d'appareil à Condé[1]; saupoudrez celui-ci avec du sucre, faites glacer à la salamandre. Enlevez le cercle, essuyez bien le plat avant de l'envoyer.

POMMES AU MADÈRE

Coupez transversalement, chacune en deux parties, une dizaine de pommes calvilles; retirez-en le cœur à l'aide d'une cuiller à racine; tournez chaque moitié en arrondissant les angles; faites-les très légèrement blanchir, puis rangez-les dans un sautoir beurré; mouillez-les à hauteur avec de la marmelade d'abricots légère, étendue avec du sirop vanillé et un peu de madère; finissez de les cuire ainsi sur feu très doux. — Quand elles sont bien glacées, dressez-les en dôme sur un plat dont le fond est entouré avec une couronne de croûtons de pains frits au beurre, formant bordure; arrosez-les avec la sauce réduite, saupoudrez avec des pistaches hachées ou émincées.

1. On prépare cet appareil avec autant de sucre en poudre que d'amandes hachées, délayés au blanc d'œuf.

POMMES AU BEURRE

Divisez en quartiers 10 grosses pommes reinettes, en supprimant la peau et le cœur; arrondissez les angles, faites-les blanchir, rangez-les dans un sautoir les uns à côté des autres ; arrosez-les largement avec du beurre fondu, saupoudrez avec un peu de sucre vanillé, cuisez-les tout doucement, en les retournant ; quand les pommes sont cuites, masquez-les avec de la marmelade d'abricots, étendue avec du sirop vanillé; faites-les mijoter 10 minutes. Dressez-les ensuite en dôme, sur le centre d'un plat chaud; entourez la base du dôme avec de petites croquettes de riz, moulées en forme de reine-claude; entre le dôme et les croquettes, piquez en éventail des feuilles d'angélique, coupées en pointe, nappez-les avec de la sauce abricots, envoyez séparément une saucière de sirop de pommes au marasquin, mêlé avec des pistaches émincées.

POMMES A LA RICHELIEU

Videz sur le centre 8 à 10 petites pommes de calville ; pelez-les, faites-les blanchir légèrement, en les tenant fermes, blanches, bien entières; égouttez-les, placez-les dans un vase plat; couvrez avec du sirop serré, chaud et vanillé. — Avec une grosse cuiller à racine, coupez une vingtaine de boules de pommes crues; faites-les blanchir; égouttez-les, mettez-les dans un poêlon avec du sirop rougi au carmin; chauffez et retirez du feu.

Avec les parures de pommes et quelques autres reinettes de Canada, préparez une marmelade à la vanille; faites-la réduire, serrée; étalez-la, sur le fond d'un plat, en anneau de 3 centimètres de large sur 1 d'épaisseur. Au centre de ce plat, collez un support en pain frit, forme de pyramide ronde ; tenez le plat à l'étuve.

Égouttez les pommes entières, emplissez-en le vide avec une frangipane à la vanille; nappez-les au pinceau avec leur sirop réduit. Posez sur chacune d'elles une grosse cerise ou une petite reine-claude verte; dressez-les l'une à côté de l'autre sur l'anneau en marmelade. Masquez la pyramide au pinceau avec marmelade pommes serrée, entourez-la avec des tranches d'ananas, coupées minces, étroites et longues, en les posant debout et à cheval. Sur le haut de la pyramide, piquez un hâtelet garni de fruits. Autour des pommes entières, dressez une chaîne de boules de pommes rouges; masquez-les avec du sirop vanillé. Envoyez en même temps une saucière de sauce Richelieu, aux cerises.

POMMES A LA DAUPHINE

Coupez en tranches épaisses 3 à 4 grosses pommes; passez ces tranches au coupe-pâte, afin de les obtenir d'un égal diamètre; videz-les en anneaux avec un tube à colonne; faites-les blanchir 2 secondes seulement; puis, rangez-les à plat dans un sautoir; mouillez-les à hauteur avec du sirop vanillé, chaud; faites-les macérer un quart d'heure. Sur un plat d'entremets, dressez un anneau en riz à la crème, consistant; au centre de cet anneau, dressez une pyramide de belles cerises en compote ou cerises mi-sucre lavées à l'eau tiède. — Égouttez les pommes, dressez-les en couronne sur le riz en les appuyant contre les cerises; nappez-les au pinceau avec de la gelée de pommes, dissoute; autour du riz, dressez une couronne de reines-claudes. Envoyez en même temps une saucière de sirop de pommes réduit, mêlé avec du marasquin.

PÊCHES AU RIZ, AU MARASQUIN

Cuisez 250 grammes de riz à la crème en le tenant consistant (page 50); quand il est fini, emplissez une douzaine de moules à dariole, beurrés; placez ces moules sur un plafond, tenez-les à l'étuve. Coupez, chacune en deux parties, 8 à 10 belles pêches, supprimez-en les noyaux, plongez-les à l'eau bouillante pour en retirer la peau; quand elles sont parées, divisez chaque moitié en deux parties, placez-les dans un poêlon, couvrez avec du sirop épais, vanillé; couvrez le poêlon, tenez-le hors du feu.

Au moment de servir, démoulez les petits pains de riz, rangez-les en cercle sur le tour du fond d'un plat; dans le vide du cercle, dressez une épaisse couche de riz; sur ce riz, dressez les quartiers de pêche, en dôme; ornez le dôme avec des feuilles d'angélique coupées en pointe; sur le haut de chaque petit pain, posez un anneau en pâte d'abricots; sur le centre de cet anneau, posez une grosse cerise mi-sucre. Masquez les pêches avec leur sirop réduit à 30 degrés, mêlé avec quelques cuillerées de bon marasquin. Envoyez le surplus dans une saucière.

ABRICOTS A LA COLBERT

Fendez en deux une quinzaine de beaux abricots, pas trop mûrs; retirez-en la peau, plongez-les à l'eau bouillante, quelques secondes seulement, pour les attendrir légèrement. Égouttez-les aussitôt, faites-les macérer une heure dans du sirop épais, froid; égouttez-les ensuite sur un linge, épongez-les, emplissez le creux de chaque moitié d'abricots avec du riz à la crème, fini avec quelques jaunes d'œuf, de façon à imiter un abricot entier; masquez-les avec une légère couche de marmelade; roulez-les dans des macarons pulvérisés; trempez-les dans des œufs battus, panez-les à la panure blanche; faites-les frire de belle couleur. — Égouttez-les, dressez-les en buisson sur plat chaud; masquez-les largement avec une sauce abricots, finie avec quelques cuillerées de lait d'amandes et du kirsch.

MARRONS AU RIZ, A L'ESPAGNOLE

Beurrez un moule à dôme; décorez-le intérieurement avec de gros détails d'angélique confite, ramollie à l'eau tiède. — Blanchissez 300 grammes de riz; égouttez-le, rafraîchissez-le, cuisez-le à la crème avec un morceau de vanille; quand il est à point, changez-le de casserole; finissez-le avec un morceau de bon beurre et 5 à 6 jaunes d'œuf ; dressez-le contre les parois et le fond du moule à timbale, beurré, décoré, en lui donnant l'épaisseur de 1 centimètre et demi ; lissez-le bien, emplissez-en le vide avec une garniture de marrons demi-confits, égouttés de leur sirop, entremêlés avec des raisins de Smyrne ramollis ; arrosez ces fruits avec quelques cuillerées de marmelade d'abricots au marasquin ; couvrez-les avec une couche de riz, et celle-ci avec un rond de papier. Tenez le moule au bain-marie 20 minutes. — Renversez ensuite le pain sur plat, masquez le fond de celui-ci avec le sirop des marrons, mêlé avec un peu de bon marasquin.

SOUFFLÉ AUX ZESTES

Faites fondre 175 grammes de beurre, dans une casserole ; mêlez-lui 100 grammes de farine ; cuisez la pâte sur feu doux, en la tournant ; délayez-la avec un demi-litre de crème simple, chaude, infusée aux zestes ; liez l'appareil sur feu, sans le quitter ; retirez-le pour le lisser, en le travaillant fortement ; desséchez-le quelques minutes, versez-le dans une terrine ; mêlez-lui alors 100 grammes de sucre de citron ou d'orange, un grain de sel, 8 à 10 jaunes, l'un après l'autre, sans cesser de le travailler ; ajoutez 80 grammes de beurre fin divisé, 7 à 8 blancs fouettés, et enfin quelques cuillerées de crème fouettée, mêlée avec du sucre d'orange ; l'appareil ne doit pas être trop consistant.

Versez l'appareil en 2 ou 3 casseroles à soufflé, beurrées ; cuisez-le à four doux 35 à 40 minutes. — Cinq minutes avant de sortir les soufflés du four, saupoudrez-les avec du sucre aux zestes. En sortant les casseroles, posez-les sur un plafond chauffé, couvrez-les avec une cloche en tôle, ayant un rebord sur le haut, de façon à pouvoir mettre de la cendre chaude dessus.

Cet appareil est un des meilleurs que je connaisse, c'est un des plus pratiques, facile à préparer ; quand il est cuit, il se tient très bien et peut rester au four quelques minutes de plus sans en souffrir. Ceux qui voudront l'essayer seront de mon avis : il faut seulement disposer d'un four bien atteint, mais peu chaud. — Pour un dîner de 12 couverts il convient de servir 2 soufflés.

SOUFFLÉ MOUSSELINE, AU CITRON

Encore un excellent entremets recommandable. — Mettez dans une casserole 15 jaunes d'œuf, 250 grammes de beurre, 250 grammes de sucre, un grain de sel et le suc de 2 citrons ; travaillez cet appareil quelques minutes ; puis liez-le sur feu sans le quitter, et sans faire bouillir. Retirez-le du feu, laissez-le à moitié refroidir sans cesser de le travailler ; incorporez-lui peu à peu 12 blancs d'œuf fouettés, une pincée de zeste de citron finement haché, et une cuillerée de fécule. Le mélange opéré, versez-le dans une casserole à soufflé, mettez celle-ci dans un plafond avec un peu d'eau chaude, cuisez-le 35 minutes, à four doux ; glacez-le 2 fois ; en le sortant, couvrez-le. envoyez-le aussitôt.

SOUFFLÉ DAUPHIN

Préparez un appareil comme pour le pouding saxon ; beurrez une casserole à soufflé ; étalez une couche de l'appareil sur le fond, sans excès, poussez-la prestement au four chaud, aussitôt que la surface de la couche est saisie, retirez la casserole à la bouche du four; masquez l'appareil avec une légère couche de marmelade d'abricots; sur celle-ci étalez une autre couche d'appareil à soufflé, faites-le saisir, et masquez-le encore avec la marmelade; continuez ainsi jusqu'à ce que la casserole soit pleine; poussez-la alors au four doux; cuisez le soufflé 35 minutes, en le glaçant de belle couleur. Dressez-le aussitôt sur plat chaud, couvrez-le avec une cloche chaude, pour l'envoyer.

SOUFFLÉ DE RIZ, AU MARASQUIN

Cuisez à grande eau 200 grammes de riz; égouttez-le, déposez-le dans une terrine, arrosez-le avec un peu de marasquin.

Préparez un appareil à soufflé, comme pour le soufflé aux zestes. Quand les blancs sont incorporés, dressez-le par couches dans 2 casseroles à soufflé, en alternant chaque couche avec une petite partie du riz, bien égoutté. Quand les casseroles sont aux trois quarts pleines, posez-les sur un plafond, poussez celui-ci à four doux, bien atteint; 5 minutes après, sortez-les pour les fendre en croix; repoussez-les aussitôt au four, cuisez-les 30 minutes, en les glaçant deux fois au sucre fin. En les sortant du four, couvrez-les d'une cloche bien chaude; envoyez-les aussitôt.

SOUFFLÉ A LA PALPHY

Préparez un appareil à soufflé, aux zestes, tel qu'il est décrit plus haut. — D'autre part, cuisez mince une plaque de biscuit en feuilles; fendez-le par le milieu, afin d'en diminuer l'épaisseur; divisez-les en ronds un peu plus étroits que l'ouverture d'une casserole à soufflé (il en faut 4 pour un soufflé); imbibez-les légèrement avec du marasquin, masquez-les d'un côté avec une couche de marmelade d'abricots, serrée.

Étalez dans chaque casserole une couche d'appareil à soufflé, ayant 2 centimètres d'épaisseur; sur cette couche posez un rond de biscuit; masquez celui-ci avec une autre couche d'appareil; continuez ainsi, en alternant l'appareil et le biscuit, jusqu'à ce que les casseroles soient à peu près emplies; posez-les alors sur une plaque, couvrez avec du papier, poussez à four doux. Quand les soufflés sont bien montés, enlevez le papier, saupoudrez avec du sucre, faites glacer de belle couleur; retirez-les aussitôt, couvrez-les d'une cloche bien chaude pour les envoyer.

SOUFFLÉ AUX AMANDES

Triez 250 grammes d'amandes, mêlées avec quelques-unes d'amères; frottez-les dans un linge, râpez-les finement. — Mêlez dans une terrine 300 grammes de sucre en poudre vanillé et 10 jaunes d'œuf; travaillez avec une cuiller comme pour biscuit; quand l'appareil est bien mousseux, incorporez-lui peu à peu les amandes, en même temps que 8 blancs fouettés, bien fermes, et la valeur d'un verre de crème fouettée ; versez l'appareil dans 2 casseroles à soufflé, beurrées ; posez les casseroles sur un plafond, couvrez les soufflés avec un papier, poussez-les à four doux, cuisez-les 30 minutes, sans trop les colorer. Au dernier moment, glacez-les au sucre vanillé ; envoyez-les aussitôt.

SOUFFLÉS AU CHOCOLAT, EN CAISSES

Mettez dans un sautoir 4 tablettes de bon chocolat à la vanille, cassées en morceaux ; ajoutez quelques cuillerées d'eau, tenez à la bouche du four, jusqu'à ce que le chocolat soit bien ramolli ; broyez-le avec une cuiller. — Travaillez en terrine 250 grammes sucre vanillé avec 8 à 10 jaunes pour faire l'appareil mousseux ; mêlez-lui peu à peu le chocolat délayé lisse, et ensuite 7 à 8 blancs fouettés en même temps que 2 décilitres crème fouettée.

Avec cet appareil garnissez des petites caisses en papier ou en porcelaine, ou même une casserole soufflé, cuisez à four doux : 20 minutes pour les petites caisses, 30 minutes en casserole à soufflé. — En général, les appareils à soufflé supportent sans danger quelques blancs de plus.

SOUFFLÉ DE POMMES, A LA RUSSE

Tenez au chaud, dans une casserole, la valeur d'un demi-litre de marmelade de pommes à la vanille, peu sucrée, mais bien réduite ; 25 à 30 minutes avant de servir, chauffez-la bien, en la tournant ; retirez-la du feu ; incorporez-lui vivement 6 blancs d'œuf fouettés, bien fermes et sucrés ; versez aussitôt l'appareil dans 2 casseroles à soufflé ; lissez-le, en le montant en dôme, saupoudrez-le avec du sucre fin, poussez les casseroles à four très doux. Sortez-les 20 à 25 minutes après, dressez-les sur plat couvert d'une serviette, servez-les. — Cet appareil à soufflé ne tombe pas du tout.

SOUFFLÉ RUSSE, A L'ANANAS

Avec un appareil de biscuit fin, remplissez un moule à pâté-chaud, bas de forme, à charnières, beurré, glacé ; cuisez-le à four modéré.

En le sortant, démoulez-le, laissez-le rassir ; parez-le droit en dessus, videz-le en partie, sans l'amincir trop sur les côtés. Masquez-le au fond et autour avec une couche de marmelade d'abricots au rhum, tiède. Essuyez le moule, remettez le biscuit dedans, tenez-le à l'étuve.

Mettez dans un poêlon 300 grammes de belle marmelade d'abricots et un demi-bâton de vanille ; tournez-la sur feu, faites-la réduire 4 à 5 minutes, sans la quitter : si elle était trop légère il faudrait en mettre davantage et la faire réduire quelques minutes de plus, afin de la serrer. Retirez-la, enlevez la vanille, mêlez-lui, par moitié, un demi-décilitre de rhum et de curaçao ; incorporez aussitôt 6 blancs d'œuf fouettés en neige, légèrement sucrés, avec du sucre d'orange ou de citron râpé sur l'écorce des fruits, et parfumés au rhum ou au curaçao : cet appareil doit être fortement aromatisé, afin de corriger la fadeur des blancs d'œuf ; ajoutez 200 grammes d'ananas confit, coupé en dés.

Quand le mélange est opéré, remplissez le vide du biscuit avec l'appareil, en le montant en dôme ; lissez-en les surfaces, perlez-le tout autour, à l'aide d'un cornet, avec le même appareil ;

tenez-le 15 à 20 minutes à four doux. En le sortant, masquez-en les surfaces, à l'aide du pinceau, avec de la marmelade chaude, décorez-les avec des détails d'ananas et d'angélique. Dressez l'entremets sur plat, enlevez le moule et servez.

SOUFFLÉ D'ABRICOTS, A FROID

Mettez dans une bassine étamée 4 décilitres de pulpe d'abricots sans sucre, mais ferme : les fruits peuvent être cuits ou crus ; mêlez-lui le double de son volume de glace de sucre, parfumée à l'orange ; posez la bassine sur glace, travaillez l'appareil à la cuiller jusqu'à ce qu'il soit bien lié ; ajoutez alors un blanc d'œuf non fouetté ; continuez à travailler vivement l'appareil ; aussitôt que ce blanc est bien incorporé, ajoutez-en un autre, et ainsi de suite jusqu'à concurrence de 10 blancs : pour que l'appareil devienne léger, il faut le travailler au moins trois quarts d'heure ; versez-le dans une casserole à soufflé, cuisez-le 30 minutes à four doux.

SOUFFLÉ A LA GELÉE DE FRAMBOISES

Mettez dans une petite bassine mince 500 grammes de gelée de framboises ; broyez-la bien avec une cuiller ; ajoutez peu à peu une forte poignée de glace de sucre, à l'orange ; posez la bassine sur glace, travaillez l'appareil 10 à 12 minutes ; mêlez-lui alors 2 blancs d'œuf non fouettés ; travaillez encore l'appareil 10 à 12 minutes ; mêlez-lui ensuite 6 blancs fouettés, bien fermes, puis quelques gouttes de carmin ; versez cet appareil dans 2 casseroles à soufflé ; cuisez 30 minutes à four doux. En sortant les soufflés du four, saupoudrez-les avec du sucre en poudre.

PETITS SOUFFLÉS AU CAFÉ

Faites torréfier 125 grammes de grains de café, dans un poêlon ; mêlez-le à un demi-litre de lait bouillant ; couvrez, laissez infuser 20 minutes ; passez ensuite le liquide au tamis fin.

Faites un roux blond avec un morceau de beurre et 100 grammes de farine ; délayez avec l'infusion au café ; tournez jusqu'à l'ébullition, ajoutez 100 grammes de sucre en poudre, cuisez 7 à 8 minutes sans cesser de travailler ; retirez-le du feu. Quelques minutes après, mêlez à l'appareil un petit morceau de beurre, 5 jaunes d'œuf l'un après l'autre, puis 5 blancs fouettés ; cuisez en petites caisses plissées ou en porcelaine.

PETITS SOUFFLÉS A L'ORANGE

Mettez dans une terrine, 150 grammes de farine et une cuillerée de fécule ; délayez avec 2 verres de lait cuit ; passez l'appareil au tamis dans une casserole ; ajoutez un grain de sel, 100 grammes de beurre, zeste d'orange, 125 grammes de sucre ; posez la casserole sur feu modéré ; tournez l'appareil avec une cuiller en bois pour le lier, sans faire de grumeaux ; quand il est lisse, faites-le réduire quelques minutes, sans le quitter, pour lui donner la consistance d'une béchamel serrée.

Versez alors l'appareil dans une autre casserole ou une terrine, incorporez-lui, peu à peu, 12 jaunes d'œuf et 125 grammes de beurre ; quand il est froid, mêlez-lui 8 blancs fouettés, bien fermes, 2 ou 3 cuillerées de bonne crème fouettée, 2 cuillerées de sucre d'orange.

Avec cet appareil emplissez 24 petites caisses en papier ou en porcelaine, rangez-les sur une plaque recouverte de papier, poussez-les au four doux. Au bout de 10 à 12 minutes, saupoudrez-les avec du sucre fin, faites-les glacer. Dressez-les sur 2 plats ; envoyez-les aussitôt.

PRÉCIEUSES AUX FRAISES

Cuisez du biscuit sableux pour chaud (page 23), dans des moules ovales, à gâteaux de riz : à de grands moules à tartelette, creux.

Quand les gâteaux sont démoulés et refroidis, coupez-les droit sur le haut, videz-les, en n laissant qu'une mince épaisseur ; masquez-en l'intérieur avec une couche de marmelade d'abricots

Mettez dans une bassine 500 grammes de glace de sucre ; délayez avec un demi-litre du suc d fraises, frais. Travaillez 5 minutes l'appareil sur glace, mêlez-lui, peu à peu, 3 à 4 blancs d'œuf no fouettés, sans cesser de travailler jusqu'à ce qu'il soit mousseux et ferme comme de la meringue.

Chauffez alors les biscuits à la bouche du four ; remplissez-les avec l'appareil, cuisez celui-c 10 à 12 minutes, à four doux, simplement pour le pocher. Dressez les précieuses sur un peti gradin, servez-les sans retard.

OMELETTES A LA CÉLESTINE

Préparez un petit appareil à pannequet, avec de la crème crue, œufs, sucre, beurre et farin (page 65). — Mettez dans une terrine 150 grammes de farine de riz ; délayez-la avec de la crème o du bon lait ; mettez-la dans une casserole ; ajoutez un grain de sel, 100 grammes de sucre, un dem bâton de vanille ; tournez l'appareil sur feu doux pour le lier ; ajoutez un morceau de beurre, cuis 7 à 8 minutes afin d'obtenir un appareil de même consistance que la frangipane ; à ce point, retirez-l liez-le avec 4 à 5 jaunes d'œuf.

Avec du beurre épuré et l'appareil à pannequet, préparez 6 à 8 omelettes minces, de la large d'un poêle à pannequets ; à mesure qu'elles sont cuites, étalez-les sur un plafond, garnissez chaqu omelette avec une partie de la crème, roulez-la en *portemanteau*. Disposez à mesure les omelettes s le plafond, les unes à côté des autres ; tenez-les à la bouche du four quelques minutes ; saupoudrez-l de sucre, glacez-les au fer rougi ; dressez-les sur plat.

OMELETTE AUX CONFITURES

Cassez une quinzaine d'œufs dans une terrine, ajoutez 2 cuillerées de crème crue, un grain sel, 4 cuillerées de sucre au citron, 50 grammes de beurre distribué en petites parties : battez bien œufs. — Faites fondre 150 grammes de beurre dans une poêle à omelette, posez-la sur feu vif; aussitôt que le beurre est bien chaud, versez les œufs battus dans la poêle; cuisez l'omelette, en la liant avec soin, à l'aide d'une cuiller en bois; agitez en même temps la poêle sur elle-même, afin de rassembler toutes les parties; roulez l'omelette à moitié, puis déposez sur son centre quelques cuillerées de gelée de groseilles ou framboises, ferme, légèrement broyée; finissez de rouler l'omelette en *portemanteau*; repliez-en les bouts, renversez-la aussitôt sur plat chaud; égalisez-la, saupoudrez-la avec du sucre en poudre, glacez-la à l'aide d'un fer à glacer, rougi au feu, en formant un dessin quelconque, simple.

OMELETTE SOUFFLÉE, A LA VANILLE

Même pour un dîner de 10 couverts, cet entremets doit être servi double. — Faites fondre 250 grammes de bon beurre, tirez-le à clair. — Mettez, dans une terrine vernie, 14 jaunes d'œuf et 300 grammes de sucre vanillé; travaillez l'appareil comme pour biscuit, c'est-à-dire jusqu'à ce qu'il soit mousseux, léger; ajoutez un grain de sel, 7 à 8 macarons pulvérisés et enfin 10 blancs d'œuf fouettés, bien fermes. Versez le beurre épuré dans 2 poêles à omelettes, bien propres; chauffez-le, versez la moitié de l'appareil dans chaque poêle; sautez-le tout doucement pour le chauffer dans son ensemble, et lui faire absorber le beurre, en l'arrondissant; versez-le aussitôt dans deux plats longs, creux, beurrés; poussez-le à four doux, mais bien atteint; 2 minutes après retirez-le, fendez l'appareil en long avec la lame d'un couteau, jusqu'à la profondeur du plat; poussez-les de nouveau au four : 15 à 18 minutes suffisent à cuire ces omelettes; quand elles sont bien atteintes, légères, saupoudrez-les largement avec du sucre fin, à la vanille; 2 minutes après, sortez-les du four, envoyez-les sans retard. — Pour être mangées à point, il faut que les omelettes soufflées soient attendues par les convives.

ŒUFS A LA NEIGE

Cassez 12 œufs, en déposant les blancs dans une bassine, les jaunes dans une casserole; broyez ceux-ci pour les délayer avec 2 verres de lait et un de crème simple; ajoutez un grain de sel, un demi-bâton de vanille, 200 grammes de sucre en poudre. Avec cet appareil, préparez une crème anglaise; quand elle est liée, passez-la au tamis fin, dans une terrine; vannez-la jusqu'à ce qu'elle soit à peu près refroidie.

Fouettez en neige les blancs des 10 œufs; quand ils sont bien fermes, sucrez-les avec 500 grammes sucre; prenez cet appareil avec une cuiller à ragoût, laissez-le tomber simplement dans de l'eau ou du lait en ébullition (l'eau est préférable), dans une casserole plate, pour le faire pocher en forme de grosses quenelles, ovales, en les retournant avec une écumoire; aussitôt que l'appareil est poché et raffermi, enlevez ces parties, déposez-les sur un tamis; quand elles sont froides, parez-les, dressez-les en couronne sur plat, presque debout; masquez légèrement le fond du plat avec la crème préparée; envoyez le surplus dans une saucière.

BORDURE DE MARRONS A LA FRAMBOISY

Préparez une petite purée de marrons, sucrée, à la vanille ; mettez-la dans une terrine, liez-la avec 3 ou 4 cuillerées de frangipane ; finissez-la, en incorporant, peu à peu, 6 jaunes et 1 œuf entier versez l'appareil dans un moule à bordure, uni, beurré, fariné ; faites-le pocher au bain-marie.
Cuisez à grande eau 200 grammes de beau riz, en conservant les grains entiers. Quand il es égoutté, déposez-le dans une casserole, mêlez-lui un morceau de beurre, une poignée de sucre, un poignée de pistaches en filets ; couvrez la casserole, tenez-la 10 minutes à la bouche du four. Lie alors l'appareil avec quelques cuillerées de marmelade d'abricots. — Au moment de servir, renverse la bordure sur un plat chaud, emplissez-en le vide avec le riz. Masquez le fond du plat avec un bon sirop vanillé.

BORDURE DE RIZ, AUX REINES-CLAUDES

Cuisez 250 grammes de riz à la crème (page 50) ; finissez-le avec quelques macaror pulvérisés, un morceau de beurre, 3 jaunes d'œuf, 2 cuillerées d'eau de fleurs d'oranger, 6 cuillerée de crème fouettée ; versez-le dans un moule à bordure beurré ; faites-le raffermir au bain-marie au four. Démoulez-le sur plat ; garnissez le puits de la bordure avec une compote de reines-claudes glacez-les au pinceau avec un peu de leur sirop réduit à la *nappe ;* mêlez au restant de ce sir quelques cuillerées de liqueur au noyau ; envoyez-le dans une saucière.

BORDURE DE SEMOULE AUX ABRICOTS

Préparez un petit appareil à pouding de semoule, en procédant d'après la méthode prescri à la page 40 ; quand les blancs sont incorporés, ajoutez quelques cuillerées de crème fouettée. Av cet appareil, emplissez un moule à bordure uni, beurré ; posez-le dans un sautoir avec de l'e chaude jusqu'à moitié de sa hauteur ; faites pocher l'appareil au four 25 à 30 minutes. En le sorta démoulez-le sur plat ; dressez dans le puits une compote de moitiés d'abricot, entremêlées a quelques amandes d'abricot et quelques pistaches émincées ; arrosez les fruits avec un peu de lc sirop réduit ; masquez la bordure avec de la sauce abricots, au kirsch ; envoyez le surplus dans u saucière.

BORDURE MADELEINE AU RIZ

Dans un moule à bordure, beurré et glacé au sucre, cuisez à four doux, un petit appareil madeleine. — En sortant le gâteau, parez-le droit, démoulez-le sur plat ; emplissez le puits avec appareil de riz à la crème et à la vanille, sans œufs, fini avec quelques cuillerées de chantilly ; masquez la bordure avec une sauce abricots au marasquin ; envoyez le surplus dans une saucière.

BABA CHAUD, AU MADÈRE

Beurrez un moule à cylindre cannelé ; emplissez-le, aux deux tiers de sa hauteur, avec de la pâte à baba levée et *rompue* (page 12) ; tenez-le à température douce pour faire lever encore la pâte jusqu'à ce que le moule soit plein ; posez alors ce moule sur un plafond, poussez-le à four modéré, bien atteint ; cuisez le gâteau 40 minutes. — Dans l'intervalle, lavez à l'eau tiède 150 grammes de raisins de Smyrne ; déposez-les dans un poêlon, ajoutez moitié de leur volume d'écorces confites : citron, orange et cédrat, ainsi que quelques cuillerées d'amandes vertes, également confites, autant d'ananas coupé en petits dés ; mouillez ces fruits avec 3 décilitres de sirop à 30 degrés et 2 décilitres de vin de Madère ; donnez un seul bouillon au liquide ; tenez l'appareil au bain-marie.

Quand le baba est cuit, sortez-le du four, parez-le droit en dessus, démoulez-le sur une grille à pâtisserie ; imbibez-le avec un sirop bouillant, mêlé avec quelques cuillerées de madère et un petit verre de rhum, infusés aux zestes. Laissez bien égoutter le baba ; masquez-le avec une glace à l'orange, préparée avec de la glace de sucre et du sirop au *lissé*. Dressez-le sur plat, emplissez-en le puits avec une partie des fruits préparés ; dressez le reste autour, envoyez le surplus en saucière.

BABA CHAUD, AU CHOCOLAT

Cuisez un petit appareil à baba, dans un moule à cannelons et à cylindre. En le sortant du four, parez-le droit, démoulez-le sur une grille à pâtisserie ; imbibez-le au pinceau avec du sirop à 25 degrés, bouillant, vanillé quand il est froid, abricotez, nappez-le avec glace cuite au chocolat, de façon à le masquer complètement ; dressez-le sur plat. Délayez le restant de la glace avec de la crème crue, faites-la bouillir et réduire quelques minutes ; passez-la, servez-la dans une saucière, en même temps que le gâteau chauffé.

PETITS BABAS AU CHOCOLAT

Cuisez une vingtaine de petits babas dans des moules à dariole ; en les sortant du four, coupez-les sur le haut, démoulez-les, trempez-les dans un sirop vanillé ; rangez-les sur une grille, le côté coupé en dessous ; puis masquez-les avec une glace cuite au chocolat, foncée en couleur : elle doit à peine napper les gâteaux ; dressez-les en pyramide sur plat. Délayez le surplus de la glace avec un peu de bonne crème ; cuisez 5 à 6 minutes, et, avec elle, masquez le fond du plat ; servez le reste en saucière.

BRIOCHE FOURRÉE, A LA ROSSINI

Avec fine pâte à brioche levée à point (page 9), emplissez aux trois quarts de hauteur un moule à charlotte, beurré. Couvrez et laissez lever la pâte à température douce, jusqu'à ce qu'elle arrive à la hauteur des bords. Entourez alors le haut du moule avec une bande de papier. — Cuisez à four modéré.

En sortant la brioche du four, tenez-la un quart d'heure à l'étuve tiède. Coupez-la, en dessus, démoulez-la. Divisez-la en 5 ou 6 tranches transversales; reformez-la, en posant les tranches l'une sur l'autre, après les avoir abricotées. Placez-la sur une grille, masquez-la avec la même marmelade tiède, mêlée avec un peu de rhum, mais assez consistante pour pouvoir la napper; saupoudrez-en les surfaces avec des pistaches coupées, dressez-la sur plat chaud; masquez le fond de celui-ci avec une crème anglaise au rhum ou avec un sabayon; dans les deux cas, envoyez-en une saucière en même temps que l'entremets.

GATEAU MAZARIN AU KIRSCH

500 grammes farine, 15 grammes levure, 2 décilitres lait tiède, 5 œufs, 6 jaunes, 100 grammes beurre, 80 grammes sucre, sel.

Tamisez la farine en terrine tiède, faites un trou dans le tas, et formez le levain dedans avec le quart de cette farine et la levure délayée au lait tiède; couvrez, faites lever à température douce pour en doubler le volume.

Rompez le levain avec la main, en lui incorporant peu à peu le restant de la farine pour faire la détrempe, et en ajoutant les œufs par parties. Travaillez vivement la pâte pour lui faire prendre du corps, en dernier lieu ajoutez beurre et sucre.

Prenez aussitôt la pâte avec la main par petites parties, et garnissez aux trois quarts des moules à timbale, beurrés; faites encore lever la pâte doucement jusqu'à ce qu'elle arrive à hauteur des bords; entourez-en le haut avec une bande de papier beurré, poussez-les à four chaud pour cuire les gâteaux; sondez-les avant de les retirer.

Dans l'intervalle, coupez en filets de 2 centimètres de long 4 à 500 grammes d'angélique et de cédrat confits, préalablement lavés à l'eau tiède; mettez ces filets dans un poêlon avec trois quarts de litre de sirop à 28 degrés, infusé aux zestes d'orange et citron; chauffez-le, retirez-le sur le côté du feu; incorporez-lui 400 grammes de beurre, divisé en petites parties, en le vannant toujours, afin de bien lier le liquide avec le beurre. Mêlez à l'appareil 2 décilitres de bon kirsch : cette opération doit être terminée juste au moment de dresser.

Parez les gâteaux droits, démoulez-les, divisez-les en tranches transversales de 1 centimètre d'épaisseur; remettez celles-ci dans les moules bien essuyés, en les alternant avec une partie des fruits émincés, et les arrosant avec le sirop beurré. Ces tranches peuvent être divisées en trois parties, ce les posant dans le moule. — Quand le gâteau est remis en forme, renversez-le sur plat, masquez avec la sauce, envoyez le surplus en saucière.

Cet entremets doit être servi bien chaud à cause de la quantité de beurre qu'il absorbe. Les proportions données peuvent suffire pour plusieurs entremets. — Je dois observer ici qu'on peut aussi servir des Mazarins sans les couper, comme on sert des babas chauds, aux fruits; mais, même en ce cas ils doivent toujours être imbibés et nappés avec un sirop beurré, aux zestes ou aux liqueurs.

SAVARIN A LA MONTMORENCY

Préparez de la pâte à savarin avec belle farine, beurre fin (voyez page 10); quand elle est levée, prenez-la par petites parties, pour emplir aux trois quarts un moule à savarin beurré; posez-le sur un plafond à température douce, faites revenir la pâte; aussitôt qu'elle arrive à la hauteur des bords du moule, poussez celui-ci à four chaud, mais tombé; cuisez 30 minutes. — Démoulez le gâteau sur une grille pour l'imbiber à plusieurs reprises avec un sirop chaud, parfumé au kirsch, et infusé avec des zestes; laissez-le bien égoutter; dressez-le sur plat; emplissez le puits avec de belles cerises mi-sucre, bien rouges, lavées à l'eau tiède; liez le surplus du sirop avec un peu de marmelade d'abricots; envoyez-le dans une saucière.

SAVARIN A L'ANGLAISE

Prenez de la pâte à savarin levée à point (voyez page 10); emplissez-en aux trois quarts un moule à dôme ou à timbale; aussitôt le gâteau cuit, démoulez-le pour le couper en tranches transversales de 1 centimètre d'épaisseur; imbibez légèrement chaque tranche, au pinceau, avec du sirop vanillé, au lait d'amandes; reformez le gâteau, en le montant dans le même moule, mais en masquant chaque tranche avec une couche de frangipane vanillée, finie avec du beurre à la noisette et avec un salpicon d'ananas coupé fin; renversez le gâteau sur plat, masquez le fond de celui-ci avec une crème anglaise; envoyez le surplus dans une saucière.

PETITS SAVARINS AUX PÊCHES

Coupez 10 pêches pas trop mûres, chacune en deux parties; supprimez-en le noyau, plongez-les à l'eau bouillante, pour 2 secondes seulement; égouttez-les aussitôt pour en retirer la peau; rangez-les à mesure dans un sautoir; arrosez-les avec un sirop vanillé.

D'autre part, cuisez une quinzaine de petits savarins dans de grands moules à dariole; en les sortant du four, coupez-les, en dessus, imbibez-les avec un sirop à la vanille, mêlé avec quelques cuillerées de marasquin et du lait d'amandes; masquez-les ensuite avec une glace chaude au marasquin; dressez-les en cercle, autour du fond du plat; emplissez le puits avec les pêches, en les dressant en dôme; arrosez-les avec du sirop au marasquin, saupoudrez-les avec pistaches et amandes coupées en filets. Envoyez le surplus du sirop dans une saucière.

PETITS SAVARINS, SAUCE AUX FRAISES

Cuisez une vingtaine de savarins dans de grands moules à dariole; en les sortant du four, trempez-les dans un sirop parfumé au zeste d'orange et de citron; égouttez-les sur une grille; masquez-les ensuite avec une glace au sucre en poudre, étendue avec du suc frais de fraises; dressez-les en pyramide, sur plat; envoyez en même temps une purée froide de fraises, étendue à point avec un sirop vanillé.

GATEAU DE COMPIÈGNE AU SABAYON

La pâte à compiègne est décrite à la page 12. — Beurrez un moule à cylindre; emplissez-le aux trois quarts avec de la pâte à compiègne, préalablement levée et rompue. Tenez-la à température douce, faites-la lever jusqu'à la hauteur des bords; entourez ceux-ci avec une bande de papier beurré. Placez alors le moule sur un plafond, poussez-le à four un peu chaud. Quand le gâteau est à point, démoulez-le, imbibez-le avec un sirop au rhum; dressez-le sur plat; emplissez-en le puits avec un sabayon au rhum, envoyez le surplus en saucière.

PETITS COMPIÈGNES AU CAFÉ

Avec de la pâte à compiègne levée et rompue, emplissez à moitié une vingtaine de grands moules à dariole beurrés; rangez-les sur un plafond, tenez-les à température douce, pour faire lever la pâte jusqu'à ce que les moules soient pleins; poussez-les alors à four chaud, cuisez les gâteaux de belle couleur. En les sortant, coupez-les en dessus; imbibez-les avec du sirop parfumé à l'essence de café; aussitôt qu'ils sont égouttés, masquez-les avec une glace chaude au café; dressez-les en pyramide sur plat; envoyez en même temps une saucière de crème anglaise au café.

GATEAU DU CONGRÈS, A LA GROSEILLE

Maniez 500 grammes de beurre dans un linge pour l'éponger et le ramollir; mettez-le dans une terrine, travaillez-le vivement à la cuiller, en additionnant 250 grammes de sucre, 8 jaunes et un œuf entier, un à un; quand l'appareil est mousseux, ajoutez encore 250 grammes de sucre à l'orange, 500 grammes de fécule, peu à peu, un brin de zeste râpé, grain de sel. Prenez l'appareil avec une cuiller, emplissez un moule à *trois-frères*, c'est-à-dire de forme basse, formant cylindre sur le haut, beurré avec du beurre épuré, puis glacé à la fécule; posez-le sur plafond, poussez à four modéré, mais bien atteint; cuisez 30 minutes. — Quand il est de belle co leur, démoulez-le sur une abaisse en pâte ferme, cuite, masquée de marmelade; emplissez simplement le puits du gâteau avec de la gelée fraîche de groseilles, transparente, mais pas trop ferme. — On ne doit servir cet entremets que dans la saison où se produisent les groseilles.

GATEAU DU CONGRÈS, AU RIZ

Préparez un gâteau du Congrès, en procédant d'après la méthode décrite à l'article précédent : aussitôt cuit, démoulez-le sur une abaisse en pâte cuite, nappez-le légèrement au pinceau avec de la marmelade d'abricots, tiède; dressez-le sur plat. Au moment de servir, emplissez le puits du gâteau avec du bon riz à la crème, bien cuit, parfumé à l'eau de fleurs d'oranger, mêlé avec un salpicon d'ananas et quelques cuillerées de pistaches coupées en petits dés ou émincées; envoyez séparément une sauce abricots à l'orange.

GATEAU BENOITON

Préparez un petit appareil de biscuit fin, à l'orange; cuisez-le dans un moule à dôme beurré, glacé : il doit être de belle couleur. Quand il est sorti du four et refroidi, coupez-le en dessus; divisez-le en tranches transversales de 1 centimètre d'épaisseur; tenez-le au chaud.

D'autre part, coupez en julienne, de l'ananas confit ; mettez-le dans une casserole avec du sirop au punch. Quelques minutes avant de servir, chauffez l'ananas et le sirop. Prenez le biscuit, tranches par tranches, remettez-le en forme dans le moule où il a cuit, en étalant sur chaque tranche une couche d'ananas, et les arrosant avec un peu de sirop. Renversez le gâteau sur plat chaud, arrosez-le aussi avec du sirop, envoyez-le aussitôt.

PANNEQUETS A LA CRÈME D'ANANAS, MERINGUÉS

Avec 250 grammes de farine, 100 grammes de beurre, 75 grammes de sucre en poudre, 4 œufs, 3 jaunes, 4 décilitres bonne crème crue, préparez une pâte à pannequet : la bonne crème donne des pannequets supérieurs. — Cuisez les pannequets, masquez-les avec une frangipane à l'ananas; ployez-les en forme de carrés longs et plats; dressez-les debout, en couronne, dans le vide d'un moule à bordure uni, non contre les parois, mais appuyés les uns sur les autres, un peu inclinés, en ayant soin de les masquer avec une mince couche de frangipane, afin de les coller ensemble. Renversez le moule sur plat et masquez la couronne sur le tour, en dessus et en dedans, avec une couche de meringue; lissez-la, décorez-la, saupoudrez avec de la glace de sucre, faites colorer à four doux.

En sortant l'entremets du four, emplissez-en le vide central avec un gros salpicon d'ananas; envoyez en même temps une saucière de sirop d'ananas.

PANNEQUETS AU CHOCOLAT

Préparez un appareil à pannequets, en procédant comme il est dit à l'article précédent. Avec cet appareil, cuisez 3 douzaines de pannequets; étalez-les à mesure sur une feuille de papier; parez-les, masquez-les avec une mince couche de frangipane à la vanille; pliez-les en carré long, dressez-les en buisson sur un plat chaud, tenez-les à l'étuve. — Préparez une sauce au chocolat à la vanille réduite sur feu jusqu'à ce qu'elle nappe à la cuiller; finissez-la avec quelques cuillerées de bonne crème crue. Masquez les pannequets avec cette sauce; envoyez le surplus en saucière.

PANNEQUETS A L'IMPÉRIALE

Cuisez une vingtaine de pannequets un peu plus larges que d'ordinaire; parez-les, masquez-les avec une couche de marmelade de pommes, réduite avec de la marmelade d'abricots, mêlée ensuite avec un salpicon d'ananas finement coupé; pliez-les en forme de carré long, dressez-les en couronne sur un plat, presque debout; tenez quelques minutes le plat à la bouche du four; emplissez le puits avec un salpicon d'ananas, mêlé avec quelques cuillerées de raisins de Smyrne et des pistaches coupées en dés; masquez les pannequets et le salpicon avec une sauce abricots au marasquin; envoyez le surplus en saucière.

PANNEQUETS A LA ROYALE

Cuisez deux douzaines de pannequets; en les sortant de la poêle, étalez-les sur un plafond masquez-en la moitié avec de la frangipane à la vanille, l'autre moitié avec de la marmelade d'abricots. Collez, sur le centre d'un plat, un support en pain, coupé en forme de dôme, frit, bien épongé masqué avec de la frangipane; sur ce support, dressez les pannequets, en les étalant sur toute largeur, mais en ayant soin d'alterner ceux masqués à la marmelade avec ceux masqués à la frangipane; ces pannequets doivent former un dôme régulier; masquez celui-ci avec de la meringue décorez-le au cornet; tenez le plat à la bouche du four doux pour colorer légèrement la meringue Avant d'envoyer l'entremets, ornez le dôme avec de la gelée de groseilles coupée ou poussée au cornet.

PANNEQUETS GLACÉS, A LA SALAMANQUE

Cuisez une trentaine de pannequets larges et minces; étalez-les à mesure sur une plaque parez-les, masquez-les avec une légère couche de purée de marrons au marasquin; pliez-les en carré longs, rangez-les sur une plaque, les uns à côté des autres, saupoudrez-les avec du sucre fin, glacez-les légèrement au fer rouge; dressez-les alors en buisson sur plat; masquez-les avec un sirop marrons, au marasquin, mêlé avec des raisins de Smyrne.

CROUSTADE A LA CRÈME

Foncez un moule à pâté-chaud, de forme basse, avec de la pâte fine ou rognures de feuilletage; posez-le sur un plafond.

Mettez dans une terrine 5 cuillerées de fécule ou arow-root, 250 grammes de sucre vanillé, 8 œufs entiers et 10 jaunes, grain de sel; broyez les œufs avec un fouet, délayez avec 3 à 4 décilitres de crème et autant de lait cru; passez l'appareil deux fois au tamis, dans une casserole; ajoutez alors 150 grammes de beurre fin, tournez-le sur feu simplement jusqu'au point où le beurre est fondu. — Avec cet appareil, emplissez la caisse en pâte, poussez-la à four très doux; cuisez une heure au moins. — Quand la crème est prise et la pâte cuite, sortez la croustade; laissez-la à peu près refroidir, sans retirer le moule; masquez-la en dessus avec de la meringue, en formant le dôme; décorez celui-ci, en laissant un creux sur le haut; saupoudrez de sucre vanillé, poussez encore à four doux pour faire colorer d'un beau blond. En sortant la croustade, posez-la sur plat, enlevez le moule; ornez le décor avec de la marmelade d'abricots poussée au cornet; dressez sur le haut un bouquet de petits fruits confits, de nuance variée.

PETITES CROUSTADES A LA MALTAISE

Préparez 8 œufs de pâte à nouille; émincez-la; faites blanchir les nouilles au lait; égouttez-les, placez-les dans une casserole; finissez-les avec du beurre et du sucre parfumé à l'orange. Versez l'appareil dans un sautoir beurré, étalez-le en couche de 4 à 5 centimètres d'épaisseur; couvrez avec un papier beurré, faites-le refroidir avec un poids léger dessus. Quand il est bien raffermi, découpez-le en petits pains, à l'aide d'un coupe-pâte de 3 à 4 centimètres de diamètre, en le trempant chaque fois à l'eau chaude : il faut une quinzaine de ces pains; roulez-les dans des macarons pulvérisés, trempez-les dans des œufs battus, panez-les à la panure blanche et fraîche; égalisez-les avec la lame du couteau; cernez-les avec un coupe-pâte plus petit que leur diamètre.

Dix à douze minutes avant de servir, plongez-les, en deux fois, à grande friture neuve[1], pour leur faire prendre une belle couleur; égouttez-les, ouvrez-les, videz-les; roulez-les dans du sucre vanillé, remplissez-les avec un salpicon composé de fruits confits et de l'ananas frais, lié avec un peu de marmelade d'abricots. Masquez l'ouverture des croustades avec un rond d'ananas; dressez-les en buisson sur serviette pliée; envoyez séparément une sauce abricots au curaçao.

BEIGNETS DE PÊCHES

Retirez la peau et les noyaux à 7 ou 8 pêches bien mûres; divisez-les en quartiers, déposez-les dans une terrine, saupoudrez-les avec 4 cuillerées de sucre vanillé; arrosez-les avec un peu de

---

[1]. La friture destinée aux entremets doit être composée avec moitié beurre, moitié saindoux.

marasquin; faites-les macérer 10 minutes. Égouttez-les sur un linge, roulez-les dans des macarons pulvérisés; trempez-les aussitôt, un à un, dans une pâte à frire, plongez-les à mesure dans la friture chaude, mais en petite quantité à la fois; quand la pâte est sèche, de belle couleur, égouttez-les sur un linge, saupoudrez-les avec du sucre vanillé; dressez-les en buisson sur serviette pliée; envoyez-les sans délai.

BEIGNETS DE PÊCHES A L'INFANTE

Divisez, chacune en deux parties, 6 à 7 petites pêches d'espalier, mûres; supprimez-en les noyaux et la peau; emplissez le vide laissé par le noyau avec un morceau de pâte d'amandes à la vanille, divisez-les en deux, nappez-les, à l'aide du pinceau, avec une légère couche de marmelade tiède, mais serrée; roulez-les à mesure dans des macarons pulvérisés; trempez-les aussitôt dans une pâte à frire, plongez-les à grande friture, en petite quantité à la fois. Aussitôt les beignets égouttés, nappez-les au pinceau avec un peu de glace cuite ou crue, au marasquin; dressez-les sur serviette.

BEIGNETS DE POMMES, GLACÉS

Pelez 5 à 6 pommes reinettes; coupez-les en tranches transversales de 6 à 8 millimètres d'épaisseur; videz-les sur le centre; passez-les ensuite au coupe-pâte pour les obtenir uniformes; déposez-les dans une terrine, saupoudrez-les avec quelques cuillerées de sucre fin parfumé à l'orange, arrosez-les avec 2 cuillerées de cognac; laissez-les macérer 10 minutes. Égouttez-les, épongez-les sur un linge, trempez-les une à une dans une pâte à frire, de façon à les envelopper; plongez-les à mesure dans la friture chaude; remuez la poêle, en plongeant les beignets, afin qu'ils soient saisis de tous côtés en même temps et qu'ils ne s'attachent pas ensemble; mais il convient d'en mettre peu à la fois. — Quand la pâte est séchée, de belle couleur, enlevez les beignets à l'écumoire, égouttez-les sur un linge, roulez-les dans du sucre fin, glacez-les à la salamandre, dressez-les en buisson sur serviette pliée.

BEIGNETS DE POMMES, A LA DUCHESSE

Pelez 8 à 10 calvilles; coupez-les transversalement, chacune en trois parties égales, supprimez-en le cœur avec un tube à colonne; faites-les cuire à moitié dans un sirop léger; égouttez-les sur un tamis.

Mêlez dans un sautoir quelques cuillerées de marmelade d'abricots, avec son même volume de gelée de pommes et un demi-bâton de vanille; tournez sur feu jusqu'à ce que la gelée soit dissoute et l'appareil serré; trempez alors les pommes dans le liquide pour les masquer avec une couche légère; rangez-les sur un plafond, faites-les refroidir. Détachez ensuite les pommes de la plaque roulez-les dans des macarons pulvérisés; trempez-les, une à une, dans de la pâte à frire, plongez-les à mesure à grande friture chaude; cuisez-les peu à la fois; aussitôt que la pâte est sèche, de belle couleur, égouttez-les sur un linge; nappez-les au pinceau, d'un côté seulement, avec une glace au rhum; dressez-les en buisson sur serviette pliée.

BEIGNETS DE POIRES, A LA SAINT-AMAND

Tournez une trentaine de petites poires de printemps, en laissant adhérer une partie de la queue; videz-les par le côté opposé, à l'aide d'une cuiller à racine, en retirant les parties dures du cœur; cuisez-les dans un sirop léger; laissez-les refroidir. Égouttez-les ensuite, emplissez-en le vide avec de la frangipane à la vanille, laissez refroidir; trempez-les alors, une à une, dans une pâte à frire; plongez-les à mesure dans la friture bien propre, abondante et chaude. Quand la pâte est sèche, de belle couleur, égouttez les beignets; saupoudrez-les avec du sucre vanillé; dressez-les en buisson sur serviette pliée.

BEIGNETS DE CERISES

Supprimez le noyau à 250 belles cerises fraîches, bien mûres; enfilez-les par 8 ou 10 sur de petites brochettes en bois, en les serrant les unes contre les autres; épongez-les, trempez-les dans une pâte à frire, plongez-les à friture bien chaude, mais peu à la fois; quand la pâte est bien sèche, de belle couleur, égouttez-les sur un linge, roulez-les dans du sucre en poudre, vanillé; retirez les brochettes, dressez les beignets en buisson sur serviette pliée. — On peut opérer avec des cerises mi-sucre, préalablement lavées à l'eau tiède, bien épongées.

BEIGNETS DE REINES-CLAUDES

Séparez, chacune en deux parties, 24 reines-claudes confites, lavées, bien épongées; supprimez-en les noyaux; placez, dans le creux de chaque moitié, une petite boule en pâte d'amandes un peu molle; roulez-les dans des macarons pulvérisés; trempez-les ensuite dans une pâte à frire, plongez-les à friture chaude; quand la pâte est sèche, de belle couleur, égouttez les beignets sur un linge, saupoudrez-les avec du sucre vanillé, dressez-les en buisson sur serviette. — On peut opérer ainsi avec des reines-claudes fraîches, mûres à point.

BEIGNETS D'ABRICOTS CONFITS

Lavez à l'eau tiède 30 moitiés d'abricots confits; essuyez-les, placez-les dans une terrine, arrosez-les avec quelques cuillerées de kirsch; faites-les macérer quelques minutes. Égouttez-les sur une serviette; trempez-les, une à une, dans une pâte à frire, plongez-les à mesure dans la friture chaude. Quand la pâte est sèche, de belle couleur, égouttez les beignets, saupoudrez-les avec du sucre vanillé, dressez-les en buisson sur serviette pliée.

BEIGNETS D'ANANAS A L'IMPÉRATRICE

Coupez, chacune en deux parties, une dizaine de tranches d'ananas confites, pas trop épaisses; passez-les à l'eau tiède, épongez-les; masquez-les d'un côté avec de la marmelade, soudez-les de deux en deux. Trempez-les dans une pâte à frire, plongez-les à mesure dans la friture chaude et neuve. Quand la pâte est sèche, de belle couleur, égouttez les beignets; roulez-les dans du sucre vanillé, dressez-les en buisson sur serviette pliée.

BEIGNETS DE MARRONS

Préparez 5 à 600 grammes de pâte de marrons à la vanille, en procédant d'après la méthode prescrite à la page 46; étalez-la sur une plaque, en couche de 1 centimètre d'épaisseur; masquez-la aussitôt avec une couche de frangipane à la vanille, laissez bien refroidir l'appareil; coupez-le alors de forme ronde, à l'aide d'un coupe-pâte trempé à l'eau chaude. Appuyez à mesure ces ronds du côté de la crème sur des macarons pulvérisés; trempez-les, un à un, dans de la pâte à frire, légère, plongez-les à grande friture; égouttez-les aussitôt qu'ils sont de belle couleur; roulez-les dans du sucre vanillé, dressez-les en buisson sur serviette pliée.

BEIGNETS DE FRAISES

Épluchez 5 à 6 douzaines de grosses fraises ananas; masquez-les avec une légère couche de marmelade d'abricots tiède; tenez-les au frais. Quand la marmelade est froide, roulez les fraises dans des macarons pulvérisés, trempez-les, une à une, dans une pâte à frire, plongez-les à mesure à grande friture chaude. Quand la pâte est sèche, de belle couleur, égouttez les beignets sur un linge roulez-les dans du sucre vanillé, dressez-les en buisson sur serviette pliée.

BEIGNETS D'ORANGES

Coupez 8 à 10 oranges chacune en 4 quartiers, en laissant adhérer l'écorce; parez alors les chairs à vif, en passant le couteau entre les chairs et le blanc de l'écorce; supprimez-en les semences, rangez-les dans une terrine, saupoudrez-les avec une poignée de sucre fin, faites-les macérer 10 minutes; égouttez-les sur un linge, épongez-les; trempez-les dans une pâte frire, plongez-les, peu à la fois, dans la friture bien chaude. Quand la pâte est sèche, de belle couleur, égouttez les beignets, saupoudrez-les avec du sucre à l'orange, dressez-les en buisson sur serviette pliée.

BEIGNETS DE CRÈME A LA VANILLE

Avec 400 grammes moitié farine moitié fécule, 200 grammes de beurre, 100 grammes de sucre vanillé, grain de sel, 5 œufs entiers, 6 jaunes, trois quarts de litre de lait, préparez une crème pâtissière à la vanille, un peu ferme (voy. page 126); étalez-la sur un plafond humecté, en couche de 1 centimètre d'épaisseur; couvrez-la avec un papier beurré, laissez-la bien refroidir. — Renversez l'appareil sur la table, saupoudrée de farine; découpez-le en ronds avec un coupe-pâte uni, de 5 centimètres de diamètre, en ayant soin de le tremper dans l'eau chaude; farinez légèrement les beignets, trempez-les dans des œufs battus, panez-les à la panure blanche; appuyez-les légèrement avec la lame d'un couteau, rangez-les à mesure, les uns à côté des autres, sur une plaque couverte de papier. Dix minutes avant de servir, plongez-les à grande friture, mais peu à la fois, pour leur faire prendre une belle couleur; en les sortant, égouttez-les sur un linge; roulez-les dans du sucre vanillé, dressez-les.

BEIGNETS DE CRÈME, FOURRÉS

Étalez sur plaque humide une couche de frangipane aux amandes, réduite serrée, d'un demi-centimètre d'épaisseur; laissez refroidir, distribuez-la en ronds de 5 à 6 centimètres; humectez-en la surface au pinceau avec de l'abricot tiède, et posez dessus un rond en pâte de pommes, de même dimension; opérez de même de l'autre côté; trempez les beignets dans de la pâte à frire, plongez-les à friture chaude pour les colorer; égouttez, poudrez de sucre vanillé.

BEIGNETS SOUFFLÉS, A L'ORANGE

Versez 2 décilitres et demi d'eau dans une casserole, ajoutez 150 grammes de beurre, 2 cuillerées de sucre en poudre, grain de sel; posez la casserole sur feu, retirez-la au moment où l'ébullition se prononce; remplissez le liquide avec 250 grammes de farine pour obtenir une pâte lisse, consistante, bien liée, en procédant comme pour la pâte à chou (voy. page 7); quand la pâte est desséchée, retirez-la du feu, changez-la de casserole, incorporez-lui 3 jaunes et 5 œufs entiers, mais peu à peu, en travaillant fortement la pâte : elle ne doit pas être trop molle; ajoutez un morceau de beurre, la moitié d'un zeste d'orange râpé. Prenez la pâte avec une cuiller à café, faites-la tomber dans la friture, pas trop chaude, en la poussant avec le doigt, mais de façon à l'obtenir ronde; agitez la poêle afin que les beignets ne s'attachent pas, mais qu'ils se colorent d'une égale nuance ; égouttez-les sur un linge, roulez-les dans du sucre en poudre parfumé à l'orange ; dressez-les en buisson sur serviette pliée.

BEIGNETS SOUFFLÉS, A L'ITALIENNE

Préparez une pâte à beignets, en procédant d'après la méthode prescrite dans l'article précédent, mais en la tenant un peu plus ferme ; distribuez-la en parties égales, de la grosseur d'une noix ; posez à mesure ces parties sur la table farinée ; roulez-les de forme ronde ; aplatissez-les avec la lame du couteau, de l'épaisseur d'un centimètre ; plongez-les dans la friture chaude ; laissez-les juste le temps nécessaire pour les saisir superficiellement ; égouttez-les aussitôt sur un linge, laissez-les bien refroidir.

Un quart d'heure avant de servir, cernez les beignets au centre de leur épaisseur, par une légère incision pratiquée tout autour avec la lame d'un petit couteau ; plongez-les alors, peu à la fois, à grande friture modérément chaude ; au bout de quelques instants, les beignets montent droits comme des petits pâtés ; agitez la friture, afin de les cuire d'égale couleur ; égouttez-les sur un linge, roulez-les dans du sucre vanillé ; posez sur chacun d'eux une lame de gelée de pommes, coupée ronde, de la largeur du beignet ; dressez-les.

BEIGNETS VIENNOIS

Préparez une pâte à beignets dans les proportions prescrites à la page 8.

Quand la pâte est levée deux fois, mettez-la sur le tour fariné ; abaissez-en une partie, mince avec le rouleau, et coupez des abaisses rondes avec un coupe-pâte de 5 à 6 centimètres de diamètre ; sur le centre de chacune, placez un petit tas de marmelade ferme d'abricots ; humectez légèrement les bords, et couvrez avec une autre abaisse de pâte semblable à la première ; appuyez les bords pour les souder ; puis, coupez les 2 abaisses avec le même coupe-pâte pour les égaliser.

Prenez les beignets un à un, posez-les à petite distance sur un linge fariné, étalé sur une planche, mais en les renversant ; couvrez avec un linge léger, faites lever à température douce jusqu'à ce que la pâte soit devenue molle, et élastique au toucher.

Plongez les beignets, peu à la fois, dans la friture abondante, pas trop chaude (moitié beurre moitié saindoux) ; couvrez la poêle, faites colorer les beignets d'un côté ; retournez-les avec une brochette, faites-les cuire de l'autre côté, à découvert, jusqu'à ce qu'ils soient de couleur foncée, tout en conservant une bande blonde sur le milieu de leur épaisseur : ceci est indispensable.

Égouttez les beignets, poudrez-les de sucre, ou trempez-les vivement dans une glace au punch ; dans les deux cas, tenez-les une heure sur grille, à l'étuve tiède avant de les servir.

On peut servir des beignets froids mais ils sont plus délicats s'ils sont encore tièdes, et reposés une heure ou deux.

Il est évident que l'abricot peut être remplacé par toute autre marmelade, de framboises, de pommes ou de poires à la vanille.

BEIGNETS DE RIZ, A LA CRÈME

Cuisez 5 à 600 grammes de riz avec du lait et un bâton de vanille, sucrez-le en dernier lieu ; finissez-le avec un peu de bonne crème ; quand l'appareil est à sec, mêlez-lui un morceau de beurre ; passez-le au tamis, peu à la fois, mais vivement, sans le faire refroidir. Déposez la purée dans une casserole, chauffez-la, en la travaillant avec une cuiller ; ajoutez 2 cuillerées de sucre vanillé, puis liez-la avec quelques jaunes d'œuf ; étalez aussitôt l'appareil sur 2 feuilles de papier, beurrées, en couches minces, de forme carrée. Masquez une de ces couches avec une crème frangipane aux amandes et à la vanille, bien serrée. Masquez cette abaisse avec l'autre, en la renversant à l'aide du papier, de façon à les coller ensemble. Laissez bien refroidir l'appareil. Divisez-le ensuite, en ronds ou en forme de carrés longs ; roulez ceux-ci dans de la poudre de macarons, trempez-les dans des œufs battus, panez-les ; faites-les frire de belle couleur ; égouttez-les ; dressez-les.

RISSOLES DU COUVENT

Abaissez mince de la pâte brisée fine ou des rognures de feuilletage ; sur l'abaisse coupez des ronds de 8 centimètres ; mouillez-en le tour, et sur la moitié des ronds poussez à la poche de la marmelade de reines-claudes, ferme ; ployez les ronds en demi-lune, pressez la pâte sur les bords, repassez-les au coupe-pâte ; rangez-les à mesure sur linge, faites-les frire ; soit simples, soit après les avoir trempées aux œufs et panées ; égouttez, poudrez de sucre.

On peut aussi garnir les rissoles avec de l'abricot ferme, avec frangipane aux amandes ou aux fruits, ou avec fruits confits hachés, liés à l'abricot ; l'essentiel consiste à les frire à point et de belle couleur.

RISSOLETTES A LA FRANGIPANE

Cuisez quelques grands pannequets ; distribuez-les en abaisses rondes, à l'aide d'un coupe-pâte de 8 centimètres de diamètre. Garnissez alors la moitié de la surface de chaque abaisse avec une petite partie de crème frangipane aux amandes. Humectez les bords de l'abaisse avec de la dorure, ployez-la, en soudant avec soin les deux parties. Trempez les rissolettes dans des œufs battus, panez-les, plongez-les à friture chaude ; quand elles sont de belle couleur, égouttez-les, roulez-les dans du sucre fin, dressez-les sur serviette.

CROQUETTES DE RIZ A L'ORANGE

Préparez du riz à la crème, vanillé, tendre, mais de bonne consistance ; finissez-le avec un morceau de beurre et quelques jaunes d'œuf, ajoutez fruits confits en petits dés. Laissez raffermir l'appareil, en lieu frais ; distribuez-le en parties égales ; formez les croquettes plates, rondes, ovales ou en bouchon ; roulez-les dans la panure blanche, trempez-les aux œufs battus pour les paner ; faites-les frire peu à la fois, de belle couleur ; égouttez, poudrez de sucre vanillé.

SOMMAIRE DE LA PLANCHE 4

Dessin 2. — TIMBALE A LA MOLITOR.
Dessin 4. — PLOMPOUDING FRANÇAIS.
Dessin 6. — POIRES A LA MIRABEAU.
Dessin 8. — POUDING DE CABINET A LA MODERNE.

Dessin 3. — GATEAU DE CASTILLE.
Dessin 5. — SOUFFLÉ AU CHOCOLAT.
Dessin 7. — GATEAU LYONNAIS.
Dessin 9. — BISCUIT A LA CRÈME D'ORANGE

Dessin 2. — TIMBALE A LA MOLITOR

Beurrez et foncez un moule à dôme avec de la pâte à tartelette (page 3); emplissez-en le vide avec du riz froid, à la crème; couvrez-le avec une abaisse de pâte, cuisez 25 minutes à four chaud Sortez la timbale du four sans la démouler; cernez-la en-dessus, ouvrez-la, en retirant le couvercle d pâte; videz-la alors, en laissant une mince épaisseur au fond et autour. Lissez les surfaces du riz, l'aide d'une cuiller; emplissez-en aussitôt le vide, par couches, avec du bon riz chaud, à la crème et la vanille, en alternant chaque couche avec une couche de marmelade d'abricots, un peu serrée. Ferme l'ouverture avec le couvercle de pâte enlevé; renversez ensuite la timbale sur une tourtière; masquez en les surfaces au pinceau, avec la même marmelade d'abricots, tiède; décorez-la avec des ronds e pâte à massepain, disposés dans l'ordre reproduit par le dessin. — Glissez la timbale sur plat, pose une reine-claude sur le haut, entourez-en la base avec des tranches d'ananas, fraîches ou de con serve; en ce dernier cas, il faut leur donner 3 façons avec du sirop froid, à 30 degrés.

Dessin 3. — GATEAU DE CASTILLE

Préparez un bon riz à la crème, vanillé, fini avec du lait d'amandes (page 50).
Prenez un gros ananas frais ou confit, paré; divisez-le en parties sur la longueur du fruit, l'ananas est frais, couvrez les tranches avec du sirop tiède, à 30 degrés; faites-les macérer 4 à 5 heure Si l'ananas est de conserve, donnez-lui 3 façons au sucre, en opérant comme il est dit à la page 8 article *ananas à la créole*.
Préparez un petit appareil de biscuit aux amandes (page 22); cuisez-le dans un moule à bo dure à fond rond, beurré, glacé. Quand il est démoulé, nappez-le au pinceau, avec de la marmela tiède, réduite; décorez-en les pourtours, soit avec de la pâte à massepain, soit avec des détails biscuit-punch, coupés à vif; glissez-le sur plat. Emplissez alors le vide du moule avec du riz à la crèm un peu consistant. Montez-le en pyramide au-dessus du biscuit; dressez autour les tranches d'anana

Fermez l'ouverture du haut avec une petite pomme taillée à côtes ; entourez-la avec des pointes d'angélique, piquées en éventail. Entourez la base de la pyramide avec une chaîne de belles cerises mi-sucre, lavées à l'eau tiède, macérées dans du sirop. — En même temps que l'entremets, envoyez une saucière de sauce abricots au lait d'amandes.

Dessin 4. — PLOMPOUDING FRANÇAIS

Le pouding que je vais décrire diffère de celui qu'on prépare et qu'on sert journellement en Angleterre, et dont l'apprêt est décrit plus haut ; celui-ci est beaucoup plus délicat, et, je dois dire, mieux fait pour plaire à la généralité des convives ; depuis fort longtemps je ne sers que celui-là et l'ai toujours vu manger avec plaisir, même par des gourmets anglais.

Hachez finement 250 grammes de graisse de rognons de bœuf, épluchée ; mêlez-lui peu à peu 175 grammes de farine ; mettez-les dans une terrine ; ajoutez 5 à 6 œufs entiers, l'un après l'autre, en travaillant l'appareil avec une cuiller ; 7 à 8 minutes après, ajoutez 200 grammes de sucre en poudre, autant de raisins de Corinthe, autant de raisins de Smyrne, 150 grammes de cédrat confit, coupé en petits dés, 4 pommes aigres, hachées, 6 cuillerées de marmelade d'abricots, un brin de zeste, 2 à 3 clous de girofle pulvérisés, 1 décilitre de cognac, autant de rhum, un grain de sel.

Beurrez un moule cannelé, à cylindre ; farinez-le, emplissez-le à hauteur avec l'appareil ; posez-le dans une casserole, avec de l'eau chaude jusqu'à moitié de hauteur ; faites bouillir l'eau, couvrez la casserole ; cuisez le pouding 2 heures, au four, avec ébullition.

Au dernier moment, démoulez le pouding sur plat ; masquez-le avec une sauce abricots, mêlée avec cognac et rhum.

Dessin 5. — SOUFFLÉ AU CHOCOLAT

Cassez en morceaux 4 tablettes de bon chocolat vanillé ; mettez-le dans une casserole avec quelques cuillerées d'eau tiède ; couvrez-le, faites-le ramollir à la bouche du four ; broyez-le avec une cuiller, pour le lisser ; chauffez-le sans le quitter, jusqu'à ce qu'il soit consistant. Retirez-le alors du feu ; 2 minutes après, incorporez-lui d'abord 12 à 14 jaunes d'œuf, l'un après l'autre ; puis, 6 à 7 blancs fouettés, légèrement sucrés. Au dernier moment, mêlez-lui quelques cuillerées de bonne crème fouettée. Avec cette quantité d'appareil, on peut obtenir 2 ou 3 soufflés.

Avec une partie de l'appareil, remplissez à peu près une casserole à soufflé, beurrée ; entourez-la sur le haut avec une bande de papier beurré ; posez-la sur un plafond, poussez-la à four doux ; 3 à 4 minutes après, sortez-la ; coupez l'appareil en croix, en glissant le couteau de haut en bas, jusqu'au fond. Remettez l'appareil au four ; cuisez-le 25 minutes. Enlevez alors la bande de papier, saupoudrez le soufflé avec du sucre fin, faites-le glacer ; envoyez-le aussitôt sur un plafond masqué d'une couche de cendres chaudes ; couvrez-le avec une cloche chaude.

Dessin 6. — POIRES A LA MIRABEAU

Préparez un petit appareil de génoise sur feu (page 15) ; emplissez-en à peu près un moule à bordure, uni ; cuisez-le à four modéré ; cuisez le restant sur une plaque.

Coupez, chacune en deux parties, 8 à 10 poires *duchesse* ou *beurré ;* retirez-en le cœur, à l'aide d'une cuiller à racine ; pelez-les, cuisez-les bien blanches, à l'eau acidulée ; égouttez-les dans une terrine, couvrez-les avec du sirop à 25 degrés ; laissez-les macérer quelques heures.

Avec 7 ou 8 autres poires, préparez une marmelade à la vanille, un peu serrée. — Préparez aussi un émincé de poires, comme pour charlotte ; liez-le avec 2 cuillerées de marmelade d'abricots ; finissez-la avec 2 cuillerées de rhum.

Cuisez 200 grammes de riz, à la crème et à la vanille. — Sur le biscuit plat, coupez une abaisse ronde, du même diamètre que la bordure ; masquez-la d'un côté, avec de la marmelade de poires, posez la bordure dessus pour la coller ; masquez-en les pourtours, d'abord avec de la même marmelade, puis avec une mince couche de meringue fine ; décorez-les ensuite, en grillage, avec un cornet ; poussez sur le haut, les uns à côté des autres, une chaîne régulière de petits anneaux également en meringue ; saupoudrez celle-ci avec de la glace de sucre ; glissez la bordure dans un plat, faites dorer la meringue à four doux.

Au moment de servir, étalez dans le puits de la bordure, un couche de riz à la crème ; sur cette couche, dressez l'émincé de poires ; couvrez avec du riz, en montant celui-ci en dôme ; contre le dôme, dressez une couronne de demi-poires, égouttées, légèrement fardées d'un côté avec du carmin végétal. Ajoutez un peu de riz sur le centre, et, avec le restant des poires, formez une deuxième couronne, au-dessus de la première. Sur le centre de chaque anneau en meringue, posez une belle cerise mi-sucre. — En même temps que l'entremets, envoyez une saucière de sirop de poires, réduit à point, légèrement rougi.

Dessin 7. — GATEAU LYONNAIS

Prenez 300 grammmes d'amandes mondées, dont une douzaine d'amères ; pelez-les finement, en mouillant peu à peu avec 2 blancs d'œuf et 4 cuillerées de rhum. Mettez-les dans une terrine avec 300 grammes de sucre en poudre, 3 œufs entiers, 2 jaunes ; travaillez vivement l'appareil avec une cuiller pour le rendre léger ; mêlez-lui alors 4 jaunes, puis 200 grammes de fécule, et enfin 6 blancs fouettés.

Beurrez et glacez à la fécule un moule à dôme ; emplissez-le à peu près à hauteur avec une partie de la pâte ; cuisez 45 minutes à four doux ; quand le gâteau est sorti du four, laissez-le rassir quelques heures. Coupez-le ensuite sur e haut ; divisez-le en tranches, sur le travers ; prenez ces tranches une à une, imbibez-les au pinceau avec du rhum, mêlé avec du sirop, puis masquez-les avec une couche mince de frangipane aux amandes ; posez-les l'une sur l'autre pour remettre le gâteau en forme ; collez-le sur une abaisse en pâte ferme, un peu plus large que son diamètre. Creusez-le légèrement sur le haut ; masquez-en les surfaces avec une mince couche de frangipane, et ensuite avec une couche de meringue fine ; décorez cette couche au cornet, avec de la même meringue, dans l'ordre représenté par le dessin. Saupoudrez-la de sucre, faites-lui prendre belle couleur à four doux.

Dressez le gâteau sur plat ; ornez le décor avec de la gelée de pommes ou de groseilles ; entourez-en la base avec des détails en écorces d'orange, confites, coupées en pointes. — Au moment de servir, garnissez le vide du haut avec quelques cuillerées de sabayon au vin, fini avec quelques cuillerées de rhum ou de kirsch ; envoyez le surplus en saucière.

Dessin 8. — POUDING DE CABINET, A LA MODERNE

Cuisez sur papier, une plaque de biscuit en feuilles (page 18), de l'épaisseur d'un centimètre ; parez-le à vif en dessus. Sur ce biscuit, coupez une longue bande ayant 11 centimètres de large ; divisez-la transversalement en montants de 1 centimètre et demi de largeur.

Beurrez un moule uni, à cylindre ; masquez-en le fond avec un anneau de papier ; masquez-en ensuite les parois avec les montants coupés, en les appliquant alternativement l'un du côté coupé à vif, l'autre du côté jauni par la cuisson, de façon à former deux nuances distinctes.

Sur le même biscuit, coupez une abaisse ronde, un peu plus étroite que le fond du moule à cylindre ; évidez-le sur le centre pour en former un anneau ; coupez-le transversalement en petits montants, de même largeur que les premiers. Avec ces montants, coupés en pointe, masquez le fond du moule, en alternant aussi les nuances, et en les faisant raccorder avec celle des montants appliqués contre les parois.

Dans trois quarts de litre de lait, faites infuser pendant 25 minutes, 200 grammes de grains de café, torréfiés au moment. Passez le liquide, mêlez-lui trois quarts de litre de crème crue ; sucrez-le à point. Mettez dans une terrine 4 œufs entiers et 12 jaunes ; broyez-les, délayez-les avec l'infusion ; passez deux fois le liquide au tamis fin.

Coupez en gros dés des fruits confits, variés : abricots, reines-claudes, écorces d'orange, petits chinois, lavés à l'eau tiède ; ajoutez des cerises mi-sucre. — Coupez en carrés longs, du même biscuit avec lequel le moule a été foncé. Emplissez le vide du moule avec les carrés de biscuit et les fruits, par couches alternées. Quand le moule est plein, versez tout doucement la crème dedans[1] ; couvrez le dessus avec un rond de papier beurré, et, sur celui-ci, posez un couvercle de bain-marie. Placez le moule dans une casserole, sur un petit trépied, versez de l'eau chaude dedans, jusqu'à mi-hauteur du moule. Faites bouillir l'eau ; retirez la casserole à la bouche du four ou sur le côté du feu avec des cendres chaudes sur le couvercle ; faites pocher le pouding une heure, sans ébullition. — Au moment de servir, renversez l'entremets sur un plafond, sans retirer le moule, afin d'en faire égoutter l'humidité ; démoulez-le ensuite sur plat, masquez-le avec une crème anglaise.

Dessin 9. — BISCUIT A LA CRÈME D'ORANGE

Cuisez sur une plaque beurrée et farinée, un appareil de biscuit sableux, pour chaud (page 23), au zeste d'orange. Sur ce biscuit coupez 8 à 10 abaisses rondes de 15 centimètres de diamètre ; posez

---

[1] Les moules d'entremets, à cylindre, mesurent un litre et demi.

une de ses abaisses sur une abaisse en pâte frolle, de même diamètre, masquée de gelée de groseilles. Imbibez le biscuit avec du curaçao, et masquez-le aussi avec une couche de gelée de groseilles ; montez les autres abaisses l'une sur l'autre, en les imbibant et les masquant avec de la gelée.

Masquez alors les pourtours et le haut du biscuit, d'abord avec une mince couche de groseilles, puis avec une couche de meringue fine ; décorez-en les surfaces au cornet, avec des perles, dans le genre représenté par le dessin ; saupoudrez-les avec de la glace ; glissez le biscuit sur plat, faites dorer la meringue à four doux ; tenez le gâteau à l'étuve.

Coupez en quartiers 5 grosses oranges ; parez-les à vif, supprimez-en les pépins ; mettez-les dans une terrine, saupoudrez-les avec du sucre fin.

Mettez dans une bassine 10 jaunes d'œuf, 125 grammes de sucre d'orange ; mêlez et délayez avec un huitième de vin du Rhin et suc d'oranges, par moitié. Posez la bassine sur feu doux, fouettez l'appareil jusqu'à ce qu'il soit bien mousseux et lié ; mettez-le alors sur feu plus vif, sans cesser de fouetter ; au moment où l'ébullition se développe, mêlez-lui vivement 3 blancs d'œuf, fouettés ; aussitôt que l'appareil est lisse, retirez-le.

Prenez alors une partie de l'appareil avec une cuiller et, avec lui, emplissez le cylindre du gâteau, en le montant en pointe ; versez le reste dans une saucière.

A l'aide d'un cornet garni de gelée de framboises, ornez les surfaces du gâteau ; entourez-le à sa base avec les quartiers d'orange, préparés ; servez aussitôt.

SOMMAIRE DE LA PLANCHE 5

Dessin 10. — PÊCHES A L'ANDALOUSE.
Dessin 12. — FLAN DE CRÈME MERINGUÉ.
Dessin 14. — FRUITS A LA MADELEINE.
Dessin 16. — POUDING DE CABINET A L'ANANAS.

Dessin 11. — CROUTES ANANAS, A LA MARÉCHALE.
Dessin 13. — FLAN DE FRUITS A L'ANGLAISE
Dessin 15. — RIZ A L'INFANTE.
Dessin 17. — GATEAU A LA POLONAISE.

Dessin 10. — PÊCHES A L'ANDALOUSE

Cuisez du biscuit fin, à la vanille, dans un moule à bordure à fond plat ; cuisez-en aussi une plaque en lui donnant l'épaisseur de 1 centimètre et demi. Laissez rassir le biscuit.

Pelez des pêches du Midi mûres à point ; émincez-les, mettez-les dans une casserole plate avec du beurre, cuisez-les comme des pommes pour charlotte, avec un demi-bâton de vanille dedans. Sucrez-les en dernier lieu ; faites-en réduire l'humidité, laissez-les refroidir. — Lavez et cuisez

Pl. 5.

Dessin 10.

Dessin 11.

Dessin 12.

Dessin 13.

Dessin 14.

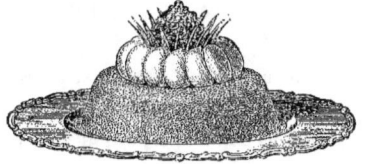
Dessin 15.

Dessin 16.

Dessin 17.

200 grammes de riz, à grande eau, en conservant les grains entiers. Égouttez-le, faites-le macérer une demi-heure avec du marasquin et du sirop tiède. Égouttez-le de nouveau, mettez-le dans une terrine, liez-le avec de la marmelade d'abricots, serrée.

Une heure avant de servir, coupez la bordure de biscuit en tranches transversales; remettez-les en forme, en masquant à mesure les tranches avec une couche de frangipane aux amandes et à l'eau de fleurs d'oranger. — Sur le biscuit en feuille, coupez un rond du même diamètre que la bordure; masquez-en la surface avec une couche de frangipane, et posez la bordure dessus, en l'appuyant pour la coller; glissez le gâteau sur plat d'entremets, garnissez-en le vide, par couches, avec le riz et les pêches émincées, en formant un dôme élevé au-dessus de la bordure; lissez-en les surfaces. Masquez d'abord la bordure avec une couche mince de marmelade, puis masquez le dôme et la bordure avec une couche de frangipane; masquez-les ensuite l'un et l'autre avec une couche de meringue fine.

Décorez le dôme au cornet avec la même meringue, en lui donnant la forme d'ananas. Décorez la bordure simplement avec des cordons de meringue, poussés de haut en bas, les uns à côté des autres, dans le genre représenté par le dessin; entourez-en la base avec de petits anneaux creux.

Saupoudrez la meringue avec de la glace de sucre, faites-la légèrement colorer à four doux, après avoir essuyé les bords du plat. — En sortant le gâteau du four, garnissez le creux des anneaux avec des cerises mi-sucre.

En même temps que l'entremets, envoyez une saucière de sirop de pêches un peu épais, légèrement rougi, parfumé au marasquin.

Dessin 11. — CROUTES ANANAS, A LA MARÉCHALE

Prenez un ananas cru, coupez-en la couronne en lui laissant adhérer une petite épaisseur de chair; tenez-la de côté. Pelez le fruit, plongez-le à l'eau bouillante; retirez-le du feu; fermez la casserole, tenez-la ainsi 20 minutes; égouttez ensuite l'ananas; mettez-le dans une casserole à bain-marie haute de forme ou simplement dans une boîte à conserve; couvrez-le avec du sirop à 25 degrés. Six heures après, égouttez le sirop, mêlez-lui du sucre imbibé à l'eau froide; cuisez-le à 30 degrés; quand il est froid, versez-le sur l'ananas; 6 heures après, recommencez la même opération; ajoutez encore du sucre, cuisez de nouveau à 30 degrés. — A défaut d'ananas frais on peut opérer également avec un gros ananas conservé; on en trouve aujourd'hui à Paris de magnifiques, bien conservés et excellents. En ce dernier cas, il faut mettre le fruit au sucre sans le faire blanchir, lui donner 4 façons : on imite la couronne d'ananas en pâte d'amandes.

Moulez du riz à croustade dans une terrine ou dans un moule plat, ayant 15 centimètres de diamètre; faites-le refroidir sous presse. Taillez-le ensuite au couteau, en lui donnant une forme légèrement conique, et en le creusant en dessus, de façon à pouvoir faire tenir l'ananas debout; collez solidement ce fond sur le centre d'un plat d'entremets. — Coupez un savarin, rassis de la veille, en tranches d'un demi-centimètre d'épaisseur; sur ces tranches, coupez, à l'aide d'un coupe-pâte en fer-blanc de forme ovale, des croûtes de même dimension; masquez-les d'abord avec une mince couche d'abricots, et ensuite avec une couche d'appareil à Condé, composé de sucre, amandes hachées et blancs d'œuf. Rangez ces croûtes sur une plaque, saupoudrez-les de sucre, faites-leur prendre couleur à four doux.

Préparez un peu de bon riz à la crème, parfumé à la vanille (page 108). — Un peu avant de servir, égouttez l'ananas; coupez-en les deux tiers en tranches, en laissant la base entière. Posez cette base sur le fond en riz, collé sur le plat. Évidez les tranches une à une avec un coupe-pâte, afin d'en supprimer la partie dure du cœur; masquez-les à mesure avec une mince couche d'abricots, et reformez l'ananas sur le plat, en ayant soin d'emplir à mesure le vide des tranches avec du riz sucré, presque froid, afin qu'il puisse soutenir les tranches d'aplomb. Surmontez l'ananas avec sa couronne, en la fixant à l'aide d'un tout petit hâtelet qui reste invisible.

Nappez alors l'ananas avec de la marmelade d'abricots serrée et tiède. Entourez-en son support avec du bon riz à la crème ; dressez les croûtes autour. Envoyez séparément une saucière de sauce abricots, au rhum.

Dessin 12. — FLAN DE CRÈME, MERINGUÉ

Préparez un appareil à meringue dans les proportions de 8 blancs pour 250 grammes de sucre en poudre non déglacé et 250 grammes de glace de sucre, mêlés. — Foncez un cercle à flan avec de la pâte à tartelette; laissez-la reposer 10 minutes; enlevez le cercle, pincez les parois avec un pince-pâte; décorez-en la crête avec de petits ronds coupés avec un tube de la boîte à colonne, en ayant soin de les humecter avec des jaunes d'œuf; dorez toute la surface; laissez sécher la dorure, puis entourez le flan avec une bande de papier beurré; collez-en les deux bouts. Emplissez le vide de la caisse avec de la frangipane aux amandes, couvrez avec du papier, cuisez à four modéré.

Laissez à moitié refroidir la crème; masquez-la d'abord avec une couche de marmelade d'abricots; étalez sur son centre un émincé d'ananas confit, lié avec de la marmelade; masquez-le avec une couche épaisse de meringue, en la dressant en dôme plat; lissez-la, décorez-la au cornet; saupoudrez-la de glace de sucre, faites-la légèrement colorer à four doux.

Au moment de servir, glissez le flan sur plat d'entremets; garnissez les creux du décor avec de la gelée ou avec de la marmelade; posez sur le haut une belle reine-claude; entourez-la avec des feuilles imitées en angélique, piquées en éventail; entourez celles-ci avec une chaîne de grosses cerises mi-sucre; envoyez ainsi l'entremets.

Dessin 13. — FLAN DE FRUITS, A L'ANGLAISE

Préparez une pâte à tartelette (page 3); laissez-la reposer. — Avec cette pâte, foncez un cercle à flan de 3 centimètres de haut; pincez-en joliment la crête. Laissez reposer la pâte; puis enlevez le cercle; entourez alors la pâte avec une bande de papier beurré; cuisez ainsi la croûte.

En la sortant du four, videz-la; masquez-la en dehors et en dedans, au pinceau, avec une mince couche de marmelade d'abricots, tiède. Décorez les bords extérieurs de la pâte avec des détails d'angélique; emplissez-en le vide avec du bon riz vanillé, à la crème, fini avec un morceau de beurre fin (page 108); sur ce riz, dressez une belle couronne de demi-pêches en compote. Nappez-les au pinceau avec de la gelée de pommes, dissoute, ou du suc de pommes cuit à la *nappe* avec du sucre. Garnissez le puits de la couronne avec des cerises mi-sucre, lavées à l'eau tiède; sur celles-ci, dressez une poire en compote nappée au pinceau. Dressez l'entremets sur serviette pliée.

Dessin 14. — FRUITS A LA MADELEINE

Parez un ananas de conserve pour retirer les points noirs de la chair. Coupez-le en deux parties sur sa longueur; divisez ensuite chaque moitié en tranches transversales un peu épaisses; couvrez-les avec du sirop à 25 degrés, froid. Six heures après, égouttez le sirop, mêlez-lui du sucre humecté, cuisez-le pour l'amener à 30 degrés; quand il est froid, versez-le de nouveau sur les tranches d'ananas. — Préparez un gros salpicon de fruits, composé de poires, melons, reines-claudes, écorces confites. Faites-le macérer avec quelques cuillerées de madère et de sirop. — Mettez dans une terrine une douzaine de demi-abricots en compote, pelés, fermes, bien entiers; couvrez-les avec du sirop. — Lavez à l'eau tiède 2 poignées de cerises mi-sucre, bien rouges; mettez-les dans un petit poêlon avec du sirop tiède.

Préparez un petit appareil de biscuit madeleine dans les proportions de 250 grammes de sucre, 250 grammes de farine, 50 grammes de fécule, 250 grammes de beurre, 7 œufs entiers, 75 grammes amandes râpées, broyées, 4 cuillerées de cognac, 2 cuillerées d'eau de fleurs d'oranger, un grain de sel. — Beurrez un moule à bordure, à fond plat; emplissez-le aux trois quarts avec l'appareil, cuisez-le à four modéré. Cuisez le reste sur plaque. — Démoulez la bordure sur une grille à pâtisserie. Quand elle est froide, masquez-la entièrement avec de la marmelade d'abricots, tiède, serrée; saupoudrez-la avec des pistaches coupées en petits dés; dressez-la sur plat d'entremets; masquez le fond du cylindre avec un rond de biscuit coupé sur la plaque; tenez l'entremets à l'étuve douce.

Au moment de servir, égouttez les fruits sur un tamis. Coupez les tranches d'ananas au quart de hauteur; dressez-les, debout et à cheval, contre la bordure. Emplissez le vide de la bordure avec le salpicon de fruits, et, sur celui-ci, dressez les abricots en couronne; garnissez le puits de cette couronne avec les cerises; autour des cerises, piquez en éventail des feuilles d'angéliques coupées en pointe. Mêlez, à une sauce abricots, le madère et le sirop où étaient les fruits; versez-la dans une saucière, envoyez-la en même temps que l'entremets.

Dessin 15. — RIZ A L'INFANTE

Coupez 7 à 8 pêches, chacune en deux parties; retirez-en le noyau, plongez-les à l'eau bouillante; retirez la casserole sur le côté; aussitôt que la peau s'en détache, égouttez-les, supprimez-en la peau, rangez-les dans un sautoir; couvrez-les avec du sirop épais, vanillé. — Lavez à l'eau chaude 2 à 3 poignées de cerises mi-sucre; mettez-les dans un poêlon avec du sirop tiède.

Faites blanchir 250 grammes de riz; cuisez-le à la crème et à la vanille (page 108); finissez-le en lui incorporant 100 grammes de beurre divisé en petites parties; retirez-le tout à fait du feu; tenez-le ainsi 5 minutes à couvert : il doit être crémeux, mais consistant.

Beurrez un moule à fond bombé dans le genre de ceux à savarin; emplissez-le avec le riz; tassez-le sur un linge, tenez-le 10 minutes à l'étuve. — Au dernier moment, démoulez le riz sur un plat d'entremets; garnissez le puits de la bordure avec un rond de biscuit arrivant à peu près à la hauteur du riz; masquez-le de marmelade d'abricots; dressez les demi-pêches dessus, en couronne; dans le puits de celle-ci, dressez les cerises; entre les cerises et les pêches, piquez en éventail des feuilles imitées en angélique. Nappez les pêches au pinceau avec de la gelée de pommes, dissoute; envoyez en même temps que l'entremets une saucière de crème anglaise, à la vanille.

Dessin 16. — POUDING DE CABINET, A L'ANANAS

Beurrez un moule d'entremets uni, à cylindre; masquez-en les parois intérieures, partie avec du biscuit blanc, c'est-à-dire coupé à vif, partie avec du biscuit de couleur naturelle, légèrement brune. Masquez le fond du moule avec une abaisse blonde coupée d'une seule pièce.

Mettez dans une terrine 10 jaunes, 2 œufs entiers et 300 grammes de sucre en poudre; mêlez les œufs avec le sucre, délayez avec 5 décilitres de crème, autant de lait infusé aux amandes et aux zestes d'orange; passez l'appareil, deux fois, au tamis fin. — Étalez au fond du moule une couche d'ananas, confit, coupé en dés; saupoudrez avec une pincée de pistaches entières, masquez avec une couche de macarons coupés; continuez ainsi en alternant les fruits et les macarons, jusqu'à ce que le moule soit plein. Coulez alors, peu à peu, dans le moule, l'appareil à pouding. Masquez le dessus avec du papier beurré; faites pocher trois quarts d'heure le pouding au bain-marie, sans ébullition. En le sortant, renversez-le sur un petit plafond, sans retirer le moule, pour le faire égoutter; puis renversez-le sur plat d'entremets. Masquez-le avec un peu de sauce anglaise parfumée à l'orange; posez sur le haut du pouding une chaîne de cerises mi-sucre, en les appuyant; servez-le en même temps qu'une saucière de crème anglaise.

Dessin 17. — GATEAU A LA POLONAISE

Préparez une crème frangipane aux amandes; laissez-la refroidir. — Préparez un appareil de biscuit fin, dans les proportions de 500 grammes de sucre, 350 grammes moitié farine, moitié fécule, bien sèches; 14 jaunes, 14 blancs fouettés, grain de sel, zestes ou vanille.

Beurrez un moule uni, à cylindre; glacez-le au sucre et à la fécule; emplissez-le aux trois quarts avec une partie de l'appareil; mettez le moule sur un plafond, cuisez 45 minutes le biscuit, à four doux. En le sortant, démoulez-le sur une grille à pâtisserie; laissez-le rassir. — Au lieu de biscuit fin, on peut employer l'appareil de biscuit sableux, pour chaud, cuit sur une plaque beurrée et farinée. Quand le biscuit est refroidi divisez-le en abaisses circulaires, de 15 centimètres de large, évidez-le en anneau sur le centre avec un coupe-pâte de 4 centimètres de diamètre.

Si on cuit le biscuit en moule plein divisez-le en tranches d'un centimètre d'épaisseur. Masquez chaque tranche avec une couche de frangipane, posez une autre abaisse dessus; masquez-la aussi; continuez ainsi jusqu'à ce que le biscuit soit remis en forme. Fermez alors l'ouverture inférieure du cylindre, avec un rond de biscuit; garnissez-en le vide avec des fruits confits, variés, coupés en grosse julienne, liés avec de la marmelade d'abricots. Fermez aussi l'ouverture supérieure avec un rond de biscuit. Masquez les parois et le haut, d'abord avec une couche de marmelade, puis avec une couche de meringue; posez-le sur plat d'entremets; décorez-le sur le haut en rosace, à l'aide d'un cornet; poussez sur le centre un anneau également en meringue. Décorez alors les parois, en formant un grillage bien correct; entourez-en la base avec de gros anneaux en meringue, et la lisière du haut avec une chaîne de perles plus petites poussées au cornet. Saupoudrez de sucre fin, essuyez bien le plat; faites colorer la meringue à four doux. Servez le gâteau avec une saucière de marmelade d'abricots, au kirsch.

SOMMAIRE DE LA PLANCHE 6

Dessin 18. — GATEAU PRINCESSE DE GALLES.
Dessin 20. — SOUFFLÉ A LA DAUPHINE.
Dessin 22. — TIMBALE REINETTE.
Dessin 24. — RIZ A LA PRINCESSE.

Dessin 19. — PÊCHES A LA MAINTENON.
Dessin 21. — TIMBALE DE POMMES, A LA MILANAISE.
Dessin 23. — POUDING A LA VALENÇAY.
Dessin 25. — FRUITS MERINGUÉS.

Dessin 18. — GATEAU PRINCESSE DE GALLES

Lavez à l'eau chaude 2 ou 3 tranches d'ananas confit; épongez-les, retirez-en les parties dures du cœur, coupez les chairs en julienne; mettez-les dans une casserole avec un peu de sirop au kirsch.

Prenez un biscuit fin, cuit de la veille, dans un moule à dôme; coupez droit le dessus, renversez-le, découpez-le en tranches transversales. Essuyez le moule dans lequel il a été cuit; remettez les tranches dedans, une à une, en commençant par les moins larges, après les avoir coupées sur l'épaisseur. Sur chaque tranche, étalez alors une petite couche d'ananas; lié avec un peu d'abricot tiède; démoulez et nappez le gâteau avec glace au kirsch, ou avec sirop épais parfumé au kirsch, et beurré; piquez sur le haut un hâtelet garni de fruits; en tout cas, envoyez une saucière de sirop au kirsch mêlé avec cerises mi-sucre, lavées à l'eau tiède. — Le gâteau peut être garni avec une couronne de reines-claudes.

Ces tranches de biscuit doivent non seulement être de même épaisseur, mais coupées en travers, à distance égale, afin que les morceaux coupés forment un carrelage aussi régulier que possible.

Dessin 19. — PÊCHES A LA MAINTENON

Coupez, chacune en deux parties, 7 à 8 bonnes pêches d'espalier, pas trop mûres; retirez-en le noyau, plongez-les à l'eau bouillante, retirez la casserole sur le côté du feu; égouttez les pêches aussitôt que la peau s'en détache, supprimez-la; mettez à mesure les pêches dans une terrine, couvrez-les avec du sirop froid, à 28 degrés.

Cuisez, dans un moule à dôme, du biscuit sableux, pour chaud (page 23); Parez-le, remettez-le dans le même moule où il a cuit; cernez-le à 2 centimètres des bords; enlevez le rond; videz-le en partie; garnissez-en le vide avec une frangipane aux amandes et au marasquin, mêlée avec un salpicon de fruits confits.

Fermez l'ouverture du biscuit avec le rond enlevé, renversez-le sur un plat. Masquez-le d'abord avec une couche mince de marmelade d'abricots, puis avec une couche de meringue fine; décorez-le au cornet, en relief, simplement avec des cordons en diagonale, alternés par des perles. Saupoudrez la meringue avec de la glace de sucre, faites-la colorer à four doux; en sortant l'entremets ornez-le, sur le haut, avec quelques feuilles d'angélique, coupées en pointe, piquées en éventail; placez dans le creux une jolie reine-claude.

Au moment de servir, chauffez légèrement les pêches, sans ébullition; dressez-les en couronne autour du gâteau; nappez-les au pinceau avec de la gelée de pommes, dissoute avec un peu de sirop. Faites vivement réduire leur sirop à 32 degrés; retirez-le, beurrez-le légèrement, rougissez-le avec quelques gouttes de carmin, mêlez-lui 1 demi-décilitre de marasquin.

A défaut de pêches fraîches, on peut employer des demi-pêches de conserve, pelées, fermes : les grosses pêches du Midi conviennent pour cet emploi, mais elles ne doivent pas être trop dures.

Dessin 20. — SOUFFLÉ A LA DAUPHINE

Cet entremets est de ceux qui conviennent le mieux pour être servis dans les dîners nombreux; car il peut être préparé et fini d'avance, avantage toujours bien précieux dans les grandes affaires.

125 grammes beurre, 125 grammes sucre, 200 grammes farine, 1 demi-litre de lait, 9 gros jaunes d'œuf ou 11 moyens, 10 blancs fouettés, grain de sel, zeste râpé. — Faites fondre le beurre dans une casserole; ajoutez la farine, cuisez-la 2 minutes, en tournant; mouillez peu à peu avec le lait bouillant, travaillez fortement l'appareil jusqu'à ce qu'il soit lisse. Remettez-le alors sur le feu cuisez-le 4 à 5 minutes, en remuant fortement; versez-le dans une terrine; travaillez-le encore 2 minutes, incorporez-lui peu à peu les jaunes, en faisant prendre de la légèreté à l'appareil ajoutez zeste, sel, puis les blancs fouettés.

Faites chauffer 3 poêles à pannequets de grandeur graduée; humectez-les au pinceau avec du beurre fondu, épuré; mettez dans chacune une petite partie de l'appareil, de façon à obtenir de omelettes de 1 demi-centimètre d'épaisseur; cuisez-les tout doucement. A mesure qu'elles sont cuites en dessous, renversez-les sur une feuille de papier, humectez encore les poêles au pinceau, e remettez les omelettes dedans pour les cuire de l'autre côté; renversez-les ensuite sur une plaque.

Quand l'appareil est absorbé, placez les omelettes les unes sur les autres, dans un plat d'entremets, en commençant par les plus larges, puis celles de moyenne longueur, enfin, les plu petites, de façon à former un dôme, mais en les alternant à mesure, chacune avec une couche d marmelade d'abricots : avec cette quantité d'appareil on peut faire 2 soufflés. — Masquez également l dôme avec une couche de marmelade, et ensuite avec une couche de meringue; décorez-en le

Pl. 6.

surfaces au cornet; entourez-en la base avec de grosses perles en meringue, poussées à cheval; saupoudrez la meringue avec de la glace de sucre, faites colorer à four doux. Ornez ensuite la meringue avec des cerises mi-sucre; envoyez en même temps une saucière de sauce abricots, au kirsch.

Dessin 21. — TIMBALE DE POMMES, A LA MILANAISE

Choisissez quelques bonnes pommes de Calville; parez-les, pelez-les, divisez-les en quartiers, puis en tranches pas trop minces. Mettez-les dans une casserole plate avec du beurre, un bâton de vanille, 2 poignées de sucre; faites-les sauter à feu vif, en les tenant fermes; retirez-les, liez-les avec de la marmelade d'abricots; mêlez-leur une poignée de raisins de Smyrne, autant d'ananas confit, coupé en julienne; laissez refroidir.

Préparez une pâte à flan avec 300 grammes de farine, 200 grammes de beurre, 2 jaunes d'œuf, une cuillerée de sucre, un grain de sel, un peu d'eau. Divisez-la en quatre parties; roulez celles-ci avec les mains, sur la table farinée, en cordons de l'épaisseur d'un macaroni; beurrez ces cordons au pinceau avec du beurre tiède; roulez-les en colimaçon contre les parois d'un moule à dôme beurré, en commençant par le fond pour arriver jusqu'aux bords. Beurrez intérieurement la pâte, emplissez le vide avec les pommes; couvrez le dessus avec une mince abaisse de pâte. — Cuisez la timbale 50 minutes, à four modéré; en la sortant, démoulez-la sur plat, nappez-la avec de la marmelade d'abricots, claire, étendue avec de la liqueur aux noyaux. Saupoudrez-en les surfaces avec des pistaches hachées; entourez-la à sa base, avec une chaîne de prunes de reine-claude. Piquez sur le haut un hâtelet garni de fruits.

Dessin 22. — TIMBALE REINETTE

Coupez, chacune en deux parties, 6 à 7 reinettes; retirez-en le cœur avec une cuiller à racine; pelez-les, faites-les blanchir à l'eau. Égouttez-les, rangez-les dans un sautoir, le côté bombé en dessus. Mouillez-les à mi-hauteur avec de la marmelade d'abricots, claire; cuisez-les à couvert, sur feu doux en les arrosant souvent, mais en les tenant fermes. Piquez-les alors en hérisson avec des filets d'amande, mondées, séchées au four.

Beurrez un moule à dôme; foncez-le avec de la pâte à flan. — Coupez 12 reinettes en quartiers; pelez-les, émincez-les; mettez-les dans un sautoir avec du beurre et un morceau de vanille coupé; sucrez-les, cuisez-les à bon feu, en les sautant comme pour charlotte. Quand elles ont réduit leur humidité, retirez-les; liez-les avec quelques cuillerées de marmelade d'abricots.

Avec ces pommes, garnissez le vide du moule foncé, par couches, en alternant chaque couche avec de macarons brisés et avec de petits raisins : corinthe et smyrne, ainsi que des pistaches émincées. Fermez l'ouverture avec une abaisse de même pâte; cuisez la timbale au four, 35 minutes. En la sortant, renversez-la sur plat d'entremets; laissez-la refroidir.

Humectez les surfaces de la timbale, au pinceau, avec de la marmelade d'abricots; puis, masquez-la entièrement avec des cordons de meringue, poussés au cornet. Pour exécuter cet ornement plus correct, tracez sur le corps de la timbale 6 à 8 lignes perpendiculaires, c'est-à-dire de haut en bas et à égale distance; poussez alors au cornet des cordons de meringue qui comprennent 2 rayons seulement, en commençant à la base pour remonter vers le haut. Divisez ces cordons, juste au milieu, par une ligne de perles également en meringue, aussi régulières que possible.

Recommencez à pousser des cordons en meringue à droite des premiers, en commençant aussi par le bas, et en embrassant 2 rayons comme auparavant.

Poussez des perles, juste sur le milieu des cordons; continuez ainsi jusqu'à ce que les surfaces soient masquées, en observant surtout que les rayons en perles soient poussés à distance égale : c'est un point principal. — Saupoudrez la meringue avec de la glace de sucre, faites-la colorer à four doux. En sortant la timbale, piquez en éventail, sur le haut, une couronne de feuilles imitées en angélique; garnissez le centre avec un petit bouquet de cerises mi-sucre, ramollies dans du sirop. Entourez-en la base avec les pommes en hérisson; envoyez en même temps que l'entremets une saucière de sauce abricots au madère.

Dessin 23. — POUDING A LA VALANÇAY

Videz sur le centre une quinzaine de petites pommes; pelez-les, cuisez-les dans un peu d'eau sucrée, acidulée; égouttez-les, rangez-les dans un plat, couvrez-les avec du sirop à 30 degrés. Un quart d'heure avant de servir, égouttez-les; fermez-en l'ouverture inférieure avec un rond d'ananas, emplissez-en le vide avec de la gelée de pommes; sur celle-ci, posez une belle cerise mi-sucre.

Avec trois quarts de litre de crème crue, 3 décilitres bon lait infusé à la vanille et aux amandes, 4 œufs entiers, 12 jaunes, 300 grammes de sucre, préparez un appareil à pouding de cabinet; passez-le deux fois. Beurrez un grand moule à dôme; décorez-en les parois avec des détails en pâte d'amandes, en écorces confites et en angélique.

Prenez un savarin cuit de la veille dans un petit moule à dôme; coupez-le en tranches transversales. Imbibez-les tour à tour avec un peu de marasquin, masquez-les avec une couche de frangipane aux amandes; posez les tranches l'une sur l'autre, remettez le gâteau en forme; masquez-le extérieurement avec de la marmelade d'abricots. — Introduisez alors le gâteau dans le moule décoré, en l'appuyant au fond sur un chinois confit; calez-le sur le haut avec 3 morceaux d'écorce, disposés en triangle, de façon à le maintenir d'aplomb, à une égale distance des bords. Cela fait, emplissez le moule peu à peu avec la crème préparée. Posez-le dans une casserole haute, en l'appuyant sur un trépied ou sur un coupe-pâte. Versez de l'eau bouillante dans la casserole jusqu'à moitié de hauteur du moule; faites bouillir l'eau; retirez aussitôt sur le côté, pour que le liquide ne fasse que frémir. Mettez des cendres chaudes sur le couvercle de la casserole, faites pocher le pouding une heure.

En sortant le moule renversez-le sur un couvercle, pour faire égoutter le pouding, mais sans enlever le moule; glissez-le ensuite sur plat d'entremets. Retirez alors le moule; coupez légèrement le haut du pouding, posez une belle reine-claude sur le centre; piquez tout autour, en éventail, des feuilles imitées en angélique ou en écorce d'oranges, confites; entourez celles-ci avec une chaîne de belles cerises mi-sucre, bien rouges.

Masquez légèrement le pouding avec une crème anglaise à la vanille et aux amandes; entourez-le; à sa base, avec les petites pommes; envoyez-le en même temps qu'une saucière de cette même crème anglaise.

Dessin 24. — RIZ A LA PRINCESSE

Le riz joue aujourd'hui un grand rôle dans l'apprêt des entremets de douceur, aussi bien pour ceux qui sont chauds que pour les froids; il se prête, en effet, à une multitude de combinaisons aussi agréables que variées; mais là où son rôle est plus appréciable, c'est quand il est cuit à la crème et servi avec des fruits.

Voici la vraie méthode de cuire le riz à la crème : choisissez-le de première qualité, bien blanc, à grains allongés : le riz caroline et le riz indien sont les seuls qui conviennent.

Quand le riz est trié avec soin, lavez-le, mettez-le dans une casserole avec beaucoup d'eau froide et une cuiller en bois pour le remuer souvent; faites-le blanchir 4 à 5 minutes; égouttez-le sur un tamis, arrosez-le avec de l'eau à peine tiède; quand il est bien égoutté, mettez-le dans une casserole, mouillez-le, au moins trois fois sa hauteur, avec du lait cuit; couvrez-le, cuisez-le tout doucement, sans violence. Quand il est à peu près à point, sucrez-le avec du sucre en poudre : si le riz doit être parfumé à la vanille, celle-ci doit être mêlée en même temps que le sucre; si ce sont des zestes, ils ne doivent être mêlés qu'en dernier lieu. Quand le sucre est incorporé, retirez le riz, couvrez-le, tenez-le encore 10 minutes hors du feu. A ce point, il doit être consistant, bien cuit; incorporez-lui d'abord, peu à peu, quelques cuillerées de crème double; finissez-le ensuite avec un morceau de beurre fin, divisé en petites parties. — Le riz à la crème est très agréable à manger, parfumé avec de la bonne eau de fleurs d'oranger.

Dans quelques cas, on lie le riz, en dernier lieu, avec quelques jaunes d'œuf, crus, broyés, délayés avec un peu de crème, mêlés avec quelques petits morceaux de bon beurre; si le beurre n'était pas de premier choix, mieux vaudrait ne pas en mettre.

Préparez un salpicon d'ananas et abricots, confits, préalablement lavés à l'eau tiède; arrosez-le avec quelques cuillerées de marasquin, faites-le macérer une heure. — Choisissez une quinzaine de petites pommes reinettes; traversez-les, sur le centre, avec un tube de la boîte à colonne pour en retirer le cœur. Pelez-les, cuisez-les dans de l'eau sucrée, acidulée. Égouttez-les, rangez-les dans un petit sautoir, couvrez-les avec du sirop à 30 degrés.

Beurrez un moule à dôme, étroit; foncez-le avec une mince couche de riz à la crème; garnissez-en le vide, par couches alternées, avec riz et salpicon. Renversez le moule sur plat, tenez-le ainsi une demi-heure à l'étuve; retirez-le ensuite; masquez le riz avec une couche mince de marmelade d'abricots, puis avec une couche de meringue; décorez-le au cornet, en relief, avec la même meringue; saupoudrez de glace de sucre, faites colorer à four doux.

Au moment de servir, garnissez les creux du décor avec de la gelée de coings ou de pommes. Entourez l'entremets, à sa base, avec les pommes bien égouttées, dont le vide est garni avec de la gelée de pommes; fermez l'ouverture centrale avec une cerise mi-sucre, bien rouge. Entre les pommes et la meringue, piquez en éventail, des feuilles d'angélique ou d'écorce confite d'oranges ; piquez-en un petit bouquet sur le haut.

Dessin 25. — FRUITS MERINGUÉS

Cuisez un appareil de biscuit sableux, pour chaud (page 23), dans un moule à bordure mince, à fond plat. — Démoulez la bordure, collez-la sur une abaisse mince, également en génoise ; collez ensuite celle-ci sur plat. — Préparez une macédoine de fruits se composant : de coings, ananas, chinois, poires, abricots confits coupés en quartiers, de reines-claudes coupées en deux, écorces d'orange, également confites, coupées en gros dés ; des cerises mi-sucre entières ; tous ces fruits doivent être d'abord lavés à l'eau chaude, puis chauffés avec un peu de sirop aux liqueurs, égouttés et liés avec de la marmelade d'abricots, froide et consistante.

Cuisez 250 grammes de riz à la crème (page 108) ; quand il est à point, moulez-en une partie dans un moule à bordure ; laissez-le refroidir ; renversez-le sur plat d'entremets. Garnissez le vide central de cette bordure avec une couche du même riz ; sur cette couche, dressez les fruits en pyramide ; entourez-les avec du riz ; masquez les surfaces d'abord avec de la marmelade, puis avec une mince couche de meringue fine ; décorez-les au cornet ou à la poche, aussi avec de la meringue, dans le genre représenté par le dessin ; entourez-en la base avec de grosses perles également poussées au cornet. Saupoudrez avec de la glace de sucre, faites colorer à four doux. — En sortant l'entremets, ornez chaque perle de la base avec un petit rond d'angélique ou tout autre fruit confit. Envoyez l'entremets en même temps qu'une sauce abricots.

SAUCES, GARNITURES, ORNEMENTS ET ACCESSOIRES D'ENTREMETS FROIDS

Sauce mousseuse à la vanille. — Broyez 7 jaunes d'œuf dans une terrine; délayez avec 2 décilitres de sirop à 28 degrés, infusé avec un demi-bâton de vanille; passez au tamis dans un poêlon: posez celui-ci sur feu très doux, fouettez l'appareil jusqu'à ce qu'il soit bien mousseux et lié; retirez-le alors, fouettez-le hors du feu; quand il est froid, incorporez-lui quelques cuillerées de bonne crème fouettée.

Purées de fruit, pour sauce d'entremets froids. — Les purées de fraises ou de framboises constituent d'excellentes sauces d'entremets froids; quand elles sont passées, il suffit de les sucrer au sirop ou à la glace de sucre, parfumée à la vanille ou aux zestes. On les fait bien refroidir sur glace avant de les servir.

Les purées de pêches, les purées d'abricots frais et même ceux de conserve, peuvent être servies comme sauce d'entremets froids; on les sucre au sirop vanillé; mais on peut néanmoins les finir avec quelques cuillerées de liqueur: marasquin, kirsch, rhum, curaçao.

Les purées de pommes et de poires sont aussi quelquefois servies comme sauce, mais moins fréquemment: une purée de bonnes poires fraîches, à cru, étendue avec du sirop vanillé, est vraiment appréciable; les purées de pommes ne peuvent être employées que cuites; mais l'une comme l'autre doivent être servies bien froides.

Sirop de fruits frais pour sauce d'entremets froids. — Les sucs de groseilles et de framboises sont ceux qui donnent les meilleurs résultats; il suffit de les sucrer à point, avec de la glace de sucre ou du sirop consistant; ils sont ensuite bien refroidis sur glace.

Sirop de pêches et d'abricots pour sauce d'entremets froids. — Les sirops de pêches et d'abricots cuits, peuvent fort bien être servis comme sauce d'entremets froids; il suffit qu'ils aient la consistance voulue, c'est-à-dire 30 degrés au moins; on les aromatise aux zestes, à la vanille ou aux liqueurs; on les fait bien refroidir sur glace avant de les servir. — Le sirop de pêches doit être légèrement rougi avec du carmin végétal.

Garnitures d'entremets froids. — Les garnitures d'entremets froids se composent le plus souvent de petits gâteaux, de fruits confits ou en compote, de fruits crus, simples ou glacés, et enfin d'appareils froids, de gelées, de bavarois ou de blanc-manger, en petits moules ou coupés en petits détails au couteau ou avec des coupe-pâte. Il convient de donner à ces garnitures des formes mignonnes; les garnitures trop matérielles ne sont pas de bon goût.

Quartiers d'orange, pour garniture d'entremets. — Cernez le dessus de quelques grosses oranges, du côté où était la tige, en faisant à chacune une ouverture circulaire de 2 à 3 centimètres de diamètre; par cette ouverture, videz-les des chairs, en dégageant celles-ci, peu à peu, à l'aide d'une cuiller à café; plongez les écorces à l'eau bouillante, retirez-les aussitôt en les jetant immédiatement à l'eau froide; retirez ensuite la peau blanche adhérant aux zestes; si elles étaient percées, bouchez les fissures, en dehors, avec du beurre. Posez-les bien d'aplomb sur de la glace pilée, emplissez-les avec de la gelée mi-prise, rose, à l'orange. Quand la gelée est prise, distribuez les oranges en quartiers, en les coupant de haut en bas. — Pour que la gelée ne contracte pas d'amertume, elle doit rester le moins longtemps possible dans les écorces.

Croûtons rubanés pour garniture d'entremets. — Préparez un demi-litre de gelée rose, et le même volume de blanc-manger, un peu ferme. Incrustez sur glace un moule carré ou à timbale, ou même de petits moules à dariole; faites prendre les appareils, couche par couche, de même épaisseur, en alternant les nuances. Quand le moule est plein, l'appareil bien raffermi, démoulez le pain sur une serviette, coupez-le de haut en bas, en tranches d'un centimètre d'épaisseur; distribuez celles-ci en croûtons triangulaires ou carrés.

On obtient également de jolis croûtons ronds et de deux nuances, en procédant ainsi : faites prendre dans de petits moules à dariole un appareil de blanc-manger; quand il est bien ferme, évidez l'appareil à l'aide d'un tube à colonne chaud, de moitié moins large que le diamètre des moules; emplissez ce vide avec un appareil au chocolat ou aux fruits rouges, collé; laissez-le raffermir sur glace. Démoulez ensuite les petits pains pour les couper transversalement en tranches. — D'après cette méthode, on peut aussi préparer des croûtons en gelée de deux nuances; il suffit d'avoir soin que les arômes des gelées ne se neutralisent pas, et que les couleurs soient bien tranchées, distinctes.

Comme variété, on peut aussi faire prendre séparément sur glace de la gelée rose et du blanc-manger; les couper en petits dés, et, avec eux, remplir des petits moules à dariole, en les mêlant. Coulez alors dans les moules de la gelée liquide et froide; laissez raffermir l'appareil sur glace.

Hâtelets pour entremets froids. — Les brochettes pour hâtelets d'entremets, sont composées avec une simple lame en métal, pointue des deux bouts, à laquelle on adapte à l'un des bouts, des ornements en pastillage. On forme ordinairement les hâtelets d'entremets avec des fruits confits de nuance et d'espèces variées. — On peut encore composer des hâtelets avec de la gelée douce, moulée dans des caisses à hâtelets, les mêmes que celles employées pour les entrées froides; en ce cas même et malgré la gelée, il convient de garnir les brochettes avec des fruits, afin d'en mieux faire ressortir la nature. — On trouvera plus loin grand nombre de ces hâtelets appliqués soit aux entremets, soit aux grosses pièces de pâtisserie.

Ornements d'entremets froids. — Les pompons, aigrettes, fleurs ou sultanes en sucre filé, sont au fond les ornements les plus distingués des entremets froids. Les petits sujets en pastillage, c'est-à-dire les coupes et les vases, s'y adaptent aussi fort bien. Je reproduis plus loin des spécimens très variés.

Socles et fonds-d'appuis, pour entremets froids. — On ne sert les entremets sur socle qu'alors qu'ils sont destinés à aller sur table; en ce cas même, ils doivent être dressés directement sur plat, et le plat posé sur le socle, afin de pouvoir l'enlever facilement et passer l'entremets aux convives, sans déranger la symétrie de la table, ni s'exposer à des accidents. Pour les buffets, on peut dresser les entremets directement sur socle, mais on peut les dresser également sur des tambours ou fonds en bois, de forme basse, masqués en pastillage de couleur claire, bordés en blanc.

On dresse aussi les entremets froids sur des fonds en sucre sculpté, dans le genre de ceux reproduits à la série des petits socles; l'essentiel c'est de concilier l'élégance avec la légèreté, en donnant à ces ornements un cachet qui les distingue de ceux des entrées.

Socles en glace naturelle, pour entremets froids. — Pour ce genre de socle il convient d'avoir des moules en étain, formés en deux ou plusieurs pièces, mais bien fermés; on les emplit avec de l'eau naturelle ou colorée, dans laquelle on a fait dissoudre un peu d'alun; on frappe alors les moules avec de la glace salée, fortement salpêtrée, pour les laisser jusqu'à ce que le liquide soit congelé. On démoule ensuite les pièces pour les assembler, en les collant avec du sel pulvérisé.

Moules chemisés. — *Napper* ou *chemiser* un moule, c'est lui faire prendre tout autour et au fond une couche de gelée plus ou moins mince, mais d'une épaisseur égale sur toutes les surfaces ; on procède à cette opération d'après différentes méthodes. Voici la plus pratique :

Coupez un rond de papier blanc et fort, ayant 2 ou 3 centimètres de plus que le diamètre du moule; ciselez-le légèrement autour; enduisez les bords du papier avec une mince couche de repère; placez le rond de papier sur l'ouverture du moule, en appuyant les bords ciselés contre les parois extérieures, afin de les coller; tenez quelques minutes le moule à l'étuve, afin de sécher le repère. Incrustez-le ensuite sur de la glace pilée, arrivant jusqu'à la hauteur des bords. Alors, avec la lame d'un petit couteau, coupez le papier fermant l'embouchure, à un demi-centimètre des bords, de façon qu'il ne reste plus au tour intérieur du moule qu'une simple bande de papier d'un demi-centimètre de large. Quand le moule est bien saisi par le froid, versez dans le vide un grand verre de gelée liquide, mais froide ; enlevez aussitôt le moule, appuyez-le sur le côté contre une couche de glace pilée, puis roulez-le sur la glace jusqu'à ce qu'une couche suffisante de gelée soit attachée contre les parois et le fond. Cela fait, enlevez tout à fait le papier ; incrustez de nouveau le moule sur glace pour le décorer ou l'emplir avec l'appareil qui lui est destiné.

On peut chemiser les moules sans le papier, mais alors on s'expose à perdre beaucoup de gelée. — On chemise les petits moules à dariole, en les emplissant d'abord jusqu'à hauteur des bords avec de la gelée, et en les posant bien d'aplomb sur un plafond creux, empli avec de la glace pilée ; 5 ou 6 minutes après que les moules sont sur glace, on les renverse pour vider la gelée ; ils doivent alors être chemisés au fond et autour, avec une couche dont l'épaisseur dépend du temps que les moules sont restés sur la glace ; quand ils ne sont pas assez chemisés, on les emplit de nouveau pour les frapper davantage.

Clarification des sucs de fruits pour entremets. — Les sucs de citrons, d'oranges, de framboises et de groseilles sont ceux qu'on clarifie le plus ordinairement.

Déchirez quelques feuilles de papier sans colle, faites-le tremper à l'eau tiède jusqu'à ce qu'il soit ramolli ; broyez-le alors, en le déchirant ou le hachant pour le convertir en pâte. Lavez-le, en le changeant d'eau, jusqu'à ce qu'il ne trouble plus celle-ci ; étalez-en une couche sur un petit tamis ; laissez-le égoutter. Posez le tamis d'aplomb sur une terrine vernie, versez peu à peu le suc des fruits sur le papier ; ajoutez quelques brins de zeste d'orange ou de citron ; reversez les premiers jets sur le tamis jusqu'à ce qu'il passe limpide, tenez-le dans un lieu frais.

On filtre aussi les sucs de fruits à l'aide d'un cornet de papier à filtrer, disposé dans le creux d'un entonnoir en verre ou en faïence, qu'on place sur une carafe bien propre ; on remet dans le filtre les premiers jets jusqu'à ce que le suc passe limpide. Cette opération se fait dans un lieu frais.

Extraction de la colle de pieds de veau. — Flambez 12 pieds de veau ; ratissez-les, fendez-les en deux, enlevez l'os principal, faites-les dégorger ; placez-les dans une marmite bien étamée, couvrez-les largement avec de l'eau froide; au premier bouillon, égouttez les pieds, rafraîchissez-les; remettez-les dans la marmite, en les couvrant avec de l'eau froide et une bouteille de vin blanc; ajoutez une poignée de sucre; faites bouillir le liquide, écumez avec soin. Au premier bouillon, retirez-le sur le côté, afin qu'il ne fasse que frissonner, jusqu'à ce que les pieds soient cuits, mais sans fermer entièrement le vase. Dégraissez la colle, passez-la à la serviette, laissez-la refroidir, afin de mieux juger de sa consistance. Quand elle est raffermie, dégraissez-la encore en lavant le dessus, à plusieurs reprises, avec de l'eau chaude.

Si cette colle est préparée avec les soins voulus, si l'ébullition est régulière et tout à fait lente, on peut sans inconvénient l'employer telle qu'elle est, pour coller certains entremets froids. Si la colle doit servir pour des gelées, elle devra être clarifiée au blanc d'œuf.

Extraction de la colle de couennes fraîches de porc. — Mettez 5 à 6 kilogrammes de couennes fraîches de porc, dans une marmite ; couvrez-les avec de l'eau froide ; posez la marmite sur feu, afin d'amener le liquide à l'ébullition ; retirez-le alors ; égouttez les couennes pour les rafraîchir ; ratissez-les, lavez-les, remettez-les dans la marmite bien propre ; mouillez à couvert avec de l'eau froide, faites partir le liquide en ébullition ; écumez. A premier bouillon, retirez-le sur le côté du feu, pour qu'il ne fasse que frissonner jusqu'à ce que les couennes soient cuites. Passez alors la colle au tamis fin, dégraissez-la avec soin, laissez-la bien refroidir, dégraissez-la de nouveau avec de l'eau tiède, avant de la clarifier.

Clarification de la gélatine. — Choisissez de la belle gélatine transparente, sans odeur ; mettez-la à l'eau froide pour la ramollir ; égouttez-la, placez-la dans une casserole, mouillez largement avec de l'eau ; posez la casserole sur feu modéré, tournez le liquide à la cuiller jusqu'à ce que la gélatine soit dissoute. Retirez-la alors du feu, laissez-la à peu près refroidir.

Pour 4 litres de colle, fouettez à moitié 3 ou 4 blancs d'œuf ; ajoutez 2 cuillerées d'eau froide, autant d'acide citrique dissous ou du suc de citrons ; versez-les dans l'appareil ; posez la casserole sur feu ; agitez le liquide avec un fouet pour le chauffer, en le faisant mousser ; au premier bouillon, retirez-le hors du feu, sur des cendres chaudes ; couvrez-le ; posez aussi des cendres chaudes sur le couvercle de la casserole, tenez-le ainsi un quart d'heure, sans y toucher ni provoquer l'ébullition. Quand la colle est claire, versez-la, peu à peu, dans une chausse à filtrer ou simplement une serviette tendue en filtre, sur un tabouret renversé, disposé dans un lieu à température douce. Recueillez la colle dans un vase verni, en remettant les premiers jets dans le filtre jusqu'à ce qu'elle passe limpide ; couvrez la serviette avec une plaque étamée, laissez filtrer la colle tout doucement. — La plus belle gélatine exige toujours d'être clarifiée avant son emploi. — Pour clarifier une livre de gélatine, il faut 9 ou 10 litres d'eau ; avec la colle que produira la clarification, on peut faire 9 ou 10 moules de gelée, selon que la colle passe plus ou moins bien. Il faut compter une vingtaine de feuilles de gélatine pour chaque moule d'entremets.

Clarification de la colle de poisson. — La colle de poisson est, par sa nature, supérieure à toutes les autres colles, dans l'apprêt des mets sucrés. C'est la seule qu'on doit employer dans les bonnes cuisines, sans regarder au prix, car les résultats sont trop précieux pour les marchander.

Coupez par petits morceaux 100 grammes de colle de poisson, lavez-la à l'eau froide, placez-la dans une casserole bien étamée, avec 1 litre d'eau, une pincée de sucre, les chairs épépinées d'un citron, sans écorces, parées à vif. Faites partir le liquide en ébullition sur feu très doux, en le tournant à la cuiller ; retirez-le ensuite sur le côté du feu pour faire dépouiller la colle tout doucement jusqu'à ce qu'elle soit complètement dissoute et claire ; écumez-la alors, passez-la à travers une serviette mouillée, puis exprimée ; employez-la ainsi.

Clarification de la colle de pieds de veau. — Cuisez les pieds de veau, en procédant d'après la méthode décrite plus haut. Quand la colle est passée, bien dégraissée, prenez-en la quantité voulue pour emplir aux trois quarts un moule d'entremets ; versez-la dans une casserole bien étamée.

Fouettez 2 ou 3 blancs d'œuf, à moitié seulement ; mêlez-leur un demi-verre d'eau froide, 2 cuillerées d'acide citrique ou le suc de 4 citrons, versez-les dans la colle ; posez la casserole sur feu, fouettez vivement l'appareil jusqu'à ce qu'il arrive à l'ébullition. Au premier bouillon, retirez la casserole sur feu très doux, couvrez-la ; mettez un peu de cendres chaudes sur le couvercle ; tenez-la ainsi sans ébullition ; au bout de 20 minutes, l'impureté de la colle doit être montée à la surface, et le fond doit se trouver clair. Prenez alors l'appareil avec une grande cuiller bien propre, versez-le doucement dans une chausse ou sur une serviette mouillée, disposée en filtre sur les quatre coins d'un tabouret renversé : la colle doit tomber dans un vase verni, bien propre ; remettez les premiers jets jusqu'à ce qu'elle passe limpide.

On clarifie la colle de couennes d'après la même méthode.

Clarification de la colle avec le sucre. — Qu'elle soit de gélatine, de pieds de veau ou de couennes, la colle doit être dissoute, mais à peu près froide. — Mesurez un moule d'entremets de colle ; versez-la dans une casserole, sucrez-la avec 350 à 400 grammes de sucre imbibé à l'eau froide ; essayez sur glace la consistance de l'appareil, afin de le rectifier, suivant ses besoins et l'emploi auquel il est réservé; quand il est dans les conditions voulues, mêlez-lui 2 blancs d'œuf, fouettés à moitié avec quelques cuillerées d'eau froide et le suc de 3 ou 4 citrons; posez la casserole sur feu vif, fouettez le liquide jusqu'à ce qu'il soit bien mousseux et que le premier bouillon se développe; retirez aussitôt la casserole sur le côté, couvrez-la; placez quelques charbons sur le couvercle, afin de faire monter l'impureté de la colle à la surface. Quand la gelée est claire, filtrez-la, en opérant comme il est dit plus haut.

On peut aussi clarifier la colle sucrée, en remplaçant les blancs par des jaunes ou des œufs entiers; dans le premier cas, il faut fouetter l'appareil sur feu vif, et, au premier bouillon, lui mêler le suc d'un citron; on le verse aussitôt sur la serviette. Dans le second cas, quand l'appareil est fouetté, on couvre la casserole, on la retire sur le côté pour tenir le liquide frémissant pendant quelques minutes; on le filtre ensuite.

Glace de sucre ou sucre royal. — On appelle *glace de sucre* les parties les plus fines du sucre pilé, qu'on fait passer à travers un tamis en soie ou *tambour*. On conserve ce sucre dans un lieu sec; on l'emploie pour la préparation des glaces crues, comme aussi pour le pastillage et en général pour les glaces au blanc d'œuf.

Sucre vanillé. — Hachez 2 bâtons de vanille, pilez-les avec 200 grammes de sucre en poudre; quand la vanille est pulvérisée, ajoutez encore 200 grammes de sucre; passez le sucre au tamis fin; enfermez-le dans un flacon.

Sucre à l'orange ou au citron, pour parfumer. — Choisissez 2 oranges fraîches ou 2 citrons, frottez-les l'une après l'autre contre les surfaces d'un morceau de sucre raboteux, en ayant soin d'enlever à mesure, avec le couteau ou une râpe, les parties colorantes des zestes, imprégnées de sucre; faites sécher ce sucre à l'air quelques minutes, tenez-le enfermé dans un flacon.

Granit pour sabler les gâteaux. — Ce granit se compose avec du sucre blanc à gros grains, des pistaches coupées en petits dés, des amandes coupées comme les pistaches, mais rougies au carmin végétal, et enfin avec de petits raisins de Corinthe bien noirs, choisis d'une égale grosseur. On mêle ces différents éléments et on sable les gâteaux masqués de marmelade ou glacés; en ce dernier cas, la glace doit encore être molle, afin que le granit puisse se coller.

Pistaches pour granir les gâteaux. — Choisissez des pistaches fraîches et fermes; mondez-les à l'eau bouillante; épongez-les bien, puis coupez-les en petits dés réguliers.

Amandes hachées pour praliner les gâteaux. — Mêlez dans une terrine 250 grammes de sucre avec 250 grammes d'amandes mondées et hachées; humectez l'appareil avec un blanc d'œuf ou des œufs entiers, travaillez-les 2 minutes. — On emploie cet appareil dans plusieurs cas, mais surtout pour masquer du biscuit en abaisse qu'on fait glacer ensuite au four, après avoir saupoudré l'appareil avec du sucre en poudre.

Amandes en filets pour praliner les gâteaux. — Séparez des amandes mondées, chacune en deux parties; émincez-les, faites-les très légèrement griller au four, sur plaque, sans les colorer; quand elles sont froides, mêlez-les avec moitié de leur poids de sucre; humectez-les avec du blanc d'œuf, de façon à les envelopper. Quand le pralin est étalé sur les gâteaux, saupoudrez-le de sucre, faites-le glacer à four gai.

Amandes colorées pour granir les gâteaux. — On colore les amandes en vert, en les humectant avec du vert-d'épinards délayé avec du sirop froid. — On colore les amandes en rose, avec du carmin végétal; on les colore en jaune, avec du jaune végétal délayé avec du sirop froid. — On colore les amandes en violet, avec du carmin limpide mêlé avec du bleu d'outremer, délayé avec du sirop froid.

ENTREMETS FROIDS.

Glace-royale pour décors mangeables. — Déposez dans une terrine vernie 200 grammes de glace de sucre, délayez-la peu à peu avec 2 ou 3 blancs d'œuf; travaillez l'appareil à la cuiller 10 à 12 minutes, afin de le rendre mousseux; ce degré ne s'obtient que par le travail et la juste proportion des blancs d'œuf; ajoutez du zeste. Couvrez la terrine avec un linge humide, en attendant d'employer la glace.

Glace-royale à la vanille. — Déposez dans une terrine 200 grammes de sucre pilé avec un bâton de vanille, passé au tamis de soie (*tambour*); ajoutez peu à peu un blanc d'œuf; travaillez vivement l'appareil 5 minutes, ajoutez quelques gouttes d'eau, pour lui donner le degré voulu de liquidité.

Glace-royale aux pistaches. — Pilez 150 grammes de pistaches avec un demi-blanc d'œuf; passez-les au tamis; déposez-les dans une terrine avec 200 grammes de sucre fin, et un demi-blanc d'œuf; travaillez l'appareil à la cuiller, ajoutez quelques gouttes de sirop vanillé; quand il est au point voulu, mêlez-lui une pointe de vert-d'épinards; masquez ensuite les gâteaux.

Glace-royale au marasquin. — Prenez 200 grammes de glace de sucre; déposez-la dans une terrine vernie, délayez avec du blanc d'œuf et une cuillerée de marasquin; travaillez quelques minutes l'appareil avec une cuiller, pour lui donner du corps; amenez-le au degré voulu de liquidité, en additionnant du marasquin. — On prépare ainsi les glaces au rhum, au kirsch, au curaçao, etc.

Glace-royale aux framboises. — Délayez, dans une terrine vernie, 200 grammes de glace de sucre avec un blanc d'œuf, pour lui donner du corps; ajoutez peu à peu du suc de framboises, passé; travaillez l'appareil quelques minutes; quand il est liquide au point voulu, glacez.
On peut ajouter à cette glace quelques gouttes de carmin végétal, limpide. — Par le même procédé, on prépare de la glace au suc de fraises, de groseilles, etc.

Glace de sucre en poudre, au suc de groseilles. — Déposez dans un poêlon 200 grammes de sucre en poudre, délayez-le au point d'une sauce liée, en additionnant peu à peu du suc de groseilles; chauffez légèrement l'appareil, en le tournant avec une cuiller en bois; glacez aussitôt. — On peut, d'après cette méthode, préparer cette glace avec des liqueurs ou avec de l'essence ou de l'infusion de café concentré.

Glace de sucre en poudre, au suc de framboises. — Déposez dans un poêlon 200 grammes de sucre en poudre, délayez-le au point d'une sauce liée, en additionnant peu à peu du suc de framboises; chauffez légèrement l'appareil, en le tournant à la cuiller; glacez aussitôt.

Glace aux liqueurs, à froid. — Mêlez dans une terrine un demi-verre d'eau et un demi-verre de liqueur : kirsch ou marasquin; emplissez le liquide avec de la glace de sucre jusqu'à ce que l'appareil soit au point voulu de liquidité. Glacez aussitôt.

Glace à royaux. — Mettez de la glace de sucre dans une terrine vernie, délayez avec blanc d'œuf, en la tenant consistante; ne pas la travailler du tout. — On étale cette glace sur du feuilletage, qu'on fait cuire à four doux.

Glace au chocolat. — *Proportions :* 250 grammes de chocolat sucré et vanillé, 250 grammes de glace de sucre, 175 grammes d'eau. — Râpez le chocolat, déposez-le dans une casserole, arrosez-le avec l'eau pour le faire dissoudre à feu modéré, en le tournant, sans faire bouillir. Quand l'appareil est lisse, mêlez-lui la glace de sucre; remettez-le sur feu pour faire bouillir le liquide, mais en ne donnant qu'un seul bouillon; glacez aussitôt. — Cet appareil donne d'excellents résultats. — Si on employait du cacao pur, on devrait doubler la dose de sucre. — Pour plus de facilité on peut employer du bon chocolat en poudre.

Glace de cacao, au sirop. — Faites ramollir à la bouche du four 125 grammes de cacao (chocolat sans sucre). Broyez-le avec une cuiller, délayez-le avec 2 décilitres de sirop chaud, à 30 degrés; remplissez ensuite le liquide avec de la glace de sucre, jusqu'à ce qu'il soit coulant. Chauffez légèrement la glace avant de glacer.

Glace sèche, au café. — Faites une infusion concentrée de café à l'eau ; avec cette infusion, délayez de la glace de sucre, à consistance voulue pour napper. Avant de glacer, chauffez légèrement la glace, sans la quitter.

Glace au sirop, à l'orange. — Mettez le zeste d'une orange dans une petite terrine ; ajoutez le suc de l'orange et 1 décilitre de sirop à 30 degrés ; faites infuser 10 minutes.

Mettez 125 grammes de glace de sucre dans une autre terrine ; délayez-la peu à peu avec l'infusion passée. Nuancez la glace avec quelques gouttes de carmin végétal ; chauffez-la légèrement avant de glacer.

Glace au sirop, à la menthe. — Mettez dans une terrine 125 grammes de glace de sucre ; délayez-la avec du sirop à 30 degrés, jusqu'à ce que l'appareil soit coulant ; ajoutez alors quelques gouttes d'essence de menthe ; avant de glacer, chauffez légèrement, en tournant.

Glace à la crème de moka. — Mettez dans une terrine vernie 125 grammes de glace de sucre ; délayez-la avec une égale quantité de sirop à 30 degrés, et de la liqueur crème de moka. Avant de glacer, chauffez la glace sur feu, en tournant.

Glace cuite, au chocolat. — Mettez dans une casserole 250 grammes de sucre coupé en morceaux ; mouillez avec 200 grammes d'eau tiède ; quand le sucre est dissous, posez la casserole sur feu, au premier bouillon, retirez-la ; avec ce sirop, délayez peu à peu 200 grammes de chocolat, sans sucre, dissous à la bouche du four, dans une petite casserole, et délayé avec quelques cuillerées d'eau tiède. Versez le chocolat dans la casserole du sucre, pour cuire celui-ci au petit *lissé* ; retirez-le, faites *loucher* la glace en la tournant et la frottant contre les parois de la casserole avec une cuiller en bois ; au bout de quelques minutes la glace doit faire nappe et sécher aussitôt. Essayez-la avant de glacer.

Glace cuite, à la vanille. — Déposez dans un poêlon 250 grammes de sucre coupé en morceaux ; mouillez avec son même poids d'eau tiède pour le dissoudre ; ajoutez un bâton de vanille coupé en deux, cuisez le sucre au petit *lissé* ; ajoutez alors une cuillerée d'eau tiède, pour le décuire à 38 degrés ; faites *loucher* le sucre, en le frottant contre les parois du poêlon, à l'aide d'une cuiller en bois. La glace est au point voulu quand il se forme sur sa surface une croûte à peine visible.

Si on veut glacer des petits gâteaux détachés, on peut les tremper vivement dans le liquide, et les faire égoutter sur une grille. — Si on glace du biscuit en plaque, on verse la glace sur le biscuit, en l'étalant aussitôt avec la lame du couteau.

Glace cuite, moka. — Déposez 200 grammes de sucre dans un poêlon, mouillez-le avec son même poids d'infusion de café ; cuisez-le au *boulé* ; décuisez-le aussitôt au petit *lissé*, en additionnant encore quelques cuillerées d'infusion de café très concentrée ; quand la glace est à point, retirez-la du feu, faites-la *loucher*, en la frottant contre les parois du poêlon avec une cuiller en bois.

Glace cuite, au lait d'amandes. — Mettez dans un poêlon 250 grammes de sucre coupé en morceaux, un bâton de vanille et 250 grammes d'eau tiède ; quand le sucre est dissous, cuisez-le au *boulé*, retirez-le pour le décuire au petit *lissé*, en additionnant quelques cuillerées de lait d'amandes ; dès qu'il est au point voulu, faites-le *loucher*, en le frottant contre les parois du poêlon.

Glace fondante, à la vanille. — Mettez dans un poêlon 500 grammes de sucre coupé en morceaux, un bâton de vanille et 500 grammes d'eau tiède ; quand le sucre est dissous, cuisez-le à la *glu* ; à ce degré, retirez la vanille ; posez le poêlon dans un baquet avec de l'eau froide jusqu'à moitié de sa hauteur; couvrez le sucre avec un rond de papier humide, afin qu'il ne fasse pas croûte, mais en ayant soin de ne pas l'agiter.

Aussitôt que le sucre est refroidi, enlevez le rond de papier, sortez le poêlon de l'eau, travaillez fortement le sucre avec une cuiller jusqu'à ce qu'il soit devenu épais et crémeux; posez aussitôt le poêlon sur feu pour quelques secondes, afin de ramollir légèrement le sucre sans le chauffer à fond; il perd alors son brillant et ne file plus; à ce point, travaillez-le encore 10 minutes pour l'amener au degré de pommade; quand il est brillant et mousseux, versez-le dans une terrine, couvrez-en la surface avec une mince couche de sirop léger, afin de l'empêcher de sécher.

Quand on veut employer cette glace, on la chauffe très légèrement, en additionnant quelques parties du suc de fruits ou simplement quelques gouttes de liqueur ou d'essence, afin de l'amener au point voulu de liquidité.

On prépare aussi cette glace en versant le sucre sur un marbre aussitôt qu'il est cuit au degré indiqué; on le laisse à moitié refroidir, puis on le travaille fortement, en le tirant avec une spatule ou palette en fer, jusqu'à ce qu'il soit gras, consistant, lisse, moelleux; on termine l'opération comme il est dit précédemment.

Glace fondante, aux fraises. — Versez dans un petit poêlon 5 à 6 cuillerées de glace fondante, préparée d'après la méthode prescrite dans l'article qui précède; chauffez-la à peine, en la travaillant à la cuiller pour la ramollir très légèrement; mêlez-lui alors, hors du feu, 2 cuillerées de suc de fraises, passé; glacez aussitôt. — On prépare ainsi la glace aux framboises, à l'ananas et aux abricots.

Glace fondante, au chocolat. — Faites ramollir à la bouche du four, dans une petite casserole, 250 grammes de chocolat sans sucre; broyez-le avec une cuiller, en additionnant 2 cuillerées de sirop vanillé, et ensuite 5 à 6 cuillerées de fondant à la vanille; chauffez légèrement l'appareil pour glacer.

Glace fondante, aux liqueurs. — Cuisez 500 grammes de sucre au *boulé*; retirez-le, mêlez-lui du kirsch, du marasquin ou de la liqueur aux noyaux : on peut remplacer la liqueur par de l'infusion ou de l'essence de café; en tous cas, il en faut une quantité suffisante pour ramener le sucre à la *glu*; versez-le alors sur un marbre, laissez-le un peu refroidir : travaillez-le avec une spatule jusqu'à ce qu'il soit blanchi et brillant; mettez-le dans une terrine.

Glace fondante, au café. — Mettez dans une terrine de la glace fondante, non parfumée; délayez-la avec quelques cuillerées d'infusion de café; chauffez à point et glacez. — En dehors de l'infusion, on peut toujours mêler à cette glace quelques gouttes d'essence de café, telle qu'on la trouve dans le commerce.

Glace au beurre, à la vanille. — Mêlez dans une terrine 150 grammes de beurre avec 250 grammes de sucre fin, vanillé; travaillez vivement l'appareil 8 ou 10 minutes, afin de l'obtenir mousseux et léger. — On emploie cette glace pour décorer les gâteaux : elle peut être nuancée.

Glace à Condé. — Mettez dans une terrine 250 grammes de sucre fin, 200 grammes d'amandes mondées et hachées, un peu de sucre d'orange ou du sucre vanillé. Délayez peu à peu l'appareil avec des blancs d'œuf, jusqu'au point de liquidité voulue : il ne doit être ni trop mou ni trop épais.

Crème beurrée. — Mettez 10 jaunes d'œuf dans une terrine; broyez-les, délayez-les peu à peu avec 400 grammes de sucre cuit au *petit lissé*; liez l'appareil sur feu, en le fouettant, sans faire bouillir; passez-le au tamis, laissez-le à peu près refroidir; mêlez-lui alors 250 grammes de beurre fin, par petits morceaux à la fois, sans cesser de travailler, jusqu'à ce qu'il soit de consistance voulue, mousseux et bien lisse. Parfumez aux zestes, à la vanille ou au kirsch, à l'eau de fleurs d'oranger.

Crème beurrée, aux avelines. — Faites infuser 150 grammes d'avelines torréfiées et hachées, dans 4 décilitres de lait bouillant; 25 minutes après, passez l'infusion à travers un linge. Avec cette infusion, 8 jaunes d'œuf, 250 grammes de sucre, un morceau de vanille, préparez une crème. Quand elle est liée, passez-la; laissez-la à peu près refroidir; fouettez-la alors en lui incorporant, peu à peu, 250 grammes de beurre divisé en petites parties.

Crème beurrée, aux pistaches. — Avec 6 jaunes d'œuf, 200 grammes de sucre, 4 décilitres de lait, une cuillerée de fécule, préparez une crème.

Mondez 100 grammes de pistaches bien fraîches; pilez-les, délayez-les avec quelques cuillerées d'eau de fleurs d'oranger, et ensuite avec la crème préparée; passez à l'étamine. Mettez l'appareil dans une terrine; travaillez-le avec une cuiller jusqu'à ce qu'il soit à peu près refroidi; mêlez-lui alors, peu à peu, 250 grammes de beurre fin divisés en petites parties. Finissez la crème en incorporant une pointe de vert-végétal.

Crème beurrée, à l'orgeat. — Broyez 8 jaunes d'œuf dans une terrine; délayez avec 3 décilitres de sirop à 28 degrés et 1 décilitre de lait d'amandes; passez au tamis dans une casserole, ajoutez un demi-bâton de vanille. Tournez la crème jusqu'au moment où elle va bouillir; retirez-la, tournez-la jusqu'à ce qu'elle soit à peu près refroidie. Enlevez la vanille, mêlez-lui, peu à peu, 250 grammes de beurre fin, divisé en petites parties. — En hiver, on peut toujours ajouter à ces crèmes un peu de crème fouettée.

Crème beurrée, pour moka. — Mettez dans un poêlon ou une petite bassine 12 jaunes d'œuf et 250 grammes de sucre en poudre. Broyez et délayez avec 4 décilitres d'infusion de café à l'eau. Fouettez l'appareil sur feu doux, en le faisant mousser; liez-le sans faire bouillir. Fouettez-le hors du feu jusqu'à ce qu'il soit refroidi.

Épongez 300 grammes de beurre fin; mettez-le dans une terrine, maniez-le avec une cuiller, jusqu'à ce qu'il soit ramolli et crémeux; mêlez-lui alors quelques gouttes d'essence de café, puis incorporez-lui, peu à peu, l'appareil mousseux. — Cette glace convient pour être employée en hiver.

Crème beurrée, au lait, pour moka. — Broyez dans une casserole 8 jaunes d'œuf et 250 grammes de sucre; ajoutez une cuillerée de fécule de riz, délayez avec 3 décilitres d'infusion de café à l'eau, puis avec 2 décilitres de lait. Tournez l'appareil sur feu, sans faire bouillir. Quand la crème est liée, passez-la dans une terrine, laissez-la à peu près refroidir, en remuant. Incorporez-lui alors, peu à peu, 250 grammes de beurre fin, divisé en petites parties.

Crème à fanchonnette. — Mettez, dans une terrine, 100 grammes de farine et 100 grammes de sucre en poudre; délayez avec 12 jaunes d'œuf et un demi-litre de bon lait; passez au tamis dans une casserole; ajouez grain de sel et un demi-bâton de vanille. Tournez l'appareil sur feu, sans faire bouillir ni même trop chauffer; retirez-le du feu, tournez-le jusqu'à ce qu'il soit refroidi.

Crème d'amandes, pour gâteaux fourrés. — Mettez dans un mortier 200 grammes d'amandes mondées; pilez-les avec 200 grammes de sucre en poudre; ajoutez 200 grammes de beurre, retirez du mortier.

Avec un litre de lait, 200 grammes de farine, 4 œufs entiers et 6 jaunes, préparez une crème pâtissière. Quand elle est refroidie, mêlez-lui peu à peu l'appareil aux amandes.

Crème d'amandes, aux œufs. — Pilez 250 grammes d'amandes mondées, en ajoutant un peu de blanc d'œuf; ajoutez ensuite, peu à peu, 250 grammes de sucre en poudre. Mettez l'appareil dans une terrine, travaillez-le avec une cuiller, mêlez-lui 250 grammes de beurre peu à peu, en même temps que 3 ou 4 œufs; étendez alors l'appareil avec un demi-décilitre de crème crue.

Crème pâtissière, à l'orange. — Mettez dans une casserole 5 œufs entiers, 3 jaunes, 400 grammes

ENTREMETS FROIDS.

de farine, pincée de fécule, grain de sel, 50 grammes de sucre; broyez et délayez avec 1 litre de bon lait; ajoutez 50 grammes de beurre; liez l'appareil sur feu, en le tournant; quand il est à point, faites-le réduire quelques minutes, sans le quitter; retirez-le enfin du feu; ajoutez 3 jaunes d'œuf, puis 150 grammes de beurre cuit à la noisette, ainsi que 2 cuillerées de sucre à l'orange; versez l'appareil dans une terrine ou sur une plaque; humectez-en la surface au pinceau avec du beurre fondu; laissez-le refroidir. — Cet appareil convient pour les beignets de crème.

Crème pâtissière, à la vanille. — Mettez dans une terrine 250 grammes de farine, 50 grammes de beurre, grain de sel; délayez avec 5 œufs entiers, 6 jaunes et un litre de lait froid. Passez au tamis dans une casserole; ajoutez 100 grammes de beurre, un demi-bâton de vanille. Liez l'appareil sur feu, faites-le réduire, sans le quitter; retirez-le, mêlez-lui encore 100 grammes de beurre; enlevez la vanille.

Crème de Pithiviers. — Pilez 250 grammes d'amandes mondées; ajoutez 250 grammes de sucre en poudre, vanillé, puis 4 œufs entiers; quand le mélange est opéré, ajoutez 250 grammes de beurre fin, quelques cuillerées de crème crue, un grain de sel. Retirez la pâte du mortier pour l'employer.

Crème frangipane à la vanille. — Mêlez dans une casserole 7 jaunes et 1 œuf entier, ajoutez 200 grammes de farine et 150 grammes de sucre; délayez avec 7 décilitres de lait, ajoutez 100 grammes de beurre, un demi-bâton de vanille, grain de sel; liez l'appareil sur feu, en le tournant avec une cuiller; retirez-le aussitôt, finissez-le en lui incorporant 150 grammes de beurre cuit à la noisette.

Crème frangipane, à la moelle. — Faites dégorger 100 grammes de moelle de bœuf; hachez-la, faites-la fondre au bain-marie, passez-la.

Mettez dans une terrine 200 grammes de farine, 100 grammes de sucre, 4 œufs entiers, 6 jaunes, un grain de sel; travaillez avec une cuiller, délayez avec 8 décilitres de lait, passez au tamis dans une casserole; ajoutez un petit morceau de beurre, cuisez sans faire de grumeaux. Quand la crème est liée, réduisez-la quelques secondes, sans la quitter; retirez-la, mêlez-lui quelques cuillerées d'amandes hachées, et ensuite la moelle fondue, mais peu à peu.

Crème frangipane, aux amandes. — Préparez une crème avec 250 grammes de farine, 175 grammes de sucre en poudre, 75 grammes de beurre, 2 œufs entiers, 6 jaunes, 8 décilitres de lait, zeste ou vanille, grain de sel. — Pilez 500 grammes d'amandes mondées, avec 100 grammes de sucre en poudre; mettez l'appareil dans une terrine, mêlez-lui la frangipane peu à peu, puis 200 grammes de beurre cuit à la noisette; finissez la crème avec quelques cuillerées d'eau de fleurs d'oranger.

Crème frangipane, au chocolat. — Préparez un appareil de frangipane à la vanille; quand il est lié, mêlez-en une petite partie avec 150 grammes de bon chocolat dissous à la bouche du four, broyé, passé au tamis; mêlez celui-ci à la frangipane, ainsi que 150 grammes de beurre cuit à la noisette.

Crème viennoise au marasquin. — Déposez 10 jaunes d'œuf dans une casserole, ajoutez 200 grammes de sucre, grain de sel, 150 grammes de beurre; travaillez quelques minutes l'appareil à la cuiller, mêlez-lui 4 cuillerées d'eau froide, liez-le sur feu modéré ou au bain-marie, en tournant; aussitôt à point, retirez-le du feu, finissez-le, en lui incorporant quelques gouttes de bon marasquin; versez-le dans une terrine. — On peut préparer cette crème à l'orange ou à la vanille.

Crème à moka. — On emploie cette crème pour fourrer les éclairs au café; elle se compose simplement d'une crème frangipane beurrée, finie avec de l'essence de café.

Crème à chou. — Mettez dans une casserole 2 jaunes d'œuf, une cuillerée de farine ou fécule de riz, 2 cuillerées de sucre en poudre vanillé, un petit morceau de beurre, grain de sel; délayez avec 2 décilitres de lait; liez sur feu; passez. Quand la crème est froide, mêlez-lui la valeur d'un verre de crème fouettée.

Crème à Saint-Honoré. — Mettez dans une terrine 100 grammes de sucre, 60 grammes de farine de gruau et 60 grammes de farine de riz ou fécule; délayez avec 12 jaunes d'œuf et 6 à 7 décilitres de lait; passez au tamis dans une casserole, ajoutez grain de sel, zeste ou vanille; liez l'appareil sur feu, en tournant. Au premier symptôme d'ébullition, retirez-le sur le côté, incorporez-lui aussitôt 8 à 10 blancs fouettés, mêlés avec 200 grammes de sucre. — On peut aussi préparer la crème à Saint-Honoré avec une crème viennoise, à laquelle on incorpore simplement de la crème fouettée.

Crème anglaise pour sauce d'entremets froids. — *Proportions :* 1 litre de bon lait ou crème simple, 10 à 12 jaunes d'œuf, 400 grammes de sucre, un bâton de vanille.

Fouettez le sucre avec les jaunes; délayez peu à peu avec le lait bouilli; passez le liquide dans une casserole : remettez la vanille. Liez la crème sur feu doux, en tournant, sans faire bouillir; versez-la dans une terrine, en la passant; faites refroidir la crème, en la vannant.

La crème anglaise peut être parfumée aux zestes; en ce cas, on ne mêle les zestes qu'alors que l'appareil est lié. — Avant de servir la crème comme sauce, il faut la faire refroidir sur glace.

Crème Colbert pour sauce d'entremets froids. — Avec 4 décilitres de crème simple, 6 à 7 jaunes d'œuf, 180 grammes de sucre, une pincée de fécule et demi-bâton de vanille, préparez une crème, en procédant d'après la même méthode de la crème anglaise. Quand elle est passée et refroidie, fouettez-la sur glace, en lui mêlant 2 ou 3 cuillerées de lait d'amandes concentré ou de crème de noyaux; quand elle est bien liée, incorporez-lui la valeur d'un quart de litre de crème fouettée.

Crème fouettée (Chantilly). — La Chantilly n'est autre chose que de la crème double, amenée à consistance, et rendue mousseuse par le travail du fouet et l'action de l'air. La crème qu'on veut fouetter doit être pure, de première qualité; elle doit avoir séjourné sur glace 24 heures; ce n'est qu'à cette condition qu'elle mousse, qu'elle devient légère et ferme, en la fouettant. Pour la fouetter, on la décante et on la verse dans une bassine étamée, disposée sur glace, bien refroidie, on la fouette alors tout doucement avec un fouet en osier, jusqu'à ce qu'elle soit arrivée au degré voulu de consistance.

Meilleure est la crème, moins elle exige d'être fouettée. A Paris, où la crème est généralement maigre et de petite consistance, les crémiers n'arrivent à lui donner de la légèreté qu'en la fouettant à l'aide d'une *batteuse*; mais alors elle devient tellement mousseuse qu'elle est en quelque sorte dénaturée.

La crème à fouetter est parfaite dans les contrées du Nord, là surtout où elle est abondante; l'Allemagne, la Suisse, la Russie en fournissent d'excellente.

ENTREMETS FROIDS

GELÉE A L'ORANGE

Pour un moule d'entremets de grandeur ordinaire, prenez 50 à 55 grammes de colle de poisson ou même poids de gélatine clarifiée d'après l'une des méthodes précédemment décrites. Quand elle est passée et refroidie, mêlez-lui du sirop clarifié, ainsi que le suc de 7 à 8 oranges, filtré, nuancez la gelée avec un peu de cochenille ou du carmin limpide, afin de lui donner une teinte rosée. Essayez sa consistance dans un petit moule à tartelette, en la faisant refroidir sur glace; rectifiez-la au besoin. Quand la gelée est à point, versez-la dans un moule à gelée, préalablement *incrusté*[1] sur glace, bien d'aplomb; couvrez le moule, laissez raffermir la gelée une heure au moins. Quand elle est prise, retirez le moule de la glace, trempez-le vivement à l'eau chaude, essuyez-le, renversez immédiatement la gelée sur plat froid, ou sur une couche de gelée prise dans le fond du plat, ou enfin sur un fond bordé. Si la gelée est dressée sur un plat nu, posez celui-ci sur glace, bien d'aplomb, afin de faire prendre la gelée au fond du plat, pour qu'elle ne glisse pas; garnissez ensuite l'entremets avec des quartiers d'orange à la gelée, coupés par le milieu, dressés à plat ou debout contre la gelée.

GELÉE AUX FRAMBOISES

Écrasez quelques poignées de framboises fraîches; jetez-les sur un tamis pour en extraire le suc; mêlez-lui le suc de 2 oranges et de 2 citrons; filtrez-le au papier mâché; déposez-le dans une terrine vernie, ajoutez 50 grammes de colle de poisson ou l'équivalent de gélatine clarifiée, froide[2], mêlée avec le sirop nécessaire, également froid; essayez sa consistance dans un petit moule pour la rectifier au besoin.

Une heure avant de servir, incrustez sur glace un moule à gelée; entourez-le jusqu'à la hauteur des bords, posez-le bien d'aplomb. — Coulez au fond du moule une couche de gelée de 2 à 3 centimètres d'épaisseur; aussitôt qu'elle est à moitié prise, distribuez sur sa surface de petits groupes de framboises liées, dans un bol, avec de la gelée mi-prise; couvrez avec de la gelée, laissez prendre celle-ci. Recommencez l'opération, en alternant la gelée avec les framboises. Quand le moule

---

1. *Incruster* un moule sur glace, signifie le placer bien d'aplomb sur une couche de glace pilée, et l'entourer également avec de la glace, arrivant à peu près à hauteur du moule, aussi bien à l'extérieur que dans le cylindre, s'il en a un. — Quand la glace est salée, on dit: *frapper*, au lieu de : *incruster*.

2. Comme on ne clarifie pas la colle en petite quantité, il est difficile de donner une mesure juste, car les colles sont plus ou moins fortes ou faibles, selon la quantité d'eau qu'on leur mêle; il est donc préférable pour celui qui opère, de n'additionner la colle à l'appareil que peu à peu, en essayant sa consistance sur glace, dans un moule à dariole, afin de le rectifier selon ses besoins

est plein, couvrez-le, tenez-le ainsi jusqu'à ce que la gelée soit prise. Trempez alors vivement le moule à l'eau chaude, renversez la gelée sur un plat froid ; entourez-la avec une couronne de petites bouchées de dames, glacées.

GELÉE AUX FRAISES

Déposez dans une terrine 3 à 400 grammes de fraises bien fraîches ; mouillez avec 7 ou 8 décilitres de sirop froid, vanillé, à 26 degrés. Couvrez la terrine avec du papier, posez-la sur glace, laissez infuser 2 heures le sirop ; passez-le ensuite au tamis fin, mêlez-lui le suc filtré de 2 oranges et de 3 citrons, puis mêlez à l'infusion la valeur de 60 grammes de colle de poisson, clarifiée ; essayez sa consistance dans un petit moule. Si la gelée est à point, versez-en une couche au fond d'un moule ouvragé, incrusté sur glace ; laissez-la prendre à moitié ; sur cette couche, semez sans symétrie des fraises épluchées ; couvrez les fruits avec une couche de gelée ; continuez ainsi à remplir le moule, en alternant la gelée avec les fraises.

Au moment de servir, renversez l'entremets sur plat froid, entourez-le avec une couronne de petites tartelettes aux fraises.

GELÉE AUX PÊCHES

Pelez 5 ou 6 pêches mûres ; coupez-les en petits quartiers, déposez-les dans un vase verni, arrosez-les avec 7 ou 8 décilitres de sirop froid, vanillé, à 25 degrés ; couvrez le vase, laissez infuser une heure les fruits, dans un lieu frais. Passez ensuite le sirop au tamis ; mêlez-lui le suc de 2 oranges et de 2 citrons, ainsi que quelques brins de zeste ; filtrez-le au papier. Mêlez-lui alors la valeur de 50 grammes de colle clarifiée ; opérez le mélange ; essayez la consistance de la gelée ; faites-la prendre par couches dans un moule incrusté sur glace, en alternant chaque couche avec les quartiers de pêche. — Quand la gelée est prise, renversez-la sur plat froid.

GELÉE AU SUC DE QUATRE FRUITS

Exprimez le suc de quelques poignées de framboises, autant de fraises, autant de groseilles, autant de cerises ; mêlez ces sucs avec celui de 2 oranges et de 2 citrons ; ajoutez quelques parties de zeste ; filtrez le liquide au papier. Quand le suc est clair, mêlez-lui la valeur de 50 grammes de colle clarifiée et le sirop nécessaire : passez l'appareil au tamis fin ; essayez-le sur glace ; faites-le prendre dans un moule à cylindre incrusté sur glace.

Une heure après, trempez le moule à l'eau chaude, essuyez-le, renversez la gelée sur plat froid ou sur un support d'entremets froids ; en ce cas, ornez le support central avec une aigrette en sucre filé.

GELÉE AUX GRENADES

Écrasez les grains de 4 bonnes grenades bien mûres; mêlez ce suc avec celui de 2 oranges et de 2 citrons; ajoutez quelques brins de zeste; filtrez le liquide au papier; mêlez-lui la valeur de 50 grammes de colle clarifiée et le sirop nécessaire; essayez sa consistance dans un petit moule; quand il est dans les conditions voulues, faites-le prendre par couches, dans un moule incrusté sur glace, en saupoudrant chaque couche avec quelques grains de grenade; faites prendre la gelée. — Une heure après, trempez le moule à l'eau chaude, essuyez-le, démoulez la gelée sur plat; entourez-la avec une couronne de petites génoises au naturel.

GELÉE AU RAISIN MUSCAT

Mêlez 4 décilitres de suc de raisin muscat avec celui de 2 oranges et de 2 citrons; filtrez-les ensemble au papier; mêlez à ce suc la valeur de 50 grammes de colle clarifiée et le sirop nécessaire; passez l'appareil au tamis fin, faites-le prendre, par couches, dans un moule à gelée incrusté sur glace, en alternant chaque couche avec quelques grains de raisin. Une heure après, dressez la gelée sur plat froid; garnissez-la avec une couronne de petits choux glacés au caramel, saupoudrés de pistaches.

GELÉE A L'ANANAS

Parez à vif un ananas bien mûr; divisez-le en deux parties sur sa longueur; émincez une de ces parties en tranches transversales; déposez ces tranches dans une terrine, couvrez-les avec du sirop froid.

Hachez les parures d'ananas avec quelques poignées de sucre fin; étendez-les avec le suc de 6 oranges et celui de 4 citrons; ajoutez un peu de zeste. Une demi-heure après, exprimez le suc à travers un linge, mêlez-lui le sirop d'ananas, filtrez-les ensemble au papier. Collez fortement l'appareil, sucrez-le encore si c'est nécessaire; essayez sa consistance sur glace, faites-le prendre dans un moule plein ou une casserole en argent, plutôt que dans un moule à cylindre, car le suc d'ananas, même quand il est cru [1], affaiblit énormément la colle. Dans les deux cas, faites prendre la gelée par couches, en alternant chaque couche avec une partie des tranches d'ananas, bien épongées.

GELÉE A LA CRÈME DE CACAO

Préparez un appareil de gelée à la colle de poisson ou à la gélatine clarifiée, mais sans arome aucun, avec peu d'acide et pas trop sucré; laissez-le refroidir. Mêlez-lui alors la valeur de 2 décilitres de liqueur crème de cacao, versez-le dans un moule ouvragé, incrusté sur glace. Faites prendre la gelée, démoulez-la sur un fond en pastillage bordé, préalablement collé sur plat.

[1]. Le suc d'ananas cru, quand il est employé pour les gelées ou les pains de fruits collés, ne doit jamais cuire, pas même chauffer.

GELÉE GLOBULEUSE, AU CHAMPAGNE

Mêlez 60 grammes de colle de poisson avec un demi-litre de sirop clarifié; ajoutez le suc filtré de 3 oranges et de 2 citrons, puis une demi-bouteille de bon champagne, bien froid. Goûtez la gelée, essayez-en une partie sur glace, afin de juger de son degré de consistance; posez-la sur glace, tournez-la avec un fouet; quand elle commence à prendre, retirez; agitez-la vivement, de façon à la rendre globuleuse; sans la faire mousser, versez-la dans un moule à gelée incrusté sur glace. Quand elle est prise, démoulez-la sur une couche de gelée prise sur plat [1]; entourez-la avec une couronne de petits gâteaux secs.

GELÉE DE DANTZIG

Versez en bassine, 8 décilitres gelée clarifiée, faites-la refroidir en tournant; mêlez-lui 2 ou 3 décilitres d'eau-de-vie fine, de Dantzig [2], pailletée à l'or; ajoutez le sirop nécessaire; goûtez-la, essayez-en la consistance; si elle est à point, faites-la prendre à moitié, en la tournant sur glace, pour la rendre globuleuse; mêlez-lui alors 2 cuillerées pistaches, coupées en filets fins; versez-la dans un moule ouvragé, incrusté sur glace. — Une heure après, renversez la gelée sur un plat froid, entourez-la avec une couronne de petits éclairs aux fraises.

GELÉE AU RHUM

Mêlez 60 grammes de colle de poisson clarifiée, avec trois quarts de litre de sirop limpide, le suc de 2 citrons et d'une orange, filtrés; ajoutez la valeur de 2 décilitres de vrai rhum ou même du bon tafia originel (le rhum composé ne doit pas être employé à cet usage). Vannez la gelée pour opérer le mélange; versez-la dans un moule incrusté sur glace; laissez-la raffermir à point; démoulez-la sur plat froid; garnissez-la avec une couronne de petits gâteaux-punch, glacés.

GELEE AU CRESSON

Clarifiez 60 grammes de gélatine avec l'eau, le sucre et le suc de citron nécessaires, en procédant d'après la méthode prescrite à la page 97; filtrez l'appareil.

Pilez dans un mortier bien propre quelques poignées de feuilles de cresson de fontaine,

---

1. Tous les entremets froids dressés sur plats, sans serviette et sans fond, doivent être renversés sur une couche de gelée prise sur un plat, car ils sont alors moins exposés à glisser ou à s'affaisser.
2. Si cette liqueur n'est pas de premier choix, elle ne doit pas être employée, car, en ce cas, elle donne à la gelée un goût ordinaire, peu agréable.

fraîchement cueilli, bien lavé; ajoutez quelques cuillerées d'eau froide; puis exprimez-en le suc dans une terrine, en le pressant à travers un linge; filtrez ce suc au papier, mêlez-lui la gelée clarifiée, froide; essayez une petite partie de l'appareil. Quand il est à point, versez-le dans un moule à gelée, incrusté sur glace. — Quand la gelée est prise, démoulez-la sur plat froid.

GELÉE A LA SOUVERAINE

Incrustez sur glace un moule à charlotte, haut de forme; décorez-le autour et au fond avec des fraises, de l'angélique et des amandes vertes confites, de façon à former un décor voyant, de nuances variées. Couvrez ce décor avec une mince chemise de gelée; laissez raffermir celle-ci.

D'autre part, cuisez un biscuit dans un moule à charlotte, d'un centimètre plus étroit que le premier. Parez droit ce biscuit, videz-le, en laissant au fond et autour un centimètre d'épaisseur; nappez-le extérieurement avec une couche de marmelade d'abricots serrée, tiède. Posez-le sur le centre du moule incrusté; coulez de la gelée froide tout autour, afin de combler les vides, en soudant le biscuit avec la chemise de gelée; laissez le moule sur glace jusqu'au moment de servir. Emplissez alors le vide du biscuit avec une crème plombière aux pêches, en la dressant par couches entremêlées avec de petits quartiers de pêche, crus, macérés une heure dans du sirop froid, vanillé. Couvrez le dessus avec un rond de biscuit du même diamètre; trempez vivement le moule à l'eau chaude, démoulez sur plat froid; entourez-la avec une couronne de quartiers de pêche, nappés à la gelée ou au fondant.

GELÉE FOUETTÉE, A L'ABRICOT

Préparez un appareil de gelée à l'orange (page 105); quand elle est froide, versez-la dans une bassine étamée; fouettez-la sur glace, en lui mêlant le suc de 2 oranges et de 2 citrons; aussitôt qu'elle commence à se lier, ajoutez, peu à peu, quelques cuillerées de marmelade d'abricots, étendue avec un peu de kirsch; versez l'appareil dans un moule d'entremets, incrusté sur glace. Quand la gelée est prise, démoulez-la sur une couche de gelée prise sur plat, entourez-la avec une belle couronne de moitiés d'abricot, cuites comme pour compote, mais fermes.

GELÉE SULTANE

Prenez la valeur d'un litre de belle gelée clarifiée; quand elle est froide, mêlez-lui 1 décilitre de suc filtré d'oranges, autant de suc de citrons et autant de suc de mandarines; ajoutez le zeste de 2 mandarines; laissez infuser 10 minutes l'appareil. Passez-le ensuite au tamis fin; essayez sa consistance; faites-le refroidir sur glace, en le tournant avec un fouet jusqu'à ce qu'il soit globuleux; mêlez-lui alors quelques cuillerées de pistaches coupées en filets fins. Versez la gelée dans un moule ouvragé, incrusté sur glace, faites-la prendre une heure.

GELÉE A LA MACÉDOINE

Préparez une macédoine de fruits, composée de fraises ananas et fraises de bois, de framboises, de groseilles blanches et rouges, de belles cerises sans noyaux, de quartiers d'abricot, pelés, et de quartiers d'orange, parés à vif.

Prenez 1 litre de bonne gelée au marasquin, limpide, un peu plus ferme que les gelées ordinaires; faites-la bien refroidir sans la faire prendre.

Incrustez sur glace un moule ouvragé, coulez au fond une petite couche de gelée, décorez les cavités du moule avec des fruits de différentes nuances; couvrez aussi ce décor avec une couche de gelée; laissez-la prendre. Sur cette couche, dressez de petits bouquets de fruits, liés sur glace avec de la gelée mi-prise; aussitôt que la solidité de la couche le permet, recommencez l'opération, en continuant à alterner la gelée et les fruits, jusqu'à ce que le moule soit plein : les plus gros fruits doivent être réservés pour être placés sur le haut du moule plutôt que dans le fond, afin d'éviter qu'en démoulant la gelée, celle-ci ne se trouve entraînée par le poids des fruits.

Une heure après, démoulez la macédoine sur une couche de gelée prise sur plat.

GELÉE MACÉDOINE, A LA CRÈME

Décorez un moule uni, à timbale, avec des fruits variés, trempés à mesure dans de la gelée mi-prise; coulez au fond du moule une couche de gelée au marasquin, ayant l'épaisseur d'un centimètre; quand elle est prise, posez sur le centre du moule un autre moule plus étroit, remplissez-le avec de la glace pilée; puis coulez de la même gelée entre les deux moules; laissez-la prendre. Quand elle est raffermie, enlevez la glace du moule formant cylindre; remplacez-la par de l'eau tiède afin d'enlever le moule d'un trait; emplissez alors le vide qu'a laissé ce moule, avec une crème bavaroise aux pêches, très légèrement collée, mêlée avec un gros salpicon d'ananas ou de fruits variés. Masquez la crème avec une couche de gelée. — Une heure après, trempez le moule à l'eau chaude, essuyez-le, renversez la macédoine sur plat froid ; entourez-la avec de petites tartelettes aux fruits.

GELÉE MACÉDOINE, A L'ORANGE

Avec une cuiller à racine, enlevez quelques cuillerées de petites boules de poires et de pommes; cuisez-les séparément dans du sirop, en tenant les pommes bien blanches, et en rougissant les poires avec un filet de carmin; faites-les macérer dans du sirop.

Coupez 2 oranges en quartiers, parez-les à vif, déposez-les sur un linge. — Prenez des fruits confits : cerises, abricots, reines-claudes, ananas ; divisez les plus gros en quartiers ou en moitiés, rafraîchissez-les à l'eau tiède, égouttez-les sur un linge ; ajoutez quelques grappes de raisin frais.

Incrustez sur glace un moule à macédoine, avec son double fond ; emplissez celui-ci avec de la glace pilée ; puis coulez de la gelée à l'orange entre les deux moules, afin d'emplir le vide. Quand cette gelée est prise, enlevez la glace du double fond, remplissez-celui-ci avec de l'eau chaude, afin de pouvoir le détacher d'un trait ; emplissez aussitôt le vide que laisse ce double fond avec les fruits bien épongés, en les arrosant à mesure avec quelques cuillerées de gelée froide, à l'orange ; laissez raffermir la gelée une heure. — Démoulez-la, au moment, sur une couche de gelée prise sur plat ; entourez-la avec des quartiers d'orange à la gelée.

GELÉE MACÉDOINE, A LA MARÉCHALE

Cuisez une petite plaque de pâte napolitaine abaissée très mince. En la sortant du four, pendant qu'elle est encore chaude, divisez-la en montants de 8 centimètres de long sur 2 de large ; coupez aussi le même nombre de ronds avec un coupe-pâte de 3 centimètres de diamètre. Quand la pâte est bien refroidie, masquez, d'un côté seulement, les ronds et les montants avec une couche de marmelade d'abricots, tiède, légèrement collée ; décorez la surface des uns et des autres avec de petits détails de fruits verts et des amandes blanches : le décor doit être uniforme.

D'autre part, préparez un appareil de gelée au kirsch ; laissez-la refroidir. — Préparez également une macédoine de fruits variés, cuits ou crus, suivant leur nature, suivant la saison ; dans tous les cas, égouttez-les sur un linge pour en éponger l'humidité.

Incrustez sur glace un moule à cylindre, uni ; chemisez-le entièrement avec la gelée ; puis rangez à plat, sur le fond de ce moule, les ronds décorés, en appuyant le décor contre la chemise de gelée. Nappez les montants au pinceau, avec de la gelée mi-prise, appliquez-les debout, contre les parois, du côté décoré. Consolidez ces montants, en coulant au fond du moule une couche de gelée froide, au kirsch ; sur cette couche distribuez une partie de la macédoine de fruits ; couvrez ceux-ci avec une autre couche de gelée ; finissez d'emplir le moule, en alternant les fruits et la gelée.

Quand l'entremets est raffermi, démoulez-le sur plat ou sur un fond en sucre taillé, portant un support sur son centre ; sur le haut de ce support, fixez une petite aigrette en sucre filé.

GELÉE MACÉDOINE, A LA RUSSE

Incrustez sur glace un moule à timbale ; chemisez-le avec de la gelée à l'orange ; décorez-en le fond avec une rosace de fruits variés ; masquez cette rosace avec une couche de gelée ; quand cette couche est prise, emplissez avec de la glace pilée un autre moule à timbale étamé à l'extérieur, ayant 2 centimètres de moins en largeur que le premier ; posez-le sur la partie centrale du moule, en l'appuyant sur la couche de gelée ; quelques instants après, disposez entre les deux moules, une macédoine de fruits variés, crus ou confits, dans les deux cas, un peu marquants, bien épongés ; rangez ces fruits par couches, en les couvrant à mesure avec de la gelée à l'orange. Laissez raffermir la gelée.

Quarante-cinq minutes avant de servir, remplacez la glace du petit moule par de l'eau chaude, afin de pouvoir l'enlever d'un trait ; emplissez le vide qu'il laisse avec une gelée à l'orange, fouettée, peu collée, mêlée avec un salpicon d'ananas coupé ; une heure après, démoulez l'entremets sur une couche de gelée prise sur plat, entourez-le avec une couronne de petites madeleines glacées au rhum.

GELÉE MACÉDOINE, AU MARASQUIN

Versez dans une bassine étamée la valeur d'un demi-moule de gelée liquide, au citron ; posez la bassine sur glace ; fouettez tout doucement l'appareil, en lui mêlant peu à peu une demi-bouteille de champagne, le suc de 2 citrons et d'une orange. Aussitôt que l'appareil commence à se lier, en se troublant, sans être mousseux, mêlez-lui une macédoine de fruits frais et confits, de nuances et d'espèces diverses, bien égouttés ; versez-le dans un moule ouvragé, incrusté sur glace, chemisé au fond avec une couche de gelée claire. Une heure après, démoulez la macédoine sur une couche de gelée prise sur plat ; entourez-la avec une couronne de petites tartelettes à l'ananas.

GELÉE RUBANÉE, A LA FRANÇAISE

Incrustez sur glace un moule à cylindre et à gros cannelons ; au fond de ce moule, coulez une couche de gelée aux fraises d'un beau rose ; quand elle est prise, coulez sur celle-ci une couche de gelée fouettée, blanche, au marasquin, en lui donnant la même épaisseur ; alternez ainsi les nuances jusqu'à ce que le moule soit plein. Une heure après, démoulez la gelée.

GELÉE A L'ORIENTALE, GLACÉE

Préparez une gelée au suc de mandarines, d'oranges et de citrons ; infusez-la à froid, avec le zeste de 2 mandarines ; ajoutez une demi-bouteille de champagne, bien froid : elle doit être peu collée.

Avec cette gelée, chemisez un moule à dôme, d'une couche épaisse ; emplissez-en le vide, par couches, en les alternant avec des quartiers de mandarine ou d'orange, parés à vif, faites la prendre.

Une demi-heure avant de servir, fermez le moule avec son couvercle ; lutez-en les jointures, frappez-le au sel, 25 à 30 minutes : la gelée ne doit être congelée que superficiellement. Lavez le moule à l'eau froide, trempez-le à l'eau tiède, essuyez-le, démoulez la gelée sur un petit socle en glace naturelle.

GELÉE A L'ANANAS, GLACÉE

Parez un petit ananas; divisez-le en deux parties; coupez celles-ci en tranches; faites-les infuser 2 heures dans 6 décilitres de sirop; mêlez d'abord au sirop le suc d'une orange et de 2 citrons, puis la valeur de 40 à 50 grammes de colle clarifiée, et ensuite une demi-bouteille de champagne: goûtez la gelée, elle doit être beaucoup plus sucrée qu'à l'ordinaire; essayez-en sur glace une petite partie dans un moule à dariole; une demi-heure après, elle ne doit être prise que très légèrement, à ce point que, si on la démoule, elle ne doit pas pouvoir se soutenir. Versez-la alors dans un moule ouvragé, à cylindre, ayant un couvercle en fer-blanc ou en cuivre pour en fermer l'ouverture; lutez-en les jointures avec du beurre ou de la pâte crue. Mettez ce moule dans un petit baquet, entourez-le avec de la glace pilée, laissez prendre la gelée. — Une heure avant de servir, égouttez l'eau du baquet, saupoudrez fortement la glace avec du sel de cuisine; mettez aussi de la glace salée sur le couvercle du moule, tenez-le ainsi 20 à 25 minutes. Lavez alors le moule à l'eau froide, trempez-le à l'eau chaude, renversez la gelée sur serviette pliée; entourez-la avec une couronne de petits gâteaux.

Pour être exactement à point, cette gelée ne doit être congelée que superficiellement sur les surfaces, tandis que l'intérieur reste moelleux, à l'état de gelée peu collée. — Tous les appareils de gelées aux sucs de fruits ou aux liqueurs peuvent être servis dans ces conditions; il suffit qu'ils soient beaucoup plus sucrés qu'à l'ordinaire et collés à moitié seulement de la dose nécessaire aux gelées qu'on veut servir limpides. — Pour servir et distribuer cette gelée à table, il est bon d'employer une cuiller trempée à l'eau chaude.

GELÉE AU FRONTIGNAN, GLACÉE

Préparez la moitié d'un moule de gelée sans aucun parfum; quand elle est bien froide, mêlez-lui un verre de sirop et 2 verres de bon frontignan; la gelée doit se trouver alors très sucrée et peu collée; versez-la dans un moule ouvragé, incrusté sur glace pilée et salée; fermez le moule, avec son couvercle; mastiquez-en les jointures avec de la pâte crue; saupoudrez-le également avec de la glace salée; faites frapper la gelée une heure. — Au moment de servir, lavez le moule à l'eau froide, trempez-le vivement à l'eau chaude, essuyez-le, renversez la gelée sur plat; entourez-la avec une couronne de petits biscuits secs, glacés au frontignan.

SUPRÊME DE FRUITS, A LA RUSSE

Préparez une garniture de fruits confits ou simplement cuits au sirop comme pour compote, composée d'ananas, abricots, reines-claudes, cerises, poires, pêches, angélique: les fruits confits doivent préalablement être lavés ou ramollis à l'eau tiède; déposez-les dans un vase, arrosez-les avec quelques cuillerées de marasquin, tenez-les sur glace une demi-heure.

Incrustez sur glace un moule à charlotte ; quand il est bien saisi, égouttez les fruits sur un linge ; avec une partie de ces fruits, préalablement trempés dans de la gelée mi-prise, décorez le fond et le tour du moule ; chemisez ensuite le décor avec une épaisse couche d'appareil à blanc-manger.

D'autre part, prenez la valeur de 12 feuilles de gélatine clarifiée, ou l'équivalent de colle de poisson ; versez-la dans un poêlon froid, mêlez-lui 1 décilitre de curaçao et autant de kirsch ; posez le poêlon sur glace ; fouettez l'appareil jusqu'à ce qu'il soit légèrement mousseux ; à ce point, mêlez-lui 2 décilitres de marmelade d'abricots, liquide, le suc de 3 citrons et de 2 oranges, puis le restant des fruits ; ajoutez quelques fraises ou framboises crues ; versez-le dans le vide du moule ; fermez celui-ci avec son couvercle ; mastiquez-en les jointures, faites-le frapper une heure et demie à la glace salée. — Démoulez l'entremets sur plat froid ; entourez-le avec une couronne de tranches d'ananas coupées d'égale forme.

SUPRÊME AUX FRAISES

Préparez un petit appareil de pain de fraises, vanillé, légèrement collé. — Incrustez sur glace un moule à timbale ; au fond de ce moule, faites prendre une couche d'appareil de pain de fraises ayant 1 centimètre d'épaisseur ; aussitôt que cette couche est prise, posez sur elle, bien d'aplomb, un moule plus étroit que le premier, étamé en dehors, et empli avec de la glace ; autour de celui-ci, coulez le restant de l'appareil ; laissez-le bien raffermir.

Vingt-cinq minutes après, enlevez le moule formant cylindre, remplissez le vide qu'il laisse avec une macédoine de fruits, composée de quartiers d'orange, parés à vif, de reines-claudes sans noyaux, d'abricots, pêches et ananas en quartiers ; rangez ces fruits par couches, en les alternant avec un appareil de pain d'abricots à l'orange, également peu collé.

Salez la glace à demi-dose ; couvrez le moule, faites-le frapper une heure. — Dressez l'entremets sur une couche de gelée prise sur plat ; entourez-le avec une garniture de quartiers d'orange ou de belles reines-claudes à moitié confites.

PAIN D'ABRICOTS A LA VANILLE

Mettez dans un poêlon 6 décilitres de purée d'abricots frais ; étendez-la avec du sirop vanillé, et ensuite avec la valeur de 40 à 50 grammes de gélatine ou colle clarifiée ; ajoutez le suc d'une orange ; essayez la consistance de l'appareil, sur glace, afin de le rectifier au besoin.

Une heure avant de servir, incrustez sur glace un moule uni, à cylindre ; décorez-le avec des demi-amandes d'abricots et des amandes vertes confites ; chemisez-le avec de la gelée.

Liez l'appareil sur glace, en le tournant ; aussitôt qu'il est à point, versez-le dans le moule ; laissez-le prendre jusqu'au dernier moment.

Trempez alors le moule à l'eau chaude, essuyez-le, renversez le pain sur plat bien froid ; masquez-le aussitôt avec un appareil de blanc-manger, à la vanille, peu collé, très légèrement lié sur glace.

PAIN D'AMANDES, A LA VILAIN-QUATORZE

Décorez le fond d'un moule à timbale avec de belles moitiés d'amandes vertes, confites, trempées à mesure dans de la gelée mi-prise; chemisez alors le moule avec de la gelée; emplissez-le, par couches alternées, avec un appareil de blanc-manger à la crème et un appareil de pain d'abricots, liés à mesure sur glace : les couches doivent être d'une égale épaisseur : tenez le moule une heure sur glace; un quart d'heure avant de servir, salez cette glace, afin de saisir les surfaces de l'appareil, car les couches de blanc-manger étant de nature huileuse ont toujours une tendance à se séparer de l'autre appareil; voilà pourquoi il est préférable de monter ces entremets dans des moules pleins, sans cylindre. — Au moment de servir, trempez vivement le moule à l'eau tiède, essuyez, renversez l'entremets sur plat froid; entourez-le avec une garniture de petites gaufres en cornet, emplies avec de la crème chantilly, à la vanille.

PAIN D'AMANDES, A LA SICILIENNE

Incrustez sur glace un moule à charlotte, de forme haute; faites prendre au fond une couche de gelée d'oranges, ayant 2 centimètres d'épaisseur. Quand la couche du fond est raffermie, posez sur elle un autre moule à charlotte, un peu moins large et moins haut que le premier, étamé en dehors comme en dedans. Coulez tout autour du moule de la même gelée liquide et froide, pour emplir le vide peu à peu. Quand la gelée est prise, emplissez le moule avec de l'eau tiède, afin de pouvoir l'enlever.

Emplissez alors le vide central, par couches alternées, avec un appareil de blanc-manger et un appareil de pain de pistaches à la vanille et à l'eau de fleurs d'oranger, préalablement lié à point. Tenez une heure et demie le moule sur glace. Dressez le pain sur plat froid.

PAIN DE PÊCHES, AU MARASQUIN

Clarifiez 40 grammes de colle de poisson avec un peu de sucre, 2 verres d'eau; quand elle est passée et froide, mêlez-la à une purée crue de pêches, passée fine; ajoutez le suc d'une orange, 1 décilitre de marasquin et du sirop vanillé; goûtez l'appareil, essayez-en une petite partie, afin de juger de sa consistance; liez-le ensuite sur glace, en le tournant; versez-le aussitôt dans un moule à cylindre incrusté sur glace. Une heure après, trempez le moule à l'eau chaude, essuyez-le, démoulez le pain sur plat froid; masquez-le avec un sirop au marasquin, bien refroidi sur glace.

PAIN DE PÊCHES, A LA GEORGE-SAND

Divisez par le milieu une douzaine de bonnes pêches, mûres; supprimez-en la peau et le noyau, divisez chaque partie en trois quartiers, parez-les d'une égale grosseur, rangez-les sur un linge.

Incrustez sur glace un moule à timbale; chemisez-le avec de la gelée au marasquin. Dressez au fond du moule une couronne de quartiers de pêche ; couvrez-la avec de la gelée au marasquin, laissez-la raffermir ; placez alors sur le centre du moule, un autre moule étamé de 3 à 4 centimètres plus étroit que le premier, empli avec de la glace ; rangez entre les 2 moules le restant des pêches, en les dressant en couronne ; couvrez à mesure les pêches avec de la gelée au marasquin ; laissez-la prendre ; puis recommencez avec les fruits et la gelée, alternez ainsi jusqu'à ce que le vide soit plein.

Quand la gelée est bien raffermie, enlevez le moule formant cylindre, en remplaçant la glace par de l'eau chaude. Emplissez alors le vide avec un appareil bavarois aux pêches, très léger ; tenez encore une heure le moule sur glace. — Démoulez l'entremets sur plat froid ou sur une couche de gelée prise sur plat ; entourez-le avec une couronne de petites génoises glacées, sablées avec des pistaches hachées.

PAIN D'ANANAS, A LA VÉRON

Chemisez légèrement un moule à cylindre avec de la gelée au curaçao, mêlée avec des pistaches émincées en filets ; tenez le moule sur glace. — Parez un ananas bien mûr, prenez-en le quart, coupez-le en petits dés ; coupez le reste en morceaux pour les piler ; passez à l'étamine. Mettez cette purée dans une terrine, mêlez-lui 70 grammes de colle clarifiée ; ajoutez le suc de 2 oranges et du sirop vanillé, en suffisante quantité pour sucrer l'appareil ; tournez-le sur glace ; quand il commence à se lier, ajoutez le salpicon d'ananas, versez-le dans le moule chemisé ; laissez-le raffermir une heure. Démoulez le pain sur plat froid ; entourez-le avec une couronne de petites bouchées de dames, glacées.

PAIN DE MARRONS, A LA VANILLE

Mettez dans une terrine la valeur de 5 décilitres de purée de marrons, peu sucrée, passée à l'étamine ; étendez-la avec 4 décilitres de sirop vanillé et 60 grammes de colle de poisson clarifiée ; tournez l'appareil sur glace pour le lier ; mêlez-lui quelques cuillerées de crème fouettée. — Chemisez légèrement un moule à cylindre avec de la gelée d'abord, puis avec un appareil bavarois au chocolat, très brun ; emplissez ensuite le vide du moule avec l'appareil de marrons. Une heure après, trempez le moule à l'eau chaude, démoulez le pain sur plat froid ; entourez-le avec une chaîne de petites caisses plissées garnie de marrons glacés au *cassé*.

PAIN DE FRAISES, A LA PARISIENNE

Passez à l'étamine, dans un vase verni, 7 à 800 grammes de fraises fraîchement cueillies, épluchées ; collez cette pulpe un peu ferme avec gélatine clarifiée, mêlez-lui le sirop vanillé nécessaire pour la sucrer à point, et enfin le suc de 3 oranges et de 2 citrons. — Incrustez sur glace un moule uni, à cylindre; chemisez-le avec de la gelée. — Versez l'appareil aux fraises dans un poêlon, tournez-le sur glace jusqu'à ce qu'il soit visiblement lié; versez-le dans le moule frappé, laissez-le raffermir une heure.

Au moment de servir, démoulez le pain sur plat d'entremets; croûtonnez-en le dessus avec de petits croûtons de gelée au marasquin; entourez-le à sa base avec une couronne de quartiers d'orange, à la gelée. — Pour les pains de fruits rouges, il convient de chemiser les moules à la gelée avant de les emplir, afin que l'étain n'ait pas d'action directe sur la couleur du fruit.

PAIN DE FRAISES, A LA FRANÇAISE

Épluchez la valeur d'un kilogramme de fraises; coupez les plus grosses par le milieu. — Prenez les demi-fraises avec la pointe d'une lardoire, trempez-les dans de la gelée mi-prise, dressez-les en couronne au fond et contre les parois du moule, en les appliquant du côté rouge; chemisez les fruits avec de la gelée; emplissez alors le vide avec un appareil de pain de fraises, lié à point, sur glace. — Une heure après, trempez le moule à l'eau chaude, démoulez le pain sur plat froid; entourez-le avec de petites meringues à la crème vanillée.

PAIN DE FRAISES, MARBRÉ

Chemisez un moule à cylindre avec de la gelée à l'orange; tenez-le sur glace. Préparez séparément deux appareils, l'un de pain de fraises bien rouge, l'autre de blanc-manger; faites-les prendre sur glace dans deux petits moules à charlotte. Prenez-les ensuite tour à tour avec une cuiller trempée à l'eau chaude, rangez-les par couches dans le moule, sans symétrie, en mêlant indifféremment les deux appareils; comblez à mesure les interstices avec de la gelée à l'orange, liquide, mais bien froide. Quand le moule est plein, couvrez-le encore avec une couche de gelée; tenez-le sur glace, une heure. — Dressez le pain sur plat froid; croûtonnez le dessus avec de la gelée, entourez-le, à sa base, avec une couronne de petits gâteaux-punch, glacés au marasquin.

PAIN DE FRAMBOISES, A LA GELÉE

Écrasez 7 à 800 grammes de framboises, passez-les à l'étamine dans un vase verni ou en porcelaine; étendez cette purée avec 60 grammes de colle de poisson ou l'équivalent de gélatine dissoute, clarifiée, mêlée avec du sirop à l'orange, ainsi que le suc de 2 oranges et celui d'un citron; mais en observant que cet appareil soit complètement refroidi, quoique liquide; essayez sa consistance sur glace, dans un petit moule, pour le rectifier au besoin. — Avec des losanges d'angélique, décorez un moule à cylindre uni, en trempant à mesure les détails du décor dans la gelée mi-prise. Chemisez ensuite le moule avec une couche mince de gelée.

Quarante minutes avant de servir, liez l'appareil aux framboises, en le tournant sur glace; quand il est à point, versez-le dans le vide du moule, laissez-le raffermir. — Démoulez le pain sur plat froid, croûtonnez-en le dessus avec de la gelée rose, entourez-en la base avec une garniture de petits gâteaux.

PAIN D'ORANGES, A LA MONTPENSIER

Divisez en quartiers une douzaine d'oranges, parez-les à vif, épépinez-les, rangez-les sur un tamis. — Incrustez sur glace un moule à timbale, chemisez-le; masquez-en le fond avec une partie des quartiers d'orange, en les dressant en couronnes serrées; masquez-les avec de la gelée à l'orange, laissez bien raffermir celle-ci; placez alors sur le centre du moule un autre moule de 3 centimètres plus étroit, étamé en dehors, empli avec de la glace; entre le vide des deux moules, dressez une autre couronne de quartiers d'orange; couvrez-la avec de la gelée aux fraises; laissez-la raffermir; recommencez l'opération jusqu'à ce que le moule soit plein; quand la gelée est raffermie, retirez le moule formant cylindre, en remplaçant la glace par de l'eau chaude; emplissez alors le vide qu'il laisse avec un appareil bavarois à l'orange. Tenez le moule encore une heure sur glace; démoulez-le ensuite sur plat froid, entourez-le à sa base avec de petits gâteaux.

PAIN DE MANDARINES, GLACÉ

Mettez dans une terrine 4 décilitres de suc de mandarines et d'oranges; ajoutez 4 décilitres de sirop froid, à 30 degrés, puis le zeste de 2 mandarines et un brin de zeste d'orange. Laissez infuser 40 minutes. Passez le liquide, mêlez-lui d'abord 4 cuillerées de marmelade d'abricots, puis une demi-bouteille de champagne et 1 décilitre de colle de poisson ou gélatine clarifiée, liquide et froide.

Essayez sur glace, dans un moule à dariole, une petite partie de l'appareil: au bout de 25 minutes qu'il est sur glace, il doit simplement avoir la consistance d'un sirop très épais. S'il était trop léger, ajoutez quelques cuillerées de gélatine; essayez de nouveau sa consistance.

Quand il est à point, versez-le dans un moule à gelée ayant un couvercle, faites-le *frapper* une heure et quart, sur glace salée, mais salée sans excès. — Démoulez le pain sur serviette; entourez-le avec des quartiers de mandarine ou d'orange, nappés au fondant, ou bien avec une garniture de petits gâteaux. — En servant cet entremets, les maîtres-d'hôtel doivent employer une cuiller chauffée à l'eau chaude.

PAIN DE CERISES, A LA MONTMORENCY

Retirez la queue et le noyau à 1 kilogramme de belles cerises aigres ou des cerises mi-sucre, lavées à l'eau tiède; égouttez-les sur un tamis. — Incrustez sur glace un moule à timbale uni, de forme haute; masquez-en le fond avec des cerises, en les trempant à mesure dans de la gelée mi-prise, mais en ayant soin de placer le côté de l'ouverture en dessus; masquez-les avec une mince couche de gelée au kirsch; puis montez le restant des cerises contre les parois, par rangs, en les trempant à mesure dans de la gelée mi-prise; chemisez les cerises avec de la gelée au kirsch; emplissez ensuite le vide du moule avec un appareil au suc de cerises ou de framboises, lié à point sur glace. — Trois quarts d'heure après, démoulez le pain sur plat froid; entourez-le avec une garniture de petits choux pralinés.

PAIN DE RIZ, AUX FRAISES

Cuisez 150 grammes de bon riz, à grande eau acidulée avec du suc de citron, en conservant les grains bien entiers; égouttez-le, déposez-le dans une terrine, arrosez-le avec du sirop vanillé; quand il est refroidi, égouttez-le sur un tamis. — Versez dans une petite bassine la valeur de trois quarts de verre de sirop à 25 degrés, parfumé aux zestes; mêlez-lui la valeur de 30 grammes de colle de poisson clarifiée; déposez la bassine sur glace; tournez l'appareil à la cuiller; aussitôt qu'il commence à se lier, ajoutez le riz; 2 minutes après, retirez-le de la glace; incorporez-lui quelques cuillerées de crème fouettée.

D'autre part, préparez un petit appareil de pain de fraises, collé; liez-le sur glace en le tournant. — Incrustez sur glace un moule uni, à cylindre; versez au fond une couche d'appareil au riz, ayant 2 centimètres d'épaisseur; aussitôt que cette couche est raffermie, coulez sur elle une mince couche d'appareil aux fraises, lié au moment; laissez-le raffermir. Continuez ainsi d'alterner les couches de riz et de fraises, en observant que les couches rouges soient moins épaisses que les couches blanches; quand le moule est plein, couvrez-le. Une heure après, trempez-le à l'eau chaude, démoulez le pain sur plat froid; entourez-le avec une garniture de quartiers d'orange à la gelée.

PAIN DE RIZ A LA REINE

Préparez un petit appareil de pain de riz, collé, fini avec de la crème fouettée; liez-le sur glace; mêlez-lui une poignée de pistaches coupées en petits dés. — Incrustez sur glace un moule à timbale, de forme haute; coulez au fond une couche d'appareil au riz, ayant l'épaisseur de 2 à 3 centimètres; quand l'appareil est raffermi, posez sur cette couche un autre moule à charlotte, plus étroit que le premier, étamé à l'extérieur; emplissez-le avec de la glace pilée. Coulez alors, dans le vide formé par les deux moules, le restant de l'appareil au riz. Aussitôt que cet appareil est bien pris, retirez la glace du petit moule pour la remplacer par de l'eau tiède, afin de pouvoir le détacher. — D'autre part, préparez un petit appareil de pain de pommes, à la Reine, légèrement collé; liez-le sur glace, en le tournant, mêlez-lui un salpicon d'ananas cru; versez-le aussitôt dans le vide du grand moule.

Une heure après, démoulez le pain sur plat froid; entourez-le à sa base avec une couronne de moitiés d'abricot, très légèrement cuites, nappées au sirop réduit.

PAIN DE RIZ A L'ABRICOT

Huilez légèrement un moule à dôme, de forme haute, avec de l'huile d'amandes douces; incrustez-le sur glace, tenez-le à couvert. — Préparez un appareil de pain d'abricots; liez-le sur glace; mêlez-lui 2 cuillerées de crème fouettée; faites-en prendre une couche au fond du moule. Sur cette couche, posez un autre moule à dôme, étamé en dehors, mais de 2 centimètres plus étroit que le premier, empli de glace; versez le restant de l'appareil entre les deux moules, laissez-le raffermir. Enlevez ensuite le moule formant cylindre, à l'aide de l'eau chaude; remplissez le vide qu'il laisse avec un appareil de riz à la crème, vanillé, légèrement collé. — Trois quarts d'heure après, démoulez le pain sur plat froid, arrosez-le avec du lait d'amandes, vanillé, légèrement collé, de façon qu'il reste liquide.

PAIN DE RIZ A LA PRINCESSE

Cuisez 200 grammes de riz, à grande eau acidulée avec du suc de citron; égouttez-le sur un tamis, laissez-le refroidir. Décorez, au fond et autour, avec des fruits confits variés et de nuances diverses, un moule à timbale; chemisez-le avec de la gelée parfumée à la liqueur de noyau.

Versez dans une bassine un petit appareil de blanc-manger, tournez-le sur glace; aussitôt qu'il commence à se lier, mêlez-lui peu à peu le riz préparé, en même temps qu'un petit salpicon d'ananas; quelques minutes après, incorporez à l'appareil son même volume de crème fouettée, versez-le dans le moule. — Une heure après, démoulez le pain sur plat froid, entourez-le avec une couronne de quartiers d'orange, rubanés à la gelée et au blanc-manger.

PAIN DE RIZ A L'ANANAS

Clarifiez 60 grammes de colle de poisson avec 1 litre d'eau, sucre et suc de citron. — Mettez dans un poêlon 6 cuillerées de marmelade d'abricots, délayez-la peu à peu, avec le suc de 4 oranges, et ensuite avec la gelée liquide; fouettez légèrement l'appareil sur glace, sans le faire mousser; quand il commence à se lier, mêlez-lui 250 grammes de riz cuit à la crème, parfumé à l'orange et refroidi, ainsi qu'un salpicon d'ananas; travaillez l'appareil encore quelques minutes; versez-le dans un moule à dôme incrusté sur glace, chemisé à la gelée, sablé avec des pistaches coupées en petits dés; laissez raffermir l'appareil une heure. — Trempez le moule à l'eau chaude, démoulez le pain sur plat froid, entourez-le avec une couronne de tranches d'ananas.

BLANC-MANGER A L'ORANGE

Mondez 350 grammes d'amandes douces; faites-les dégorger quelques heures, afin de les obtenir bien blanches; égouttez-les, pilez-les avec quelques cuillerées de sucre fin, vanillé, en les arrosant de temps en temps avec un peu d'eau froide; déposez alors cette pâte dans une terrine, délayez-la avec un peu plus d'un litre d'eau froide; passez à la serviette avec pression. Sucrez ce lait d'amandes avec du sirop infusé au zeste d'orange; mêlez à l'appareil la valeur de 60 à 65 grammes de colle liquide et clarifiée; essayez-en sur glace une partie, afin de juger de sa consistance; tournez-le quelques minutes sur glace pour le lier à peine; versez-le dans un moule à cylindre uni, huilé, préalablement incrusté sur glace. — Démoulez l'entremets sur une couche de gelée prise sur plat, entourez-le avec des quartiers d'orange, en écorce, à la gelée.

BLANC-MANGER A L'IMPÉRATRICE

Préparez un petit appareil de pain d'abricots; préparez également un appareil de blanc-manger à la vanille. — Chemisez légèrement un moule à timbale uni, avec de la gelée bien claire, mêlée avec des pistaches coupées en filets. Coulez au fond du moule une couche d'appareil de pain d'abricots, ayant 1 centimètre d'épaisseur; quand elle est prise, posez dessus un autre moule à timbale plus petit, étamé en dehors, et empli de glace; emplissez alors le vide entre les deux moules, avec un appareil de pain d'abricots. Quand l'appareil est raffermi, mettez de l'eau chaude dans le petit moule pour l'enlever; emplissez le vide qu'il laisse, avec le blanc-manger; tenez-le sur glace une heure et quart. — Démoulez l'entremets sur plat froid, entourez-le avec de beaux croûtons de gelée au kirsch.

BLANC-MANGER A LA PARISIENNE

Pilez 350 grammes d'avelines fraîches, avec quelques amandes mondées, blanches; délayez-les avec 8 décilitres d'eau; passez à l'étamine. Sucrez l'appareil, mêlez-lui la valeur de 60 grammes de colle de poisson ou gélatine clarifiée, un petit verre de liqueur aux noyaux, autant de marasquin; faites-le refroidir sur glace, en le tournant comme un appareil bavarois; aussitôt qu'il est à point, incorporez-lui la valeur de 1 litre de crème fouettée; versez-le dans un moule cannelé, à cylindre, bas de forme, légèrement chemisé à la gelée; frappez-le une heure. — Dressez le blanc-manger sur un fond en pastillage bordé, préalablement collé sur plat.

BLANC-MANGER AUX NOIX FRAICHES

Pilez 4 douzaines de noix fraîches, pelées, en additionnant 1 décilitre de marasquin, étendez-les ensuite avec les trois quarts d'un litre d'eau froide; passez le liquide à travers un linge avec pression; sucrez-le avec du sirop vanillé, mêlez-lui la valeur de 50 grammes de colle clarifiée; passez-le de nouveau au tamis fin, dans un poêlon étamé; tournez-le quelques minutes sur glace; dès qu'il est à point, versez-le dans un moule d'entremets, chemisé, incrusté sur glace; faites-le frapper une heure. — Dressez l'entremets sur un plat froid; entourez-le avec une couronne de petits gâteaux.

BORDURE DE BLANC-MANGER A LA MALTAISE

Incrustez sur glace un moule à bordure ouvragé ; emplissez-le avec un appareil de blanc-manger à la vanille.

D'autre part, parez à vif quelques bonnes oranges, coupées en quartiers ; supprimez-en les semences, rangez-les dans un moule à dôme, par couches, en alternant chaque couche avec du sucre fin, et en les arrosant avec un peu de marasquin. Couvrez le moule, incrustez-le sur glace, faites refroidir les fruits trois quarts d'heure.

Au moment de servir, démoulez le blanc-manger sur un plat froid, dressez les quartiers en pyramide, dans le puits ; arrosez-les avec leur propre sirop.

BORDURE DE GELÉE A LA MACÉDOINE

Préparez un petit appareil de gelée à l'orange. — Incrustez sur glace un moule à bordure ; faites prendre au fond une mince couche de gelée ; sur celle-ci dressez de petits bouquets de fraises ou framboises crues, entremêlées avec des bouquets de groseilles blanches, égrappées. Couvrez peu à peu ces fruits avec une couche de gelée mi-prise ; sur cette couche dressez encore de petits bouquets de fruits de nuances diverses : ananas, abricots, reines-claudes ; couvrez-les également avec de la gelée.

D'autre part, préparez une petite compote de pommes et poires, coupées en boule, à l'aide d'une petite cuiller à racine : les pommes restent blanches, les poires doivent être rougies. Placez-les sur un large plat ; ajoutez une égale quantité de cerises confites, bien égouttées ou simplement des cerises mi-sucre, lavées à l'eau tiède ; ajoutez ensuite des groseilles à maquereau également confites ; tenez le plat sur glace. — Démoulez la bordure sur plat froid. Liez les fruits avec de la gelée mi-prise, dressez-les symétriquement en pyramide, dans le puits de la bordure, en mélangeant les espèces et les nuances.

RIZ A L'IMPÉRATRICE [1]

Incrustez sur glace un moule à dôme ; quand il est bien saisi par le froid, chemisez-le avec de la gelée au marasquin, rougie au carmin limpide. Masquez-en alors le fond et les parois avec une couche d'appareil de crème bavaroise au riz vanillé, en laissant un vide sur le centre ; dans ce vide, posez le moule plus petit, de même forme que le premier, mais étamé en dedans et en dehors ; maintenez-le d'aplomb à l'aide des agrafes ; remplissez-le avec de la glace pilée. Aussitôt que l'appareil au

---

1. Pour faire ces entremets avec facilité, il faut avoir un moule à dôme muni d'un double fond, un peu moins large que le grand moule, et pouvant s'accrocher à celui-ci, à l'aide de 3 agrafes.

riz est raffermi, enlevez le petit moule; emplissez-en le vide qu'il laisse avec un appareil de pain d'abricots, à la vanille ou au marasquin, légèrement collé. Fermez le moule, tenez-le sur glace encore trois quarts d'heure. — Renversez l'entremets sur une couche de gelée prise sur plat; entourez-le avec une garniture de gâteaux, de forme mignonne.

RIZ A LA MIRABEAU

Cuisez 300 grammes de beau riz caroline, à grande eau, mêlée avec le suc de quelques citrons. Quand il est bien atteint, mais avec les grains entiers, égouttez-le sur un large tamis; déposez-le dans une terrine, arrosez-le avec quelques décilitres de sirop à l'orange. Une demi-heure après, égouttez-le.

Versez dans un poêlon la valeur de 8 à 10 feuilles de gélatine clarifiée, mêlée avec 2 verres de sirop à la vanille, 4 cuillerées de marasquin, autant de curaçao, autant de bon cognac, autant de lait d'amandes; tournez le liquide sur glace pour le lier; ajoutez alors le riz, en même temps qu'un salpicon de fruits, composé de pistaches et ananas frais, cerises mi-sucre, abricots, cédrats confits. Dix minutes après, versez l'appareil dans un moule à dôme frappé sur glace salée; fermez le moule; lutez-en les jointures; couvrez-le aussi avec de la glace.

Une heure après, lavez le moule à l'eau froide, trempez-le à l'eau tiède; essuyez-le vivement, renversez l'entremets sur un plat froid; masquez le fond de ce plat avec une purée de framboises, mêlée avec du sucre en poudre, refroidie sur glace.

RIZ A L'IMPÉRIALE

Préparez un appareil de glaces à la crème vanillée, faites-le frapper à la sorbetière; quand il est lisse et consistant, mêlez-lui moitié de son volume de crème fouettée, sucrée, en l'incorporant peu à peu; ajoutez 7 ou 8 cuillerées de riz cuit à l'eau, égoutté, macéré une heure dans du sirop.

Foncez un moule à dôme avec du papier, incrustez-le sur glace; 10 minutes après, emplissez-le par couches avec la glace à la crème, en alternant chaque couche avec de la marmelade d'abricots; couvrez le moule, d'abord avec du papier, puis avec son couvercle; saupoudrez-le avec du sel, couvrez-le avec une épaisse couche de glace salée. — Démoulez l'entremets sur serviette pliée, entourez-le avec une couronne de petits gâteaux.

CRÈME FRANÇAISE AUX AMANDES

Faites bouillir trois quarts d'un litre de lait avec un bâton de vanille coupé; sucrez-le, laissez-le refroidir à moitié, mais à couvert. — Une heure après, broyez 12 jaunes d'œuf dans une terrine; étendez-les, peu à peu, avec le lait infusé; passez l'appareil au tamis, dans une casserole; tournez-le sur feu modéré pour le lier à l'égal d'une crème anglaise; en le retirant du feu, mêlez-lui

200 grammes d'amandes pilées avec un peu de crème froide; vannez-le jusqu'à ce qu'il soit refroidi, passez-le au tamis fin, dans une bassine étamée; mêlez-lui alors la valeur de 60 grammes de colle de poisson, clarifiée; essayez-en une petite partie; s'il est à point, tournez-le sur glace quelques minutes pour le lier légèrement; versez-le alors dans un moule cannelé, à cylindre, d'avance incrusté sur glace. — Une heure après, renversez la crème sur plat froid; entourez-la avec une garniture de petits gâteaux.

CRÈME FRANÇAISE AU CHOCOLAT

Préparez trois quarts de litre de crème anglaise à la vanille; quand elle est liée, laissez-la refroidir à moitié, en la vannant.

Faites dissoudre, dans une casserole, à la bouche du four, 200 grammes de chocolat; broyez-le avec une cuiller, étendez-le, peu à peu, avec la crème anglaise; ajoutez la valeur de 70 grammes de gélatine clarifiée, passez-le à l'étamine dans un poêlon; essayez-en une petite partie sur glace. S'il est à point, tournez-le quelques minutes sur glace; versez-le dans un moule chemisé à la gelée, incrusté sur glace. — Une heure après, démoulez la crème sur plat froid; entourez-la avec une couronne de petits pains de la Mecque.

CRÈME ESPAGNOLE AU RHUM

Avec 2 décilitres de rhum, délayez dans une terrine, 6 cuillerées de marmelade d'abricots. — Mettez 15 à 18 jaunes d'œuf dans une terrine; broyez-les avec le fouet, mêlez-leur 250 grammes de sucre fin, une cuillerée de fécule; étendez peu à peu l'appareil avec trois quarts de litre d'eau froide; passez-le au tamis dans une casserole pour le lier, sans ébullition, comme une crème anglaise; versez-le aussitôt dans un poêlon, en le passant; vannez-le jusqu'à ce qu'il soit à peu près refroidi; mêlez-lui alors la valeur de 70 grammes de gélatine clarifiée, ainsi que la marmelade délayée; passez-le de nouveau au tamis; essayez sa consistance sur glace; faites-le bien refroidir, en le tournant; versez-le dans un moule chemisé, incrusté sur glace. — Une heure après, renversez la crème sur plat froid; entourez-la avec de petits ronds rubanés au chocolat et au blanc-manger.

CRÈME BAVAROISE AUX PISTACHES

Pilez 250 grammes de pistaches avec 125 grammes d'amandes douces, 100 grammes de sucre, un demi-bâton de vanille coupé; humectez l'appareil avec quelques cuillerées d'eau froide; enlevez-le, déposez-le dans une terrine vernie, délayez-le avec 5 décilitres de sirop froid, à 25 degrés; laissez infuser le sirop 2 heures. Passez-le alors à l'étamine, dans une bassine étamée; mêlez-lui la valeur de 40 grammes de gélatine clarifiée et une cuillerée à café de vert-d'épinards; tournez l'appareil sur glace pour le lier; incorporez-lui aussitôt, mais peu à peu, le double de son volume de crème fouettée; tournez-le encore quelques minutes sur glace, versez-le dans un moule d'entremets incrusté sur glace, chemisé à la gelée.

Une heure après, trempez le moule à l'eau chaude, démoulez la crème sur plat froid; entourez-la avec une couronne de petites madeleines glacées aux amandes. — On opère de même pour les crèmes aux noix fraîches, aux amandes, aux avelines. — Pour ces sortes d'appareils, on peut remplacer le sirop par une crème anglaise à la vanille.

CRÈME BAVAROISE AU RIZ

Filtrez le suc de 6 oranges; mêlez-lui 4 ou 5 décilitres de sirop froid, à 30 degrés, le quart d'un zeste d'orange, et la valeur de 40 grammes de gélatine clarifiée; passez l'appareil au tamis fin, dans une petite bassine, liez-le sur glace, en le tournant; incorporez-lui, peu à peu, quelques cuillerées de riz, cuit au lait, bien tendre; ajoutez la valeur de 1 litre de crème fouettée, légèrement sucrée, versez-le alors dans un moule d'entremets incrusté sur glace et huilé. — Une heure après, démoulez la crème sur plat, entourez-la avec des quartiers d'orange à la gelée.

CRÈME BAVAROISE AUX FLEURS D'ORANGER

Infusez une poignée de fleurs fraîches d'oranger, avec 5 décilitres de sirop froid; une heure après, mêlez à l'infusion la valeur de 40 à 50 grammes de gélatine clarifiée (8 feuilles); passez l'appareil au tamis fin dans un poêlon; liez-le sur glace, en le tournant; incorporez-lui, peu à peu, le double de son volume de crème fouettée; au bout de quelques instants, versez-le dans un moule d'entremets incrusté sur glace, huilé. Quand il est raffermi, renversez la crème sur une couche de gelée prise sur plat; entourez-la avec une couronne de petits gâteaux-punch, glacés à l'orange.

CRÈME BAVAROISE AUX FRAISES

Passez au tamis un petit panier de fraises, en recueillant la purée dans un plat en faïence (le métal ternit la couleur du fruit); incorporez-lui 3 décilitres de sirop vanillé, mêlé avec la valeur de 60 grammes de colle de poisson clarifiée, le suc de 2 oranges et de 3 citrons, un peu de zeste et 2 poignées de sucre en poudre; passez l'appareil à l'étamine dans un poêlon, tournez-le sur glace pour le lier. Incorporez-lui alors la valeur de 2 grands verres de crème fouettée; versez-le dans un moule d'entremets chemisé à la gelée, incrusté sur glace. — Une heure après, renversez la crème sur plat; entourez-la avec une couronne de quartiers d'orange, parés à vif ou glacés au *cassé*.

CRÈME BAVAROISE A LA ROSE

Pesez 100 grammes de pétales ou feuilles de roses, prises sur des roses pas trop épanouies, cueillies au moment. Faites bouillir 3 décilitres de sirop à 30 degrés; retirez-le, mêlez-lui peu à peu les pétales. Couvrez le vase, laissez refroidir le sirop; passez-le au tamis fin. Mêlez à ce sirop quelques cuillerées de crème double, crue, puis la colle clarifiée; liez l'appareil sur glace, mêlez-lui la crème fouettée, versez-le dans le moule; laissez-la frapper une heure. Dressez la crème sur plat froid.

CRÈME BAVAROISE AUX NOIX FRAICHES

Prenez 3 à 400 grammes de noix fraîches, épluchées; pilez-les, en ajoutant quelques cuillerées d'eau de fleurs d'oranger; passez-les au tamis. Délayez cette purée avec du sirop vanillé; ajoutez la colle nécessaire, liez l'appareil sur glace, en tournant; mêlez-lui trois quarts de litre de crème fouettée, en opérant comme il est dit plus haut; versez-le dans le moule, laissez-le frapper une heure. — Dressez l'entremets sur plat froid ou sur une couche de gelée prise sur plat.

CRÈME BAVAROISE AU GIMGEMBRE

Pilez 300 grammes de gingembre confit; passez-le au tamis; étendez cette purée avec quelques cuillerées de sirop de gingembre et 3 décilitres de sirop vanillé; passez-la à l'étamine; mêlez-lui la valeur de 40 à 50 grammes de colle de poisson, clarifiée; tournez l'appareil sur glace pour le lier; incorporez-lui aussitôt le double de son volume de crème fouettée, et un petit salpicon de gingembre confit; versez-le dans un moule d'entremets chemisé, incrusté sur glace.

Une heure après, trempez le moule à l'eau chaude, démoulez la crème sur plat; entourez-la avec une couronne de petits jambonneaux en biscuit, glacés au rhum.

CRÈME BAVAROISE, PANACHÉE, A LA BOHÉMIENNE

Préparez séparément 4 petits appareils bavarois : aux fraises, au chocolat, aux amandes, aux pistaches; liez-les sur glace séparément; faites-les refroidir chacun dans un petit moule; démoulez-les ensuite sur une plaque couverte de papier; coupez-les alors en petits carrés de 2 centimètres.

Incrustez sur glace un moule à timbale; chemisez-le avec de la gelée; emplissez-le par couches avec les divers appareils coupés, en mêlant les nuances sans symétrie; arrosez chaque couche avec de la gelée à l'orange liquide et froide, afin de remplir les interstices; tenez une heure le moule sur glace.

Au moment de servir, trempez vivement le moule à l'eau chaude, renversez la crème sur plat froid, entourez-la avec une couronne de reines-claudes demi-confites.

CRÈME BAVAROISE EN SURPRISE

Tenez sur glace un moule à timbale. Prenez des demi-amandes bien blanches, d'égale grosseur, coupées en pointe d'un côté; piquez-les une à une avec une lardoire, trempez-les tour à tour dans de la gelée mi-prise, et, avec elles, formez de petites rosaces contre les parois du moule, à distance égale. Chemisez ensuite le moule avec une couche d'appareil au chocolat, collé, bien foncé.

Aussitôt que l'appareil est raffermi, emplissez le vide du moule avec un autre appareil bavarois à la vanille, lié sur glace au moment, mêlé avec des pistaches émincées. — Une heure après, trempez vivement le moule à l'eau chaude, démoulez l'entremets sur plat, entourez-le avec une couronne de petites bouchées à la crème, sablées aux pistaches.

CRÈME BAVAROISE AU CHOCOLAT

Faites fondre à la bouche du four, dans une casserole, 200 grammes de chocolat sans sucre; broyez-le à la cuiller, étendez-le, en le délayant, peu à peu, avec 3 décilitres de sirop vanillé, tiède, mêlé avec la valeur de 40 à 50 grammes de gélatine clarifiée. Passez l'appareil au tamis fin, dans une petite bassine; tournez-le sur glace pour le lier; aussitôt qu'il commence à prendre consistance, incorporez-lui peu à peu le double de son volume de bonne crème fouettée, bien ferme, bien égouttée; tournez-le encore quelques minutes, versez-le dans un moule d'entremets chemisé, incrusté sur glace. Une heure après, renversez la crème sur serviette pliée, entourez-la avec une couronne de petites meringues à la vanille.

CRÈME BAVAROISE A L'ANANAS

Parez à vif un ananas bien mûr, coupez-le en deux sur la longueur, supprimez-en les bouts, divisez-le en tranches minces; placez celles-ci dans une terrine, saupoudrez-les avec 250 grammes de sucre fin, faites-les macérer une heure; égouttez-en alors le sirop dans une terrine, mêlez-lui les parures d'ananas pilées, passées à l'étamine, ainsi que la valeur de 60 grammes de gélatine clarifiée, le suc d'une orange, un peu de zeste; passez de nouveau l'appareil au tamis, dans une bassine; tournez-le sur glace pour le lier; à ce point, retirez-le; incorporez-lui le double de son volume de crème fouettée; versez-le aussitôt dans un moule d'entremets, incrusté sur glace, chemisé à la gelée; laissez prendre l'appareil une heure. — Renversez la crème sur plat, entourez-la avec les tranches d'ananas.

CRÈME PLOMBIÈRE DES DAMES

Avec une purée d'abricots, vanillée, préparez un appareil de glace donnant 24 degrés au pèse-sirop; mêlez-lui 1 décilitre de lait d'amandes très concentré, faites-le glacer à la sorbetière. Quand la glace est lisse et ferme, retirez-en une petite partie dans une terrine[1]; mêlez-lui la valeur de 3 verres de crème fouettée et sucrée; mélangez-la ensuite peu à peu à la glace; travaillez vivement celle-ci

[1] Cette méthode est la seule praticable pour éviter des grumeaux, quand il s'agit de mêler de la crème fouettée à un appareil glacé.

encore quelques minutes, puis emplissez, avec elle, un moule à dôme d'avance foncé avec du papier, et frappé sur glace; fermez le moule, lutez-en les jointures¹, couvrez-le avec de la glace salée; tenez-le ainsi 35 minutes. — Renversez la plombière sur plat froid; entourez-la avec une couronne d'éclairs fourrés à la crème, glacés à la vanille.

CRÈME PLOMBIÈRE A LA DAME-BLANCHE

Cuisez à grande eau, avec le suc de quelques citrons, 200 grammes de beau riz caroline : il doit être très tendre. Égouttez-le, déposez-le dans une terrine vernie, couvrez-le avec du sirop vanillé, à 25 degrés; laissez-le macérer 2 ou 3 heures. — Préparez un appareil de glace, à la crème crue et à la vanille; faites-le glacer à la sorbetière. Quand la glace est bien lisse, incorporez-lui le riz, préalablement bien égoutté du sirop. Dix minutes après, retirez une petite partie de la glace dans une terrine, mêlez-lui la valeur de 3 verres de crème fouettée, sucrée; versez-la peu à peu dans la sorbetière. Travaillez encore 10 minutes la glace, dressez-la par couches dans un moule à bombe, foncé de papier, frappé au sel, en alternant chaque couche avec de la marmelade d'abricots. Fermez bien le moule, couvrez-le avec de la glace salée, tenez-le ainsi une heure. — Dressez la plombière en rocher, sur serviette pliée, entourez-la avec une garniture de bouchées de dames, glacées à la vanille ou aux fraises.

CRÈME PLOMBIÈRE A L'ORIENTALE

Préparez un appareil de glace aux fraises, donnant 24 degrés au pèse-sirop; faites-le glacer à la sorbetière. Quand la glace est lisse et ferme, prenez-en une petite partie dans une terrine; mêlez-lui la valeur de 2 verres de crème fouettée, sucrée; versez peu à peu cet appareil dans la sorbetière, travaillez vivement la plombière, 10 minutes. Fermez la sorbetière, tenez-la ainsi 20 minutes. Dressez-la ensuite en rocher, dans une bordure de blanc-manger peu collé, frappé au sel, puis démoulé sur plat froid ou sur un petit socle en glace naturelle².

CRÈME PLOMBIÈRE A LA SOUVERAINE

Pilez 3 à 400 grammes de noix fraîches, épluchées; délayez-les avec 7 ou 8 décilitres de crème double, liquide et froide; ajoutez le quart d'un zeste d'orange, bien sucré; laissez infuser le liquide une heure, dans un lieu frais. Passez-le ensuite à travers un linge avec pression, c'est-à-dire en tordant

---

1. Si les moules sont bien remplis avec l'appareil, il n'est pas nécessaire d'en luter les jointures, un large rond de papier et un couvercle s'emboîtant en dehors du moule suffisent : les glaciers n'opèrent pas autrement.

On vend des moules en étain ou en cuivre, spécialement destinés à l'usage de ces socles; ils sont en une ou plusieurs parties, suivant leurs complications, mais chaque partie du moule est fermée. L'opération consiste tout simplement à incruster les moules dans la glace pilée, salée, salpêtrée, pour les remplir avec de l'eau pure ou nuancée, mêlée avec quelques parties de sel de nitre, les fermer liters couvercles, les saupoudrer en dessus avec du sel fin, puis les envelopper avec de la glace, également, salée, salpêtrée : il faut 3 ou 4 heures pour congeler l'eau. En hiver, quand il gèle, il suffit d'exposer les moules à l'air pendant la nuit, pour faire congeler le liquide. — On démoule ces socles en les plongeant vivement à l'eau tiède; s'ils sont composés de plusieurs pièces superposées, on soude ces pièces ensemble, en les saupoudrant avec du sel fin. — Les socles imitant des corbeilles sont d'un joli effet.

le linge; sucrez l'appareil à point avec du sirop vanillé, versez-le dans la sorbetière pour le faire glacer. — Quand cette glace est ferme et lisse, retirez-en une petite partie dans une terrine; mêlez-lui peu à peu 4 à 5 décilitres de crème fouettée, sucrée, versez-la dans la sorbetière; travaillez encore la glace quelques minutes, prenez-la avec une cuiller, emplissez-en un moule à timbale foncé avec du papier, d'avance frappé au sel.

Fermez simplement le moule avec papier et couvercle; couvrez-le ensuite avec une épaisse couche de glace salée, faites-le frapper une heure. — Renversez la plombière sur serviette pliée; entourez-la avec une garniture de petits gâteaux.

CRÈME PLOMBIÈRE AU PARFAIT

Avec 150 grammes de café en poudre et 3 ou 4 verres d'eau bouillante, préparez une infusion; passez-la à travers un filtre ou une serviette, mêlez-lui de la glace de sucre et du sirop à 30 degrés, de façon que l'appareil donne 22 degrés au pèse-sirop; faites-le glacer à la sorbetière. Quand la glace est bien lisse, retirez-en une petite partie pour lui mêler 5 ou 6 décilitres de crème fouettée, sucrée; versez alors cette crème dans la sorbetière, peu à peu, sans cesser de travailler. Moulez ensuite la plombière dans un moule foncé de papier, d'avance frappé au sel.

Fermez bien le moule, couvrez-le avec glace salée; tenez-le ainsi une heure. Démoulez la plombière sur serviette, entourez-la avec une garniture de petits gâteaux.

CRÈME PLOMBIÈRE A LA RACHEL

Mêlez dans une terrine trois quarts de litre de lait d'amandes douces et amères, avec un quart de litre de bonne crème crue; sucrez le liquide avec de la glace de sucre, vanillée; passez au tamis deux fois.

Faites glacer l'appareil dans une sorbetière; mêlez-lui ensuite la valeur de 1 litre de crème fouettée, légèrement sucrée, en opérant avec les précautions voulues. Vingt-cinq minutes après, dressez la plombière en rocher, sur serviette pliée; entourez-la avec de petits choux fourrés à la Chantilly, glacés au chocolat.

CRÈME PLOMBIÈRE AUX PASTÈQUES

Passez au tamis 5 à 600 grammes de chairs rouges de pastèque; mêlez du sirop froid à cette purée pour lui donner 22 degrés au pèse-sirop; ajoutez le suc de 3 oranges et de 2 citrons, un peu de zeste; passez-la encore, faites-la glacer à la sorbetière; finissez-la avec quelques cuillerées de bon rhum, et ensuite avec de la crème fouettée, sucrée, en opérant avec les soins prescrits plus haut.

Dressez sur serviette une bordure en madeleine, glacée au rhum; dans le creux de cette bordure, dressez une partie de la plombière, par couches, en alternant chaque couche avec des chairs rouges de pastèque, confites et coupées; sur cette assise, dressez le restant de la plombière en pyramide; servez sans retard.

CRÈME PLOMBIÈRE MARGUERITE

Avec 8 jaunes d'œuf, 350 grammes de sucre, trois quarts de bon lait, un petit bâton de vanille, préparez une crème anglaise; laissez-la refroidir, faites-la glacer à la sorbetière; incorporez-lui alors, peu à peu, 3 ou 4 cuillerées d'alkermès, autant de marasquin, autant de sirop d'ananas; faites-la encore raffermir; mêlez-lui peu à peu la valeur de 1 demi-litre de crème fouettée, sucrée, et enfin 200 grammes d'ananas confit, coupé en dés. — Avec cet appareil, emplissez un moule à dôme foncé de papier, frappé sur glace; fermez-le, poudrez-le avec couche de sel, couvrez-le avec une épaisse couche de glace salée, faites-le frapper une heure. Dressez la plombière sur serviette, entourez-la avec de toutes petites tartelettes à l'ananas.

CRÈME PLOMBIÈRE MADELEINE

Avec de l'huile d'amandes douces, huilez un moule à dôme; frappez-le au sel, masquez-le au fond et autour avec des tranches d'ananas, confites, symétriquement disposées; masquez ces tranches avec une couche de marmelade d'abricots, peu sucrée, bien réduite; emplissez aussitôt le vide du moule avec une crème plombière à l'ananas, finie avec un petit salpicon de fruits confits; fermez le moule, poudrez de sel, couvrez avec glace salée; laissez-le frapper 35 minutes; — démoulez la plombière sur serviette pliée; entourez-la avec une garniture de petits jambonneaux.

CRÈME PLOMBIÈRE A LA MOSCOVITE

Préparez un appareil de blanc-manger aux amandes ou noix fraîches, à la vanille, très peu collé; sanglez une sorbetière à demi-dose de sel, versez l'appareil dedans; travaillez-le à la spatule pour le faire prendre en le faisant mousser; quand il est lisse et léger, mêlez-lui d'abord la valeur de 2 verres de crème fouettée, sucrée, puis un salpicon de fruits confits, macérés dans du sirop, bien égouttés.

Avec cet appareil, emplissez un moule à dôme, frappé avec de la glace salée; fermez, poudrez avec du sel, masquez-le aussi avec une épaisse couche de glace salée; laissez-le frapper 50 minutes. — Démoulez la plombière sur serviette pliée; entourez-la avec une garniture de petits gâteaux.

CRÈME PLOMBIÈRE A LA NAPOLITAINE

Choisissez un melon bien parfumé, mûr à point; prenez-en la pulpe, émincez-la, passez-la au tamis et ensuite à l'étamine : il en faut trois quarts de litre; étendez-la avec le suc de 4 oranges et le sirop vanillé nécessaire pour l'amener à 24 degrés, au pèse-sirop; ajoutez un peu de zeste d'orange;

10 minutes après, enlevez-le; faites glacer l'appareil à la sorbetière. Quand la glace est lisse et ferme, retirez-en une petite partie dans une terrine; mêlez-lui peu à peu la valeur d'un demi-litre de crème fouettée, sucrée; incorporez ensuite le tout à la glace de la sorbetière, mais peu à la fois.

Quelques minutes après, ajoutez à la glace un salpicon d'écorce de melon ou d'ananas confit, coupé. — Quand la plombière est ferme et lisse, incorporez-lui peu à peu, sans cesser de la travailler, 1 décilitre de bon rhum. Dix minutes après, prenez-la avec une cuiller, dressez-la dans un moule à dôme frappé à la glace salée, foncé avec du papier; fermez le moule, poudrez avec du sel, couvrez-le avec de la glace salée. — Une heure après, dressez la plombière sur serviette pliée; entourez-la avec une garniture de quartiers d'orange, glacés au *cassé*.

CRÈME PLOMBIÈRE AUX AMANDES

Pilez 3 à 400 grammes d'amandes, avec quelques cuillerées de sucre en poudre et un peu d'eau froide, afin qu'elles ne tournent pas en huile. — Quand elles sont converties en pâte, déposez-les dans une terrine, couvrez-les avec la valeur d'un litre et quart de crème anglaise à la vanille, à moitié refroidie; 20 minutes après, passez la crème à l'étamine; versez-la dans une sorbetière frappée au sel; faites-la glacer, en procédant d'après les règles ordinaires. Quand la glace est lisse et consistante, retirez-en une petite partie dans une terrine, mêlez-lui, peu à peu, la valeur de 3 verres de crème fouettée, sucrée; incorporez-lui aussitôt ce mélange. Dix minutes après, dressez la plombière en rocher dans une bordure en biscuit aux amandes, glacé à la vanille. — On peut, d'après cette méthode, préparer des plombières aux amandes torréfiées, aux noix, aux avelines et aux pistaches.

CRÈME GLACÉE, A LA VANILLE

Frappez un moule à dôme, dans un petit seau, avec de la glace pilée et salée. — Mettez dans une bassine étamée un litre et demi de crème fouettée, sucrez-la avec du sucre vanillé. Avec cette crème, emplissez le moule à dôme, par couches alternées avec de la marmelade d'abricots et des macarons brisés. Couvrez l'orifice du moule avec un rond de papier, fermez-le avec son couvercle, poudrez avec du sel, couvrez-le avec de la glace salée; laissez-le frapper une heure et quart. Dressez la crème sur serviette pliée; entourez-la avec une garniture de petits gâteaux.

POUDING FROID, A LA DUCHESSE

Cuisez une plaque de biscuit-punch, en lui donnant l'épaisseur de 1 centimètre; quand il est froid, parez-le à vif, sur le dessus. Sur ce biscuit, coupez un rond, en anneau, à l'aide d'un grand moule uni, à cylindre; divisez le restant en deux bandes; renversez-en une, puis coupez-les transversalement toutes deux, en montants de 1 centimètre et demi de large. Divisez aussi l'anneau en parties régulières, de même largeur que les montants.

Préparez 1 litre et demi de crème anglaise à la vanille; quand elle est à moitié refroidie, mêlez-lui la valeur de 8 à 10 feuilles de gélatine clarifiée. Placez le moule à cylindre dans une terrine, sur une couche de glace pilée; entourez-le jusqu'aux bords avec la glace.

Humectez au pinceau, avec du kirsch ou du marasquin mêlé avec du sirop, les parties coupées de l'anneau; rangez-les à mesure dans le fond du moule, en alternant les nuances du biscuit, c'est-à-dire en posant les morceaux coupés, un du côté blanc, l'autre du côté brun. Masquez ensuite les parois du moule avec les montants, après les avoir humectés, et aussi en alternant les nuances, de façon à les faire raccorder avec celles du fond.

Liez la crème sur glace; mêlez-lui 1 demi-litre crème fouettée; faites-en prendre une couche au fond du moule; sur cette couche, rangez une couche de fruits confits : reines-claudes, abricots, cerises, amandes vertes et ananas, d'avance ramollis à l'eau tiède; les plus gros doivent être divisés en parties; couvrez également ces fruits avec une couche de crème; finissez d'emplir le moule, en alternant la crème et les fruits.

Trois quarts d'heure après, démoulez le pouding sur plat froid, après l'avoir trempé à l'eau chaude; masquez-le entièrement avec une couche de sauce abricots, froide, légèrement collée; emplissez alors le puits avec une chantilly parfumée au sucre d'orange.

POUDING FROID, A LA CRÉOLE

Cuisez à grande eau 500 grammes de riz caroline : il doit être tendre et les grains entiers. Égouttez-le, mettez-le dans une terrine, faites-le macérer une heure avec du sirop.

Avec 8 jaunes d'œuf, 300 grammes de sucre vanillé, trois quarts de litre de lait d'amandes, préparez une crème anglaise; passez-la, laissez-la refroidir, faites-la glacer à la sorbetière; quand elle est à peu près prise, mêlez-lui la moitié d'un ananas râpé, passé, mêlé avec un peu de sirop; travaillez-la encore 10 minutes.

Faites frapper sur glace un moule à dôme; emplissez-le par couches avec la glace, en alternant chaque couche avec 2 cuillerées de riz cuit, macéré dans du sirop, bien égoutté, mêlé avec de l'ananas confit coupé en petits dés; ajoutez quelques pistaches; fermez le moule, lutez-en les jointures, couvrez-le avec de la glace salée. Une heure après, démoulez l'entremets, dressez-le sur serviette avec une garniture autour.

POUDING FROID, A L'ITALIENNE

Préparez trois quarts de litre de crème anglaise à la vanille, collée avec 7 ou 8 feuilles de gélatine clarifiée. Avec cette crème étendez la valeur d'un tiers de litre de purée de marrons, à la vanille, peu sucrée. — Préparez un gros salpicon de fruits confits, variés en espèces, ramollis à u tiède; faites-les macérer une heure avec 1 décilitre de rhum.

Incrustez sur glace un moule à fromage ou à timbale, haut de forme; coulez au fond une couche d'appareil aux marrons, ayant 1 centimètre d'épaisseur; saupoudrez cette couche avec une cuillerée de salpicon de fruits bien égouttés; aussitôt que l'appareil est à peu près pris, masquez-le avec une couche de tranches de biscuit, minces, imbibées au marasquin; couvrez alors ces tranches avec du même appareil, assez liquide pour pénétrer dans les cavités; laissez-le prendre, puis finissez d'emplir le moule, en alternant l'appareil, les fruits et les tranches de biscuit, imbibées; fermez bien le moule. Une heure après, sanglez-le avec de la glace salée; tenez-le ainsi 20 minutes. — Démoulez le pouding sur serviette pliée; entourez-le, à sa base, avec une couronne de beaux marrons demi-confits, à la vanille; arrosez-le avec le sirop des marrons, mêlé avec du marasquin.

POUDING GLACÉ, A LA DIPLOMATE

Lavez à l'eau tiède quelques amandes vertes, écorces d'orange et de citron, reines-claudes, abricots, cerises et ananas confits; coupez ces fruits en dés moyens, moins les cerises; déposez-les dans une terrine, mêlez-leur une poignée de raisins sultan, arrosez-les avec du sirop, mêlé avec quelques cuillerées de rhum; faites-les macérer une heure.

Préparez trois quarts de litre de crème anglaise à la vanille; tournez-la sur glace pour la bien refroidir; mêlez-lui à peu près un demi-litre de crème fouettée. Coupez en tranches un biscuit à la vanille.

Deux heures avant de servir, frappez dans un seau, à la glace salée et salpêtrée, un moule en fer-blanc, forme de pyramide ronde; dressez au fond une couche de tranches de biscuit, imbibées au rhum; saupoudrez-les avec quelques cuillerées du salpicon bien égoutté; arrosez cette couche avec quelques cuillerées de crème; continuez ainsi, en alternant le biscuit, les fruits et la crème, jusqu'à ce que le moule soit plein. Couvrez alors l'orifice du moule, d'abord avec un grand rond de papier, puis avec le couvercle du moule; poudrez celui-ci avec une couche de sel mêlé un peu de salpêtre; masquez cette couche avec une autre épaisse couche de glace pilée; étalez un linge humide dessus, de façon à obstruer complètement l'air.

Une heure après, sanglez de nouveau le moule; trois quarts d'heure après, dressez l'entremets sur plat froid; masquez-le avec une simple crème anglaise au rhum, bien refroidie sur glace; envoyez le surplus dans une saucière. — Cet entremets est un des meilleurs de la grande série.

POUDING GLACÉ, A LA MAGENTA

Préparez un salpicon de fruits confits variés; lavez-les à l'eau tiède, épongez-les, faites-les macérer avec du marasquin. — Prenez trois quarts de litre de purée de fraises de bois; sucrez-la avec de la glace de sucre, vanillée; travaillez-la vivement 10 à 12 minutes sur glace; mêlez-lui alors la valeur de trois quarts de litre de crème fouettée.

Faites frapper, avec de la glace salée, un moule à fromage, en fer-blanc; versez au fond, une couche de l'appareil préparé, ayant 2 centimètres d'épaisseur. Imbibez au marasquin un rond de biscuit coupé mince, ayant à peu près le diamètre du moule; posez-le sur la crème, masquez-le avec une couche de fruits bien égouttés; masquez ceux-ci avec de la crème, puis avec un autre rond de biscuit imbibé; continuez ainsi jusqu'à ce que le moule soit plein; fermez-le alors avec son couvercle, poudrez celui-ci avec une couche de sel, couvrez-le avec une épaisse couche de glace salée; faites frapper une heure et demie à 2 heures : si le temps est chaud, resanglez le moule. — Une heure après, renversez le pouding sur plat froid; masquez-le avec le restant de la crème, mêlée avec quelques cuillerées de marasquin.

POUDING GLACÉ, A LA D'ORLÉANS

Préparez un salpicon de fruits confits, variés, préalablement lavés à l'eau tiède; déposez-le dans une terrine; arrosez ces fruits avec quelques cuillerées de bon marasquin, faites-les macérer une heure. Ajoutez quelques pistaches mondées.

Sanglez un moule à dôme avec de la glace pilée et salée. — Préparez à la sorbetière la valeur d'un demi-litre de glaces à la crème, vanillée; aussitôt qu'elle est liée, sans être ferme, incorporez-lui quelques cuillerées de crème fouettée, sucrée, préalablement mêlée avec une petite partie de la glace de la sorbetière; retirez alors celle-ci du seau, prenez l'appareil avec une cuiller à bouche, étalez-en une couche au fond et contre les parois du moule sanglé; saupoudrez cette couche avec une pincée du salpicon de fruits bien égouttés; puis étalez sur sa surface quelques petits macarons imbibés au marasquin; masquez ceux-ci avec une autre couche d'appareil glacé; saupoudrez également celui-ci avec des fruits; ajoutez aussi quelques macarons imbibés.

Continuez ainsi, en alternant l'appareil, les fruits et les macarons. Fermez le moule, d'abord avec un rond de papier, puis avec son couvercle; poudrez avec du sel, masquez avec une épaisse couche de glace salée. — Une heure après, renversez le pouding sur plat froid; versez au fond du plat une crème anglaise à la vanille, bien refroidie sur glace, finie avec de la crème fouettée et du marasquin.

POUDING GLACÉ, A LA MACÉDOINE

Mettez dans un poêlon la valeur de 2 verres de marmelade d'abricots ou de pommes, peu sucrée; mêlez-lui quelques cuillerées de lait d'amandes, un peu d'eau de noyau et 3 cuillerées de colle clarifiée, dissoute. Tournez l'appareil sur glace pour le lier : il doit être extrêmement peu collé; mêlez-lui alors la valeur d'un demi-litre de crème fouettée.

Frappez un moule à dôme, avec de la glace salée; quand il est bien saisi, chemisez-le avec l'appareil préparé, mais à plusieurs reprises, afin de lui donner l'épaisseur d'un centimètre; laissez-le bien raffermir. — Préparez une petite macédoine de fruits variés, frais ou confits : les deux sortes peuvent être mêlées sans inconvénient; mais les fruits confits doivent préalablement être ramollis à l'eau tiède et coupés.

Mettez dans un poêlon 4 décilitres de gelée claire, au marasquin, mais légère, collée à demi-dose, et rougie; tournez-la sur glace simplement pour la lier en sirop, mêlez-lui la macédoine de fruits, versez le tout dans le vide du moule chemisé; fermez celui-ci avec son couvercle; poudrez avec couche de sel; couvrez-le avec épaisse couche de glace salée, faites-le frapper une heure. — Démoulez le pouding sur plat froid, entourez-le avec des petits gâteaux; servez aussitôt.

POUDING GLACÉ, A LA JOINVILLE

Prenez 7 ou 8 poires de bon-chrétien, pelez-les, râpez-les, passez-les au tamis. Mettez la purée dans une terrine; mêlez-lui trois quarts de litre de sirop vanillé, à 30 degrés, un brin de zeste et le suc de 2 oranges. Faites glacer l'appareil à la sorbetière. — Quand il est pris, mêlez-lui 300 grammes d'ananas confit, coupé en petits dés, macéré 2 heures dans du sirop vanillé.

Frappez à la glace salée un moule à fromage; remplissez-le avec l'appareil aux poires; couvrez avec un rond de papier, fermez-le avec son couvercle; couvrez-le avec une épaisse couche de glace salée; faites-le frapper une heure et demie.

Démoulez le pouding sur plat froid, masquez-le avec un punch glacé au champagne, peu consistant. Servez sans retard.

POUDING GLACÉ, A LA CASTILLANE

Cuisez 300 grammes de riz, à grande eau, avec le suc de quelques citrons : il doit être bien tendre. Égouttez-le, mettez-le dans une terrine, couvrez-le avec du sirop tiède; faites-le macérer 2 heures. — Préparez un litre de crème anglaise à la vanille; faites-la glacer à la sorbetière. Quand elle est lisse, incorporez-lui un demi-litre de crème fouettée, sucrée; en procédant comme il est dit plus haut; 5 minutes après, mêlez-lui le riz. — Faites macérer une heure un salpicon d'ananas confit, avec sirop et kirsch.

Frappez un moule à dôme sur glace salée; quand il est saisi, remplissez-le avec l'appareil, par couches, en alternant chaque couche avec une mince couche de marmelade d'abricots; saupoudrez l'abricot avec l'ananas coupé. Fermez le moule, poudrez avec du sel, couvrez-le avec une épaisse couche de glace salée; faites-le frapper une heure et quart. — Démoulez l'entremets sur plat froid, masquez-le avec crème anglaise bien refroidie.

POUDING GLACÉ, A LA METTERNICH

Déposez dans une terrine 250 grammes de raisins de Smyrne, autant de pâte d'abricots, quelques cuillerées d'écorces confites, coupées en dés; faites-les macérer une heure avec 2 décilitres de rhum. — Frappez à la glace salpêtrée un moule en fer-blanc, forme de pyramide ronde. — Préparez la valeur d'un litre de crème anglaise, à la vanille. — Pilez 150 grammes de pistaches et 200 grammes d'amandes mondées, en ajoutant quelques cuillerées d'eau de fleurs d'oranger; délayez cette pâte avec la crème, laissez infuser une demi-heure ; passez-la ensuite à l'étamine. Mettez-la dans une petite bassine, fouettez-la sur glace 12 à 15 minutes ; mêlez-lui alors trois quarts de litre de crème fouettée.

Coupez un petit gâteau *Cussy*, en tranches rondes, d'un demi-centimètre d'épaisseur. — Au fond du moule frappé, versez une couche de la crème ; sur cette couche, posez une tranche de biscuit, imbibée au marasquin ; saupoudrez chaque tranche avec 2 cuillerées de salpicon de fruits, bien égouttés ; masquez-les aussitôt avec une couche de la même crème ; finissez d'emplir ainsi le moule, en alternant crème, biscuit et fruits ; couvrez-le avec un grand rond de papier ; fermez-le avec son couvercle, poudrez en dessus avec sel et poignée de salpêtre, masquez-le avec de la glace salée.

Une heure après, sanglez de nouveau le moule, après avoir égoutté une partie de l'eau ; tenez-le ainsi encore trois quarts d'heure. — Dressez le pouding sur plat froid, masquez-le avec le restant de la crème, bien refroidie sur glace.

POUDING GLACÉ, A LA RICHELIEU

Préparez une crème plombière, au riz, en procédant comme il est dit pour le pouding à la castillane. — Masquez une vingtaine de macarons moelleux avec de la marmelade d'abricots, rangez-les sur un plat.

Prenez 2 ou 3 tranches d'ananas confit, lavez-les à l'eau tiède, coupez-les en dés ; mettez-les dans une terrine, ajoutez un égal volume de pistaches et de marrons confits également coupés en dés ; couvrez-les avec du sirop froid, vanillé ; laissez-les macérer une heure.

Deux heures avant de servir, sanglez au sel et au salpêtre, un moule plein, en fer-blanc, forme de pyramide, ayant un couvercle ; étalez au fond une couche de crème plombière ; sur cette couche, rangez une couche de macarons mêlés avec l'ananas, les pistaches et les marrons égouttés au moment ; couvrez ces fruits avec une autre couche de plombière, continuez ainsi jusqu'à ce que le moule soit plein ; masquez-le alors avec un rond de papier, fermez-le hermétiquement avec son couvercle, masquez-le avec de la glace salée et salpêtrée. — Au dernier moment, renversez le pouding sur serviette ; entourez-le avec une couronne de petites tartelettes aux amandes ; envoyez en même temps une sauce abricots au kirsch, bien refroidie sur glace.

POUDING GLACÉ, A LA NESSELRODE

Lavez à l'eau tiède des fruits confits, variés ; coupez-les en petits dés, déposez-les dans une terrine ; ajoutez quelques cuillerées de raisins de Smyrne ; arrosez-les avec 1 décilitre de marasquin ; faites-les macérer une heure. — Mettez dans une terrine le tiers d'un litre de purée de marrons, à la vanille ; délayez-la avec 1 demi-litre de crème anglaise également vanillée ; passez et faites glacer. Finissez la glace avec un demi-litre de crème fouettée, sucrée ; incorporez-lui la valeur d'un décilitre et demi de bon marasquin, mais sans cesser de la travailler ; mêlez-lui enfin les fruits, bien égouttés

Sanglez au sel un moule à dôme; aussitôt qu'il est saisi par le froid, emplissez-le par couches avec l'appareil, alternez chaque couche avec des tranches minces de biscuit à la vanille, imbibées au marasquin; couvrez l'orifice du moule avec un rond de papier, fermez-le avec son couvercle; poudrez avec du sel, masquez-le avec de la glace salée, frappez-le une heure et demie. — Dressez le pouding sur serviette pliée; entourez-le avec une couronne de petits gâteaux; envoyez en même temps une saucière de crème anglaise froide, vanillée, mêlée avec quelques cuillerées de marasquin.

POUDING GLACÉ, A LA CHATEAUBRIAND

Préparez un appareil de crème plombière aux amandes, en procédant selon les prescriptions données plus haut; quand la crème est incorporée, ajoutez à l'appareil un salpicon composé d'amandes vertes et ananas confits, préalablement macérés avec un peu de marasquin; mêlez aussi la liqueur; travaillez-la encore quelques minutes seulement.

Sanglez un moule à dôme; foncez-le avec du papier, emplissez-le, par couches, avec la plombière, en alternant chaque couche avec des tranches de biscuit aux amandes, masquées avec de la marmelade d'abricots, légèrement imbibées de l'autre côté avec du marasquin; couvrez l'orifice du moule avec un rond de papier, fermez-le avec son couvercle; lutez-en les jointures, faites-le frapper trois quarts d'heure. — Dressez le pouding sur serviette pliée, entourez-le avec une couronne de petits gâteaux.

SABAYON GLACÉ, EN CASSEROLE

Mêlez dans un poêlon 10 jaunes d'œuf, avec un quart de litre de sucre en poudre; travaillez quelques minutes l'appareil avec une cuiller en bois; étendez-le peu à peu avec un quart de litre de Lunel, vin du Rhin ou *Tokay* de Hongrie; ajoutez un petit morceau de vanille, un demi-zeste de citron, un brin de cannelle; fouettez l'appareil sur feu doux jusqu'à ce qu'il soit bien mousseux et ferme; retirez-le alors du feu, sans cesser de le fouetter; quand il est bien refroidi, enlevez zeste et vanille; mêlez-lui la valeur d'un demi-litre de crème fouettée et 3 cuillerées de rhum; versez l'appareil dans une casserole à soufflé, frappée dans une petite *cave* à glacer. Une heure après, dressez la casserole sur serviette pliée, entourez-la avec une garniture de petits gâteaux.

TIMBALE CHATEAUBRIAND, AUX FRAISES

Choisissez un moule à timbale. — Cuisez une plaque de génoise fouettée sur feu, ayant trois quarts de centimètre d'épaisseur. Quand elle est refroidie, parez-la en dessus. Sur ce biscuit coupez des montants ayant la hauteur du moule et la largeur de 2 centimètres et demi; prenez-les un à un, rangez-les contre les parois intérieures du moule, en les collant ensemble avec un cordon de glace-royale, le côté lisse appuyé contre le moule. Laissez sécher la glace ; démoulez la timbale, collez-la sur un fond en génoise du même diamètre ; abricotez les montants à l'aide d'un pinceau, avec de la belle marmelade tiédie ; laissez sécher. Ornez chaque montant avec un petit décor formé par des demi-amandes bien blanches et des pistaches ou des détails d'angélique : il faut exécuter deux décors diffé-rents, en les alternant. Décorez aussi le haut de la timbale sur l'épaisseur des montants avec une chaîne de perles en crème fouettée, ou même avec une chaîne de cerises mi-sucre, glacées au *cassé*.

Au moment de servir, dressez la timbale sur serviette pliée, emplissez-en le vide avec une plombière aux amandes ou aux avelines ; entourez-la à sa base avec une garniture de petits gâteaux.

On peut garnir ces timbales avec toute espèce de glaces ou de plombières, ou même avec de la chantilly à la vanille. — Au lieu de décorer les montants, on peut simplement les sabler avec du granit varié.

TIMBALE A L'ORANGE, A L'ITALIENNE

Avec de la pâte à flan, foncez un moule à timbale ; garnissez intérieurement la pâte avec du papier beurré ; cuisez la timbale à blanc. Videz-la ensuite ; remettez-la dans le moule ; masquez-en les surfaces intérieures avec de la marmelade légère, à l'aide d'un pinceau. Tenez le moule sur glace.

Prenez trois quarts de litre de suc d'oranges peu mûres ; mêlez-lui le zeste d'une orange ; sucrez-le avec de la glace de sucre ou du sirop froid très épais ; ajoutez la colle nécessaire, clarifiée ; passez l'appareil ; essayez-en la consistance, fouettez-le légèrement sur glace. Quand il est lié à point, mêlez-lui quelques gouttes de carmin, 3 décilitres de meringue italienne, 4 cuillerées de zeste d'oranges, émincé, cuit à l'eau et macéré 2 heures dans du sirop. Rangez-le alors par couches dans le vide de la timbale, en masquant chaque couche avec de petits quartiers d'orange, parés à vif.

Au dernier moment, démoulez la timbale sur plat, nappez-la extérieurement au pinceau avec de la marmelade tiède, d'abricots ; décorez-la vivement avec des écorces confites ; entourez-en la base avec des quartiers d'orange, en écorce, à la gelée.

CHARLOTTE A LA MONTPENSIER

Cuisez 2 plaques de pâte frolle, abaissée mince, comme pour gâteau napolitain ; pendant que la pâte est encore chaude, coupez sur patron, une abaisse hexagone de 1 centimètre plus large qu'un moule ordinaire, à 6 pans ; coupez également sur patron 6 montants, dont chacun d'eux sera exacte-ment de la même largeur que les pans de l'abaisse hexagone, et de 12 centimètres de long. Quand la pâte est froide, coupez légèrement en biais les angles des montants, sur leur longueur, afin de pouvoir plus tard les ajuster avec précision ; masquez-les, d'un côté, avec une couche mince de marmelade, et ensuite avec une glace simple, aux pistaches ; quand cette glace est sèche, décorez le centre de chaque montant avec un ornement exécuté avec des détails en fruits confits, entremêlés avec de la glace-royale ; assemblez les 6 montants, collez-les debout sur l'abaisse hexagone, à l'aide de la glace-royale, de façon à former une caisse à 6 faces.

Quand la charlotte est solide, décorez-la sur les jointures et en dessus, avec une chaîne régulière de petites perles en glace-royale blanche ; glissez-la sur plat, entourez-la à sa base, avec une couronne de quartiers d'orange, rubanés à la gelée et au blanc-manger. — Au dernier moment, emplissez le vide de la charlotte avec une crème plombière aux amandes, dressée en rocher.

CHARLOTTE RUSSE, AUX FRAISES

Cuisez une plaque de biscuit-punch, ayant l'épaisseur de 2 centimètres. Quand le biscuit est refroidi, parez-le à vif sur le dessus ; divisez l'abaisse par le milieu, sur son épaisseur ; puis, distribuez-la en montants de 1 centimètre et demi à 2 centimètres de large sur 10 à 12 de long ; il en faut 22. Sur le même biscuit coupez une abaisse du même diamètre d'un moule à charlotte à l'intérieur ; divisez cette abaisse en rosace, de façon à former des triangles allongés, pointus d'un côté ; ayant un centimètre et demi sur le côté le plus large ; avec ceux-ci, foncez en rosace à deux nuances, le fond de la charlotte, en les appliquant moitié du côté coupé à vif, l'autre moitié du côté coloré par le four. Dressez alors les montants contre les parois du moule, en les serrant les uns contre les autres, et en les posant aussi l'un du côté coloré, l'autre du côté coupé à vif, mais en observant que la nuance de chaque montant corresponde avec celle d'un triangle. Quand la charlotte est montée, incrustez le moule sur glace ; emplissez-le avec un appareil de crème bavaroise aux fraises, lié au moment. Une heure après, renversez la charlotte sur plat ; entourez-en la base avec une chaîne de grosses fraises nappées à la gelée, posées debout sur un anneau en pâte d'amandes.

CHARLOTTE A LA SAVOISIENNE

Cuisez un biscuit de Savoie à la vanille, dans un moule à charlotte, haut de forme ; en le sortant du four, démoulez-le sur une grille à pâtisserie, laissez-le refroidir : il doit être bien glacé, de belle nuance blonde ; parez-le droit sur le haut, renversez-le sur un plafond, cernez-le à 1 centimètre des bords, videz-le aux trois quarts ; dressez-le alors sur une serviette pliée.

Au moment de servir, emplissez le vide du biscuit avec de la crème fouettée, à la vanille, bien ferme, dressée en pyramide ; entourez le biscuit, à sa base, avec une chaîne de marrons confits, glacés au *cassé*. — Cet entremets tout à fait simple est cependant toujours bien accueilli, même dans les grands dîners ; mais à condition que le biscuit soit d'un beau glacé et de nuance égale partout

CHARLOTTE A LA SICILIENNE

Cuisez un biscuit à la vanille, dans un grand moule à dôme, haut de forme ; démoulez-le sur une grille, laissez-le rassir. Essuyez bien le moule, remettez le biscuit dedans ; parez-le droit, en dessus ; cernez-le à 1 centimètre des bords ; videz-le, en laissant la même épaisseur autour et au fond; masquez-le intérieurement avec de la marmelade d'abricots : incrustez le moule sur glace.

D'autre part, préparez une petite macédoine de fruits, composée avec des pêches et abricots bien mûrs, épluchés, coupés en quartiers, ainsi que quelques quartiers d'orange, parés à vif, épépinés ; rangez-les par couches, dans un moule à dôme, en mélangeant les espèces, et alternant chaque couche avec de la glace de sucre, vanillée; arrosez-les avec 1 décilitre de marasquin. Fermez le moule, lutez-en les jointures, posez-le sur de la glace pilée, très légèrement salée ; couvrez-le également avec de la glace ; laissez-le frapper une demi-heure ; retirez-le ; enlevez les fruits avec une cuiller, dressez-les dans le biscuit vidé, par couches, en les masquant à mesure avec une couche de glace à l'ananas ; de distance en distance, ajoutez des boulettes de marmelade d'abricots, ferme, consistante, coupée avec une cuiller à café ; fermez l'ouverture de la charlotte avec le rond enlevé ; renversez-la sur plat ; abricotez-en vivement les surfaces au pinceau; ornez-la avec quelques détails en feuilletage à blanc ; entourez-la, à sa base, avec une couronne de reines-claudes mi-confites ; envoyez-la sans retard.

SUÉDOISE EN PYRAMIDE

Pelez une douzaine de pommes, coupez-les en tranches de 4 à 5 millimètres d'épaisseur, sur toute la largeur du fruit ; faites-les blanchir dans un sirop acidulé, en les tenant fermes.

Préparez une macédoine de fruits, composée d'abricots, ananas, poires, cerises, reines-claudes et abricots confits ; tous ces fruits sont d'abord lavés à l'eau tiède, puis distribués en quartiers. Déposez-les dans une terrine, ajoutez quelques quartiers d'orange parés à vif, des fraises, des framboises et des groseilles crues; liez-les avec un petit appareil de pain d'abricots mêlé avec une égale quantité de gelée au marasquin; versez le tout dans le moule à pyramide foncé, incrusté sur glace.

Quand l'appareil est bien raffermi, démoulez la pyramide sur une couche de gelée prise sur plat; masquez-en les surfaces avec une couche mince de marmelade d'abricots tiède, bien réduite; lissez-la. Quand elle bien froide, décorez les quatre faces avec des fruits confits, d'espèces et de nuances différentes. Fixez sur le haut, à l'aide d'un hâtelet, une grosse reine-claude confite ou une petite pomme tournée, légèrement cuite au sirop, garnie de gelée, entourée de feuilles d'angélique.

SUÉDOISE DE POMMES, A LA REINE

Mettez, dans une terrine, la valeur de 1 demi-litre de purée de reinettes de Canada, passée à l'étamine; étendez-la avec du lait d'amandes sucré, collé, vanillé.

Incrustez sur glace un moule à timbale, de forme haute; montez contre les parois intérieures du moule des bâtonnets de pommes coupés à la colonne, légèrement cuits dans du sirop, dont la moitié aura été rougie avec du carmin d'office ; montez-les debout, contre les parois du moule, par rangs, en ayant soin de les tremper à mesure dans la gelée mi-prise, et d'alterner les nuances; garnissez également le fond du moule. Emplissez alors le vide de ce moule avec l'appareil aux pommes, lié au moment sur glace; tenez-le ainsi une heure. — Au dernier moment, trempez le moule à l'eau chaude, démoulez la suédoise sur plat froid; entourez-en la base, avec une chaîne formée de boules de pommes, de deux nuances : blanche et rose, nappées à la gelée.

SUÉDOISE MODERNE

Avec une cuiller à racine de moyenne grosseur, coupez en boule des poires et des pommes pelées; faites-les très légèrement blanchir séparément; laissez les pommes blanches, rougissez les poires; tenez-les dans du sirop. — Avec de la purée ou de la marmelade d'abricots, préparez un petit appareil bavarois, collé, fini avec très peu de crème fouettée.

Préparez un gros salpicon de fruits confits, variés, préalablement lavés à l'eau tiède : reines-claudes, abricots, coings, ananas, écorces d'orange, cerises mi-sucre, une poignée de raisins de Smyrne : les cerises et les raisins restent entiers; ajoutez une pincée de pistaches et quelques amandes blanches. Mettez ces fruits dans une terrine, arrosez-les avec du marasquin.

Incrustez sur glace un moule à timbale; décorez-en le fond avec une belle rosace, composée avec de l'ananas, angélique, cerises mi-sucre, reines-claudes, écorces d'orange, amandes et pistaches : appliquez le décor, en trempant à mesure les détails dans de la gelée d'orange mi-prise. Contre les parois du moule, montez symétriquement, par rangs, les boules de pommes et poires, entremêlées avec quelques rangs de mirabelles confites, sans noyaux, lavées à l'eau tiède; appliquez ces fruits, en les trempant à mesure dans de la gelée mi-prise.

Liez l'appareil aux abricots, sur glace; faites-en prendre au fond du moule, une couche de 1 centimètre et demi d'épaisseur; sur cette couche, posez un petit moule étamé, plus étroit que le premier, plein de glace pilée; coulez alors du même appareil autour de ce moule, afin de remplir le vide; quand il est raffermi, enlevez le petit moule, après l'avoir rempli avec de l'eau tiède; remplissez le vide qu'il laisse avec le salpicon de fruits, bien égoutté, lié avec un peu d'appareil bavarois.

Masquez les fruits avec une couche d'appareil aux abricots, et ensuite avec un rond de papier. Tenez le moule sur glace, une heure. — Au dernier moment, démoulez la suédoise sur plat froid ou sur une couche de gelée prise sur plat; entourez-en la base avec une chaîne de reines-claudes.

MOSCOVITE AUX PÊCHES

Pelez à cru une quinzaine de bonnes pêches molles; passez-les au tamis. Étendez cette purée avec le suc de 4 oranges, 4 à 5 cuillerées de lait d'amandes douces et amères, autant de marasquin, et ensuite avec du sirop vanillé, en raison de 2 verres de sirop pour 1 verre de purée. Passez encore l'appareil, mettez-le dans un poêlon, mêlez-lui 8 à 10 cuillerées de colle clarifiée; essayez-en une petite partie sur glace, dans un moule à dariole; un quart d'heure après, il ne doit être pris qu'à la consistance d'un sirop très serré, c'est-à-dire à peine lié par la gélatine ; alors, il est à point. Versez-le dans un moule hexagone, à cylindre, muni de son couvercle ; fermez le moule, lutez-en les jointures ; faites frapper l'appareil une heure et quart, avec de la glace salée. — Au dernier moment, démoulez l'entremets sur plat froid. Entourez-le avec de gros quartiers de pêche, saupoudrés avec de la glace de sucre, arrosés avec un peu de marasquin.

MOSCOVITE A L'ANANAS

Pelez un ananas frais ; pilez les parures, faites-les macérer une heure dans 2 décilitres de sirop léger, exprimez-les à travers un linge ; pilez les chairs, passez-les à l'étamine ; étendez cette purée avec l'infusion des parures, ajoutez le suc de 2 oranges, un brin de zeste, 1 décilitre de bon cognac.

Pour 3 verres d'appareil, mêlez-lui 3 verres de glace de sucre, puis 10 cuillerées de gélatine ou colle clarifiée et froide ; passez-le plusieurs fois au tamis fin ; mettez-en une petite partie dans un moule à dariole, afin d'essayer sa force : il doit être très léger et ne prendre qu'à la consistance de sirop épais ; versez-le dans un moule à cylindre, à 6 pans ; faites-le frapper une heure et demie, avec de la glace salée, en opérant comme il est dit précédemment. — Démoulez l'entremets sur un petit socle en glace naturelle ; entourez-le avec des tranches d'ananas, servez-le sans retard.

PARISIENNE EN SURPRISE

Beurrez un cercle en fer-blanc, de forme hexagone, ayant 3 centimètres de haut. Mettez-le sur un plafond couvert de papier, remplissez-le aux trois quarts avec de l'appareil de biscuit sableux, à l'orange ; cuisez à four doux. — Quand le gâteau est démoulé et refroidi, coupez-le droit en dessus, creusez-le légèrement, masquez les surfaces du creux, avec une couche de marmelade d'abricots, tiède, mêlée avec un peu de curaçao ou crème de noyau ; masquez également le gâteau tout autour ; sablez-le de ce côté avec des pistaches coupées en dés ou de l'angélique confite.

Remplissez alors le vide du gâteau avec un petit appareil de meringue italienne finie au moment, parfumée aux liqueurs, mêlée avec une abondante julienne d'ananas confit ; dressez l'appareil en pyramide pointue ; lissez-en les surfaces avec la lame d'un couteau ; faites-la simplement saisir.

Quand le gâteau est refroidi, nappez les surfaces de la pyramide avec une mince couche de marmelade d'abricots ; masquez-les ensuite avec une couche de crème fouettée, ferme bien égouttée, peu sucrée ; lissez-la, décorez-la au cornet aussi avec de la crème fouettée ; servez sans retard.

VIENNOISE DE FRUITS

Incrustez sur glace un moule à dôme ; chemisez-le avec de la gelée au kirsch.

Coupez des pommes de calville et des poires en quartiers moyens, d'une égale grosseur ; cuisez-les très légèrement dans un sirop léger ; laissez refroidir ; mettez-les dans une terrine, ajoutez des quartiers d'abricot et de pêche, frais, légèrement blanchis, fermes ; ajoutez aussi de l'ananas confit, lavé à l'eau tiède, coupé en petits quartiers, quelques belles cerises mi-sucre, amandes et pistaches mondées. Arrosez ces fruits avec du marasquin ou du kirsch ; faites-les macérer une heure ; égouttez-les ; rangez-les symétriquement dans le moule, en mélangeant les nuances et laissant un vide au milieu ; dans ce vide, placez un moule à dôme étamé à l'extérieur, rempli de glace pilée ; coulez tout autour, sur les fruits, un appareil de blanc-manger légèrement lié sur glace, de façon qu'il puisse pénétrer jusqu'au fond du moule ; quand le blanc-manger est pris, remplacez la glace du petit moule par de l'eau tiède, afin de pouvoir l'enlever ; emplissez-en le vide avec une purée de fraises à la vanille, sucrée, légèrement collée.

Quand cet appareil est pris, démoulez l'entremets sur plat bien froid ; versez au fond de celui-ci une purée de fraises sucrée avec de la glace de sucre, vanillée, préalablement bien refroidie. — A défaut de fraises fraîches, employez de la purée conservée à froid.

DIPLOMATE A L'ANGLAISE

Faites frapper un moule à dôme, sur glace salée. — Mettez dans une sorbière 8 décilitres de crème anglaise au café ; faites-la glacer ; mêlez-lui trois quarts de litre de crème fouettée. — Étalez au fond du moule frappé une couche de la glace au café ; sur cette couche placez une couche de tranches de biscuit, imbibées au kirsch ; saupoudrez-les avec 2 cuillerées de marrons confits coupés en gros dés ; finissez d'emplir le moule en alternant l'appareil, biscuits et marrons. Fermez le moule, couvrez-le avec une épaisse couche de glace salée ; faites-le frapper une heure et quart. — Au dernier moment, lavez le moule à l'eau froide ; démoulez l'entremets sur plat bien froid ; masquez-le avec quelques cuillerées de crème anglaise au café, refroidie, mêlée avec de la crème fouettée. Servez aussitôt.

SUPRÊME DE FRUITS, A LA NAPOLITAINE

Versez dans un poêlon 3 décilitres de gelée douce, clarifiée ; ajoutez 3 décilitres de suc filtré : moitié d'oranges, moitié de citrons ; puis 3 décilitres de sirop à 30 degrés ; par cette addition, la gelée doit se trouver très sucrée et peu collée. Versez-la dans un moule à bordure uni, ayant un couvercle pour le fermer ; lutez-en les jointures, faites-le frapper une heure avec de la glace salée.

Mettez dans une casserole plate 12 tranches d'ananas crues ou de conserve, peu épaisses, 12 quartiers d'orange, parés à vif, 12 quartiers de pêche et 12 de demi-abricots crus, pelés ; ajoutez 8 à 10 reines-claudes confites et une poignée de cerises mi-sucre, lavées à l'eau tiède. Arrosez les fruits avec un peu de sirop à 32 degrés, mêlé avec du marasquin. Couvrez l'ouverture de la casserole avec du papier, puis avec son couvercle, entourez-la avec de la glace légèrement salée, afin de saisir les fruits sans les congeler. — Au moment de servir, démoulez la bordure sur un plat froid ; dressez les fruits en pyramide dans le vide de la bordure, en réservant les tranches d'ananas ; arrosez les fruits avec quelques cuillerées de sorbet au marasquin ; dressez les tranches d'ananas en couronne, debout, entre la bordure et la pyramide; posez une reine-claude sur le haut de celle-ci; envoyez aussitôt l'entremets.

MOUSSE AU THÉ

Foncez un moule à pyramide ou à dôme, avec du papier blanc, ciselé; fermez-le avec son couvercle, sanglez-le dans un seau avec de la glace salée. — Infusez dans une théière 25 à 30 grammes de bon thé, avec 3 décilitres d'eau filtrée, bouillante; 10 minutes après, passez l'infusion, mêlez-lui du sucre en quantité suffisante pour l'amener au point d'un sirop à 30 degrés.

Mettez 7 jaunes d'œuf dans une petite bassine, broyez-les avec le fouet, délayez-les, peu à peu, avec le sirop; fouettez vivement l'appareil sur le feu, 3 à 4 minutes; retirez-le, continuez de le fouetter jusqu'à ce qu'il soit tout à fait froid. Posez la bassine sur glace, fouettez-le encore jusqu'à ce qu'il ait pris la consistance d'une crème fouettée. A ce point, mêlez-lui la valeur de 1 litre de crème fouettée, bien ferme; versez-le aussitôt dans le moule frappé au sel; fermez celui-ci avec son couvercle, poudrez avec du sel; couvrez-le avec une épaisse couche de glace salée, faites-le frapper une heure et demie, en le ressanglant si c'est nécessaire. — Démoulez la mousse sur serviette pliée; retirez-en le papier, entourez-la avec une couronne de petits friands glacés au rhum.

MOUSSE AU MARASQUIN

Sanglez un moule à dôme ou à pyramide, foncé avec du papier ciselé. — Versez dans un poêlon 4 décilitres de sirop à 26 degrés; ajoutez un bâton de vanille, tenez-le bouillant sur le côté du feu.

Mettez 10 jaunes d'œuf dans une petite bassine, broyez-les avec le fouet, étendez-les avec le sirop bouillant; fouettez quelques minutes l'appareil sur le feu, pour le lier légèrement; retirez-le, fouettez-le jusqu'à ce qu'il soit bien refroidi; ajoutez alors peu à peu 1 décilitre de marasquin, fouettez l'appareil sur glace jusqu'à ce qu'il soit bien mousseux, consistant; à ce point, mêlez-lui trois fois son volume de crème fouettée, versez-le dans le moule; fermez-le d'abord avec un rond de papier, puis avec son couvercle; poudrez avec du sel, couvrez avec de la glace salée; laisser frapper l'appareil une heure et demie. — Renversez la mousse sur une serviette; entourez-la avec une garniture de petits choux glacés, sablés aux pistaches.

MOUSSE A L'ANANAS

Parez à vif un ananas bien mûr; coupez-le en deux parties, divisez celles-ci en tranches, rangez-les par couches dans une terrine, en saupoudrant chaque couche avec du sucre fin; arrosez-les avec quelques cuillerées de bon rhum. Pilez le restant des chairs, passez-les au tamis fin; versez la purée dans une bassine, mêlez-lui son même volume de glace de sucre, vanillée ; posez la bassine sur glace, travaillez l'appareil avec un fouet, jusqu'à ce qu'il soit refroidi, bien lié ; mêlez-lui alors deux fois son volume de crème fouettée, ferme, bien égouttée, légèrement sucrée ; versez aussitôt l'appareil dans un moule à pyramide ou à dôme, foncé de papier, frappé au sel ; fermez le moule d'abord avec du papier, puis avec son couvercle, poudrez avec du sel, couvrez avec de la glace salée ; laissez-le frapper une heure et demie. — Renversez la mousse sur serviette pliée ; enlevez le papier, entourez-la avec les tranches d'ananas.

MOUSSE A L'ORIENTALE

Frappez au sel un moule à dôme ; quand il est bien saisi, chemisez-le avec une couche de bonne crème fouettée, sucrée, à la vanille, ayant l'épaisseur de 1 centimètre et demi ; lissez bien la crème avec une cuiller. Un quart d'heure après, quand l'écorce de crème est solide, emplissez-en le vide avec des petites fraises de bois sucrées à la glace de sucre et macérées une heure sur glace, avec du marasquin ; couvrez les fraises avec une couche de la même crème fouettée. Fermez le moule, poudrez-le avec couche de sel pilé ; couvrez-le avec glace salée, faites-le frapper une heure et quart. — Quand la mousse est démoulée, décorez-la en dessus avec une rosace imitée en fruits confits et en biscuit-punch coupé à vif ; entourez-la avec de grosses fraises glacées au *cassé*, posées debout, chacune sur un anneau en pâte d'amandes.

MOUSSE AUX FRAISES

Passez à l'étamine 5 à 600 grammes de fraises de bois, bien fraîches ; mettez la purée dans une petite bassine, mêlez-lui son même volume de glace de sucre, vanillée ; posez la bassine sur glace, tournez l'appareil avec une cuiller en bois, jusqu'à ce qu'il soit bien refroidi ; fouettez-le 10 minutes ; quand il est bien lié, incorporez-lui deux fois son volume de bonne crème fouettée ; versez-le dans un moule foncé de papier, sanglé au sel ; fermez le moule avec son couvercle ; poudrez avec une poignée de sel, couvrez-le avec de la glace salée, laissez-le frapper une heure, ressanglez-le, et frappez-le encore une demi-heure ; en dernier lieu, sortez-le de la glace pour le laver. Démoulez la mousse sur serviette pliée ; retirez-en le papier, entourez-la avec une couronne de petites tartelettes garnies avec des fraises.

MOUSSE A L'ALLEMANDE

Frappez sur glace salée, un moule à fromage ou à dôme. — Prenez 1 litre et demi de bonne crème fouettée, mettez-la dans 2 terrines ; à l'une, mêlez simplement de la glace de sucre à la vanille, à l'autre, mêlez 125 grammes de mie de pain noir de Westphalie (*pumpernikel*) râpée, 5 à 6 cuillerées de chocolat aussi râpé, et du sucre fin. Avec ces deux appareils, emplissez le moule frappé en les distribuant par couches alternées; couvrez l'ouverture du moule avec un rond de papier, puis fermez-le avec son couvercle; poudrez avec sel, faites-le frapper une heure et demie. Dressez la mousse sur serviette, entourez-la avec de petits gâteaux.

MOUSSE AU CHOCOLAT

Faites dissoudre à la bouche du four, dans une casserole, 250 grammes de bon chocolat à la vanille ; broyez-le, étendez-le avec quelques cuillerées de sirop, passez-le à l'étamine ; mêlez-lui alors la valeur de trois quarts de litre de crème fouettée, sucrée avec de la glace de sucre, vanillée : versez cet appareil dans un moule à dôme sanglé, foncé avec du papier; fermez le moule, faites-le frapper une heure et demie. — Démoulez la mousse sur serviette pliée, entourez-la avec une couronne de petits gâteaux.

BOMBE A LA SOUVERAINE

Sanglez un moule à bombe ; chemisez-le avec une couche de plombière à la souveraine, emplissez-en le vide avec un appareil de mousse au thé; fermez le moule, lutez-en les jointures ; couvrez-le de glace salée, faites-le frapper une heure et demie. — Au moment de servir, retirez le moule de la glace, trempez-le à l'eau froide, puis à l'eau tiède, essuyez-le ; démoulez la bombe sur serviette pliée ; entourez-la avec une garniture de génoises glacées, coupées en losanges.

BOMBE DE CRÉMORNE-GARDEN

Faites frapper au sel un moule à dôme ; quand il est bien saisi, chemisez-le avec une couche épaisse de glace à la crème crue ; emplissez le vide avec une purée de fraises, simplement mêlée avec de la glace de sucre. Fermez le moule, poudrez avec du sel, frappez-le 2 heures, en le ressanglant. — Démoulez l'entremets sur serviette, entourez-le avec une garniture de petits gâteaux.

BOMBE A LA MOGADOR

Foncez un moule à dôme avec du papier ciselé ; sanglez-le avec de la glace salée ; 2 heures avant de servir, chemisez-le avec une crème plombière au café; emplissez le vide avec un appareil de mousse au kirsch ; fermez l'ouverture avec soin ; couvrez entièrement le moule avec de la glace salée ; laissez-le frapper une heure. Égouttez alors l'eau du seau, sanglez de nouveau le moule. — Trois quarts d'heure après, démoulez la bombe sur serviette pliée ; enlevez le papier, entourez-la avec une couronne de petits gâteaux-punch, au naturel.

BOMBE PRINTANIÈRE

Foncez un moule à dôme avec du papier; sanglez-le au sel; quand il est bien saisi, chemisez-le avec une plombière aux fraises; lissez-la intérieurement de façon à égaliser l'épaisseur; puis emplissez-en le vide avec une crème chantilly, sucrée, parfumée à la vanille, mêlée avec quelques cuillerées de purée de fraises. Fermez le moule, couvrez-le avec de la glace salée, laissez-le frapper une heure; ressanglez-le alors. — Trois quarts d'heure après, dressez la bombe sur serviette pliée; enlevez le papier, entourez-la avec une couronne de petits biscuits glacés aux framboises.

BOMBE A LA REINE

Foncez un moule à dôme avec du papier; sanglez-le fortement dans un seau avec de la glace salée; quand il est bien saisi, chemisez-le avec une glace aux noix fraîches; emplissez aussitôt le vide avec un appareil de mousse aux fraises; fermez le moule avec son couvercle, poudrez avec du sel, couvrez-le entièrement avec une couche de glace salée; laissez-le bien frapper. Une heure après, sanglez-le de nouveau. — Trois quarts d'heure après, renversez la bombe sur serviette pliée; enlevez le papier, entourez-la avec une garniture de gaufres.

SOUFFLÉ GLACÉ, A LA HONGROISE

Préparez un sabayon au vin de *Tokaï*; quand il est bien ferme, fouettez-le hors du feu jusqu'à ce qu'il soit refroidi; fouettez-le ensuite sur glace. Quand l'appareil est bien saisi, mêlez-lui à peu près un égal volume de crème fouettée, légèrement sucrée.

Faites frapper sur glace salée une casserole à soufflé, emplissez-la, pour couches, avec l'appareil, en masquant chaque couche avec des tranches de biscuit, imbibées avec du sirop à l'essence de framboises. — Placez la casserole dans une *cave* à glacer, faites-la frapper 2 heures. Servez la casserole sur serviette pliée.

SOUFFLÉ GLACÉ, A LA VANILLE

Placez une casserole à soufflé, dans une *cave* à glacer ou dans une petite braisière ronde, un peu plus large que la casserole; fermez la braisière avec son couvercle; sanglez-la dans un baquet, avec de la glace salée et salpêtrée. Une demi-heure après, entourez la casserole à soufflé, sur le haut, avec une bande de papier blanc de 3 centimètres de large; emplissez alors le vide de la casserole avec un appareil de mousse à la vanille, en le dressant un peu en dôme; fermez la braisière, saupoudrez-la avec une couche de sel salpêtré; couvrez-la avec une épaisse couche de glace, salée; couvrez celle-ci avec un linge grossier. — Une heure après, égouttez l'eau du baquet, et ressanglez la braisière. — Au bout d'une heure, retirez le soufflé, essuyez la casserole, enlevez la bande de papier; saupoudrez l'appareil avec de la poudre de biscuit, passée au tamis de soie. Servez la casserole sur serviette pliée. — A défaut de *cave* à glacer, c'est la méthode qu'il faut employer.

SOUFFLÉ GLACÉ, AUX FRAISES

Placez une casserole à soufflé dans une petite braisière ronde, ou une petite *cave* à glacer; fermez-la, sanglez-la fortement dans un baquet. Quand la casserole est bien saisie, emplissez-la avec un appareil de mousse aux fraises (page 169); fermez la braisière, masquez-la avec de la glace salée et salpêtrée; laissez frapper l'appareil. — Au bout d'une heure, ressanglez la casserole; trois quarts d'heure après, sortez-la; essuyez-la, saupoudrez l'appareil avec du sucre à l'orange, mêlé avec son même volume de poudre de biscuit; dressez le soufflé sur serviette pliée.

SOUFFLÉ GLACÉ, A LA PALFY

Sanglez fortement, avec de la glace salée et salpêtrée, une *cave* à glacer ou une petite braisière ronde, enfermant une casserole à soufflé; quand celle-ci est bien saisie, emplissez-en le vide avec un appareil de mousse à la vanille, en la dressant par couches et en alternant chaque couche avec de minces tranches de biscuit aux amandes, masquées de marmelade d'abricots; fermez la *cave*, couvrez-la avec une épaisse couche de glace salée; laissez frapper l'appareil.

Au bout d'une heure, ressanglez la *cave*; trois quarts d'heure après, ouvrez-la; essuyez la casserole; saupoudrez l'appareil avec un peu de poudre de biscuit; servez aussitôt.

CROQUEMBOUCHE DE MARRONS

Choisissez un cent de marrons d'une égale grosseur; fendez-les, faites-les griller, en les tenant aussi blancs que possible; supprimez-en l'écorce en même temps que la peau; piquez-les au bout de petites brochettes en bois; trempez-les dans du sucre au *cassé*, laissez égoutter le sucre; tournez la brochette[1] jusqu'à ce que le sucre soit froid. Piquez tour à tour ces brochettes, par le côté opposé, sur une passoire renversée, en les penchant en dehors. Quand le sucre est froid, détachez les marrons; montez-les alors contre les parois et le fond d'un moule à dôme, légèrement huilé, en ayant soin de les tremper à mesure dans du sucre au *cassé*, mais légèrement, juste assez pour les coller

---

1. Quel que soit l'objet que l'on veut glacer à la brochette, il faut, après l'avoir trempé dans le sucre, laisser d'abord égoutter celui-ci, puis tourner la brochette jusqu'à ce que le sucre soit à peu près froid : alors seulement on pique la brochette.

ensemble. Quand le sucre est refroidi, dégagez le croquembouche, démoulez-le sur serviette pliée; posez sur le haut un pompon en sucre filé; entourez-le, à sa base, avec une couronne de petites caisses d'office garnies chacune avec un petit fruit confit, glacé au sucre.

CROQUEMBOUCHE DE MARRONS CONFITS, A LA CHANTILLY

Égouttez de leur sirop, des marrons confits, bien entiers, d'une égale grosseur; faites-les sécher à l'étuve douce. Prenez-les un à un, avec deux doigts, trempez-les dans du sucre au *cassé*, d'un côté seulement; faites bien égoutter le sucre; rangez-les à distance sur un plafond huilé.

Huilez très légèrement un grand moule à dôme. Prenez de nouveau les marrons un à un, trempez-les encore dans le sucre, du côté qui n'a pas été glacé, mais aussi légèrement que possible : rangez-les symétriquement au fond et autour du moule, en les collant ensemble.

Quand le sucre est froid, démoulez le croquembouche; dressez-le sur serviette pliée; servez-le en même temps que de la crème fouettée, à la vanille.

CROQUEMBOUCHE A LA CHATELAINE

Préparez une pâte de marrons au sucre cuit et à la vanille, telle qu'elle est décrite à la page 46; sans la laisser refroidir, divisez-la en petites parties; roulez-les en boules de la grosseur d'une mirabelle, bien égales. Rangez-les à mesure sur un plafond, couvrez-les avec une feuille de papier, faites-les sécher une heure à l'étuve douce; piquez-les ensuite avec une brochette, trempez-les à moitié seulement dans du sucre au *cassé*; laissez bien égoutter le sucre; rangez-les sur un plafond légèrement huilé.

Quand le sucre est froid, prenez les petites boules avec deux doigts, trempez-les de nouveau dans le sucre, légèrement, et seulement du côté qui n'a pas été glacé. Montez-les à mesure, symétriquement, autour d'un moule à charlotte, sans faire de fond. — Quand le sucre est froid, démoulez le croquembouche sur serviette pliée; garnissez-en le vide avec une plombière au lait d'amandes.

CROQUEMBOUCHE DE GÉNOISE, AUX FRAISES

Cuisez une plaque de génoise ayant 1 centimètre d'épaisseur; distribuez-la en croissants, avec un coupe-pâte de 4 à 5 centimètres de diamètre; abattez les angles de ces croissants de façon à leur donner la forme de petits quartiers d'orange; faites-les sécher à l'étuve douce. — Prenez la moitié de ces croissants, piquez-les au bout de petites brochettes pour les glacer d'un côté seulement, avec du sucre au *cassé*, blanc; piquez à mesure les brochettes sur une grille à pâtisserie. — Glacez l'autre moitié des croissants avec du sucre rose. Quand le sucre est tout à fait froid, détachez les croissants; montez-les en couronnes superposées contre les parois d'un moule à timbale, légèrement huilé, en ayant soin de les tremper à mesure dans du sucre au *cassé*, mais seulement assez pour les coller ensemble. Quand le sucre est bien refroidi, démoulez le croquembouche sur plat; bordez-le en dessus avec du sucre filé, entourez-le, à sa base, avec de petites bouchées aux fraises; emplissez-en le vide avec une crème plombière aux fraises, dressée en rocher.

CROQUANTE A LA MODERNE

Prenez deux moules à charlotte, dont un plus haut et plus large que l'autre; dans le plus petit moulez un appareil de blanc-manger à la vanille; tenez-le sur glace. — Prenez 6 à 700 grammes de pâte à vacherin; abaissez-la de l'épaisseur de 4 millimètres. Sur cette abaisse, coupez des ronds de 2 centimètres et demi, avec un coupe-pâte; évidez-les sur le centre, en anneaux, avec un autre coupe-pâte plus petit. Rangez-les sur plaque légèrement beurrée, cuisez-les à four doux, sans les colorer. — Quand ils sont froids, glacez-en la moitié, d'un côté seulement, avec de la glace rose, et l'autre moitié avec de la glace blanche.

Quand la glace est sèche, montez ces anneaux en spirale contre les parois du moule, en les collant avec de la glace-royale. Masquez aussi le fond du moule, laissez sécher la croquante quelques heures à l'étuve douce; démoulez-la ensuite.

Au moment de servir, démoulez le blanc-manger sur serviette pliée, couvrez-le avec la croquante.

CROQUANTE A JOURS

Prenez 600 grammes de pâte d'amandes, au sucre cuit; abaissez-la en bande longue, ayant à peu près un demi-centimètre d'épaisseur. Avec cette pâte, masquez les parois extérieures d'un moule à timbale beurré, soudez la bande, découpez-la à jour avec un emporte-pièce, de façon à former un décor correct. Enveloppez-la avec une bande de papier, faites-la sécher au four; quand elle est froide, enlevez le papier; masquez-la extérieurement avec une glace à la vanille. — Aussitôt la glace sèche, enlevez les découpures; sortez la croquante du moule, dressez-la sur serviette pliée; remplissez-la avec une crème plombière aux abricots.

MERINGUE A L'ANCIENNE

Avec de l'appareil à meringue, couchez sur papier, à l'aide d'une poche, des montants de la longueur de 8 à 10 centimètres; cuisez-les à four très doux; quand ils sont secs et refroidis, collez-les à la glace-royale, debout sur une abaisse ronde en pâte napolitaine, en les assemblant, pour plus de régularité, autour d'un moule à timbale posé sur le centre de l'abaisse. Quand la caisse est formée et la glace bien sèche, enlevez le moule; masquez alors extérieurement ces montants avec une couche lisse de meringue ; décorez cette couche avec de la meringue poussée au cornet ; faites sécher le décor à l'étuve chaude ; laissez-le refroidir. Poussez alors au cornet, dans les cavités du décor, de la marmelade d'abricots ou de reines-claudes ou bien de la gelée de groseilles. Dressez la meringue sur serviette pliée, emplissez-en le vide avec de la crème fouettée, à la vanille.

BISCUIT D'AMANDES, AU MARASQUIN

Pilez finement 400 grammes d'amandes douces et amères, mondées, en les humectant avec un blanc d'œuf ; retirez-les dans une terrine ; ajoutez 500 grammes de sucre vanillé ; travaillez longtemps l'appareil, en lui mêlant 15 jaunes ; ajoutez un grain de sel, 2 cuillerées de cognac ; puis 10 blancs fouettés, en même temps que 200 grammes de fécule, en la tamisant. Avec une partie de cet appareil, emplissez un moule à timbale, beurré et glacé au sucre ; cuisez à four doux.

Quand le biscuit est démoulé et refroidi, parez-le, cernez-le en dessus, humectez-le au pinceau avec de la marmelade légère, nappez-le avec une glace au marasquin. Quand la glace est sèche, ouvrez le biscuit du côté cerné ; videz-le légèrement, en laissant une épaisseur égale partout ; emplissez-en le vide avec de la crème Chantilly, au marasquin ; montez la crème en pointe au-dessus du biscuit ; dressez-le sur serviette.

BISCUIT A LA PARISIENNE

Choisissez un moule à timbale, uni, haut de forme, bien sec ; beurrez-le à chaud avec un mélange de beurre épuré et de graisse de rognons de veau, dissoute ; faites égoutter le beurre, en penchant le moule, puis glacez-le avec de la glace de sucre ; la couche de glace doit être bien lisse. Emplissez ce moule avec de l'appareil de biscuit fin (page 17) ; collez sur le haut des parois une bande de papier beurré, ayant 3 centimètres ; cuisez-le à four doux. En le sortant, démoulez-le sur un clayon ; laissez-le refroidir, parez-le droit à la hauteur où était la bande de papier ; il doit être de belle couleur jaune, et de nuance égale sur toutes les surfaces. Cernez-le sur le dessus avec la pointe d'un petit couteau, à distance d'un centimètre des bords ; enlevez le rond, videz en partie le biscuit pour le garnir avec une crème Chantilly à la vanille, ferme, bien égouttée, en la dressant en pyramide. Dressez le biscuit sur serviette pliée, entourez-le avec une garniture de toutes petites tartelettes aux fraises.

BISCUIT GLACÉ, A LA VALOIS

Cuisez un biscuit fin dans un moule uni, à timbale (page 17). Quand il est refroidi, coupez-le droit, videz-le du côté coupé en laissant l'épaisseur d'un centimètre, et en réservant le couvercle.

Posez-le sur une grille d'office, en le renversant, c'est-à-dire avec le côté vidé appuyé sur la grille ; masquez-le alors entièrement avec une glace au chocolat, fondante ou cuite, assez liquide pour former une couche mince, lisse, d'une belle nuance ; faites-la sécher à l'air.

Au moment de servir, emplissez le vide du biscuit avec un appareil de plombière au lait d'amandes, mêlé avec un salpicon d'ananas confit, macéré au kirsch ; fermez l'ouverture avec le couvercle réservé, renversez le biscuit sur serviette pliée ; entourez-le avec une garniture de petits gâteaux.

GATEAU MILLEFEUILLE, A L'ANGLAISE

Préparez du feuilletage avec 500 grammes de farine, touré à 8 tours ; laissez-le bien reposer ; divisez-le en douze petites parties égales ; abaissez-les, posez-les sur plaque, coupez-les avec un petit couteau sur un patron en carton ou en fer-blanc ayant 16 à 18 centimètres de diamètre ; piquez-les avec une fourchette, laissez reposer ; humectez-les avec du blanc d'œuf, saupoudrez-les avec du sucre ; cuisez à four chaud. En les sortant, faites-les refroidir sous presse très légère, puis masquez-en la moitié avec crème fouettée au marasquin, et l'autre moitié avec de la confiture de coings, ferme, mais broyée à la cuiller. Posez ces abaisses l'une sur l'autre, en alternant la confiture et la crème. Posez le gâteau sur une abaisse en pâte d'office, masquez-en les contours et le haut, d'abord avec de la marmelade ou de la crème, puis avec une couche de meringue italienne, au marasquin. Décorez les parois et le dessus, aussi avec de la meringue ; faites sécher celle-ci à four très doux, sans la colorer ; quand elle est froide, ornez le décor avec de la gelée de fruits, rouge et blanche.

GATEAU MILLEFEUILLE, A LA FRANÇAISE

Cuisez 12 abaisses en feuilletage, en opérant comme il est dit de l'article qui précède ; faites-les refroidir en trois piles, sans mettre de poids dessus.

Masquez ensuite la moitié de ces abaisses, d'un côté seulement, avec une couche de gelée de framboises, et l'autre moitié avec de la bonne frangipane. — Montez alors le gâteau, en posant bien régulièrement les abaisses l'une sur l'autre, et en alternant la confiture. Parez droit les contours, masquez-les avec de la marmelade d'abricots un peu ferme ; masquez également le dessus. Laissez sécher la marmelade, 2 heures ; masquez-la ensuite avec une autre couche légère, au rhum.

Décorez le gâteau tout autour, avec des détails en feuilletage à *blanc*, avec de l'angélique et avec des demi-amandes blanches : sur le haut du gâteau, formez une rosace avec de la gelée blanche et rose coupée à l'emporte-pièce. — Ce gâteau doit être mangé à bref délai quand il est fini.

GATEAU SAINT-HILAIRE

Préparez un appareil à biscuit Saint-Hilaire (page 23); cuisez-le dans un moule à *trois-frères* beurré, au beurre épuré, fariné. En sortant le gâteau du four, démoulez-le sur une abaisse en pâte napolitaine cuite, coupée du diamètre voulu; nappez-le entièrement avec de la marmelade d'abricots, chauffée; posez-le sur une grille, masquez-le avec une glace au rhum; dressez-le sur plat, emplissez-en le puits avec une plombière aux poires; entourez-en la base avec de la gelée douce coupée en triangles ou à l'emporte-pièce.

GATEAU DE GÈNES

Préparez un appareil à biscuit de Gênes (page 23); cuisez-le dans un moule à *Gorenflot*, beurré, glacé à la fécule; démoulez-le sur un clayon. Aussitôt qu'il est froid, abricotez-le, glacez-le à l'anisette; décorez-le avec des fruits confits, dressez-le sur plat ou sur serviette, emplissez-en le puits avec une crème plombière aux amandes.

GATEAU IMPÉRIAL

Préparez un appareil de biscuit impérial (page 23); cuisez-le dans un moule forme *Delille*, beurré, fariné. — Quand le gâteau est sorti du four, démoulez-le sur un clayon, abricotez-le, glacez-le aux pistaches; décorez-le ensuite avec cerises et ananas confits. Quand la glace est sèche, dressez le gâteau sur plat : emplissez-en le puits avec un appareil de glace aux noix fraîches.

GATEAU MADELEINE AUX AMANDES

Dans un moule à bordure, ouvragé, beurré au beurre clarifié, et glacé au sucre fin, cuisez un appareil madeleine (page 16). Laissez refroidir le biscuit; parez-le, droit en dessus, renversez-le sur un clayon, abricotez-le; glacez-le au fondant ou avec une glace à la vanille. — Quand la glace est sèche, passez simplement le gâteau à la bouche du four; dressez-le sur serviette pliée; emplissez-en le puits avec une crème plombière aux amandes, dressée en rocher; découpez le gâteau sans le déformer.

GATEAU VAL-LA-REINE

Préparez un appareil de gâteau du congrès (page 64); cuisez-le dans un moule à *trois-frères*, beurré, glacé à la fécule; en le sortant, démoulez-le sur une abaisse en pâte cuite; laissez-le refroidir; abricotez-le, au pinceau, glacez-le à froid, avec une glace au citron; dressez-le sur plat, emplissez-en le puits avec un appareil de pain de framboises, lié sur glace; entourez le gâteau avec des croûtons de gelée à l'orange.

GATEAU VICTORIA

Cuisez, dans un moule à *savarin*, un appareil de biscuit aux amandes, au kirsch (page 22). Quand il est sorti du four, parez-le droit du côté plat; démoulez-le sur un clayon, laissez-le refroidir; abricotez-le; masquez-le avec une glace aux fraises; laissez refroidir la glace. Dressez le gâteau sur serviette pliée; garnissez-en le puits avec de la crème fouettée, sucrée, parfumée à la vanille, mêlée avec des petites fraises de bois.

GATEAU-PUNCH A L'ANGLAISE

Préparez un appareil de biscuit-punch; cuisez-le dans un moule à savarin; laissez-le refroidir; abricotez-le; posez-le sur une grille, masquez-le avec une glace fondante au punch; aussitôt la glace séchée, passez le gâteau au four, quelques secondes seulement, pour donner du brillant à la glace; dressez-le sur plat; garnissez le puits avec de grosses fraises crues, mêlées avec de la gelée de framboises, fraîchement cuite, peu consistante.

GATEAU DES DEUX-FRÈRES

Proportions : 500 grammes sucre, 500 grammes farine, 350 grammes beurre fondu, 16 œufs, 150 grammes amandes pralinées, vanille, grain de sel.

Pilez les amandes avec la vanille et un peu de sucre; passez au tamis, travaillez sur feu le sucre et 15 œufs; quand l'appareil est mousseux, ajoutez les amandes délayées avec un œuf, puis la farine, en la tamisant; ajoutez ensuite le beurre. — Cuisez dans un moule plat, cannelé, beurré et fariné; four doux.

En sortant le gâteau du four, démoulez-le sur une abaisse en pâte frolle, cuite, masquée de marmelade; glacez-le ensuite au kirsch. Dressez-le sur serviette, garnissez-en le puits avec de la crème fouettée ou crème plombière.

GATEAU DES TROIS-FRÈRES

Préparez un petit appareil de biscuit à *trois-frères* (page 24). Avec cet appareil, emplissez un moule à torsade, de forme basse, à cylindre, dit à *trois-frères*, beurré, glacé à la fécule; cuisez-le à four très doux. En le sortant, démoulez-le sur une abaisse en pâte frolle, cuite, coupée juste du diamètre du moule, masquée de marmelade; masquez-le aussitôt avec une couche de marmelade d'abricots, réduite, finie avec une cuillerée de marasquin; saupoudrez-le avec de l'angélique et des amandes coupées en petits dés. — Dressez le gâteau sur plat; emplissez le puits avec une belle macédoine de fruits variés, nappés à la gelée de pommes, mi-prise.

GATEAU ITALIEN

Cuisez un appareil de biscuit aux amandes, dans un moule à bordure, uni, plat en dessous; en le sortant du four, démoulez-le, laissez-le rassir; coupez-le en tranches transversales; masquez aussitôt ces tranches avec une crème viennoise au rhum. Remettez le gâteau en forme; masquez-le extérieurement avec de la marmelade chaude; quand celle-ci est refroidie, masquez entièrement le gâteau avec une glace fondante à la vanille, mais légère; saupoudrez-le immédiatement avec des pistaches hachées; dressez-le sur plat.

D'autre part, coupez un gros salpicon de fruits confits, ramollis à l'eau tiède, composé d'abricots, ananas, bananes, amandes vertes, coings, melon, quelques cerises entières; déposez ces fruits dans une petite terrine, mouillez juste à couvert, avec du curaçao : faites-les macérer 2 heures. Égouttez-les, mêlez-les à une petite crème plombière à l'orange, lisse et ferme. Avec cette plombière, emplissez le puits du gâteau en la dressant en pyramide; dressez sur la bordure une belle couronne de tranches d'ananas.

GATEAU MOSCOVITE AU KIRSCH

Cuisez, dans un moule à savarin, un appareil de biscuit moscovite; en le sortant du four, démoulez-le sur un clayon, laissez-le refroidir. Parez-le droit sur le côté plat; abricotez-le; masquez-le avec une glace faite à cru avec du kirsch; poussez le gâteau au four, pour quelques secondes, afin de donner du brillant à la glace; sortez-le aussitôt, dressez-le sur plat froid; comblez le vide du gâteau avec une abaisse de biscuit, assez épaisse pour le remplir jusqu'aux trois quarts de hauteur.

Foncez un moule à dôme avec du papier; sanglez-le avec de la glace salée. — Faites prendre dans une sorbetière sanglée à demi-dose, un appareil de gelée à l'orange, très légèrement collée; quand l'appareil est bien moelleux et lisse, mêlez-lui un salpicon de fruits confits, lavés à l'eau tiède, macérés au kirsch une heure.

Avec cet appareil emplissez le moule sanglé, fermez celui-ci, couvrez avec de la glace salée; laisser frapper 25 à 30 minutes.

Au moment de servir, retirez le moule de la glace, trempez-le à l'eau froide; renversez le pain dans le puits du gâteau; entourez la base de celui-ci avec une couronne de quartiers d'orange, glacés au *cassé*.

GATEAU BONVALET

Pilez 200 grammes d'amandes avec 260 grammes sucre, en ajoutant peu à peu 5 blancs d'œufs; passez l'appareil au tamis.

Travaillez dans une terrine 500 grammes sucre en poudre, avec 350 grammes de beurre et 5 œufs, en mêlant les œufs l'un après l'autre. Quand l'appareil est mousseux, ajoutez 175 grammes farine de froment, 175 grammes farine de riz ou 170 grammes fécule, en dernier lieu 7 blancs fouettés; mêlez peu à peu cet appareil aux amandes.

Cuisez les gâteaux à four doux en moule *trois-frères*, beurrés, glacés à la fécule.

Quand les gâteaux sont refroidis, abricotez, glacez-les au kirsch; dressez les sur plat, garnissez-en le cylindre avec crème fouettée ou crème plombière aux fruits : à l'ananas, aux pêches, aux amandes, etc.

Entourez-en la base avec une couronne de demi-amandes imitées en pâte verte, ayant une demi-amande blanche collée sur le côté coupé, et glacées au caramel.

GATEAU SAVARIN A LA VESPASIE

Cuisez de la pâte à savarin dans un moule à savarin. En sortant le gâteau du four, siropez-le avec du sirop aux liqueurs : kirsch, curaçao, marasquin, noyau, lait d'amandes, zeste. Laissez-le égoutter sur une grille à pâtisserie. Quand il est froid, coupez-le droit sur le haut, dressez-le sur serviette.

Au moment de servir, garnissez-en le centre avec un appareil de blanc-manger, très légèrement collé, lié sur glace, mêlé avec de la crème fouettée, puis frappé à la glace salée, dans un moule. Prenez l'appareil dans une cuiller trempée à l'eau chaude, dressez-le en pyramide.

GATEAU DE WESTPHALIE, A LA CRÈME

Cuisez un petit appareil de biscuit au pain noir (page 23) dans un moule à savarin beurré, glacé; quand il est froid, parez-le droit sur le côté plat, démoulez-le sur une grille à pâtisserie; abricotez-le, glacez-le au chocolat. Quand la glace est sèche, passez quelques secondes le gâteau à la bouche du four; dressez-le sur une serviette pliée, emplissez-en le puits avec un appareil aux noix, pilées et passées au tamis, simplement mêlées avec de la crème fouettée, à la vanille.

GATEAU BABA A LA MONTMORENCY

Emplissez un moule à savarin, haut de forme, avec de la pâte à baba, préalablement levée; posez le moule sur plaque, faites de nouveau lever la pâte; quand elle est montée à la hauteur des bords, poussez la plaque à four modéré pour cuire le gâteau. Démoulez-le sur une grille à pâtisserie, imbibez-le avec un sirop au kirsch; quand il est refroidi, abricotez-le, au pinceau; masquez-le avec une glace fondante au kirsch (page 104); dressez-le sur serviette; emplissez-en le puits avec une glace aux groseilles, dressée en pyramide, par couches, en alternant chaque couche avec des cerises confites, bien égouttées de leur sirop.

GATEAU PORTUGAIS

Cuisez un petit appareil de biscuit de Portugal (page 27), dans un moule à 6 pans ; en le sortant du four, démoulez-le sur un clayon, laissez-le refroidir ; parez-le droit ; masquez-le avec une légère couche de marmelade, et celle-ci, avec une glace fondante à l'orange. Quand la glace est sèche, dressez le gâteau sur serviette ; garnissez-en le puits avec une glace à l'orange, en la dressant en rocher ; entourez la base de celui-ci avec une couronne de quartiers d'orange, parés à vif.

GATEAU MALAKOFF

Cuisez dans un moule plat, à cylindre, comme pour le gâteau du congrès, un appareil de biscuit aux avelines (page 19) ; démoulez-le sur une abaisse en pâte cuite, masquée de marmelade ; laissez-le refroidir ; abricotez-le, masquez-le avec une glace fondante à la vanille ; quand la glace est sèche, dressez le gâteau sur serviette pliée ; emplissez-en le cylindre avec une crème beurrée, aux avelines (page 25), poussée au cornet ciselé, ou à la poche, en la dressant en pyramide.

GATEAU FINANCIER

Cuisez dans un moule à savarin beurré, un appareil de biscuit financier (page 25). En le sortant du four, démoulez-le sur une abaisse en pâte cuite, laissez-le refroidir ; abricotez-le, masquez-le au pinceau avec un peu de marmelade, et celle-ci, avec une glace fondante à l'orange ; passez le gâteau à la bouche du four pour donner du brillant à la glace ; dressez-le sur serviette.

Préparez une macédoine de fruits, composée avec des quartiers crus de pêche et d'abricot, de petites tranches d'ananas macérées dans du sirop, des cerises confites, des reines-claudes et des amandes vertes, coupées par moitiés ; déposez-les dans un moule à dôme, arrosez-les avec un peu de sirop vanillé, frappez-les sur glace, une heure.

Au moment de dresser, liez sur glace un petit appareil de pain d'abricots au lait d'amandes, mêlez-lui les fruits égouttés de leur sirop ; dressez cet appareil dans le puits du gâteau, servez aussitôt.

GATEAU A LA DAME-BLANCHE

Dans un moule à savarin beurré, glacé, cuisez un petit appareil de biscuit aux avelines et à la vanille (page 19). En le sortant du four, démoulez-le sur une grille ; quand il est froid, parez-le droit, du côté plat ; masquez-le au pinceau avec un peu de marmelade, et celle-ci avec une glace au kirsch ; donnez du brillant à la glace, en passant le gâteau quelques secondes à la bouche du four. Dressez le gâteau sur plat ; emplissez le puits avec une crème plombière à la Dame-Blanche (page 152), en la dressant en rocher.

GATEAU CUSSY, A LA CHANTILLY

Dans un moule à 6 pans, représenté par le dessin, beurré et glacé à la fécule; cuisez un appareil de biscuit cussy (page 25). En sortant le gâteau du four, démoulez-le sur une abaisse en pâte cuite; laissez-le refroidir; abricotez-le; masquez-le avec glace fondante à la vanille; passez le gâteau à la bouche du four afin de donner du brillant à la glace; dressez-le sur serviette pliée.

Au dernier moment, dressez dans le puits du gâteau une chantilly à la vanille; entourez-le avec une couronne de reines-claudes confites, sans noyaux, fourrées chacune avec une petite boule en pâte d'amandes, puis glacées au *cassé*.

GATEAU FANTINE

Dans un moule à 6 pans, de forme basse et à cylindre, beurré, glacé au sucre, cuisez un appareil de biscuit fin, à l'eau de fleurs d'oranger. Quand le gâteau est refroidi, abricotez-le légèrement, masquez-le ensuite avec une glace au sucre, à la liqueur de noyaux. Aussitôt le gâteau glacé, décorez-le en dessus, avec des demi-amandes vertes, confites; dressez-le sur serviette; emplissez-en le puits avec un appareil bavarois parfumé au zeste d'orange, lié à point sur glace.

GATEAU BOURBONNAIS

Incrustez sur glace un grand moule à bordure, à pointes; versez, au fond de chaque pointe, une cuillerée à café de blanc-manger aux pistaches, légèrement nuancé avec du vert-végétal: finissez d'emplir peu à peu le moule avec du blanc-manger à la vanille, dans sa couleur naturelle.

Cuisez dans un moule à dôme un appareil de biscuit aux amandes. Cuisez également du même appareil sur plaque ou dans un moule plat, de 4 centimètres de haut. Quand le biscuit est refroidi, coupez celui qui est plat, juste du diamètre du puits de la bordure; abricotez-le, masquez-le avec une couche de glace fondante à la vanille. — Videz le biscuit en dôme; remettez-le dans le moule, posez-le sur glace. — Liez aussi sur glace, dans un poêlon, 3 décilitres de gelée à l'ananas; mêlez-lui un gros salpicon d'ananas; versez-le dans le vide du biscuit; couvrez celui-ci avec un moule rempli de glace; laissez raffermir.

Au moment de servir, démoulez la bordure sur plat froid; placez le rond en biscuit dans le cylindre de la bordure; démoulez le biscuit en dôme sur le rond en biscuit; nappez-le immédiatement, à l'extérieur, avec de la marmelade d'abricots, étendue avec un peu de gelée; décorez joliment sa surface avec des demi-amandes bien blanches, et des détails d'angélique; posez une belle reine-claude sur le haut du biscuit en dôme, envoyez-le sans délai.

GATEAU SICILIEN

Cuisez un appareil de biscuit orangeade, dans un moule à 6 pans. En sortant le gâteau du four, démoulez-le sur une grille; laissez-le refroidir. Parez-le droit sur le côté plat, abricotez-le; masquez-le avec une glace à l'orange; passez-le au four, quelques secondes seulement, pour donner du brillant à la glace; dressez-le alors sur serviette pliée. Au dernier moment, garnissez-en le puits avec une plombière aux marrons, en la dressant en rocher; sur le haut du gâteau, dressez une couronne de marrons confits glacés au *cassé*.

GATEAU NARBONNE

Dans un moule à dôme, cuisez un petit appareil de biscuit à la vanille; en le sortant du four, démoulez-le sur un clayon; quand il est froid, parez-le droit sur le côté plat; distribuez-le en tranches transversales; reformez le gâteau, en masquant chaque tranche avec une couche de crème beurrée, à la vanille (page 124); masquez-le entièrement avec une couche de la même *crème*; décorez-le au cornet ciselé, aussi avec de la crème beurrée; dressez-le sur serviette pliée.

GATEAU PALMERSTON

Cuisez un appareil de biscuit palmerston (page 27), dans un moule à savarin, beurré, fariné. En le sortant du four, démoulez-le sur une grille à pâtisserie, laissez-le refroidir; parez-le droit, abricotez-le au pinceau; masquez-le avec une glace fondante, à la liqueur de noyaux; passez le gâteau au four, quelques secondes seulement, pour donner du brillant à la glace. Dressez-le sur serviette pliée; garnissez-en le puits avec un appareil de pain de fraises, lié au moment. Entourez-le avec une couronne de belles fraises glacées au *cassé*.

GATEAU FANCHETTE

Cuisez un appareil de biscuit fin, dans un moule à timbale; quand il est froid, videz-le en partie; emplissez-le, par couches, avec un appareil de plombière aux amandes, mêlé avec une égale quantité de fruits confits macérés avec du marasquin, en alternant chaque couche avec une couche de gelée ou marmelade de framboises; renversez-le sur une abaisse en biscuit, coupée juste de son diamètre; dressez-le sur plat, masquez-le avec une couche de meringue italienne, au rhum; décorez-le avec le même appareil.

GATEAU MOUCHY

Cuisez un appareil de biscuit fin dans un moule à timbale beurré, glacé.

Avec 8 jaunes, 3 décilitres sirop à 26 degrés et quelques cuillerées de lait d'amandes très concentré, morceau de vanille, préparez une crème anglaise; aussitôt liée retirez-la, tournez-la jusqu'à ce quelle soit à peu près refroidie; incorporez-lui peu à peu 250 à 300 grammes beurre fin; travaillez-la jusqu'à ce qu'elle soit consistante.

Pilez une poignée de pistaches avec quelques gouttes d'eau d'oranger et une pointe vert-végétal, passez-les au tamis fin, liez-les avec un quart de la crème beurrée.

Coupez les biscuits en tranches transversales, remettez-les en forme, en les fourrant avec la crème blanche; masquez-les aussi tout autour et en dessus avec la crème; lissez, décorez les surfaces avec la poche à douille et la crème pistaches; dressez sur serviette.

RIZ A LA PALERMITAINE

Triez 300 grammes de riz caroline; faites-le blanchir sans ébullition; égouttez-le, plongez-le à grande eau bouillante, acidulée au suc de citron; cuisez-le jusqu'à ce qu'il soit bien atteint, mais légèrement ferme. Égouttez-le sur un tamis, remettez-le dans une casserole plus petite, avec le suc de 6 oranges, un verre de bon vin blanc du Rhin, 150 grammes de sucre en poudre. Remettez-le sur feu vif, en le tournant avec une cuiller; cuisez-le 6 à 8 minutes, sans le quitter : il doit alors se trouver légèrement lié, mais non à sec. Mêlez-lui 50 grammes de sucre d'orange rapé sur l'écorce; donnez un seul bouillon, retirez-le, finissez-le avec quelques cuillerées de pistaches en dés; versez-le aussitôt dans un moule à fond rond et à cylindre, préalablement trempé à l'eau froide, saupoudré intérieurement avec du sucre à l'orange.

Quand le riz est refroidi, mettez le moule dans une terrine avec de la glace autour; tenez-le ainsi une heure. Démoulez ensuite l'entremets sur plat froid; décorez-en les pourtours avec des écorces d'orange, confites. Entourez l'entremets avec des quartiers d'orange, parés à vif; envoyez en même temps une saucière de sirop froid, à l'orange.

GAUFRES A LA BEKENDOFF

Dans un gaufrier, pas trop creux, cuisez des gaufres à la crème, bien sèches; divisez-les chacune en deux parties sur le travers, rangez-les par couches, sur le fond d'un plat, en masquant chaque couche avec de la marmelade d'abricots, de façon à emplir le creux des gaufres, en les montant en pyramide. Masquez alors cette pyramide avec une épaisse couche de crème fouettée, ferme, bien égouttée, sucrée et parfumée à la vanille; décorez-en ensuite les surfaces avec la même crème poussée au cornet.

SOMMAIRE DE LA PLANCHE 7

Dessin 26. — CHARLOTTE GÉNOISE.
Dessin 28. — CHARLOTTE PRINTANIÈRE.
Dessin 30. — CHARLOTTE A L'ORANGE.
Dessin 32. — CHARLOTTE CASTELANE.

Dessin 27. — CHARLOTTE RUSTIQUE.
Dessin 29. — CHARLOTTE DE MARRONS.
Dessin 31. — CHARLOTTE A L'ORIENTALE.
Dessin 33. — CHARLOTTE PRINCIÈRE.

Dessin 26. — CHARLOTTE GÉNOISE

Beurrez un grand moule à charlotte ; glacez-le avec moitié fécule et moitié glace de sucre ; emplissez-le avec un appareil de biscuit fin, à la vanille ; cuisez-le ; laissez-le rassir.

Parez ensuite ce biscuit, videz-le de part en part, en laissant à la croûte un centimètre et demi d'épaisseur. Collez-le alors, avec de la marmelade, sur une abaisse en pâte napolitaine ; posez-le sur une grille à pâtisserie ; abricotez-le, au pinceau, masquez-le entièrement avec une glace-royale, à l'orange.

Coupez en tranches minces un petit biscuit-punch ; sur ces tranches, coupez au coupe-pâte, 36 ovales de petite dimension et 6 ronds. Sur chaque ovale, collez un autre ovale mince, plus étroit, coupé sur des écorces d'orange, confites, molles, c'est-à-dire encore dans leur sirop et non confites à sec. Essuyez-les bien ; masquez-les du côté blanc avec un peu de marmelade, collez-les sur les ovales en biscuit ; humectez également ceux-ci avec de la marmelade serrée ; appliquez-les contre les parois du gâteau, en formant 3 rosaces régulières, avec un petit rond sur le centre. Entourez aussi l'épaisseur du gâteau, sur le haut, avec des petits ronds en écorce. Poussez au cornet, contre la lisière du haut et du bas, une chaîne de petites perles en crème beurrée ; au centre de chaque perle, appliquez un petit rond ou simplement une petite pointe en angélique. — Dressez la charlotte. sur un rond de bois collé sur plat d'entremets, couvert d'une serviette.

Au moment de servir, garnissez le vide de la charlotte avec un appareil de crème bavaroise aux avelines torréfiées, parfumé à l'eau de fleurs d'oranger, lié au moment sur glace.

Dessin 27. — CHARLOTTE RUSTIQUE

Cette charlotte est tout simplement coupée sur le centre d'un *gâteau-arbre*, vulgairement connu sous le nom de *gâteau de broche*.

Il faut la couper sur un gâteau frais préparé avec du beurre fin, de forme moyenne, ni trop large, ni trop étroit, surtout pas trop épais. Fermez-en le fond ouvert avec un rond de biscuit coupé de son même diamètre ; dressez-la sur serviette. Au dernier moment, garnissez-en l'intérieur avec un appareil de crème bavaroise au marasquin, lié sur glace.

Dessin 28. — CHARLOTTE PRINTANIÈRE

Cuisez une grande plaque de biscuit au beurre, tel qu'il est décrit aux appareils page 22. Quand le biscuit est refroidi, parez-le ; coupez sur lui un rond de même largeur que le fond du moule à charlotte ; masquez-le avec une glace-royale blanche. Coupez 2 bandes de 12 centimètres de long ; glacez-en une blanche et une rose, divisez-les aussitôt sur le travers, en montants de 1 centimètre de large, en ayant soin de les couper un peu en biais, bien réguliers, de façon qu'en les posant dans le moule, tout en les inclinant, ils se trouvent cependant d'aplomb. Rangez à mesure les montants sur plaque, à distance ; il en faut 16 à 18.

Quand la glace est sèche, prenez les montants un à un, rognez-les très régulièrement sur l'épaisseur, des deux côtés, afin qu'ils s'encadrent mieux en les rangeant dans le moule.

Masquez le fond du moule avec un rond de papier ; sur ce papier, posez le rond glacé blanc. Appliquez alors les montants contre les parois intérieures du moule, en les inclinant et alternant les nuances ; serrez-les convenablement pour qu'ils se soutiennent ; incrustez le moule sur glace pilée.

Préparez 2 petits appareils de crème bavaroise, l'un aux fraises de bois, l'autre simplement à la vanille ; liez-les tour à tour sur glace, par petites portions à la fois, en leur mêlant quelques cuillerées de crème fouettée, et, avec eux, emplissez le vide de la charlotte, par couches alternées ; tenez le moule encore une demi-heure sur glace. — Démoulez la charlotte sur le fond bordé ; enlevez le papier ; collez sur le haut une petite aigrette en sucre, fixée sur une pastille. Poussez alors, contre l'épaisseur de l'abaisse supérieure, une chaîne de perles en meringue italienne ou en crème fouettée.

Dessin 29. — CHARLOTTE DE MARRONS

Préparez un appareil de biscuit comme pour charlotte d'entremets froids ; cuisez-le dans un moule à charlotte haut de forme, beurré et glacé avec glace et fécule ; laissez-le rassir. Coupez-le droit sur le haut, renversez-le, cernez-le en dessus, du côté lisse, avec la pointe d'un couteau et un patron en carton, à 1 centimètre et demi des bords, sans enlever la partie cernée. Humectez les surfaces du biscuit, au pinceau, avec de la marmelade d'abricots ; posez-le sur une grille à pâtisserie, masquez-le entièrement avec une glace cuite au chocolat ; quand la glace est sèche, passez le gâteau à la bouche du four, 2 secondes, pour donner du brillant à la glace. Ouvrez-le alors, en enlevant le rond cerné ; videz-le, en laissant autour et au fond l'épaisseur de 1 centimètre. Ornez-en le haut, tout autour de l'ouverture, avec des anneaux en feuilletage *à blanc* ou en pâte à massepain ; dans le vide de chaque anneau, posez une cerise mi-sucre, trempée dans du sucre au *cassé*. Dres-

sez la charlotte sur serviette; emplissez-en le vide avec une plombière aux marrons, à la vanille, finie avec quelques cuillerées de marasquin mêlé avec du sirop.

Dessin 30. — CHARLOTTE A L'ORANGE

Cuisez, sur plaque couverte de papier, un appareil de biscuit aux amandes. Divisez-le en bandes de 10 centimètres de large; nappez-les avec une glace à l'orange légèrement rougie; coupez-les transversalement en triangles allongés. Glacez également une bande longue, de 2 centimètres et demi de largeur; laissez sécher la glace. Masquez le fond d'un moule à charlotte avec un rond de papier; entourez-le de glace.

Préparez un appareil de pain d'orange avec suc d'orange et colle de poisson; tournez-le sur glace pour le lier; quand il est à point, retirez-le; mêlez-lui un salpicon composé de pistaches mondées, et écorces d'orange, confites; ajoutez quelques cuillerées de cerises mi-sucre, entières.

Rangez vivement les triangles en biscuit contre les parois du moule, en les serrant, la pointe en bas; versez l'appareil dans le moule; tenez-le une heure sur glace. — Au moment de servir, démoulez la charlotte sur plat; entourez-la avec des quartiers d'orange, en écorce, à la gelée.

Dessin 31. — CHARLOTTE A L'ORIENTALE

Cuisez sur plaque une abaisse en biscuit au beurre, ou appareil de biscuit pour charlotte en lui donnant l'épaisseur de 1 centimètre; laissez-le refroidir; sur cette abaisse, coupez un rond du diamètre intérieur du moule à charlotte. Divisez le reste de l'abaisse en deux bandes de 10 centimètres de large; masquez-en une avec de la glace-royale blanche et l'autre avec de la glace aux pistaches. Aussitôt qu'elles sont glacées, coupez-les transversalement en montants d'un centimètre et demi de large; rangez à mesure ceux-ci sur une plaque bien plane; laissez sécher la glace. Glacez l'abaisse ronde, moitié avec la glace blanche, moitié avec la glace vert-tendre; divisez l'abaisse en deux, puis coupez chaque moitié en rosace, juste de la largeur des montants. Quand la glace est sèche, coupez légèrement en biais, du côté non glacé, un des bouts des montants blancs et verts. Coupez aussi en biais les divisions de l'abaisse ronde, afin de pouvoir plus tard les rajuster exactement dans le moule, sans que l'épaisseur de l'abaisse supérieure soit visible. — Foncez le moule avec le biscuit, en commençant par le fond et en alternant les nuances, mais surtout en les rajustant exactement; tenez-le à couvert.

Pilez 300 grammes de pistaches fraîches, mondées, en ajoutant un peu de sirop; passez-les au tamis. Mettez la purée dans une terrine; délayez-la d'abord avec 3 à 4 décilitres de sirop et quelques cuillerées d'eau de fleurs d'oranger, puis avec de la colle clarifiée et tiède; si l'appareil n'était pas suffisamment vert, mêlez-lui un peu de vert-d'épinards pour le nuancer[1]. Versez-le ensuite dans un

---

1. Pour nuancer en vert les appareils d'entremets, et en général tout ce qui est mangeable, on ne doit employer que du *vert-végétal* : on prépare ce vert avec des feuilles de blettes plutôt qu'aux feuilles d'épinards.

poêlon, liez-le sur glace, en le tournant. Aussitôt qu'il commence à épaissir, incorporez-lui un demi-litre de crème fouettée et un salpicon d'ananas confit. Avec cet appareil, emplissez aussitôt le vide de la charlotte ; laissez-le raffermir une heure ; servez aussitôt.

Dessin 32. — CHARLOTTE CASTELANE

Prenez une caisse en fer-blanc, sans fond, forme hexagone, conique, de 10 centimètres de haut, dont les faces ont 5 centimètres de large. Si l'on ne dispose pas d'un tel moule, il faut le faire exécuter : rien n'est plus simple.

Beurrez le moule, glacez-le avec fécule et glace de sucre ; emplissez-le à peu près à hauteur avec un appareil de biscuit fin, à la vanille ; cuisez-le à four bien atteint, mais tombé. Quand il est sorti du four, laissez-le rassir ; parez-le droit en dessus ; renversez-le, cernez-le sur le haut, avec la pointe d'un couteau, à 1 centimètre et demi des bords ; videz-le de ce côté. Masquez-en alors les surfaces extérieures et le rebord du haut avec une couche mince de crème beurrée, à la vanille (page 104). Décorez ensuite les surfaces de la charlotte, en grillage, avec la même crème beurrée, poussée au cornet ; poussez également contre les angles, de même que sur la lisière du haut et du bas, une chaîne de petites perles. Sur le centre de chaque carreau du grillage, appliquez un petit rond d'angélique coupé à la colonne. — Dressez la charlotte sur serviette ; au moment de servir, garnissez-en le vide avec un appareil de crème bavaroise aux noix fraîches, à la vanille, lié sur glace.

Dessin 33. — CHARLOTTE PRINCIÈRE

Beurrez et glacez à la fécule un moule à 6 pans, en fer-blanc, sans fond ; posez-le sur un plafond rond masqué de papier beurré ; emplissez-le avec un appareil de biscuit fin au zeste d'orange ; cuisez à four doux. Quand le gâteau est démoulé et rassis, parez-le droit, cernez-le à 1 centimètre des bords, pour le vider. — Cuisez une grande plaque de génoise, en lui donnant l'épaisseur de 2 centimètres ; sur cette génoise, coupez 3 abaisses à 6 pans, dont 2 du même diamètre que le biscuit, et l'autre de 2 centimètres plus large ; sur celle-ci, collez une des abaisses plus étroites, avec de la marmelade, de façon à former gradin ; sur ce gradin, collez le biscuit ; fermez-en l'ouverture avec la troisième abaisse, sans la coller ; abricotez-en les surfaces ; puis, nappez-le entièrement avec une glace claire, au kirsch : avant que la glace soit trop sèche, enlevez le couvercle ; décorez-en l'épaisseur avec des anneaux en pâte d'amandes, collés avec de la marmelade, dont le vide est garni d'une demi-cerise mi-sucre, glacée au cassé. Sur le centre de l'abaisse, collez un petit appui en pâte d'amandes, et, sur celui-ci, fixez un petit ananas imité aussi en pâte d'amandes, surmonté d'une couronne verte, imitée en sucre *tiré*. — Décorez les 6 faces du biscuit avec des losanges en pâte d'amandes, coupés à l'emporte-pièce, dont le centre est masqué avec un losange plus étroit, en écorce d'orange, confite, également coupé à l'emporte-pièce. Décorez l'épaisseur du gradin, sur lequel la charlotte est fixée, dans le même ordre que l'épaisseur de l'abaisse formant couvercle. Collez aussitôt le gradin et la charlotte sur plat froid.

Avec de l'ananas cru, râpé, passé à l'étamine, du sirop à 30 degrés, 2 décilitres de colle clarifiée, 2 décilitres de suc d'oranges, 2 décilitres de marmelade d'abricots et une demi-bouteille de champagne, préparez un appareil de pain d'ananas ; liez-le au moment sur glace, et, avec lui, emplissez le vide de la charlotte, par couches, en saupoudrant chaque couche avec de l'ananas confit, coupé en dés. Fermez l'ouverture de la charlotte avec l'abaisse réservée ; envoyez aussitôt l'entremets.

SOMMAIRE DE LA PLANCHE 8

Dessin 34. — BORDURE MOBILE, EN PASTILLAGE.
Dessin 36. — SOUFFLÉ GLACÉ, A LA MARLY.
Dessin 38. — PANACHÉ A LA MODERNE.
Dessin 40. — POUDING FROID, AUX PÊCHES.

Dessin 35. — BORDURE MOBILE, EN PASTILLAGE.
Dessin 37. — PAIN DE MANDARINES, A LA MALTAISE.
Dessin 39. — PANACHÉ ROSA.
Dessin 41. — GÂTEAU ESPÉRANCE.

Dessins 34, 35. — BORDURES MOBILES, EN PASTILLAGE

Ces bordures sont surtout employées pour servir les gâteaux d'entremets froids. Elles constituent, en somme, un ornement d'une exécution facile, peu coûteux, puisqu'il doit servir souvent, et d'un effet très agréable. — Faites souder un cercle en fer-blanc, de façon qu'il s'adapte juste sur le haut de la cuvette du plat : il doit avoir seulement la hauteur d'un centimètre et demi. — Humectez-le d'abord au pinceau, sur les deux faces, avec de la dorure ou du repère ; puis masquez-le, sur les deux faces, avec du pastillage abaissé mince. Posez-le sur un plafond saupoudré d'amidon ; ornez-le simplement, tout autour, avec des feuilles vertes imitées en pastillage, entremêlées de petits boutons de rose, blancs ou nuancés : le premier modèle est orné dans ces conditions.

Le deuxième modèle est formé sur un cercle légèrement évasé ; il est orné, sur le haut, d'une petite bordure blanche, à jour, levée à la planche, et, sur sa largeur, avec une guirlande composée de roses imitées en sucre, en pastillage ou en pâte à massepain, entremêlées avec des feuilles vertes en pastillage. Laissez bien sécher le pastillage avant d'employer les bordures. Cet ornement de création toute moderne est d'un très joli effet.

Pl. 8.

Dessin 34.

Dessin 35.

Dessin 36.

Dessin 37.

Dessin 38.

Dessin 39.

Dessin 40.

Dessin 41.

Dessin 36. — SOUFFLÉ GLACÉ, A LA MARLY

Avant de commencer l'opération, prenez une casserole à soufflé, à parois droites, en argent ou en métal argenté. Entourez-en les bords supérieurs avec une bande de papier de 3 à 4 centimètres de large, soit en la collant, soit en la soutenant avec un anneau de ficelle. Posez la casserole dans une petite *cave* à glacer [1] ; fermez celle-ci, posez-la sur une épaisse couche de glace salée, étalée dans un baquet ; entourez-la aussi avec de la glace salée ; faites-la frapper 20 à 25 minutes.

Pelez une trentaine de bons abricots, mûrs à point ; supprimez-en les noyaux, passez les chairs au tamis fin. Mettez cette purée dans une bassine étamée : pour 500 grammes de fruits, mêlez 500 grammes de glace de sucre à la vanille. Posez la bassine sur glace pilée, fouettez l'appareil jusqu'à ce qu'il soit devenu consistant. Mêlez-lui alors quelques gouttes de crème ou d'essence de noyau, sucrée ; puis, incorporez-lui trois quarts de son volume de crème fouettée, légèrement sucrée. Versez alors l'appareil dans la casserole frappée ; remplissez-la jusqu'à 2 centimètres au-dessus des bords. Fermez la *cave*, lutez-en les jointures du couvercle avec de la pâte crue ; couvrez-la d'une épaisse couche de glace salée. Faites frapper 2 heures l'appareil.

Sortez la casserole de la *cave* ; passez la lame tiède d'un couteau, entre l'appareil et la bande de papier pour l'enlever. Saupoudrez le dessus de l'appareil avec une mince couche d'amandes torréfiées, hachées, mêlées avec du sucre en poudre. — Posez la casserole sur serviette pliée ; envoyez aussitôt le soufflé.

Dessin 37. — PAIN DE MANDARINES, A LA MALTAISE

Le pain de mandarines est représenté dressé sur un socle imitant la moitié d'une grosse mandarine fixée sur une abaisse. Cette imitation peut être exécutée en pastillage, en carton-pâte ou en bois tourné : elle peut être simplement moulée dans un moule à dôme forme basse, plus large que haut. Ce socle doit être exécuté 3 à 4 jours d'avance, afin de donner le temps à la pâte de bien sécher. Fermez-en alors l'ouverture avec une abaisse ronde, en fort carton, masquée avec du papier ou du pastillage, en ayant soin de la descendre à 1 centimètre de profondeur, afin de réserver un creux sur le haut du socle dans lequel sera dressé le pain. Masquez l'épaisseur du haut du socle, formant rebord, avec une mince bande en pastillage blanc ; puis, à l'aide d'un pinceau, nuancez-la sur la moitié de sa largeur avec du jaune orange, afin d'imiter l'épaisseur de l'écorce de mandarine qui est naturellement moitié jaune, moitié blanche. Humectez les surfaces extérieures du socle avec des jaunes d'œuf ; sablez-les avec du sucre en grain de couleur jaune orange. Quand le sucre est sec, fixez solidement le socle sur une abaisse en bois ; sablez aussi cette abaisse ; collez-la sur plat.

Pour que le pain imite bien exactement une mandarine, il faut faire exécuter un moule en

---

1. J'ai reproduit ce modèle dans la *Cuisine de tous les pays*.

ENTREMETS FROIDS.

fer-blanc dans les conditions représentées par le dessin, c'est-à-dire avec les côtes légèrement marquées. Mais, à défaut d'un moule semblable, on peut aussi mouler le pain dans un moule à dôme plus large que haut, un peu plus étroit cependant que celui ayant servi à foncer le socle. En ce cas, huilez-le légèrement à l'intérieur avec de l'huile d'amandes douces ; puis, à l'aide d'un cornet, poussez des cordons de glace-royale, partant du centre du moule et rayonnant vers les bords, à égale distance les uns des autres : il en faut une dizaine au plus : cette ligne blanche simule l'épaisseur de la peau blanche divisant les chairs de mandarine. Incrustez le moule sur glace.

Coupez en deux une vingtaine de mandarines ; supprimez les semences des chairs passez-les au tamis. Mettez-les dans un poêlon, ajoutez les chairs et le suc de 4 à 5 oranges et de 2 citrons, également passés ; allongez l'appareil avec 2 décilitres de marmelade d'abricots, délayée avec 3 décilitres de sirop, passée au tamis. Infusez dans l'appareil, pendant une demi-heure, 3 écorces de mandarines, en quartiers, dont les parties blanches ont été entièrement supprimées à l'aide d'une cuiller en fer.

Choisissez une douzaine de mandarines fermes, d'égale grosseur ; divisez-les chacune en deux parties, sur le travers ; retirez-en très délicatement les chairs entières, sans les abîmer. Supprimez le blanc des écorces, lavez-les ; festonnez-en les bords ; rangez-les d'aplomb sur une épaisse couche de glace pilée ; emplissez-les à peu près à hauteur avec de la gelée d'orange ; laissez raffermir celle-ci. Supprimez alors les semences aux chairs des demi-mandarines, posez-en une moitié sur chaque écorce, c'est-à-dire sur la couche de gelée, en les renversant.

Enlevez les écorces en infusion dans l'appareil, mêlez à celui-ci 2 décilitres de colle de poisson, clarifiée, ainsi qu'une demi-bouteille de champagne ; essayez-en une petite partie sur glace, afin de juger de sa consistance : il doit être léger. Liez-le alors légèrement, en le tournant sur glace ; versez-le dans le moule huilé ; laissez-le raffermir une heure.

Une demi-heure seulement avant de servir, fermez le moule avec un couvercle, salez la glace qui l'entoure ; couvrez-le aussi avec de la glace salée. — Au dernier moment, enlevez le moule de la glace, lavez-le à l'eau froide, trempez-le vivement à l'eau chaude, démoulez le pain sur le socle ; entourez celui-ci avec les demi-mandarines dans les écorces.

Dessin 39. — PANACHÉ A LA MODERNE

Préparez un fond-d'appui en bois, bordé sur son épaisseur, masqué en dessus avec du papier blanc, portant, sur son centre, un support mobile ; ce support est en bois masqué de papier blanc : il ne doit être introduit dans la douille qu'après que l'entremets est démoulé.

Mettez dans une petite terrine 4 décilitres de lait d'amandes, sucré, infusé à la vanille, collé à point. Dans un autre poêlon, mettez 5 décilitres de purée de fraises, passée à l'étamine, étendue avec le suc de 2 oranges, sucrée et collée ; si l'appareil n'était pas de belle nuance, mêlez-lui quelques gouttes de carmin liquide. Mettez dans un autre poêlon une égale quantité d'appareil de pain d'abricots au marasquin, également sucré et collé.

Incrustez. sur glace pilée, un moule à cylindre uni, huilé à l'huile d'amandes ; faites prendre au fond une couche d'appareil aux fraises ayant 1 centimètre d'épaisseur ; sur cette couche, faites-en prendre une autre plus mince d'appareil au lait d'amandes ; sur le lait d'amandes, faites prendre une couche d'appareil aux abricots ; continuez ainsi en alternant les nuances et en réglant l'épaisseur des couches à l'aide d'une mesure : les couches de lait d'amandes doivent être plus minces parce que cet appareil, par sa nature huileuse, se colle difficilement aux autres appareils ; il faut donc employer peu d'appareil aux amandes ou même le remplacer par de la gelée fouettée, bien blanche, ce qui est préférable, ou alors mêler de la crème fouettée au lait d'amandes

Laissez refroidir l'appareil sur glace. — Un quart d'heure avant de servir, fermez le moule avec son couvercle ; salez légèrement la glace, frappez l'appareil, afin qu'étant superficiellement frappé, les couches soient moins exposées à se séparer, quand l'entremets est renversé.

Au moment de servir, lavez vivement le moule à l'eau froide ; si l'entremets ne se dégageait pas du moule, trempez-le à l'eau à peine tiède ; essuyez-le, renversez l'entremets sur le fond-d'appui ; glissez alors le support dans la douille, pour mieux soutenir le pain. — Sur le haut de la douille, on peut piquer un hâtelet garni de fruits.

Dessin 38. — PANACHÉ ROSA

Collez, sur plat d'entremets, un fond-d'appui, bordé en pastillage sur son épaisseur, masqué de papier sur le haut, portant sur son centre un support à douille. — Mondez 500 grammes d'amandes ; faites-les dégorger une heure à l'eau froide. Égouttez-les, pilez-les, petit à petit, en ajoutant de temps en temps un peu d'eau froide et une poignée de sucre. Délayez-les avec 1 litre d'eau froide ; exprimez-les, peu à la fois, à travers un linge. Mettez le liquide dans une terrine, avec de la vanille coupée et du sucre ; faites infuser une demi-heure. Mêlez-lui alors la valeur de 2 décilitres de colle de poisson, clarifiée ; passez-le au tamis fin, dans un poêlon. Essayez-en une petite partie sur glace, afin de le rectifier au besoin, selon qu'il serait ou trop faible ou trop collé : l'appareil doit être léger.

Préparez un petit appareil de pain de framboises, mêlé avec le suc de 2 oranges, du sucre ou du sirop et la colle nécessaire ; essayez-le aussi sur glace. — Incrustez sur glace un moule uni, à cylindre, huilé à l'huile d'amandes douces ; décorez-en le fond avec quelques détails de fruits confits, trempés à mesure dans de la gelée mi-prise. — Quand le moule est bien saisi, faites lier sur glace la moitié de chaque appareil ; dans celui aux amandes, incorporez quelques cuillerées de crème fouettée ; puis, prenez-le avec une cuiller, par petites parties, étalez-le au fond du moule, en l'entremêlant avec de l'appareil aux framboises. Laissez raffermir les couches, et recommencez l'opération jusqu'à ce que le moule soit plein ; tenez-le une heure sur glace.

Vingt minutes avant de servir, fermez le moule avec son couvercle ; saupoudrez la glace avec du sel ; couvrez-le aussi avec de la glace salée. — Au moment de servir, lavez vivement le moule à l'eau froide, essuyez-le, renversez l'entremets sur le fond-d'appui. Glissez alors le support dans la douille qui n'a autre rôle que de maintenir le pain d'aplomb. — On peut piquer sur le haut de cette douille un hâtelet garni de fruits.

Dessin 40. — POUDING FROID, AUX PÊCHES

Collez, sur plat d'entremets, un fond en bois couvert de papier blanc sur le haut, masqué sur son épaisseur, avec une bordure en pastillage, levée à la planche, formant rebords; tenez-le en lieu sec. — Choisissez des amandes plates et larges, échaudez-les pour en retirer la peau ; fendez-les en deux, faites-les dégorger 2 heures à l'eau froide. Coupez-les ensuite avec un tube rond. —. Choisissez-en d'autres d'égale longueur dont la forme est ovale, pointue d'un côté; fendez-les aussi, faites-les dégorger.

Pelez 8 à 10 bonnes pêches mûres à point ; retirez-en le noyau ; passez au tamis. Mêlez à cette purée 1 décilitre de lait d'amandes et autant de sirop froid à 30 degrés; passez-la à l'étamine; mettez-la dans un poêlon, mêlez-lui 2 décilitres de colle de poisson clarifiée, en même temps que quelques gouttes de carmin pour la nuancer légèrement ; essayez une petite partie de l'appareil.

Incrustez sur glace un moule à dôme élevé, huilé à l'huile d'amandes douces; prenez les ronds d'amandes un à un, trempez-les dans de la gelée mi-prise, appliquez-les contre les parois du moule, à quelques centimètres du fond et à une petite distance des bords. Avec les amandes ovales formez, sur le centre du moule, 4 rosaces, à distance l'une de l'autre. Consolidez le décor, en chemisant le moule avec une couche de gelée claire, à l'orange.

Tournez sur glace l'appareil aux pêches, pour le lier; mêlez-lui alors quelques cuillerées de kirsch et un salpicon composé d'ananas confit et de pistaches fraîches ; versez-le dans le vide du moule. Faites frapper le pouding une heure. — Un quart d'heure avant de servir, fermez le moule avec son couvercle, mastiquez-en les jointures avec du beurre ; salez légèrement la glace du tour ; couvrez-le aussi avec une couche de glace salée ; faites frapper le pouding simplement pour maintenir la gelée.

Au dernier moment, lavez vivement le moule à l'eau froide, trempez-le à l'eau tiède, et démoulez le pouding sur le fond-d'appui. Enlevez, sur le haut, une petite partie de l'appareil, avec un couteau chauffé ; creusez-le légèrement ; masquez le creux avec une couche de l'appareil réservé ; sur celui-ci, piquez en éventail des pointes en angélique ; dressez sur le centre un bouquet de cerises mi-sucre. Envoyez ainsi l'entremets.

Dessin 41. — GATEAU ESPÉRANCE

Collez sur plat un fond-d'appui en bois, bordé en pastillage sur le tour, et masqué de papier sur le haut. — Pelez une demi-pomme, cannelez-la sur les côtés, creusez-la légèrement en dessus; faites-la cuire en la tenant ferme; faites-la ensuite macérer dans du sirop.

Prenez un biscuit fin, cuit de la veille dans un moule à dôme élevé; coupez-le droit, cernez-le, enlevez le rond cerné, tenez-le en réserve ; videz le biscuit en laissant au fond et autour l'épaisseur d'un centimètre et demi ; remettez-le dans le moule ; tenez-le au froid.

Lavez à l'eau tiède 7 à 800 grammes d'angélique ; coupez-la, faites-la piler et passer au tamis fin. Mettez cette purée dans un poêlon, délayez-la avec 1 demi-décilitre d'eau de fleurs d'oranger, autant de kirsch, un peu de sirop léger et 1 décilitre de colle clarifiée, pas trop forte. Liez l'appareil sur glace, en le tournant; retirez-le, incorporez-lui la valeur d'un demi-litre de crème fouettée.

Avec cet appareil, emplissez le vide du biscuit, masquez-en l'ouverture avec le rond réservé ; faites raffermir l'appareil une heure, dans le timbre à glace. — Démoulez le gâteau sur une grille à pâtisserie; abricotez-le au pinceau ; masquez-le avec une glace au kirsch, légère. Aussitôt que la glace est sèche, glissez le gâteau sur le fond-d'appui; coupez-le légèrement sur le haut; posez la demi-pomme dessus; traversez-la avec un hâtelet garni simplement d'une reine-claude; entourez celle-ci avec quelques cerises mi-sucre. Au-dessous de la pomme, piquez en éventail des pointes d'angélique. — Entourez la base du gâteau avec un cordon de gelée hachée, poussée à la poche.

SOMMAIRE DE LA PLANCHE 9

Dessin 42. — GATEAU MAURESQUE, A LA SULTANE. Dessin 43. — BISCUIT D'AMANDES, A LA SULTANE.
Dessin 44. — BASTION A TOURELLES. Dessin 45. — CROQUEMBOUCHE DE QUARTIERS D'ORANGE.
Dessin 46. — CORNES D'ABONDANCE, DROITES, SUR PETIT SOCLE.

Dessin 42. — GATEAU MAURESQUE, A LA SULTANE[1]

Cuisez du biscuit fin dans un moule à dôme; laissez-le rassir. Parez-le droit sur le haut distribuez-le en tranches transversales. Prenez les tranches une à une, masquez-les avec une couche de crème de noisette, à la vanille; posez-les l'une sur l'autre pour remettre le gâteau en forme; posez-le sur une grille, humectez-en légèrement les surfaces au pinceau avec de la gelée de pommes, nappez-le entièrement avec une glace au chocolat, cuite.

Quand la glace est sèche, enlevez le gâteau, posez-le sur le centre d'un petit socle; couvrez-le avec une sultane en sucre filé à la cuiller formant grillage; collez le socle sur un plat.

Ce socle est moulé, en plusieurs pièces; il peut être exécuté en pastillage ou en carton-pâte masqué avec du pastillage. Le corps du socle est décoré en relief avec du pastillage; il est orné d'une bordure pendante, à jour, levée à la planche.

Dessin 43. — BISCUIT D'AMANDES, A LA SULTANE

Pilez 150 grammes d'amandes douces et amères, mondées, en les humectant avec un œuf; quand la pâte est fine, mêlez-lui 250 grammes de sucre; ajoutez 3 œufs entiers et encore 240 grammes de sucre; un peu de zeste, un grain de sel, 2 cuillerées de cognac. Retirez l'appareil dans une terrine; travaillez-le avec une cuiller, en lui mêlant encore 8 jaunes d'œuf; quand l'appareil est mousseux, incorporez-lui peu à peu, d'abord 8 à 9 blancs fouettés, et ensuite 250 grammes de fécule, en la tamisant sur l'appareil.

---

1. A partir de cette planche, tous les sujets reproduits dans la série des entremets froids entrent dans l'ordre des *gros entremets*, c'est-à-dire de ces entremets qui, dans bien des cas, peuvent figurer sur table dans les dîners d'apparat, ou être servis comme pièce de milieu dans les dîners peu nombreux. — Un grand nombre de ces sujets peuvent être considérés comme pièce de confiserie, c'est-à-dire qu'on peut fort bien les faire entrer dans le cadre du dessert des dîners familiers.

Avec une partie de cet appareil, emplissez aux trois quarts un moule à dôme beurré, glacé; cuisez à four doux. En sortant le biscuit du four, démoulez-le sur un clayon; quand il est rassis, coupez-le droit, sur le côté plat, cernez-le, abricotez-le, posez-le sur une grille à pâtisserie, masquez-le entièrement avec une glace à l'orange.

Quand la glace est sèche, videz le biscuit du côté cerné, en conservant le rond. Au moment de servir, garnissez-en le vide avec une crème à la Chantilly, à la vanille; fermez-en l'ouverture avec le rond réservé; dressez-le sur un petit socle collé sur plat, couvrez-le avec une sultane pleine, en sucre filé à la jetée.

Dessin 44. — BASTION A TOURELLES

Cette pièce est une imitation de forteresse quadrangulaire, à base crénelée, portant sur son centre un bastion formé de 4 tourelles accouplées. La forteresse est posée sur un double tambour de forme circulaire, à 2 gradins, fixé sur le centre d'un grand plat; à défaut d'un plat suffisant, la pièce peut être dressée sur un plateau posant sur 4 pieds.

On peut préparer cette pièce d'après différentes méthodes; avec des moules convenables elle pourrait être exécutée en nougat; on pourrait aussi la faire en pâte à gaufres; mais la méthode la plus simple consiste à opérer avec du biscuit-punch, se coupant lisse, sans s'émietter.

Commencez par préparer le double tambour en bois; masquez-le d'abord avec du papier blanc; puis, plaquez-le avec des bandes minces de biscuit-punch, collées avec de la marmelade.

Sur le haut de chaque gradin, collez une bande épaisse de biscuit-punch, ayant 4 centimètres de haut, sur 2 centimètres d'épaisseur; rajustez-les exactement; découpez-les ensuite en créneaux, à l'aide d'un petit couteau, sans les creuser jusqu'au bas de la bande, c'est-à-dire en réservant la hauteur de 2 centimètres, et en laissant en saillie, sur la base de la bande, un liseron arrondi. Abricotez au pinceau les surfaces des créneaux et des pourtours; nappez-les aussitôt avec une mince couche de glace-royale au blanc d'œuf; fixez-les ensuite sur le plat ou sur le plateau.

Pour exécuter le corps de la forteresse, prenez des abaisses de biscuit-punch, de 2 centimètres d'épaisseur, sur 12 centimètres de large; coupez-les de forme carrée, abricotez-en les surfaces; collez-les l'une sur l'autre en donnant au carré l'épaisseur de 12 centimètres. Coupez ce carré en inclinaison sur les 4 faces, de façon à lui donner la forme conique; abricotez-en les surfaces au pinceau. Sur chacun des angles du carré, appliquez en saillie une petite tour imitée en biscuit, également coupée en inclinaison, sur 3 faces; la quatrième face doit être creusée de façon à se rajuster à l'angle du carré central.

Sur chaque façade du carré central creusez une meurtrière en demi-lune. Sur chaque façade des tours angulaires, creusez 2 autres meurtrières hautes et étroites.

Maintenant, collez la forteresse sur un soubassement gradué, coupé sur le même plan, mais de 2 centimètres plus large, ayant 4 centimètres de haut. Pour donner plus d'aplomb à la pièce, ce soubassement peut être exécuté en pâte d'office aux amandes et non en biscuit.

Sur la lisière des tours angulaires et du carré central, appliquez en saillie une épaisse bande de biscuit-punch; découpez-la aussi en créneaux. Abricotez au pinceau toutes les surfaces de la forteresse,

Pl. 9.

Dessin 42.

Dessin 43.

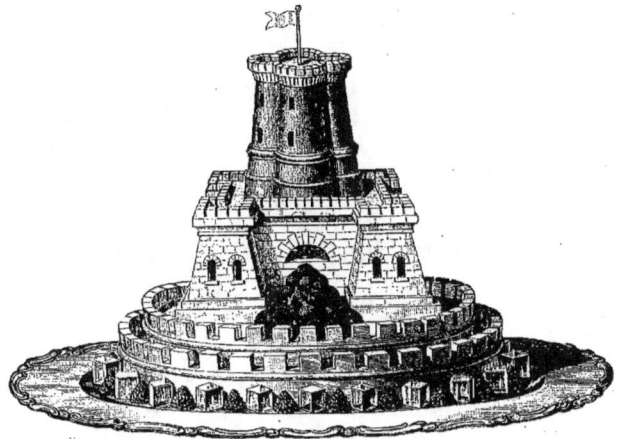

Dessin 44.

Dessin 46.

ainsi que celle des créneaux; puis, nappez-les avec une couche mince de glace au blanc d'œuf. Quand la glace est sèche, décorez d'abord au cornet, avec de la glace-royale, l'ouverture des meurtrières; masquez-en les creux, soit avec de la marmelade de reine-claude poussée au cornet, soit simplement avec une bande de pâte de pommes ou de coings, coupée juste, collée avec de la marmelade.

Les 4 tourelles accolées, disposées sur le centre de la forteresse, peuvent fort bien être exécutées en biscuit fin, dans un moule en fer-blanc, en deux pièces, l'un peu élevé, pour le soubassement, l'autre plus haut pour le corps des tourelles, mais toutes deux de forme conique. A défaut de moules, exécutez les deux parties à l'aide d'abaisses en biscuit-punch, collées les unes sur les autres avec de la marmelade; découpez-les ensuite au couteau, en leur donnant la forme conique, telle que le dessin les représente.

Dans les deux cas, creusez 4 meurtrières sur chaque façade des tourelles; abricotez-les au pinceau avec de la marmelade de reines-claudes, puis nappez-les avec une glace légère; fixez-les ensuite sur le centre de la forteresse, en les soutenant d'aplomb à l'aide de brochettes en argent. Ornez-les sur le haut avec un crénelage en biscuit-punch, appliqué en saillie et formant corniche. Sur le centre de ces tourelles, fixez une petite oriflamme.

Maintenant, placez la forteresse sur le double tambour; entourez la base de celui-ci avec de gros croûtons de gelée, alternés chacun par un petit bouquet de gelée hachée. Contre chacune des façades centrales de la forteresse dressez en imitation de boulets, un buisson correct de petites boules en pâte de marrons, glacées au *cassé*.

Dessin 45. — CROQUEMBOUCHE DE QUARTIERS D'ORANGE, SUR PETIT SOCLE

Le socle sur lequel le croquembouche est monté est en nougat, formé dans un moule en trois pièces. Le vide de la coupe du socle est rempli par une abaisse en nougat ou en pâte d'office, portant sur son centre un support en forme de gradin, à trois étages, composé de quatre abaisses en pâte d'office, formant ainsi une sorte de pyramide dont le haut est surmonté d'une quatrième abaisse étroite.

Pour pouvoir dresser les quartiers d'orange en pyramide correcte et aussi élevée, il faut absolument disposer de grosses oranges; celles de *Jaffa*, de forme légèrement allongée, grosses, sans pépins, qui sont maintenant communes partout, sont celles qui conviennent le mieux; à défaut, on prend de grosses oranges de Valence.

Quand les quartiers sont détachés, faites-les sécher à l'air et non à l'étuve, car à une température trop chaude le suc des fruits tourne et devient désagréable. Glacez-les à la brochette ou à la main, mais légèrement; faites bien égoutter le sucre, rangez-les à mesure sur plaque huilée. Quand le sucre est bien froid, prenez les quartiers un à un, en commençant par les plus longs; collez-les debout, d'abord sur la lisière de l'abaisse inférieure, en les inclinant légèrement et les collant sur le haut, contre l'épaisseur de la seconde abaisse. Collez une deuxième rangée, absolument dans le même ordre, sur la lisière de la seconde abaisse, en les collant contre l'épaisseur de la troisième. Les quartiers de la troisième rangée viennent également s'appuyer contre l'épaisseur de l'abaisse supérieure, la plus étroite.

Le point essentiel consiste à obtenir une belle pyramide, correcte, élancée, attrayante; dans toute autre condition elle serait sans élégance, sans mérite; cette opération exige évidemment une certaine aptitude, mais surtout du bon goût : il faut opérer posément, avec précision.

Quand la pyramide est montée, collez sur son faîte, c'est-à-dire sur le haut de la quatrième abaisse, un petit ananas, imité, dans un moule en deux pièces, avec de la pâte à massepain, ou bien en sucre, coulé dans un moule en plâtre; ornez-le d'une couronne verte, imitée en sucre *tiré ;* entourez-en la base avec des pointes en angélique, glacées au *cassé*, piquées en éventail.

Entre chaque rangée de quartiers d'orange, collez une chaîne de cerises mi-sucre ou des cerises imitées en pâte à massepain, ou même des mirabelles confites, sans noyaux, fourrées à la pâte d'amandes et glacées au *cassé* : cette chaîne constitue tout à la fois un ornement et un soutien pour les rangées de quartiers d'orange. Maintenant, collez le socle sur un grand plat; ornez-en la frise avec des fruits confits, mais surtout avec de petites grappes de raisins frais, glacées au *cassé*, régulièrement soudées de façon à imiter une bordure pendante. Entourez la base du pied de coupe avec des quartiers d'orange à la gelée ou simplement des quartiers au naturel, glacés au *cassé* et disposés chacun dans une petite caisse en papier, plissée, de forme ovale.

Dessin 46. — CORNES D'ABONDANCE, DROITES, SUR PETIT SOCLE

Avec 1 kilogramme d'amandes coupées en dés, bien blanches, bien sèches, préparez du beau nougat, en plusieurs cuissons. — Avec ce nougat, foncez d'abord 2 cornes d'abondance, dans des moules à charnières. Foncez ensuite un moule à socle en trois pièces : la coupe, le pied, la base; soudez les trois pièces avec du sucre; collez le socle sur une abaisse en pâte d'office un peu plus large que la base du socle; collez l'abaisse sur plat. Fermez le vide supérieur de la coupe avec une abaisse étroite, en nougat ou en pâte d'office; sur le centre de cette abaisse, collez un petit support en nougat. Dressez alors, debout, les deux cornes d'abondance, collez-les au sucre, en les appuyant sur le support.

Ornez ces cornes d'abondance avec des détails en pâte à massepain; garnissez-en l'embouchure avec des fruits confits, glacés au *cassé ;* garnissez aussi avec des fruits l'intervalle que laissent entre elles les cornes d'abondance, à leur base, afin de ne pas laisser de jours; ornez la frise du socle avec une chaîne d'amandes vertes confites, glacées, collées en bordure; ornez le haut des cornes d'abondance, à la jonction des pointes, avec un petit pompon en sucre filé, collé sur un petit calice en sucre, moulé dans une forme en plomb, légèrement huilée.

Entourez la base du socle avec une jolie couronne de petits gâteaux.

SOMMAIRE DE LA PLANCHE 10

Dessin 47. — GATEAU ALSACIEN.
Dessin 49. — CASQUE EN NOUGAT
Dessin 48. — GATEAU SULTAN
Dessin 50. — CROQUEMBOUCHE DE CHOUX, A LA CRÈME.
Dessin 51. — GATEAU DELILLE.

Dessin 47. — GATEAU ALSACIEN

Préparez une pâte à massepain (page 13) avec 1 kilogramme d'amandes ; divisez-la en cinq parties inégales ; masquez-en une partie en rouge veiné de blanc, pour imiter le jambon ; une autre partie en couleur café au lait, pour imiter le foie-gras ; une autre en noir avec chocolat et caramel, pour imiter les truffes ; enfin une parure en jaune foncé, et une partie de couleur naturelle.

Prenez une partie de la pâte rougie, hachez-la avec de la pâte naturelle, de la pâte café au lait et de la pâte noire, de façon à imiter le hachis du pâté ; liez-le avec un peu de gelée de pommes. Coupez en gros carrés le restant de la pâte café au lait, imitant le foie-gras ; lardez-les avec de gros filets de pâte noire imitant la truffe. Coupez des filets sur la pâte marbrée imitant le jambon, et des filets de pâte blanches, imitant le lard. Mêlez le tout dans une terrine, ajoutez quelques noix confites, bien noires, et des carrés de gelée de coings ou de gelée de pommes, bien ferme ; tous ces éléments constituent la garniture intérieure du pâté qu'on veut imiter.

Avec de la glace de sucre, saupoudrez l'intérieur d'un moule à pâté froid, à charnières, façon de Strasbourg ; foncez-le avec de la pâte jaune foncé ; puis, humectez intérieurement la pâte, doublez-la avec une enveloppe de pâte blanche, afin d'imiter exactement la croûte des pâtés de Strasbourg dont la partie intérieure n'est pas complètement atteinte.

Garnissez le vide de la caisse, en procédant comme s'il s'agissait d'un vrai pâté : la farce au fond et autour, les garnitures sur le centre, en ayant soin de distribuer les nuances avec discernement et de glisser entre les garnitures quelques cuillerées de gelée de coings dissoute, afin d'imiter la gelée d'aspic. Montez les garnitures en dôme, au-dessus du niveau de la crête du pâté ; couvrez-les avec une mince abaisse de pâte jaune, doublée de pâte blanche ; appuyez cette pâte en dôme et contre la crête ; coupez cette crête droite, pincez-la. Faites une cheminée sur le centre du dôme ; décorez celui-ci avec des feuilles imitées en pâte brune. Posez le pâté tel qu'il est, sur un fond en bois, masqué de pâte à nouille, collé sur plat.

Une heure après, enlevez le moule, en démontant les charnières ; pincez alors les surfaces de

Pl. 40.

Dessin 47.

Dessin 48.

Dessin 49.

Dessin 50.

Dessin 51.

la caisse, dans le même ordre que les pâtés de Strasbourg. Dorez cette caisse et le dôme, avec de la dorure aux jaunes d'œuf, légèrement brunie; laissez sécher. Brunissez ensuite au pinceau, avec modération, les parties saillantes de la pâte, afin de donner à l'imitation l'apparence d'un pâté cuit au four, ce qui est facile.

Au moment de servir cet entremets, faites-lui, à l'aide d'un couteau mince, bien tranchant, une large entaille sur le côté, afin de mettre à nu les garnitures intérieures et lui donner l'aspect d'un pâté déjà entamé. Entourez le fond en pâte à nouille avec de gros croûtons de gelée douce, coupée en triangles. — En procédant d'après la méthode que je viens de décrire, on peut très bien préparer des imitations de galantine et de jambon à la gelée : la pâte à massepain se prête admirablement à cette transformation.

Dessin 48. — GATEAU SULTAN

Cuisez un appareil de biscuit à la vanille, dans un moule à dôme; démoulez-le sur une grille. Cuisez en même temps du biscuit-punch dans une caisse carrée, en papier ou en fer-blanc, ayant 25 centimètres de diamètre sur 10 de hauteur; quand le biscuit est sorti de la caisse, laissez-le rassir; parez-le en forme de coussin; masquez-en les surfaces avec de la marmelade, et celle-ci avec une glace crue, à l'orange, légèrement nuancée en rouge; quand la glace est sèche, dressez le coussin sur plat; bordez-le avec un cordon de sucre filé fin, ou de sucre tors roulé à la main : disposez à chaque coin un gland, également imité en sucre de couleur jaune; imitez quelques petites broderies sur le tour avec de la glace-royale poussée au cornet.

Parez droit le biscuit en dôme, cernez-le à un centimètre des bords, videz-le ensuite en conservant le rond de la surface; remettez alors le biscuit dans le moule bien essuyé, incrustez-le sur glace. Un quart d'heure après, emplissez-le avec un appareil bavarois à la vanille, lié au moment; couvrez-le avec le rond enlevé.

Quand l'appareil est bien raffermi, démoulez le gâteau sur une grille; abricotez-le au pinceau, masquez-le entièrement avec une glace fondante aux pistaches, de nuance légère; décorez-le au cornet, avec de la glace et des confitures, puis fixez un petit pompon sur le haut. Dressez-le alors sur le centre du coussin, entourez-le avec un turban imité en sucre filé, rose, orné avec de petites boules de sucre blanc, et un pompon. Garnissez la base du coussin avec de la gelée hachée.

Dessin 49. — CASQUE EN NOUGAT

La pièce est représentée dressée sur un socle ovale, simplement composé de 2 abaisses dont l'une plus étroite que l'autre, reliées par un support central; celui-ci est dissimulé au regard par une charpente en carton, appliquée en talus. Le socle est fixé sur une base ovale portant sur son centre un tambour vide, en bois mince, de même forme que la base du socle.

La base de la pièce pose sur 4 pieds; elle est masquée en pastillage et bordée. Le double tambour sur lequel le socle est fixé est aussi masqué en pastillage, et orné d'une bordure montante. La charpente en talus, formant la base du socle, est plaquée avec des bandes rapportées de pastillage, abaissées au rouleau cannelé. Le haut de ce talus, juste au-dessous de l'abaisse supérieure du socle, est orné d'une belle guirlande composée de feuilles imitées, en pâte à massepain, et des roses imitées en sucre : les feuilles et les fleurs sont blanches.

Le sujet disposé sur le haut du socle se compose d'un casque moderne posant sur un bouclier renversé collé sur l'abaisse supérieure du socle. Ce bouclier est moulé en beau nougat, dans un moule en fer-blanc légèrement bombé; il est bordé tout autour, sur la lisière et sur son épaisseur, avec une bande en pâte à massepain ou en pâte d'amandes, bien blanche.

Le casque est aussi imité en nougat; il est moulé dans un moule en deux pièces[1]; les gourmettes et le creux de la crinière sont également formées dans un moule en fer-blanc. Le sabre antique posé en travers du bouclier, est aussi en nougat, formé dans un moule en deux pièces, et ornementé avec de la pâte d'amandes. Le corps du casque, les gourmettes, le garde nuque, le garde crinière sont aussi bordés avec un liseron en pâte d'amandes. La couronne de feuilles dont le casque est ceint est exécutée en pâte d'amandes. La crinière est imitée en sucre filé fin et blanc. Sur la gravure le casque paraît être soutenu simplement par les gourmettes, mais, en fait, ces deux appuis n'ont aucun effort à faire, car le poids du casque porte uniquement sur un soutien intérieur, en bois, coupé de hauteur voulue, portant sur le haut une sorte de calotte en pâte d'office mince, moulée sur le fond même du moule à casque, séchée, puis plaquée en pastillage mince. Le soutien est solidement collé debout sur le bouclier. Sans ce soin le casque en nougat ne pourrait résister à son propre poids et se déformerait certainement, pour peu que la chaleur ou toute autre cause imprévue vienne faire ramollir le nougat.

L'espace libre, entre le tambour et la bordure de la base, est garni de petits nougats à la crème, moulés dans des moules à dariole, et ornés chacun avec une anse imitée en pâte à massepain ou en feuilletage à *blanc*.

Dessin 50. — CROQUEMBOUCHE DE PETITS CHOUX, A LA CRÈME

Préparez environ 150 petits choux de forme ronde; quand ils sont cuits, ils doivent être bien égaux et avoir la grosseur d'une petite reine-claude; garnissez-les intérieurement avec de la crème frangipane aux amandes, vanillée.

Cuisez un petit poêlon de sucre au *cassé*. — Huilez légèrement un moule uni, de forme conique. — Piquez les choux à de petites brochettes, trempez-les vivement dans du sucre au *cassé*, d'un côté seulement; montez-les à mesure, par rangs superposés, contre les parois intérieures du moule. Quand le sucre est refroidi, démoulez le croquembouche sur un petit socle en pastillage collé sur plat, dont la frise est ornée d'une guirlande de feuilles et de fleurs en pastillage. Sur le haut du croquembouche, fixez une petite aigrette en sucre, ornée d'un petit pompon.

Ce croquembouche, dressé dans les conditions reproduites par le dessin, peut très bien être

---

1. Les moules à casque sont bien connus des pâtissiers; on les trouve dans tous les laboratoires.

utilisé comme pièce de milieu dans un dîner familier; en tout cas, il peut toujours figurer sur la table d'un dîner plus nombreux, à condition cependant qu'il ait un pendant établi dans le même ordre, et dans les mêmes dimensions.

Dessin 51. — GATEAU DELILLE, SUR PETIT SOCLE

Préparez un appareil à biscuit Delille, avec 600 grammes de sucre, 400 grammes de farine, 100 grammes de fécule, 400 grammes de beurre, 14 œufs, zeste et sel (page 25).

Beurrez 5 moules en fer-blanc, de forme hexagone et à cylindre; farinez-les, emplissez-les avec l'appareil préparé; cuisez les gâteaux à four doux.

Quand ils sont démoulés et refroidis, parez-les droits, abricotez-les légèrement; puis, masquez-en 3 avec une glace au marasquin, blanche; masquez les deux autres avec une glace à l'orange, légèrement rougie. Décorez les parois du gâteau avec des détails en fruits confits; montez-les en pyramide, l'un sur l'autre, en alternant les nuances et en les collant avec de la marmelade; dressez-les sur un petit socle collé sur plat; fixez sur le haut une petite aigrette en sucre, ornée d'un petit pompon.

Le socle sur lequel le gâteau est dressé est en pastillage, orné en relief, sur la frise, avec une guirlande également imitée en pastillage. La base et le pied de coupe sont aussi décorés en relief et ornés de bordures à jour, levées à la planche : le corps du socle et les détails sont blancs.

De même que les sujets de la précédente planche, ceux-ci peuvent être servis comme pièces de milieu sur la table d'un petit dîner.

SOMMAIRE DE LA PLANCHE 11

Dessins 52, 53. — GRADINS A SUJET. Dessin 54. — PAIN D'ABRICOTS, A LA ROYALE.
Dessins 55, 56. — GRADINS ÉTAGÉS.

Dessins 52, 53. — GRADINS A SUJET

Ces deux gradins sont montés sur des petits socles en sucre taillé. Les sujets sont exécutés en pastillage blanc, ornés avec des détails levés à la planche ou poussés au cornet ; ils sont fixés sur un support adapté sur le centre du socle, mais qui se trouve dissimulé au regard par un petit rocher imité en sucre soufflé, formant la base du sujet.

La garniture des gradins se compose simplement d'une belle couronne de petits gâteaux décorés. Mais la base du socle peut aussi être garnie avec des gâteaux de forme plus mignonne.

Les socles sont de forme basse, mais flatteuse, dégagée ; ils sont en sucre taillé, formés en deux pièces. Si l'on disposait de moules convenables, on pourrait les exécuter en sucre *tassé* ; dans les deux cas, ils doivent rester tout à fait blancs.

Dessin 54. — PAIN D'ABRICOTS, A LA ROYALE

Cette pièce se compose d'un pain d'abricots, moulé dans un moule plein, à créneaux, dressé sur le centre d'un socle en forme de couronne. Le socle est posé sur un large coussin imité, et celui-ci sur un fond en bois, masqué en pastillage, collé sur un grand plat long. A défaut d'un plat suffisant, la pièce peut être dressée sur un plateau de forme ovale, posé sur 4 pieds.

La couronne peut être exécutée en pastillage ; mais, pour plus de sécurité, il convient de la monter sur une charpente en fer-blanc, plaquée en pastillage blanc, en dehors et en dedans. En ce cas, la couronne est ornementée d'abord avec des détails en sucre rose coulé sur marbre et coupé à l'emporte-pièce, de façon à imiter les joyaux, puis avec des liserons perlés : ces perles peuvent cependant être imitées en sucre coulé. Les petites boules fixées sur les pointes de la couronne peuvent être imitées en sucre filé fin.

Le coussin sur lequel la couronne est posée est imité avec du biscuit aux amandes, distribué en abaisses minces, fourrées avec de la marmelade d'abricots. Mais ce coussin ne peut pas être tout en biscuit, car il doit porter sur son centre un appui en bois, masqué de papier, du même diamètre que la couronne qu'il doit supporter. Cet appui est disposé dans l'épaisseur du coussin et masqué avec une mince abaisse en biscuit, de façon qu'il reste invisible au regard.

Le fond ovale sur lequel repose le coussin est en bois, masqué de pastillage blanc; collez-le d'abord sur le plat ou sur le plateau. Façonnez alors le coussin avec le couteau, lissez-le bien; humectez-en les surfaces, au pinceau, avec de la marmelade d'abricots; puis, nappez-le avec une glace légère, au kirsch ou au marasquin; glissez-le aussitôt sur le fond en pastillage. Quand la glace est sèche, ornez-le tout autour, sur le milieu de son épaisseur, avec une torsade imitée en pâte à massepain ou en sucre filé fin. A chaque coin du coussin fixez un gland imité en sucre ou en biscuit, ornementé au cornet avec de la glace-royale. Sur le coussin posez la couronne et, au centre de celle-ci, posez un petit fond en bois mince masqué de papier blanc, portant sur le haut un rebord de 2 centimètres. de façon à pouvoir maintenir en équilibre le pain d'abricots.

Pour préparer ce pain, incrustez d'abord le moule sur glace; chemisez-le avec de la gelée rosée, à l'orange; emplissez-le ensuite avec un appareil de pain d'abricots, lié à point sur glace; faites-le prendre une heure et demie. Au moment de servir, trempez vivement le moule dans l'eau chaude, essuyez-le, renversez le pain sur le petit fond à rebord; piquez sur le haut un hâtelet composé d'une petite pomme rougie et d'une reine-claude verte. Entourez la base du fond ovale avec une chaîne de petites caisses plissées, garnies de fruits glacés au *cassé*.

Dessins 55, 56. — GRADINS ÉTAGÉS

Ces gradins sont à trois étages; ils sont construits sur un petit tambour de forme basse, portant sur son centre une tringle en bois, à laquelle sont enfilées les corbeilles et les abaisses formant étage.

Les corbeilles sont en pastillage ou en carton masqué de pastillage blanc, percées au fond pour donner passage à la tringle. Les abaisses sont en bois ou en pâte d'office, également percées; le tambour est en bois mince masqué en pastillage; il est orné d'une jolie bordure montante.

Les abaisses des étages sont masquées de papier blanc, en dessus, et ornées, sur les côtés, d'une double bordure à jour, en pastillage levé à la planche.

Ces gradins sont disposés pour aller sur la table d'un dîner, mais, étant construits en matière légère, ils pourraient aussi être présentés aux convives. Dans les deux cas, ils doivent être collés sur plat avec du sirop de froment ou du repère.

Le premier de ces gradins (dessin 55) est garni à sa base avec de petites meringues; les étagères sont garnies avec de jolis gâteaux décorés, d'espèce variée.

Le deuxième gradin, sur les étagères et à sa base, est garni de petits paniers d'orange et de mandarine, des quartiers d'orange rubanés et enfin de gros quartiers d'orange, glacés au *cassé*.

Pl. 11.

Dessin 52.

Dessin 53.

Dessin 54.

Dessin 55.

Dessin 56.

SOMMAIRE DE LA PLANCHE 12

Dessin 57. — GATEAU METROPOLITAIN.
Dessin 59. — CHARIOT EN NOUGAT.
Dessin 58. — RUCHE PARISIENNE.
Dessin 60. — MACÉDOINE DE FRUITS A LA GELÉE.
Dessin 61. — POUDING FROID, A L'AMBASSADRICE

Dessin 57. — GATEAU MÉTROPOLITAIN

Beurrez un moule à brioche, plat, à cannelons ; foncez-le avec de la pâte à flan ou pâte à foncer, fine ; emplissez-le à peu près à hauteur, avec un appareil de biscuit aux amandes, au kirsch ; cuisez-le à four doux.

Beurrez et glacez un moule à pyramide, pointu, en fer-blanc, ayant à son embouchure le même diamètre que le moule à brioche ; emplissez-le à peu près à hauteur avec un appareil de biscuit fin ; cuisez-le à four doux [1]. Démoulez les deux gâteaux, laissez-les refroidir.

Parez droit, sur le haut, le biscuit dans le moule à brioche ; masquez-en le dessus avec une couche de crème beurrée, aux amandes (page 125). Coupez en tranches transversales le biscuit en pyramide ; masquez ces tranches une à une, avec une couche de la même crème beurrée, montez-les sur le biscuit aux amandes, en commençant par les tranches les plus larges, de façon à remettre la pyramide en forme ; masquez celle-ci tout autour avec une couche de crème beurrée.

Introduisez le restant de cette crème dans une poche à douille ; puis, poussez des cordons en crème, tout autour de la pyramide, en commençant par le bas, de façon à imiter la toiture pointue d'une ruche en chaume, formant trois divisions, dans l'ordre reproduit par le dessin. Piquez sur le haut de la toiture un bâtelet formé avec des détails en biscuit coupé, décoré à sa base avec des perles en crème beurrée.

Dressez l'entremets sur un fond en bois, collé sur plat, couvert d'une serviette pliée. Tenez l'entremets 25 minutes dans l'armoire à glace pour raffermir la crème beurrée ; servez-le aussitôt.

Dessin 58. — RUCHE A LA PARISIENNE

Avec 500 grammes de farine, 500 grammes de glace de sucre, 150 grammes amandes moulues, sel et zeste, préparez une pâte à gaufres italiennes. Étalez une partie de cette pâte sur plaque beurrée, farinée, en bande ayant la longueur de 36 centimètres sur 13 de largeur ; cuisez à four chaud.

---

[1]. Pour cuire du biscuit dans un tel moule, il faut soutenir celui-ci d'aplomb, à l'aide d'un petit trépied en fer, placé sur un plafond couvert d'une couche de cendres.

Pl. 12.

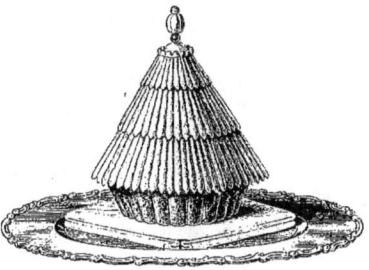

Dessin 57.

Dessin 58.

Dessin 59.

Dessin 60.

Dessin 61.

Aussitôt à point, retirez-la du four ; coupez-la sur patron en demi-carton, ayant 35 centimètres de long sur 12 de largeur ; enroulez-la aussitôt autour d'un moule à cylindre uni [1]. Enveloppez aussitôt la bande avec le carton ayant servi de patron ; nouez-la avec de la ficelle, de façon à la maintenir ; laissez-la refroidir ainsi ; démoulez-la ensuite, soudez-en la jointure avec du sucre au *cassé* ou de la glace ; collez-la aussitôt sur une abaisse en pâte d'office de 2 centimètres plus large.

Prenez un moule en fer-blanc, forme d'entonnoir, ayant 17 à 18 centimètres à son embouchure et 15 centimètres de profondeur. Étalez le restant de l'appareil sur une autre plaque, en bande de 45 centimètres de long sur 16 de largeur ; cuisez-la, coupez-la droite sur les côtés, et en biais, sur les bouts, à l'aide d'un patron, de façon à pouvoir l'introduire dans l'entonnoir et la faire refroidir ainsi ; soudez-en les jointures : cet entonnoir doit former la charpente de toiture de la ruche.

Maintenant masquez la caisse en pâte à gaufres, collée sur l'abaisse, avec une mince couche de meringue italienne, en ménageant une petite ouverture vers le centre, en imitation de porte cintrée, dont la base est munie d'un petit appui en relief. Rayez la meringue en travers avec un cordon de glace-royale ; faites-la sécher à l'étuve douce.

Posez la charpente de toiture de la ruche sur le moule à cylindre ayant servi à former le corps de la ruche ; puis, avec de la même meringue légèrement jaunie, poussez au cornet des cordons réguliers, disposés les uns sur les autres, en commençant par le bas, de façon à obtenir une imitation de toiture en chaume ; faites sécher à l'étuve.

Au moment de servir, dressez le corps de la ruche sur une serviette pliée ; entourez-en la base avec de petites meringues garnies de crème ; emplissez-en le vide, soit avec de la crème fouettée, soit avec une plombière. Couvrez-la avec la toiture, envoyez aussitôt l'entremets.

Dessin 59. — CHARIOT EN NOUGAT

Cette pièce est représentée ici sur un socle à deux gradins formés par deux tambours en bois mince, de forme ovale, disposée sur une base portée sur quatre pieds : la base et les tambours sont masqués en pastillage et bordés.

Le chariot est tout simplement une imitation de brouette de jardinier ; elle est exécutée en nougat, elle est garnie de fruits confits ou frais, glacés en *cassé*.

L'exécution du chariot est d'autant plus facile que sa partie principale, la caisse, se compose de surfaces planes, pouvant être façonnées, sans le secours d'aucun moule. Cette caisse est en forme de carré long, composée de cinq abaisses en nougat aux amandes hachées ou en petits dés, coupées sur patron. — Pour que cette pièce soit d'un joli effet, elle exige d'être non seulement correcte, mais encore exécutée avec du beau nougat clair, d'une égale nuance dans ses différentes divisions, comme aussi dans tous ses détails.

Pour cette opération, il est nécessaire de s'y mettre à plusieurs personnes. Il faut d'abord couper des patrons en carton s'adaptant aux différentes divisions de la caisse, afin de pouvoir les

---

[1]. Les moules d'entremets, unis, à cylindre, mesurent 14 centimètres de diamètre sur 12 de hauteur ; le développement du tour mesure 35 centimètres.

couper exactement dans les proportions établies d'avance, et les faire raccorder ensemble. Si les divisions de la coupe peuvent être exécutées sans moules, il n'en est pas tout à fait de même des détails qui lui sont appliqués; ceux-ci, si l'on veut obtenir un ensemble bien correct, doivent être moulés. Ainsi, la roue de l'avant, sauf le moyeu en relief, peut être exécutée en deux parties, dans un même moule en fer-blanc; ces parties exactement semblables seront aussitôt accouplées et collées au sucre; il en est de même des brancards, qui peuvent être moulés dans un seul moule : ces moules, tout à fait simples, sont d'une exécution tellement facile, qu'on ne doit pas hésiter à les faire exécuter. Mais, avant, il est bon de dessiner la pièce dans les dimensions qu'on veut l'obtenir, afin que les détails correspondent avec l'ensemble. Les dimensions de la pièce peuvent être plus ou moins étendues, selon que le socle sera plus ou moins haut et long, car il faut absolument que ces deux parties du sujet soient relatives et proportionnées. — Quand les différentes divisions du chariot sont ou coupées ou démoulées, il faut les assembler et les coller au sucre, puis, les ornementer avec des détails en pâte à massepain, qui dissimuleront au regard leur jonction et leur soudure.

Si la caisse du chariot devait rester vide, la soudure au sucre serait suffisante pour maintenir la pièce en équilibre ; mais si cette caisse doit être garnie avec abondance, il faut absolument, avant de la garnir, la soutenir en dessous à l'aide d'un solide support en nougat ou en bois masqué de pastillage, disposé exactement contre la partie centrale, de façon que le poids de la caisse ne pèse ni sur les brancards ni sur la roue ; ce support doit être dissimulé à l'aide d'une petite gerbe de sucre filé : c'est seulement dans ces conditions que la caisse doit être garnie. Cette garniture se compose surtout de fruits variés : reines-claudes et dattes farcies, quartiers d'abricots confits, amandes vertes, cerises mi-sucre, raisins frais, grosses fraises et quartiers d'orange, tous glacés au *cassé* et groupés dans le vide avec symétrie, selon les espèces de fruits qu'on a à sa disposition.

Les gradins du socle sont garnis avec de jolis petits gâteaux variés.

Dessin 60. — MACÉDOINE DE FRUITS, A LA GELÉE

La gelée est un entremets universel, aujourd'hui servi dans toutes les contrées ; on pourrait même ajouter dans tous les festins ; mais, hélas ! combien peu sont méritoires. Les bonnes gelées, les meilleures, sont celles préparés avec la colle de poisson ; malheureusement, ce produit étant d'un prix très élevé, les chimistes ont voulu y substituer la gélatine ; mais celle-ci, pour belle et pure qu'elle soit, n'est cependant qu'une imitation très éloignée, pouvant y suppléer, sans la remplacer exactement. La colle de poisson dissoute donne une gelée moelleuse et d'une grande délicatesse.

Pour qu'une gelée soit délicate, pour que son arome ressorte bien, elle ne doit pas être trop collée : une gelée bien faite, ne doit être collée qu'à ce point où, mise dans la bouche, elle fond. Mais moins elle est collée, plus elle est exposée à s'affaisser lorsqu'on la démoule, et une gelée qui tombe, tout en ne perdant rien de ses qualités, se trouve cependant dans une condition anormale, n'ayant rien d'agréable au regard ; or, les entremetiers ne doivent jamais perdre de vue le double mérite de satisfaire tout à la fois les yeux et le goût des gourmets.

Dans un dîner d'amateurs, peu nombreux, peu compliqué, où l'artiste a toutes ses aises, il est facile de prévenir ce double danger : ou de servir une gelée trop collée, ou de s'exposer à ce qu'elle s'affaisse. Le premier de tous les soins devrait consister à ne former la gelée que dans un moule muni d'un couvercle, afin que, sur la glace, elle puisse se frapper à un égal degré sur toutes ses surfaces; malheureusement, ces moules ouvragés sont toujours dépourvus de couvercle; c'est là un grand défaut. En tout cas, une gelée délicate ne doit être démoulée que dans l'avant-salle, de façon à pouvoir la faire présenter aux convives à l'instant même qu'elle est dressée sur le plat.

Mais, dans un dîner nombreux et compliqué, cette dernière précaution devient à peu près impossible ou tout au moins fort difficile à observer; non seulement par ce motif que les entremets sont nombreux, mais parce qu'ils sont ordinairement garnis, ornementés, et qu'alors ils exigent d'être dressés d'avance, afin de ne pas s'exposer à interrompre le cours du service. Dans ce dernier cas, il est évident que mieux vaut courir le danger de servir une gelée un peu plus collée, plutôt que d'aller à l'encontre d'un autre plus apparent, et, en somme, plus désagréable.

Avant de mouler une gelée, il est urgent de se rendre compte de son degré de solidité; pour s'en assurer, il suffit d'en essayer une petite partie dans un moule, en la faisant prendre sur glace.

Cependant, il peut arriver qu'en dépit de toute précaution, une gelée moulée puisse, au moment d'être servie, se trouver trop collée ou trop faible. Dans le premier cas, il est impossible d'y remédier : ce défaut est irréparable; mais c'est aussi celui qu'il est le plus facile d'éviter. En fait, le danger de mouler une gelée trop faible, est celui qui se présente le plus communément; car, même avec les précautions voulues, il est des causes indépendantes qui peuvent l'amener. Eh bien, pour combattre cet obstacle, il n'y a qu'un moyen : c'est de la faire frapper à la glace salée, 20 à 25 minutes.

Préparez un petit socle en sucre taillé, de forme basse; creusez-le légèrement sur le haut, afin que la gelée ne puisse glisser et se trouve retenue par un rebord percé de petits trous, à distance égale, afin de pouvoir y piquer les hâtelets de fruits; collez-le sur plat. — Choisissez un moule en cuivre, plein, sans cylindre, dit à créneaux. — Préparez de jolis petits hâtelets garnis de fruits : pommes taillées en bobèche, reines-claudes et cerises mi-sucre. — Prenez la valeur de 125 grammes de colle de poisson clarifiée (page 97); sucrez-la avec du sirop limpide, bien épuré, ajoutez le suc filtré de 5 à 6 oranges et de 2 citrons. Essayez sa consistance dans un petit moule à dariole.

Incrustez le moule à créneaux, sur glace pilée, dans un petit baquet; emplissez-le par couches avec de la gelée, en distribuant sur chaque couche quelques petits fruits frais ou confits, mais légers, afin de ne pas nuire à la solidité de la gelée, quand elle sera renversée sur le socle. Quand le moule est plein, fermez-le avec son couvercle[1]; couvrez-le avec de la glace; tenez-le ainsi 2 heures. — Au moment de servir, trempez le moule à l'eau chaude; essuyez-le, renversez la gelée sur le socle; piquez sur le haut un petit hâtelet garni de fruits, piquez les autres en éventail sur les bords du socle.

Dessin 64. — POUDING FROID, A L'AMBASSADRICE

Préparez un fond en sucre taillé, en pastillage, ou même en biscuit-punch, dans les conditions représentées par le dessin. — Faites frapper sur glace salée et salpêtrée, un moule uni, à pouding, de forme conique, ayant un couvercle qui s'emboîte à son embouchure. Décorez-en les parois avec

---

1. Tous les moules à entremets, chauds ou froids, avec ou sans cylindre, doivent être munis d'un couvercle enblanc fer s'adaptant juste au diamètre de chaque moule.

des détails en pâte de reines-claudes ou d'abricots, coupés à l'emporte-pièce, humectés avec de la gelée, pour les coller.

Coupez chacun en deux parties 2 douzaines de marrons confits; mettez-les dans une terrine avec moitié de leur quantité de cerises mi-sucre; faites-les macérer une heure avec du marasquin.

Délayez, dans un poêlon, 500 grammes de purée de marrons, avec 4 à 5 décilitres de crème anglaise à la vanille; faites bien refroidir l'appareil sur glace, en le travaillant avec une cuiller; incorporez-lui alors la valeur d'un litre de bonne crème fouettée; dressez-en une couche au fond du moule frappé; fermez le moule, laissez raffermir l'appareil; masquez alors cette couche avec des tranches de biscuit, imbibées au marasquin; sur le biscuit, rangez une couche de marrons et de cerises; couvrez avec une autre couche d'appareil; laissez-le raffermir; recommencez l'opération jusqu'à ce que le moule soit plein; masquez-en l'ouverture avec un rond de papier, fermez-le avec son couvercle; mastiquez-en les jointures, couvrez-le avec une épaisse couche de glace salée; faites-le frapper une heure et demie. — Au moment de servir, lavez le moule à l'eau froide, enlevez le couvercle, trempez-le vivement à l'eau chaude; démoulez le pouding sur le fond préparé. Entourez-le avec une couronne de belles reines-claudes; piquez sur le haut un hâtelet garni; entourez celui-ci avec des cerises mi-sucre, bien rouges.

SOMMAIRE DE LA PLANCHE 13

Dessin 62. — CYGNE AUX ŒUFS DE PAQUES.
Dessin 64. — NAVIRE EN NOUGAT.
Dessin 63. — CORNE D'ABONDANCE AUX ŒUFS DE PAQUES.
Dessin 65. — FORTERESSE EN BISCUIT.
Dessin 66. — PANIER AUX ŒUFS DE PAQUES

Dessin 62. — CYGNE AUX ŒUFS DE PAQUES

Cuisez du biscuit fin ou de la génoise dans un moule en fer-blanc, sans fond, de forme ovale, ayant 22 centimètres de long et la hauteur de 7 à 8 centimètres; laissez-le rassir. Parez-le; masquez-en les surfaces avec une mince couche de marmelade d'abricots; posez-le sur une grille, masquez-le entièrement avec une glace au marasquin; collez-le aussitôt sur un plat long; ornez-le, sur la lisière du haut, avec une bordure en chute-d'eau, levée à la planche avec de la pâte fine à massepain; à défaut de planche, on peut simplement pousser la bordure au cornet avec de la glace-royale.

Abaissez au rouleau, de la pâte d'office; sur cette abaisse, coupez le profil d'un cou de cygne et de 2 ailes; coupez aussi une abaisse ovale un peu plus étroite que le biscuit. Cuisez-les sur plaque beurrée et farinée; façonnez ensuite les ailes et le cou avec le couteau; puis, avec du sucre au cassé, collez le cou du cygne sur l'un des bouts de l'abaisse ovale; collez aussi les ailes un peu plus bas, en les élevant, sans les rapprocher trop. Fixez cette sorte de charpente du cygne sur un plafond ; masquez vivement le cou et les ailes avec de la meringue italienne préparée au moment, en leur donnant à peu près la forme ; lissez bien la meringue ; tenez-la à l'étuve, 10 minutes ; posez la charpente sur le biscuit. Quand la meringue est froide, masquez-la avec une mince couche de crème fouettée, ferme, bien égouttée, peu sucrée ; puis, façonnez les surfaces aussi avec de la crème, à l'aide d'un cornet, de façon à modeler le plumage aussi bien que possible. Imitez les yeux du cygne avec un petit losange en écorce d'orange confite, sur lequel est collé un rond de cerise bien rouge ; accrochez à son bec une petite guirlande en pâte à massepain, levée à la planche, posée à cheval sur son cou. — Entourez alors le fond du plat avec une gerbe de sucre filé, façonnée en imitation de nid, de forme ovale. Entre ce nid et le biscuit, dressez debout, les uns à côté des autres, des œufs imités soit en biscuit, soit en blanc-manger.

Au moment de servir, dressez une plombière aux amandes dans le vide laissé sur l'abaisse en pâte, en la disposant avec la lame d'un couteau, de façon à imiter le corps du cygne. — On pourrait préparer cet entremets, en imitant l'avant-corps du cygne avec du biscuit-punch, pour le masquer ensuite avec de la crème fouettée : la chose est faisable, mais dangereuse. — Avec des moules convenables, on pourrait exécuter le cou et les ailes de cygne, en nougat.

Dessin 63. — CORNE D'ABONDANCE, AUX ŒUFS DE PAQUES

Collez sur plat long, un fond-d'appui ovale, en bois, masqué de pastillage, bordé. — Avec du nougat aux amandes émincées, foncez un moule à corne d'abondance, légèrement huilé. Quand le nougat est froid, démoulez la corne ; collez-la aussitôt sur une abaisse ovale, en pâte napolitaine, en l'élevant un peu, à l'aide d'un petit support en nougat collé au sucre, sur l'abaisse. Décorez-la alors avec des détails en pâte à massepain, levés à la planche ; décorez-en l'embouchure avec une jolie bordure saillante, encadrée par un liseron perlé, également en pâte à massepain ; posez-la ainsi sur le fond-d'appui.

Videz de petits œufs de poule, bien propres ; emplissez-en la moitié avec un appareil de blanc-manger à la vanille, blanc, très légèrement lié sur glace ; emplissez l'autre moitié avec du même appareil, légèrement rougi ; tenez-les sur glace une heure. — Avec des mandarines à peau ferme, ou de petites oranges, préparez des paniers, à anses festonnées. Remplissez-les avec de la gelée d'oranges ou de mandarines, au champagne ; faites raffermir celle-ci sur glace, une couple d'heures. Au moment de servir, supprimez la coquille des œufs ; dressez-les à mesure dans l'ouverture de la corne d'abondance ; dressez les petits paniers autour du fond-d'appui.

Dessin 64. — NAVIRE EN NOUGAT

Cette pièce est établie sur un petit socle ovale, formé de deux abaisses en bois, dont l'une plus étroite que l'autre, reliées ensemble par deux supports latéraux ; le socle est posé sur quatre pieds. L'abaisse inférieure est masquée en pâte d'amandes, gommée et ornée d'une bordure montante. L'abaisse supérieure est bordée en chute-d'eau avec de la même pâte d'amandes, levée à la

Pl. 13.

Dessin 62.

Dessin 63.

Dessin 64.

Dessin 65.

Dessin 66.

planche ; sa surface plane, figurant une nappe d'eau, est simplement masquée de papier blanc, puis d'une gerbe de sucre filé à la *jetée*, façonnée à la main. Les filons en pâte d'amandes sont entremêlés avec de minces cordons de sucre coulé sur marbre.

Le navire est imité en nougat, avec des amandes coupées en dés ; cette imitation est d'une exécution facile, à condition qu'on dispose d'un moule en fer-blanc, en deux pièces, qui sont moulées séparément, puis assemblées et soudées au sucre au *cassé*. Ces moules sont faciles à faire exécuter, il suffit d'en donner les proportions justes à un ferblantier tant soit peu intelligent. Le pont du navire est simplement coupé sur une abaisse mince de nougat, à l'aide d'un patron en fer-blanc. Le mât et les cordages sont imités en sucre *tors* ; l'ancre est en pâte à massepain ; la voile peut aussi être imitée en pâte bien blanche ; en ce cas, elle doit être doublée en tulle amidonné, puis séchée sur une forme adaptée ; elle est ensuite suspendue à la mâture, à l'aide d'un simple fil d'archal argenté. Mais cette voile peut aussi être imitée avec du demi-carton blanc, glacé.

Le navire, ne comportant aucune garniture, reste dans son état naturel, c'est-à-dire simplement ornementé avec des détails en pâte d'amandes ; c'est en raison de ce fait que l'ornementation du socle est uniquement composée avec un mélange de fruits et de gâteaux variés, glacés au *cassé*, disposés en rocher, formant ainsi tout à la fois et l'ornement et la garniture de la pièce.

Ces sortes de pièces étant destinées à être démolies et mangées par les convives, il faut bien observer de ne faire entrer dans leur composition que des éléments mangeables, n'inspirant aucune crainte et ne faisant courir aucun danger ; aucune couleur, aucune pâte qui ne puisse être mangée. C'est par ce motif que la charpente du rocher reliant les deux abaisses du socle doit être construite en nougat, au lieu d'être en carton ; c'est sur ce support que les fruits et les gâteaux sont groupés, en ayant soin de ne les coller avec le sucre que juste ce qu'il faut pour les soutenir, afin que ceux qui veulent s'en servir n'aient aucun effort à faire.

Entre le rocher et la bordure, est disposée une belle couronne de grosses bouchées en biscuit, de forme ovale, les unes masquées d'une couche de marmelade de reines-claudes, les autres masquées de crème viennoise : les deux espèces glacées au kirsch et perlées au cornet avec de la meringue.

Cette pièce peut être servie seule sur la table d'un petit dîner, comme pièce centrale, ou même sur la table d'un petit buffet. Mais elle peut aussi être servie sur la table d'un grand buffet, à condition de lui donner un pendant, dans le genre du chariot reproduit à la planche précédente.

Dessin 65. — FORTERESSE EN BISCUIT

Cette pièce est représentée dressée sur un fond en génoise, de 2 centimètres d'épaisseur, glacé à l'orange, collé sur le centre d'un grand plat orné d'une bordure en pâte à massepain, levée à la planche. — Le corps de la forteresse est imité en biscuit fin, cuit dans un moule en fer-blanc, sans fond, légèrement conique. Le crénelage, du haut et du bas, est exécuté en biscuit-punch ; ce crénelage peut être exécuté de deux façons : le biscuit-punch offrant l'avantage de pouvoir être coupé très lisse, on peut le cuire en abaisse de l'épaisseur voulue et, sur ce biscuit, couper les créneaux un à un, pour les assembler sur une abaisse en pâte d'office, les coller et les parer ensuite. Si l'on ne veut pas se donner la peine de faire exécuter des moules convenables et adaptés, cette méthode est la plus pratique; elle exige seulement de la précision. Mais si l'on dispose de 2 grandes bordures en fer-blanc, même lisses, sans être à créneaux, l'opération se simplifie et devient moins minutieuse. En ce cas, il suffit de cuire le biscuit dans les moules, le laisser rassir, le découper ensuite en créneaux. Toute la question repose alors sur les justes proportions des 3 moules entre eux, qui doivent forcément se raccorder.

Dans les deux cas, il est bon d'observer que les deux crénelages sont tout à fait indépendants du corps de la forteresse, et qu'ils sont tous deux plus larges, même celui du haut, formant saillie. Celui du bas est non seulement plus large, mais aussi plus épais; celui-ci doit être collé avec de la marmelade serrée, sur une abaisse pleine, en pâte d'office; celui du haut doit être collé sur un anneau également en pâte d'office. Le diamètre du crénelage inférieur doit être assez large pour laisser un petit espace libre entre lui et le corps de la forteresse, quand celui-ci sera posé sur son centre.

Quand le biscuit fin est rassis, cernez-le d'abord sur le haut, en laissant un espace égal à la largeur du deuxième crénelage qui doit surmonter le biscuit; creusez ensuite celui-ci, à mi-hauteur, contre les parois extérieures, à l'aide d'un petit couteau, 7 à 8 ouvertures plus hautes que larges, à égale distance, pour imiter les embrasures de la forteresse, auxquelles seront adaptés des demi-tubes de canon, imités en sucre taillé ou en pâte à massepain.

Masquez alors les surfaces du biscuit avec une couche de marmelade d'abricots; lissez-la, laissez-la sécher. Posez le biscuit sur une grille, nappez-le entièrement avec une glace à l'orange, légère, nuancée en jaune. Quand la glace est sèche, plaquez l'intérieur des meurtrières avec des bandes minces de pâte à massepain; puis, carrelez les surfaces à l'aide d'un mince cordon de glace poussée au cornet. — Masquez légèrement, au pinceau, avec de la marmelade, les surfaces des deux crénelages; nappez-les aussi avec de la glace à l'orange. Quand la glace est sèche, plaquez les créneaux, à l'intérieur et en dessus, avec des bandes minces de pâte blanche.

Posez d'abord le grand crénelage sur le fond en génoise, collé sur plat; au centre de ce crénelage, sur l'abaisse, posez le corps de la forteresse; masquez-en la surface plane avec de la marmelade, et posez dessus le cercle en pâte portant le deuxième crénelage.

Entre la bordure et le fond en génoise sur lequel la pièce est fixée, rangez une chaîne de boules d'égale grosseur, en pâte de marrons, glacées au chocolat. — Au moment de servir, dressez dans le creux du biscuit, soit une crème chantilly, soit une plombière à l'orange.

Si l'on disposait de moules convenables, cette pièce pourrait être exécutée en nougat; il en faudrait trois, l'un tout à fait lisse pour le corps de la forteresse, les deux autres à créneaux, de dimensions différentes. Ni les uns ni les autres de ces moules ne présentent de sérieuses difficultés d'exécution : tous les ferblantiers peuvent s'en charger. — En tout cas, le corps de la forteresse peut toujours être exécuté à l'aide d'anneaux en pâte napolitaine, en opérant comme pour les gâteaux napolitains.

Dessin 66. — PANIER AUX ŒUFS DE PAQUES

Le panier représenté par le dessin est exécuté en pastillage, sur une forme en fer-blanc; l'anse peut être imitée en pastillage ou en sucre *tors*. Si l'on disposait d'un moule convenable, le panier pourrait être exécuté en nougat. Dans les deux cas, il est fixé sur un petit gradin ovale, formé par deux abaisses en bois, masquées en pastillage et ornées d'une bordure à jour. La plus large abaisse doit s'adapter juste à la cuvette du plat long dans lequel la pièce doit être servie.

La lisière du panier est ornée d'une guirlande de petites roses en sucre, de deux nuances : rouges et blanches, entremêlées de feuilles vertes, imitées en pâte à massepain, levées à la planche, et non artificielles. Dans les pièces de pâtisserie, mangeables, ornementées, il faut éviter avec le plus grand soin d'employer des feuilles, fleurs ou fruits artificiels, dont la couleur peut être préparée avec des produits dangereux pour la santé.

L'ouverture du panier est fermée sur le haut, à petite distance des bords, avec du carton blanc, sur lequel seront dressés les œufs, formant la garniture du panier. Ces œufs sont de deux sortes : les gros sont imités en blanc-manger, blanc et rose; les petits sont en pâte à massepain, glacés au chocolat; ces derniers pourraient aussi être imités en pâte de marrons au sucre, glacé au chocolat.

Au moment de servir, cassez les coquilles des œufs ; rangez-les l'un à côté de l'autre sur l'ouverture du panier, en les appuyant sur une couche de gelée douce, finement hachée, en les inclinant légèrement et en alternant les nuances : un rouge et un blanc. — Sur le centre de l'ouverture du panier, dressez debout, un bouquet de petits œufs glacés au chocolat. Entourez la base du panier, aussi avec ces mêmes œufs glacés, posés debout ; garnissez ensuite l'abaisse inférieure avec de petites meringues à la crème. — Cette pièce, d'une exécution relativement facile, est d'un effet charmant ; elle peut figurer avec à propos, le jour de Pâques, sur la table d'un dîner de famille, comme pièce de milieu.

SOMMAIRE DE LA PLANCHE 14

Dessins 67, 68. — COUPES EN NOUGAT.
Dessin 70. — CORBEILLE GARNIE DE FRUITS GLACÉS.
Dessin 69. — CORNES D'ABONDANCE, JUMELLES.
Dessin 71. — CORNE D'ABONDANCE, GARNIE.

Dessins 67, 68. — COUPES EN NOUGAT, GARNIES DE FRUITS

J'ai réuni dans cette planche cinq sujets variés qui, par le fond, appartiennent au même genre. Ce sont des coupes, des cornes d'abondance et des corbeilles exécutées en nougat; les uns comme les autres de ces sujets peuvent être servis comme gros entremets ou comme pièces de pâtisserie, ils sont tous connus et familiers aux pâtissiers, car les moules dans lesquels on les exécute sont répandus dans tous les laboratoires, aussi bien en France qu'à l'étranger. — Ces sujets peuvent aussi être exécutés en pâte d'amandes.

Le nougat est un produit très estimable s'il est bien préparé, mais sans valeur aucune, désagréable et vulgaire s'il est mal compris, mal rendu. Son apprêt est simple, d'une exécution facile, n'offrant aucune difficulté sérieuse, et, en somme, n'exigeant pas une grande science. Cependant, on

Pl. 14.

Dessin 67.

Dessin 68.

Dessin 69.

Dessin 70.

Dessin 71.

le rencontre rarement rendu dans toute la perfection que la matière comporte. Pourquoi ce défaut, où est la cause, où est le remède ? La cause est facile à indiquer, mais difficile à combattre, car elle s'appelle *routine !* Le remède est simple, mais peu attrayant pour les esprits rebelles ou indifférents ; il se résume aussi en un seul mot : *étude !* c'est-à-dire, recherche du vrai dans l'obscurité ; profit de la pratique sur l'expérience des faits ; enfin, premier mobile du progrès !

Pour préparer du bon nougat, du beau nougat, il faut, avant tout, avoir à sa disposition de belles amandes, mondées avec soin, longtemps dégorgées, bien épongées, puis émincées et séchées ; le point le plus important, c'est de les sécher à fond, sans violence, dans une étuve tempérée, à l'abri de la poussière, étalées en couche mince sur une plaque couverte de papier ; mais, pour les sécher dans ces conditions, il faut absolument s'y prendre à temps, afin de pouvoir agir sans précipitation, car des amandes trop vivement séchées restent humides à l'intérieur, et alors, si elles sont mêlées au sucre cuit, elles le font noircir ou grainer, deux cas qui rendent l'opération imparfaite.

Après les amandes, c'est le sucre ; celui-ci doit être de premier choix ; le sucre de canne est préférable, car les sucres de betterave sont souvent défectueux : le beau sucre n'est ni plus difficile à se procurer, ni plus cher que le mauvais, mieux vaut n'employer que le meilleur. Il doit être pilé et passé au tamis, mais sans être déglacé. Les proportions du sucre avec les amandes émincées et séchées sont de moitié : 250 grammes de sucre pour 500 grammes d'amandes ; 2 cuillerées de suc de citron ou une cuillerée d'acide citrique.

Au moment d'opérer, les amandes doivent être bien chauffées. La cuisson du sucre doit avoir lieu sur un feu doux ; il ne faut pas cesser de le remuer avec une cuiller, afin que la dissolution soit plus prompte et plus régulière. C'est dans la cuisson exacte et parfaite de ce sucre que repose toute l'opération. S'il est mal cuit, le nougat sera forcément manqué, sans valeur ; il se moulera mal ou bien, il sera défectueux au regard, désagréable sous la dent. Il faut donc que le praticien étudie avec la plus grande attention ce point précis de cuisson où le sucre, de cette teinte dorée et claire qu'il acquiert au début, passe tout à coup à une autre teinte plus vive, pour arriver au ton aigu, limite extrême, la dernière avant d'arriver au brun. C'est alors que les amandes lui sont amalgamées ; car c'est le moment où il ne graine plus, se mélange sans difficulté, et où on le voit aussitôt revenir à une nuance plus claire ; c'est le signe distinct de la perfection du nougat ; c'est à ce point qu'il peut être moulé ; il se trouve exactement dans les conditions voulues pour prendre toutes les formes, il ne s'affaisse plus, car quelques minutes suffisent pour le raffermir.

Ces simples observations renferment, au fond, la théorie du nougat.

La coupe représentée par le dessin 67 est formée à l'aide de 2 moules : la base et le haut, sans charnières ; ces moules doivent toujours être légèrement huilés avant de les foncer. — Le nougat doit être foncé aussi mince que possible.

Quand la coupe est soudée sur son pied, la pièce est fixée sur un fond-d'appui masqué en pastillage, collé sur plat. Elle est alors bordée, puis garnie avec des fruits confits variés en espèce et en nuance. On groupe ordinairement ces fruits dans la coupe, à mesure qu'ils sont glacés ; mais cette méthode n'est pas rationnelle, car alors les fruits se collent ensemble avec une telle ténacité qu'on ne peut les détacher qu'en les brisant avec effort et en brisant la coupe elle-même. Or, un entremets dans de telles conditions ne peut être présenté aux convives. Dans les cas même où ces pièces sont destinées à figurer sur la table d'un buffet, il est indispensable que chacun puisse se servir à son aise. Il est donc préférable de glacer ces fruits en laissant d'abord refroidir le sucre, pour les grouper ensuite, soit en les posant tels quels, soit en les collant très légèrement avec du sucre, de façon à pouvoir les détacher facilement.

La base de cette coupe est entourée avec une couronne de petits gâteaux. Les deux anneaux peuvent être exécutés en sucre *tors*, en sucre *filé* ou en pastillage. L'anse peut être formée par une bande en sucre au *cassé* refroidie sur une forme appropriée ; elle peut aussi être en nougat ou en pâte d'amandes ; en tout cas, dès qu'elle est collée en place, elle doit être décorée, soit au cornet, soit avec de petites fleurs en glace ou en sucre, soit simplement avec du sucre filé. La bordure de la coupe est formée avec des cerises imitées en pâte d'amandes, glacées au *cassé*.

Une belle garniture de fruits glacés convient certainement à ces coupes ; cependant, on peut sans inconvénient remplacer ces fruits par un appareil de plombière, dans les cas où elles seraient servies comme gros entremets. — La coupe représentée par le dessin 68 est aussi en nougat ; elle est formée dans un moule en deux parties : le pied et la coupe ; le moule du pied est d'une seule pièce, mais celui de la coupe est à charnières. La pièce est garnie avec des fruits confits, glacés au *cassé* ; elle pose sur un fond-d'appui collé sur plat. L'anse est formée en sucre *tors*.

Dessin 69. — CORNES D'ABONDANCE, JUMELLES, EN NOUGAT

Cette pièce peut être servie dans un dîner, comme pièce de milieu, ou sur la table d'un buffet, comme pièce de pâtisserie.

Les deux cornes d'abondance sont formées dans des moules à charnières, s'ouvrant sur leur longueur ; elles sont représentées fixées sur un fond-d'appui en pastillage ayant un montant sur son centre ; elles sont garnies sur place avec des fruits variés, glacés au sucre ; mais ceux-ci, ayant un point d'appui suffisant dans le creux des cornes, peuvent être groupés sans être collés. Le vide entre les deux cornes d'abondance est fermé par un bouquet de quartiers d'orange, glacés au *cassé* ; le tour du fond-d'appui est garni avec une chaîne de petits gâteaux décorés.

L'embouchure des cornes d'abondance est décorée avec des détails en pâte d'amandes formant bordure ; sur leur extrémité sont disposées de petites bobèches en sucre, dans lesquelles, au dernier moment, on colle un petit pompon en sucre filé. Un autre pompon plus gros est placé dans la coupe fixée sur le haut du montant central.

Dessin 70. — CORBEILLE DE FRUITS GLACÉS

Cette corbeille est représentée dressée sur un fond-d'appui en pastillage, formant gradin. La base de la corbeille et le fond du plat sont garnis avec de petits gâteaux.

Cette corbeille est exécutée en pâte d'amandes ou en pastillage ; mais, de même que les coupes et les cornes d'abondance, elle peut être exécutée en nougat : elle est formée dans un moule en deux pièces que tout le monde connaît. Si elle est en pastillage, les surfaces extérieures sont décorées en grillage, au cornet. Les bords supérieurs de la corbeille, sa base et le point de jonction des deux pièces, sont ornés avec un liseron levé à la planche.

Le creux de la corbeille est garni avec des fruits frais et des fruits confits, glacés au *cassé*, puis groupés en pyramide, en les collant légèrement. Mais cette garniture de fruits n'est pas obligatoire ; elle peut être remplacée par un appareil de plombière, dressé en pyramide et entouré, à sa base, avec une chaîne de jolis petits gâteaux ou simplement avec des fruits imités en pâte à massepain, c'est-à-dire de la pâte d'amandes cuite ; avec cette pâte, on peut imiter des amandes vertes, fourrées, des reines-claudes ou des cerises : c'est avec elle qu'on farcit les dattes.

Dessin 71. — CORNE D'ABONDANCE GARNIE DE FRUITS GLACÉS

La position verticale de la corne d'abondance donne une élégance particulière à cette pièce ; toute la difficulté consiste à la fixer solidement. Pour plus de sûreté, il convient de ménager une cavité vers le bout, de façon à pouvoir introduire à l'intérieur un support en bois, fixé au fond-d'appui, sur lequel la corne repose ; néanmoins, il faut absolument la souder au sucre, et la caler convenablement.

Afin de diminuer le volume et le poids des fruits que la corne d'abondance porte dans son embouchure, on peut en masquer le creux avec un carton glacé, et dresser les fruits en pyramides, en ayant soin de les coller légèrement au sucre.

Les fruits qui conviennent le mieux à ces entremets sont : les petites poires confites, les prunes de reine-claude, vertes, les chinois, les abricots, les dattes farcies, les tranches d'ananas confit, les cerises bien rouges, les amandes vertes, confites, ou les amandes naturelles et blanches, les pistaches, et, enfin, l'angélique coupée en imitation de feuilles ; mais, à ceux-ci, on peut toujours adjoindre des fruits frais également glacés au *cassé*, tels que : quartiers d'orange, grosses fraises, cerises, grappes de groseilles et de raisins, puis, des petits fruits imités en pâte à massepain, également glacés.

L'embouchure de la corne d'abondance est ornée d'une bordure en pâte d'amandes ; sa base est entourée avec des quartiers d'orange, glacés au *cassé*, formant bordure et dissimulant les soutiens de la corne. Le fond-d'appui est entouré avec une chaîne de reines-claudes, glacées au *cassé*. Servie comme gros entremets dans un dîner, cette corne d'abondance peut être garnie avec un appareil de plombière, ou simplement avec de la crème chantilly.

GROS ENTREMETS FROIDS.

SOMMAIRE DE LA PLANCHE 15

Dessin 72. — POISSON IMITÉ EN BISCUIT.
Dessin 74. — JAMBON IMITÉ EN BISCUIT.
Dessin 73. — LIVRE IMITÉ EN BISCUIT.
Dessin 75. — HURE DE SANGLIER, IMITÉE EN BISCUIT.

Dessin 72. — POISSON IMITÉ EN BISCUIT

Les quatre pièces de cette planche sont des imitations pouvant être servies comme gros entremets, dans un dîner, ou comme grosses pièces de pâtisseries dans un souper de bal ; en tout cas, elles sont d'un joli effet, et méritent toute l'attention des praticiens ; mais j'estime cependant qu'on ne doit pas les produire trop souvent, à table, car là, les surprises répétées perdent de leur charme et finissent par fatiguer.

Un point essentiel, sur lequel je dois attirer l'attention des praticiens, c'est que ces pièces doivent être sérieusement traitées, artistement rendues ; car, produites dans des conditions d'infériorité apparente, l'effet serait complètement manqué, et, au lieu d'une agréable diversion qu'on préparait aux convives, ils n'éprouveraient plus que ce sentiment mêlé de regrets et d'indifférence, qu'on ressent toujours à la vue d'un travail où il est facile de distinguer que le talent de l'artiste est resté au-dessous de ses prétentions affichées.

On peut exécuter une imitation de poisson d'après deux méthodes différentes que je vais décrire. La première, la plus simple, la plus pratique en même temps, consiste à cuire le biscuit dans deux moules représentant chacun, par la forme du moins, la moitié du poisson coupé sur sa longueur. Ces moules peuvent être exécutés en tous lieux, par un ferblantier, car les surfaces sont planes, sans empreinte aucune ; il suffit qu'ils soient munis, du côté extérieur, de deux appuis combinés de façon à les maintenir d'aplomb quand l'appareil est dedans, afin que le biscuit puisse cuire tout à fait droit. Mais à défaut de ces moules, on peut aussi cuire le biscuit sur plaque, dans une espèce de caisse ovale, formée à l'aide d'une bande de papier ciselé d'un côté, sur le travers, dont la partie ciselée se trouve collée sur la plaque, de façon que l'effort naturel de l'appareil en cuisson n'en altère pas la forme. Par ce procédé, le résultat est évidemment moins parfait, mais cependant praticable.

L'appareil employé, peut être du biscuit ordinaire ou du biscuit au beurre, de la génoise sur feu ou madeleine aux blancs d'œuf, mais le biscuit-punch est préférable. — Si le biscuit est cuit dans un moule en deux parties, il faut le démouler, le laisser rassir ; puis, le couper droit du côté plat, et vider chaque partie en laissant une épaisseur suffisante à la croûte extérieure, afin que l'imitation conserve sa forme. Les parties enlevées sont coupées en tranches, fourrées avec de la marmelade ou de l'appareil moka, remises en forme et replacées chacune à leur place première, mais après avoir masqué les parois du creux avec une couche de marmelade ou d'appareil, afin de les coller ensemble.

Avant de rassembler les deux parties formant le corps du poisson, il est nécessaire d'en masquer les surfaces avec une couche de marmelade bien réduite, apte à les maintenir adhérentes. Le poisson, ou tout au moins l'imitation, est alors posée sur une abaisse, en la plaçant bien d'aplomb et debout, c'est-à-dire sur le côté figurant le ventre. C'est alors qu'elle est façonnée avec le couteau, depuis la tête jusqu'à l'extrémité du corps, afin de lui donner une forme plus correcte. Les yeux sont imités, aussi bien que possible, avec de la colle claire, moulée dans une cuiller à racine ou une cuiller à café, en ayant soin de disposer un point noir dans le centre. Les nageoires des ouïes, du dos et celles de la queue, sont imitées avec de la pâte napolitaine, du biscuit sec ou même de la pâte d'office cuite et limée. Les surfaces du poisson sont masquées avec une couche de marmelade de reines-claudes de teinte verte, puis nappées avec une mince couche de glace-royale parfumée aux liqueurs; elles sont ensuite décorées en écailles, à l'aide d'un cornet très fin, avec de la glace-royale. Le poisson doit être bien calé sur les côtés, et, pour plus de sûreté encore, maintenu d'aplomb à l'aide de hâtelets garnis, piqués aux deux extrémités : sur l'avant et sur l'arrière.

C'est dans ces conditions que l'abaisse et le poisson sont posés sur un fond-d'appui masqué en pastillage, fixé sur un plat long; la base du poisson est entourée avec un cordon de gelée hachée, et l'abaisse en pâte, dissimulée aussi avec de la gelée. Le fond-d'appui est entouré avec de beaux croûtons alternés avec de la gelée hachée.

La deuxième méthode consiste à imiter la forme du poisson avec du biscuit en feuille, d'environ 1 centimètre d'épaisseur; mais, pour que ce biscuit se ploie bien, il doit être cuit de la veille, et tenu dans un lieu frais pendant plusieurs heures.

Pour opérer, il faut former un noyau avec de la génoise ou du biscuit-punch cuit dans un moule ou une caisse en papier de forme longue; ce biscuit doit être préalablement fourré avec de la marmelade d'abricots, puis grossi avec le biscuit en feuille dont les surfaces sont aussi masquées de marmelade pas trop molle : la forme d'un poisson est une imitation facile à obtenir.

Dès que cette forme est acquise ou à peu près, il faut en masquer les surfaces avec de la marmelade, les couvrir entièrement, de chaque côté, avec une seule feuille en biscuit aussi mince que possible, afin de lui faire bien prendre les contours et la forme du poisson. A ce point, il faut l'envelopper avec des bandes de papier, et le laisser ainsi quelques heures pour donner au biscuit le temps de faire corps. Le poisson est ensuite façonné avec le couteau, afin de rendre l'imitation aussi parfaite que possible; il est alors terminé dans les conditions prescrites plus haut.

Dessin 73. — LIVRE IMITÉ EN BISCUIT

Le dessin représente un livre posé sur coussin; le coussin est imité en génoise ou en biscuit-punch cuit en 2 moules ou 2 caisses en fer-blanc ou en demi-carton; autant que possible exécutées dans les dimensions qu'on veut donner au coussin. Les deux parties sont ensuite fourrées avec crème beurrée ou confitures, pour être assemblées, puis parées au couteau afin de leur faire prendre la forme

Pl. 15.

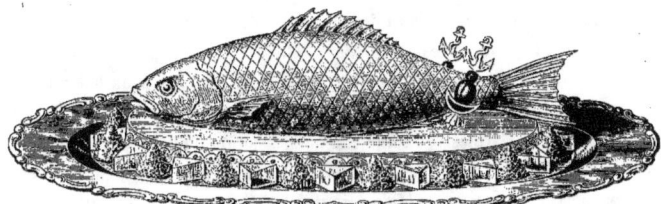

Dessin 72.

Dessin 73.

Dessin 74.

Dessin 75.

d'un coussin; les surfaces sont alors abricotées et nappées avec glace légère, de teinte rosée; posez-le aussitôt sur le plat qui lui est destiné, car c'est dans le plat même qu'il doit être décoré au cornet avec glace-royale blanche, en imitant des broderies. Les glands disposés sur les angles sont adaptés après; ils peuvent être imités soit en sucre taillé au couteau, soit en sucre coulé, soit tout simplement à l'aide d'un cornet de glace-royale, poussé sur un morceau de biscuit coupé de forme voulue : ceci n'est qu'un détail; il suffit qu'ils soient bien imités et bien rajustés au coussin.

L'imitation d'un gros livre est, en somme, d'une exécution n'offrant pas de difficultés sérieuses, quant à la forme et aux détails d'ornements; il suffit tout simplement que l'imitation soit correcte, et établie dans des proportions exactes avec le coussin : ni trop grosse, ni trop petite.

Le corps du livre, c'est-à-dire la partie représentant les feuillets imprimés, est préparé avec du biscuit fin, rassis, cuit dans une caisse en fer-blanc, sans fond, de 28 à 30 centimètres de long sur 24 de large et 6 de haut. Ce biscuit est paré, coupé en tranches minces sur sa longueur, fourré avec un appareil moka; il est ensuite remis en forme, et façonné dans le genre d'un livre prêt à être relié, arrondi du côté du dos, légèrement creusé sur les trois côtés de son épaisseur.

La reliure du livre est formée en trois pièces : les deux couverts et le dos. Ces pièces peuvent être en pâte napolitaine, en génoise ou en biscuit-punch cuit sur plaque, pas trop épais; les couverts sont coupés exactement de même forme, mais nécessairement un peu plus larges et plus longs que le corps du livre; ils sont d'abord abricotés, puis nappés avec une glace au chocolat dont la couche est cependant très mince; ils doivent être passés quelques secondes à la bouche du four, afin de donner du brillant à la glace. On peut voir, par le dessin, que le dos du livre est légèrement bombé en dehors; il est donc nécessaire que cette partie soit aussi bombée d'un côté, et légèrement creuse de l'autre, de façon qu'elle puisse s'emboîter avec le corps du livre; elle doit être également glacée au chocolat, puis passée à la bouche du four, décorée ensuite.

Maintenant, il ne reste plus qu'à assembler les différentes parties, et former le livre dans son entier, en commençant par poser le corps du livre sur l'un des deux couverts, dont la surface est masquée avec une mince couche de crème beurrée, au café, ou de marmelade, afin de mieux le fixer. L'épaisseur du livre est alors masquée, sur ses trois faces, avec une couche mince et régulière de crème beurrée, qu'on raye aussitôt avec la lame du couteau, de façon à bien imiter les feuillets du livre : cette opération est des plus simples. Le livre est ensuite posé sur le centre du coussin, puis recouvert avec la deuxième moitié de la couverture, et masqué, sur le dos, avec la pièce qui lui est destinée; ces pièces doivent être bien assemblées, bien ajustées, les jointures entièrement dissimulées au regard. Sans ces soins, le mérite de l'imitation disparaît et s'efface.

C'est seulement alors que le livre est formé, qu'on procède au décor du couvert supérieur et du dos. Les ornements sont exécutés à l'aide d'un cornet de glace-royale bien blanche, bien travaillée, coulante, mais se soutenant parfaitement. Ces cordons de glace blanche, nettement dessinés et corrects, sont d'un très joli effet sur un fond nuancé, surtout un fond brun; il faut seulement éviter de les pousser trop épais, comme aussi d'exécuter un décor trop saillant, trop chargé : il doit être simple, franc et correct; il doit se rapprocher des ornements dont les relieurs embellissent leurs livres de luxe : les modèles sont faciles à trouver. — Dans quelques cas, les trois parties de la reliure peuvent être formées en beau nougat, aux amandes hachées.

Dessin 74. — JAMBON IMITÉ EN BISCUIT

En pâtisserie, l'imitation d'un jambon étant des plus faciles à exécuter, il convient d'y porter tous les soins qu'elle réclame, aussi bien dans son ensemble que dans ses détails.

La pièce est représentée, sur le dessin, dressée dans un plat long, mais sur un fond vide, en bois de tamis, masqué en pastillage blanc et décoré sur son épaisseur.

Il faut d'abord préparer un appareil de biscuit-punch ou même de biscuit fin, un petit appareil de biscuit en feuille et enfin de la pâte sèche, soit une pâte frolle ou pâte d'office.

Pour que l'opération soit prompte et correcte, il faut disposer d'un *cercle à jambon* ayant les dimensions voulues, c'est-à-dire un moule sans fond, en fer-blanc, de 5 à 6 centimètres de haut, ayant exactement le profil d'un gros jambon. Il en est de ces moules comme des *cercles à flan*, les pâtissiers doivent en avoir de toutes les dimensions. Quand on ne les possède pas, on les fait exécuter en quelques heures par le premier ferblantier venu. C'est dans ce moule que l'appareil de biscuit-punch est cuit; celui du biscuit en feuille est cuit sur plaque masquée de papier; la pâte frolle est aussi cuite sur plaque en abaisse pas trop mince; elle est ensuite coupée avec le cercle à jambon.

Il faut laisser rassir le biscuit, le parer convenablement sur toutes ses surfaces, le couper ensuite en tranches minces sur sa longueur. Ces tranches sont alors reprises une à une, masquées de marmelade d'abricots, et remises aussitôt en place sur l'abaisse en pâte sèche, de façon à remettre en forme l'imitation du jambon.

Les surfaces de celui-ci sont masquées de marmelade, puis enveloppées d'une abaisse mince de biscuit, en l'appuyant convenablement, afin de lui faire prendre la forme, et l'assimiler au corps du jambon. Cette enveloppe est encore parée, et, à son tour, masquée d'abord d'une couche de marmelade, puis d'une mince couche de glace nuancée abricot, seulement sur les deux tiers de sa longueur, et sur la partie la plus large. La partie du manche est aussitôt enveloppée avec une petite abaisse mince de biscuit en feuille, coupée en demi-cercle d'un côté, festonnée sur les bords; il faut d'abord l'humecter au pinceau, avec de la marmelade, puis en masquer la surface avec une glace au chocolat.

Le jambon est alors dressé sur le fond-d'appui pour en décorer la surface blanche, au cornet, avec glace ou belle gelée : ce décor doit être simple et correct. Sur les côtés du jambon sont piqués, en éventail, 2 hâtelets de fruits imitant des hâtelets en racine, découpés au couteau sur des pommes ou des poires. Le manche du jambon est orné d'une jolie papillotte en papier blanc, enroulée autour d'une baguette en pâte d'office cuite. Le fond-d'appui est entouré, à sa base, avec de gros croûtons carrés de gelée douce, alternés par des bouquets de gelée hachée.

Présentée dans de telles conditions, cette pièce est d'un fort joli effet, elle mérite de ne pas être perdue de vue par les jeunes gens studieux.

Je me suis souvent demandé pourquoi, dans ce Paris intelligent, on ne voit jamais des pièces de ce genre sur la montre des pâtissiers. Ce n'est certainement pas la difficulté de l'apprêt qui les arrête, car ces maisons fourmillent de jeunes gens aussi adroits que laborieux; ce ne peut être le prix de revient, qui est sans importance ; ce n'est donc que l'indifférence en matière de progrès, ce n'est que cette éternelle habitude de la routine qui, petit à petit, enferme l'esprit dans un cercle étroit, vicieux dont on ne peut plus sortir sans un suprême effort.

Eh bien ! pourquoi les pâtissiers, les directeurs de ces grands laboratoires, dont la renommée est en quelque sorte universelle, ne feraient-ils pas cet effort ? Ils ont beau dire que les temps ne sont plus les mêmes, que les belles et grandes pièces ne se vendraient plus, personne ne les croira. De tout temps, il y a eu à Paris et il y aura toujours un public riche, intelligent, amateur des nouveautés, ne s'arrêtant jamais au prix de l'objet qu'il recherche, mais seulement à l'intérêt qu'il présente ou à sa valeur intellectuelle. Les pâtissiers ne vendent plus de beaux sujets, de grandes pièces, parce qu'ils n'en font plus, parce qu'on n'en voit nulle part.

On ne saurait contester (et je suis le premier à le reconnaître) que c'est à Paris où l'on fait la meilleure pâtisserie ; mais il est un fait qui n'est pas moins patent et qui saute aux yeux de tous, c'est que les directeurs des grandes maisons ont tout à fait perdu de vue les efforts de leurs devanciers pour faire progresser l'art.

Autrefois, on voyait sur la montre des grandes maisons pâtissières : les *Magnans*, les *Pichet*, les *Chiboust*, les *Lançon*, et tant d'autres, des sujets intéressants, des pièces remarquables, sans cesse renouvelées : de belles coupes montées, de splendides sultanes, de majestueux croquembouches, des pièces-montées correctes, élégantes, modèles intéressants, auprès desquels les jeunes gens venaient chercher des inspirations ou retremper leur amour du beau ; c'était comme une école permanente qui certainement ne fut pas sans profit pour les jeunes gens d'alors.

Je me rappelle volontiers ce temps où, certain d'y glaner quelque chose, j'allais chaque soir dans les rues de Paris, d'une devanture à l'autre, étudier les petites merveilles qui m'électrisaient toujours, et dont le souvenir m'est si bien resté dans l'esprit, qu'on peut aujourd'hui en retrouver les traces lointaines dans ce livre-ci, où j'ai concentré toutes les réminiscences du passé, en les alliant aux productions du progrès moderne.

Mais, aujourd'hui, où trouver les étincelles lumineuses qui miroitaient à nos yeux éblouis ? Où trouver les traces de ces merveilles envolées dont nous emportions l'image avec fierté et amour ? Hélas ! je les cherche en vain !

Dessin 75. — HURE DE SANGLIER, IMITÉE EN BISCUIT

Cette pièce est d'une exécution plus difficile que les précédentes si l'on veut la rendre dans les conditions de vérité qu'elle réclame. Mais cette observation, quoique réelle, ne doit pas cependant intimider les praticiens ; c'est, au contraire, dans les travaux compliqués et minutieux qu'ils doivent exercer leur intelligence et en démontrer toute la vigueur ; les succès faciles ne sont jamais les plus appréciés, ni les plus intéressants.

Pour exécuter cette pièce, il faut préparer 1 kilogramme d'appareil de biscuit au beurre et aux amandes ; le diviser en deux parties, cuire celles-ci dans un moule en fer-blanc, exécuté en deux pièces, représentant chacune une demi-hure coupée sur la longueur. Un tel moule n'est ni coûteux ni

GROS ENTREMETS FROIDS.

difficile à faire exécuter; on ne doit donc pas hésiter à se le procurer. A défaut de ces moules, il faut cuire ce biscuit dans deux caisses formées avec une bande de fort papier dont la base ciselée, est collée sur la plaque; ces caisses doivent être disposées de façon à imiter, aussi bien que possible, le profil de la hure. Indépendamment de cet appareil, il faut cuire deux plaques de biscuit en feuille.

Quand les biscuits des moules sont refroidis, parez-les superficiellement, divisez-les en tranches, fourrez-les avec de la marmelade, puis remettez-les en forme; assemblez-les, après les avoir masqués de marmelade, en les soutenant à l'aide d'une brochette en argent, glissée dans la plus grande épaisseur du biscuit; coupez droit celui-ci, en dessous, afin de lui donner l'aplomb nécessaire; collez alors la hure sur une abaisse en pâte ferme; façonnez-la avec le couteau sur toutes ses surfaces, en lui donnant, autant que possible, la forme requise; masquez-la entièrement avec une couche de marmelade; puis enveloppez-la, dans son ensemble, avec du biscuit en feuille, paré très mince, afin que cette enveloppe puisse exactement prendre les contours de l'imitation, en l'appuyant avec les mains. Néanmoins, il faut toujours y revenir avec le couteau pour lui donner une plus grande ressemblance de forme, en façonnant avec plus de soin le museau, en creusant l'ouverture de la mâchoire et celle des yeux; enfin, en lui donnant cette expression de vraisemblance qu'elle exige. Il ne suffit pas que ceux qui examinent le sujet devinent ce qu'on a voulu reproduire, il faut que cette reproduction soit exacte, incontestable, aussi parfaite que possible.

Les oreilles de la hure sont imitées en biscuit coupé ou en pâte à gaufres italiennes, cuite sur plaque; elles sont rajustées à leur place et maintenues à l'aide d'une petite brochette. C'est dans ces conditions que la hure est d'abord masquée avec une mince couche de marmelade d'abricots, et ensuite avec une glace au chocolat de belle nuance foncée, légère, coulante; mais il n'est pas nécessaire de la passer au four pour lui donner du brillant: la nuance doit rester mate.

Le côté du cou de la hure coupé droit, doit être masqué, sur sa partie centrale, avec une couche de glace-royale couleur de chair, puis lissé avec la lame d'un couteau; cette surface est ensuite coloriée au pinceau avec du rouge et du caramel, de façon à imiter les chairs crues du cou d'un sanglier. Deux défenses, imitées soit en sucre taillé, soit en pâte d'amandes, sont fixées de chaque côté du museau; entre les deux yeux, est disposé un petit bouquet de truffes imitées en pâte d'amandes, groupé sur un fond blanc. La hure est alors posée sur le centre d'un fond-d'appui masqué en pastillage, collé sur plat, et entouré, à sa base, avec des croûtons de gelée douce, alternés avec des bouquets de gelée hachée. Le bas de la hure est aussi garni avec de la gelée. Deux hâtelets garnis avec des fruits: poires ou pommes coupées en imitation de légumes, sont piqués en éventail sur le côté coupé du cou.

Une telle pièce, finie avec goût, en attirant l'attention des amateurs, ne peut manquer de mettre en relief le mérite de celui qui l'a exécutée.

J'ai servi quelquefois cette pièce sur la table d'un buffet de bal, exécutée dans les mêmes conditions où le dessin la représente, à l'exception qu'elle était dressée sur un tambour ovale posé sur quatre pieds. Ce genre de dressage est préférable, toutes les fois qu'il s'agit de faire figurer la pièce sur la table d'un buffet de bal, non seulement parce qu'elle occupe moins de place, puisqu'il n'y a pas de plat, mais aussi par ce motif qu'on peut lui donner des dimensions plus étendues.

SOMMAIRE DES PLANCHES 16 A 18

Dessins 76 a 80. — MODÈLES DE MANDRINS ET DE GRADINS A SUPPORT, POUR ENTREMETS FROIDS

Les gradins pour entremets doivent être exécutés selon les dimensions des plats dans lesquels ils seront servis; mais un peu moins larges que le diamètre de leur cuvette.

Les cinq modèles de mandrins reproduits à cette première planche sont en bois : le fond et le support; mais ces fonds sont garnis avec des viroles en fer-blanc et d'une pointe en fer, disposés sur le centre même de la virole. Établis dans de telles conditions, ces mandrins constituent une innovation essentiellement pratique qui mérite d'être mise à profit par les hommes du métier, car elle s'impose d'elle-même par ses bons résultats, surtout quand il s'agit d'entremets historiés, portant sur leur centre des sujets en sucre ou en pastillage, tels qu'ils sont reproduits dans les planches précédentes.

Ces cinq mandrins constituent des modèles divers également praticables, et donnant toutes les garanties désirables de sûreté qu'on doit viser à obtenir en telle occurrence. La forme des viroles et des supports importe peu ; c'est une affaire d'à-propos ; cependant, les supports à base effilée sont plus particulièrement applicables aux entremets moulés, car les cylindres des moules étant ordinairement plus étroits à la base que sur le haut, il est indispensable que le support soit aussi plus effilé d'un côté que de l'autre; sans ce soin, il provoquerait, dans bien des cas, l'écartement de l'entremets démoulé. Quels qu'ils soient, ces supports doivent porter une cavité sur le centre, en haut et en bas, pour recevoir, d'un côté, la pointe disposée sur le centre de la virole, et, de l'autre, pour permettre l'introduction d'une tige en bois ou en fer qui doit relier le sujet et le support.

Le mandrin portant le sujet 78 est à vis; il convient pour le dressage des entremets qui peuvent être dressés contre le support, quand celui-ci est en place et qu'il est orné de son sujet.

Dessins 84 a 90. — MODÈLES DE GRADINS A SUPPORT, POUR ENTREMETS FROIDS

Les cinq modèles reproduits à la planche 17 sont à support mobile, en bois ; le support et le fond sont masqués de papier blanc ; mais le fond est orné d'une bordure en pastillage, levée à la planche, appliquée sur son épaisseur, en lui faisant légèrement dépasser le niveau du fond.

Ces gradins à support sont surtout appliqués au dressage des entremets moulés ; ils doivent être collés sur plat avec du repère. Il est bon d'observer que les supports doivent être un peu moins hauts que les moules dans lesquels les entremets sont moulés, attendu qu'un entremets démoulé s'affaisse légèrement et diminue, par conséquent, de hauteur : un montant plus haut que l'entremets ne ferait pas bonne figure ; il ne doit donc pas être trop haut, mais surtout un peu moins large que le cylindre des moules.

Si le cylindre du moule employé est assez large, on fixe le support dans la virole, et on démoule l'entremets, en introduisant le support dans le cylindre. Mais si ce cylindre est étroit, il faut d'abord démouler l'entremets sur le gradin et introduire ensuite l'extrémité du support dans la virole. En ce cas, il faut employer des supports à base effilée, car, d'ordinaire, le cylindre des moules d'entremets est plus large sur le fond que sur le haut.

Quand l'entremets est démoulé, on fixe le sujet sur le haut du support, en le collant solidement, bien d'aplomb, soit avec du repère ferme, soit avec du sucre au *cassé*.

Le premier et le deuxième de ces gradins sont ornés d'un sujet d'ornement : une harpe et une lyre ; l'un et l'autre sont en pastillage ; ils peuvent être levés à la planche, la lyre surtout. Ils sont ensuite ornementés au cornet.

Les cordes de la lyre et de la harpe peuvent être exécutées en sucre.

Les sujets portant les numéros 83, 84 sont exécutés en sucre coulé ou filé ; le premier est une aigrette à 5 montants, coulés à la cuiller, sur marbre ou sur matrice, groupés contre une petite tringle en sucre, fixée à une pastille. L'aigrette est surmontée d'un petit pompon en sucre filé à la jetée. — Le dernier sujet est composé d'une aigrette basse, également en sucre coulé, formé de 5 montants collés sur une pastille en sucre, en laissant un creux sur le haut, de façon à pouvoir y introduire l'extrémité du gros pompon en sucre filé que l'aigrette supporte.

Le cinquième gradin occupant la partie centrale entre les quatre premiers est aussi à support mobile, portant sur le haut un petit sujet monumental construit en pastillage, ou en carton, puis orné au cornet. Dans ces conditions il est évident que ce sujet ne peut être fixé sur le haut du montant qu'après le démoulage de l'entremets.

La planche 18 renferme cinq modèles de gradins à supports bordés, ornés chacun d'un sujet différent.

Pl. 46.

Dessin 76.

Dessin 77.

Dessin 78.

Dessin 79.

Dessin 80.

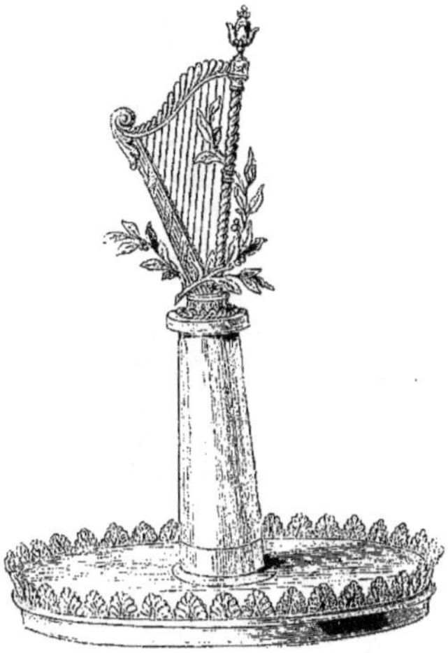

Pl. 17.

Dessin 81.

Dessin 82.

Dessin 83.

Dessin 85.

Dessin 84.

Le premier de ces sujets représente un petit vase en pastillage, à base cannelée, ornée de 2 guirlandes de petites fleurs imitées en pastillage ou au cornet; il est orné sur le haut d'une bordure inclinée, en pastillage ou en sucre blanc. Le vide du vase peut être garni avec des fruits imités en pâte d'amandes ou avec des petites boules en sucre filé.

Le deuxième sujet, portant le numéro 87, représente une cassolette antique, imitée en pastillage et décorée au cornet.

Le troisième sujet, portant le numéro 88, est une imitation de coupe en pastillage sur son pied, bordé, garnie avec des cerises imitées en pâte d'amandes, nuancée en rouge, et glacées au *cassé*.

Le quatrième sujet représente une imitation de porte-bouquet, en pastillage blanc, décoré au cornet, orné sur le haut d'une fine bordure à jour, levée à la planche; le vide de la coupe est garni de petites fleurs en pastillage ou en sucre, entremêlées de fleurs vertes imitées en sucre *tiré*.

Le gradin portant le numéro 90, intercalé comme cinquième sujet de la planche 18 est exécuté dans les mêmes conditions que celui portant le numéro 85 de la planche 17. Le sujet qui en fait l'ornement ne peut donc être fixé sur le haut du montant qu'après que l'entremets a été démoulé.

L'exécution de ces petits sujets n'exige pas, en somme, un travail ni bien long, ni bien difficile; il suffit d'y apporter l'attention et l'intelligence voulues. Les modèles que je reproduis dans cette série sont tous faciles à comprendre et à saisir.

Dans les occasions où il devient nécessaire de servir des entremets ornementés, les pâtissiers doivent s'y prendre d'avance pour se préparer une collection variée de petits sujets dans le genre de ceux reproduits ici, mais il convient de les préparer par séries de deux, de quatre ou de six, car les entremets de même nature, servis dans un dîner, doivent forcément être ornementés dans le même ordre; ceci est de toute rigueur. Avec ces précautions on ne se trouve pas dans la nécessité de servir les mêmes sujets plusieurs fois; on peut à chaque dîner changer de série. Ceci est d'autant plus facile que ces sujets peuvent être préparés d'avance et conservés longtemps en bon état. Les praticiens pourront ainsi créer des ressources et des moyens de variétés, toujours agréables aux convives, et qui finissent tôt ou tard par être distingués, appréciés.

GROSSES PIÈCES DE PATISSERIE

SUR SOCLE ET SUR TAMBOUR

Les grosses pièces de pâtisserie tiennent le milieu entre les entremets et les pièces ornementales; car elles touchent tout à la fois aux deux genres, en ce sens qu'elles sont préparées avec les mêmes éléments que les entremets, et qu'elles sont le plus ordinairement servies sur des tambours ou des socles ornementés qui, en somme, sont des diminutifs de pièces-montées. Elles comprennent différents genres et offrent, par ce fait, une très grande variété : les gros biscuits, les babas, les savarins, les brioches, constituent le genre simple; les croquembouches, les napolitains, les millefeuilles, les nougats, les grosses meringues, les grosses charlottes, rentrent dans l'ordre des pièces travaillées. Les grosses sultanes, en pastillage ou en sucre filé, constituent un genre particulier, car elles sont plutôt servies à titre de pièces ornementales.

Les grosses pièces de pâtisserie, telles que : gros baba, gros biscuit, gros savarin, etc., ont le double avantage de pouvoir être servies sur la table d'un dîner ou sur celle d'un buffet : sur un buffet, elles sont indispensables; dans un dîner, elles sont souvent servies comme pièce de milieu. Le premier mérite de ces pièces consiste dans la perfection de leur apprêt, et dans leur cuisson au point précis. Un apprêt irréprochable ne s'obtient qu'à l'aide de matières de premier choix : de la belle et bonne farine, du beurre fin, des œufs bien frais; sans ces auxiliaires, le résultat est toujours douteux, difficile à obtenir. La cuisson parfaite des grosses pièces, celle des gros biscuits, des brioches et des babas, celle des biscuits surtout, ne s'obtient qu'à l'aide d'un four soigneusement construit et chauffé. Mais, pour être dans les conditions prescrites, la cuisson de ces pièces exige les soins et les capacités d'un homme absolument compétent : bon pâtissier, bon fournier!

Les formes mâles conviennent à ces pièces qui, pour la plupart, sont servies sur des gradins ou des socles élevés. Bon nombre d'entre elles se passent d'ornementation; mais si la simplicité sied à quelques-unes, il en est d'autres, au contraire, qui exigent une plus luxueuse élégance; cependant, il convient toujours d'être sobre d'ornements quand il s'agit de les appliquer aux pièces mangeables.

En fait, toutes les grosses pièces de pâtisserie doivent être mangeables, ou du moins réputées telles; cependant, toutes ne le sont pas : les sultanes, les grosses meringues, les grosses charlottes, sont de ce nombre. En dehors de celles-ci, il en est d'autres qui, bien qu'étant dans les conditions voulues pour être mangées, ne le sont cependant jamais; ainsi, les croquembouches et les gros nougats, servis sur la table d'un buffet de bal, ne sont jamais entamés, en raison de leur composition qui ne permet pas de les distribuer aisément. Rien ne s'oppose à ce qu'un gros biscuit, un gros baba, un napolitain, soient entamés, car on peut toujours les découper d'avance, sinon entièrement, du moins en partie, de façon à ne point en altérer la forme; mais comment découper un croquembouche, un nougat, une grosse meringue, sans en détruire la forme et les apparences flatteuses, en raison de la résistance que présente la matière? La chose est difficile; voilà pourquoi de telles pièces de pâtisserie, bien que remplissant toutes les conditions voulues, ne peuvent cependant être servies qu'à titre de pièces ornementales.

C'est bien cet inconvénient qui a amené les praticiens à adopter pour ces cas particuliers, c'est-à-dire pour les pièces qui, dans les buffets de bal, sont dressées sur socle, l'usage des pièces ornementales imitant exactement celles qui sont mangeables.

La série des pièces *postiches*, puisqu'il faut les appeler par leur nom, comprend les grosses *sultanes*, les grosses meringues, les grosses charlottes, les grands millefeuilles, les grands nougats et les grands croquembouches; elle comprend ensuite ces pièces en pastillage, en meringue ou en sucre qui n'ont pas de genre défini, mais qui, par leur forme, se rapprochent toujours des pièces mangeables : ce sont surtout celles-là qui sont les véritables pièces *postiches* et qui, dans les grands soupers, jouent un rôle considérable.

Sans doute les grands millefeuilles, les grandes charlottes, pourraient ne pas être considérés comme des pièces postiches, puisqu'elles sont préparées dans des conditions à pouvoir être mangées; mais, en somme, quand ces pièces sont dressées sur des socles élevés, quand elles sont entourées de bordures délicates et fragiles, quand elles sont surmontées d'aigrettes ou de sujets d'ornementation, elles perdent, par ce fait, le titre de pièces mangeables, et ne peuvent être comprises que dans cette catégorie de pièces qui ne se mangent pas. Qui donc oserait, par exemple, sur la table d'un buffet de bal, se mettre à couper un croquembouche ou un nougat? Le pourrait-on, d'ailleurs? Or, si ces pièces ne sont pas à la portée des convives et si elles ne sont pas établies de façon à pouvoir être entamées, elles doivent forcément être classées dans la série des pièces *postiches*, et, dès lors, préparées dans des conditions peu coûteuses, pouvant être conservées longtemps, et, par conséquent, resservies.

Pourquoi les convives chercheraient-ils à entamer des pièces qui ne sont pas, pour ainsi dire, à leur portée, en raison des ornements qui les entourent, puisqu'ils trouvent à côté d'elles leur équivalent dont ils peuvent se servir ou se faire servir sans embarras, sans confusion? Car il ne faut pas perdre de vue que les grosses pièces de pâtisserie, surtout celles qui, par leur nature, ne doivent pas être entamées, sont toujours entourées de garnitures analogues à la pièce même. Dès lors, où serait la nécessité, pour les praticiens, de perdre un temps infini à confectionner des pièces coûteuses, difficiles à réussir et exigeant le plus souvent d'être terminées au dernier moment pour être appréciées? N'est-il pas préférable, n'est-il pas plus logique de remplacer ces pièces par des sujets d'ornement qui, par leur belle apparence, rachètent avantageusement les qualités solides qui leur font défaut? Ils les rachètent d'autant plus complètement, qu'il est facile de les préparer à loisir, avec calme et réflexion, de façon à leur donner l'élégance et la coquetterie indispensables.

Voilà bien le motif, si je ne me trompe, qui a fait accepter les pièces postiches, sur la table des grands buffets, et par les amphytrions et par les pâtissiers eux-mêmes.

Couleurs d'office. — On vend à Paris des couleurs liquides et végétales, en pâte ou transparentes à l'usage des pâtissiers; les plus parfaites sont celles dites couleurs *Breton*; je vais donner néanmoins quelques procédés avec lesquels on peut opérer soi-même.

Couleur rouge. — On pile finement 150 grammes de belle cochenille, on la dépose dans un poêlon, on la mouille avec 1 litre d'eau; on ajoute 100 grammes de crème de tartre, 100 grammes d'alun, 200 grammes de sucre; on pose le poêlon sur feu pour laisser réduire le liquide de moitié; on additionne alors 2 décilitres d'esprit-de-vin; on donne un seul bouillon, on passe le liquide à la serviette pour l'enfermer en bouteille.

Couleur jaune. — On prépare la couleur jaune, en faisant macérer dans un vase des fleurs de *souci*, bien pilées; on tient le vase au frais ou sur glace, pendant quelques semaines; c'est la liqueur que rendent ces fleurs, qui constitue la partie colorante. Mais les fleurs de safran et les étamines de lis donnent aussi une belle couleur jaune.

Couleur jaune composée. — On met dans un poêlon 25 grammes de safran en feuilles, 3 décilitres d'eau, 3 grammes d'alun et 15 grammes de sucre; on fait bouillir le liquide 10 minutes, on le passe à travers un linge, on le met en bouteille.

Couleur aurore. — On mélange du carmin liquide avec du jaune, en faisant dominer celui-ci.

Couleur verte. — On lave des feuilles d'épinards ou de blette, qu'on hache et qu'on pile, par petites portions à la fois; on les presse ensuite pour en extraire le suc; on verse ce suc dans un poêlon, et on chauffe, en remuant; aussitôt que le liquide se décompose, on le verse sur un tamis de soie, afin d'égoutter l'eau et ne conserver que les parties colorantes qui restent sur le tamis à l'état de purée; on enlève celle-ci avec une cuiller pour l'enfermer dans un petit vase en verre et le tenir à couvert sur glace. — Ce vert doit être employé à court délai. Il résiste plus longtemps si on mêle aux épinards une petite poignée de feuilles de cresson. — Dans bien des cas, on remplace ce vert par du vert *Breton* en pâte — On obtient aussi la couleur verte, en mêlant du jaune et du bleu *écaille*. Mais le vert composé ne doit jamais entrer dans aucune préparation.

Couleurs composées. — Il est dit plus haut qu'on obtient la couleur verte en mélangeant du *bleu écaille* avec du *jaune*. — La couleur *orange* s'obtient par le mélange du jaune et du rouge. — Les couleurs *violette* et *lilas* s'obtiennent par le mélange du *rouge* et du *bleu*. — Les couleurs foncées s'obtiennent avec le chocolat et le caramel liquide.

Voilà à peu près les principales couleurs employées en pâtisserie; mais par la combinaison des nuances, on peut en obtenir une plus grande variété; dans tous les cas, on ne saurait trop répéter l'extrême prudence qu'il convient de mettre dans le choix des couleurs, afin d'écarter toute espèce de danger pour la santé. — On colore les imitations de fleurs et de fruits, en glace ou en pastillage, avec les couleurs fines, en poudre ou liquides. — Pour bronzer, on emploie la poudre de bronze de premier choix.

Carmin d'office. — On prend 2 onces de carmin en pierre, première qualité, on l'éteint avec un peu d'eau froide, pour le piler dans un petit mortier en verre; on le délaye ensuite avec un peu de sirop à 28 degrés. D'un autre côté, on fait bouillir la valeur de 2 litres de ce même sirop à 28 degrés, on lui mêle le carmin délayé, on donne un seul bouillon au liquide pour le laisser refroidir.

Au moment d'enfermer le carmin dans des bouteilles, on mêle au liquide une cuillerée à café d'ammoniaque liquide, pour chaque litre de sirop. — Ce carmin est d'un bon usage, peu coûteux, bien beau.

Sucre en grain de couleur jaune, bleue, violette ou lilas, pour sabler. — Pour obtenir du sucre bleu, on emploie du bleu d'outremer, délayé; le sucre jaune s'obtient avec du jaune végétal. On obtient le sucre violet, en mélangeant le rouge et le bleu : le rouge dominant. Pour obtenir le sucre lilas, on mêle aussi du rouge et du bleu, mais en faisant dominer ce dernier.

Sucre en grain de couleur rose, pour sabler. — On pile 500 grammes de sucre; on le passe au tamis ordinaire d'abord, puis au tamis fin pour le déglacer, c'est-à-dire en retirer la poussière. On le dépose alors dans une bassine pour le chauffer très légèrement sur des cendres chaudes, en le tournant avec la main; aussitôt qu'il est tiède, on le retire du feu pour le mélanger, peu à peu, avec du carmin végétal clarifié. — On étale aussitôt ce sucre sur une large feuille de papier, et on le frotte entre les mains jusqu'à ce qu'il soit entièrement nuancé d'un beau rose; on l'étale alors en couche, sur du papier blanc; on place celui-ci sur une plaque pour aire sécher le sucre à l'air, en le remuant souvent

Sucre en grain de couleur verte, pour sabler. — On prépare le sucre vert d'après la même méthode que le sucre rose, en remplaçant le carmin par du vert-d'épinards ou du vert d'office. Il ne faut pas préparer ce sucre longtemps d'avance, car en vieillissant la nuance se ternit.

Mastic pour pièces-montées. — Cette préparation peut, en certains cas, pour des pièces non mangeables, remplacer le pastillage ou la pâte d'office. — Pour préparer ce mastic, on fait fondre 100 grammes de gomme arabique avec un peu d'eau; d'autre part, on fait fondre 100 grammes de gomme adragante; on passe ces solutions à travers un linge pour les déposer dans le mortier et les broyer; on ajoute 100 grammes de blanc d'Espagne pulvérisé, 100 grammes d'huile d'olive, et ensuite 500 grammes de glace de sucre, celle-ci peu à peu ; quand cette pâte a acquis du corps, on la retire pour la déposer sur la table, et lui incorporer de l'amidon en poudre, jusqu'à ce qu'elle ait la consistance du pastillage. — Cette pâte doit toujours être nuancée avant d'être employée.

Méthode pour sabler au sucre de couleur. — La méthode pour préparer le sucre de couleur est décrite plus haut. — On sable ordinairement les gradins, les tambours ou de simples abaisses en pâte sèche ou en bois. — Pour opérer, on prend la quantité voulue de sucre blanc, rose ou vert. On fouette à moitié des blancs d'œuf, on les mêle avec un peu de sucre et une pincée de farine ; avec ce liquide et un pinceau on humecte les parties destinées à être sablées ; puis on sable largement le sucre, de façon qu'il en reste une couche lisse contre le bois ou la pâte. On laisse sécher le sucre à l'air.

Vernis blanc pour pièces-montées. — On mêle une pincée de crème de tartre à une demi-bouteille de lait, on place cette bouteille dans un endroit chaud pour faire tourner le lait et le filtrer ; on pèse alors 250 grammes de ce liquide pour le mêler avec 125 grammes de gomme arabique en poudre, 125 grammes d'esprit-de-vin, 4 grammes de gélatine dissoute. On tient la bouteille à l'étuve tiède ; quelques heures après, on passe le liquide.

Glace de sucre ou sucre royal. — On appelle *glace de sucre* les parties les plus fines du sucre pilé, qu'on fait passer à travers un tamis en soie ou *tambour*. On conserve ce sucre dans un lieu sec ; on l'emploie pour la préparation des glaces crues, comme aussi pour le pastillage et la glace au blanc d'œuf.

Sucre vanillé. — Coupez finement 2 bâtons de vanille, pilez-les avec 200 grammes de sucre en poudre ; quand la vanille est pulvérisée, ajoutez encore 200 grammes de sucre ; passez au tamis de soie ; enfermez-le dans un flacon.

Sucre à l'orange ou au citron pour parfumer. — Choisissez 2 oranges fraîches ou 2 citrons, frottez-les l'un après l'autre contre les surfaces d'un morceau de sucre raboteux, en ayant soin d'enlever à mesure, avec le couteau, les parties colorantes, cédées par les zestes ; faites sécher ce sucre à l'air quelques minutes, tenez-le enfermé dans un flacon.

Granit pour sabler les gâteaux. — Ce granit se compose avec du sucre blanc à gros grains, des pistaches coupées en petits dés, des amandes coupées comme les pistaches, mais rougies au carmin végétal, et enfin avec de petits raisins de Corinthe bien noirs, choisis d'une égale grosseur. On mêle ces différents éléments et on sable les gâteaux masqués de marmelade ou glacés ; en ce dernier cas, la glace doit encore être molle, afin que le granit puisse se coller.

Pistaches pour granir les gâteaux. — Choisissez des pistaches fraîches et fermes ; mondez-les à l'eau bouillante ; épongez-les bien, coupez-les en petits dés réguliers ; employez-les telles quelles.

Amandes hachées pour praliner les gâteaux. — Mêlez dans une terrine 250 grammes de sucre avec 250 grammes d'amandes mondées et hachées ; humectez l'appareil avec un blanc d'œuf ou des œufs entiers, travaillez-le 2 minutes. — On emploie cet appareil dans plusieurs cas, mais surtout pour masquer du biscuit en abaisse qu'on fait glacer ensuite au four, après avoir saupoudré l'appareil avec du sucre en poudre. — Pour praliner avec des amandes en filets, il faut, quand elles sont émincées, les faire très légèrement griller au four, sur plaque, sans les colorer ; on les mêle ensuite avec moitié de leur poids de sucre et du blanc d'œuf, de façon à les envelopper. Quand le pralin est étalé sur les gâteaux, on le saupoudre de sucre et on le fait glacer à four gai.

Amandes colorées pour granir les gâteaux. — On colore les amandes en vert, en les humectant avec du vert-d'épinards délayé avec du sirop froid. — On colore les amandes en jaune, avec du jaune végétal délayé avec du sirop froid. — On colore les amandes en violet, avec du carmin limpide mêlé avec du bleu d'outremer, et délayé avec du sirop froid.

Amandes roses pour granir les gâteaux. — Hachez des amandes mondées; tamisez-les à la passoire pour en retirer les hachures fines. Étalez-les sur une plaque, chauffez-les à la bouche du four; mêlez-les peu à peu avec du carmin végétal, limpide, en le laissant tomber par gouttes. Frottez-les entre les mains pour les colorer d'une égale nuance; étalez-les sur du papier blanc, faites-les sécher à l'étuve.

Pâte d'amandes à la gomme adragante. — *Proportions* : 500 grammes sucre passé au tamis de soie, 250 grammes amandes, 40 grammes gomme adragante, le suc de 2 citrons.

Plongez les amandes à l'eau bouillante; mondez-les vivement, fendez-les chacune en deux parties, faites-les dégorger 24 heures à l'eau froide, en la changeant deux ou trois fois; égouttez-les ensuite pour les piler avec un peu de sucre; ajoutez le suc d'un citron, passez-les au tamis.

Prenez de la gomme adragante ramollie à point; passez-la à travers un linge, avec pression, sur un marbre bien propre; travaillez-la avec la main pour lui donner du corps; incorporez-lui peu à peu la moitié de son poids de sucre fin; ajoutez le suc d'un citron; quand la pâte est lisse, incorporez les amandes et le restant du sucre, moulez-la pour l'enfermer dans un vase fermé; faites-la reposer 48 heures au moins dans un lieu frais; remplissez-la ensuite avec de la glace.

Pâte d'office. — Tamisez 500 grammes de farine sur le tour; faites la fontaine; déposez sur le centre 350 grammes de sucre; ajoutez 2 œufs entiers et 6 jaunes, 125 grammes d'eau; délayez le sucre avec le liquide; incorporez ensuite la farine peu à peu, afin d'obtenir une pâte lisse et ferme; fraisez-la deux ou trois fois; moulez-la, faites-la reposer quelques heures.

Cette pâte n'étant appliquée qu'à l'ornementation, on peut, après l'avoir employée, la piler pour la convertir en poudre, la mêler avec un tiers de son volume de farine et quelques œufs, pour la détremper de nouveau et la cuire.

Pâte d'office aux amandes. — Cette pâte est en tous points supérieure à la pâte d'office ordinaire; c'est elle qu'on doit préférer pour quelque opération que ce soit. Son premier mérite c'est de ne pas se boursoufler ni se rétrécir à la cuisson; elle se soutient parfaitement et résiste aussi bien que la première; elle a sur la pâte d'office ordinaire l'avantage de pouvoir être mangée. Moulée ou employée en abaisses dans l'apprêt des pièces ornementales, elle ne laisse rien à désirer.

Proportions : 500 grammes d'amandes, 500 grammes de sucre pilé, 500 grammes de farine, 5 à 6 blancs d'œuf, grain de sel.

Faites la fontaine avec la farine; mettez dans le centre, le sucre, les amandes pilées, les blancs. Mêlez d'abord les blancs avec le sucre et les amandes, incorporez la farine peu à peu, de façon à obtenir une pâte lisse; laissez-la reposer quelques heures; abaissez-la au rouleau, piquez-en la surface avec une fourchette; étalez-la sur plaque beurrée, farinée; coupez-la sur patron, cuisez-la à four doux. En la sortant du four, détachez-la de la plaque; passez le rouleau dessus, afin d'en égaliser la surface; faites-la refroidir sous presse.

Glace-royale pour décor. — Déposez dans une terrine vernie 200 grammes de glace sucre, passée au tamis de soie, sans grumeaux; mêlez-lui la valeur d'un blanc d'œuf et demi, quelques gouttes d'acide citrique ou suc de citron. Travaillez l'appareil avec une cuiller en bois, en tournant de droite à gauche; au bout de 12 minutes de travail, la glace prend de la consistance en même temps que de la légèreté : elle doit se tenir à la cuiller et ne tomber qu'avec peine. Mêlez-lui une pointe de *bleu-écaille* pour l'azurer d'une manière insensible; incorporez-lui alors 2 ou 3 cuillerées de fécule de pommes de terre, passée, fine, blanche; travaillez-la encore 2 minutes, couvrez la terrine avec un linge humide.

Dans quelques cas, on remplace la fécule par de la crème de tartre, en moindre quantité; mais la fécule est préférable pour les ornements de résistance et même pour les bordures poussées au cornet.

Carton-pâte pour ornementation. — Faites tremper pendant 24 heures 1 kilogramme de colle-forte, dans un vase en terre ou une casserole. Faites ramollir aussi, pendant un quart d'heure, 500 grammes de papier *Joseph* ou tout autre, sans colle; aussitôt ramolli, exprimez-en l'eau, broyez-le au mortier. Changez l'eau de la colle; mouillez à hauteur avec de l'eau tiède, chauffez-la sur feu doux, en la tournant jusqu'à ce qu'elle soit complètement dissoute; donnez-lui quelques bouillons, retirez-la; mêlez-lui trois quarts de litre d'huile de lin, ainsi que le papier converti en pâte; remettez l'appareil sur feu, tournez-le, sans le quitter, jusqu'à l'ébullition; retirez-le, incorporez-lui peu à peu 2 kilogrammes de poudre de *blanc d'Espagne*, ou, à défaut, de la *craie* pilée, passée au tamis. La pâte doit alors être liée, mais légère. Mettez-la sur la table, en tout ou en partie, remplissez-la avec du blanc d'Espagne, en la travaillant avec les mains, absolument comme on opère pour le pastillage, afin de lui faire prendre du corps et la consistance voulue : pour donner à cette pâte plus d'élasticité, on peut lui mêler quelques cuillerées de colle cuite, à la farine.

Quand la pâte est lisse, sans être trop ferme, enfermez-la dans un vase, laissez-la reposer. — C'est avec cette pâte qu'on exécute la plupart des charpentes de pièces ornementales. On peut mouler cette pâte, lui faire prendre toutes les empreintes; quand elle est sèche, elle ne craint plus ni l'humidité ni l'usure; elle résiste à tout. Avec cette pâte, on lève de grosses bordures à la planche, pouvant être appliquées à l'ornementation des grosses pièces. Si l'on fonce cette pâte dans un moule, il faut la tenir aussi mince que possible. — Quand on n'a pas le temps de préparer soi-même cette pâte, on l'achète chez les fabricants de cadres.

Pastillage. — *Proportions* : 500 grammes de sucre passé au tamis de soie, 200 grammes d'amidon fin, 100 grammes de gomme adragante, quelques gouttes de suc de citron, un grain de bleu végétal.

Procédé : Lavez la gomme à l'eau tiède, déposez-la dans un vase, couvrez-la avec de l'eau froide; fermez le vase, laissez ramollir la gomme 7 à 8 heures, en ayant soin de l'humecter si elle était trop sèche. Passez-la ensuite à travers un linge propre, en tordant celui-ci pour faire tomber la gomme sur un marbre, et la travailler, en la broyant avec la main fermée, jusqu'à ce qu'elle soit lisse et blanche.

A ce point, additionnez quelques gouttes de suc de citron et une poignée de sucre; continuez à travailler la pâte pour faire absorber le restant du sucre peu à peu, et lui donner du corps. Enfermez-la alors dans un vase; laissez-la reposer quelques jours dans un lieu frais ou sur glace : elle est d'un meilleur emploi si elle est préparée d'avance.

Pour finir le pastillage, placez la gomme sur le marbre, incorporez-lui l'amidon peu à peu; azurez-la légèrement; trempez une main dans l'eau froide, simplement pour l'humecter; travaillez la pâte avec cette main, jusqu'à ce que l'humidité ait été absorbée : cette addition très minime d'eau froide a pour but d'empêcher le retrait de la pâte.

Si le pastillage ne doit pas rester blanc, divisez-le en parties pour nuancer celles-ci avec des couleurs pulvérisées ou liquides, mais dans tous les cas *inoffensives;* car, bien que cette pâte ne soit pas destinée à être mangée, il est toujours prudent de ne pas s'exposer à des dangers d'une nature si grave.

Quand le pastillage est coloré, moulez séparément les parties pour les enfermer chacune dans un petit vase, les couvrir et les tenir en lieu frais.

On peut aussi préparer le pastillage dans un mortier, en broyant d'abord la gomme ramollie pour la faire blanchir et lui donner du corps; on incorpore alors le sucre peu à peu, jusqu'à ce que la pâte soit compacte; on la laisse reposer plusieurs jours si c'est possible; on la remplit ensuite, en lui incorporant l'amidon, sur la table. — Avant d'employer le pastillage reposé, on doit toujours le travailler quelques minutes avec les mains, en le moulant, sur le marbre saupoudré de sucre ou d'amidon.

Argenture et dorure. — On peut argenter ou dorer des ornements levés à la planche, soit en *carton-pâte*, soit en pastillage : celui-ci, donnant des surfaces plus lisses, réussit toujours mieux.

Si l'on veut argenter ou dorer des ornements en carton-pâte, il faut d'abord laisser bien sécher la pâte, puis en frotter les surfaces avec du *papier-sable*, afin de les lisser aussi bien que possible : avec le pastillage, cette opération n'est pas nécessaire.

Quand les surfaces sont bien lissées, on leur donne, à distance, 2 couches de *gélac*, et enfin une couche de *mixion* mêlée avec un peu de térébenthine. Mais cette dernière couche doit être excessivement légère. C'est sur cette couche qu'on applique les feuilles d'argent ou d'or battu, à l'aide d'un blaireau bien sec : cette opération est tout à fait simple.

Sur l'enveloppe métallique d'or ou d'argent, on peut toujours donner une légère couche de colle de poisson ou gélatine dissoute à l'eau chaude, mêlée avec un peu d'esprit-de-vin : on donne un seul bouillon au liquide; on le laisse refroidir jusqu'à ce qu'il arrive à la consistance d'un sirop; on donne alors la couche. On tient les ornements 2 minutes à l'étuve tiède; en les sortant, on les vernit légèrement au gélac blanc, si l'on opère avec des feuilles d'argent.

Rochers pour pièce-montée. — Les rochers sont, par le fait, les socles des pièces-montées; ils sont de deux espèces : ceux qui peuvent être mangés, ceux qui ne sont pas mangeables.

Quand on veut monter un rocher non mangeable, il faut d'abord construire un mandrin solide; si le rocher doit être plein, on peut former le mandrin avec 2 abaisses en bois, reliées par une solide tringle. Si le rocher doit être à jours, on peut simplement former le mandrin avec une boîte en bois mince et ronde, sur les parois de laquelle on perce deux ou trois ouvertures; on renverse ensuite cette boîte sur une abaisse pour la fixer solidement. C'est contre ce mandrin, en dedans et en dehors, qu'on groupe les détails du rocher.

Les rochers mangeables peuvent être montés sur des mandrins en pâte d'office; si ceux-ci sont en bois, ils doivent être recouverts de pâte; en ce cas, on en masque les surfaces avec des petits gâteaux secs de toute nature, simples ou glacés au caramel, saupoudrés de pistaches ou de raisins.

On forme les rochers non mangeables, soit avec du biscuit de couleur, cassé en morceaux informes, séchés à l'étuve douce, soit avec du sucre soufflé, blanc ou rose, également cassé en morceaux informes; on colle ces détails avec de la glace-royale ou avec du sucre au *cassé*, mais surtout en ayant soin de dissimuler la charpente du rocher. — Quand ces rochers sont montés, on peut les orner avec de la mousse ou des feuilles imitées en pâte d'amandes, verte. Dans bien des cas, on peut les orner aussi avec du sucre filé à la jetée, blanc ou nuancé, surtout quand il s'agit de simuler des nappes d'eau.

Biscuit pour rocher de socles. — Préparez un appareil de biscuit commun; quand les blancs sont incorporés, divisez-le en quatre parties; placez chaque partie dans une terrine différente pour les nuancer : une avec du chocolat dissous, mêlé avec un peu de blanc d'œuf fouetté; une autre partie avec du carmin végétal; la troisième avec du *vert-végétal* ; la quatrième partie reste à l'état naturel; versez ces appareils dans une grande caisse en papier, en les mêlant, sans les travailler, de façon à obtenir un biscuit *marbré*. Cuisez-le à four modéré; laissez-le bien refroidir; cassez-le ensuite par morceaux informes; faites-les sécher à l'étuve douce : ce biscuit n'est pas mangeable.

Meringue pour rocher. — Mettez dans une bassine 4 blancs d'œuf, 375 grammes de sucre non déglacé; mêlez bien l'appareil avec une cuiller en bois; quand il est coulant, travaillez-le avec un fouet, sur feu très doux, pendant 20 minutes : il doit alors se trouver léger; retirez-le, fouettez-le jusqu'à ce qu'il soit à peu près refroidi; employez-le aussitôt.

Planches gravées. — Les planches gravées sont en bois ou en soufre coulé : les premières sont préférables. Un praticien soucieux de bien faire ne doit rien négliger pour se munir peu à peu d'une collection aussi complète que possible, variée, choisie avec discernement. Le service que rendent ces planches dans le travail de la pâtisserie est en quelque sorte inappréciable. Les hommes les plus pratiques, les plus adroits, sont obligés d'y recourir : elles facilitent l'exécution et abrègent le travail, en le simplifiant.

Repère au pastillage. — On colle ordinairement le pastillage avec de la gomme arabique dissoute; mais, dans le travail des pièces-montées, il faut renoncer à cet emploi, car la gomme arabique est tout à fait insuffisante à coller indéfiniment des détails en pastillage. Ce qui vaut beaucoup mieux, c'est e repère; celui-ci est simplement préparé avec de la gomme adragante mêlée avec du sucre, comme pour faire le pastillage, puis étendue avec du blanc d'œuf, pour l'amener au point voulu de liquidité, sans addition d'amidon : collé avec ce repère, le pastillage ne se décolle plus.

Méthode pour tremper le sucre à filer. — Coupez du beau sucre en moyens morceaux; prenez-les un à un avec deux doigts, trempez-les dans l'eau froide; laissez-les jusqu'à ce que le sucre ne pétille plus; mettez-les à mesure dans un poêlon, laissez dissoudre le sucre sans y toucher.

Clochettes en sucre filé, fin. — On forme les *clochettes* à la main ou dans de petits cornets en fer-blanc, avec des nappes de sucre filé fin, coupées transversalement en bandes de la largeur voulue, roulées sur elles-mêmes, en forme de bouchon, serrées d'un côté afin de leur donner la forme de petites clochettes, mais dont le centre reste plein. On forme des clochettes avec du sucre filé blanc ou rose. On chauffe le petit bout des clochettes à la flamme d'une bougie ou du gaz pour les coller.

Clochettes en sucre au cassé. — On huile quelques moules à *clochettes* en plomb, à l'usage des pâtissiers, auxquels adhère une tige en fil de fer formant crochet; après les avoir huilés, on les trempe dans du sucre au *cassé* jusqu'au niveau de hauteur qu'on veut obtenir les *clochettes*. On laisse égoutter le sucre, puis on suspend les moules à des clous isolés; aussitôt que le sucre est froid, on dégage peu à peu la clochette du moule. — Ces clochettes sont employées comme ornement des grosses pièces ou comme soutien pour la base des petits *pompons*; on colle ceux-ci debout, dans les clochettes, à l'aide de sucre chaud. Avec ce soutien à leur base, les pompons sont moins exposés à s'incliner.

Dents-de-loup. — Les *dents-de-loup* sont tout simplement des triangles allongés, coupés sur des nappes de sucre filé fin, blanc ou nuancé; mais les nappes doivent être légèrement aplaties avec la lame du couteau, afin de les obtenir d'une égale épaisseur. — On emploie les dents-de-loup comme bordure de socles, de corbeilles et de coupes. — On peut aussi couper des détails de sucre avec un coupe-pâte, pour former des ronds, des croissants ou tout autre ornement de ce genre.

Voluptés en sucre filé. — Les *voluptés* sont des espèces de grosses **S**; elles sont simples ou compliquées; elles sont filées à la cuiller, sur marbre huilé et sur dessin tracé au crayon; ces détails groupés ensemble forment un sujet particulier ou servent d'auxiliaire à d'autres sujets. On peut se rendre compte de leur nature, autant que de leur application, en consultant les dessins où figurent des aigrettes.

Aigrettes en sucre filé. — On compose les *aigrettes* avec du sucre filé en cordons et du sucre filé fin. Il n'y a aucune règle à prescrire pour leur composition, qui est absolument une affaire de goût. Les aigrettes sont plus ou moins simples ou composées, selon les pièces auxquelles elles doivent être associées comme ornement : on trouvera plus loin des modèles variés.

Pompons en sucre filé. — Les pompons sont des détails d'ornement aussi bien applicables aux entremets froids qu'aux grosses pièces de pâtisserie : le pompon est pour ainsi dire le couronnement obligé des grandes aigrettes.

On forme les pompons à l'aide d'une bande de sucre filé fin, c'est-à-dire une gerbe aplatie avec la lame du couteau; on coupe la gerbe de largeur voulue, puis on la roule sur elle-même dans le sens des fils de sucre; quand elle est assez épaisse, on la coupe, on la presse légèrement d'un bout, on l'introduit aussitôt dans le creux d'un cornet en fer-blanc, ou même en carton; on lui fait prendre la forme conique, en le tassant tout doucement. En sortant le pompon du cornet, on le colle sur une clochette plate, afin qu'il conserve mieux son aplomb.

Pour bien se rendre compte de la variété que comporte cet ornement, il faut étudier les différents spécimens reproduits aux planches adaptées à la série des entremets froids et à celle des grosses pièces de pâtisserie. Parmi les plus remarquables de ces ornements, je signale ceux appliqués aux sujets de la planche 21.

Couronne royale. — La couronne représentée par le dessin 54 peut être imitée en sucre filé. Les 8 soutiens de la couronne, ornés de pierreries, sont coulés au cornet dans des matrices en plomb, puis courbés sur une forme analogue; ils peuvent aussi être coulés sur des bandes de fer-blanc cintrées; ils sont ensuite rassemblés en cercle, et soudés ensemble au point de jonction, et surmontés avec une petite boule en sucre fin, ornée d'une croix. Tout le fond, c'est-à-dire toute la charpente de la couronne, doit être en sucre jaune, tandis que les ornements en sucre fin restent blancs. Les pierreries sont imitées en sucre rouge. Pour faire ressortir les détails de la couronne, il faut placer à l'intérieur une grosse boule en sucre filé rose.

Cep de vigne en sucre. — Avec du sucre on peut exécuter une imitation de cep de vigne d'un joli effet. Le cep est formé avec du sucre tors, de couleur jaune; les feuilles sont imitées en sucre au *cassé* de couleur, formées sur des moules en plomb. Les grains de raisin sont imités avec de petites boules de sucre fin, de teinte rose, groupées ensemble et suspendues au cep de vigne; ce dernier est soutenu sur une tige droite, en sucre tors, couleur de bois, collée sur une pastille en sucre, coulée sur marbre, mais masquée avec une épaisse nappe de sucre filé, blanc, rose ou vert.

Sucre à couler. — Coupez en morceaux du beau sucre en pain; mettez-le dans un poêlon avec moitié de son poids d'eau froide, comme pour le sucre à filer; laissez-le dissoudre à froid. Mêlez-lui ensuite quelques gouttes d'acide acétique, couvrez-le, cuisez-le à la *glu*. A ce point, retirez-le du feu, mêlez-lui encore quelques gouttes d'acide; azurez-le très légèrement, faites-le *loucher*, en le frottant contre les parois du poêlon avec une cuiller en bois; coulez-le aussitôt dans les moules. — On coule ordinairement ce sucre dans des moules en plâtre trempés d'abord à l'eau froide, puis bien égouttés, et fortement serrés avec une grosse ficelle, afin que le sucre ne s'échappe pas à travers les divisions mal jointes du moule.

Quand le moule est rempli, on attend que la surface du sucre se fige à l'ouverture par laquelle il a été versé dans le moule; puis on brise cette mince croûte, et on renverse le moule pour en vider le sucre liquide dans le poêlon, afin d'obtenir le sujet creux. On coule rarement des sujets pleins, à moins qu'ils ne soient de toute petite dimension.

Conservation du sucre filé. — Quel que soit le sujet filé, *sultane, aigrette, pompon*, si on veut le conserver en bon état, il faut, aussitôt qu'il est terminé, le placer sous une simple cloche, dans un lieu sec, afin de le garantir de l'action de l'air; mais si le sujet doit être conservé plusieurs jours, il faut absolument le placer sous un globe en verre s'emboîtant sur un tambour en bois, creux, s'ouvrant par le haut, ayant sa surface percée de trous, et dont le centre est empli avec de la chaux vive, en morceaux. Cette matière ayant la faculté d'attirer à elle toute l'humidité de l'air, le sucre peut, par ce fait, se conserver longtemps intact, en hiver surtout. — Les pièces en glace et en pastillage peuvent, avec avantage, être conservées d'après cette méthode.

Ornements en sucre tors. — Voici comment on prépare le *sucre tors*: on cuit le sucre au *cassé*, on le verse aussitôt sur un marbre légèrement huilé pour le laisser refroidir quelques minutes; puis on le retourne avec une spatule, en ayant soin de reporter les bords de la nappe de sucre sur la partie centrale, c'est-à-dire là où le sucre est le plus chaud; aussitôt qu'il devient malléable, on huile légèrement le bout des doigts pour tirer le sucre à deux mains, en reportant toujours sur la masse les parties qu'on enlève, jusqu'à ce que le sucre, par ce travail, devienne brillant tout en prenant de la consistance. Il faut avoir soin de tenir toujours le sucre entassé, afin qu'il se maintienne chaud le plus longtemps possible; car il ne peut être transformé en ornements que pendant qu'il a de la souplesse : dès qu'il est froid, il devient cassant.

Pour travailler ce sucre plus vivement, il convient d'en cuire peu à la fois, et de s'y mettre à plusieurs personnes. — Le *sucre tors* peut être employé à former des anses pour vases ou coupes, roulées en nattes formées avec 2 ou 3 cordons de sucre. On les roule jusqu'à ce que le sucre soit à peu près refroidi ; on donne alors la courbe nécessaire à l'anse, et on la laisse refroidir ainsi.

Avec le sucre *tors*, on peut aussi imiter des feuilles couleur naturelle du sucre ou nuancées en vert ; pour exécuter une feuille d'arbre, il suffit d'amincir le sucre avec les doigts, l'appuyer fortement dans un moule en plomb, incrusté, légèrement huilé. — C'est avec ce sucre qu'on exécute ces belles *gerbes* dans le genre de celles représentées planches 19, 20, 23. — On peut encore imiter des roses dont on forme les pétales à la main pour les grouper ensuite, quand le sucre est froid, sur un bouton en sucre, enfin de former la fleur. Ces roses peuvent être colorées au pinceau ou avec de la couleur fine, en poudre. — Les détails en sucre *tors* doivent refroidir à l'air.

Sucre soufflé. — Pour obtenir du beau sucre *soufflé*, il faut en préparer peu à la fois. Le sucre est cuit juste au *petit-cassé*, c'est-à-dire à ce point où l'on peut encore le rouler dans les doigts, après l'avoir trempé à l'eau froide. On lui mêle alors, pour 1 kilogramme de sucre cuit, 2 cuillerées de glace de sucre, simplement travaillée avec du blanc d'œuf comme une glace-royale, mais légère et pas trop mousseuse ; il faut cependant la travailler 7 à 8 minutes, en observant surtout de ne lui mêler aucun acide, ni crème de tartre, ni fécule, absolument rien.

La glace est mêlée au sucre cuit, en deux fois, hors du feu, travaillez aussitôt le sucre vivement, avec une cuiller en bois, jusqu'à ce que la mousse tombe ; versez-le alors dans une caisse en fer-blanc, forme de carré-long, ayant 10 centimètres de haut, légèrement chauffée et huilée. Placez immédiatement une plaque bien chaude sur le sucre, mais en la tenant à 2 centimètres au-dessus de la caisse, afin de laisser un peu d'espace entre la plaque et le sucre. Au bout de quelques secondes, le sucre monte lentement ; quand il est monté, tenez-le encore 5 à 6 minutes pour le bien sécher et le cristalliser : démoulez-le ensuite sur un tamis.

A défaut de caisse en fer-blanc, on peut faire monter et sécher le sucre dans une caisse en fort papier, forme de carré-long, ayant 8 à 10 centimètres de hauteur, mais bien droite, et bien fermée sur les côtés. On peut aussi faire monter le sucre dans un petit tamis tenu à l'étuve, légèrement huilé ; on le sèche alors à l'aide d'une salamandre rougie, qu'on promène au-dessus du sucre.

Le sucre soufflé n'est réussi qu'alors qu'il monte bien, qu'il sèche sans s'affaisser, qu'il reste léger, sec et poreux. Ce sucre peut être nuancé ; on peut l'obtenir rose ou vert ; en ce dernier cas, il convient plutôt de colorer le sucre cuit que la glace ; pour l'obtenir rose, mêlez à la glace quelques gouttes de *rouge-breton*, limpide. Le sucre soufflé, couleur chocolat, réussit moins bien que le blanc ou le rose, en raison des parties grasses que contient le chocolat, et aussi en raison de la fécule que les fabricants additionnent à ce produit. On emploie ordinairement la poudre de cacao, sans sucre ; on la délaye avec un peu d'eau chaude, on la mêle au sucre cuit, alors que celui-ci est à peu près à point. On termine l'opération en mêlant de la glace-royale au sucre, absolument comme pour le sucre soufflé blanc.

Pour former les rochers, le sucre soufflé doit être distribué en morceaux informes, cassés et non coupés ; ces morceaux sont collés avec de la glace-royale à la fécule.

Le sucre soufflé peut se conserver bien longtemps s'il est renfermé dans un lieu sec, à l'abri de la poussière.

SOMMAIRE DE LA PLANCHE 19

Dessin 91. — GATEAU DE BROCHE.
Dessin 92. — MERINGUE EN ANANAS.
Dessin 93. — MERINGUE ÉTAGÉE.

Dessin 91. — GATEAU DE BROCHE (BAUM-KUCHEN), POUR GROSSE PIÈCE

Proportions : 500 grammes beurre, 325 grammes farine, 175 grammes bel amidon ou fécule, 580 grammes sucre en poudre, 2 œufs entiers, 18 jaunes, 18 blancs fouettés, 2 décilitres de crème double, zestes râpés d'orange et de citron, kirsch ou marasquin, fleurs de muscade et cardamome (carthames de Chine) pulvérisés, grain de sel.

Ramollissez le beurre, en l'épongeant dans un linge, travaillez-le ensuite à la cuiller, dans une terrine, avec le sucre, jusqu'à ce qu'il soit léger et mousseux; ajoutez alors les œufs entiers, un à un, puis les jaunes, sans interrompre le travail; si l'appareil menaçait de tourner, ajoutez un peu de fécule; au bout de 20 minutes, incorporez toute la fécule et la farine, tamisées, zestes et fleurs de muscade, blancs fouettés et la moitié de la crème.

Prenez un mandrin en bois, ayant à peu près la forme d'un pain de sucre, mais moins conique, coupé droit des deux bouts, et percé au centre sur toute sa longueur, afin de pouvoir le traverser avec une broche plate, en fer; entourez ce mandrin avec une ficelle, enroulée en spirale sur toute sa longueur, en ayant soin de tenir le bout de cette ficelle sur la partie la plus mince du mandrin.

Couvrez cette ficelle avec du papier sur toute la longueur du mandrin, en le collant; traversez le mandrin avec la broche, en le fixant solidement à l'aide de petites cognées. — Le feu de broche doit être bien allumé, et plus long que le mandrin[1]; tenez la broche aussi près que possible du foyer, faites-la tourner vivement par quelqu'un; beurrez aussitôt le papier, au pinceau, sur toute sa surface; dès qu'il est chaud, arrosez-le avec une couche mince d'appareil[2], afin de le masquer complètement. Faites vivement tourner la broche, afin que la flamme saisisse et maintienne la couche de pâte; aussitôt sèche, laissez tomber sur la couche, d'un bout à l'autre, à distance, des petits tas de la même pâte, mais un peu plus consistante que la première, qui, en se dilatant, par

---

1. Aujourd'hui on a remplacé le mandrin en bois par un mandrin en métal, vide, fixé à la broche par des écrous. Les confiseurs allemands ont des foyers de cheminée construits en demi-voûte, de façon que la flamme puisse mieux envelopper le gâteau pendant sa cuisson.

2. Dans le début, l'appareil doit être légèrement consistant, c'est-à-dire avec moins de blancs d'œuf et moins de crème, afin qu'il s'attache mieux au papier.

l'effet de la chaleur et de la rotation violente du mandrin se transforment en pointes saillantes; dès que la surface de la pâte est garnie de ces pointes, il ne s'agit plus que de continuer à les masquer avec l'appareil un peu moins consistant, afin de les grossir, en les allongeant petit à petit. Le point essentiel consiste à obtenir ces pointes d'une égale longueur et d'une même teinte.

En dernier lieu, allongez la pâte avec ce qui reste de crème double. Quand cette pâte est tout absorbée, que les couches superposées forment une épaisseur de 3 à 4 centimètres, diminuez l'action du feu, afin que les surfaces se colorent d'un beau blond, mais très lentement.

Cela fait, retirez la broche du feu, appuyez-en le bout sur une table, faites-la tourner tout doucement, en l'arrosant avec une glace au sucre en poudre, parfumée aux zestes, liquéfiée avec les liqueurs : la chaleur du gâteau suffit pour sécher cette glace et lui donner du brillant; mais il ne faut pas cesser de tourner la broche jusqu'à ce que le gâteau soit complètement refroidi. Pour le démouler, coupez aux deux extrémités du gâteau la ficelle qui entoure le mandrin, afin d'en retirer le papier, et dégager ainsi le gâteau. Dressez celui-ci debout sur une abaisse en bois, masquée de papier blanc, portant sur son centre une tringle en bois de 25 centimètres de haut, également masquée; cette tringle est nécessaire pour maintenir le gâteau en équilibre.

Fixez cette abaisse sur un socle de forme hexagone, formant cascade sur les six faces. Fixez sur le haut du gâteau une aigrette à pompon, en sucre filé.

Dessin 92. — MERINGUE EN ANANAS

Sur la table d'un buffet, cette meringue peut faire pendant à la meringue étagée, représentée par le dessin 93. Les grosses meringues sont des pièces qui produisent toujours leur effet; peu coûteuses en somme, et d'une exécution facile, elles devraient être plus cultivées qu'elles ne le sont par les pâtissiers : on peut en tirer de grandes variétés.

Cette meringue est représentée dressée sur une base cintrée, à gradin, masquée en pastillage, décorée en relief et bordée, posant sur quatre pieds. La pièce est simplement montée sur une charpente en anneaux gradués, poussés sur plaques beurrées et farinées, avec de la meringue à décor, puis séchés à four doux.

Quand ces anneaux sont détachés des plaques et refroidis, montez-les l'un sur l'autre en les collant; fermez l'ouverture du dernier anneau avec une abaisse en pâte d'office; égalisez les surfaces de cette charpente, masquez-les avec une mince couche de meringue. Posez alors la charpente sur un plafond masqué de papier beurré; posez le plafond sur un grand moule à charlotte ou sur une terrine, décorez-en les surfaces avec des rangées de grosses perles en meringue, poussées à la poche, en commençant par la rangée du bas. Le point essentiel, c'est de pousser ces perles bien rondes, égales en grosseur pour toutes les rangées, mais en diminuant peu à peu le volume des perles, à mesure que les rangées se rapprochent de l'extrémité de la charpente.

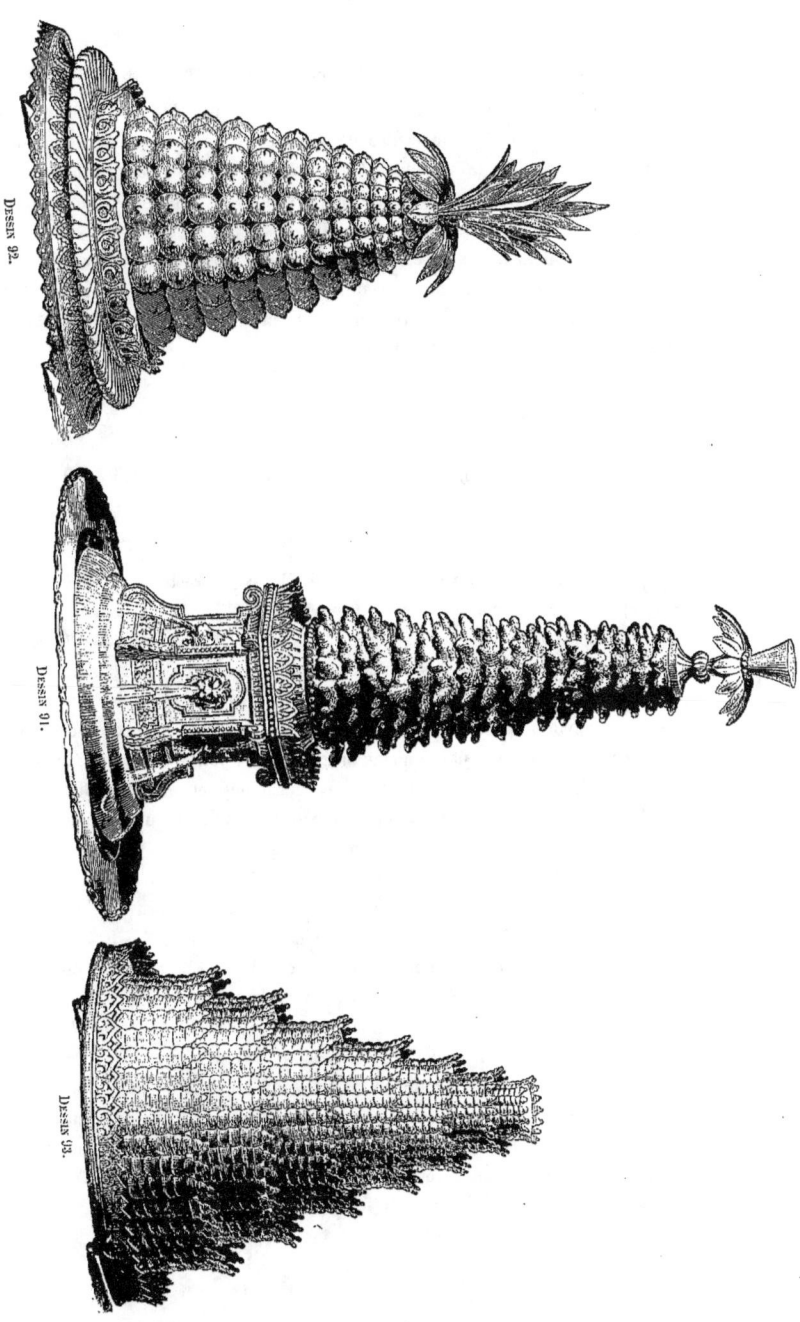

Quand la meringue est montée, saupoudrez-la avec de la glace de sucre, tamisée à travers un petit sac en étamine. Sur le centre de chaque perle piquez une petite pointe en angélique ou en amande. Faites sécher la meringue à four très doux, pour qu'elle prenne une belle nuance claire. Quand elle est sortie du four et refroidie, retirez le papier sur lequel elle posait ; collez-la sur une abaisse en pâte d'office ; puis collez celle-ci sur la base à gradin.

Le haut de la meringue étant exposé à prendre plus vite couleur que les parties basses, il faut en envelopper l'extrémité, aussitôt que l'appareil est sec. — A défaut d'un four suffisamment élevé de chapelle, on pourrait faire la charpente en deux pièces, les perler séparément, les faire sécher, et les assembler en les sortant du four.

Dessin 93. — MERINGUE ÉTAGÉE

Cette pièce est d'un très joli effet, si elle est correcte et de belle nuance, égale partout ; elle est représentée dressée sur une large base en bois, ornée d'une belle bordure, posant sur quatre pieds. Elle se compose de sept étages gradués ; elle a la hauteur de 65 à 70 centimètres sur 38 à 40 de diamètre. Ce genre de pièces convient surtout pour aller sur la table d'un buffet ; elles ont ceci d'avantageux qu'elles peuvent être préparées longtemps d'avance sans perdre de leur fraîcheur.

On peut préparer cette pièce d'après deux méthodes : d'abord, en formant les étages à l'aide d'anneaux en meringue, par le même procédé décrit pour la meringue en ananas. Mais cette méthode ne peut guère être appliquée que pour les meringues peu élevées, celles qu'on sert pour entremets, car le travail est trop long et trop minutieux. Quand il s'agit d'une grosse pièce, du calibre de celle-ci, il faut absolument employer des moyens plus expéditifs.

Établissez d'abord une charpente en carton ou en fer-blanc, pour chaque étage, de largeur et de hauteurs voulues, de façon à former une pyramide régulière ; ces tambours sont fermés des deux côtés ; masquez-en l'extérieur avec mince couche de meringue lisse ; faites sécher, puis décorez, séparant un à un chaque tambour, soit au cornet soit à la poche à douille en formant des chenilles se terminant en pointes évasées ; pour obtenir ce décor régulier il faut opérer de haut en bas après avoir posé chaque tambour sur un moule ou toute autre base élevée, plus étroite. Poudrez la meringue, faites-la colorer de belle nuance à four tombé ; quand la meringue est suffisamment sèche et refroidie montez les tambours en les étageants sur un plateau bordé.

Les pièces en meringue de ce genre, ne présentent pas de grandes difficultés d'exécution ; et leur mérite consiste surtout dans la régularité du décor et dans la nuance dorée de la meringue. Il n'est pas moins vrai qu'il faut une grande pratique du four, pour donner à ces pièces le ton qui leur convient, et surtout une masse égale pour chaque division

GROSSES PIÈCES DE PATISSERIE.

SOMMAIRE DE LA PLANCHE 20

Dessin 94. — PHARE NAPOLITAIN   Dessins 95, 96. — GROSSES MERINGUES EN DOME.

Dessin 94. — PHARE NAPOLITAIN

Cette pièce est à trois étages en forme de tour; elle est montée sur une plate-forme en blockhaus dont la base est rocailleuse; la plate-forme est fixée sur le centre d'une large abaisse bordée.

Excepté la charpente de la plate-forme et l'abaisse inférieure qui sont en bois, toutes les parties de la pièce sont mangeables.

Le phare est exécuté à l'aide de trois gâteaux napolitains préparés en bonne pâte, d'après la méthode prescrite à la page 9. Ces gâteaux, d'un diamètre gradué, sont posés l'un sur l'autre; les deux premiers sont façonnés au couteau, en forme de tours circulaires, légèrement coniques; percées chacune d'une porte et de plusieurs fenêtres cintrées. Le troisième gâteau est de forme hexagone, à six pans; c'est une imitation de la tour des feux, placée sur le haut des phares.

Les trois étages sont indépendants l'un de l'autre; le plus bas est fixé sur une épaisse abaisse en pâte d'office, un peu plus large que son diamètre; il est surmonté d'une autre abaisse mince, un peu plus large, également en pâte d'office, ornée tout autour d'une balustrade à jour, levée à la planche. La tour du milieu est aussi surmontée d'une abaisse plus large, bordée en créneaux. La tour la plus élevée, celle qui figure ici la tour des feux, est simplement ornée d'une bordure pleine; mais elle est surmontée d'une sorte de dôme à côtes, sur le sommet duquel flotte un petit drapeau.

Quand ces tours sont régulièrement façonnées, creusez légèrement les portes et fenêtres des deux premières; masquez-en les fonds creux avec une couche de glace au chocolat, poussée au cornet.

Masquez alors toute la surface des tours avec une mince couche de belle marmelade d'abricots, serrée et tiède; laissez-la sécher. Ornez les portes avec des bandes de pâte à massepain coupées de façon à imiter l'arceau en relief; bordez les fenêtres avec des liserons plats; entre le portail et les fenêtres de la première tour, appliquez en relief un liseron perlé; puis, disposer des petites solives au-dessous de l'abaisse à galerie, formant corniche sur le haut des deux tours. Rayez enfin les parois des tours rondes, en imitation de pierres de taille, à l'aide d'un fin cornet : la tour des feux n'est pas rayée, elle est simplement ornée au cornet. Quand les tours sont terminées, collez-les l'une sur l'autre ; fixez la pièce sur la plate-forme. Cette plate-forme est exécutée sur une solide charpente en bois, dont les surfaces sont plaquées avec des bandes de biscuit-punch formant revêtement ; elles sont également masquées de marmelade, et rayées au cornet. La balustrade qui en fait le tour pour venir aboutir à l'escalier imité en pâte à massepain, est levée à la planche.

Comme variété, cette pièce pourrait être exécutée en pâte à gaufre, aux amandes ; en ce cas, les tours seraient vides, car il faudrait les former dans trois moules différents, sans fond, en fer-blanc, ayant chacun exactement la forme et les dimensions d'une des tours. Pour plus de sûreté, la pâte à gaufre doit être doublée, après cuisson. En ce cas, la plate-forme pourrait aussi être exécutée en pâte à gaufre, à condition de l'appliquer contre une solide charpente en bois ou en fer-blanc, masquée de papier ; les portes et les fenêtres des tours seraient alors très légèrement creusées et bordées, leurs surfaces seraient rayées au cornet absolument comme précédemment.

La pièce pourrait également être exécutée en beau nougat ; cette exécution ne présenterait aucune difficulté, du moment qu'on disposerait des moules convenables ; car ici les moules deviennent absolument indispensables ; comme diversion on pourrait exécuter la plate-forme, sur charpente, soit en biscuit soit en pâte à gaufre, sans rien changer à son ornementation.

Dans les deux cas, les tours doivent toujours être surmontées d'une large abaisse à galerie, ornée avec de la pâte à massepain ; elles peuvent bien être rayées au cornet, mais sans être masquées de marmelade.

Dessins 95, 96. — GROSSES MERINGUES, EN DOME

Ces deux pièces sont construites dans le même ordre et d'après la même méthode ; les détails du décor sont les mêmes, mais appliqués différemment.

Ces pièces sont exécutées sur une charpente formée par des anneaux en meringue, d'un diamètre gradué, poussés sur plaques beurrées et farinées, puis cuits à four doux, en procédant comme il est dit pour la grosse meringue en ananas

Collez les anneaux avec de la glace-royale, en les montant l'un sur l'autre. Collez ensuite la charpente sur une abaisse en pâte d'office de 2 centimètres plus large ; placez-la sur un plafond couvert d'un rond de papier beurré ; placez ce plafond sur un large moule, afin de pouvoir exécuter le décor avec plus de facilité. Masquez d'abord toutes les surfaces avec une mince couche de meringue pour décor ; puis, avec la pointe d'un couteau, tracez sur cette couche des lignes de haut en bas, de façon à former dix divisions ; sur ces lignes, poussez deux cordons minces de meringue, l'un à côté de l'autre, un peu plus large sur le bas que sur le haut : c'est sur ces lignes, que seront plus tard poussées les rangées de perles qui, du bas, convergent sur le sommet de la charpente.

Sur l'espace laissé libre, entre les cordons formant les divisions, poussez d'abord des cordons, en lignes horizontales, en commençant par le bas, de façon à remplir le vide jusqu'en haut.

Aussitôt que deux rangées de cordons sont poussées, poussez les rangées de perles, allant de bas en haut, mais en diminuant légèrement le diamètre des perles à mesure que la rangée s'élève ; continuez ainsi le décor. Saupoudrez ensuite la meringue avec de la glace de sucre ; faites-la sécher à

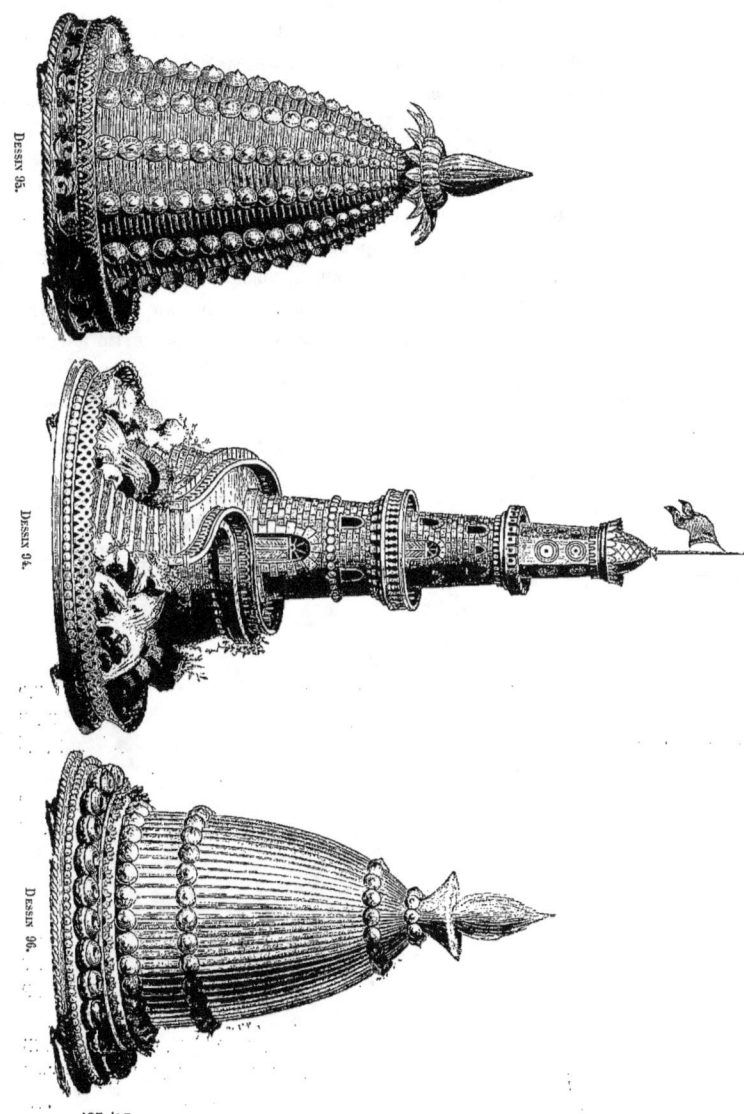

four très doux, en lui faisant prendre une belle nuance claire. En la sortant, placez-la dans une étuve tiède, tenez-la ainsi deux ou trois jours.

Dressez-la enfin sur un tambour vide, en bois léger, posant sur quatre pieds, masqué en pastillage, décoré en relief et bordé. Fixez alors sur le haut du dôme un joli pompon en sucre filé fin, posé debout sur le centre d'une torsade à cannelons, également en sucre fin, encadrée par une rosace de feuilles en sucre *tors*, disposées en éventail.

La charpente de la grosse meringue représentée par le dessin 95 est exécutée dans les mêmes conditions que la précédente ; mais la pièce est décorée dans un ordre tout différent : ici, les cordons en meringue vont de haut en bas, tandis que les rangées de perles sont disposées en lignes horizontales ; mais en somme, ce décor n'est qu'une simple variété de celui qui précède. — La meringue doit être comme la première cuite au four, de belle nuance, et bien séchée.

Cette pièce est représentée dressée sur un tambour en bois, formant gradin, posé sur quatre pieds, masqué de pastillage, décoré et bordé. Elle est ornée, sur le haut, d'un large pompon en sucre filé fin, portant sur son centre une flamme également imitée en sucre filé. L'espace libre entre le gradin et les bords du tambour, est garni avec une chaîne de jolies petites meringues garnies de crème.

SOMMAIRE DE LA PLANCHE 21

Dessin 97. — BALLON IMITÉ.   Dessins 98, 99. — GRANDES RUCHES EN MERINGUE.

Dessin 97. — BALLON IMITÉ

Cette pièce est représentée dressée sur une large base en bois, masquée et bordée en pastillage, portant sur son centre un tambour en bois, mince, plus étroit, masqué en pastillage, décoré et bordé.

Le ballon est exécuté sur une charpente en fil de fer, et maintenu en équilibre à l'aide d'une tringle en fer, partant du centre de la base en bois, traversant le tambour, puis la corbeille du ballon, pour venir aboutir à l'extrémité du dôme de celui-ci.

La charpente du ballon est en fil de fer et en fer-blanc, elle se compose d'une sorte de cône renversé, en fil de fer, adhérant fortement par le haut et par le bas, à la tringle centrale, en même temps qu'à un large anneau en fer-blanc bordé d'un cercle étroit, formant la division du cône avec le dôme du ballon. Les fils de fer du cône sont fixés à distance égale, autour de l'anneau ; ils sont enserrés à leur base par un anneau en fil de fer, et vont s'accrocher à un cercle en fer-blanc disposé debout sur le centre de la corbeille. Cette corbeille est exécutée en pastillage sur une charpente en fer-blanc, solidement fixée sur le tambour, fermée sur le haut, en partie du moins, car elle porte sur le centre une large ouverture, entourée par le cercle en fer-blanc posé debout, en relief.

Le ballon est construit, partie en pastillage, partie en glace-royale, partie en sucre filé.

Le dôme est exécuté sur un large moule en fer-blanc ; il peut tout aussi bien être en sucre qu'en glace-royale ; la double bordure qui en forme la base est exécutée en dehors du dôme, sur une bande en fer-blanc adhérant à la charpente. Le vide du cône, derrière les rayons en fil de fer, est garni avec des nappes de sucre filé, ou simplement par un cône plus étroit, exécuté en pastillage ; ce cône figure la soie pendante du ballon, enfermée par la cage en fil de fer ; ces fils de fer, et ceux de la base du dôme, viennent s'accrocher aux anneaux de la corbeille et sont simplement enveloppés dans du papier blanc. L'anneau qui retient les fils de fer de la cage est orné d'une bordure pendante, en pastillage.

Quelques petits drapeaux sont fixés sur le haut du dôme ; ils sont groupés en éventail, à l'aide de petits trous pratiqués sur une épaisse bande en pastillage, disposée sur le centre même du dôme. L'espace libre entre la bordure de la base et le tambour central, est garni avec des petits gâteaux.

DESSINS 98, 99. — GRANDES RUCHES EN MERINGUE, SUR TAMBOUR

Les deux ruches reproduites à cette planche ont la hauteur de 75 centimètres : 20 pour la base, 55 pour la ruche. Ces pièces conviennent pour être servies sur la table d'un buffet de bal ; elles sont d'un joli effet, solides, peu coûteuses, peu travaillées, elles ont l'avantage de pouvoir être exécutées d'avance ; cette considération est souvent d'une grande importance.

La première des deux ruches est exécutée sur une charpente dont la base est cylindrique, et le haut formé en toiture de dôme gradué, se terminant en pointe, ayant sa base en écartement légèrement accentué : le dôme et la base sont exécutés séparément : la base d'abord.

Pour former cette base, beurrez des cercles à meringue avec du beurre bien épongé ; glacez-les avec moitié glace de sucre et moitié fécule ; emplissez-en le vide avec de la meringue pour décor ; saupoudrez de sucre, faites sécher à four très doux, pour que la meringue ne travaille pas. A défaut de cercles, on peut opérer simplement à l'aide d'anneaux en meringue, couchés à la poche, sur plaques beurrées et farinées ; puis séchés à four doux et refroidi ; ils sont ensuite collés les uns sur les autres. Mais une méthode beaucoup plus simple consiste à opérer sur une charpente en fer-blanc, masquée de pâte, et celle-ci séchée à l'étuve.

L'ouverture de cette charpente doit être fermée en dessous, à 4 centimètres du bord, avec une abaisse en pâte d'office ou en carton blanc, de façon à pouvoir poser d'aplomb, sur la base cylindrique.

Posez le dôme et le cylindre chacun sur un large moule, et ce moule sur une plaque ; décorez-les en imitation de chaume, avec de la meringue légèrement jaunie, poussée à la poche ou au cornet, en cordons réguliers. Sur les parois du cylindre, les cordons sont poussés de haut en bas ; mais sur le dôme, ils sont poussés les uns à côté des autres, par rangées, en commençant par le bas du dôme, et en posant les rangées à cheval, en imitation d'un toit en chaume : l'opération est très simple.

Il faut avoir soin de laisser à mi-hauteur du cylindre une petite ouverture cintrée, figurant la porte de la ruche, au-devant de laquelle est disposé un petit appui.

Saupoudrez légèrement la meringue avec du sucre fin ; faites-la sécher à four très doux, en lui faisant prendre une belle nuance jaune clair. Quand elle est refroidie, tenez-la encore deux jours à l'étuve tiède. Au dernier moment, collez le cylindre sur une abaisse en bois, masquée de pastillage, bordée d'un liseron sur son épaisseur, un peu plus large que le tambour ; collez le dôme sur le haut du cylindre.

Sur l'appui saillant de la petite porte cintrée de la ruche, placez quelques mouches à miel, en sucre ; distribuez quelques-unes de ces mouches sur le dôme, ornez enfin celui-ci d'une petite guirlande de fleurs en sucre. Au dernier moment, collez sur le haut du dôme, un petit pompon en sucre filé blanc.

Entourez la base de la ruche avec une chaîne de petites meringues, garnies de crème ; entourez également la base du tambour avec les mêmes meringues, car, à ces pièces, aucune garniture ne saurait mieux s'y adapter.

La deuxième ruche est exécutée dans les mêmes conditions que la précédente ; mais ici la

Dessin 98.

Dessin 97.

Dessin 99.

partie cylindrique, c'est-à-dire le corps de la ruche, est formé en imitation d'anneaux en paille, cousus les uns sur les autres : le dôme est en forme de pyramide graduée.

La ruche est fixée sur un rocher en sucre *soufflé* dont je décrirai plus loin l'apprêt ; ce rocher est exécuté sur une charpente, ou plutôt sur un tambour vide, en bois mince, fixé sur une base bordée, posée sur quatre pieds.

De même que la précédente, cette ruche est ornée d'une guirlande de fleurs et feuilles imitées en pastillage, grimpant de la base au sommet. La petite porte de la ruche disposée à sa base, est munie d'un appui saillant, et entourée d'abeilles en sucre.

SOMMAIRE DE LA PLANCHE 22

Dessin 100. — COUPE AUX FRUITS, SUR GRAND SOCLE.   Dessin 101. — RUCHE EN PATE D'AMANDES, SUR TAMBOUR
Dessin 102. — RUCHE EN MERINGUE, SUR TAMBOUR.

Dessin 100. — COUPE DE FRUITS, SUR GRAND SOCLE

Avec une pâte aussi souple et maniable que le pastillage, on peut facilement modeler des fruits à la main, à l'aide d'ébauchoirs ; ce qui est moins facile, c'est de les colorer, en leur donnant cette physionomie de vraisemblance et de naturel qui en fait tout le mérite ; le mauvais coloris des fruits les rend vulgaires et disgracieux. — Les gros fruits en pastillage sont toujours modelés creux, à l'aide d'un ébauchoir.

En modelant les fruits, il faut surtout s'attacher à tenir le pastillage mince, afin de pouvoir le bien faire sécher; les gros fruits, tels que *pommes, poires, pêches, abricots, prunes,* etc., sont seulement modelés aux trois quarts de leur forme, car ils sont généralement groupés de façon à ne pas être vus en entier, soit qu'ils entrent comme garniture d'une corbeille, soit comme bordure de socle. Les petits fruits, tels que *cerises, fraises, groseilles, noisettes,* peuvent être modelés en entier.

Quelle que soit la teinte naturelle des fruits, on peut toujours les exécuter d'abord en pastillage blanc, et, quand celui-ci est bien sec, le masquer avec une glace-royale liquéfiée à point et nuancée de la teinte formant le fond naturel des fruits ; quand cette glace est sèche, on donne aux fruits des teintes plus vives ou des demi-teintes, avec des couleurs pulvérisées dont on imprègne un petit tampon de coton ; en ce cas, il suffit, pour faire prendre la couleur, de souffler sur la glace et passer aussitôt le tampon dessus.

On passe au vernis à bonbon les fruits qui réclament du brillant, tels que les *poires, pommes,*

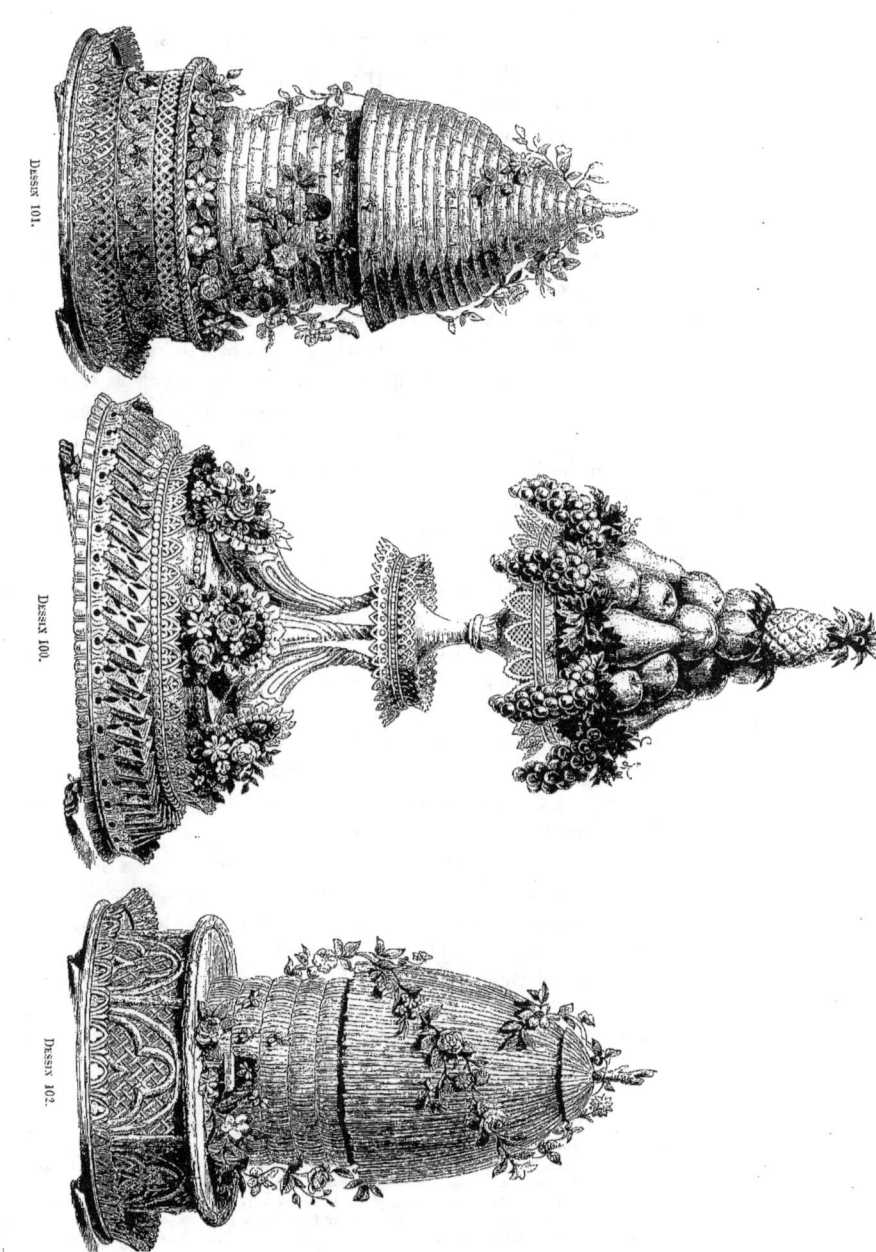

Dessin 101.

Dessin 100.

Dessin 102.

cerises et *groseilles*. — On imite la couche givrée de certains fruits : *prunes noires* et *pêches*, en les saupoudrant avec de la fécule qu'on fait tomber de haut, en la tamisant à travers un sachet en laine ; mais il faut préalablement que les fruits soient humectés avec l'haleine, en soufflant dessus.

Quand on veut dresser les fruits sur une coupe, on emplit d'abord celle-ci avec un fond en carton formant le dôme, contre lequel on les groupe et on les colle à la glace-royale, en les entourant avec des fleurs artificielles.

Ce sujet peut également être servi sur la table d'un buffet ou sur celle d'un dîner, comme pièce de milieu ; il se compose de deux parties distinctes : la base et la coupe aux fruits. La base est à gradin, posée par quatre pieds ; ce gradin est imité par un double tambour, vide, en bois mince, traversé par une tringle en fer adhérant au centre de la base ; sur le haut de cette tringle est solidement fixée une abaisse en bois. — La coupe aux fruits est montée sur un petit socle en fer-blanc, fermée sur le haut.

La base et son double tambour sont masqués en pastillage et bordés. Les quatre cornes d'abondance posées debout sur le dernier gradin, n'ayant aucun effort à faire, peuvent être moulées en pastillage dans un moule en deux pièces ; si on voulait les faire porter au-dessous de l'abaisse comme soutien supplémentaire, il faudrait les faire exécuter en fer-blanc, puis les masquer et les décorer avec du pastillage. — L'abaisse disposée sur le haut de la tringle est simplement masquée de papier blanc et ornée d'une double bordure.

La coupe aux fruits est indépendante de la base ; elle est exécutée séparément. Le socle portant la pyramide est masqué en pastillage, et bordé. Les fruits se composent de grosses poires, de pêches, de pommes, de raisins et d'un bel ananas couronnant la pyramide. Les fruits imités sont comme les fleurs ; ils doivent être d'une ressemblance parfaite sous peine de ne produire aucun effet.

Les poires, les pêches, les pommes, peuvent être imitées en pastillage ou en sucre coulé [1] ; dans les deux cas, ces fruits sont vides. S'ils sont en sucre, ils doivent être peints au pinceau ; s'ils sont en pastillage, ils sont d'abord légèrement nappés avec une glace coulante ; jaune pour les pêches, verdâtre pour les pommes et les poires. Quand la glace est sèche, les fruits sont fardés avec du carmin en poudre, à l'aide d'un tampon en ouate. Pour imiter le duvet des pêches, on tamise de la fécule dessus, après les avoir légèrement humectées simplement avec l'haleine.

Les grains de raisins sont imités en pastillage ou en pâte d'amandes nuancée ; ils sont d'abord vernis avec du vernis à bonbons, puis formés en grappe, en les collant sur une charpente ; on leur donne aussi le duvet avec de la fécule.

L'ananas est coulé en sucre dans un moule en plâtre, puis nuancé ; la couronne qui le surmonte peut être imitée en sucre tors nuancé ou en pastillage. Mais cette pièce étant absolument ornementale, et d'ailleurs, en raison même de sa hauteur, ces fruits n'étant pas exposés à être man-

---

1. Les sujets en sucre sont coulés dans des moules en plâtre. Il n'est pas plus difficile de couler le sucre que de couler la stéarine. Il s'agit d'abord d'avoir de bons moules, et de cuire le sucre au point voulu : cette opération est d'ailleurs fort simple.

Il faut couper le sucre ; le mettre dans un poêlon, le mouiller à peine avec de l'eau tiède et un peu d'acide citrique ou de vinaigre blanc. Quand il est dissous, le cuire au degré de *la plume;* le retirer et le graisser légèrement en le frottant contre les parois du poêlon avec une cuiller en bois.

Les moules dans lesquels on coule le sucre doivent être démontés et trempés à l'eau froide pendant 10 minutes, puis bien égouttés, assemblés de nouveau et serrés avec une grosse ficelle.

Si on coule des figures, il ne faut pas négliger de remuer le sucre dans le moule, avec une petite baguette en bois, afin d'en chasser l'air que le liquide peut contenir, sinon il y aurait des vides dans le sujet ; en tout cas, il convient de reverser le sucre du moule dans le poêlon aussitôt que le sujet est formé : plus on laisse le sucre dans le moule, plus la croûte devient épaisse ; or pour les gros sujets, il convient de tenir plutôt la croûte mince.

gés, tous les procédés sont bons pour rendre l'imitation parfaite ; par ce motif, on peut leur adjoindre des feuilles artificielles et d'autres petits fruits qui en relèvent le ton : des cerises et des grappes de groseilles qu'on imite si bien aujourd'hui. On trouve dans le commerce des raisins blancs et noirs imités avec une grande perfection.

Ces fruits, formant la coupe de cette pièce, sont groupés contre la pyramide, en les collant l'ananas est posé sur le haut de la pyramide, et les raisins sont rangés sur la frise du socle en grappes pendantes, entremêlées de feuilles.

Avant de servir cette pièce, l'espace libre de la base, entre le double tambour et la bordure, doit être garni de petits gâteaux. Mais, par précaution, il est bon de ne poser la coupe aux fruits sur sa base, qu'alors que celle-ci est sur la table où elle doit être servie.

Dessin 101. — RUCHE EN PATE D'AMANDES

Cette pièce étant mangeable ne peut pas être montée sur une charpente soit en carton, soit en bois.

Elle est représentée dressée sur un tambour en bois vide, fixé sur une large base bordée ; les parois du tambour sont ornées avec des détails en pastillage.

La guirlande de fleurs qui orne la ruche pourrait bien être imitée en sucre ou en pastillage, mais il est préférable d'employer des fleurs artificielles, sur la nature desquelles personne ne peut se tromper, et qui, n'adhérant pas à la pièce, sont enlevées avant même de couper celle-ci.

La ruche est construite en deux parties : la toiture et le corps principal; celui-ci est collé sur une abaisse en pâte d'office.

Voici la recette pour préparer la pâte à ruche : 500 grammes d'amandes, 750 grammes de sucre, 250 grammes de farine, blancs d'œuf, zeste haché, grain de sel.

Pilez les amandes mondées, avec un blanc d'œuf; ajoutez peu à peu le sucre, le zeste et assez de blanc d'œuf pour obtenir la pâte molle. Mettez-la sur la table, pour la travailler avec les mains, en lui incorporant la farine : elle doit rester assez molle pour pouvoir être poussée à la seringue d'office, sans qu'elle s'affaisse.

Pour former le corps de la ruche, coupez un patron en carton de forme circulaire, du diamètre que doit avoir la base de la ruche. — Beurrez et farinez des plaques; puis, à l'aide d'un crayon et du patron, tracez des cercles à distance, sur la surface des plaques. Sur les cercles tracés, poussez de gros cordons de pâte, à l'aide d'une seringue d'office, munie à son extrémité d'une petite plaque mobile, percée d'un rond lisse, sans cannelures, ayant 2 centimètres de diamètre. Formez ainsi des anneaux réguliers; soudez-en les extrémités avec du blanc d'œuf, rayez-les transversalement avec le revers d'un petit couteau, à 3 ou 4 centimètres de distance; dorez-les, cuisez-les à four bien atteint, pas trop chaud, en les faisant légèrement colorer; 5 minutes après qu'ils sont sortis du four, détachez-les des plaques, en passant le couteau dessous. Laissez-les bien refroidir ; puis, montez-les, les uns sur les autres, sur une abaisse en pâte d'office, en les collant à mesure avec de la glace-royale ou du sucre au *cassé*, mais en observant que la rayure de chaque anneau se trouve d'être à cheval, sur le milieu, entre les deux rayures de l'anneau placé au-dessous de lui, de façon à imiter le tracé d'un mur de briques. — Aux deux tiers de hauteur de la pièce, pratiquez une petite ouverture voûtée, figurant la porte par où les abeilles doivent entrer ou sortir ; sur le devant de l'ouverture collez un soutien en relief; collez ensuite la ruche sur une abaisse en pâte d'office.

La toiture de la ruche ne formant pas un dôme régulier, l'opération devient plus minutieuse que pour monter les anneaux du corps principal. Si les anneaux ne sont pas d'un égal diamètre, il en faut de larges et de très étroits; mais si l'on veut tracer d'avance le profil de la toiture sur un carton coupé de la hauteur même qu'on veut donner à celle-ci, il est facile de se rendre compte et du nombre d'anneaux nécessaires pour la monter et du diamètre que devra avoir chaque anneau : c'est l'épaisseur même de ces anneaux qui servira de base à ce calcul.

Poussez ces anneaux, comme auparavant, en suivant les cercles tracés d'avance sur plaques beurrées et farinées; rayez-les, dorez-les, cuisez-les. Montez-les ensuite, les uns sur les autres, en les collant avec de la glace-royale, et en tenant compte surtout de la rayure transversale des anneaux. Quand la glace est sèche, consolidez intérieurement ces anneaux avec des cordons de sucre, coulés de haut en bas. Collez ensuite, à 4 centimètres des bords intérieurs de la toiture, une abaisse en pâte d'office qui doit lui servir d'appui quand elle sera placée sur le corps de la ruche.

Maintenant, nappez extérieurement les deux parties de la ruche avec une glace-royale coulante, aux zestes, légèrement jaunie. Quand la glace est sèche, collez la base de la ruche sur le tambour, et, sur celle-ci, posez la toiture. Déposez alors la guirlande de fleurs, en bordure, autour du corps de la ruche; faites-la monter jusqu'au faîte de la toiture, en l'assujettissant de distance en distance avec de la glace-royale verte, à la fécule. — Sur l'appui de l'ouverture pratiquée, disposez quelques abeilles imitées en fondant au chocolat; distribuez-en quelques-unes autour de la base et sur la toiture, en les collant. — Bien que cette pièce soit réellement mangeable, cela ne dispense pas de garnir la base du tambour avec une chaîne de jolies meringues à la crème ou avec toute autre espèce de petits gâteaux.

Dessin 102. — RUCHE EN MERINGUE

La ruche portant le numéro 102 est représentée dressée sur un tambour en bois mince, masqué en pastillage, décoré en rustique, et fixé sur une large base bordée, posée sur quatre pieds. — Cette ruche est exécutée dans les mêmes conditions que celles reproduites à la planche 42; elle est formée en deux parties : la toiture en dôme ovoïde, et le corps de la ruche, de forme cylindrique. — La charpente du dôme est formée sur un grand moule en fer-blanc, avec de la pâte à gaufre ou du pastillage; elle est ensuite décorée au cornet, avec de la meringue pour décor, ou avec de la glace-royale légèrement jaunie, de façon à imiter la paille. — Si le décor est en meringue, faites-le sécher à l'étuve chaude; s'il est en glace-royale, faites-le sécher à l'air.

La charpente cylindrique du corps de la ruche peut tout aussi bien être formée d'anneaux en meringue cuite ou formée sur un moule avec de la pâte à gaufre ou du pastillage ; cette charpente, est ensuite décorée extérieurement au cornet avec de la meringue jaunie ou de la glace-royale.

De même que les précédentes, cette ruche est ornée d'une guirlande de fleurs qui, partant de la base, remonte jusqu'au sommet. Autour de la petite porte basse ménagée contre le corps de la ruche, sont disposées des abeilles en sucre. — Cette pièce est représentée sans garniture, mais l'espace laissé libre autour de la ruche et à la base du tambour peut être garni soit avec de petits gâteaux, soit enfin avec des fruits confits, glacés au cassé et posés dans de petites caisses plissées, en papier.

SOMMAIRE DE LA PLANCHE 23

Dessin 103. — Grande sultane sur socle, filée a la cuiller. Dessin 104. — Grande sultane pleine, en pastillage.
Dessin 105. — Grande sultane en pastillage et en glace-royale.

Dessin 103. — GRANDE SULTANE SUR SOCLE, FILÉE A LA CUILLER

Les sultanes sont des pièces qui peuvent aussi bien figurer sur la table d'un dîner que sur celle d'un buffet de bal, et, bien que n'étant pas mangeables, elles sont cependant considérées comme des grosses pièces de pâtisserie ; elles en tiennent lieu, puisqu'elles ne sont, au fond, que l'enveloppe ornementale d'un gâteau quelconque qui est censé être placé à l'intérieur. Il est vrai que ces gâteaux sont parfois remplacés par des imitations ; mais cela n'a rien d'anormal, puisqu'il faudrait briser les sultanes pour atteindre ces gâteaux, et que, sur les tables du grand monde, les convives ont l'habitude de ne toucher qu'aux objets qui, par leur forme aussi bien que par leur nature, ne laissent aucun doute sur leur destination. Cette retenue est si grande que, sur la table d'un buffet, si l'on néglige de faire une entaille aux pièces mangeables, même à celles qui, par leur composition, sont faciles à couper, telles que : les biscuits, les babas et les savarins, il arrive que la plupart du temps ces pièces restent intactes. Or, il n'est pas à présumer qu'aucun convive veuille se hasarder à briser des pièces que, si leur caractère ornemental pouvait lui échapper, leur élégance et leur coquetterie naturelle suffiraient certainement à défendre contre toute attaque intempestive.

Les grandes sultanes, quel qu'en soit le genre, quelle qu'en soit la forme, jouent un grand rôle dans la pâtisserie; de toutes les grosses pièces, ce sont celles qui produisent un plus grand effet ; ce sont aussi les plus luxueuses, les plus remarquables. Une grande et belle sultane, en effet, soigneusement exécutée dans son ensemble et ses détails, est une pièce qui doit être d'autant plus estimée qu'on la rencontre rarement rendue dans des conditions irréprochables, car il est très difficile d'atteindre cette perfection sans que celui qui opère possède une aptitude éprouvée.

Les sultanes, j'entends les belles sultanes, correctes, élégantes, ont le privilège d'intéresser tout à la fois le monde gastronomique, et de faire l'admiration des praticiens eux-mêmes : c'est un éloge flatteur, mais mérité. Et, en effet, en présence d'une grande et belle sultane, dressée dans les conditions voulues, sur socle ou sur tambour, on voit, on sent tout ce qu'il a fallu de science et de travail intelligent pour atteindre ce résultat.

Un fait remarquable, c'est que l'exécution d'une sultane en sucre est une entreprise qui intimide toujours les hommes n'ayant pas fait une étude suivie de ce travail : ils hésitent, ils reculent devant l'obstacle prévu. C'est que tout le monde comprend que le sucre à filer n'est pas une matière docile qu'on peut manier à volonté, travailler à loisir, comme le pastillage ou la glace-royale : le sucre n'attend pas, il faut le prendre à son point précis de cuisson et ne plus le quitter; il faut l'utiliser quand même, le façonner, le filer enfin, selon le genre du sujet entrepris, selon le dessin arrêté. Il faut non seulement l'employer au moment propice, mais l'employer sans retard, promptement, sans hésiter; car il se détériore avec une rapidité désolante, et on ne peut plus revenir sur ce qui est fait : là est l'écueil, car si toutes les dispositions ne sont pas prises pour pousser activement le travail sans arrêt, sans erreur possible, il est évident que l'opération n'aboutira pas.

Mais, en dehors de ces craintes, le travail du sucre filé est relativement facile; je dirai même que, du moment qu'on l'aborde, on ne tarde pas à y prendre goût, et qu'alors il devient aussi attrayant qu'agréable; d'ailleurs, il en est à peu près ainsi de tous les obstacles dont la persévérance fait triompher; le difficile s'évanouit à mesure que l'assurance augmente : le tout, c'est de s'y mettre. A vrai dire, on s'explique l'appréhension que doit éprouver celui qui n'est pas sûr de lui-même, en abordant de front un travail si minutieux; mais, je le répète, il n'y a que le premier pas qui effraie.

Évidemment ce n'est pas du premier coup qu'on peut prétendre à atteindre la perfection ; il faut s'armer de persévérance, répéter les essais; car c'est de la pratique seule qu'il faut attendre le succès; elle seule peut donner l'assurance nécessaire; elle seule permet de dominer les obstacles. Ce qu'il ne faut pas perdre de vue, c'est que l'art de filer le sucre est, par le fait, un détail de la pâtisserie, mais un détail capital, d'une grande portée, pouvant, dans une large mesure, contribuer à l'avenir d'un homme. Je ne connais pas de praticiens ayant acquis dans cette partie une notoriété distinguée, qui n'aient tiré de leur savoir le plus grand profit. A Paris, tous les hommes qui ont réussi avec succès dans le travail du sucre n'ont pas tardé à acquérir de la renommée, et la renommée, il ne faut pas l'oublier, est le premier échelon de la fortune.

Voici la méthode pour filer les sultanes à la cuiller :

Prenez un grand moule à sultane[1], en double fer-blanc, muni à l'intérieur d'un manche en

---

1. La grande sultane reproduite à cette planche est coulée à la cuiller sur un grand moule ayant 31 centimètres de hauteur sur 27 de diamètre, à son ouverture.

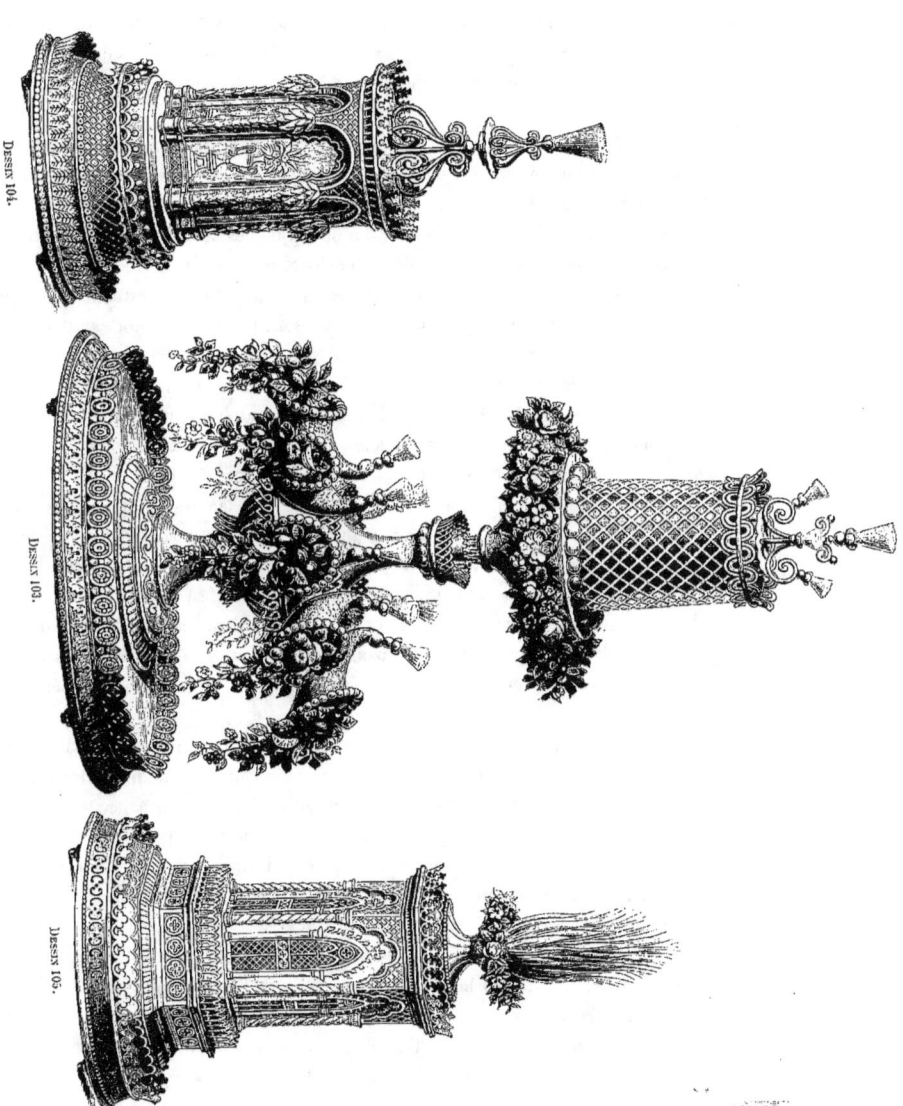

Dessin 104.
Dessin 103.
Dessin 105.
Pl. 23.

bois, adhérant à une douille soudée sur le centre du fond. Tracez sur les parois extérieures du moule, avec la pointe d'un crayon, des lignes inclinées qui, en se croisant, formeront le grillage que représente la sultane. Pour plus de précision, il faut tracer ces lignes à l'aide d'un patron.

Huilez légèrement les parois et le dessus du moule; entourez la lisière du haut et du bas avec un anneau de ficelle, en la serrant contre le moule : ces anneaux donnent une certaine solidité, et facilitent la prise du sucre sur le moule.

Mettez dans 2 ou 3 petits poêlons 5 à 600 grammes de sucre trempé depuis quelques heures (voy. page 222). Cuisez le sucre d'un de ces poêlons, au degré du *cassé*, dans les conditions prescrites plus bas à l'article de la grande sultane en sucre coulé ; aussitôt qu'il est à point, retirez-le, trempez le fond du poêlon à l'eau froide, pour arrêter la cuisson; posez-le aussitôt sur une couche de cendres tièdes, afin de le maintenir chaud pendant le filage.

Prenez de la main gauche le moule à sultane, en le tenant horizontalement par le manche; trempez une cuiller de table dans le sucre, laissez-le égoutter jusqu'à ce qu'il coule en cordon proportionné ; portez alors la cuiller sur les bords du moule, laissez tomber le cordon[1] sur la ficelle, de façon à la masquer. Coulez ensuite les cordons de sucre de haut en bas sur les lignes tracées, mais d'abord celles qui s'inclinent dans le même sens, en tournant à mesure le moule. Le but à atteindre consiste à couler des lignes régulières, avec des cordons de sucre de même épaisseur, sans faire des gouttes : c'est tout; cela paraît bien simple, mais c'est cependant là où l'écueil réside. Filer du sucre, ce n'est pas difficile; ce qui l'est davantage, c'est de le filer bien.

A mesure que le sucre d'un poêlon commence à s'épuiser, il faut en avoir un autre sur feu, prêt à atteindre le degré voulu. — Quand les lignes tracées sont couvertes dans un sens par les cordons de sucre, reprenez-les dans le sens inverse, en les croisant et opérant toujours avec le même soin.

Quand le grillage est complet, grillez le dessus du moule, en arrêtant les cordons du sucre, juste à la lisière. Laissez bien refroidir le sucre et le moule; puis, présentez la sultane au feu, pour quelques secondes, en tournant le moule; dégagez-la aussitôt peu à peu, avec les deux mains, pour l'enlever; collez-la directement sur le tambour où elle doit être posée pour aller sur le socle, afin de ne plus être dans l'obligation d'y toucher. Placez-la ainsi sous globe, ou, mieux encore, dans une petite armoire vitrée, en l'entourant avec de la chaux vive, non éteinte, qui, en absorbant l'humidité de l'air, peut conserver plusieurs jours le brillant et la solidité du sucre.

Filez l'aigrette; collez-la sur une pastille mince, en sucre. Collez cette pastille sur une mince abaisse en bois, un peu plus large que la sultane, masquée de papier blanc, ornée d'une double bordure en glace-royale ou simplement bordée avec des *dents-de-loup* en sucre filé. Collez l'abaisse et l'aigrette sur le haut de la sultane. Quand le socle est sur la table, posez la sultane sur sa plate-forme, c'est-à-dire sur le petit tambour collé sur le haut du socle.

Le socle sur lequel la sultane figure appartient à un genre mixte, c'est-à-dire que les cornes d'abondance, exécutées en nougat, et garnies de fruits, font tout à la ois de ce socle une pièce orne-

1. On obtient un cordon de sucre plus ou moins épais ou mince, selon qu'on rapproche ou qu'on éloigne la cuiller du moule: plus la cuiller est éloignée, plus le cordon tombe mince.

mentale et mangeable qui, par ce fait, peut tout aussi bien être servie sur la table d'un buffet, que comme pièce de milieu dans un dîner. Dans les deux cas, les fruits des cornes d'abondance doivent être disposés de façon à être facilement atteints.

La charpente de ce socle est exécutée en bois et en carton-pâte. La base est de forme circulaire, en bois, posée sur quatre pieds ; elle est entourée, sur son épaisseur, d'une bande en carton blanc de 4 à 5 centimètres de large, clouée en écartement. Elle porte sur son centre une tringle en bois de 36 centimètres de haut ; c'est sur cette tringle que les divisions de la charpente, exécutées en carton-pâte, sont enfilées. Le pied du socle est enfilé le premier, puis la coupe, et, sur celle-ci, l'entonnoir renversé qui la surmonte. Sur cette dernière division vient porter la coupe du haut, sur laquelle s'appuie l'abaisse en bois, fixée sur la tringle. Par le fait, la charpente n'a pas d'autre effort à faire qu'à supporter le poids des sept cornes d'abondance adhérant à la surface de l'entonnoir renversé. — La charpente et la base sont masquées en pastillage ; cette dernière est décorée sur la bande inclinée, avec des détails levés à la planche, appliqués en relief ; sur le haut elle est ornée d'une belle bordure montante, à jour, légèrement évasée.

Les cornes d'abondance sont moulées dans la même forme, avec du nougat dont les amandes sont coupées en petits dés. Une observation très importante à faire, c'est que le nougat des cornes d'abondance soit exactement de même nuance pour toutes ; sinon la pièce perdrait beaucoup de sa distinction. — L'embouchure des cornes d'abondance est garnie avec des fruits confits et des fruits frais, glacés au *cassé*, légèrement collés au sucre, en les groupant, afin qu'on puisse les détacher sans efforts. Les fruits pendants, en dehors de l'embouchure, sont collés sur une tige d'angélique fixée dans l'embouchure même.

L'extrémité des cornes d'abondance est ornée avec un petit pompon en sucre filé, et leur embouchure avec de petites perles également en sucre filé. Immédiatement au-dessus des cornes d'abondance, la jonction des deux coupes est dissimulée par une bordure à jour. Le haut du socle, c'est-à-dire l'épaisseur de l'abaisse supérieure, est ornée d'une belle guirlande de fleurs en pastillage ou en sucre, variées en espèces et en nuances : cette guirlande donne une grande élégance à l'ensemble de la pièce. — De la base à la frise aux fleurs, ce socle mesure 96 centimètres de hauteur ; la sultane en mesure 31 et l'aigrette 16.

Quand la sultane est fixée sur le haut du socle, elle doit être entourée à sa base, soit avec de petites boules en pâte d'amandes, glacées au *cassé*, soit avec une garniture de petits gâteaux. La base du socle doit aussi être entourée de gâteaux.

Dessin 104. — GRANDE SULTANE PLEINE, EN PASTILLAGE, SUR TAMBOUR

Le travail des sultanes en pastillage est minutieux et ingrat ; pour bien les rendre, il faut au praticien une grande patience et des soins très attentifs, car c'est surtout dans l'application correcte des petits détails que réside le mérite de ces pièces.

Cette sultane mesure la hauteur de 69 centimètres se divisant ainsi : 4 centimètres pour la base,

26 pour le tambour, 5 pour le gradin de la sultane, 31 pour le corps de la sultane, 3 pour la corniche. La hauteur de l'aigrette varie de 30 à 40 centimètres.

La forme de la sultane est ronde ; elle se compose d'un entablement à arceaux soutenus par 6 colonnes en imitation de palmier ; elle pose sur un petit tambour à gradin fixé sur le centre d'une base en bois, bordée, posant sur quatre pieds ; mais ces deux divisions sont indépendantes, et préparées séparément.

La sultane peut être exécutée d'après deux méthodes, c'est-à-dire simplement en pastillage ou sur charpente en carton blanc, plaqué en pastillage. Ces deux méthodes sont également praticables.

Si l'on construit la sultane en pastillage, sans charpente, voici comment il faut opérer : coupez d'abord en pastillage l'entablement à arceau sur un patron en carton et d'une seule bande ; enroulez celle-ci contre les parois d'un moule uni ou d'un cylindre en carton, en la renversant ; soutenez-la droite, en dehors du moule, à l'aide d'une simple bande de papier. Quand elle est sèche, enlevez le moule ; appliquez intérieurement, contre l'épaisseur des arceaux, une bande en pastillage d'un centimètre et demi de largeur.

Préparez alors les colonnes en imitation de palmier, mais simplement le tronc et le piédestal, sans le feuillage du haut ; fixez-les solidement et bien droites sur une bande en pastillage, un peu plus large, d'un tiers de centimètre d'épaisseur ; laissez sécher.

Collez enfin les colonnes debout, à égale distance, sur le tambour formant gradin, masqué de pastillage ; quand elles sont consolidées, renversez l'entablement à arceaux, collez-les bien d'aplomb sur les colonnes.

Fermez alors le vide des arceaux avec une bande en pastillage, coupée sur patron, et séchée ; consolidez intérieurement ces différentes parties avec du pastillage ramolli ; puis, décorez au cornet, en grillage, les surfaces de l'entablement ; bordez extérieurement les arceaux avec un liseron plat, étroit ; cintrez-les en dessous avec un petit liseron dentelé. Ornez les colonnes de leur feuillage : appliquez en relief, contre les façades intérieures des arceaux, un vase sur son piédestal, levé à la planche ; ornez-en la base avec une bordure.

Fermez la sultane sur le haut avec une abaisse en bois, masquée en pastillage, un peu plus large que la sultane, formant corniche ; sur le centre de cette abaisse, collez une aigrette en pastillage, surmontée d'un simple pompon en sucre filé ; ornez le haut de la corniche avec une bordure montante. Quand tous ces détails sont consolidés, posez la sultane sur le tambour.

Dessin 105. — SULTANE EN PASTILLAGE ET EN GLACE-ROYALE, SUR TAMBOUR

Les sultanes en glace-royale, pour être moins usitées que celles en sucre, n'en sont pas moins appréciables ; elles peuvent être aussi volumineuses que les premières, aussi élégantes, aussi coquettes.

GROSSES PIÈCES DE PATISSERIE.

La glace-royale n'offrant pas les inconvénients du sucre cuit, ces sultanes peuvent être préparées d'avance, à loisir, sans secousse, et dans un ordre plus détaillé, plus correct ; enfin, elles peuvent être conservées longtemps intactes, sans que l'humidité puisse avoir sur elles une si désastreuse influence que le sucre filé.

La sultane, représentée par le dessin 105, est de même dimension que la précédente ; elle est de forme hexagone, fixée sur une abaisse de même forme ; le double tambour sur lequel elle est posée, est aussi de forme hexagone, fixé sur une base circulaire bordée, posant sur quatre pieds.

Tous les détails de cette sultane sont préparés séparément.

Dessinez d'abord sur du papier une façade de l'entablement hexagone ; collez le dessin sur une plaque en verre, de façon à le voir au travers. Masquez la surface opposée du verre avec une mince couche de beurre bien épongé, à travers laquelle on puisse suivre le dessin ; puis, avec le cornet, poussez des cordons de glace, en suivant le dessin tracé ; enfin encadrez l'arceau dans trois fils de fer : deux pour les côtés et un pour le haut, afin de consolider le décor ; masquez-les avec la glace : ce décor doit être tout à la fois fin et solide, mais surtout régulier.

Placez le verre à l'étuve douce, assez douce pour sécher la glace sans fondre le beurre. Enlevez ensuite le décor du verre en chauffant celui-ci pour fondre le beurre : faites-le glisser avec soin sur une plaque couverte de papier, pour le faire sécher encore.

Sur des bandes en pastillage, coupez les six faces du corps de la sultane ; puis, videz-les en arceaux, sans couper la base, à l'aide d'un patron en carton ; faites-les sécher sur plaque couverte de papier.

Dessinez le grillage du portail sur du papier ; collez celui-ci sous une plaque de verre en opérant comme il vient d'être dit. Poussez au cornet, sur la couche de beurre, le double grillage du portail, faites-le sécher. Enlevez-les du verre, faites encore sécher sur papier ; appliquez-en un sur chaque face de portail, de façon à fermer le vide, en le collant avec de la glace ; bordez la courbe de l'arceau avec un liseron plat qui vient s'appuyer de chaque côté sur une petite colonne en pastillage, levée à la planche.

Assemblez ces six façades debout, sur un petit tambour hexagone, masqué en pastillage, d'un centimètre et demi plus large que le corps de la sultane, fixez-les avec de la glace-royale. Poussez un gros cordon de glace contre les angles, et appliquez contre chacun d'eux une colonne en sucre *tassé* ou en pastillage, avec base et chapiteau : fixez-les solidement.

Fermez alors l'ouverture du haut avec une abaisse hexagone, en pastillage sec et solide, d'un centimètre plus large que le corps du socle ; c'est contre les bords de cette abaisse que viendront s'appuyer les arceaux de l'entablement, en les faisant porter sur le chapiteau des colonnes. Ces arceaux laissent ainsi entre eux et le corps de la sultane un vide donnant un grand relief à l'ensemble de la pièce.

Couvrez la sultane avec une abaisse de forme hexagone, à corniche, ornée d'une bordure montante. Sur le centre de l'abaisse, fixez solidement l'aigrette ; cette aigrette est exécutée en sucre *tiré* (sucre tors), dont les tiges sont groupées une à une contre un support intérieur. L'aigrette est collée sur un pied de coupe en pastillage, et entourée à sa base avec une petite guirlande de fleurs en sucre.

Collez la sultane sur la plate-forme du double tambour ; entourez celle-ci avec une bordure en glace-royale exécutée sur verre.

L'espace laissé libre entre le double tambour et la bordure de la base doit être garni de gâteaux.

SOMMAIRE DE LA PLANCHE 24

Dessin 106. — GATEAU MILLEFEUILLE.   Dessins 107, 108. — PIÈCES EN MERINGUE, SUR TAMBOUR.

Dessin 106. — GATEAU MILLEFEUILLE, SUR GRAND SOCLE

Le millefeuille est préparé avec de la génoise fouettée sur feu, cuite sur plaque de l'épaisseur d'un centimètre.

Laissez rassir la génoise ; parez-la, distribuez-la en abaisses rondes de 18 centimètres de diamètre sur 1 centimètre d'épaisseur. Prenez-les une à une, masquez-en la surface avec une couche de marmelade d'abricots, collez-les les unes sur les autres, sur une abaisse en pâte d'office, en montant le gâteau bien droit : il doit avoir 22 centimètres de haut. Masquez également les surfaces tout autour avec de la marmelade un peu plus serrée et tiède, afin d'obtenir une couche ferme et lisse : laissez-la sécher quelques heures.

Décorez alors le gâteau avec des cerises mi-sucre ou des petites boules en pâte d'amandes rougie, glacées au *cassé*, puis appliquées en ligne droite contre les parois du gâteau, en les collant au sucre; entourez également la base et le haut. Collez le gâteau sur un petit tambour un peu plus large, masqué en pastillage blanc, décoré au cornet.

Collez sur le haut du gâteau une abaisse en pâte d'office un peu plus large que le gâteau, masquée en pastillage, portant sur son centre une jolie aigrette en sucre, surmontée d'un pompon. Ornez les bords de l'abaisse avec une double bordure en pastillage, levée à la planche. C'est dans ces conditions que le millefeuille est posé sur la plate-forme du socle.

La charpente de ce socle se compose d'une large base en bois, posée sur quatre pieds, portant sur son centre une tringle en bois de 70 centimètres de haut, à laquelle est enfilé un double tambour formant gradin, haut de 14 centimètres, exécuté en bois mince ; sur ce double tambour, il s'en trouve un autre de 18 centimètres de haut, en carton-pâte, de forme évasée, exécuté à l'aide de deux coupes rondes collées l'une contre l'autre en sens inverse. Sur ce dernier est enfilé un petit dôme ; c'est sur ce dôme que vient porter la coupe du socle, à base allongée ; l'abaisse supérieure est fixée sur le haut

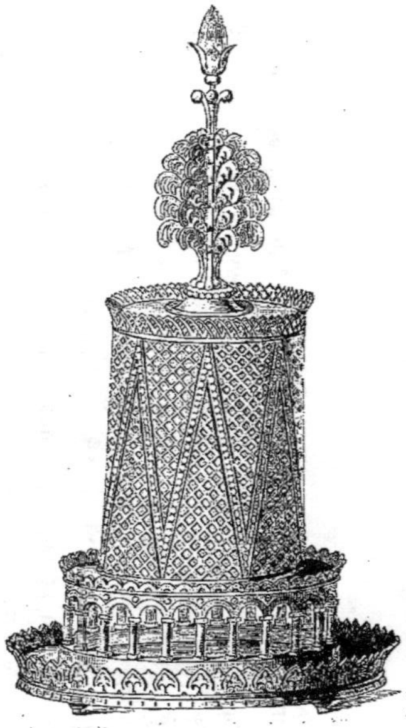

Dessin 107.

Dessin 106.

Dessin 108.

Pl. 24.

de la tringle et ne pèse pas sur cette coupe. Toutes ces différentes divisions sont masquées en pastillage, ornementées en relief : le double tambour est entouré d'une guirlande de fleurs. La base et le haut du tambour, en forme de corbeille évasée, sont ornés d'une jolie bordure montante. L'abaisse supérieure est ornée avec une double bordure, l'une montante, l'autre descendante ; cette dernière est exécutée avec de larges feuilles pleines, de palmier, levées à la planche, séchées sur un plan courbe, puis collées en éventail contre l'épaisseur de l'abaisse, en les soutenant en dessous à l'aide d'un support en carton. La bordure supérieure est à jour, également levée à la planche, collée en évasement. L'espace libre entre la base et le double tambour est destiné à être garni avec de petits gâteaux.

Dessins 107, 108. — Pièces en meringue, sur tambour

Les deux pièces reproduites sur la planche, de chaque côté du grand socle, sont posées sur des tambours en pastillage, fixés sur une large abaisse en bois, posant sur quatre pieds.

La première de ces pièces (dessin 107) est de forme circulaire ; elle est exécutée sur une charpente en fer-blanc de 40 centimètres de haut, très légèrement conique, fermée en dessus. La charpente du tambour est également exécutée en fer-blanc, puis masquée en pastillage, décorée au cornet.

Fixez la charpente sur une abaisse de son même diamètre, en pâte d'office ou en carton-pâte ; placez-la sur un plafond rond. Humectez-en les surfaces avec de la dorure, masquez-la avec une enveloppe de pâte à nouille; laissez-la sécher à l'air.

Masquez ensuite les parois de la charpente, sur la pâte, avec une couche régulière de meringue à décor (page 265), d'un demi-centimètre d'épaisseur ; lissez-la, décorez-la au cornet dans l'ordre représenté par le dessin. Saupoudrez légèrement les surfaces avec de la glace de sucre, séchez la meringue à four très doux, en lui faisant prendre une belle nuance jaune clair. Quand la meringue est bien refroidie, collez la pièce sur son tambour; fixez sur le haut une abaisse du même diamètre, masquée en pastillage, ornée d'une jolie bordure montante, levée à la planche, portant sur son centre une jolie aigrette en pastillage, surmontée d'un petit pompon en sucre. L'espace laissé libre entre la bordure de la base et le tambour doit être garni de petites meringues à la crème.

La pièce portant le numéro 108 est de forme hexagone ; elle est aussi exécutée sur une charpente en fer-blanc, fermée d'un côté, masquée de pâte à nouille. Quand la pâte est sèche, les surfaces sont masquées d'une couche régulière de meringue à décor, bien lisse, ayant l'épaisseur d'un demi-centimètre, elles sont alors décorées au cornet avec de la même meringue ; ce décor étant tout à fait simple, doit forcément briller par sa régularité.

Saupoudrez la meringue avec de la glace de sucre, faites-la sécher à feu très doux, en lui laissant prendre une belle couleur.

Le tambour sur lequel la meringue est dressée est exécuté sur une charpente en bois mince ou en carton, de forme hexagone, masquée en pastillage rose, plaqué en mosaïque avec du pastillage blanc. Ce tambour est fixé sur une large base en bois, de forme circulaire, posée sur quatre pieds, ornée d'une jolie bordure montante.

GROSSES PIÈCES DE PATISSERIE.

L'aigrette surmontant la meringue est exécutée en pastillage, fixée sur une petite coupe en pâte ou en fer-blanc, décorée en meringue.

De même que la précédente pièce, celle-ci doit être garnie de petites meringues dressées autour de la base.

SOMMAIRE DE LA PLANCHE 25

Dessin 109. — GRAND VASE AUX FLEURS.   Dessin 110. — PYRAMIDE EN GÉNOISE, SUR TAMBOUR.
Dessin 111. — PYRAMIDE DE GATEAUX BRETONS.

Dessin 109. — GRAND VASE AUX FLEURS, EN GLACE OU EN PASTILLAGE

Cette pièce peut fort bien figurer comme pièce de milieu, sur la table d'un dîner; mais elle peut également être servie sur la table d'un buffet. Sa hauteur est de 80 centimètres; on pourrait relever la pièce de 15 à 20 centimètres, si l'on augmentait sa base de deux gradins.

Le corps du tambour, formant piédestal, sur lequel le vase est porté, est de forme hexagone; il est construit sur une charpente composée de deux abaisses en bois, reliées par un soutien intérieur; il est fermé tout autour, à l'aide de six bandes en carton blanc, échancrées, coupées sur le même patron; ces bandes sont clouées contre l'épaisseur des deux abaisses, et maintenues courbes sur le centre avec des bandelettes de papier.

Ce tambour est un peu plus large à sa base que sur le haut; il est fixé sur un autre tambour également hexagone, en bois mince, vide, formant gradin; celui-ci est fixé sur une large base hexagone posée sur six pieds.

Toutes les surfaces de la charpente sont masquées en pastillage blanc, et décorées. La base n'est pas bordée, mais sur ses angles sont appliquées en relief des solives en bois ou en fer-blanc, masquées en pastillage; sur chaque solive est fixée une petite coupe en fer-blanc, masquée aussi en pastillage, dont le creux est orné de feuilles d'aloès imitées en pastillage vert; à ces coupes sont reliées de petites guirlandes de fleurs suspendues en demi-cercle; ces fleurs sont toutes blanches; elles sont groupées sur une petite bande en carton ou en étoffe, soutenue à l'aide d'un cordon blanc.

Le vase que le socle supporte peut être exécuté en pastillage blanc, dans un moule en deux pièces; il peut aussi être coulé en sucre de conserve. Mais la méthode la plus simple et la plus sûre, en raison du poids que ce vase doit supporter, c'est de le faire exécuter en bois par un tourneur, et en plusieurs pièces. En ce cas, il doit être percé sur le centre, et enfilé à une tringle en fer, fixée sur le centre de la base inférieure : le pied du vase porte sur un petit tambour de forme hexagone.

Dans ces conditions, le vase ne peut plus donner aucune inquiétude sur sa solidité. Il est alors masqué de pastillage blanc, orné de deux anses latérales, puis d'un écusson appliqué en relief entre les deux anses, de chaque côté.

Les fleurs dont le vase est garni constituent la véritable valeur de la pièce, en raison de leur difficile exécution ; j'entends des fleurs bien imitées, car la parfaite imitation seule les rend méritoires. Mais, quand il s'agit d'aborder la confection d'un bouquet semblable à celui représenté ici, il est évident qu'il ne faut pas en être à son coup d'essai ; il convient de ne pas se dissimuler qu'on aborde un travail minutieux, lent, réclamant une étude suivie, persévérante. La reproduction du dessin peut bien indiquer comment les fleurs doivent être groupées, mais elle ne saurait contribuer à en faciliter l'exécution ; et d'ailleurs, les descriptions les plus précises seraient encore insuffisantes à atteindre ce résultat. Il est de ces sujets qu'on ne peut apprendre qu'en les voyant exécuter et en les pratiquant ; les fleurs sont de ce nombre.

Un avis qu'on peut donner comme règle à ceux qui débutent, aussi bien qu'à ceux qui sont déjà initiés à ce travail, c'est d'exécuter d'après des modèles en nature : c'est la seule méthode à suivre, si l'on veut arriver à une imitation parfaite des fleurs, surtout par rapport à leurs nuances ; car une fleur bien imitée ne serait ni complète, ni agréable à voir, si le coloris laissait à désirer.

Toutes les fleurs peuvent être imitées, soit en glace, soit en pastillage ; mais dans ce nombre infini, il ne faut choisir que celles se prêtant le mieux à l'emploi qu'on leur destine, soit en raison de leur forme, soit en raison de leurs nuances.

Les fleurs les mieux adaptées à composer un bouquet varié, sont : les différentes espèces de roses, les dahlias, les tulipes, les campanules, les myosotis, les lilas, les œillets, les fuchsias, les boules de neige, les bluets, les fleurs d'oranger, les jasmins, les asters, fleurs étoilées ; les liserons des champs, les potentilles, les pensées, les camélias, les narcisses, les belles de nuit, les hortensias bleus, blancs et roses, les giroflées.

Avec le pastillage on peut obtenir des fleurs d'une grande vraisemblance, seulement il ne faut pas se dissimuler que ce travail réclame de la pratique et une certaine aptitude ; mais il ne peut guère être expliqué avec précision sans le secours de la démonstration.

Pour exécuter les fleurs en pastillage, on se sert de petits ébauchoirs, les uns à tête ronde, les autres plats et tranchants, pointus ou coniques. Le pastillage qu'on emploie à ce travail peut être blanc ou nuancé selon la nature des fleurs qu'on veut exécuter.

Les roses, qui sont en apparence d'une confection si compliquée, ne sont pas cependant très difficiles à imiter. On forme un à un les pétales avec des petites boules en pastillage qu'on amincit à la main, qu'on coupe et qu'on façonne avec les ébauchoirs, en leur donnant la forme voulue ; on les groupe ensuite, en les collant sur un bouton en pastillage, mais en ayant soin de leur donner l'évasement nécessaire afin d'imiter exactement la fleur.

On confectionne par le même procédé les *pensées*, les *œillets* et les *marguerites*. Pour exécuter

Dessin 110.

Dessin 109.

Dessin 111.

les *fleurs d'oranger*, les *muguets*, les *lilas*, et en général les fleurs à calice, il faut d'abord préparer un bouton en pastillage de forme allongée et pointue d'un côté; on le coupe en croix sur sa longueur, sans diviser les parties; et on amincit ces parties, en les modelant avec la main ou à l'aide d'un ébauchoir.

Les fleurs en pastillage peuvent aussi être exécutées à la main; celles à pétales, telles que les roses, les dahlias, les œillets, les narcisses, les pensées, sont groupées sur un bouton fixé à l'extrémité d'une baguette en bois, piquée debout. Les pétales sont préparés, un à un, dans la forme voulue, puis réunis contre le bouton fixé à la baguette : c'est ainsi qu'ils sont séchés; en les retirant de la baguette, ils sont ornés d'un pédoncule, et assujettis à un fil de fer plus ou moins fort, mais peint en vert, afin d'imiter la tige. Il est des cas, cependant, où les pétales des fleurs doivent être modelés sur une forme : tels sont ceux des tulipes. Ceux des lis, par exemple, ayant une forme courbe, sont modelés à la main, mais ils doivent cependant sécher sur une forme.

Les fleurs de nuance uniforme, les roses jaunes ou rouges, les myosotis, doivent être exécutés avec du pastillage nuancé, en teinte de la fleur même, tandis que celles dont les nuances sont variées doivent être exécutées avec du pastillage blanc, et coloriées ensuite à l'aide d'un pinceau.

Avec la glace-royale on exécute de jolies fleurs. — On peut acheter des douilles spéciales, ayant des ouvertures lisses ou cannelées que l'on adapte au bout des cornets; mais avec un simple cornet de papier, coupé en courbe et maintenu plat, à l'aide d'un fil de fer ployé, on peut également former des pétales de rose. Dans les deux cas, il s'agit de pousser ces pétales l'un après l'autre contre un bouton en pastillage de forme conique; le difficile consiste à les pousser dans les conditions voulues pour qu'ils conservent et le relief nécessaire, et cette forme naturelle qu'une main adroite sait seule leur donner.

La glace avec laquelle on forme les roses peut être blanche ou nuancée, mais les roses rouges doivent être fardées avec du coton ou au pinceau très doux, préalablement appuyé sur du carmin en poudre.

On forme les pétales des tulipes sur des œufs légèrement beurrés; quand ils sont secs, on les détache, en chauffant légèrement les œufs, puis on les nuance au pinceau pour les grouper artistement sur un bouton en pastillage, en les collant.

On peut aussi exécuter des fleurs à pétales, en sucre au *cassé* ou en sucre *tors*, travaillé à la main; ce travail réclame beaucoup de pratique et surtout de la dextérité.

L'assemblage du bouquet s'opère séparément sur un gros fil de fer droit, auquel viennent se rattacher les tiges des autres fleurs; celles-ci exigent d'être groupées avec beaucoup de précaution; les nuances et les espèces doivent être distribuées avec goût, et offrir au regard une variété agréable; elles doivent être entremêlées avec des feuilles vertes, artificielles. Les tiges intérieures doivent être serrées de façon à pouvoir être enfilées à une tige de fil de fer, fixée sur le centre inférieur du vase.

Cette pièce mesure la hauteur de 1 mètre 45 centimètres ainsi distribués : le socle, 40 centimètres de la base à l'abaisse bordée; le vase, son pied et le tambour qui le porte, mesurent 57 centimètres. Le bouquet mesure 55 centimètres.

Ce vase aux fleurs, exécuté depuis une dizaine d'années, est encore aujourd'hui dans un bon état.

Dessin 110. — PYRAMIDE DE GÉNOISE, SUR TAMBOUR

Cette pièce est dressée sur un tambour vide, en bois mince, masqué de pastillage rose, décoré sur son épaisseur avec des grappes de raisin et des feuilles de vigne, levées à la planche avec du pastillage blanc. Ce tambour est fixé sur une base en bois, bordée, posant sur quatre pieds.

La pyramide dressée sur le tambour se compose de quatre gâteaux plats, de forme circulaire et graduée. Cette pyramide est surmontée d'un petit vase en pâte d'amandes, garni de fleurs en sucre, solidement piqué sur le centre du plus haut gâteau, à l'aide d'une longue baguette en sucre au *cassé*, collée dans le creux du pied de ce vase.

Le nombre des gâteaux peut être augmenté selon qu'ils sont moins épais, selon la hauteur qu'on veut donner à la pyramide. La forme des gâteaux peut aussi être variée. On peut les faire carrés, trigones ou hexagones, ceci n'est qu'une affaire de préférence.

Beurrez quatre moules à *manqué*, de forme ronde ; masquez-en le fond avec un rond de papier, beurrez celui-ci. Mettez dans une terrine vernie 1 kilogramme de sucre en poudre ; ajoutez peu à peu 24 œufs entiers et un grain de sel ; travaillez fortement l'appareil avec une cuiller. Posez la bassine sur feu très doux, fouettez l'appareil 12 à 15 minutes avec un fouet ; quand il est léger, retirez-le du feu ; ajoutez 1 kilogramme de beurre fondu, puis un kilogramme de farine tamisée, et enfin le zeste d'un citron râpé sur du sucre ou finement haché. Avec cet appareil, emplissez les moules à peu près à hauteur ; posez-les sur plaque, cuisez à four modéré, bien atteint.

Démoulez les gâteaux sur une grille à pâtisserie, laissez-les rassir. Divisez-les alors, chacun en deux ou trois parties, sur la largeur ; fourrez-les avec de la marmelade ; remettez-les en forme, masquez-en les surfaces, aussi avec de la marmelade ; glacez-les ensuite avec une glace-royale blanche, parfumée. Décorez les gâteaux au cornet, sur les surfaces et sur la lisière des bords. Dressez-les en pyramide sur le tambour, fixez le petit vase sur le haut. L'espace laissé libre entre la bordure et le tambour doit être garni de petits gâteaux.

Dessin 111. — PYRAMIDE DE GATEAUX BRETONS, POUR GROSSE PIÈCE

Pour exécuter cette pyramide, il faut cuire l'appareil breton dans des moules cannelés, à cylindre, de forme basse, de dimensions graduées, de façon à pouvoir monter les gâteaux les uns sur les autres. Les moules doivent être beurrés, farinés.

Proportions : 665 grammes sucre, 250 grammes farine de gruau, 90 grammes de fécule, 375 amandes, 36 jaunes, 24 blancs, sel, zeste râpé.

Pilez les amandes avec 6 à 8 jaunes ; passez-les au tamis, mettez-les dans une terrine pour les fouetter. Travaillez dans une autre terrine le sucre et le restant des œufs ; quand l'appareil est mousseux, mêlez-lui les amandes ; 5 minutes après, ajoutez la farine et la fécule, en les tamisant sur l'appareil. Quand le mélange est opéré, ajoutez les blancs, le zeste, le sel. Emplissez alors six moules, à peu près à hauteur ; cuisez les gâteaux à four doux. En les sortant, démoulez-les sur une grille, parez-les ; abricotez-en les surfaces ; glacez-en la moitié au chocolat, l'autre moitié à la glace fondante, aux amandes ; coupez alors les gâteaux à la jointure des cannelons, mais légèrement ; quand la glace est sèche, montez les gâteaux en pyramide sur un fond en pastillage décoré, en alternant les deux nuances, mais en ayant soin de coller à mesure les cannelons sur la coupure, à l'aide d'une couche de crème beurrée, à la vanille (page 102) ; décorez-en l'épaisseur aussi avec de la crème beurrée, poussée au cornet cannelé. Sur le haut du gâteau fixez un pompon en sucre filé, entourez-en la base avec des feuilles imitées en sucre *tors*.

SOMMAIRE DE LA PLANCHE 26

Dessin 112. — Grand croquembouche de choux.   Dessin 113. — Bastion en nougat sur rocher.
Dessin 114 — Pavillon en nougat, sur rocher.

Dessin 112. — GRAND CROQUEMBOUCHE DE CHOUX, SUR SOCLE

Les grands croquembouches ont la hauteur de 31 centimètres sur 22 de diamètre ; ils sont montés dans de grands moules en fer-blanc, sans fond, légèrement coniques.

Préparez d'abord une pâte à chou avec 5 décilitres d'eau, un grain de sel, 25 grammes de sucre, 300 grammes de beurre, 500 grammes de farine, 7 à 8 œufs entiers.

Mettez la pâte dans une poche à douille ; poussez sur plaque, à distance voulue, des petites boules de la grosseur d'un grain de raisin ; dorez-les, cuisez-les à four doux, de façon à obtenir la pâte sèche. Quand les choux sont sortis du four, détachez-les de la plaque, laissez-les refroidir. Piquez-les ensuite un à un, à de petites brochettes en bois, pointues d'un côté ; tenez-les quelques minutes à l'étuve ; puis, prenez les brochettes, trempez les choux un à un, dans du sucre cuit au *cassé*. Laissez bien égoutter le sucre, piquez les brochettes par le gros bout, sur une grille à pâtisserie ou une passoire renversée : pour cette opération, il faut être deux ou trois personnes.

Aussitôt que le sucre est sec, détachez les choux des brochettes. Prenez-les de nouveau un à un, trempez-les très légèrement, d'un côté, dans le sucre, simplement pour les coller ensemble ; montez-les par rangs, dans l'intérieur du moule, contre les parois légèrement huilées : il faut opérer vivement.

Quand le sucre des choux est bien refroidi, chauffez légèrement les parois du moule, pour

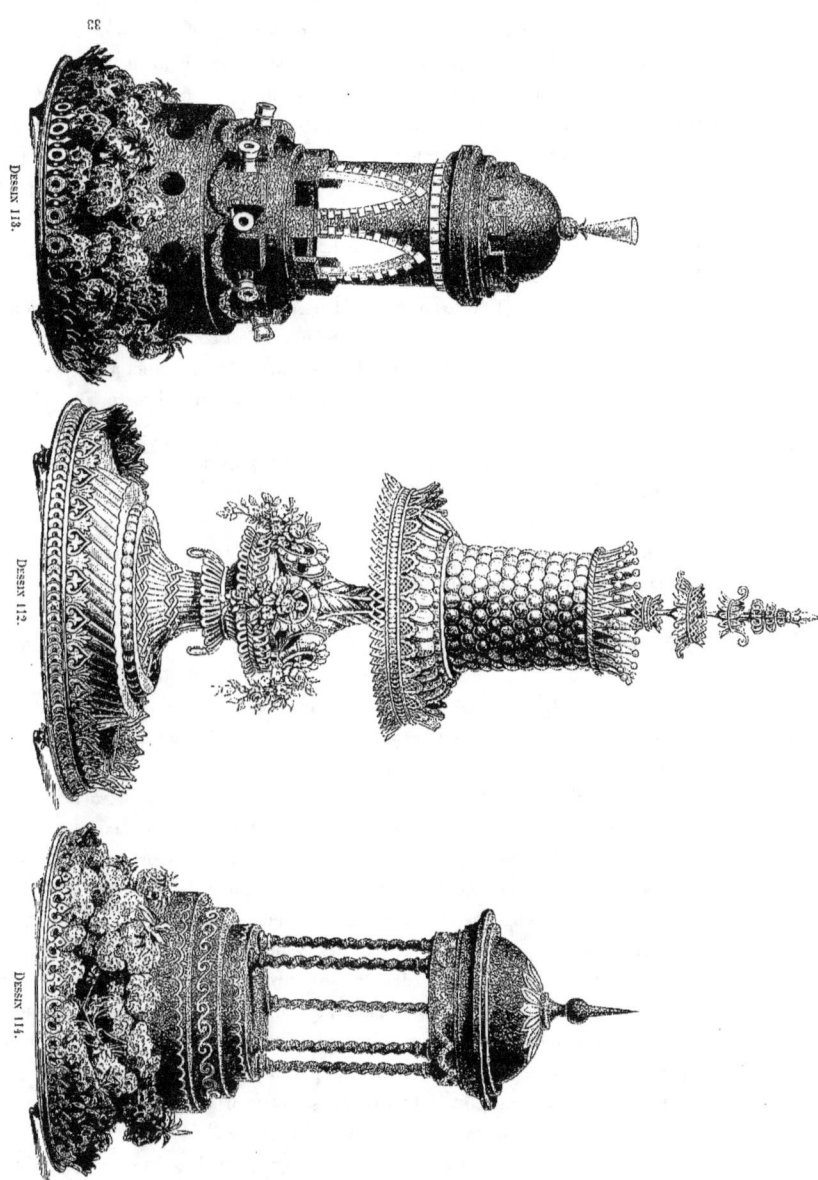

Dessin 113.

Dessin 112.

Dessin 114.

l'enlever. Dressez le croquembouche sur un fond un peu plus large que le croquembouche, en bois vide, masqué de papier blanc. Sur le haut du croquembouche, collez une abaisse en bois ou en pâte d'office, ornée d'une bordure montante, en pastillage, portant sur son centre une aigrette en pastillage, montée sur une petite tringle en bois ; posez sur le haut un petit if en sucre filé, surmonté d'un gland. Collez alors l'aigrette sur le croquembouche, collez celui-ci sur le centre du socle.

Le socle représenté par le dessin est en pastillage, monté sur une charpente en bois. Sa forme est très élégante et luxueuse ; il a la hauteur de 70 centimètres ; il est fixé sur un petit tambour en bois, et celui-ci, sur une large abaisse également en bois, posée sur quatre pieds, ornée d'une jolie bordure montante exécutée en pastillage.

Le corps du socle porte une petite abaisse bordée, sur le centre de laquelle est fixée une tringle en bois, portant sur le haut l'abaisse principale ; c'est contre cette tringle que s'appuient les quatre cornes d'abondance, en pastillage, garnies de fleurs en sucre ou en pastillage, d'espèces et de nuances variées. Mais les cornes sont simplement collées sur la petite abaisse, elles n'ont aucun effort à faire ; cela s'entend.

L'abaisse supérieure est en bois, masquée de papier blanc, ornée sur son épaisseur d'une double bordure montante et pendante, en pastillage, levée à la planche, légèrement évasée.

Le tambour sur lequel le croquembouche est dressé est entouré d'une garniture de petits gâteaux dressés en couronne. Le tambour sur lequel le socle est dressé doit également être entouré d'une garniture de petits gâteaux.

Dessin 113. — BASTION EN NOUGAT

Avec du beau nougat on peut exécuter des pièces d'un joli effet, sans qu'il soit nécessaire d'avoir de grandes capacités artistiques. Il suffit en effet que ces pièces soient établies dans des proportions exactes.

Les sujets qu'on peut exécuter en nougat sont nombreux et variés ; mais on doit s'attacher à éviter ceux qui sont trop compliqués, car l'appareil se prête peu aux petits détails.

Pour l'exécution des pièces en nougat, il faut, ou disposer des moules en rapport avec celles qu'on se dispose à entreprendre, ou alors se contenter de former des sujets à surfaces planes, car on ne manie pas le nougat avec la même facilité que le pastillage. Mais, même sans le secours de moules, on peut, avec du goût, obtenir encore des résultats satisfaisants ; il s'agit seulement de savoir borner ses prétentions et ne pas aborder des sujets minutieux. Un grand nombre de sujets peuvent être exécutés sans le secours d'autres moules que ceux dont on dispose dans les plus modestes cuisines.

L'appareil à nougat, pour grosses pièces, en général, doit être préparé avec des amandes coupées en dés ou hachées, puis tamisées à la passoire, mais non émincées. Avec les amandes fines, cet appareil est en effet plus malléable, plus lisse, et se prête mieux aux combinaisons du praticien.

La préparation du nougat est décrite à la page 28.

Le bastion reproduit par le dessin est représenté dressé sur un rocher imité en sucre soufflé ; ce rocher est exécuté sur une charpente en bois, fixée sur le centre d'une large base bordée, posée sur quatre pieds.

Le bastion est exécuté en nougat aux amandes en petits dés, dans différents moules en métal qu'on peut acheter chez tous les fabricants de moules. Il suffit donc d'obtenir les divisions correctes, mais surtout de même nuance, pour les assembler et les coller au sucre.

Quand ces différentes divisions sont assemblées, fixez la pièce sur la charpente du tambour; ornementez-la avec des détails en pâte à massepain. A chaque créneau de la base, appliquez un demi-tube de canon, et au-dessous de ceux-ci, appliquez une chaîne de petites guirlandes levées à la planche. Bordez la lisière des arceaux de voûte, ainsi que la base de la corniche. Fixez enfin sur le haut du dôme un pompon en sucre filé, posé sur une grenade également en sucre.

Dessin 114. — PAVILLON EN NOUGAT

De même que la précédente, cette pièce est représentée dressée sur un rocher imité en sucre soufflé, monté sur une charpente en bois mince, collée sur le centre d'une large base bordée posant sur quatre pieds.

La pièce se compose d'un triple gradin formant sa base, de cinq colonnes torses et d'une coupole avec entablement, surmontée d'une petite flèche. Toutes ces divisions sont exécutées dans des moules en métal, qu'on peut acheter partout en France.

La coupole, l'entablement et la base de la pièce sont en nougat préparé avec des amandes en petits dés. Comme diversion, les colonnes peuvent être coulées en sucre au *cassé*.

Quand ces différentes divisions sont démoulées, assemblez-les, en les collant au sucre. Quand le pavillon est monté sur sa base, collez-le sur la charpente en bois ; décorez-le alors avec des détails en pâte à massepain ; puis groupez le sucre soufflé autour de la charpente pour former le rocher.

SOMMAIRE DE LA PLANCHE 27

Dessin 115. — GRANDE SULTANE EN PASTILLAGE.   Dessin 116. — PAGODE EN NOUGAT
Dessin 117. — TOUR EN NOUGAT.

Dessin 115. — GRANDE SULTANE EN PASTILLAGE, SUR SOCLE

Le socle portant la sultane est en pastillage, monté sur une charpente en carton-pâte ; il est fixé sur une base à trois gradins, portant sur son centre une tringle en bois qui, traversant les gradins et le corps du socle, vient aboutir à l'abaisse supérieure sur laquelle la sultane est placée.

La base du socle est en bois ; elle est entourée d'une bande inclinée de carton blanc, masquée en pastillage, ornée sur son épaisseur avec des liserons ; elle est surmontée d'une bordure montante.

Les gradins sont en bois mince. Les cornes d'abondance portant sur ces gradins sont en pastillage. La base du socle est exécutée avec une coupe renversée : la même qui forme la coupe du socle ; celle-ci est ornée d'une bordure pendante. Les deux coupes sont séparées par une bobèche ornée d'une guirlande de roses. L'abaisse supérieure est ornée d'une bordure descendante, légèrement inclinée.

La sultane que ce socle porte est fixée sur un double tambour formant gradin, masqué en pastillage, bordé de liserons. Elle est en pastillage blanc, percée à jour. Ce genre est tout nouveau, mais très intéressant. Il sera certainement bien accueilli par tous les pâtissiers, par ceux qui aiment la variété dans leur travail, et par ceux que le filage d'une sultane épouvante. Je ne veux pas dire qu'une sultane en pastillage soit d'un aspect aussi brillant qu'une sultane en sucre ; ce que je puis affirmer, c'est qu'elle est jolie, élégante et d'un bel effet ; elle offre en outre l'avantage de pouvoir se conserver longtemps ; celle reproduite ici existe depuis trois à quatre ans ; elle est en pastillage rose.

Pour exécuter cette sultane, il faut disposer d'une planche en plomb de grand format : 31 centimètres de large, sur 83 de long, creusée en grillage, la même qui est employée pour couler en sucre le grillage des sultanes dont il sera question plus bas ; il faut aussi un moule en double fer-blanc, très légèrement conique, correspondant, par son diamètre, à la longueur de la planche à grillage. Il faut, de plus, deux coupe-pâte en fer-blanc, dont le profil est un carreau allongé, exactement semblable à celui formé par le grillage de la planche.

Beurrez d'abord le haut et le bas du moule ; enveloppez-le avec du papier blanc, en collant celui-ci sur les bords supérieurs du moule.

Abaissez, en abaisse mince, sur un marbre, du bon pastillage, bien reposé, de même largeur et de même longueur que la planche à grillage ; laissez-le reposer. Appliquez le pastillage sur la planche bien propre ; pressez-le avec le rouleau, de façon à imprimer sur le pastillage le grillage de la planche en plomb. Coupez la bande droite sur les quatre faces ; dégagez-la délicatement, puis renversez-la, en même temps que la planche, sur une large bande en carton blanc, bien plan, de même dimension que la planche. Découpez alors, à deux personnes, sur le carton, à l'aide des coupe-pâte, les carrés imprimés sur la bande en pastillage, aussi régulièrement que possible. Ce travail est un peu long, mais du reste facile.

Quand la bande est toute percée, couvrez-la avec une autre bande de carton semblable à la première ; glissez alors une grande et mince plaque de pâtisserie sous la première bande en carton ; et, à l'aide de cette plaque, renversez vivement le pastillage sur la seconde bande en carton ; il s'agit, en somme, de renverser la bande découpée, sans déranger le découpage ; voilà pourquoi il faut opérer avec la plus grande attention.

Quand la bande est renversée, ayant le côté imprimé en dessous, coupez-la de longueur voulue, pour qu'elle fasse juste le tour du moule masqué de papier ; humectez-la ensuite légèrement avec de la gomme, à l'aide d'un pinceau, et appliquez sur toute son étendue une large bande en tulle amidonné, coupée exactement dans les dimensions de la bande en pastillage ; appuyez le tulle de façon à le faire adhérer au pastillage : il a pour effet de maintenir celui-ci bien droit et correct, en évitant qu'il se déforme. Entourez alors le haut et le bas de l'enveloppe de papier, tout autour, avec un léger cordon de glace-royale ; puis, couchez le moule en travers de la bande en pastillage, immédiatement sur le tulle ; relevez les bords de la bande à l'aide du carton, en les appliquant contre

les parois du moule ; soudez les bords de cette bande avec du repère en pastillage, et ficelez la bande en carton, de façon qu'elle soutienne bien le pastillage. Laissez sécher celui-ci, ainsi que la soudure, à la chaleur de la cuisine. Enlevez le carton aussitôt que les surfaces sont sèches ; mais la sultane ne peut être démoulée qu'alors que le pastillage est assez sec pour ne point se briser.

Pour démouler la sultane, il suffit de chauffer légèrement l'intérieur du moule pour fondre le beurre, puis d'enlever le moule, en laissant adhérer le papier à la sultane : ce papier est enlevé plus tard, alors que les surfaces intérieures du pastillage seront aussi sèches que celles de l'extérieur.

Quand le papier est retiré, consolidez intérieurement la soudure de la sultane, ainsi que la lisière du haut et du bas, avec une bande en pastillage, humectée au repère ; collez ensuite la sultane, d'abord sur une abaisse en bois mince, juste de son diamètre, et, enfin, sur le double tambour. Fermez également l'ouverture supérieure de la sultane avec un rond de même grandeur, en carton blanc.

Fixez alors sur la sultane une abaisse masquée en pastillage, ornée d'une jolie bordure levée à la planche, portant sur son centre une aigrette formée de trois coupes graduées, fixées l'une sur l'autre, délicatement ornementées. Cette aigrette est surmontée d'un petit pompon en sucre filé.

Dessin 116. — PAGODE EN NOUGAT

Cette pièce est de forme carrée, à deux étages ; elle est représentée posée sur une base en nougat, également carrée, à deux gradins, ornée d'une bordure blanche. Cette base de la pièce est fixée sur une charpente en bois, un peu plus large, formant escalier sur les quatre faces, mais dont les angles vides sont en dernier lieu garnis avec des morceaux de sucre soufflé, blancs et roses. La charpente est masquée en pastillage ; elle est fixée sur le centre d'une large base en bois, masquée en pastillage.

Les deux divisions de la pièce, les coupoles, les pilastres et la base à deux gradins, sont exécutés en nougat, dans des moules en métal bien connus.

Préparez du beau nougat [1] en dés fins. Huilez légèrement les moules avec de l'huile d'amandes douces ; foncez-les minces avec le nougat ; laissez bien refroidir celui-ci avant de démouler. Assemblez les différentes divisions, soudez-les au sucre. Quand les deux étages sont montés, collez-les l'un sur l'autre, fixez-les sur la base carrée, à deux gradins. Décorez les pilastres du haut et du bas avec des détails en pâte à massepain. Sur le centre de l'étage inférieur, fixez une petite coupe blanche, moulée en pâte, dont le centre est orné avec du sucre filé, en imitation de petite cascade. Bordez la lisière de la base à deux gradins avec des détails en pâte à massepain coupés à l'emporte-pièce, et séchés. — A chaque angle de la toiture, collez un montant à torsade, en sucre coulé, portant sur la partie cintrée un petit pompon double, en sucre filé fin. Sur la pointe du dôme du deuxième étage, fixez un petit croissant en pâte blanche, posant sur deux boules en pastillage. Fixez alors la pièce sur la charpente du rocher, et garnissez-en les angles vides avec le morceau de sucre soufflé

---

1. L'apprêt du nougat est décrit au chapitre des entremets, page 28.

Dessin 117. — TOUR EN NOUGAT

Cette tour est de forme hexagone, surmontée d'un dôme, également à six pans; elle est représentée fixée sur une base de même forme, cintrée sur le haut.

Le corps de la pièce, le dôme, la bordure de la frise qui l'encadre, et enfin la base même, sont exécutés en nougat moulé dans des moules en métal qu'on peut se procurer chez tous les fabricants de moules.

Toutes ces différentes divisions doivent être foncées minces avec du nougat en petits dés. Quand elles sont démoulées et refroidies, elles doivent être coupées bien justes sur les jointures, de façon à pouvoir les souder ensemble sans laisser de jour; assemblez-les, collez-les au sucre. Quand la pièce est montée, fixez-la sur la charpente du rocher, collée sur le centre d'une large abaisse en bois, masquée en pastillage, bordée, posant sur quatre pieds. Si les jointures se soudaient mal, dissimulez-les à l'aide de liserons en pâte à massepain, levés à la planche. — A chaque angle de la corniche, soudez un petit montant à torsade, en sucre coulé sur marbre; adaptez à chacun une petite clochette, en sucre filé fin; sur le haut du dôme, collez une jolie petite aigrette à pompon, fixée sur une pastille en sucre. Sur la plate-forme de la base en nougat, sur le centre de laquelle la pièce est fixée, collez au-devant de chaque façade une petite coupe moulée, en pâte à massepain, garnie de petits fruits confits. La plate-forme elle-même peut être ornée avec quelques détails en pâte à massepain. — Le rocher est imité avec des morceaux informes de beau sucre soufflé blanc et rose, entremêlés avec des feuillages imités en fruits confits ou en pâte d'amandes.

SOMMAIRE DE LA PLANCHE 28

Dessin 118. — TEMPLE GREC SUR GRAND SOCLE.   Dessin 119. — PAVILLON EXÉCUTÉ AU CORNET.
Dessin 120. — PIÈCE GOTHIQUE EN MERINGUE.

Dessin 118. — TEMPLE GREC SUR GRAND SOCLE

On sert peu, sur socle, des pièces-montées purement ornementales; et c'est un tort selon moi, car elles produisent toujours un très bel effet; on peut s'en rendre compte par l'examen de ce sujet, dont l'élégance ne donne rien à désirer.

Mais, pour que la pièce et le socle rendent tout leur effet, il faut absolument les mettre en harmonie, non pas précisément sous le rapport du style ou de la forme, mais surtout par rapport aux dimensions. Pour que la pièce soit de plus belle apparence, elle doit être de forme mignonne, élevée, pas trop large, et disposée sur une base graduée. L'ensemble de la pièce doit toujours être de dimension plus élevée que celle du socle. Les pièces à jour réussissant toujours mieux, c'est à ce genre qu'il faut donner la préférence.

Le corps du socle est exécuté en pastillage, sur une charpente en carton-pâte, moulé mince, et en différentes divisions; elle se compose d'un pied de coupe à boudin, posé sur une petite base circulaire; à ce pied est adaptée une petite corbeille de forme basse, évasée, supportant la frise du socle. Le socle est porté par une large base en bois, formant gradin, posée sur quatre pieds; les gradins sont vides, en bois mince. La base porte sur son centre une tringle en fer, traversant les gradins, et à laquelle sont enfilées les différentes divisions du socle : le pied de coupe et sa base, ainsi que la corbeille. L'abaisse supérieure, formant la frise du socle, est vissée sur l'extrémité de cette tringle. L'épaisseur de la base du socle est masquée en pastillage, décorée en relief, et ornée d'une bordure montante, en pastillage, levée à la planche. Le deuxième gradin est aussi bordé; le gradin supérieur est coupé en talus, décoré en cannelons creux, et orné sur le haut d'une petite bordure évasée. A la base de la corbeille, disposée en soutien de la frise, est adaptée une bordure montante. La frise du socle est ornée d'une double bordure en pastillage.

Le petit temple est exécuté en pastillage; il se compose d'une coupole ornementée en relief, portant sur son centre une petite statue en pastillage, représentant l'abondance. La coupole pose sur un entablement bordé, supporté par six colonnes cannelées, à chapiteau, dont la base porte sur un socle en bois mince, vide, fixé sur une base en bois, un peu plus large que le socle. Ceci constitue les

Dessin 119.

Dessin 118.

Dessin 120.

dimensions du temple ; mais celui-ci est représenté posé sur une large base mobile, exécutée en bois mince, décorée en relief.

A l'intérieur du temple, au centre même de la colonnade, est disposé un petit porte-bouquet orné de fleurs imitées.

La base du socle, entre la bordure et le double gradin, est garnie de petits nougats remplis de crème. La base du temple, ou plutôt le haut du tambour inférieur, pourrait aussi être garni ; mais pas avec des gâteaux, plutôt avec de petites caisses de fruits glacés, ou même avec des imitations en pâte à massepain, glacées au *cassé*. Mais, en somme, en raison de la hauteur du socle, aucune garniture n'est nécessaire.

Le socle et la pièce qu'il porte, étant tout à fait indépendants l'un de l'autre, ne doivent être réunis que sur la table même où le sujet va figurer, afin de prévenir tout accident.

Dessin 119. — PAVILLON EN GLACE-ROYALE

Ce pavillon est à deux étages de forme hexagone, à jour. Il est représenté dressé sur une large base en bois posée sur quatre pieds, portant sur son centre une charpente également hexagone, mais en bois, dont les façades forment arceau ; elle est masquée en pastillage, bordée et décorée en relief.

Les six façades de l'étage principal sont percées en arceau, simulant des fenêtres cintrées, à grillage et à jour ; elles sont exécutées séparément, sur verre. Le dôme est aussi à jour et à six façades ; mais celles-ci, en raison de leur courbe naturelle, ne peuvent être exécutées que sur un moule en fer-blanc, de forme hexagone ou ronde : ce dôme peut être en deux pièces.

Pour l'exécution des deux étages, voici la méthode d'opérer : je commence par l'étage principal. — Dessinez sur papier six esquisses du décor des façades tel qu'il se trouve reproduit sur la gravure, en lui donnant la hauteur de 30 centimètres sur 14 centimètres de large, toutes exactement semblables ; collez-les sur six plaques de verre, un peu plus larges que les esquisses. Masquez la surface du verre, du côté opposé à l'esquisse, avec une couche de beurre bien épongé : la couche doit être assez mince pour qu'on puisse bien distinguer le dessin qui est en dessous. Sur cette couche, poussez d'abord, au cornet, avec de la glace-royale pour décor, le cadre de la façade entière ; sur ce cadre, appliquez une charpente en fil de fer. Poussez ensuite, au cornet, l'arceau des fenêtres à grillage. Sur cet arceau appliquez une autre charpente en fil de fer, se rattachant par la base au cadre de la façade même ; encadrez le fil de fer de ces charpentes entre deux cordons de glace-royale ; puis, exécutez le décor de la façade en suivant le dessin tracé ; quand le décor est terminé, doublez les cordons de glace. Placez ensuite les verres dans une étuve tiède dont la chaleur puisse sécher la glace sans fondre le beurre : faites sécher vingt-quatre heures.

Sur les surfaces extérieures du dôme en fer-blanc, appliquez une charpente en fil de fer, consistant en un anneau entourant la base, et un autre anneau entourant le haut du dôme, à 2 centimètres du sommet. Reliez ces anneaux par six arêtes en solide fil de fer, disposées à égale distance l'une de l'autre, de façon à former six façades correspondant par leur largeur inférieure avec celles de l'étage principal. Cela fait, masquez la surface extérieure du dôme avec une mince couche de beurre bien épongé. Encadrez chaque arête et les deux anneaux avec un simple cordon de glace.

Avec la pointe d'un crayon, tracez alors sur chaque face une esquisse du dessin à exécuter, dans l'ordre reproduit par la gravure ; exécutez d'abord le décor central, au cornet ; exécutez ensuite le grillage, en faisant raccorder les cordons de glace avec ceux qui encadrent les arêtes, afin de leur donner plus de résistance ; doublez aussi les cordons de glace.

De chaque côté des arêtes, poussez un épais cordon de glace ; appuyez-les avec le pouce pour les aplatir régulièrement ; poussez ensuite, sur le fil de fer même, une chaîne correcte de petites perles.

Sur le haut du dôme, fixez un petit tambour de forme hexagone, en pastillage, décoré au cornet. — Préparez une petite coupe sur son pied, moulée en glace ou en pastillage, ornée sur la lisière avec une jolie bordure pendante ; garnissez-la avec des fleurs et des feuilles imitées en pastillage. — Faites sécher cette coupe et le dôme, à l'étuve, pendant 24 heures.

Quand les façades sur verre sont bien sèches, dégagez-les du verre en chauffant celui-ci en dessous, de façon à faire dissoudre la couche de beurre. Rangez-les sur des plaques bien planes couvertes de papier blanc ; faites-les sécher encore 24 heures. — Démoulez le dôme, en chauffant l'intérieur du moule ; posez-le sur une plaque, faites-le sécher encore.

Pour monter l'étage principal, prenez les façades, une à une, appuyez-les par la base contre l'épaisseur d'une abaisse hexagone, en pastillage, masquée d'un cordon de glace, afin de les coller ; assemblez-les et soudez-les ensemble bien exactement. Collez l'étage sur un tambour en bois, vide, de forme hexagone, un peu plus large que le diamètre de l'étage, ayant 5 centimètres de haut, masqué en pastillage, décoré au cornet. Fixez ensuite le tambour et l'étage sur la charpente hexagone adhérant à la base.

Fermez alors le haut de l'étage avec une triple abaisse en pastillage formant corniche, également de forme hexagone, s'adaptant juste au diamètre supérieur de l'étage ; soudez-la bien ; décorez-en les moulures au cornet ; ornez-en la lisière avec une jolie bordure montante, à jour, poussée au cornet sur verre, ou levée à la planche ; sur cette corniche, collez le dôme ; sur le haut de celui-ci, collez la coupe. — Groupez des morceaux de sucre soufflé autour de la charpente à arceaux. — En servant cette pièce, l'espace libre entre le rocher et la lisière de la base doit être garni de jolis petits gâteaux.

Dessin 120. — PIÈCE GOTHIQUE EN MERINGUE

Cette pièce est de forme hexagone ; elle est représentée dressée sur une plate-forme en bois ou en fer-blanc, également hexagone, masquée en meringue, séchée à l'étuve, collée sur la charpente du rocher ; cette charpente est fixée sur le centre d'une large abaisse en bois, masquée et décorée en pastillage. — La meringue employée à l'exécution de la pièce, est la meringue pour décor (voy. page 99). Toutes les divisions, tous les détails de cette pièce sont exécutés séparément en meringue poussée au cornet ou à la poche.

Le décor de la pièce peut être exécuté par deux méthodes différentes: à jour, ou en relief sur une surface; dans les deux cas, la pièce est tout à fait vide. Les deux méthodes sont praticables, avec cette différence que, pour exécuter le décor à jour, il faut absolument posséder des qualités particulières, tandis que le décor en relief est en quelque sorte accessible à toutes les intelligences.

Voici la méthode pour exécuter le décor en relief : prenez d'abord les dimensions justes de la pièce. Coupez des patrons en cartons : un pour la façade de l'étage principal, un autre pour celle de la flèche; coupez aussi un patron pour les ogives saillantes : un seul patron suffit pour chacun des étages et pour les ogives.

Choisissez des plaques épaisses, bien planes; chauffez-les légèrement; masquez-les au pinceau avec du beurre épuré; quand ce beurre est froid, farinez-les. Posez alors le patron d'une façade du corps de la pièce; appuyez-le sur la plaque, et, à l'aide d'un crayon pointu, tracez sur la plaque le profil du patron en carton; retirez-le ensuite, puis formez le cadre de la façade, en poussant sur le tracé un cordon régulier de meringue; remplissez alors tout le vide du cadre avec la meringue; lissez-en aussitôt les surfaces en lui donnant l'épaisseur d'un demi-centimètre. Exécutez ensuite le décor que le dessin représente, sur la surface en meringue, avec des cordons poussés en relief, aussi réguliers, aussi corrects que possible. Saupoudrez entièrement la façade avec de la glace de sucre, tamisée à travers un petit sac; faites sécher la meringue à four très doux, sans la colorer; laissez-la complètement refroidir. Chauffez ensuite légèrement le dessous de la plaque pour détacher la façade. Opérez de la même façon pour exécuter les cinq autres façades du corps de la pièce, de même que pour les façades de la flèche, et enfin pour les six ogives.

Quand toutes les façades et les ogives sont séchées et détachées des plaques, prenez les six façades de la division inférieure, assemblez-les et collez-les debout, avec de la glace-royale, autour d'une abaisse en pâte d'office coupée de forme hexagone. Quand la glace est sèche, posez délicatement la division sur une double abaisse en pâte d'office de forme hexagone, dont l'une un peu plus étroite que l'autre, de façon à former escalier. Collez alors l'étage sur un tambour en fer-blanc de forme hexagone, masqué et décoré avec de la meringue; tenez quelques heures la pièce à l'étuve douce, afin de consolider les soudures.

Pour monter la flèche, voici comment il faut opérer : coupez d'abord les façades bien droites, sur les côtés; assemblez-les. — Cuisez deux ou trois anneaux en meringue de forme hexagone, ayant à peu près le diamètre de l'étage principal, et l'épaisseur d'un centimètre. Collez-les l'un sur l'autre; coupez-les en talus sur les six faces, de façon à former pyramide; collez-les alors sur le haut de l'étage principal. Contre cet appui, montez les façades de l'arête, en les collant à la glace-royale. Quand la flèche est montée, ornez les angles avec des arêtes en relief; collez sur le haut un petit ornement préparé à part et séché. En avant de chaque façade de la flèche, collez debout l'une des ogives et, sur chaque angle de la corniche, fixez un petit clocheton également préparé à part.

Avant de fixer la pièce sur la charpente du rocher, tenez-la 3 ou 4 jours à l'étuve. En la sortant, collez-la sur la charpente du rocher, et terminez celui-ci.

Si l'on voulait exécuter cette pièce à jour, avec de la meringue, il faudrait opérer d'après la même méthode, mais en poussant le décor au cornet directement sur des plaques beurrées et farinées; cuire ensuite la meringue, et la détacher avec le plus grand soin : ce travail, plus délicat et plus minutieux, offre par ce fait de plus grandes difficultés, mais il est aussi plus apparent, plus artistique.

Cette pièce, exécutée à jour, au cornet, avec de la glace-royale, d'après la méthode appliquée au précédent pavillon, est vraiment d'un très joli effet, sans être d'une exécution bien difficile.

SOMMAIRE DE LA PLANCHE 29

Dessin 121. — PAVILLON MAURESQUE, SUR GRAND SOCLE. Dessin 122. — GRANDE SULTANE A GRILLAGE, AU CORNET
Dessin 123. — SULTANE DROITE, EN GLACE-ROYALE.

Dessin 121. — PAVILLON MAURESQUE, SUR GRAND SOCLE

Les grands socles ornés de petites pièces-montées sont peu connus ; ils n'en sont pas moins appréciables, et méritent toute l'attention des praticiens ; ils sont d'un très joli effet, et font une agréable diversion avec les genres connus et pratiqués par le plus grand nombre ; c'est par ce motif que j'ai tenu à en produire un spécimen d'une grande élégance, pouvant donner une idée précise de ce genre nouveau.

Le corps du socle est en sucre taillé, formé de deux coupes cannelées dont l'une debout, l'autre renversée ; celle du haut est à frise pendante, très gracieuse.

La base du socle est formée d'une large abaisse en bois, posée sur quatre pieds, portant un petit tambour, également en bois, mais vide. Sur le centre de la base est fixée une tringle en fer, traversant le tambour et les deux coupes en sucre, pour venir aboutir à la frise du socle ; celle-ci est en bois, de forme hexagone, très joliment bordée.

Les deux coupes en sucre taillé sont ornées, à leur point de jonction, avec une torsade en pastillage, entourée d'une jolie bordure pendante, à jour, apportant au corps du socle un grand relief. La base et le tambour sont masqués en pastillage, et bordés.

Le pavillon est en pastillage blanc ; il se compose d'une coupole mauresque, portée sur six colonnes en palmier, posant sur une base circulaire, à gradins, ornée d'une galerie à jour. La coupole est formée sur une charpente en carton ou en fer-blanc, masquée en pastillage, décorée sur ses surfaces ; elle est surmontée d'un petit belvédère à coupole, supporté par six colonnes lisses, et entourées d'une petite galerie.

Le pavillon est fixé sur une base ronde, à gradin, portée par un tambour de même forme que la frise du socle, c'est-à-dire à six pans, mais plus étroit, de façon à pouvoir disposer une petite garniture de gâteaux entre la bordure et le tambour. Une autre garniture de gâteaux est disposée sur la base du socle.

Dessin 122. — GRANDE SULTANE A GRILLAGE, AU CORNET [1]

Prenez un grand moule à sultane, de 31 centimètres de haut, fermé d'un côté; entourez-le en haut et en bas, sur la lisière, avec un anneau en fil de fer, reliez ces deux anneaux par trois ou quatre arêtes droites, également en fil de fer pas trop mince, de façon à diviser les parois en quatre compartiments réguliers; rassemblez l'extrémité de ces arêtes sur le haut du moule. Masquez les surfaces de ce moule, sur les côtés et sur le haut, avec une mince couche de beurre épongé, légèrement ramolli. Placez-le aussitôt sur glace pour raffermir le beurre.

Avec la pointe d'un crayon, tracez contre les parois du moule, un grillage correct, dans l'ordre représenté par le dessin. Entourez d'abord les arêtes et les anneaux en fil de fer qui constituent la charpente de la sultane, avec un cordon de bonne glace-royale pour décor (page 99), poussée

[1]. Ayant voulu essayer s'il serait possible d'exécuter en pastillage une sultane semblable à celle-ci, j'ai fait faire une planche en soufre, à losanges, représentant juste le quart du diamètre d'un grand moule à sultane, rond, fermé du haut, très légèrement conique; mesurant 31 centimètres de hauteur, 26 centimètres de diamètre à l'embouchure, et 25 centimètres sur le fond fermé.

La planche employée mesure 31 centimètres de haut; elle est un peu plus large d'un bout que de l'autre en raison de la lisière plate qui lui adhère des deux côtés, car la largeur de cette lisière diminue à mesure qu'elle s'élève vers le haut de la planche; mais le cadre des losanges est tout à fait régulier. La hauteur de la planche se compose de 5 lignes de losanges; mais la première et la dernière ligne ne se composent que de moitiés de losange. La largeur de la planche se compose aussi de 5 lignes de losanges et de 2 lignes de demi-losanges disposées sur les côtés, ce qui donne en tout 6 lignes de losanges. D'ailleurs, pour plus amples renseignements, je me propose de reproduire plus loin un modèle partiel de cette planche, formant le cadre normal d'une des quatre divisions, dont les losanges sont de grandeur naturelle. Je reproduirai aussi une esquisse de la sultane même, dans son état primitif.

Voici la méthode d'opérer pour monter une sultane en 4 divisions : coupez d'abord un patron en papier blanc formé de 2 feuilles collées à la suite l'une de l'autre, en lui donnant 31 centimètres de hauteur, 82 centimètres et demi de largeur à la base, 77 centimètres et 3/4 sur le haut. Ce patron doit faire exactement le tour intérieur du moule à sultane conique du moule, le patron doit être légèrement cintré sur les côtés. — A l'aide de ce patron, coupez une bande de tulle amidonné, mais préalablement décati, c'est-à-dire placé entre deux linges humides pour le ramollir, puis repassé entre deux linges secs avec un fer à peine chaud, afin de le sécher et l'obtenir ainsi plus souple et sans plis. — Essuyez bien l'intérieur du moule, amidonnez-le à l'aide d'un blaireau.

Prenez du bon pastillage bien rempli, blanc, reposé; abaissez-le d'un demi-centimètre d'épaisseur, en bande de même dimension que la planche; placez la bande sur celle-ci; appuyez le pastillage avec le rouleau, en l'égalisant; coupez-le sur les 4 côtés, ciselez-le ensuite sur le haut avec la pointe d'un couteau, en creusant des lignes d'un bout à l'autre de la planche, à 3 centimètres de distance les unes des autres, jusqu'au niveau de la planche; coupez horizontalement ces bandes avec un bon couteau, en laissant l'empreinte dans le creux de la planche : ceci est une opération qui semble bien difficile à exécuter en raison de la longueur de la planche, mais qui, à l'aide des ciselures, devient tout à fait simple et facile.

Quand les bandes sont enlevées, pressez avec les mains le pastillage laissé dans le creux de la planche, en l'appuyant, afin de régulariser le cadre des losanges; dégagez-le ensuite de la planche petit à petit avec un tampon en pastillage. Couvrez entièrement la planche avec un linge épais et humide, afin d'imbiber légèrement la surface du pastillage; puis appuyez sur celui-ci une partie du tulle, c'est-à-dire le quart de la bande, en commençant par un des bouts; appuyez suffisamment le tulle, de façon à pouvoir enlever l'empreinte d'un trait. Recommencez encore trois fois l'opération, et, à chaque fois, enlevez l'empreinte à l'aide du tulle, en accolant exactement les divisions sur la longueur de la bande, les unes à la suite des autres, de façon à les réunir en les soudant à la gomme. Cela fait, pliez la bande en deux, pour l'introduire dans l'intérieur du moule, en l'appuyant contre les parois; soudez-en les deux extrémités à la gomme, et soutenez la soudure, à l'intérieur, avec une étroite bande en pastillage. Renforcez aussi le bas et le haut de la sultane avec une bande en pastillage d'un demi-centimètre de large. Laissez sécher la sultane au moins 24 heures, dans un lieu à température douce; démoulez-la ensuite; fermez-la sur le haut avec une abaisse en pastillage; dissimulez la jonction des divisions, en appliquant sur chacune d'elles un liseron perlé, se terminant en pointe. Quand le pastillage est suffisamment résistant, faites couper peu à peu, à l'aide d'un canif, le tulle fermant le jour de chaque losange; la sultane apparaît alors dans toute sa légèreté; il ne reste plus qu'à l'orner avec la bordure, et fixer l'aigrette sur le centre.

En outre de sa grande légèreté, cette sultane a de plus l'avantage d'être peu coûteuse, d'un travail facile, pouvant être exécuté en tous lieux; elle peut être préparée longtemps d'avance et se conserver intacte pendant des années. J'en ai trois dans mes armoires, faites depuis l'hiver dernier; elles sont aussi fraîches que si elles étaient terminées de la veille.

DESSIN 122.

DESSIN 121.

DESSIN 123.

au cornet. Poussez ensuite le grillage en deux temps, c'est-à-dire poussez d'abord les cordons qui vont de droite à gauche, puis ceux qui vont de gauche à droite, en les arrêtant les uns et les autres aux arêtes de la charpente : pour que le décor soit tout à fait correct, dans son ensemble, il faut que les cordons du grillage d'un compartiment correspondent exactement avec ceux du compartiment voisin ; c'est là un point essentiel ; il faut également que les cordons soient poussés réguliers, d'une égale épaisseur.

A mesure que les compartiments sont grillés, recommencez l'opération, pour doubler les cordons de glace, en suivant exactement le tracé primitif. Masquez les quatre arêtes de la charpente avec un épais cordon de glace; appuyez-les pour les aplatir; ornez-les toutes, de haut en bas, avec une chaîne de perles plates, poussées bien régulières.

Posez le moule sur un plafond masqué d'un papier beurré; placez-le dans une étuve à peine tiède, de façon à pouvoir sécher la glace sans fondre la couche de beurre dont le moule a été enduit. Quand la glace est bien sèche, chauffez l'intérieur du moule pour dissoudre le beurre et démouler la sultane; faites-la encore sécher. — Prenez une épaisse abaisse en pastillage, coupée un peu plus large que le diamètre du moule à sultane, bien sèche ; posez-la sur un moule à charlotte ; sur son épaisseur, poussez au cornet, une petite bordure pendante : la plus étroite de celles qui, sur le de dessin, ornent la sultane; quand la glace est bien sèche, renversez l'abaisse en pastillage, et poussez la deuxième partie de la bordure; faites-la bien sécher à l'étuve douce.

Collez sur plat un tambour à gradin, masqué et décoré en pastillage ; sur le centre du gradin supérieur, collez un cylindre en carton masqué de pastillage rose, de 2 centimètres plus étroit que la sultane, mais de même hauteur; couvrez-la avec la sultane : ce cylindre est là pour figurer un grand gâteau qui est sensé placé sous la sultane ; mais il a un autre rôle à remplir : c'est de faire avantageusement ressortir le grillage de la sultane. — Sur le haut de la sultane, posez l'abaisse bordée, et, sur le centre de celle-ci, fixez une jolie aigrette à fontaine, exécutée en glace-royale ou en sucre filé ; dans les deux cas, l'eau des coupes doit être imitée avec des nappes de sucre filé fin, portées sur des soutiens en sucre coulé, collés sur le bord des coupes. — Entourez le bas de la sultane avec une chaîne de petites boules en sucre filé fin. Garnissez le tour du gradin supérieur avec des petites caisses de fruits glacés.

Dessin 123. — SULTANE DROITE, EN GLACE-ROYALE

Cette sultane est de forme hexagone, elle est exécutée dans le même moule que la précédente ; elle est représentée dressée sur une base en bois, vide, formant gradin, masquée en pastillage et décorée.

La sultane est à jour; elle est exécutée au cornet avec de la bonne glace-royale pour décor (page 99).

Prenez le moule à sultane : il doit être fermé sur le haut; entourez-en le haut et le bas avec un anneau en solide fil de fer; reliez ces anneaux par six arêtes également en fil de fer, bien droites, disposées sur les angles du moule, de façon à accentuer les divisions; faites rejoindre ces fils de fer sur le point central du moule, afin de consolider la charpente de la sultane. Masquez alors les surfaces et le haut du moule avec une couche de beurre épongé dans un linge, en l'étalant aussi mince que possible; placez le moule dans un lieu froid ou sur glace pour raffermir le beurre. Posez-le ensuite sur un plafond beurré.

Encadrez d'abord chaque arête et les deux anneaux de la charpente, entre deux cordons de glace-royale poussée au cornet. — Avec la pointe d'un crayon, tracez contre les surfaces du moule, sur chaque division, le même profil des deux décors que présente le dessin de la sultane, en les alternant. Suivez ce tracé avec un cordon de glace, en les faisant raccorder avec ceux encadrant les arêtes et les anneaux de la charpente.

Quand le tracé est terminé, doublez les cordons du décor, en recommençant au point de départ, pour leur donner plus de consistance et une plus parfaite régularité. Poussez un épais cordon de glace sur les six arêtes et sur les deux anneaux de la charpente; appuyez le cordon avec le pouce farineux, afin de l'aplatir, en l'élargissant. Consolidez aussi la charpente sur le haut du moule, du côté fermé.

Faites sécher la glace à l'étuve à peine tiède : il faut qu'elle puisse sécher sans que le beurre fonde.

Quand le décor est bien sec, chauffez vivement l'intérieur du moule pour dissoudre le beurre et démouler la sultane. Remettez-la aussitôt sur le plafond, faites-la sécher encore, le plus longtemps possible, à l'étuve douce. Collez-la, enfin, sur la base à gradin, fixée sur plat, portant sur son centre un cylindre en pastillage de nuance rose, et de 2 ou 3 centimètres moins large que la sultane, mais de la même hauteur : ce cylindre nuancé convient pour faire ressortir le décor de la sultane. Collez alors debout, en saillie, contre chacune des arêtes, une petite bordure à jour, légère, poussée au cornet ou levée à la planche, mais bien sèche. Couvrez la sultane avec une abaisse en pastillage, ornée d'une jolie bordure montante et évasée, portant sur son centre une belle aigrette en sucre, légère, élégante et correcte. Entourez la base de la sultane avec de petites boules en sucre filé fin, de nuance rose; garnissez l'espace libre du gradin avec de jolis petits gâteaux.

SOMMAIRE DE LA PLANCHE 30

Dessin 124. — SULTANE EN SUCRE, SUR MOYEN SOCLE.
Dessin 126. — CROQUEMBOUCHE D'ABRICOTS.

Dessin 125. — CROQUEMBOUCHE EN TORSADE.
Dessin 127. — CROQUEMBOUCHE EN GÉNOISE.

Dessin 124. — SULTANE EN SUCRE, SUR MOYEN SOCLE

Cette sultane est montée sur un moyen moule à croquembouche, ayant la hauteur de 25 centimètres sur 16 centimètres de largeur. Elle peut être coulée à la cuiller, sur le moule, ou coulée sur matrice d'après le procédé décrit pour la grande sultane reproduite à la planche 23 ; les deux méthodes sont également praticables. La sultane est fixée sur une abaisse de son diamètre, en bois mince, masqué de pastillage ; elle est fermée, sur le haut, par une mince abaisse en pâte d'office, simplement masquée de papier blanc, ornée d'une double bordure en glace-royale, poussée au cornet ; elle porte, sur son centre, une petite aigrette en sucre, supportant une petite coupe garnie de fleurs et feuilles imitées en sucre. C'est dans ces conditions que la sultane est fixée sur le petit tambour disposé sur le haut du socle ; le tambour est ensuite garni d'une chaîne de boules en pâte d'amandes, glacées au *cassé*, blanc ou rose.

Ce socle est aussi de hauteur moyenne, puisqu'il doit être fixé sur le centre d'un plat. La hauteur de ces socles ne doit pas dépasser 36 centimètres. Ils doivent porter sur une base pleine, en bois, ayant à peu près le diamètre de la cuvette du plat dans lequel ils seront servis. Néanmoins, pour prévenir tout accident, il convient toujours de coller la base des socles sur le fond du plat avec du sirop de froment.

Ce socle est monté sur une tringle en bois ou en fer, fixée sur le centre de la base. Les différentes divisions composant le corps du socle sont exécutées en carton-pâte, moulées bien minces, et masquées en pastillage blanc. La base du socle est aussi masquée avec du pastillage.

La frise du socle se compose d'une guirlande de fleurs en pastillage, groupée sur une bande en fer-blanc, clouée contre l'épaisseur de l'abaisse supérieure, fixée sur le haut de la tringle, ou maintenue à l'aide d'un écrou.

Dessin 125. — CROQUEMBOUCHE EN TORSADE

Cette pièce est dressée sur un socle dont la base est en sucre taillé, collée sur une abaisse en bois, masquée en pastillage ; la coupe du socle est moulée en carton-pâte, mince, masquée en pastillage ; les enfants qui la supportent sont en sucre coulé ; mais la base et la coupe sont reliées par

Pl. 30.

Dessin 124. Dessin 125.

une tringle en fer ; la frise est ornée d'une guirlande de fleurs, encadrée à sa base par une bordure pendante : le socle est collé sur plat.

Avec 5 à 600 grammes de farine, préparez une pâte à gaufre aux amandes et au rhum, en opérant comme pour la pâte à feuilles de chêne (page 6). — Prenez un moule à croquembouche, sans fond ; coupez une large bande en demi-carton blanc, juste de la hauteur du moule, assez large pour en faire le tour.

Étalez la pâte en couche mince sur une grande plaque cirée ; cuisez-la à four doux ; en la sortant, coupez-la promptement sur le patron en carton ; glissez aussitôt celui-ci sous l'abaisse cuite, couchez le moule sur elle, relevez-la des deux côtés pour l'appliquer contre les parois du moule ; soudez au sucre les deux parties, serrez-les avec le carton, en ficelant celui-ci ; laissez refroidir la pâte et le sucre : le moule doit être huilé sur le côté où aura lieu la jonction de la bande, afin que le sucre ne s'attache pas au moule. Cette opération doit se faire promptement, car en refroidissant la pâte ne se ploierait plus. — Quand la pâte est tout à fait froide, enlevez le carton sans retirer le moule.

Avec 750 grammes d'amandes, préparez une pâte à massepain ; retirez-en une petite partie nuancez le restant de couleur rose tendre ; abaissez celle-ci, au rouleau, de l'épaisseur d'un tiers de centimètre ; laissez-la reposer. — Avec un coupe-pâte de 3 centimètres et demi de diamètre, coupez une centaine d'abaisses rondes ; évidez-les aussitôt en anneaux, avec un coupe-pâte de 1 centimètre de diamètre ; rangez-les sur des plaques bien planes, couvertes de papier.

Mêlez à la pâte réservée quelques cuillerées de pistaches pilées avec sucre et eau de fleurs d'oranger, passées au tamis ; si la nuance était faible, ajoutez une pointe de vert-végétal. Divisez-la en petites parties, et roulez celles-ci en boules, juste du diamètre du creux des anneaux ; laissez-les sécher.

Sur le restant de la pâte blanche, coupez des bandelettes de même épaisseur que les anneaux, de la largeur d'un tiers de centimètre, un peu plus longues que la hauteur de la charpente.

Sur cette charpente, tracez au crayon des raies régulières, en diagonales, à 4 centimètres l'une de l'autre. Sur deux de ces lignes, poussez au cornet un mince cordon de glace-royale à la fécule, et, sur chaque cordon, appliquez, aussi régulièrement que possible, une bandelette.

Entre les deux bandelettes appliquez une rangée d'anneaux, après les avoir enduits, en dessous avec la glace, pour les coller : le point essentiel, c'est que les diagonales soient bien correctes.

Continuez à plaquer la charpente en opérant comme je viens de le dire ; retirez le moule, collez le croquembouche sur une mince abaisse en pâte d'office ; laissez sécher la pâte une heure ou deux.

Prenez alors une à une les petites boules vertes, piquez-les à des brochettes pointues, trempez-les dans du sucre au *cassé;* appliquez-en une dans le creux de chaque anneau. Collez le croquembouche sur le petit tambour du socle ; fermez-en l'ouverture avec une mince abaisse en pâte d'office, ornée sur le tour avec une petite guirlande de fleurs, portant sur son centre une aigrette en sucre rouge, coulé sur marbre. Entourez la base du tambour avec de petites boules blanches, en pâte à massepain, glacées au *cassé.*

Dessin 126. — CROQUEMBOUCHE D'ABRICOTS, SUR MOYEN SOCLE

Huilez intérieurement un moule à croquembouche, sans fond, ayant la hauteur de 25 centimètres sur 16 de large. — Choisissez des pastilles en pâte d'abricots d'Auvergne, de belle couleur, larges, un peu épaisses ; si elles étaient minces, doublez-les en les collant ; coupez-les avec un coupe-pâte légèrement ovale, de 4 centimètres et demi de diamètre ; essuyez-les avec un linge, afin d'enlever le sucre qui leur adhère : au besoin, on peut les passer vivement à l'eau tiède, les éponger ensuite sur un linge.

Piquez-les, une à une, avec une brochette en bois ou une fourchette ; trempez-les, tour à tour, dans du sucre au *cassé*, mais sur une surface seulement ; renversez-les, pour faire bien égoutter le sucre, appliquez-les à mesure contre les parois intérieures du moule, à partir du bas, en les montant par rangées, un peu à cheval, et chaque rangée en sens inverse, dans l'ordre représenté par le dessin.

Quand le sucre est bien froid, chauffez légèrement les pourtours du moule pour l'enlever ; collez aussitôt le croquembouche avec du sucre, sur une mince abaisse en pâte d'office ; collez celle-ci sur le centre d'un petit tambour disposé sur le haut du socle. Entourez le croquembouche, à sa base, avec une chaîne de petites boules en sucre filé, ou bien en pâte d'amandes, glacées avec du sucre au *cassé*, légèrement rougi.

Couvrez alors le croquembouche avec une abaisse en pastillage, portant sur son centre une jolie aigrette en sucre, surmontée d'un pompon. Entourez cette aigrette, en guise de bordure, avec de petites *esses* en sucre, coulées sur plaque, en les disposant symétriquement à distance égale.

Le socle sur lequel le croquembouche est posé est de hauteur moyenne, comme le précédent ; il est aussi monté sur une abaisse pleine, en bois, formant gradin, à l'aide de deux petits tambours vides ; la base, pleine, porte sur son centre une tringle en bois ou en fer, à laquelle sont enfilés les deux tambours et la coupe disposée en soutien au-dessous de l'abaisse supérieure ; celle-ci est fixée sur le haut de la tringle ; elle est entourée d'une bande inclinée, en fer-blanc, sur laquelle vient s'appuyer la frise du socle ; cette frise est simplement en pastillage, levée à la planche, mais appliquée contre la bande en fer-blanc, préalablement masquée d'une mince couche de repère léger.

Le corps du socle se compose simplement de trois grosse *esses*, en bois ou en fer-blanc, masquées avec du pastillage blanc, joliment ornementées. Les deux tambours et la base sont également masqués et ornementés avec du pastillage. — La hauteur de ce socle est de 36 centimètres.

Dessin 127. — CROQUEMBOUCHE EN GÉNOISE, SUR MOYEN SOCLE

Ce croquembouche est monté dans un moule uni, de moyenne grandeur ; la génoise est de deux nuances : rouge et blanche. Elle est distribuée en losanges, exactement d'égale dimension, légèrement coupés en biais, sur les côtés, afin de pouvoir les assembler autour du moule avec plus de précision : les losanges blancs sont évidés, et le vide rempli avec un petit losange vert.

Le croquembouche peut être monté d'après plusieurs méthodes, soit en trempant tour à tour les losanges dans du sucre au *cassé*, et les appliquant à mesure contre les parois, soit en les rangeant sur une grille, pour laisser refroidir le sucre, et les monter ensuite contre les parois, après les avoir légèrement trempés dans le sucre, d'un côté seulement, pour les coller. Mais, pour que le croquembouche soit plus régulier, on peut simplement glacer légèrement les losanges, sur une surface, avec de la glace légère qu'on laisse sécher, pour les monter ensuite contre les parois du moule, légèrement huilées, en les collant avec de la glace-royale poussée au cornet, sur le côté des gâteaux.

Quelle que soit la méthode employée pour monter le croquembouche, il s'agit de le monter aussi régulièrement que possible : il doit être fermé sur le fond, avec un rond en génoise, coupé juste. Quand le croquembouche est démoulé, dressez-le sur un petit tambour collé sur le centre du socle; fermez-le sur le haut avec une abaisse en pâte d'office, bordée en pastillage, portant sur son centre une jolie aigrette. — Le croquembouche est entouré, à sa base, avec une chaîne de petits gâteaux en génoise, glacés, garnis chacun d'une cerise mi-sucre, glacée au *cassé*.

Le socle sur lequel le croquembouche est dressé est construit dans les mêmes conditions que le précédent, c'est-à-dire monté sur une charpente vide, masquée en pastillage et ornementée. Ce socle est aussi représenté dressé sur plat.

SOMMAIRE DE LA PLANCHE 31

Dessin 128. — CROQUEMBOUCHE A L'ITALIENNE.
Dessin 130. — CROQUEMBOUCHE EN ANNEAUX.

Dessin 129. — GATEAU MILLEFEUILLE.
Dessin 131. — CROQUEMBOUCHE A L'ANANAS.

Dessin 128. — CROQUEMBOUCHE A L'ITALIENNE

Avec 6 à 700 grammes de farine, préparez une pâte à gaufre aux amandes et à l'eau de fleurs d'oranger, en opérant comme pour la pâte à feuilles de chêne (page 6). Cuisez-la en plusieurs fois, en couches minces, sur plaques cirées.

En sortant les abaisses du four, coupez promptement sur leur surface, à l'aide d'un emporte-pièce de forme ovale, 100 à 110 gâteaux de 5 centimètres de long; rangez-les à mesure sur plaque couverte de papier, l'un à côté de l'autre. Avec un coupe-pâte circulaire de 1 centimètre et demi, coupez 150 à 160 petites abaisses rondes; faites-les refroidir à plat.

Accouplez les gâteaux de deux en deux : les ovales avec les ovales, les ronds avec les ronds, en les collant à l'aide d'une couche de marmelade serrée. Sur les gâteaux ovales, collez une abaisse mince en pâte d'amandes ou d'avelines, nuancée en rose, coupée avec un coupe-pâte ovale, un peu plus étroit que le premier. Sur les petits gâteaux ronds, collez une petite abaisse, de même forme, un peu moins large, également en pâte nuancée.

Prenez d'abord les gâteaux ronds, trempez-les dans du sucre au *cassé*, seulement du côté glacé; laissez égoutter le sucre; appliquez-les aussitôt en rangée, contre les parois intérieures d'un moule à croquembouche huilé. Sur ces ronds, disposez les ovales, debout, après les avoir trempés dans du sucre; continuez ainsi, en alternant les ronds et les ovales, jusqu'au haut du moule.

Quand le sucre est bien refroidi, enlevez le moule; collez le croquembouche sur le petit tambour du socle; fermez-en l'ouverture avec une abaisse mince, en pâte d'office, ou en pastillage, portant sur son centre une petite corbeille en sucre, en glace ou en pastillage, garnie de petites fleurs.

Ce croquembouche peut être exécuté dans le même ordre avec des bouchées en *biscuit à la cuiller*, poussées en ronds et en ovales, sur des bandes de papier, exactement dans les proportions voulues; mais, comme la cuisson les déforme, il faut les passer tous au coupe-pâte, pour les obtenir régulières. Si les biscuits sont de belle nuance, il n'est pas nécessaire de les doubler ni de les masquer à la glace-royale; il suffit simplement de les tremper dans le sucre au *cassé*, pour les appliquer contre les parois intérieures du moule, dans l'ordre prescrit.

Comme diversion a la première méthode, on peut décorer les ovales, en pâte à gaufre, avant de les glacer au *cassé*, chacun avec un ovale plus mince et plus étroit, en pâte d'abricots ou en pâte à massepain aux pistaches, nuancée en vert tendre : dans les deux cas, l'effet est très joli.

Ce croquembouche est dressé sur un socle dont la base, légèrement conique, est exécutée en sucre taillé; la coupe et son pied sont d'abord moulés en carton-pâte mince, puis masqués et décorés en pastillage; la frise est ornée d'une double bordure : les socles dressés sur plat doivent être collés sur celui-ci.

Dessin 129. — GATEAU MILLEFEUILLE, SUR MOYEN SOCLE

Le socle sur lequel le millefeuille est dressé, est monté sur une charpente formée de plusieurs divisions, en carton-pâte mince, masquées en pastillage blanc; sa base est en bois plein, collée sur plat. Le corps du socle est traversé par une tringle droite, adhérant au centre de la base pleine. La frise du haut est inclinée; elle est formée par quatre écussons ovales, encadrés par des moulures en pastillage, et ornés de petites fleurs en sucre ou en pastillage.

Cuisez dix-huit abaisses en feuilletage, de 18 à 20 centimètres de diamètre; faites-les refroidir sous presse légère (voy. page 152); masquez la surface de neuf abaisses avec de la marmelade, et neuf avec de la frangipane aux amandes, vanillée; assemblez-les de trois en trois, en alternant la marmelade et la crème; placez alors les six triples abaisses, chacune sur un rond de papier; masquez-en l'épaisseur avec une couche de meringue italienne, lissez-la vivement en arrondissant la couche; saupoudrez-en trois avec des raisins noirs de Corinthe, et les trois autres avec du sucre en grains; tenez-les à l'étuve tiède, 10 ou 15 minutes. En les sortant, détachez-les du papier. Quand elles sont froides, masquez-les en dessus avec de la marmelade; et montez le gâteau sur une abaisse en pâte d'office, masquée aussi de marmelade, en alternant les nuances dans le sens représenté par le dessin. Collez alors le gâteau sur le haut du socle; sur le centre de l'abaisse supérieure, fixez une aigrette en sucre, aussi légère que possible. Entourez la base du gâteau avec une chaîne de petites madeleines.

Comme diversion, on peut exécuter le gâteau avec de doubles abaisses en génoise ou en biscuit-punch, fourrées, à l'abricot, régulièrement arrondies sur les côtés, et masquées, une moitié avec de la glace-royale aux pistaches, vert tendre, l'autre moitié avec de la glace blanche, aux liqueurs.

Dessin 130. — CROQUEMBOUCHE EN ANNEAUX, SUR MOYEN SOCLE

Cuisez deux plaques de biscuit-punch, en lui donnant l'épaisseur de 1 centimètre et demi. — Quand le biscuit est refroidi, parez-le en dessus; distribuez les abaisses en ronds, avec un coupe-pâte de 4 centimètres de diamètre. Fendez chaque rond en deux, sur l'épaisseur; évidez-les en anneaux avec un coupe-pâte de 1 centimètre et demi; abattez les angles de chaque anneau, du côté coupé; rangez-les à mesure sur plaque, les uns à côté des autres; il en faut de 110 à 120; laissez-les sécher quelques heures à l'air. Prenez-en la moitié, un à un, trempez-les légèrement du côté coupé, dans du sucre au *cassé* : appliquez-les à mesure sur des pistaches hachées, étalées en couche mince sur du papier; ran-

Pl. 31.

Dessin 128.

Dessin 129.

Dessin 130.

Dessin 131.

gez-les sur plaque, à distance l'un de l'autre ; glacez l'autre moitié, appuyez-les sur du sucre en petits grains. Prenez ces anneaux, un à un, avec les doigts, humectez-en l'épaisseur, d'un côté seulement, aussi avec du sucre au *cassé*, juste ce qu'il faut pour les coller. Appliquez-les à mesure, par rangées, contre les parois intérieures d'un moule à croquembouche huilé, en les posant debout, du côté glacé, et en ayant soin d'alterner les nuances : un blanc, un vert, de façon à obtenir, en superposant les rangées, des diagonales régulières. — Quand le sucre est refroidi, démoulez le croquembouche sur le tambour du socle, en le collant. — Fermez-en l'ouverture du haut avec une mince abaisse en pâte d'office, bordée, portant sur son centre une petite aigrette ornée d'un pompon en sucre. — Ce croquembouche, de même que celui à l'ananas (dessin 131), sont montés dans des moules de haute forme.

Dessin 131. — CROQUEMBOUCHE A L'ANANAS

Préparez 1 kilogramme et demi de pâte à vacherin ; nuancez-la en jaune-tendre ; abaissez-la au rouleau d'un tiers de centimètre d'épaisseur ; laissez-la reposer ; coupez sur sa surface des ronds de 3 centimètres et demi de diamètre ; divisez-les transversalement sur le milieu pour obtenir des demi-lunes. Façonnez chaque moitié, en amincissant le côté coupé ; rayez-en la surface, d'un côté seulement, avec le revers d'un petit couteau, de façon à imiter à peu près des demi-tranches d'ananas ; rangez-les à mesure sur plaques couvertes de papier, faites-les sécher à l'étuve chaude. Quand elles sont froides, trempez-les dans du sucre au *cassé*, du côté rayé seulement ; rangez-les sur plaque huilée, à distance les unes des autres. Prenez-les ensuite avec les doigts, trempez-les légèrement du côté mince, qui n'a pas été glacé ; appliquez-les aussitôt debout, par rangées, contre les parois intérieures d'un moule à croquembouche huilé, en les posant légèrement à cheval pour les coller, mais en observant que chaque rangée soit dressée en sens inverse, telles qu'elles sont reproduites par le dessin. Quand le sucre est froid, démoulez le croquembouche sur le petit tambour du socle, en le collant au sucre ; fermez-en l'ouverture du haut avec une abaisse mince, en pâte d'office, masquée en pastillage, ornée sur le tour avec un liseron perlé, portant sur son centre une petite couronne imitée en pastillage.

SOMMAIRE DES PLANCHES 32, 33

Dessins 132 a 143. — MODÈLES DE GROSSES PIÈCES POSTICHES SUR TAMBOUR

Les six grandes sultanes reproduites à la première de ces deux planches sont exécutées dans des conditions toutes différentes de celles déjà décrites ; elles ont aussi un caractère tout particulier, mais leur rôle est absolument le même ; elles peuvent être servies aussi bien sur la table d'un buffet que sur celle d'un dîner ; en ce dernier cas, elles figurent comme *flancs* ou comme *bouts* de table.

Pl. 32.

Dessin 132. Dessin 133. Dessin 134.

Dessin 135. Dessin 136. Dessin 137.

Ces sultanes sont toutes représentées dressées sur tambour, mais, telles qu'elles sont là, elles ne pourraient être présentées ni sur la table d'un buffet, ni sur celle d'un dîner ; elles ne pourraient être dressées que sur socle. A défaut de socle, on pourrait les dresser sur un double tambour fixé sur une base bordée, posant sur quatre pieds, telles enfin que les sultanes en pastillage et en glace-royale, reproduites à la planche 50.

Les six modèles ici reproduits sont filés au poêlon dans des moules à pans cylindriques ou à dôme, mais du moins à parois lisses, fermés d'un côté, ayant une forte douille au fond, afin d'en faciliter le maniement pendant le filage du sucre. Les grands moules à sultane ont la hauteur de 31 centimètres sur 22 de diamètre à la base.

Pour filer une de ces sultanes, il faut d'abord huiler très légèrement le moule. — Cuisez au cassé, bien blanc, 1 kilogramme de sucre ; quand il est à point, jetez-le sur un marbre, laissez-le refroidir ; prenez-en alors une petite partie, faites-le dissoudre dans un petit poêlon à bec, pour le filage ; passez la main gauche dans le vide du moule pour saisir la douille et porter le moule en avant de la poitrine, en le tenant incliné. Avec le sucre du poêlon, filez alors un cordon de sucre tout autour de la base et du haut ; coulez aussi quelques cordons, à distance, de haut en bas, de façon à former une sorte de charpente qui servira à maintenir le sucre en forme, quand la sultane sera filée.

Pour filer le corps de la sultane, élevez le poêlon au-dessus du moule, agitez-le tout doucement, en le penchant, de façon à former une chemise au moule, avec les fils du sucre ; dans ce travail, il faut que le sucre tombe très fin, et toujours dans le même sens, pendant que de la main gauche on tourne graduellement le moule afin que le sucre forme une couche correcte, partout égale en épaisseur. Quand le moule est recouvert, présentez le sucre devant un feu modéré pour le ramollir très légèrement ; appuyez-le aussitôt, afin de l'égaliser et lui faire mieux prendre la forme du moule. Recommencez alors l'opération en sens contraire, de façon à croiser les fils du sucre. Appuyez également le sucre, laissez-le refroidir. — Pour démouler la sultane, il suffit de chauffer avec précaution l'intérieur du moule. Quand elle est démoulée, décorez-la.

Pour le décor, filez du sucre fin, rose, jaune ou vert ; étalez-le en nappe sur la table bien propre ; appuyez-la avec la lame du couteau, de façon à serrer les fils en lui donnant la consistance et l'épaisseur nécessaires. Coupez alors la nappe avec un coupe-pâte : en losanges, en croissants, en ronds ou en liserons, et, avec ces détails, ornez les surfaces de la sultane filée. Pour courber et coller ces détails sans briser le sucre, il suffit d'y souffler dessus avec son haleine. — Le fond de ces sultanes doit toujours être en sucre blanc ; le décor seul doit être en sucre nuancé.

Les trois dernières sultanes de la planche sont exécutées d'après la même méthode que les précédentes ; seulement, celles-ci sont filées sur des moules ouvragés, les mêmes dans lesquels on cuit les gros biscuits ou gros babas. La difficulté que présentent de tels moules est facile à comprendre ; elle réside surtout dans le soin qu'il faut porter au filage pour que les moulures restent bien saillantes, et les creux bien distincts. Mais avec un peu de science, l'obstacle est facile à surmonter. De même que les précédentes sultanes, celles-ci sont décorées avec des détails en sucre nuancé ; elles sont toutes ornées d'une aigrette en sucre qui leur donne évidemment plus de légèreté et d'élégance ; mais qui n'est cependant pas obligatoire. Ces aigrettes peuvent être remplacées par de simples pompons en sucre filé, moins apparents sans doute, mais aussi d'une exécution plus facile.

Pl. 33.

Dessin 138.

Dessin 139.

Dessin 140.

Dessin 141.

Dessin 142.

Dessin 143.

Dans les cas où les sultanes doivent être ornées d'aigrettes, il convient d'en fortifier davantage les charpentes sur lesquelles elles sont filées ; pour plus de sûreté, quand les sultanes sont démoulées, il faut en outre soutenir intérieurement les aigrettes avec un support en pastillage ou en sucre, afin d'éviter que leur propre poids ne fasse affaisser le sucre de la charpente.

J'ai essayé de filer une sultane sur un grand moule ouvragé, sans faire de charpente, mais après avoir blanchi au pinceau les parois extérieures du moule, de façon à pouvoir servir la sultane sans la démouler, avec le moule ; j'affirme que ce procédé avait très bien réussi ; il était impossible de voir le moule à travers le sucre, et la couche n'étant pas trop épaisse, le creux et les reliefs étaient très distincts. Dans ces conditions la sultane peut bien perdre de sa transparence, mais l'effet n'est pas choquant. Je donne le procédé pour ce qu'il vaut, et chacun reste libre de ne pas l'adopter.

Les modèles de grosses pièces reproduites à la planche 34 sont, comme les sultanes, des pièces de pâtisserie ornementales et non mangeables ; c'est pourquoi elles sont représentées dans les conditions où elles peuvent figurer sur des socles, c'est-à-dire fixées sur un simple tambour, et surmontées d'une grande aigrette.

Les trois premiers sujets de la planche sont montés sur charpentes fixes, en pastillage, ou simplement sur un grand moule en fer-blanc. S'ils étaient d'une seule pièce, et s'ils n'étaient pas à surfaces ouvragées, on pourrait simplement les foncer dans des moules, les faire sécher et les démouler ensuite ; mais toutes ces pièces étant formées de différentes parties, et leurs surfaces étant ouvragées, elles ne peuvent être montées que sur charpentes fixes.

La pièce portant le numéro 138 est divisée en bandes blanches de 3 à 4 centimètres de large, coupées sur patron ; la moitié de ces bandes sont incrustées en pastillage nuancé, les autres sont décorées en relief par deux groupes de feuilles.

Les bandes sont appliquées une à une contre la charpente, pendant que la pâte est encore molle, et, après les avoir humectées à la gomme dissoute, la grande difficulté consiste à les coller exactement droites.

Quand les parois sont plaquées, masquez la lisière de la charpente avec un liseron levé à la planche ; puis, collez sur le centre, une aigrette en sucre, montée sur une large pastille. Collez alors la pièce sur un tambour en bois mince, masqué de pastillage, décoré en relief et bordé avec le même liseron que celui appliqué à la pièce.

La pièce portant le numéro 139 est également montée par bandes, contre les parois d'un grand moule ou d'une charpente en pastillage ; mais ici les bandes sont inclinées en diagonales ; elles sont en pastillage blanc et rose ; la jonction des bandes est dissimulée soit par un étroit liseron perlé, levé à la planche, soit par des perles en glace-royale, poussées au cornet.

Cette pièce, très remarquable et distinguée, est ornée, sur le haut, d'une jolie bordure montante, levée à la planche, dont la base est encadrée par un liseron perlé. Elle porte sur son centre une belle aigrette en sucre rose, bordée de blanc, coulée sur marbre. La pièce est représentée dressée sur un double gradin peu élevé, masqué et décoré en pastillage.

La pièce portant le numéro 140 est établie dans les mêmes conditions que les précédentes, c'est-à-dire montée par petites bandes en pastillage blanc, lisses et ondulées, appliquées contre les parois extérieures d'une charpente en pastillage ou d'un moule en fer-blanc. Ces bandes sont disposées de quatre en quatre, et alternées par un liseron perlé levé à la planche, en pastillage nuancé; la jonction des bandes ondulées est masquée par un cordon de glace-royale nuancée. La pièce est bordée sur le haut avec un liseron en pastillage; elle est surmontée d'une jolie aigrette en sucre, légère, élancée, fixée sur une pastille en sucre ou en pastillage. — La pièce est représentée dressée sur un tambour étroit, masqué en pastillage blanc, décoré avec des détails nuancés.

La pièce portant le numéro 141 est formée par des losanges en pastillage blanc, incrustés en mosaïque avec des losanges plus étroits, en pastillage nuancé : rouge ou vert, symétriquement appliqués contre les surfaces d'une charpente en pastillage ou d'un moule en fer-blanc.

Dans sa simplicité, cette pièce exige cependant une exécution soignée, en raison de la difficulté que présente l'encadrement régulier des losanges, contre la surface extérieure de la charpente. Ces losanges doivent d'abord être coupés, à l'aide d'un emporte-pièce en fer-blanc, bien tranchant, sur une abaisse en pastillage rose, abaissé d'égale épaisseur, surtout bien reposé, afin d'en prévenir le retrait. Ces losanges sont ensuite évidés à l'aide d'un coupe-pâte plus étroit, également en losange, et aussitôt incrustés avec un losange nuancé coupé avec le même coupe-pâte; après l'incrustation, les grands losanges doivent être repassés à l'emporte-pièce, puis appliqués contre la surface de la charpente, humectée au pinceau avec de la gomme liquide.

Quand le placage est terminé, poussez au cornet un cordon de glace-royale nuancée comme l'incrustation, sur les lignes que présente la jonction des grands losanges.

Cette pièce est fermée sur le haut et sur le bas avec une abaisse en pastillage, l'extrémité supérieure est simplement bordée avec un liseron perlé, elle porte sur son centre une jolie aigrette en sucre coulé sur matrice, ornée d'un pompon.

La pièce est représentée dressée sur un tambour masqué en pastillage blanc, décoré avec des détails nuancés.

La pièce portant le numéro 142 représente une sultane en pastillage, percée à jours, d'après la méthode que j'ai décrite à la page 260; le pastillage est nuancé en rose, mais sur les quatre angles des losanges formés par le découpage, est appliqué en relief un petit rond en pastillage blanc coupé à l'emporte-pièce.

La sultane est montée sur une abaisse en pastillage dont l'épaisseur est dissimulée par un liseron perlé. Elle est surmontée d'une autre abaisse fixe, en pastillage, dont l'épaisseur est ornée d'une belle chaîne de petites roses blanches en pastillage ou en sucre, entremêlées de feuilles vertes. Sur le centre de cette abaisse est fixée une belle aigrette en sucre rose, dont les détails sont encadrés d'un cordon blanc, coulé sur marbre: cette pièce, exécutée avec soin, est de belle apparence. La sultane est reproduite dressée sur un double gradin peu élevé, masqué en pastillage, et bordé.

La dernière de ces pièces est montée avec des carrés en sucre au caramel rose et blanc, coupés à l'aide d'un *coupe-caramel*. Ces carrés sont montés dans l'intérieur d'un moule huilé, en les collant légèrement au sucre au *cassé*. Quand la soudure est froide, on démoule la pièce sur un tambour de forme basse, on applique contre la lisière du haut et du bas, un liseron en pastillage, puis on fixe sur son centre une aigrette coulée en sucre.

SOMMAIRE DE LA PLANCHE 34

Dessins 144 à 147. — MODÈLES DE GRANDS SOCLES EN PASTILLAGE

Après les grandes pièces ornementales, ce sont les grands socles et les jolis gradins qui font le plus d'effet sur les grandes tables. Mais, pour que cet effet se produise dans tout son éclat, les socles doivent être élégants, corrects, bien proportionnés, bien finis.

Un socle n'est, en réalité, que le piédestal sur lequel est présentée une grosse pièce de pâtisserie mangeable, et tout à la fois ornementale. Ces socles sont de différents genres. Les uns sont montés sur des charpentes plaquées en pastillage ou sablées au sucre de couleur ; les autres sont exécutés entièrement en sucre taillé au couteau ou, pour mieux dire, sculptés.

La charpente des socles plaqués en pastillage est exécutée en pâte d'office, en carton glacé ou en carton-pâte, et enfin en bois tourné.

Les charpentes en pâte d'office conviennent, si l'on dispose de moules appropriés à la cuisson de la pâte ; elles sont solides et légères, deux qualités essentielles. Mais en carton-pâte, elles sont plus durables encore, elles ne sont guère plus lourdes, et elles sont plus faciles à mouler, car elles n'exigent aucune cuisson.

Les charpentes en bois sont certainement d'un long usage, d'exécution facile, puisqu'il suffit d'en donner le modèle à un tourneur.

Les socles en sucre taillé sont les plus artistiques, ceux qui dans leur simplicité ont cependant le plus d'attrait ; ils ont aussi le défaut d'être lourds, mais ils rachètent ce défaut par de grands avantages ; d'abord, parce qu'ils donnent au praticien le moyen de se familiariser avec le découpage du sucre qui se rapproche, dans une certaine mesure, de celui des croustades en pain, en riz ou en graisse ; ensuite, parce que ce travail peut être exécuté à loisir, dans les moments de calme, et longtemps d'avance, sans redouter que la matière s'altère ; enfin, par ce double motif, que ces socles se conservent pour ainsi dire indéfiniment sans s'endommager, et que la matière est toujours utilisable. Ce sont là autant de considérations sérieuses qui doivent attirer l'attention des praticiens. Mais après tout, dans une maison où l'on sert souvent des socles, il est nécessaire d'en avoir de différents genres.

L'art de construire les socles est une affaire de goût ; tous les genres réussissent s'ils sont bien traités ; la première condition nécessaire à un socle, c'est d'être établi dans de justes proportions, d'être planté d'aplomb, et enfin d'offrir les garanties nécessaires de solidité. Les détails, les ornements,

Pl. 34.

Dessin 144.

Dessin 145.

Dessin 146.

Dessin 147.

peuvent être plus ou moins compliqués et variés, pourvu qu'ils soient corrects, saillants, bien dessinés ; c'est tout.

Les bordures sont en quelque sorte le corollaire des socles : elles leur donnent de l'élégance, de la légèreté, les rendent plus agréables au regard. Ces bordures sont ordinairement en pastillage ; les bordures en glace-royale sont certainement élégantes, mais plus fragiles, plus exposées à se briser ; celles en pastillage sont donc préférables, sans être cependant d'une plus grande solidité ; car chaque fois qu'on sert un socle, il faut considérer les bordures comme sacrifiées ou tout au moins comme exigeant de grandes réparations, toujours difficiles, souvent plus longues à exécuter que les bordures mêmes.

En présence de cette difficulté, qui se renouvelle sans cesse et qui finit par devenir onéreuse, je me suis souvent demandé s'il ne conviendrait pas d'adopter un genre de bordure en beau carton blanc, glacé ; j'ai vu autrefois, à Rome, un homme plein de mérite, excellent pâtissier, qui avait essayé ce procédé ; il avait fait exécuter des emporte-pièces en acier, avec lesquels il découpait ces bordures lui-même ; cela lui avait assez bien réussi, mais je crois fermement que ce procédé pourrait être perfectionné, et donner des résultats aussi satisfaisants qu'économiques. Tous les praticiens, qui ont été à même d'observer l'inconvénient que je signale, accueilleraient favorablement ce perfectionnement, si quelqu'un le mettait en évidence. Je suis certain qu'il y a à Paris des fabricants de cartonnage qui ne demanderaient pas mieux que d'être initiés à ce genre, pour produire et fournir de jolis dessins s'adaptant à ces bordures. Je fais donc appel à la science des hommes compétents.

Jusqu'ici, on a servi les grands socles sur des plats ; je ne veux pas soutenir que cette méthode ne soit plus acceptable, mais je veux faire ressortir les inconvénients qu'elle renferme. Les socles devant porter une grosse pièce, exigent une frise développée, en raison même du diamètre de ces pièces et des garnitures qui les entourent ; or, si l'on veut poser le socle sur un plat, il faut absolument en rétrécir la base, afin qu'elle puisse trouver l'aplomb nécessaire sur le fond de ce plat, fût-il même d'un diamètre peu commun ; eh bien, cette nécessité entraîne un défaut de forme qui choque le regard : c'est que la base du socle se trouve beaucoup trop étroite par rapport aux dimensions de la frise. Par ce fait, il peut arriver que le socle ne se trouve pas avoir un aplomb suffisant. D'autre part, si l'on établit la base dans les proportions du fond du plat, on ne peut border cette base, et l'espace manque pour dresser les gâteaux autour. Si, au contraire, on dispose une autre abaisse sous la base du socle, il en résulte que cette abaisse, dépassant les limites du fond du plat, couvre à peu près celui-ci ; or, le socle, dans de telles conditions, n'ayant pas un aplomb suffisant, est exposé à vaciller, et même à entraîner la chute de la pièce qu'il porte, ou tout au moins détruire les bordures de l'abaisse ; sans compter qu'un socle qu'on est obligé de faire porter sur les bords du plat, a quelque chose de mesquin, et n'est véritablement pas de bon goût ; car on peut se demander à quel titre ce plat se trouve là, puisqu'il est insuffisant et dans une position anormale, invisible ou à peu près.

Ce sont ces réflexions qui m'ont porté à modifier l'ordre primitif, car il m'a paru défectueux. Je préfère fixer le socle sur une large et solide base, s'appuyant sur des pieds qui la tiennent à distance de la table. Établi dans ces conditions, le socle devient plus maniable, il acquiert une solidité mieux assurée et, en somme, gagne en aspect et en proportions tout ce qu'il perdait auparavant : il est donc, tout à la fois, et plus correct et plus pratique. Ce sont là autant de motifs qui recommandent mes préférences. Cette innovation sera peut-être contestée, mais depuis vingt ans que je m'occupe d'ornementation, je crois avoir acquis le droit d'émettre une opinion sur une réforme que j'ai étudiée à fond, dont l'expérience m'a démontré l'opportunité, et que le temps sanctionnera sans doute.

Dans les plats, on ne peut guère dresser que des socles de moyenne grandeur, dans le genre de ceux représentés à la planche 34; et encore faut-il que l'ordre d'ornementation ne porte pas une base trop large.

Les quatre socles reproduits à cette planche 34 sont montés sur de larges bases en bois, bordées ou formant un talus; elles posent sur quatre pieds, et portent sur leur centre une tringle en bois, sur le haut de laquelle vient se fixer l'abaisse en bois devant former la frise du socle.

Le corps de ces socles est exécuté sur une charpente en carton-pâte, formée de plusieurs divisions; ces divisions sont moulées très minces, dans des moules en métal, séchées à l'étuve très douce, puis assemblées et soudées sur la tringle centrale des socles, avec du repère, pour être ensuite masquées en pastillage, et ornées de détails également en pastillage.

Quand les socles sont montés, ornementés, il ne reste plus qu'à dresser sur leur plate-forme la pièce qui leur est destinée, en la fixant sur un tambour simple ou un double tambour, selon qu'elle exige d'être plus élevée; on entoure ensuite la base de ces socles avec des petits gâteaux. C'est dans ces conditions qu'ils figurent sur la table.

Le premier modèle de cette planche (dessin 144) se compose d'un pied de coupe, à base cannelée, posé sur un tambour étroit, légèrement conique. Le pied de coupe est une sorte de *balustre* dont le fût est ornementé avec des feuilles en pastillage, à jour, levées à la planche. Cette balustre est surmontée d'un chapiteau de forme plate, légèrement sphérique, sur laquelle vient porter une coupe cannelée, avec son pied lisse, que le chapiteau complète. La jonction de la coupe avec son pied est dissimulée par une bordure pendante, évasée.

Le deuxième modèle de cette planche (dessin 145) est monté sur une base dont les bords sont disposées en talus; cette base et celle du socle qui vient après, remplacent avantageusement les bordures, et n'ont pas les mêmes inconvénients.

Le corps du socle est monté sur un tambour étroit, légèrement conique; les divisions sont exécutées en carton-pâte, masqué de pastillage; elles sont moulées dans la même coupe, seulement l'une est posée debout, l'autre est renversée; elles sont reliées sur le centre par une sorte de boudin formé par deux coquilles plates, cannelées, soudées ensemble. Le pied et la coupe du socle sont ornés de longues feuilles à jour, en pastillage, qui les couvrent presque entièrement.

La lisière du tambour est ornée d'une bordure montante, et le haut de la coupe, sous la frise du socle, est ornée avec une bordure pendante. — La charpente de ce socle est reproduite plus bas.

Le troisième modèle de cette planche (dessin 146) est monté sur une base à gradin, dont le talus est exécuté à l'aide de détails en pastillage, levés à la planche, par petites parties à la fois, assemblées ensuite et collées contre l'épaisseur des deux abaisses formant gradin.

Le corps du socle figure un grand vase cannelé dont le pied et la coupe sont reliés par un large ruban en pastillage; il est posé sur un tambour étroit et haut, de forme légèrement conique : le tambour est en bois, la charpente du vase est en carton-pâte, mais l'un et l'autre sont masqués de pastillage.

Pl. 35.

Dessin 148.

Dessin 149.

Dessin 150.

Dessin 151.

Pl. 36.

Dessin 152.

Dessin 153.

Dessin 154.

Dessin 155.

Le tambour, le ruban qui relie les deux parties du vase et la frise du socle, sont entourés chacun d'une guirlande de fleurs et de feuilles imitées en sucre ou en pastillage. L'abaisse supérieure est ornée sur son épaisseur, d'une bordure montante, à jours, peu élevée, mais évasée.

Le quatrième modèle (dessin 147) est fixé sur une large base, ornée avec une solide bordure en pastillage, levée à la planche. Le corps du socle se compose d'une petite coupe avec son pied, renversée sur la base, portant une autre coupe plus grande également sur son pied, mais fixée debout sur une épaisse base formant un large anneau entre les deux coupes; sur celle qui est debout, est fixée l'abaisse supérieure du socle, ou, pour mieux dire, la frise. Toutes les divisions sont en carton-pâte masqué de pastillage. Le haut de la coupe du socle, venant aboutir sous l'abaisse supérieure, est orné d'une bordure pendante composée simplement de feuilles lisses, coupées à l'emporte-pièce, et appliquées contre un anneau en pastillage, formant saillie. L'abaisse supérieure est aussi ornée d'une bordure semblable, appliquée contre l'épaisseur et encadrée sur le haut par un liseron levé à la planche; mais une autre bordure montante est disposée sur le haut de cette même abaisse; elle est aussi encadrée à sa base par un liseron levé à la planche. — La charpente de ce socle est reproduite plus bas.

Dessins 148 à 155. — MODÈLES DE GRANDS SOCLES EN SUCRE TAILLÉ
PLANCHES 35, 36.

Les huit grands socles reproduits à ces planches 35, 36, sont exécutés en sucre naturel; c'est un genre que les praticiens devraient cultiver, car il offre de grands avantages sous le rapport de l'élégance, autant que sous celui de la durée; sans compter que la matière n'est jamais perdue et peut toujours être utilisée.

Les socles en sucre sont généralement exécutés en plusieurs pièces; la base et la coupe d'abord, puis le corps du socle, se composant toujours de différentes divisions. La grande question consiste à donner à ces sujets toute l'élégance et la solidité qu'ils comportent.

Le sucre taillé ou sculpté est toujours d'un joli effet, si les ornements sont corrects, bien détachés, si les divisions se raccordent exactement.

Les modèles que renferment les planches 33, 34, sont, pour la plupart, d'un travail minutieux et pénible; il serait donc puéril de vouloir soutenir que tout le monde est à même de les exécuter ponctuellement; il est évident que ce n'est qu'après de nombreux essais et l'expérience acquise, qu'un homme réfléchi doit les aborder.

Mais il est bon d'observer que tous ces modèles, bien que corrects et pratiques, peuvent cependant être ou modifiés ou simplifiés, selon l'aptitude de celui qui opère.

Avant d'entreprendre l'exécution d'un socle, c'est-à-dire avant de toucher au sucre, il faut absolument en faire le croquis sur papier, arrêter sa hauteur, et donner à chacune des divisions celle qui lui convient, en les proportionnant aux dimensions arrêtées d'avance : sans mesures fixes, on n'arriverait à rien.

C'est seulement, après ces préliminaires indispensables qu'on opère; on choisit le sucre bien blanc et d'une même nuance, au cas où l'on emploie plusieurs pains.

On scie ce sucre de largeur et de hauteur voulues, selon l'application qu'on lui destine. On dégrossit ensuite les parties coupées, soit avec la lime, soit avec le couteau pour les rapprocher autant que possible de la forme et des contours indiqués par le dessin.

Les divisions ébauchées, on les perce sur leur partie centrale, avant de les terminer tout à fait; on les perce à l'aide d'un poinçon, en opérant peu à peu, sans précipitation, pour ne pas briser le ucre.

On les façonne ensuite avec la lime ou on les creuse avec les gouges, de façon à obtenir le modelé et le relief des détails aussi corrects que la matière le comporte.

A mesure que les divisions sont terminées, on les assemble sur la tringle adhérente à la base, afin de pouvoir juger de l'ensemble, et corriger ou rectifier les défauts apparents : avant tout il faut les mettre bien d'aplomb.

Quand l'assemblage est satisfaisant, on cale les divisions une à une, à l'aide de chevilles qu'on introduit dans les cavités, et dont on comble les vides avec du repère en pastillage. Quand elles sont consolidées, on les soude bien d'aplomb, avec de la glace-royale, et on n'y touche plus jusqu'à ce que la soudure soit complètement sèche.

A ce point, on peut bien retoucher quelques détails avec la lime ou la gouge, pour réparer certains défauts ou faire disparaître la soudure, mais il est impossible de revenir sur ce qui est fait : en tous cas, il faut opérer avec les plus grands ménagements.

En dernier lieu, on brosse bien le sucre, et on décore les parties qui exigent quelques ornements ; les liserons et les bordures en pastillage jouant un grand rôle dans l'ornementation des socles, il ne faut pas les négliger ; il faut les appliquer sur les soudures, sur l'épaisseur des moulures, sur la lisière des tambours, partout enfin où ils peuvent figurer sans inconvénient.

Les socles en sucre taillé exigent une certaine élévation, afin que les détails d'ornement produisent tout leur effet; c'est par ce motif qu'il ne convient pas de leur donner moins de 55 à 60 centimètres de haut.

Le rôle des grands socles en sucre taillé ou en pastillage consiste à figurer sur la table des grands buffets, parmi les belles productions de l'art, après les avoir entourés des derniers ornements qui leur sont applicables ; ce sont précisément ces détails légers mais élégants qui leur donneront ce cachet de distinction, dont les sujets des planches 35, 36 peuvent fournir des exemples ; on ne doit pas non plus négliger le soin de compléter le sujet par le choix d'une pièce de pâtisserie de belle apparence décorée avec goût.

Mais ce qui est le plus indispensable à ces sortes de sujets, ce sont l'élégance d'allure, les proportions justes d'ensemble et d'aspect, la précision et la pureté des détails. Sans doute on ne peut pas exiger que ces sujets soient tous des chefs-d'œuvre, mais il ne faut pas non plus que dans le milieu où ils vont être produits, on puisse avec juste raison les taxer de médiocrité ou d'incorrection. Pour éviter ce danger, il faut travailler avec réflexion, ne rien livrer au hasard.

Pl. 37.

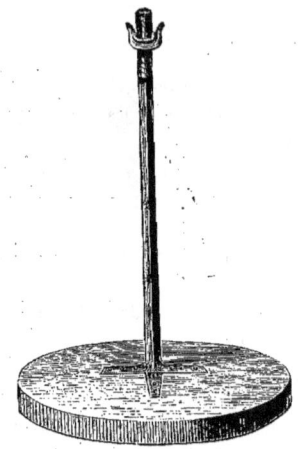

Dessin 156.

Dessin 157.

Dessin 158.

Dessin 159.

Pl. 38.

Dessin 160.

Dessin 161.

Dessin 162.

Dessin 163.

SOMMAIRE DES PLANCHES 37, 38

Dessins 156 a 163. — MODÈLES DE CHARPENTES DE GRANDS SOCLES

Les deux premières charpentes de la planche 37 sont destinées aux socles en sucre taillé ; elles sont simplement montées sur une base en bois portant sur son centre une tringle en fer, munie sur le haut d'un écrou également en fer. C'est à ces tringles que sont enfilées les différentes divisions en sucre formant le corps du socle ; ces divisions doivent donc forcément être percées sur le centre, de part en part, dans le sens de leur épaisseur.

Les corps des deux dernières charpentes (dessins 180, 181) peuvent être exécutés en bois tourné, soit en totalité, soit en partie ; en ce cas, il suffit de donner au tourneur le croquis du corps de socle et des divisions. Les socles en bois tourné sont solides et de longue durée, mais ils ne comportent pas une grande variété. A l'époque où les cuisines étaient mal outillées, ces socles étaient très employés ; mais aujourd'hui que les grands moules de pâtisserie, les coupes, les vases, les corbeilles sont si faciles à trouver, on les à peu près délaissés : c'est le carton-pâte qui les remplace.

Il est des cas cependant où, si l'on n'exécute pas la charpente du socle, entièrement en bois, on peut du moins employer avec avantage, des détails dont on ne trouverait pas à prendre l'empreinte. Mais, par exemple, il serait inutile de faire tourner deux coupes en bois dans le genre de celles qui forment le haut et le bas de la charpente portant le numéro 158, attendu qu'on peut en prendre l'empreinte en carton-pâte dans une simple terrine de cuisine, et qu'on les obtiendra ainsi plus légères et moins coûteuses, sans compter que l'opération est plus expéditive.

Le carton-pâte a, non seulement détrôné le bois tourné, mais aussi la pâte d'office pour charpentes de socle. Autrefois, on travaillait des journées entières pour cuire et limer une simple charpente de socle, tandis qu'aujourd'hui, avec du carton-pâte, on peut les obtenir en quelques heures, plus solides et plus correctes. Pour les charpentes en bois tourné, les divisions n'ont nullement besoin d'être traversées par une tringle ; elles sont ou d'une seule pièce ou collées ensemble.

Les quatre charpentes reproduites à la planche 38 sont exécutées en carton-pâte ; elles se composent de plusieurs divisions ; ces divisions sont moulées dans des formes en métal, en plâtre ou en faïence ; elles doivent être moulées minces, afin d'augmenter le moins possible le poids des socles.

Le carton-pâte est d'un grand secours pour la confection des socles, surtout pour ceux se composant de petits détails, car cette pâte prend parfaitement toutes les empreintes, et, une fois bien séchée, elle est d'une durée infinie, ne craignant ni l'humidité ni la chaleur.

SOMMAIRE DES PLANCHES 39, 40

Dessins 164 a 179. — MODÈLES DE PETITS SOCLES EN SUCRE TAILLÉ, EN SUCRE TASSÉ ET EN PASTILLAGE

Les deux premiers modèles de la planche 39 sont exécutés en sucre taillé selon la méthode des grands socles en sucre précédemment décrite : ils peuvent être en une seule pièce, mais il est plus simple et moins dangereux de les faire en deux fois. — Bien finis, ces socles sont très élégants et, en somme, d'exécution relativement facile.

Les socles en sucre, bas de forme, conviennent pour être servis dans les dîners où les mets sont présentés aux convives ; on les colle sur plat, et on dresse les entremets dessus ; ces entremets sont froids et, autant que possible, ils doivent être secs plutôt qu'humides, afin de ne pas tacher ou faire fondre le sucre ; en tout cas, la surface plane des socles doit toujours être masquée de papier blanc.

Les huit modèles reproduits à la planche 40 appartiennent à trois genres différents ; ce sont d'abord les quatre socles montés sur base : 172, 173, 178, 179 ; ces socles, de hauteur moyenne : 22 à 28 centimètres, conviennent pour figurer sur petit buffet ou sur la table d'un dîner, mais à la condition qu'étant garnis ils resteront immobilisés. — La construction de ces socles s'opère d'après la même méthode que les grands socles de pâtisserie ; comme les précédents ils sont formés en plusieurs divisions moulées en creux avec du pastillage ; les moules employés sont en forme de coupe, avec leur pied. Quand la pâte est bien séchée on les démoule pour les enfiler à une tringle en bois ou en fer, fixée sur le centre d'une solide base en bois, couverte de papier blanc. Les doubles bordures donnent a ces socles une grande légèreté ; ainsi décorés ils peuvent être garnis avec des pièces de moyenne dimension : croquembouches, millefeuilles, biscuits moulés ou babas.

Les deux modèles de socles bas : 174, 175, peuvent aussi être moulés en deux divisions avec du pastillage blanc qu'on monte sur base et qu'on ornemente avec des détails nuancés ; mais, ils sont bien plus jolis exécutés en sucre *tassé**; en ce cas, il faut disposer de moules lisses, à charnières, si leurs contours en rendaient la dépouille difficile.

Les deux modèles de socles bas, à guirlande : 176, 177, sont destinés au dressage des petits entremets ou des petits gâteaux de détail ; ils sont formés de deux abaisses rondes, en bois, reliées par un soutien central ; entre ces deux abaisses est disposée une petite charpente devant former le corps du socle ; celle-ci n'ayant aucun poids à supporter doit être légère et vide ; elle peut donc être exécutée en carton découpé, ou bien en pâte d'office mince cuite dans un moule à pâté-chaud ou tout autre forme convenable. Quand le socle est monté on le masque en pastillage mince, nuancé, ou on le sable au sucre de couleur tendre; il ne reste donc plus qu'à orner sa frise avec une jolie guirlande formée de petites fleurs ou de petits fruits et feuilles modelés à la main ou levés à la planche avec du pastillage blanc ou légèrement nuancé ; ces détails peuvent aussi être exécutés en sucre *tiré*.

* La méthode de préparer le sucre *tassé* est bien simple ; voici comment on opère : on met dans une terrine du sucre en poudre bien blanc, déglacé, on l'humecte peu à peu à l'eau froide, de façon à en former une pâte mate au toucher, en tout semblable à de la neige récemment tombée, à laquelle on pourrait faire prendre une forme dans un moule quelconque, en la tassant : Les conditions du sucre humecté sans travail, doivent être absolument les mêmes. — On remplit aussitôt les moules, on tasse et on démoule 8 à 10 minutes après, sur plaque bien plane couvert de papier blanc ; on fait sécher ce sucre à l'air jusqu'à ce qu'il soit raffermi ; on soude ensuite les divisions, et on ornemente le sujet.

Pl. 39.

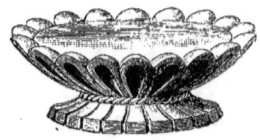
Dessin 164.

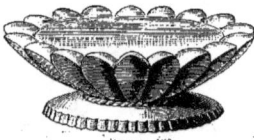
Dessin 165.

Dessin 166.

Dessin 167.

Dessin 168.

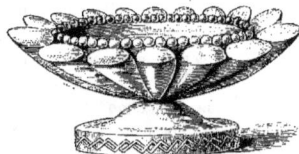
Dessin 169.

Dessin 170.

Dessin 171.

Pl. 40.

Dessin 172.

Dessin 173.

Dessin 174.

Dessin 175.

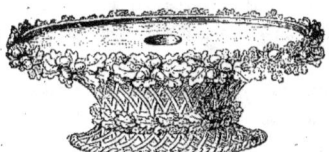

Dessin 176.

Dessin 177.

Dessin 178.

Dessin 179.

Dessins 180 a 183. — MODÈLES DE GRANDS GRADINS A DEUX ÉTAGES

PLANCHE 41.

Les gradins n'ont pas, en pâtisserie, la même importance que les socles; mais, comme eux, ils concourent à l'ornementation des grandes tables. La différence entre les socles et les gradins c'est que sur les premiers on dresse des grosses pièces de pâtisserie, tandis que sur les gradins on ne peut dresser que des petits gâteaux. Ainsi, les gradins ne peuvent pas remplacer les socles : ils sont simplement pour eux un auxiliaire; sur une grande table, le nombre des gradins peut sans inconvénient égaler celui des socles.

La place des gradins est bien plutôt sur les grandes tables des buffets que sur celles des dîners; mais ceux richement ornementés, peuvent cependant y être admis, soit comme pièce de milieu, soit comme *bouts* de table, selon l'importance du dîner.

Les quatre modèles de gradins reproduits à cette planche sont exécutés dans le même ordre ; leur forme est simple et les détails peu compliqués. En somme, chaque gradin est composé de deux socles gradués, posés l'un sur l'autre, puis fixés sur le centre d'une large base, simple ou à gradins, posant sur quatre pieds.

Les corps de ces socles sont établis absolument dans les mêmes conditions; ils sont ornementés avec des détails absolument semblables. Les divisions du corps des socles sont vides; elles peuvent être exécutées en pastillage, en pâte d'office ou en carton-pâte; elles sont enfilées à une tringle centrale. Mais les abaisses du haut et du bas sont en bois; celles formant les étages supérieurs sont fixées sur le haut des tringles, de façon que les divisions du corps principal n'aient aucun effort à faire. Ces divisions, de même que les abaisses formant étage, sont masquées en pastillage blanc ou nuancé; mais la surface plane des étages et même de la base peut simplement être masquée avec du papier blanc.

L'ornementation de ces gradins est absolument facultative ; mais il est bon d'observer que les belles bordures à jours leur donnent beaucoup d'élégance et une plus grande légèreté d'allures ; ces bordures peuvent être montantes ou inclinées ; le point essentiel c'est qu'elles soient correctes, appliquées avec goût et solidité; il faut de plus que le décor soit uniforme : pour les deux étages, on les fixe ordinairement sur des abaisses en bois posant sur quatre pieds, plaquées en pastillage, ornées de solides bordures ou avec des couronnes de fleurs imitées ; les plus jolies sont celles formant gradins : elles donnent plus d'élégance aux sujets.

Les grands gradins conviennent aussi bien sur la table des dîners que sur celles des buffets; ils doivent être abondamment garnis de petits gâteaux choisis, variés en espèces, formant un ensemble agréable au regard. Si on veut en garnir la deuxième plate-forme, il faut entourer celle-ci avec une bordure basse; mais le plus souvent on leur adapte un petit sujet en pastillage, en glace royale ou en sucre filé.

Pl. 41.

Dessin 180.

Dessin 181.

Dessin 182.

Dessin 183.

Pl. 42.

Dessin 184.

Dessin 185.

Dessin 186.

Dessin 187.

Pl. 43.

Dessin 188.

Dessin 189.

Dessin 190.

Dessin 191.

Dessins 184 a 187. — MODÈLES DE GRANDS GRADINS GARNIS, ORNÉS D'UN SUJET

PLANCHE 42.

Les gradins reproduits à cette planche sont à trois étages; ils mesurent 1 mètre 30 centimètres de hauteur, y compris les sujets qui les surmontent. Ces gradins sont montés sur une large base en bois, décorée en pastillage et bordée, posant sur quatre pieds.

La charpente des deux premiers gradins se compose de deux socles, de dimension différente, disposés l'un sur l'autre. Chaque étage se compose d'un tambour vide, sur le centre duquel est fixé un soutien en bois supportant l'abaisse supérieure de l'étage, formant la frise du socle. Le corps de chaque étage se compose simplement d'une coupe creuse, renversée. Ces coupes n'ayant rien à supporter, peuvent être moulées en pastillage ou pâte d'office, ou bien en carton-pâte très mince; si elles sont moulées en carton-pâte, elles doivent être masquées en pastillage et décorées. Les abaisses formant la division des étages sont simplement masquées de papier blanc, mais bordées en pastillage.

Les deux derniers gradins de cette même planche, sont établis dans le même ordre, avec cette différence que la base se compose d'un tambour évasé et que le corps des étages est formé à l'aide de simples tambours en bois mince, dont les surfaces sont décorées avec des bandes de pastillage en deux nuances, horizontalement disposées.

Les sujets des quatre gradins de cette planche sont pour les deux premiers : une lyre et une harpe, moulées en pastillage; pour les deux derniers : un casque et une corbeille de forme hexagone. Le casque est moulé en nougat; la corbeille est exécutée au cornet, en glace-royale, sur un moule en deux pièces. Les fruits et les feuilles garnissant la corbeille sont exécutés en pastillage. Les petits gâteaux qui garnissent les étages sont de différente nature.

Dessins 188 a 191. — MODÈLES DE GRANDS GRADINS A TROPHÉE

PLANCHE 43.

Les quatre gradins reproduits à cette planche ont la hauteur de 1 mètre 25 centimètres; mais cette élévation peut sans inconvénient être diminuée ou augmentée.

Le corps des gradins se compose de deux tambours, en bois mince, vides, posés l'un sur l'autre, fixés sur une large abaisse en bois, posant sur quatre pieds : les tambours et l'abaisse sont masqués en pastillage et décorés.

Ces gradins sont tous établis dans le même ordre, le motif des trophées est seul différent; pour le premier, c'est un trophée d'agriculture, le deuxième un trophée de guerre, les deux derniers représentent des trophées de musique, différant aussi bien par le groupement que par la nature des instruments : l'un représente un trophée de musique militaire, l'autre de musique harmonique

Les différents détails des trophées sont imités en pastillage; ils sont ou moulés ou modelés à la main, avec ou sans charpente; dans les deux cas, ils doivent être bien imités. Ils sont groupés autour d'une tringle centrale, en bois, masquée en pastillage, fixée un peu en arrière sur la plateforme du gradin supérieur.

Le corps des gradins se compose de deux tambours de diamètre gradué, cloués l'un sur l'autre, et fixés sur le centre d'une large abaisse en bois, posant sur quatre pieds; ils sont peu ornementés ; mais les deux gradins doivent être garnis, chacun avec une sorte différente de gâteaux choisis et délicatement décorés.

Les trophées disposés sur les gradins exigent d'être bien compris et exécutés avec le plus grand soin, car ils n'auront du mérite qu'à cette condition. La parfaite imitation des détails n'est pas seulement un point des plus délicats, mais aussi une qualité indispensable; aucun effort, aucun moyen ne doit donc être négligé; il faut bien se pénétrer de cette pensée que, des détails négligés, mal rendus ou même mal groupés seraient d'un mauvais effet et annuleraient certainement tout le mérite de ces pièces.

Dessins 192 a 194. — GRADINS ÉTAGÉS

PLANCHE 44.

Les deux gradins de la planche 44, portant les numéros 193 et 194, ont la hauteur de 1 mètre 30 centimètres; ils sont à cinq étages gradués, formant ensemble une jolie pyramide. Le premier de ces gradins se compose de quatre socles à coupe, dont la frise pendante est modelée en chute d'eau; ils sont collés l'un sur l'autre, bien d'aplomb et fixés sur le centre d'une base à trois gradins, posant sur quatre pieds.

Le corps des socles peut être moulé en pastillage; il doit être vide, car la base du socle et l'abaisse qui en forment la frise sont en bois, reliées par un soutien en bois, de sorte que la coupe du socle n'a aucun effort à faire.

L'ornementation des gradins est, en somme, bien simple, peu compliquée; la frise en pastillage, formant chute d'eau, est levée à la planche, par petites parties assemblées et collées contre l'épaisseur des abaisses. Sur le sommet du gradin est fixée une grande aigrette en pastillage, exécutée dans l'ordre des modèles reproduits à la planche 44.

Le deuxième de ces gradins portant le numéro 194, est de forme hexagone, mais il est posé sur une base ronde. Les quatre étages des gradins se composent d'une corbeille sans pied, exécutée en carton blanc, fixée sur une petite base en bois, et décorée au cornet. L'abaisse qui les surmonte est aussi en bois, de forme hexagone; elle est ornée d'une double bordure en forme de balustrade. Le socle hexagone sur lequel les étages sont assemblés est vide; il est exécuté en carton blanc, mais plaqué en pastillage mince, abaissé avec un rouleau cannelé, puis ornementé. La base circulaire, au centre de laquelle le gradin est fixé, pose sur quatre pieds; elle est ornée d'une solide bordure en

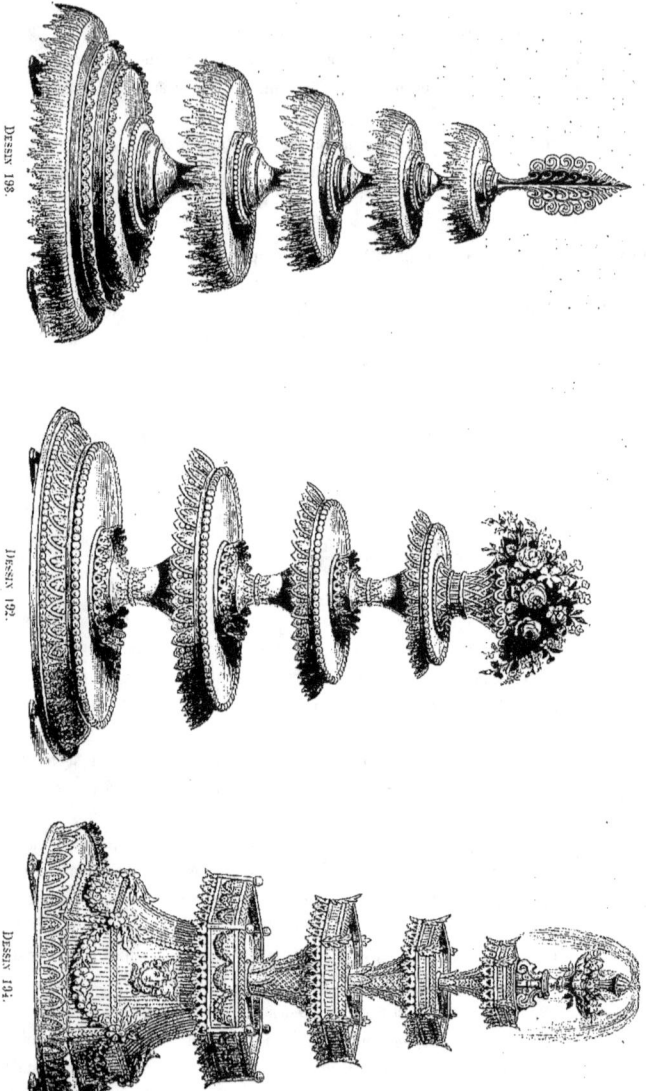

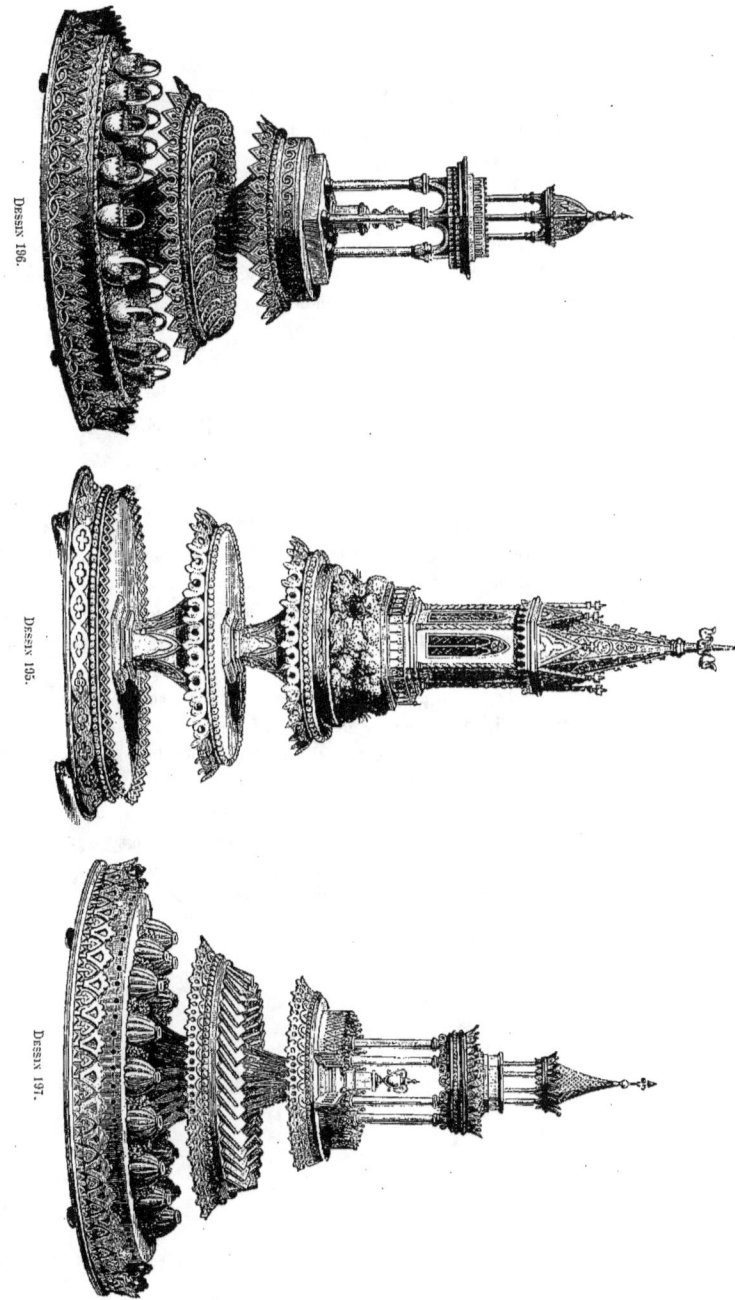

Dessin 196.

Dessin 195.

Dessin 197.

pastillage. Sur l'étage supérieur du gradin est disposé un petit sujet en pastillage, ornementé avec du sucre filé.

Le gradin placé sur la planche entre les deux premiers (dessin 192) est à quatre étages, porté sur une base à tambour, vide, décorée en relief. Les étages du gradin sont formés avec trois socles à corbeille; celles-ci sont moulées en pastillage, fixées sur une petite base en bois et ornées d'une bordure montante; les abaisses formant la frise des socles sont ornées d'une solide bordure pendante. Sur l'étage supérieur du gradin est disposée une jolie corbeille garnie de fleurs imitées.

Dessins 195 a 197. — MODÈLES DE GRADINS A SUJETS
PLANCHE 45.

Les deux gradins de la planche 45, portant les numéros 196 et 197, sont à deux étages; ils mesurent 1 mètre 10 centimètres de hauteur; ils sont montés sur une large base bordée, portant sur quatre pieds. Les étages sont ornés d'une solide bordure pendante. L'ordre de construction de ces gradins est le même que pour ceux des deux planches précédant celle-ci : les ornements diffèrent, voilà tout. L'un et l'autre sont surmontés d'un pavillon en pastillage, à colonnes, ouvert sur les quatre faces.

Le gradin portant le numéro 195 est de forme plus élevée que les deux précédents; il n'est pas garni; sa hauteur est de 1 mètre 20 centimètres; les étages du haut et du bas sont de forme identique, mais de dimension différente; chacun de ces étages se compose d'une corbeille hexagone, montée sur un pied de forme basse, portant une abaisse bordée. Les deux étages sont fixés sur le centre d'une base vide en forme de tambour, posant sur quatre pieds. Sur l'étage supérieur figure un petit pavillon en pastillage, de forme hexagone, de style gothique; il est monté sur une charpente en bois mince, ornée en rocher, avec des morceaux de sucre soufflé : le gradin et son pavillon sont d'une correction irréfutable : l'un et l'autre se complètent parfaitement.

GRANDES
PIÈCES-MONTÉES DE PATISSERIE

En pâtisserie, les vraies pièces-montées sont bien celles qui représentent si non un véritable monument, du moins un sujet artistique : pavillon, temple, kiosque, ruines, celles enfin, dont la construction se rapproche du domaine de l'architecture ; tous les autres genres de pièces ornementales : les socles, les gradins, les coupes, les vases, ne sont en somme que des pièces secondaires.

Si l'art de construire des pièces-montées de pâtisserie n'implique pas pour le pâtissier l'obligation absolue d'être un peu architecte, il lui impose celle, du moins, d'acquérir les connaissances nécessaires pour éviter le danger de tomber dans des errements regrettables, car il est urgent que ces pièces, destinées à figurer dans un milieu luxueux, soient, sinon parfaites, du moins irréprochables au point de vue des règles élémentaires, exemptes enfin de ces défauts trop évidents, qui décèlent visiblement l'incompétence du praticien. Mais pour que celui-ci puisse espérer atteindre ce résultat, il doit s'y préparer par l'étude ; car il est impossible d'admettre que la bonne volonté lui suffira pour arriver d'un trait à la perfection : l'illusion serait dangereuse : il doit s'en défendre.

Les pièces-montées sont, il est vrai, d'un travail minutieux et compliqué ; cependant, elles n'offrent véritablement de sérieuses difficultés que pour ceux qui les abordent un peu à la légère, sans se rendre compte des exigences qu'elles comportent, sans les avoir suffisamment réfléchies, étudiées.

Que de fois il m'est arrivé de voir des hommes laborieux, animés du désir de bien faire, se livrant avec ardeur à ce genre de travail sans pouvoir arriver à un résultat satisfaisant, par ce motif que, abandonnés à eux-mêmes, sans guide, sans notions précises pour se diriger, ils marchaient forcément dans le vague, épuisant leurs facultés par des efforts impuissants. Ce sont là des exemples que je n'ai jamais perdus de vue, car ils étaient pleins d'enseignement.

En vérité, c'est une déception bien écœurante, bien triste pour un homme qui, ayant éprouvé le désir ou le besoin de produire un sujet remarquable, doit humblement s'avouer qu'il n'a pu atteindre le but recherché, en dépit même de son travail et de son opiniâtre volonté.

Pour entreprendre l'exécution d'une pièce-montée, quel qu'en soit le genre, il faut non seulement posséder les connaissances nécessaires, mais aussi disposer des moyens, des facilités, des instruments indispensables à ce travail.

A moins d'être à même, par ses connaissances spéciales, de dessiner ou composer un sujet, le parti le plus simple est de choisir un modèle compétent, de l'étudier avec soin, d'en établir les proportions en modifiant les détails s'il y a lieu, selon les ressources qu'on a sous la main, tout en restant cependant dans la combinaison du sujet. Dès que le plan est arrêté, il faut se mettre à l'œuvre avec résolution, marcher droit à son but, sans impatience, sans excès de zèle, mais surtout sans se rebuter des obstacles qu'on rencontrera : le succès est à ce prix!

Les grandes pièces-montées d'aujourd'hui sont exécutées en pastillage; autrefois, on employait la pâte d'amandes gommée, et même le nougat. La pâte d'amandes cuite est encore employée dans la confection de certaines pièces mangeables que les confiseurs-pâtissiers exécutent, qui ne sont pas sans mérite, et dont je reproduis plus loin une série très étendue. Mais la pâte d'amandes gommée, pour l'exécution des grandes pièces, est tout à fait tombée en désuétude et, en vérité, elle possède moins de qualités que le pastillage; elle est moins blanche, elle a moins de résistance et de durée, elle exige un travail plus coûteux et plus long. On croyait autrefois qu'elle prenait mieux les couleurs que le pastillage, c'est tout simplement parce que les couleurs qu'on employait alors étaient défectueuses, car le pastillage prend parfaitement toutes les nuances; mais d'ailleurs, celui destiné aux pièces-montées étant généralement ou blanc ou de nuance tendre, il n'y a là aucune espèce d'inconvénient et aucun motif pour lui préférer la pâte d'amandes gommée.

Quant au nougat, il n'est, par sa nature, ni assez souple, ni assez malléable, pour se prêter à la confection des grandes pièces-montées; il convient tout au plus à celles des pièces peu volumineuses, peu compliquées : par exemple, les coupes, les corbeilles, les cornes d'abondance, les casques, c'est-à-dire pour tous les sujets pouvant être formés dans des moules en métal, tous ceux enfin, comportant une petite quantité de matière, et n'exigeant pas de détails minutieux.

L'exécution des grandes pièces en nougat présente beaucoup d'inconvénients; en premier lieu, c'est que, si le nougat n'est pas préparé d'un seul coup, s'il est cuit à différentes reprises, on peut compter que les cuissons seront de nuances disparates, inégales de ton, et par conséquent dans l'impossibilité de concourir ensemble à la construction de la même pièce, sans jurer, sans blesser le regard : ce point est capital. Une autre difficulté, c'est que le nougat ne peut être travaillé et coupé qu'alors qu'il est encore chaud ; il faut donc l'employer aussitôt qu'il est préparé, l'employer vivement, sans retard : froid, il n'est plus propre à être ni moulé ni coupé, et il ne peut être réchauffé sans noircir. En présence de tant d'obstacles, on est obligé de se demander s'il est vraiment nécessaire de les affronter volontairement pour le simple plaisir de les combattre, mais sans profit pour l'art et, en somme, pour n'aboutir qu'à un résultat douteux ou tout au moins sans importance réelle : à mon avis, je le répète, le nougat ne doit être employé que pour les sujets dont on peut mouler les parties principales, ou alors pour ceux qui sont à surface plane, qu'on peut abaisser au rouleau et couper ensuite.

Les grandes pièces-montées, en pastillage, sont ordinairement posées sur un rocher imité, soit en pastillage, en sucre soufflé, en petits choux, en amandes, en meringue, soit enfin en biscuit de couleur : tous les genres sont acceptables. Ces rochers sont toujours montés sur une charpente en bois ou en carton-pâte. Mais les pièces elles-mêmes sont quelquefois construites sur une charpente plus ou moins simple ou compliquée, selon leur style, selon leurs dimensions. Les charpentes des pièces-montées sont de deux genres, celles d'abord dont le rôle se borne à servir de support intérieur, et celles qui, dans certains cas, s'appliquent à la construction même des pièces ; les premières sont en bois, les dernières sont en carton blanc, glacé. Le carton glacé joue souvent un grand rôle dans la construction des pièces-montées, dont il simplifie le travail, et contribue à leur solidité autant qu'à leur durée ; mais il exige d'être employé avec discernement ; du reste cette remarque s'applique indistinctement à tous les auxiliaires employés : le bois, le fer, le carton, la pâte d'office, quels qu'ils soient, leur présence doit être dissimulée au regard et ne pas même être soupçonnée.

L'ornementation de la pâtisserie comporte peu de licence, elle est naturellement renfermée dans de certaines limites, dont elle ne doit pas sortir : il faut surtout qu'elle conserve son véritable cachet ; l'associer à des sujets d'une autre nature, argentés ou dorés, en cristal, en plâtre ou en porcelaine, c'est en diminuer la valeur. Si le hasard met sous la main du praticien un sujet détaché dont il peut faire une application convenable, il lui est facultatif de l'imiter avec la matière qu'il emploie : avec du sucre coulé ou du pastillage ; mais il doit bien se garder d'employer le sujet lui-même qui, dans son état naturel, ne pourrait que nuire à l'ensemble de la pièce.

Il ne faut pas s'y tromper, nos produits n'ont qu'une valeur relative, qu'ils tiennent de leur nature même ; ils brillent surtout par leur genre exceptionnel, leur type particulier, original, différant, tranchant ostensiblement avec les produits des arts positifs : voilà pourquoi il faut éviter de les confondre. Le répertoire culinaire est assez vaste, nos ressources assez abondantes et variées pour suffire aux besoins les plus exigeants. Contentons-nous donc de les cultiver avec soin, en les multipliant, en les perfectionnant, mais sans les allier à des éléments hétérogènes, qui, en altérant leur véritable caractère, tendraient à en affaiblir et à en diminuer le mérite.

Une pièce ornementale peut, sans inconvénient, être présentée sur une base en métal, lui servant d'assise : une plate-forme, un dormant, un plateau quelconque argenté ou doré ; mais la pièce elle-même, dans son ensemble et ses détails, doit rester pure de tout mélange ; quiconque se départit de cette règle fondamentale, court le risque de se rendre ridicule aux yeux de ceux qui, sans être des artistes consommés, aiment cependant l'art pour l'art, et qui jugeraient sévèrement ces puérilités. Le premier soin d'un artiste comprenant sérieusement son rôle consiste à ne jamais donner prise à la critique qui se justifierait par des écarts incompris : il doit rester dans le vrai, sous peine de tomber dans l'absurde.

DESSIN 198. — TEMPLE SUR UN ROCHER EN SUCRE SOUFFLÉ

PLANCHE 46.

La pièce, ici reproduite, toute simple qu'elle est, exige cependant d'être traitée avec précision : les pièces-montées, en général, moins elles sont compliquées, plus elles réclament d'être régulières et correctes.

Le temple est de forme circulaire ; il se compose de cinq colonnes lisses, posant sur une base à gradin, et supportant un entablement à corniche, surmonté d'un dôme, dont la partie supérieure est ornée d'une bordure à jour. Le dôme est coupé en pointe, et porte sur son centre un petit socle, sur lequel est fixée la statue d'une déesse antique, entourée de deux petits sujets.

La base du temple est exécutée sur un tambour en carton, masqué en pastillage blanc. Le dôme et l'entablement sont exécutés en pastillage ; les colonnes sont aussi imitées en pastillage ; à défaut de moule pour les former en deux pièces, elles peuvent être exécutées sur un tube en carton ; en ce dernier cas, elles sont vides, mais alors elles doivent être soutenues à l'intérieur par des tiges en bois, sur lesquelles porte le dôme ; celui-ci est en pastillage, il peut être moulé sur une coupe. La statue et les enfants peuvent être exécutés en pastillage ou coulés en sucre.

Le rocher sur lequel le temple est posé est exécuté en sucre soufflé rose et blanc, sur une

Dessin 198.

Dessin 199.

Pl. 46.

charpente composée de deux abaisses en bois, reliées par un support central ; ce rocher est percé en voûte, et porte sur le côté droit un escalier en ruine, dont la rampe n'existe que d'un seul côté. La mousse et les feuillages du rocher peuvent être exécutés avec du pastillage nuancé en vert-tendre. Ce rocher est fixé sur le centre d'une large base en bois, posant sur quatre pieds, masquée en pastillage, ornée d'une solide bordure montante, et à jour.

Dessin 199. — MOULIN A VENT SUR UN ROCHER EN AMANDES
PLANCHE 4.

Cette pièce est à deux étages : le moulin et le corps de logis ; celui-ci est de forme carrée, le moulin est hexagone. Dans son ensemble, la pièce est d'un joli effet ; elle est tout entière en pastillage blanc. Les pièces-montées blanches sont toujours plus agréables, plus flatteuses au regard que celles nuancées ; cela ne veut pas dire qu'on ne puisse ou qu'on ne doive les nuancer ; mais en général, il faut éviter la prodigalité des nuances dans les pièces en pastillage.

Dans les pièces à fond blanc, j'admets une seule nuance pour les détails ; mais dans certaines pièces, celles du genre rustique par exemple, j'admets parfaitement qu'elles soient exécutées avec du pastillage nuancé : couleur lilas, jaune, nankin ou couleur naturelle du bois. Pour mon goût particulier, rien n'est au-dessus d'une pièce blanche, portée par un rocher nuancé. Néanmoins, je conviens qu'il faut faire la part des diversions nécessaires, et admettre que parmi ceux qui s'occupent de pièces-montées, il s'en trouvera sans doute qui ne seront pas de mon avis.

Le corps de logis au-dessus duquel le moulin se trouve placé, est établi sur une forte abaisse en bois, portant directement sur la charpente du rocher ; sa toiture est coupée en pointe ; elle est montée sur une charpente en carton, plaquée avec des demi-ronds en pastillage mince, posés à cheval. L'assise du corps du moulin est en bois, de forme octogone, masquée aussi en pastillage, et ornée d'une balustrade à jour ; cette assise pose sur une forte tringle en bois adhérant à la base même qui porte le corps du logis, afin qu'elle puisse y trouver un appui solide, évitant ainsi de la faire peser sur la toiture ; elle est néanmoins calée en dessous par différents soutiens symétriquement disposés en arc-boutant.

Le corps du moulin est aussi de forme hexagonale ; il est exécuté en plusieurs pièces ; la partie supportée par la maçonnerie peut être exécutée à l'aide du rouleau gravé, ou bien en carton, plaqué avec des demi-ronds en pastillage, comme la toiture de la maison. Les ailes du moulin et le levier placé sur la gauche, sont exécutés avec des baguettes en pastillage, soutenues à l'intérieur par des fils de fer ; les voiles des ailes sont imitées avec du carton blanc, et le châssis qui les soutient avec des baguettes en pastillage ou des cordons de glace, poussés au cornet. Les fenêtres sont masquées à l'intérieur avec des feuilles en gélatine transparente et nuancée.

La charpente du rocher est formée de deux abaisses en bois, reliées par plusieurs supports. Le rocher est composé avec amandes entières, pelées, bien blanches, bien sèches, glacées au *cassé*.

Dessin 200.

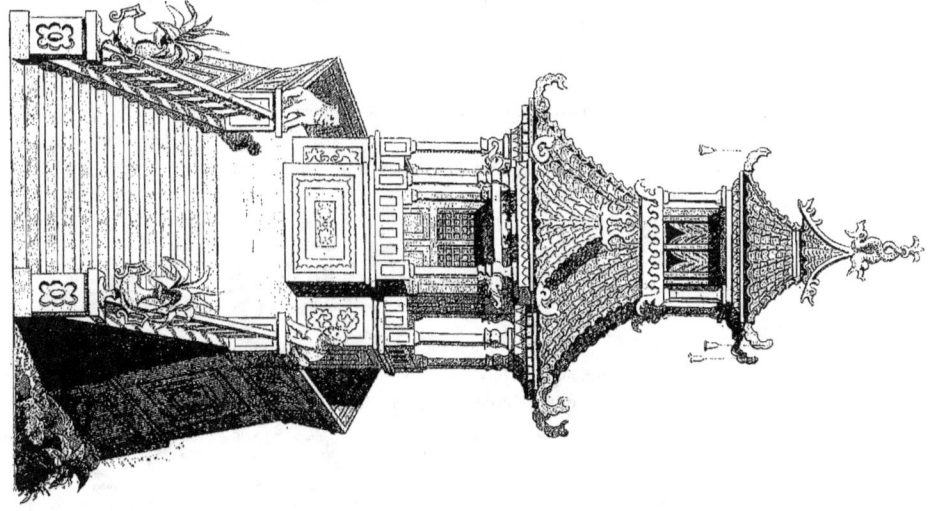

Dessin 201.

Pl. 47.

Dessin 200. — PAGODE ORIENTALE
PLANCHE 47.

Cette pièce est d'une exécution simple et facile; le corps principal est hexagone, formant trois divisions : la première comprend la base, dont l'une des faces est percée par le portail; puis la galerie à jour, posée en saillie immédiatement sur la façade principale, s'appuyant sur les colonnes qui encadrent le portail; et, enfin, le tambour sur lequel est posée la colonnade portant la coupole. Ces diverses parties du monument peuvent être exécutées séparément. De chaque côté de la façade principale sur laquelle s'ouvre le portail, figurent deux tours étagées, de forme ronde et svelte.

Les colonnes du portail, et celles supportant la coupole, peuvent être exécutées en sucre coulé, en sucre taillé ou bien en pastillage; dans les deux premiers cas, elles sont pleines; dans le dernier, elles sont creuses, montées sur un tube en carton, puis décorées au cornet.

Le pilier central de la colonnade supérieure est en pastillage, mais composé de plusieurs pièces moulées, et, par conséquent, vides. L'entablement de la colonnade peut être exécuté en carton ou en pastillage; il est décoré au cornet et orné, sur le haut, avec une bordure évasée.

Le portail est en saillie, formé en deux divisions; les châssis à vitrage sont imités en pastillage; ils sont levés sur une planche à mosaïque, et masqués sur l'arrière, avec des feuilles en gélatine nuancée : rouge, verte ou bleue; les vitraux peuvent même être de plusieurs nuances.

Les deux tours latérales sont imitées en pastillage blanc, et décorées en relief avec des ornements en pastillage nuancé; elles sont tout à fait accolées à la façade.

Le monument est représenté placé sur une base circulaire décorée en mosaïque, et ornée de six lions posant chacun sur un socle.

Pour exécuter la mosaïque, il faut d'abord masquer l'abaisse avec du pastillage blanc, et découper symétriquement celui-ci à l'emporte-pièce, en retirant les parties coupées, pour les remplacer par du pastillage nuancé coupé avec les mêmes emporte-pièces. Les lions sont en sucre coulé.

Avant d'être servie, cette pièce doit être fixée sur un rocher imité en sucre soufflé ou en biscuit de couleur, mais percé en voûte et portant sur une abaisse bordée, posée sur quatre pieds, assez spacieuse pour permettre de dresser une abondante garniture de petits gâteaux, entre le rocher et la bordure.

Dessin 201. — PAVILLON CHINOIS
PLANCHE 47.

Cette pièce, exécutée depuis sept à huit ans, et bien qu'ayant été servie plusieurs fois, se trouve encore aujourd'hui dans un tel état de conservation [1] qui permettrait de la servir sans autre précaution que de renouveler les petits détails.

---

[1]. Voici la méthode que j'emploie pour conserver mes pièces en pastillage, après les avoir servies : je commence par les enlever de leurs assises ou des rochers sur lesquels elles ont été servies; je dégage de tous les petits détails trop légers pour se maintenir intacts, c'est-à-dire les bordures et les ornements légers appliqués en saillie; je les pose ensuite sur un fond en bois qui doit en faciliter le maniement ; je les enveloppe alors dans plusieurs feuilles de papier-soie, en les collant avec de la cire à cacheter, et les serrant avec de la ficelle, de façon que la poussière ne puisse les traverser. C'est dans ces conditions qu'elles sont enfermées dans des armoires vitrées.

Le pavillon et la plate-forme sur laquelle il figure sont tout à fait indépendants l'un de l'autre ; je dirai même que la pièce n'a été servie qu'une fois, telle qu'elle est représentée ici ; je l'ai servie ensuite sur une simple assise à gradins, fixée sur un rocher imité en biscuit de couleur. J'ai trouvé que cette disposition convenait mieux au genre de la pièce ; et, en effet, elle a beaucoup gagné à ce changement.

Le pavillon est à deux étages, mesurant dans leur ensemble, sans le rocher, 96 centimètres ainsi divisés : 51 centimètres pour le corps du premier étage, depuis le soubassement jusqu'au faîte de sa toiture, 45 centimètres pour le deuxième étage.

Le corps des deux étages est en pastillage blanc, les toitures sont en pastillage lilas, les détails appliqués en saillie sur les angles des corniches et sur les toitures sont de teinte jaune-rougeâtre.

La construction de la pièce est tout à fait simple ; voici comment il faut opérer : sur un fort carton blanc, coupez quatre bandes de 12 centimètres de diamètre, sur 51 centimètres de haut ; sur chacune de ces bandes, à 14 centimètres de la base, découpez une double ouverture de 8 centimètres de large, sur 5 centimètres de haut : cette ouverture est destinée à former la porte grillée des façades intérieures du pavillon. Encadrez ces bandes sur la lisière, de haut en bas, tout autour, avec quatre baguettes plates, en bois mince, en les collant avec de la colle forte. Assemblez ces bandes pour les coller, de façon à former le corps intérieur de la pièce, de forme carrée ; fixez ensuite cette division sur le centre d'une base en bois, vide, également de forme carrée, ayant 30 centimètres de diamètre : cette base n'est pas reproduite sur la gravure.

Contre chacune des faces du corps de la pièce, formée en carton, appliquez, en le collant, un soubassement en bois mince ou en épais carton, ayant la hauteur de 12 centimètres sur 20 centimètres de large, formant ainsi un prolongement à chaque face, et donnant, par conséquent, à cette partie de la pièce, la forme d'un rectangle, c'est-à-dire la forme d'une croix grecque.

Masquez la double ouverture de chacune des façades du corps principal, d'abord avec une bande de gélatine rouge, transparente, puis avec un grillage à jour, levé à la planche : ces grillages figurent les portes des quatre façades. Plaquez ensuite toute l'étendue des façades avec du pastillage blanc, mince ; encadrez l'ouverture des portes avec des liserons appliqués en relief ; ornez les panneaux inférieurs avec des détails en relief et, sur le haut, avec un double liseron formant corniche. Sur les angles de chaque soubassement fixez une colonne, avec sa base de même forme et à chapiteau ; ce chapiteau se trouve séparé de la colonne par une boule fixe, percée sur son centre ; ces boules sont traversées par une baguette reliant les deux colonnes de chaque soubassement : la hauteur de ces colonnes, à partir de leur base jusqu'à la corniche de la toiture, est de 22 centimètres. Reliez ces colonnes sur l'avant et sur les côtés par une balustrade pleine, décorée en relief.

La toiture du premier étage est adhérente à celui-ci ; elle est établie sur le même plan, c'est-à-dire qu'elle forme talus, et qu'elle a le profil d'une croix grecque. Son exécution est d'une grande simplicité ; il s'agit, en somme, d'appliquer contre le corps principal du premier étage quatre charpentes en carton, de même largeur que les façades du corps principal, formant sur chaque façade un prolongement de 2 centimètres plus profond que celui des soubassements. Ces charpentes en talus sont fermées de toutes parts, et la ligne de leur inclinaison se trouve légèrement courbée. Sur la toiture de l'avant et de l'arrière seulement, est appliquée une autre charpente plus étroite formant saillie sur la première, sans cependant excéder les limites de son diamètre, sans même arriver à sa hauteur, car elle est coupée droite sur son extrémité, en formant un relief de 5 centimètres en avant de la charpente du fond. Sur toutes les surfaces de cette charpente sont disposées des baguettes en bois, collées à distance pour former les sillons de la toiture, après les avoir masquées avec des bandes en pastillage mince, posées à cheval l'une sur l'autre : par cette combinaison, les parties angulaires de la toiture paraissent dentelées.

Entourez le dessus de cette toiture avec un épais liseron en pastillage formant corniche, levé à la planche.

Le deuxième étage du pavillon est indépendant du premier, c'est-à-dire qu'il est exécuté séparément ; il se compose d'un pavillon ouvert sur les quatre faces, surmonté d'une toiture coupée en pointe ; il est établi sur un soubassement peu élevé, exécuté en carton et plaqué en pastillage. Le corps de ce pavillon est en retraite sur le soubassement ; il est soutenu par deux pilastres accolés sur les angles ; autour du pavillon sont disposées quatre colonnes reliant la corniche de la toiture ; cette toiture est formée en deux pièces, sur une charpente carrée, établie sur une abaisse formée en corniche, à l'aide de liserons levés à la planche ; cette charpente est exécutée en carton, d'après la même méthode employée pour celle du pavillon chinois.

Dessin 202. — KIOSQUE TURC
PLANCHE 48.

Le corps de la pièce est de forme hexagone, exécuté en pastillage ou en carton blanc plaqué. Cinq des faces sont percées de fenêtres, la sixième par une porte donnant sur le perron : les fenêtres et la porte sont enjolivées par des grillages à jours ou de fins ornements en relief. — La base sur laquelle ce premier plan repose est de forme carrée avec prolongement sur l'avent, formant escalier ; elle est exécutée d'abord en bois, puis plaquée en pastillage, décorée et ornée diversement.

La partie disposée au-dessus du premier plan représente une sorte de toiture également hexagone, exécutée en carton plaqué et nuancé ; les pans renflés sont soutenus aux angles par des appuis en inclinaison.

La partie supérieure de la pièce représente une tour surmontée d'une coupole portée sur plateforme circulaire percées l'une et l'autre de six fenêtres ; elles sont exécutées en fin carton, mais plaquées et délicatement ornées dans leur ensemble avec des détails coupés à l'emporte-pièce ou poussés au cornet.

Ces sortes de pièces orientales comportent un certain mélange de nuances, à condition qu'elles soient distribuées avec goût en évitant de les multiplier avec excès.

Dessin 203.

Dessin 202.

Dessin 201.

Pl. 48.

Dessin 203. — MOSQUÉE TURQUE
PLANCHE 48.

Cette pièce est exhaussée sur une plate-forme carrée, ayant un prolongement sur deux faces formant les escaliers; ceux-ci sont flanqués, de chaque côté, par deux colonnes surmontées d'une boule et d'un croissant.

La tour, ou plutôt le minaret de la mosquée, est à trois étages en retraite les uns sur les autres; il est flanqué, à sa base, de quatre corps de logis formant la mosquée; ceux-ci sont accolés les uns aux autres, formant ainsi un carré régulier. Ils sont reliés aux angles par quatre colonnes lisses, appliquées en relief, appartenant au même ordre que les premières; mais celles-ci sont surmontées d'un if taillé en pointe, également orné d'un croissant. La toiture des bâtiments est coupée en plans inclinés; mais elle est plate sur le sommet et porte deux ifs posés sur les angles. Chaque façade est percée, sur le haut, d'une rose polylobée et, sur le bas, d'une double arcade en fer à cheval soutenue, sur le centre, par deux colonnes accouplées. Le vide de ses arcades peut être fermé par un châssis à vitrage, c'est-à-dire une bande en pastillage à jour, levée à la planche, masquée sur l'arrière, avec une feuille en gélatine; il convient toujours de fermer l'ouverture des pièces par lesquelles on peut apercevoir les charpentes intérieures.

Le premier étage de la tour est de forme hexagonale; chacune des façades est percée, sur son centre, d'une fenêtre de forme ogivale, dont trois sont ornées d'un balcon; cet étage est surmonté de six niches en encorbellement, supportant une balustrade saillante, découpée à jour. Le deuxième étage est de forme ronde, sans fenêtres, mais également surmonté d'une autre balustrade à jour sur une base renflée. Le troisième étage est de forme hexagonale, comme le premier; de même que celui-ci, il est percé de six fenêtres ogivales, et orné d'une balustrade; il porte, sur son centre, une coupole étagée se terminant en flèche, et ornée d'un croissant.

Cette pièce, bien que compliquée de petits détails, est cependant d'une exécution facile. La base formant perron peut être en bois mince ou en carton. La mosquée est accolée contre un appui en carton à six pans, ployés par de fausses coupes. La partie seule, excédant la toiture, doit être masquée en pastillage. Les différentes tours, exécutées séparément, sont fixées les unes sur les autres. Cependant, il est préférable que le deuxième et le troisième étage forment une pièce indépendante du premier. — L'ensemble de la pièce, la mosquée et le minaret, sont exécutés en pastillage blanc; mais la toiture de la mosquée peut être nuancée, et le corps du minaret orné avec des détails nuancés en bleu ou en lilas. — Afin de donner au monument toute la solidité voulue, il convient de fixer debout, au centre de la base, quelques soutiens en bois, se prolongeant jusqu'au niveau de la balustrade du premier étage, pour lui porter appui. — Cette pièce peut être fixée sur un rocher de forme basse, traversé sur son centre par une grotte à jour. Mais si elle est montée sur une base carrée, sans escaliers, le rocher peut être rond, formé en sucre soufflé ou en biscuit de couleur, posant sur une base bordée.

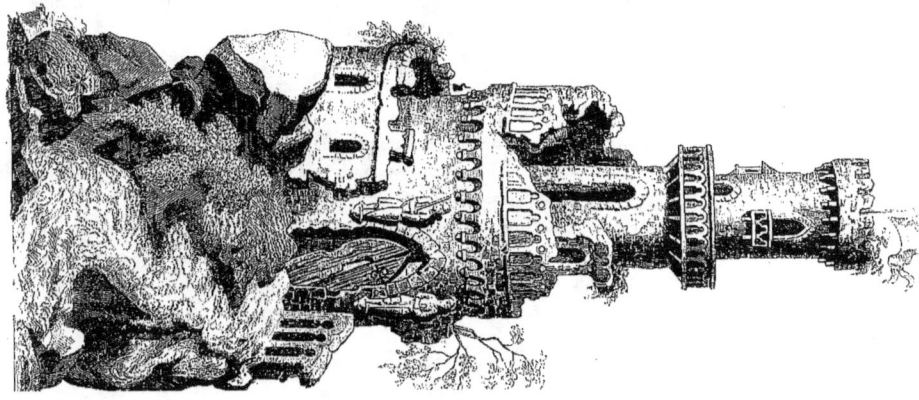

Dessin 204. — PHARE MODERNE
PLANCHE 48.

Cette pièce est à trois étages, de forme hexagonale et en retraite les uns sur les autres ; elle est exhaussée sur une plate-forme circulaire, ornée à sa base d'une balustrade en saillie, percée en arceaux, et reliée par des pilastres surmontés d'un vase garni de feuilles de cactus, imitées.

Les trois étages du phare sont exécutés sur le même plan ; ils sont portés chacun par six colonnes ornées d'une bande en spirale : les colonnes sont blanches, les bandes nuancées ; les intervalles des colonnes sont remplis par des châssis à vitrages, masqués sur l'arrière, avec des bandes de gélatine transparente et nuancée. Ces châssis peuvent être exécutés à jour, en glace-royale poussée sur verre ; mais ils peuvent aussi être exécutés en pastillage nuancé, décoré au cornet avec de la glace blanche. Chacun des étages est surmonté d'une balustrade saillante, à jour, portée par un encorbellement à facettes, et flanquée aux angles, par des pilastres surmontés d'une boule. Le haut du troisième étage se termine par une petite colonnade supportant une coupole.

Cette pièce doit être servie sur un large rocher, bas de forme, en pastillage blanc ou en sucre soufflé, monté sur une abaisse bordée pouvant être garnie de petits gâteaux.

Les deux sujets de cette planche ne sont réellement pas d'une exécution difficile, mais ils doivent être corrects, bien proportionnés. Pour produire tout leur effet, ils doivent avoir un certain développement : 1 mètre et 20 centimètres de hauteur, sans compter le rocher.

Dessin 205. — RUINE MOYEN AGE, SUR ROCHER
PLANCHE 49.

Au premier abord, cette pièce paraît compliquée : elle est cependant d'une exécution facile, quoique minutieuse ; elle a été dessinée sur des dimensions bien accusées, afin que les détails fussent plus en évidence et mieux compris ; c'est par ce motif que le rocher n'est vu qu'en partie, tandis que, pour produire tout son effet, la pièce doit être placée sur un rocher équivalant au tiers de sa hauteur. Cette remarque, d'ailleurs, s'applique indistinctement à toutes les pièces-montées ; il convient toujours de les élever sur une assise quelconque.

Le corps de la pièce repose sur une plate-forme mi-circulaire, aux murs lézardés, dont le haut est orné d'une petite frise à arcatures appliquées en saillie contre le mur ; cette plate-forme est exécutée en fort carton, et plaquée en pastillage ; elle est fermée, sur le haut, par une abaisse en bois mince ; c'est sur cette abaisse que porte la pièce principale, en laissant autour d'elle une galerie ouverte. Dans son ensemble, la ruine a la forme d'un grand quadrilatère auquel on arrive en traversant un pont-levis et un portail à arceau, crénelé sur le haut, flanqué de deux tourelles. Dans ce quadrilatère, se trouve une double tour de forme carrée, flanquée d'une unique tourelle, et percée de plusieurs fenêtres, mais dont la partie supérieure seule a le caractère antique, sa base est bien plutôt un revêtement de soutien surmonté d'une toiture moderne, sur laquelle porte une galerie à arcades ogivales, tournant autour des quatre murs, couverte aussi d'un toit moderne.

Le pan de mur en ruine, sur l'arrière du portail, laisse voir les fenêtres ogivales d'un étage délabré, au-dessus duquel s'élève l'angle isolé d'un autre étage dont le vide s'est fait tout autour. Cette partie de la ruine, ainsi que le portail, les tourelles et la tour centrale, sont exécutés en pastillage blanc.

Cette pièce est blanche depuis la plate-forme jusqu'à la tour du haut, excepté la toiture de la partie inférieure et celle des tourelles qui peuvent être nuancées. Le rocher est exécuté en pastillage blanc; mais la mousse et les feuillages sont verts; il doit être fixé sur le centre d'une abaisse en bois, posée sur quatre pieds, bordée en créneaux, assez large pour être garnie avec de petits gâteaux ou des fruits glacés.

Dessin 206. — PYRAMIDE RENAISSANCE, SUR ROCHER

PLANCHE 49.

Pour une pièce de ce genre, il est nécessaire que le rocher soit très élégant, très léger, percé à jour; il doit être en sucre soufflé rose, entremêlé avec du feuillage vert; il est représenté fixé sur un bassin creux duquel s'élancent quatre gerbes d'eau; mais au-dessous du bassin, doit néanmoins se trouver une base en bois, posant sur quatre pieds, ornée d'une belle bordure en pastillage, pouvant être garnie avec des petits gâteaux.

Le corps de la pyramide, depuis sa base jusqu'à son extrémité, est exécuté en pastillage blanc; les détails d'ornements sont levés à la planche et appliqués en relief. La partie supérieure est à jour; elle est formée avec quatre faces ouvragées, également levées à la planche, dans le genre de celle représentée au chapitre des accessoires. La pyramide et son piédestal sont portés par une colonnade à entablement, portant elle-même sur une assise quadrangulaire, rayée en forme de pierre de taille; cette assise est en bois, mais plaquée en pastillage. Les colonnes supportent un entablement en saillie, formant le soubassement du piédestal, dont les angles sont ornés de palmettes.

Les colonnes, l'entablement et le piédestal de la pyramide peuvent être exécutés soit en pastillage, soit en carton plaqué en pastillage.

Pour que cette pièce ressorte avec toute son élégance et sa légèreté, la pyramide doit être à peu près du double plus haut que le rocher.

Dessin 207. — RUINE CRÉNELÉE, SUR ROCHER

PLANCHE 49.

Cette ruine appartient au même ordre que celle qui précède, mais elle en diffère par la forme et les détails: elles peuvent donc être servies ensemble sans inconvénient.

Le rocher sur lequel la ruine est fixée est exécuté sur une charpente en épais carton ou en bois mince. La tour est à trois étages découverts; elle est entourée, à sa base, d'un mur d'enceinte suivant les sinuosités tortueuses de la roche, et surmontée de créneaux en ruine; elle est percée de fenêtres à arceau. Les murs sont ornés de mousse et de feuillage.

La tour inférieure est de forme circulaire, percée à sa base, par un portail en arceau, s'ouvrant sur un sentier bordé d'un vestige de rampe ; ce portail est flanqué de deux statuettes en relief, posées sur des supports saillants.

Le haut de cette tour est orné d'arcatures en relief formant assise à un mur en ruine. C'est du centre de cet étage que s'élève la double tour, à peu près intacte, percée à sa base, d'une porte cintrée, flanquée vers le centre, par une galerie ouverte, appliquée en saillie, marquant la division supposée de deux étages, et servant en même temps de balcon.

La tour supérieure est plus étroite que la première ; elle est percée d'une porte et de plusieurs fenêtres coupées en arceau, ornées d'un balcon ; son couronnement est posé en saillie : une oriflamme est fixée sur son centre.

Dessin 208. — BELVÉDÈRE RUSTIQUE
PLANCHE 50.

Cette pièce est directement fixée sur un rocher imité en pastillage ou en biscuit de couleur, orné de mousse et de feuillages. Elle est de forme hexagone, montée sur une base analogue, faisant saillie tout autour ; celle-ci est exécutée séparément et fermée en dessus, de façon que le corps de la pièce puisse y trouver un appui solide ; elle est masquée en pastillage de nuance rougeâtre, rayé en imitation d'une maçonnerie en briques.

Le corps de la pièce est à deux étages : celui du haut est percé de six fenêtres vitrées ; à l'étage inférieur, les fenêtres sont simulées, et en plus petit nombre. Cette partie est exécutée en pastillage blanc, abaissé avec un rouleau rayé. Les montants appliqués contre les angles, ceux formant entablement au-dessous du toit, et ceux disposés en galerie, sont en pastillage nuancé de couleur naturelle du bois ; mais ils sont soutenus, à l'intérieur, avec du fil de fer mince. L'encadrement des fenêtres est imité avec du pastillage couleur de bois ; les carreaux avec des feuilles de gélatine nuancée, appliquées à l'intérieur. La toiture en chaume est montée sur charpente ; le chaume est imité au cornet avec de la glace-royale jaune ; le sommet de cette toiture peut être surmonté d'une petite girouette.

Les marches de l'escalier et la rampe à jour sont imitées en pastillage couleur de bois ; mais les piliers de soutènement sont effectivement en bois masqué de pastillage, car c'est sur eux que porte la rampe de l'escalier.

Le rocher de la pièce peut être exécuté en biscuit de couleur ; sur certaines parties, les roches imitées sont couvertes de mousse, et, de leur fissure, s'échappent des plantes grimpantes et du feuillage. Sur le centre du rocher est ménagé un creux donnant issue à une nappe d'eau, imitée en sucre filé. Mais, pour être au complet, cette pièce doit être fixée sur une large base en bois, posant sur quatre pieds, ornée avec une bordure imitant une barrière en bois rustique ; l'espace entre la barrière et le rocher doit être garni avec des petits gâteaux ou des fruits glacés.

Dessin 208.

Dessin 209.

Dessin 210.

Dessin 209. — FONTAINE ORIENTALE
PLANCHE 50.

Cette pièce est toute simple : elle se compose de quatre colonnes supportant un entablement dont la partie centrale se relève en assise; sur celle-ci, est fixé un petit belvédère. Sur le centre de la colonnade est disposée une coupe sur son pied, de laquelle s'échappe une gerbe d'eau imitée en sucre filé blanc et fin : la coupe est aussi imitée en sucre filé.

La fontaine est entourée d'un double bassin : le premier est complètement circulaire; le plus bas, forme réservoir en saillie représenté à moitié plein d'eau; cette eau est imitée en sucre filé; elle s'échappe par une ouverture pratiquée sur l'épaisseur du réservoir et se répand sur le rocher. Ces bassins sont exécutés en carton blanc, plaqué en pastillage sur les surfaces extérieures. Les ornements sont découpés en creux, à l'emporte-pièce. Les colonnes sont vides, exécutées sur un tube en carton, et ornées avec des détails levés à la planche; mais elles sont munies, à l'intérieur, d'une tringle en bois faisant appui à l'entablement supérieur; celui-ci est aussi exécuté en carton, mais plaqué en pastillage blanc; les contours sont ornés avec des détails levés à la planche ou poussés au cornet. Le petit belvédère est percé en ogive; il est surmonté d'une coupole décorée au cornet avec de la glace nuancée : la coupole elle-même est surmontée d'un croissant.

Cette pièce doit aussi être fixée sur le centre d'une large base en bois, bordée. L'espace laissé libre entre le rocher et la bordure est garni avec de petits gâteaux.

Dessin 210. — PAVILLON RUSTIQUE
PLANCHE 50.

Cette pièce représente un pavillon rustique, couvert de neige; pour qu'elle produise tout son effet, qu'elle paraisse plus légère au regard, elle doit être fixée sur un rocher élevé, formant la grotte, et posé sur une large base entourée avec une balustrade rustique, imitée en pastillage.

Ce genre d'ornementation à la neige est original; mais il ne peut guère s'appliquer qu'aux pièces du genre rustique, et encore ne convient-il de l'appliquer qu'aux pièces de ce genre qui ont déjà été servies : c'est une sorte de restauration réussissant assez bien, mais dont il ne faudrait pas abuser.

Le pavillon est de forme hexagone, percé de cinq fenêtres et d'une porte ogivale; il est couvert d'un toit coupé en pointe surmonté d'un petit belvédère à clocheton.

Le corps principal de la pièce est exécuté en carton, et celui-ci plaqué avec des branchages rustiques imités en pastillage couleur de bois. Les pièces rustiques sont d'autant plus faciles à exécuter que, pour la plupart, elles n'exigent pas une stricte régularité.

La toiture est aussi exécutée en carton, et couverte en chaume imité avec de la glace-royale, à l'aide d'un cornet; la neige dont elle est en partie couverte est imitée avec de la glace de sucre; pour faire tenir ce sucre, il suffit d'humecter, avec de la gomme arabique dissoute, les parties qui doivent être blanches : on les saupoudre alors avec le sucre; mais il convient de laisser voir, en divers endroits, le chaume de la toiture.

Le petit belvédère et la base sur laquelle il est fixé sont exécutés en pastillage, mais toujours en imitation de bois.

Dessin 211. — FONTAINE ROMAINE
PLANCHE 54.

La forme de cette pièce est carrée, mais légère cependant. Elle est exhaussée sur une plate-forme quadrangulaire, à trois gradins, fixée sur un rocher portant à chaque angle un petit vase sur socle. Le corps principal de la pièce est formé de trois étages : le premier est celui de la fontaine; le second est fermé sur les quatre faces, par un châssis à vitraux; le troisième est ouvert : il représente une imitation de petit temple à colonnes, entouré d'une balustrade à jour, posée en saillie.

La fontaine, proprement dite, jette de l'eau sur les quatre faces, dans des bassins adossés à la plate-forme : l'eau est naturellement imitée avec du sucre filé. Cette partie de la pièce, de même que la plate-forme, sont exécutées sur une charpente en carton plaqué en pastillage; cette dernière est fixée sur une abaisse en bois. Tous les détails d'ornement sont en relief, nuancés de teinte lilas.

La pièce intermédiaire, entre la fontaine et le petit temple, est à pilastres : ceux-ci sont ornés de chapiteaux et portent sur une base saillante; ils sont exécutés en pastillage blanc, et ornés avec des détails nuancés. Les vitraux sont exécutés au cornet, sur une plaque en verre : ils sont masqués, sur l'arrière, avec des feuilles en gélatine nuancée.

La galerie saillante entourant la colonnade est fixée sur une abaisse en bois mince; elle est reliée, à ses angles, par un socle de forme carrée, sur lequel est fixée une jolie coupe en pastillage; la partie inférieure est ornée avec une guirlande pendante, en fleurs imitées. Les colonnes sont également reliées par des guirlandes en fleurs. L'entablement que supporte les colonnes est un peu saillant; il est surmonté d'un couronnement à gradin, sur le haut duquel est disposé un petit belvédère dont la toiture se termine en pointe.

Dessin 212. — PAVILLON SUR UN ROCHER
PLANCHE 54.

Le rocher de cette pièce est exécuté en pastillage blanc, orné de mousse verte et de feuillage; il est construit sur une charpente de forme circulaire pouvant être percée sur les côtés, afin de donner plus de légèreté à la pièce : il doit être fixé sur une base bordée en pastillage.

Le pavillon est exhaussé sur une plate-forme hexagone, percée par un escalier donnant accès sur le rocher. Le pavillon lui-même est de forme hexagone ; la façade principale est percée d'un portail à arceau, fermé par un châssis à jour, exécuté au cornet, et masqué sur l'arrière, avec des feuilles en gélatine transparente ; les autres façades sont percées chacune d'une fenêtre également à arceau et à vitraux ; les fenêtres et le portail se trouvent encadrés entre deux colonnes dont le chapiteau est à moulures superposées, et le fût taillé en pointe, à sa naissance.

L'entablement du pavillon se compose d'une frise décorée et d'une sorte de corniche saillante coupée en créneaux.

Sur chacun des angles flotte une banderole. — Le toit est coupé en talus et plat sur le haut de façon à former la plate-forme sur laquelle pose la partie supérieure de l'édifice, composée d'un petit belvédère hexagone, mais à arceaux ouverts, de forme ogivale ; ce belvédère est entouré d'une balustrade, et surmonté d'un entablement crénelé ; sur le centre de celui-ci est fixée une petite tourelle de forme circulaire, également à créneaux, percée de quatre fenêtres : sur le haut de cette tourelle flotte un étendard. Cette partie du pavillon est exécutée en pastillage blanc ; mais le corps principal de la pièce peut être tout simplement exécuté en carton blanc, glacé, car les ornements nombreux qui le décorent, étant appliqués en relief, le dissimulent en quelque sorte au regard. Les colonnes et leur base peuvent être exécutées en sucre coulé ou en pastillage.

Cette pièce, en raison de ses détails nombreux, peut être de deux nuances : blanc et rose ; le fond reste blanc, les détails seuls doivent être nuancés.

Dessin 213. — BELVÉDÈRE SUR ROCHER

PLANCHE 54.

Cette pièce est d'une grande légèreté d'allure, sa forme est élégante, car elle présente beaucoup de jours ; son exécution offre peu de difficultés.

Le belvédère est fixé sur une plate-forme hexagone, formant balustrade, mais dont la moitié des pans sont fondus et contournés de façon à livrer passage à un escalier. La plate-forme elle-même est fixée sur un rocher percé à sa base, en imitation de grotte entourée de chaque côté par un parapet. Mais ce rocher doit être fixé sur une base en bois posant sur quatre pieds, et bordée. Les quatre angles de la plate-forme sont ornés d'un petit vase garni de feuilles imitées de cactus ; les deux rampes se terminent par un pilier carré surmonté d'une boule.

Le corps de pavillon est de forme carrée ; chacune des façades est percée par une porte à arceau, ornée de vitrages encadrés : ceux-ci sont imités au cornet ou levés à la planche, mais fermés sur l'arrière avec des feuilles en gélatine blanche ou jaune. Cette pièce peut être exécutée pastillage nuancé à la façon du bois d'acajou.

Ce pavillon est encadré dans une colonnade détachée, formant galerie ouverte tout autour ; les colonnes sont lisses et fluettes ; elles sont surmontées d'un entablement à arceaux, supportant toiture ; celle-ci est de forme hexagonale, coupée en pointe ; la base de la pièce est entourée d'un entablement pendant divisé en panneaux correspondant à l'hexagone de la toiture, et décorés cornet ; chacun des angles est orné d'une banderole flottante.

Dessin 211.

Dessin 212.

Dessin 213.

Pl. 51.

SOMMAIRE DES PLANCHES 52, 53, 54

GRANDES PIÈCES-MONTÉES EN PASTILLAGE, SUR ROCHER.

Dessin 214. — GRAND PAVILLON RUSTIQUE, SUR ROCHER

PLANCHE 52.

Les quatre grandes pièces-montées, formant cette série, sont de composition récente; elles existent encore en parfait état; toutes ont été dessinées d'après l'original. En les examinant attentivement, on peut facilement se rendre compte de leur importance artistique. Les deux premières appartiennent au genre rustique; les deux autres sont des pièces architecturales. Chacune, dans leur genre, peuvent être considérées comme des spécimens remarquables par l'élégance et la distinction de leur forme. Je n'ai rien négligé pour les rendre attrayantes aux jeunes élèves et aux praticiens eux-mêmes qui seraient disposés à les étudier de près. Afin d'en rendre l'étude plus facile, je leur ai donné de plus amples dimensions qu'à celles reproduites aux planches de la précédente série; j'espère donc que de tels modèles ne seront pas sans profit pour eux.

Le pavillon reproduit à cette première planche mesure la hauteur de 1 mètre 61 centimètres[1], se divisant ainsi : 44 centimètres de la base à l'extrémité du rocher; 62 centimètres pour le corps principal du pavillon, depuis la plate-forme jusqu'à l'extrémité de la toiture; 32 centimètres pour le corps du deuxième, de la base au niveau de la toiture, et 23 centimètres pour les trois divisions de cette toiture, jusqu'à la naissance de la pointe formant le faîte de la pièce.

Le pavillon se compose de deux étages de forme carrée, exécutés en pastillage de nuance jaune foncé, c'est-à-dire couleur de bois peint; les détails saillants sont blancs; les toitures sont en jaune paille, en imitation du chaume.

L'étage principal est construit sur une charpente carrée, en pastillage, contre les façades de laquelle sont appliquées et collées les baguettes en bois imité, symétriquement disposées; à chacun des angles est appliquée une sorte de colonne, en branche d'arbre, imitée, courbée sur le haut, de façon à former soutien à la toiture. Les faces de cet étage sont percées de deux portes et de deux fenêtres; celles-ci sont fermées par un grillage exécuté au cornet ou en pastillage, plaquées sur l'arrière, avec une feuille de gélatine nuancée : les portes sont closes; au-dessus de chacune d'elles est appliquée, en saillie, une petite marquise rustique, couverte de chaume, soutenue par deux colonnes courbées à l'instar de celles formant soutien à la toiture. Pour établir cette toiture, la partie

---

[1]. La hauteur des pièces de cette série varie de 1 mètre 50 centimètres à 1 mètre 90 centimètres.

Pl. 52.

Dessin 214.

supérieure de l'étage doit être coupée en talus, des deux côtés, juste sur le milieu ; c'est sur cette inclinaison que vient se fixer la charpente de la double toiture, exécutée en carton ou en pastillage ; elle est posée en saillie sur les quatre faces ; le chaume qui la couvre est exécuté au cornet ou simplement avec des bandes minces de pastillage jaune-clair, finement ciselées. Elle est entourée, au-dessous de la lisière, d'une bordure en demi-lune, simulant des soutiens en bois, propres à la consolider.

Le belvédère, formant le deuxième étage de la pièce, repose sur une assise pleine, échancrée en dessous et posée à cheval sur la toiture de l'étage principal. Le corps de ce deuxième étage est à jour ; ses ouvertures sont percées en arceau. Sa toiture est étagée, en forme d'entonnoirs renversés les uns sur les autres, se terminant par une pointe allongée ; elle est aussi exécutée sur charpente et supportée par quatre soutiens recourbés vers le haut. Le chaume qui la recouvre est imité dans les mêmes conditions que celui de la première toiture.

Les deux étages du pavillon sont sillonnés par des rameaux verts de plantes grimpantes imitées qui, partant des angles inférieurs du pavillon, se glissent jusqu'au sommet du belvédère, pour tomber des toitures en guirlandes naturelles et détachées, flottant dans les airs. Le feuillage de ces rameaux peut être artificiel ou exécuté avec des détails en pastillage et en glace-royale, accolés à de minces fils d'archal recouverts d'étoffe ou de papier vert. Cet ornement, bien simple au fond, tient cependant une large place dans l'ornementation des pièces de ce genre : il en éclaire avantageusement la physionomie et les rend plus coquettes.

La plate-forme du pavillon est fixée sur la charpente du rocher ; elle est carrée, un peu plus large que le corps du pavillon ; elle s'ouvre de deux côtés, à droite et à gauche, sur un escalier aboutissant à la rampe en demi-cercle qui descend jusqu'à la base ; cette rampe doit aussi se reproduire de l'autre côté, sur l'arrière. Le rocher est imité en sucre soufflé. Les escaliers et le haut de la plate-forme sont bordés par une balustrade rustique. La base supportant le pavillon et le rocher est également bordée en rustique.

Dessin 215. — GRANDE PIÈCE MONUMENTALE, SUR ROCHER

PLANCHE 53.

Cette pièce est exécutée en pastillage blanc ; elle est à deux étages. Le premier étage est posé sur une assise de forme quadrangulaire, flanquée de chaque côté par un escalier à double rampe, appliqué en saillie. Le corps même de l'assise ou plate-forme, ainsi que la charpente du rocher sur lequel elle est fixée, sont en bois mince. L'assise est masquée avec du pastillage abaissé au rouleau rayé ; la charpente du rocher est flanquée, sur l'avant et sur l'arrière, d'un escalier courbe, donnant accès à l'assise du haut. Le rocher est exécuté à l'aide de grappes de raisin, imitées en pâte à massepain, et glacées au sucre ; il est fixé sur une large base bordée, posant sur quatre pieds.

L'exécution de la pièce n'offre pas de grandes difficultés, car sa construction est tout à fait simple : le corps principal est de forme quadrangulaire, exécuté à l'aide de quatre façades percées en

---

1. Le corps de la pièce pourrait fort bien être exécuté en pastillage blanc, et les détails saillants de nuance violette ; ces deux nuances relevées, par le ton vif des rameaux de plante grimpante, serait, je crois, d'un très joli effet.

Pl. 53.

Dessin 215.

arceau, faisant ainsi le jour de chaque côté. A chacune de ces façades est appliqué en saillie un beau fronton grec, à entablement, porté sur deux colonnes lisses, formant galerie autour de l'étage principal. Ces frontons donnent, à l'ensemble, beaucoup de légèreté et une grande élégance.

Le centre de l'étage, entre les quatre portiques, est occupé par une statuette sur socle, visible de chaque côté.

L'étage supérieur se compose d'une rotonde à arceaux, entourée d'une colonnade supportant un dôme ; ce dôme est surmonté d'une autre rotonde plus petite, également à colonnade, dont le faîte est orné d'une autre statuette en pastillage ou en sucre. La grande rotonde est fixée sur une abaisse circulaire ornée d'une balustrade, et posée sur un entablement à gradin de forme carrée, formant pyramide, et portant à chaque angle de sa base, un petit socle surmonté d'une statuette dans le genre de celle qui forme le couronnement de la pièce.

De la base au sommet du deuxième étage, la pièce mesure la hauteur de 1 mètre 80 centimètres se divisant ainsi : 38 centimètres pour la charpente, 19 centimètres pour l'assise ou plate-forme, 60 centimètres pour l'étage aux frontons, 13 centimètres pour l'entablement à gradins, 50 centimètres pour la double rotonde.

Dessin 216. — FONTAINE MONUMENTALE SUR ROCHER

PLANCHE 54.

Cette pièce est exécutée en pastillage blanc ; elle est représentée posant sur une double assise de forme carrée, graduée, formant deux étages, et dont la base est coupée en bassin sur chacune de ses façades, de façon à recevoir la nappe d'eau, qui s'échappe de la tête du mascaron disposé sur la partie supérieure des quatre faces. La charpente de la double assise est exécutée en bois mince ; elle est ensuite plaquée en pastillage abaissé à l'aide d'un rouleau cannelé ; elle est ornée en relief. Les dauphins disposés sur les angles sont coulés en sucre ; les petits vases surmontant les pilastres angulaires, les feuilles d'aloès, et enfin les mascarons sont en pastillage.

La charpente du rocher est aussi en bois mince, fixée sur le centre d'une large base posant sur quatre pieds. Ce rocher est formé en grotte, à l'aide de morceaux de sucre soufflé, de nuance rose, entremêlés de feuillages verts.

La construction de cette pièce est en quelque sorte identique à la précédente, bien qu'au physique elle en diffère sensiblement. Le corps principal est de forme carrée, percé en voûte ; sur les quatre faces est appliqué un fronton supporté par des colonnes cannelées, posées sur socle.

Le deuxième étage se compose d'un dôme posant sur une assise carrée, et supportant une rotonde à colonnes, surmontée d'un petit dôme se terminant en flèche.

Cette pièce mesure la hauteur de 1 mètre 90 centimètres, se divisant ainsi : 31 centimètres, pour le rocher, 42 centimètres pour la double plate-forme, 67 centimètres, pour le corps principal de

Dessin 216.

la pièce, à partir de sa base jusqu'à la naissance du dôme, 22 centimètres pour celui-ci, 28 centimètres pour la rotonde formant le couronnement de la pièce, à partir de la balustrade jusqu'à la naissance de la flèche en pointe.

SOMMAIRE DES PLANCHES 55 A 58

PIÈCES-MONTÉES EN CARTON BLANC, DRESSÉES SUR DORMANTS.

Dessin 217. — GRANDE PIÈCE SUR DORMANT

PLANCHE 55.

Les quatre pièces composant cette série sont remarquables, à tous égards, par le style, par la forme correcte, élégante, mais surtout par le genre particulier de construction.

Avant tout, je m'empresse de déclarer que ces pièces ne sont pas mon œuvre, que je les dois à l'obligeance d'un confrère, M. Gustave Clerc, autrefois chef pâtissier à la cour impériale d'Autriche, aujourd'hui chef de cuisine à Vienne. Je n'ai donc eu que la peine de les faire photographier et graver ensuite, avec l'autorisation de l'administration de la cour, et celle de l'artiste lui-même.

Ces pièces ont à mes yeux le plus grand mérite, car elles sont d'une exécution irréprochable : élégantes par leur forme, et remarquables par la précision de leurs détails. J'ai eu rarement occasion d'en voir de mieux comprises, mieux finies [1].

Mais ce qui leur donne surtout une importance capitale, c'est qu'à 15 ou 20 ans de distance, après avoir été servies pendant de longues années, elles se trouvent encore aujourd'hui dans un état de conservation si parfaite, qu'elles ne nécessiteraient que quelques réparations faciles, pour être utilisées à nouveau. C'est dire avec quels soins minutieux, avec quelle science pratique, elles ont été construites.

La hauteur de ces pièces varie de 80 à 95 centimètres, sans le *dormant* ni le rocher.

Ces pièces ont été primitivement servies sur de beaux *dormants* en métal doré, artistement ouvragés, de forme ovale, posant sur quatre pieds, et dont la surface plane était masquée d'une glace. Ces *dormants* convenaient fort bien pour le genre de pièces dont la plus lourde ne pesait

---

[1]. Ces pièces sont d'autant plus appréciables que M. *Gustave Clerc* n'a voulu employer à leur confection aucun moule, aucune planche, aucun emporte-pièce ; il a opéré le découpage des jours à l'aide d'un simple canif.

Pl. 55.

pas 1 kilogramme. La pièce était simplement fixée sur un grand tube en carton, fermé sur le haut par une large abaisse, et collé au repère, sur la glace. Les petits gâteaux formant le rocher étaient symétriquement dressés autour de ce tube, sur des appuis en pâte légère, convenablement disposés, permettant de grouper les petits gâteaux, en les entremêlant de feuilles vertes imitées en angélique, et glacées au *cassé*. Le rocher se trouvait donc être tout à fait mangeable.

Cette méthode de servir les pièces-mortées est de très bon goût, et répond parfaitement au but déterminé, attendu que les pièces non mangeables servies sur la table d'un buffet, doivent être autant que possible abondamment entourées de garnitures mangeables, faciles à distinguer et faciles à atteindre : c'est la règle.

La seule objection qu'on puisse faire à cette méthode, c'est que des *dormants* aussi luxueux ne sont pas communs dans toutes les maisons. Pour tourner cet obstacle, il reste aux praticiens la ressource de faire ce que j'ai fait moi-même ces dernières années, c'est-à-dire d'imiter ces *dormants* en bois mince, de les orner en relief avec des détails en pastillage, pour les dorer ou les argenter : j'ai fait l'un et l'autre, mais je préfère l'argenture à la dorure.

Quant à la glace qui masquait la surface du *dormant*, je l'ai supprimée et remplacée tout simplement par du carton fin et blanc, en raison du poids de mes pièces qui n'étaient pas en carton, mais bien en pastillage.

J'ai tenu à reproduire ces pièces dans les mêmes conditions que j'ai servi les miennes, pour donner aux praticiens une idée exacte de l'effet produit par les *dormants*, ainsi garnis.

Il est bon d'observer que si la pièce ne doit être vue que d'une face, elle peut être collée un peu en arrière du centre du *dormant*, afin de laisser plus d'espace libre du côté où elle se présente.

Cette pièce est de forme hexagonale : de la base au sommet toutes les divisions sont exécutées en carton blanc. En ce cas, en raison de la légèreté de la matière, la plate-forme portant les deux étages n'exige aucune charpente. Les angles de cette plate-forme sont arrondis et ornés de quatre colonnes détachées. Les façades sont percées à jour et découpées à l'emporte-pièce. La découpure est simplement ornée de quelques points de glace-royale poussée au cornet.

La bordure entourant la base et la galerie qui la couronne, sont en carton.

La colonnade est formée de vingt-quatre colonnes supportant un entablement à arceaux, formés en ogive. Ces colonnes sont tout à fait simples, elles sont exécutées en papier blanc, collées à la gomme, sur une baguette bien lisse, légèrement conique, qu'on enlève aussitôt que la gomme est sèche. Ce n'est pas la quantité de papier qui les consolide mieux : quelques tours suffisent ; mais il faut que le papier soit bien serré et convenablement gommé. Ces colonnes sont fixées sur une petite base carrée, en carton, et surmontées d'un chapiteau dont les ornements sont poussés au cornet. On ne croirait jamais la résistance que ces petits tubes acquièrent, du moment qu'ils sont collés sur leur base et fermés par le chapiteau : on les colle à l'aide de repère. Quand elles sont finies, elles sont groupées par quatre, sur un carré de double carton, en les assurant en dessus avec un autre carré de carton. Le groupe est alors collé sur la plate-forme de la base, à distance marquée, et calculée de façon que les angles de l'entablement viennent porter juste sur les chapiteaux avec lesquels on les colle au repère ; on entoure leur base d'un soubassement de 2 à 3 centimètres de haut, et on orne le chapiteau au cornet.

La bordure évasée formant en quelque sorte la corniche de l'entablement est en carton ; elle est ornée au cornet avec de la glace. La colonnade de l'étage supérieur est établie dans les mêmes conditions que celle de l'étage principal.

Le fond de ces pièces, on le comprend, ne peut être que blanc, mais les détails d'ornement, ceux poussés au cornet, sont toujours nuancés, soit en rose, soit en chocolat, soit en lilas, soit en rouge brun. Ces détails donnent beaucoup de relief à la pièce, tout en dissimulant les soudures ou les petits défauts du découpage.

L'exécution de ces pièces si remarquables, est certainement une affaire de patience et de goût, mais il ne faut pas non plus perdre de vue les précautions de solidité. Ainsi, quand une division est assemblée et collée, il faut la soutenir intérieurement avec des bandelettes, ou même une enveloppe en carton, bien ajustée et collée ; il faut aussi avoir soin de ne pas coller ensemble les divisions avant qu'elles soient bien sèches, et surtout de les laisser sécher à l'air libre, sans les exposer à la chaleur.

Quant aux bordures à jour, jouant un si grand rôle dans l'ornementation des pièces-montées, j'ai dit que celles qui ornaient ces quatre sujets étaient exécutées en carton. Pour obtenir ces bordures correctes, élégantes, il faut nécessairement être muni d'emporte-pièces appropriés à ce travail ; ceux que nous employons dans les travaux de la pâtisserie ne peuvent être utilisés ici. Il faut donc se procurer des emporte-pièces en acier, pouvant couper nettement le carton sans le hacher. A défaut de ces ustensiles on pourrait commander les bordures, sur modèle, chez les fabricants ; il y a à Paris des maisons s'occupant spécialement de ces articles de papiers estampés, et je crois bien que ces fabricants ne demanderaient pas mieux que de confectionner des bordures spéciales pour les pâtissiers, soit pour appliquer aux pièces-montées, soit pour appliquer aux socles. Dans ces dernières années j'ai eu occasion de voir des bordures très bien faites, fort jolies, mais qui, par le genre de découpure, et par la distribution des dessins, ne pouvaient être appliquées à nos travaux ; il n'y aurait donc qu'à fournir aux fabricants des modèles conformes au genre même que nous avons adopté.

A défaut d'emporte-pièces, et si l'on se trouvait dans l'impossibilité de faire exécuter ces bordures sur des données pratiques, il resterait la ressource d'employer des bordures en pastillage. Du reste, tous les sujets de cette série, bien qu'ayant été exécutés en carton blanc, peuvent être exécutés en pastillage : il n'y a là aucun inconvénient. En les produisant tels et tels, mon but a été de fournir des modèles corrects et authentiques, tout en signalant aux praticiens un genre de travail, sinon tout à fait nouveau, du moins peu usité ; mais je n'ai pas voulu dire qu'on devait préférer le carton au pastillage.

Dessin 218. — GRAND PAVILLON A COLONNADE
PLANCHE 56.

Cette pièce est d'un joli effet, mais très ouvragée et d'une ornementation minutieuse, plus facile à exécuter en pastillage qu'en carton. Elle se compose de deux étages de forme hexagone, montés sur une assise basse, également hexagone, dont les angles sont formés par deux piliers accou-

Pl. 56.

plés. Cette assise est fixée sur le centre d'une large abaisse hexagone, ornée d'une belle balustrade dont les angles reliés par deux piliers arrondis, en continuent la symétrie.

Le corps du premier étage se compose d'un entablement à arceaux, de forme hexagonale, coupé droit sur les angles. Chacun de ces angles porte sur le chapiteau de deux colonnes accouplées, formant ainsi autour des arceaux une colonnade à jour d'un très joli effet.

Le vide des arceaux est en partie fermé, sur l'arrière, par un liseron plat finement ouvragé au cornet, avec de la glace nuancée. Les façades de l'entablement, ainsi que l'épaisseur lisse de la corniche qu'il supporte, sont également ouvragées en relief, au cornet ou avec des détails en pastillage nuancés, coupés à l'emporte-pièce. Le haut de la corniche est orné d'une légère bordure à jour, reliée à chaque angle par un petit écusson dentelé et décoré.

Le deuxième étage se compose d'un pavillon de même forme que le premier; il est percé en arceau, mais sans colonnade: les colonnes sont remplacées par des piliers; les angles sont plats, coupés droits.

Le corps principal de l'étage est d'abord fixé sur une large abaisse à balustrade, et celle-ci sur une assise en carton, de forme légèrement conique, à six pans. Le pavillon est surmonté d'une corniche, semblable à celle de l'étage inférieur, également ouvragée et bordée, portant sur son centre une coupole bulbée, aplatie, se terminant en pointe, formée de six divisions correspondant aux angles du pavillon: la jonction de ces divisions est dissimulée par des ornements légers, exécutés en pastillage nuancé.

La pièce est représentée sur la planche, posée en retraite sur une plate-forme hexagonale dont les parties angulaires se raccordent avec celles de l'assise, mais dont les faces sont ouvertes en ogives. Cette plate-forme est collée bien d'aplomb sur un cylindre en fort carton, d'avance fixé sur le centre du *dormant*. C'est autour de ce cylindre que sont montés les divers buissons de petits gâteaux entremêlés de feuillages, imités avec des fruits glacés au *cassé*. Les buissons de petits gâteaux sont soutenus sur l'arrière par des supports en pâte d'office ou en pâte d'amandes, contre lesquels il est nécessaire de coller quelques-uns de ces gâteaux pour soutenir les autres.

Dessin 219. — GRANDE TOUR GOTHIQUE, A CLOCHETONS

PLANCHE 57.

Cette pièce est très élégante, bien coupée, simple au fond, mais d'un grand relief. Les clochetons posés en saillie et la colonnade à jour se développant autour du corps du pavillon en formant galerie, donnent à cette pièce une grande légèreté d'allure.

Le sujet est parfaitement compris, les proportions sont d'une grande justesse, et les détails, bien que peu multipliés, sont appliqués avec précision. Rien ne manque à cette pièce: les jours abondants, les reliefs étudiés, les détails corrects, la forme régulière, la précision, tout enfin, ce qui fait le mérite d'une grande pièce se trouve réuni dans celle-ci. Aussi, je me plais à la donner comme un modèle de précision et d'élégance.

La pièce a 90 centimètres de hauteur, se divisant ainsi : 15 centimètres pour la base; 25 pour la colonnade; 5 pour la corniche; 20 pour le pavillon du haut et 25 pour la flèche.

Cette pièce peut parfaitement être exécutée en pastillage blanc, avec ses détails de couleur violette ou chocolat-clair.

La pièce est à trois étages : la base, la colonnade avec ses clochetons, le pavillon du haut avec sa flèche; celui-ci doit être mobile, exécuté séparément.

Cette pièce est de forme hexagone, depuis la plate-forme jusqu'au sommet; les façades de cette plate-forme sont flanquées chacune d'un escalier à double rampe bordée, appliqué en contrefort, supporté par un arceau à ogives. La colonnade est à arceaux dont les cintres à moulures viennent s'appuyer sur un groupe de trois colonnes cannelées [1]. Cette colonnade est entourée, à sa base, d'une balustrade à jour. Le pavillon central se compose de six portails à ogives fermés par un châssis à jour pouvant être exécuté en glace-royale ou levé à la planche; dans les deux cas plaqués, sur l'arrière, avec des feuilles de gélatine. Les clochetons sont appliqués contre les angles de la frise et reliés par une balustrade à jour. Les façades du deuxième étage sont percées de six fenêtres en arceaux, encadrées entre deux colonnes, latérales et fermées par un châssis à jour. Sur les angles des six façades de la frise sont aussi appliqués en saillie, six clochetons percés à jour, reliés par une petite balustrade. La flèche est nue, mais percée sur le bas, sur chaque façade, d'une porte ogivale, et, à mi-hauteur, par une face de clocheton.

La pièce est, comme les précédentes, représentée fixée sur un cylindre ou tambour vide, étroit, collé sur le centre du *dormant*. Elle est entourée d'un buisson de petits gâteaux.

Dessin 220. — GRAND PAVILLON MILITAIRE
PLANCHE 58.

Cette pièce et celle représentée à la planche qui précède sont, à mes yeux, les mieux coupées, les plus correctes, les plus riches de cette série.

L'ordre de construction de celle-ci est tout à fait simple, mais d'une régularité et d'une franchise remarquables. Elle est de forme quadrangulaire posant sur une plate-forme polygonale. Elle se compose d'un pavillon à colonnade, surmonté d'un autre plus petit, appartenant au même ordre, mais surmonté d'une coupole angulaire.

La plate-forme est à facettes; chaque facette est percée d'une ouverture mi-sphérique, fermée par un châssis découpé : si la pièce est en carton, le châssis peut être imité au cornet sur un fond nuancé; si elle est en pastillage, le châssis doit être à jour, soit qu'on le lève à la planche, soit qu'on le pousse au cornet, sur verre. Le haut de la base est orné d'une balustrade légèrement en retraite sur la plate-forme, coupée à distance par des petites colonnes correspondant aux angles des facettes.

---

[1]. Les petites colonnes cannelées, si elles sont en pastillage, sont coupées sur une bande mince, abaissée avec le rouleau cannelé. Si elles sont en papier, elles sont cannelées avec de la glace-royale, poussée au cornet fin.

La colonnade du pavillon porte directement sur une assise de forme carrée, percée de quatre escaliers. Par ces coupures, les angles se trouvent complètement détachés, et forment ainsi un socle à corniche et à moulure, servant d'appui aux groupes des trois colonnes supportant l'entablement du pavillon.

Ces colonnes sont cannelées et *annelées*; elles posent seulement sur l'un des angles du socle, afin de laisser l'espace nécessaire pour grouper sur l'avant, un petit trophée militaire. La colonne formant l'angle du groupe, est bien celle sur le haut de laquelle viennent directement porter les angles de l'entablement, tandis que les colonnes latérales supportent les points extrêmes des arceaux, c'est-à-dire les *voussoirs*.

Les quatre façades de l'entablement, de même que la voûte des arceaux, sont encadrées, sur les côtés, par une bande blanche appliquée en relief, ornée sur toute son étendue avec des petits carrés nuancés, ornés eux-mêmes d'un petit anneau blanc. La voûte de l'arceau est bordée d'une bande blanche, encadrée par des filets nuancés, formant la chaîne. Ces ornements simples, sans importance apparente, sont pourtant d'un très joli effet. On peut remarquer, du reste, que les angles des pièces de cette série sont généralement décorés dans les mêmes conditions, ce qui vient à l'appui de ce que je disais plus haut, que l'artiste n'a pas voulu employer le secours des planches, et qu'il a opéré simplement avec un couteau pour découper le carton, et un cornet pour pousser les ornements en relief. Avec d'aussi minces ressources, il est vraiment extraordinaire d'obtenir des résultats si frappants. Cela peut donner une idée de la patience minutieuse ayant présidé à ce travail.

La corniche du pavillon est sans moulures; elle est simplement décorée au cornet avec de la glace nuancée; mais elle est surmontée d'une bordure à jour lui donnant beaucoup de dégagement. La toiture du pavillon est coupée en talus : c'est là simplement un support servant à relever le petit pavillon supérieur.

Ce pavillon est construit dans le même ordre que le premier : la colonnade et l'entablement sont les mêmes; identiques sont les ornements de détail. Ce sujet se distingue seulement du premier par la coupole qui le couronne et par la base qui le supporte. Cette dernière est ornée d'une petite balustrade reliée aux angles et sur le milieu par des piliers portant chacun une petite coupe; elle est encadrée sur le bas par un tablier dentelé, à fond nuancé, décoré avec de la glace blanche.

Cette pièce peut fort bien être exécutée en pastillage à fond blanc, avec les détails nuancés en lilas. On pourrait alors augmenter la richesse des détails, en les variant.

Pl. 58.

Dessin 220.

SOMMAIRE DES PLANCHES 59, 60, 61, 62, 63

GATEAUX DE MARIAGE

Dessin 221. — GRAND GATEAU DE MARIAGE A TREILLAGE
PLANCHE 59.

Les gâteaux de mariage sont peu connus, peu servis en France, ni même dans aucune autre contrée du continent. C'est en Angleterre et en Amérique où il s'en fait le plus grand usage. Ceux qui ont habité ces pays, connaissent l'importance que les familles mettent à exhiber dans les repas de noce un gâteau plus ou moins luxueux, selon leur fortune, selon le luxe qu'ils visent à déployer [1].

Les modèles que je reproduis dans ces quatre planches sont de différents genres; ils suffiront sans doute pour donner une idée exacte de leur forme et des transformations que les besoins de l'élégance ont fait naître. Ils ont à mes yeux un double mérite qui sera compris par mes confrères, celui de la nouveauté d'abord, puisqu'on ne voit même pas figurer ces gâteaux dans les ouvrages anglais, et ensuite celui de l'authenticité, puisqu'ils ont été gravés d'après des photographies venant de Londres et de New-York.

L'ornementation des gâteaux de mariage varie selon leur grosseur, et aussi selon le luxe qu'on veut leur donner; les plus gros sont généralement ornementés avec grand luxe de sujets, de bonbons fins et de fleurs; les petits sont simplement ornés avec un vase, une coupe ou tout autre sujet en pastillage; mais l'ornement indispensable à tous ce sont les fleurs en sucre blanc ou en pastillage, les fleurs d'oranger surtout et les feuilles argentées.

Les grands comme les petits gâteaux sont toujours cuits dans des moules en fer-blanc plus larges que hauts, ayant un cylindre sur la partie centrale; quand le gâteau est glacé et décoré, on le dresse sur un large plateau dont les bords sont cachés par des bandes de papier dentelé qui en font le tour; on garnit alors le cylindre avec un appui en bois masqué de papier blanc, et sur celui-ci, on fixe le sujet ornemental.

Le gâteau de mariage offre ceci de particulier qu'on ne le mange pas dans le festin nuptial; on en distribue une partie aux convives présents, et les mariés en expédient un morceau à chacun de leurs parents ou de leurs amis qui n'ont pu assister au repas, soit qu'ils habitent le pays, soit qu'ils vivent à l'étranger et même dans les contrées les plus lointaines.

1. A New-York on sert souvent des gâteaux de mariage qui coûtent jusqu'à deux mille dollars.

Dessin 221.

Les portions destinées aux convives, aux parents ou aux amis absents, sont coupées sur le gâteau, de haut en bas, en tranches plus ou moins épaisses; elles sont d'abord enfermées dans une mince enveloppe de pâte d'amandes ou pâte à massepain, et ensuite enveloppées de papier d'argent.

Quand les gâteaux doivent être servis entiers, on les laisse bien refroidir; on les pose sur une grille, et on les masque entièrement de plusieurs couches de glace-royale consistante, au blanc d'œuf; quand la couche est suffisamment épaisse, on lui donne encore une couche avec de la même glace, mais plus liquide, afin qu'elle reste brillante; on lisse les surfaces de cette glace à l'aide d'une longue bande de papier blanc et lisse, en la passant plusieurs fois de haut en bas, et la serrant fortement: quand elle est sèche, on décore les surfaces du gâteau.

L'apprêt de ce gâteau se rapproche tout à la fois du *plum-cake* et du *plum-pudding*; mais cuit, il est beaucoup plus lourd que ceux-ci.

Voici les proportions[1] et les détails de l'opération pour un gâteau de ce genre, que j'ai préparé tout récemment dans un moule en fer-blanc fait exprès, ayant 60 centimètres de diamètre, 15 centimètres de hauteur, et portant sur son centre un cylindre ou douille conique de même hauteur, ayant 12 centimètres de diamètre du côté le plus large.

Proportions : 1 kilogramme de sucre en poudre et autant de cassonade — 2 kilogrammes et demi de beurre — 2 kilogrammes et demi de farine — 50 œufs — 6 kilogrammes de raisins noirs de Corinthe — 6 kilogrammes de raisins de Smyrne, coupés — 3 kilogrammes d'écorces diverses confites, hachées — 5 à 600 grammes de gingembre confit, également haché — 60 grammes de cannelle en poudre — 20 grammes noix muscade, autant de macis et autant de girofles en poudre — pincée de sel — zestes râpés d'orange et de citron — rhum et cognac.

Procédé : Mettez dans une terrine les raisins et les écorces, arrosez-les avec rhum et cognac, faites-les macérer 2 heures.

Mettez le beurre dans une terrine tiède; travaillez-le avec une cuiller, jusqu'à ce qu'il soit lisse et mousseux; ajoutez sucre et cassonade, puis les œufs, peu à peu, sans cesser de travailler; ajoutez ensuite raisins, écorces, gingembre, sel, épices, zestes, la farine en dernier lieu.

Avec cet appareil, remplissez le moule à cylindre préalablement beurré et masqué de papier; placez-le sur un plafond, poussez-le à four bien atteint, mais tempéré. Au bout d'une heure, couvrez-le avec du fort papier, cuisez-le encore 4 à 5 heures. En le sortant du four, imbibez-le avec un peu de rhum; laissez-le bien refroidir.

Le gâteau reproduit à la planche 59 a été fait à New-York, d'après le procédé que je viens de

---

1. Voici maintenant la recette américaine que m'a transmise mon ami Ranhöffer que j'ai souvent eu l'occasion de citer dans mes précédentes publications et qui, à ses brillantes qualités d'artiste, joint un grand dévouement pour sa profession.

Voici les proportions pour emplir un moule en fer-blanc, à cylindre, ayant 50 centimètres de diamètre; 13 centimètres de hauteur, avec une douille de 9 centimètres de diamètre :

1 kilogramme et 250 grammes de sucre en poudre, 1 kilogramme et 250 grammes de beurre, 1 kilogramme 750 grammes farine, 4 kilogrammes raisins de Corinthe, 2 kilogrammes et 250 grammes raisins de Smyrne, 1 kilogramme et 250 grammes raisins de Malaga épépinés et hachés, 1 kilogramme et 250 grammes cédrat confit, 125 grammes épices (*all spices*), 60 grammes cannelle, 30 grammes macis, 3/4 de litre cognac, 1/4 de litre madère, 3/4 de litre mélasse brune.

Faites macérer les raisins avec les liqueurs ; puis préparez la pâte, en opérant comme il est dit plus haut.

En Amérique, on cuit souvent ce gâteau à la vapeur. Pour cette opération, quand le moule est plein, on le place sur un trépied, dans un vase plus large et plus élevé que lui, avec de l'eau au fond; on ferme bien le vase, on fait bouillir l'eau, et on cuit le gâteau 2 heures ; on le sèche ensuite à four doux pendant 1 heure; on le glace ensuite.

décrire. Il se compose de sept gâteaux gradués, cylindriques, montés les uns sur les autres pour former pyramide; chaque gâteau est collé sur une abaisse en pâte d'office coupée juste de son diamètre.

Ce gâteau exige naturellement des proportions élevées; il mesurait 95 centimètres de hauteur ; sans compter le sujet qui en fait le couronnement, sa forme est tout à fait simple, mais d'un joli effet, et au fond, distinguée. Ce qui lui donne un grand cachet d'élégance et surtout de mérite artistique, aux yeux du praticien, c'est le filet à jour qui l'enveloppe dans son ensemble, car ce filet est exécuté en glace-royale poussée au cornet. Ce décor n'est pas seulement original, mais savant : c'est un véritable tour de force, en raison de la difficulté qu'il présente, et partant, de la délicatesse de l'opération.

La pyramide est posée sur un grand plateau, dont les bords sont couverts d'une large bande de papier finement dentelée; il porte sur le haut un sujet en pastillage orné de fleurs et de feuilles argentées.

Dessin 222. — GRAND GATEAU DE MARIAGE ORNEMENTÉ
PLANCHE 60.

Le gâteau reproduit à la planche 60 est d'un style monumental vraiment distingué ; la forme de l'ensemble est dégagée et correcte, c'est un des plus riches de cette série. Le sujet ornemental est un sujet symbolique représentant le temple de l'hyménée. Ce sujet est exécuté en sucre coulé, dans différents moules en plâtre, qu'on peut acheter ici, à Paris. Le sujet principal est posé sur une double base en pastillage. Les ornements qui l'entourent sont aussi en pastillage; les fleurs sont blanches et les feuilles argentées. — Cette pièce mesurait la hauteur de 95 centimètres, sans compter l'épaisseur du gâteau.

Dessins 223, 224. — GATEAUX DE MARIAGE FLEURIS
PLANCHE 61.

Le premier de ces modèles de gâteaux de mariage, a été servi à Londres; le deuxième je l'ai servi à Berlin il y a une dizaine d'années: les deux sujets étaient de moyenne grandeur; ils mesuraient 80 centimètres sans compter l'épaisseur des gâteaux.

Les deux sujets de la planche sont exécutés en pastillage; ils sont l'un et l'autre chargés de fleurs en sucre ou en pastillage, entremêlées de feuilles argentées. Ces deux gâteaux tels qu'ils sont ornementés peuvent être considérés comme spécimen du genre le plus usité en Angleterre.

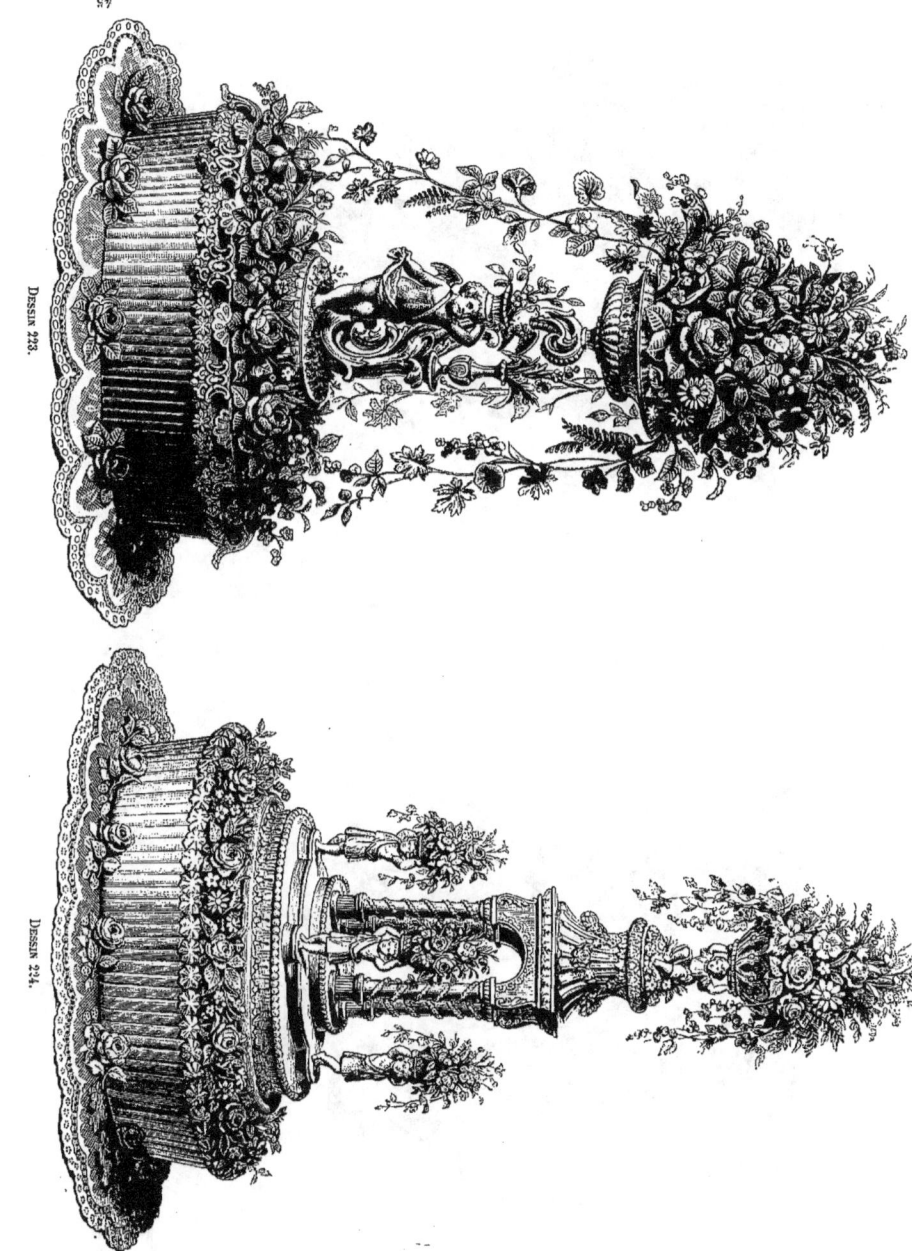

Dessin 223.

Dessin 224.

Dessin 225.

Dessin 226.

Pl. 62.

Pl. 63.

Dessin 227.   Dessin 228.

Dessin 229.   Dessin 230.

Dessins 225, 226. — GATEAUX DE MARIAGE DE MOYENNE GRANDEUR
PLANCHE 62.

Les deux gâteaux de la planche 62 ont été exécutés en Amérique; on peut juger par ces modèles combien le genre peut être varié. Ils sont tous deux étagés. Le premier est orné d'un temple à colonnade, surmonté d'une coupole; cette coupole et l'entablement sont exécutés au cornet; les colonnes sont en sucre à caramels, coulées dans des formes en étain. Le temple est supporté par une large abaisse en bois masquée en pastillage; il pose sur un soutien en bois, disposé dans le cylindre formé par le gâteau. Les soutiens extérieurs disposés autour du gâteau sont en sucre coulé sur marbre entre deux cordons de glace-royale, poussés au cornet sur les lignes d'un dessin tracé au crayon, dans le genre des montants de grandes aigrettes, reproduits au chapitre des *accessoires de la pâtisserie*. Le deuxième modèle de cette planche est aussi à deux étages. Les ornements de la pièce sont tous en sucre coulé sur marbre. Ces deux modèles ont été exécutés de même hauteur : de même que ceux de la précédente planche, ils sont établis dans des proportions moyennes, ils ont l'un et l'autre la hauteur de 80 centimètres.

Dessins 227 a 230. — PETITS GATEAUX DE MARIAGE
PLANCHE 63.

Les quatre modèles reproduits à cette planche 63, appartiennent au genre simple, genre bourgeois; c'est celui qu'ont adopté les pâtissiers de Londres. Les gâteaux de ce genre sont tous de même forme; ils diffèrent seulement par l'ornementation; d'ailleurs, les sujets ne varient guère; ce sont toujours des vases garnis de fleurs, des cornes d'abondance, des coupes plus ou moins ouvragées, mais toujours ornées de fleurs et de feuilles argentées.

En France, j'ai toujours regretté de ne point voir chez nos pâtissiers deux produits remarquables qui, à divers égards, peuvent être considérés comme très importants; ce sont : le gâteau de broche et le gâteau de mariage. Le premier est surtout usité dans les familles du nord et de l'est de l'Europe, en Alsace, en Allemagne, en Autriche, en Pologne, en Suède et en Russie, pour la célébration des anniversaires d'un membre de la maison. Le deuxième, plus élégant, et en quelque sorte plus solennel, est uniquement consacré aux fêtes nuptiales, en Angleterre et en Amérique.

En France, pour la célébration de toutes ces fêtes de famille, les pâtissiers et les confiseurs n'offrent guère que l'éternel biscuit de Savoie ou la coupe en nougat; je n'ai certainement rien à objecter contre la production de ces gâteaux, mais je crois fermement qu'un peu de variété dans le programme de ces maisons dont la renommée est en quelque sorte universelle, ne leur nuirait pas sensiblement. Je crois, au contraire, qu'à Paris, un pâtissier sérieux, qui voudrait sortir de la voie battue, pourrait arriver à se créer des ressources considérables.

SOMMAIRE DES PLANCHES 64, 65, 66, 67, 68, 69

PETITES PIÈCES-MONTÉES

Dessin 231. — PETIT PAVILLON JAPONAIS

PLANCHE 64.

Il se trouve dans la présente série quelques modèles qui, par leur forme, sont destinés à rester petits, c'est-à-dire peu élevés ; mais le plus grand nombre de ces pièces ont simplement été dessinées de petit format, afin d'en faire entrer plusieurs sur la même planche, car le chapitre des grandes pièces-montées menaçait de devenir trop étendu. D'ailleurs, sur le papier, on peut dire qu'il n'existe pas de petites pièces, car tous les formats peuvent être agrandis à volonté ; il suffit que les sujets soient établis dans les proportions voulues. — De toute ma collection de pièces-montées construites, celle-ci est une des mieux conservées ; elle est exécutée depuis 7 à 8 ans, et cependant elle est encore aujourd'hui aussi fraîche que si elle ne datait que de quelques mois.

La hauteur du pavillon, y compris la base, est de 90 centimètres ; son diamètre, à la base, est de 36 centimètres. Il est exécuté en cinq parties : la plate-forme, y compris la base (16 centimètres) ; le corps du premier étage (28 centimètres) ; le deuxième étage à galerie saillante (20 centimètres) ; la grande toiture (12 centimètres) ; le belvédère et la petite toiture (20 centimètres). Le belvédère seul est mobile ; les autres divisions, exécutées séparément, sont cependant adhérentes. De la base au sommet, toutes les divisions sont de forme hexagonale.

Le fond de la pièce est de nuance jaune-clair ; mais les toitures sont en rouge-cinabre.

Le pavillon est exécuté sur une charpente en pastillage ou en fort carton ; dans les deux cas, cette charpente est plaquée en pastillage. Mais l'assise sur laquelle la pièce est posée doit forcément être exécutée en fort carton, et plaquée ensuite avec des poutrelles de demi-rondeur ; celles-ci pourraient bien être exécutées à la main, mais, pour les obtenir régulières, il est préférable de les lever à la planche : un tel moule n'est pas difficile à faire, quelques minutes suffisent.

Pour construire la pièce, préparez d'abord un tambour de forme hexagonale, en carton, dont les faces auront 17 centimètres de diamètre ; collez-les à la colle-forte, et encadrez intérieurement chaque façade avec quatre baguettes plates, également collées à la colle-forte ; fermez ce tambour sur le haut et en dessous, avec une abaisse en carton ; collez-le sur une abaisse en bois de 5 centimètres plus large. Pour former la plate-forme, collez en inclinaison, contre chaque façade du tambour, une bande en carton de 10 centimètres et demi de haut, coupée en pointe sur les côtés, de façon à former talus ; fermez-la sur le haut, en laissant un des côtés ouvert, pour livrer passage à un escalier de quatre marches, donnant accès au pavillon. Plaquez cette plate-forme et le tambour avec des poutrelles de demi-rondeur, en les superposant.

Sur la plate-forme, collez une abaisse en pâte d'office, un peu plus large, et de 1 centimètre d'épaisseur, de façon à former corniche; ornez-en l'épaisseur avec des ronds en pastillage, imitant des poutrelles tout à fait rondes dont on ne voit que l'extrémité. Sur cette abaisse fixez solidement, en retraite de 1 centimètre, une balustrade imitée en pastillage, avec soutiens en fil de fer.

Pour former le premier étage, coupez six façades en fort carton, de 28 centimètres de haut, sur 12 et demi de large; trois de ces façades sont percées en arceau : ce sont les fenêtres; mais l'arceau est fermé sur l'arrière à l'aide d'un grillage levé à la planche et d'une feuille de gélatine nuancée; les autres façades restent pleines; elles figurent les portails fermés. Encadrez-les chacune, au-dessous, avec quatre baguettes plates, en bois mince, collées, afin de maintenir le carton droit.

Encadrez l'arceau des fenêtres avec des demi-poutrelles en pastillage; sur les trois autres façades, tracez l'ouverture des portails, et encadrez-les aussi avec des poutrelles; plaquez alors l'espace libre des surfaces avec des détails symétriquement coupés sur une bande en pastillage, abaissée au rouleau cannelé, de façon à imiter l'ornementation que le dessin représente; collez-les avec du repère.

Aussitôt les façades plaquées, assemblez-les sur une abaisse hexagone, en les collant à la colle-forte; fermez l'étage sur le haut, avec une abaisse en carton. Sur chaque angle de l'étage, appliquez une poutrelle, puis collez l'étage sur la plate-forme.

Pour former le corps du deuxième étage, préparez un autre cylindre hexagone, en carton, de 20 centimètres de haut, dont les façades sont percées chacune par une fenêtre en arceau, fermez ces fenêtres comme les précédentes par un grillage et une feuille de gélatine; décorez-les dans le même ordre. Collez ensuite cette partie de l'étage sur une large abaisse hexagone de 6 centimètres plus large qu'elle, et fermez-la sur le haut avec une autre abaisse semblable. Reliez alors ces deux abaisses par des poutrelles s'appuyant sur les angles; entourez celle du bas avec une balustrade rustique, de façon à former galerie ouverte autour du corps de l'étage; puis, formez un arceau entre les poutrelles, avec une autre poutrelle modelée sur un fil de fer flexible; sur le centre de chaque arceau sera plus tard suspendue une petite bouquetière, imitée en pastillage, garni avec des fleurs également imitées.

La grande toiture est établie sur une charpente en carton, dont la base un peu plus large que la galerie du deuxième étage, est de forme hexagonale; collez-la sur la galerie; ornez-la d'une bordure pendante.

Sur le haut de la toiture sera posé plus tard le petit belvédère de forme hexagonale, construit dans le même ordre que les étages inférieurs.

Dessin 232. — PETITE PIÈCE JAPONAISE
PLANCHE 64.

La petite pièce, portant le numéro 232, est exécutée en pastillage; elle est de forme hexagonale, fixée sur une base à galerie, montée sur un rocher imité en pastillage, formé en grotte, et orné de sucre filé.

Le fond de la pièce est jaune-clair, mais les détails sont de différentes nuances : blancs, verts et chocolat ; ils sont tous appliqués en relief. Trois des façades du corps principal sont percées de fenêtres à grillage, dont le jour est fermé par une feuille de gélatine nuancée ; les trois autres sont percées chacune d'un portail à vitraux, dont l'encadrement est appliqué en relief ; les vitraux sont également fermés sur l'arrière avec une feuille de gélatine. La toiture de la pièce est plate, c'est-à-dire sans inclinaison accentuée, mais elle est étagée et de deux nuances : blanche et vert-tendre ; les détails qui en ornent les angles sont en pastillage, également de deux nuances.

Cette pièce a été exécutée dans des dimensions restreintes, ne dépassant pas 50 centimètres de hauteur, sans compter le rocher. Elle serait moins gracieuse si on lui donnait l'extension des grandes pièces-montées ; elle convient pour être servie sur de petits buffets.

Dessin 233. — PETIT PAVILLON TURC
PLANCHE 64.

Cette petite pièce est exécutée en pastillage ; le fond est blanc, les détails sont nuancés. Sa forme est hexagonale, mais sa base est ouverte sur trois côtés pour livrer passage à un escalier de quatre marches.

La pièce est fixée sur la charpente d'un rocher formant grotte, imité avec des petits choux glacés ; il est orné avec du sucre filé, et fixé sur le centre d'une base bordée posant sur quatre pieds.

De même que la précédente, cette pièce ne gagnerait pas à être construite sur de plus grandes dimensions. La hauteur des pièces de petit format varie de 45 centimètres à 60 centimètres.

Dessin 234. — TOUR MOYEN AGE
PLANCHE 65.

Cette pièce ne serait peut-être pas très gracieuse exécutée de grand format ; mais, établie dans l'ordre de celles qui doivent rester peu élevées, c'est une des plus élégantes ; sa forme est originale, mais correcte, ce qui en somme est un point très essentiel.

Sa tour est de forme hexagonale, à toiture inclinée, surmontée d'une petite tour dont la toiture se termine en flèche : ce simple petit sujet, et la base à tourelles qui entoure le corps principal, apportent à la pièce beaucoup de légèreté. Le fond de la pièce est rose-tendre ; les toitures sont rouges ; le rocher est en sucre soufflé blanc. Comme diversion on pourrait faire la pièce toute blanche et le rocher en sucre rose.

Avec des moules en fer-blanc adaptés aux détails et aux toitures, la pièce pourrait être exécutée en beau nougat ; les détails appliqués en relief, l'encadrement des portes et des fenêtres devraient alors être en pâte à massepain. En tous cas la pièce et le rocher doivent être fixés sur une large base bordée posant sur quatre pieds.

Pl. 63.

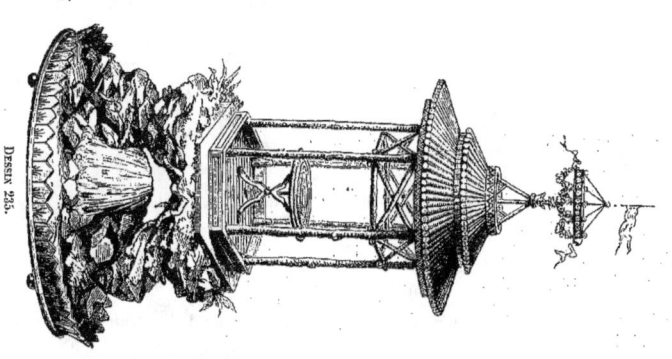

Dessin 235.

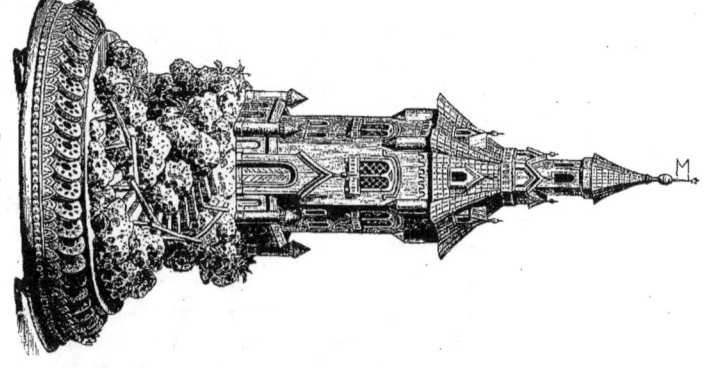

Dessin 234.

Dessin 236.

Dessin 235. — BELVÉDÈRE RUSTIQUE

PLANCHE 65.

Ce sujet, destiné à être exécuté de petit format, est véritablement très élégant, quoique d'une grande simplicité : l'exécution est bien facile.

La pièce est exécutée en pastillage couleur de bois ; elle est montée sur une assise en pâte ou en bois, masquée en pastillage.

Le corps principal et l'assise sont de forme hexagonale, mais la toiture étagée est de forme circulaire. Le rocher est monté sur une charpente avec des détails en biscuit de couleur.

Les six colonnes rustiques soutenant la toiture doivent être modelées sur fil de fer ; elles doivent adhérer à la base en bois, et être soutenues sur le haut par une abaisse hexagone à laquelle les fils de fer viennent aboutir ; elles sont de plus encadrées, au-dessous de l'abaisse, par des soutiens en pastillage disposés en croix dans l'intervalle des colonnes.

La toiture est montée sur une charpente en carton, et ses surfaces sont masquées avec des poutrelles imitées en pastillage ; cette ornementation est d'un joli effet.

Dessin 236. — CHALET RUSTIQUE, A L'ITALIENNE

PLANCHE 65.

Ce petit sujet est vraiment très coquet dans sa simplicité ; il est exécuté en pastillage couleur de bois ; les toitures sont jaunes, en imitation de chaume ; il est posé sur une assise exécutée sur une charpente en carton, forme de croix grecque, plaquée avec des poutrelles en pastillage ; deux des côtés de l'assise sont fermés ; les deux autres sont ouverts par un escalier de quatre marches ; sur les deux premiers, est disposée une sorte de *véranda* ornée d'une balustrade, formant terrasse ; celle-ci est abritée par une toiture en chaume, coupée en talus sur les trois faces, et reliée à la terrasse par des poutrelles ou colonnes rustiques imitées en pastillage. Du côté des escaliers il n'existe pas de terrasse, et la toiture est remplacée par un simple abri, imité en bois, également relié par des poutrelles, sinon à la terrasse absente, du moins aux balustrades latérales de l'escalier ; les poutrelles de soutien sont enlacées par des plantes grimpantes qui, de la base, s'élèvent jusqu'à l'étage supérieur. Celui-ci se compose de trois petits corps de logis à toitures angulaires couvertes de chaume, dont le plus élevé supporte un clocheton. Ce groupe est monté sur une assise à laquelle il manque une balustrade pour la compléter.

Le chalet est adhérent à la charpente d'un rocher formé en grotte, imité en pastillage blanc, et fixé sur une large base bordée.

Dessin 237. — TOUR MOSCOVITE
PLANCHE 66.

Cette pièce est construite en pastillage; elle est à deux étages; le premier est de forme quadrangulaire, flanqué sur les quatre faces d'un portique isolé, ouvert sur trois côtés, et posant chacun sur une assise formant escalier. L'ouverture des portiques est à arceau ogival, supportant une coupole bulbée; c'est le style byzantin allié au mauresque.

L'étage principal de la tour se termine par une sorte d'entablement à pilastres, ornementé tout autour, et portant sur chacun des angles, un petit socle surmonté d'une coupole bulbée.

Le deuxième étage est de forme circulaire, en forme de tour graduée, percée vers le milieu de sa hauteur par une colonnade à jour, hexagone, formée par des arceaux en ogive, et surmontée d'une flèche également hexagone, ouvragée, portant sur le haut une coupole exactement semblable à celles couronnant les portiques.

Cette pièce, bien que compliquée de nombreux détails, n'offre cependant pas dans son exécution de difficultés sérieuses; le point principal consiste à l'établir dans des dimensions exactes.

Le fond de la pièce est blanc; mais les coupoles sont de nuance rose, et décorées en relief avec de la glace blanche poussée au cornet.

La tour est fixée sur une base en bois de forme polygonale, graduée, masquée en pastillage, ornée d'une jolie balustrade levée à la planche.

Dessin 238. — PAVILLON DE CHASSE
PLANCHE 66.

Cette pièce est simple, sobre de détails, peu historiée; elle n'en est pas moins élégante et dégagée. C'est à sa forme correcte et élancée qu'il faut attribuer son effet.

La pièce est en pastillage couleur de bois, de teinte légère. Exécutée en petit format, les façades des deux principaux étages doivent être en pastillage rayé, c'est-à-dire abaissé avec un rouleau cannelé; si, au contraire, on veut l'exécuter de grand format et lui donner le développement d'une grande pièce-montée, le corps des deux étages doit être formé sur une charpente en carton blanc, plaqué avec des liserons en pastillage, roulés à la main ou levés à la planche, puis régulièrement collés l'un à côté de l'autre.

Le corps principal de la pièce est de forme octogonale, c'est-à-dire un carré dont les angles sont coupés droits, mais dont les pans sont inégaux. Les quatre faces principales de cet étage sont chacune percée d'un portail en arceau, mais fermé par un grillage à jour. Ces façades sont encadrées dans toute leur hauteur, entre deux colonnes en pastillage formant les angles de l'octogone irrégulier. Le portail est flanqué d'une sorte de fronton à colonnes, supportant un entablement incliné, ou plutôt une marquise rustique. Juste au-dessus de ce fronton, est appliquée en relief une tête de cerf ornée de ses bois.

La corniche du premier étage est soutenue par les huit colonnes reliant les angles de l'octogone et, de plus, par quatre autres colonnes plus grosses, disposées au point central, entre chaque fronton.

Le deuxième étage, en retraite sur le premier, peut être indépendant de celui-ci, c'est-à-dire mobile, surtout si la pièce est volumineuse. Sa forme est également octogone; il est fixé sur une double abaisse lisse, dont l'une plus étroite que l'autre, de façon à former corniche sur le haut du premier étage. La base du deuxième étage est entourée d'une balustrade légère, reliée par des piliers. L'étage n'est pas percé, il n'a ni portes ni fenêtres; mais chacune des façades porte un cadran d'horloge encadré sur son centre, aux trois quarts de la hauteur.

La toiture de cet étage est de forme conique, à huit pans, coupée droite à mi-hauteur, et transformée en plate-forme; c'est sur celle-ci qu'est fixé le pavillon formant le troisième étage de la pièce. Ce pavillon est ouvert, c'est-à-dire porté sur six colonnes dont l'entablement est coupé en arceau. Sur le centre, entre les colonnes, est fixé un petit vase antique, sur piédestal. Le pavillon est surmonté d'un petit campanile à flèche aiguë.

La pièce est montée sur une assise circulaire, formant gradin, fixée sur le centre d'une **base** bordée posant sur quatre pieds.

Dessin 239. — PETITE TOUR A CLOCHETONS
PLANCHE 66.

Cette tour est exécutée en pastillage blanc; elle est à deux étages; sa forme est quadrangulaire. Le premier étage est porté sur une assise à facettes, ornée d'abord d'une balustrade à jour, reliée par des clochetons, et ensuite d'une bordure pendante disposée en dessous. Cette assise pose sur un appui cylindrique, également à facettes, exécuté en fort carton, disposé en retraite sur l'assise, et fixé sur une base circulaire, graduée; celle-ci est ornée sur le haut d'une bordure montante, à jour, formant avec celle de l'assise une sorte de galerie ouverte qui donne beaucoup de légèreté à la pièce.

Les deux étages de la tour sont percés, sur chacune des faces, par un arceau ogival, très ouvert, les angles des étages sont flanqués chacun d'une tourelle à facettes, surmontée d'un clocheton à jour, percé en arceau, et couronné d'une flèche.

Le deuxième étage est construit comme le premier, mais tout à fait en retraite sur celui-ci; il est fixé sur une assise quadrangulaire, ornée sur le haut d'une petite balustrade. Le corps de ce petit étage est couronné par une flèche quadrangulaire, à arêtes saillantes, ouvragée par des détails en relief.

Dessin 240. — PETITE PIÈCE GOTHIQUE
PLANCHE 67.

Comme style, cette pièce est tout à la fois une des plus intéressantes, des plus correctes, et en somme, des plus simples du genre gothique; exécutée de grand ou de petit format, elle aura toujours un grand attrait aux yeux des amateurs d'ornementation.

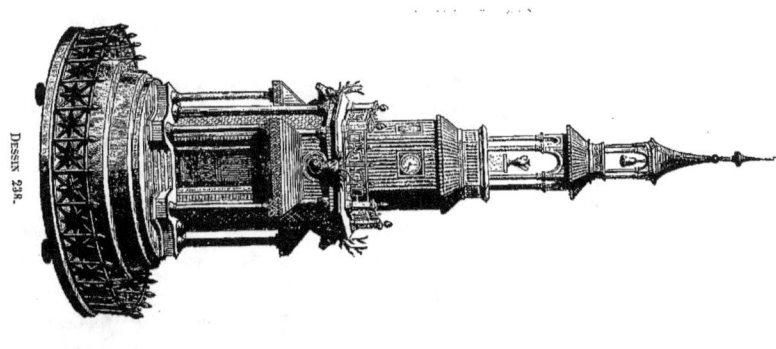

Dessin 238.

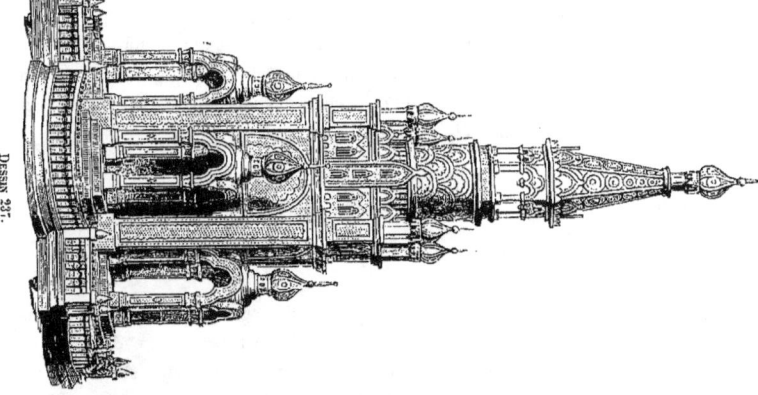

Dessin 237.

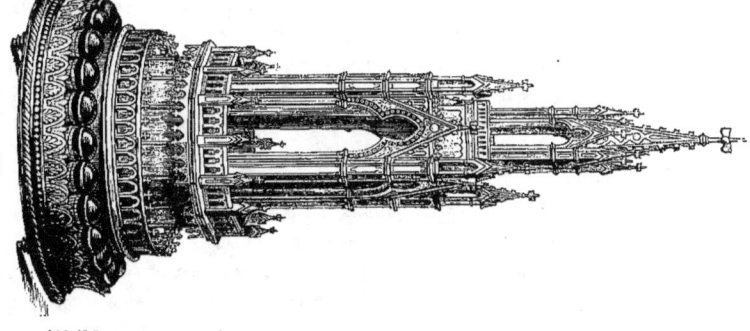

Dessin 239.

La pièce est exécutée en pastillage blanc; sa forme est hexagonale, à trois étages, posés en retraite l'un sur l'autre; elle se termine par une flèche à arêtes saillantes formant la couronne du troisième étage.

Chacune des façades des étages est percée en arceau ogival, fermé à l'aide d'un grillage levé à la planche ou exécuté sur verre, mais masqué sur l'arrière avec une feuille de gélatine transparente.

A chacun des angles de l'étage principal, est appliqué un pilastre saillant se terminant par un clocheton à arêtes : cette ornement bien simple, donne cependant à l'ensemble de la pièce un grand dégagement et beaucoup de légèreté. Sur les angles du deuxième et du troisième étage, les pilastres à clocheton sont remplacés par des colonnes à chapiteau, posant sur un soubassement au-dessous duquel s'ouvrent les fenêtres, car ici il n'y a plus de portails. Ces colonnes servent de soutien à l'encadrement saillant des arceaux en ogives, découpés en arêtes comme les clochetons.

La pièce est fixée sur une assise hexagone, ornée d'une balustrade à jour, reliée sur les angles par des clochetons à flèche. Cette assise est fixée sur la charpente d'un rocher, de forme basse, imitée avec du sucre soufflé; ce rocher est lui-même fixé sur une base de même forme que l'assise, également ornée d'une balustrade à jour.

Ce sujet, de même que le petit pavillon chinois, exécutés en petit format, peuvent être servis sur un large plateau, entouré d'une abondante garniture de petits gâteaux. S'ils devaient être servis sur la table d'un buffet, il faudrait que les bases soient posées sur quatre pieds, afin de les rendre plus faciles à transporter.

Dessin 241. — PETITE PIÈCE CHINOISE
PLANCHE 67.

Les trois pièces reproduites à cette planche peuvent être exécutées de grand format et dans le même ordre que les pièces-montées de la première et de la deuxième série de ce chapitre.

Cette pièce est exécutée en pastillage blanc; elle est à trois étages de forme hexagonale, posés en retraite l'un sur l'autre. L'étage supérieur est surmonté d'une toiture chinoise, à pans renversés coupée en flèche. Les deux étages inférieurs sont, sur toutes les faces, percés en arceaux; ceux-ci sont formés par des pilastres et encadrés en relief; ils sont fermés chacun par un grillage à jour levé à la planche ou poussé sur verre, au cornet; ces grillages sont masqués sur l'arrière par une feuille de gélatine nuancée. Le troisième étage est également de forme hexagonale, mais non arceau; cependant les façades sont, comme les précédentes, fermées par un grillage à jour, et masquées sur l'arrière.

Les trois étages de la pièce peuvent être mobiles, indépendants les uns des autres, tout au moins les deux derniers, surtout si la pièce est exécutée de grand format. Le premier et le deuxième étage sont fermés chacun par une abaisse hexagone, ornée d'une jolie balustrade, reliée aux angles par des petits socles portant chacun une coupe garnie de fleurs ou de feuillages.

La pièce est directement fixée sur une assise de forme circulaire, ornée d'une jolie balustrade et dont les surfaces sont rayées en pierre de taille; l'assise est une imitation de fontaine dont le

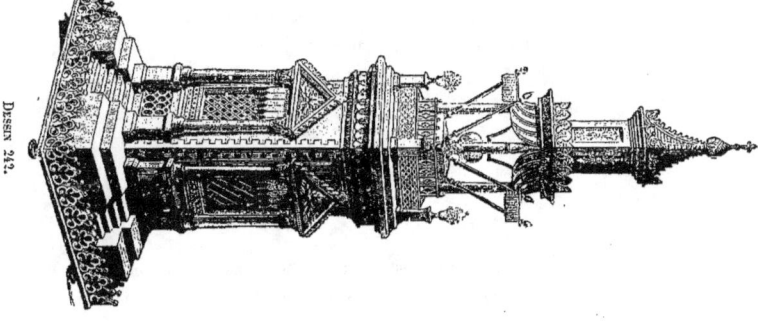

Dessin 241.

Dessin 240.

Dessin 242.

Pl. 67.

nappes d'eau tombent de six têtes de lion disposées tout autour, à distance égale. Cette assise est elle-même fixée sur une large base en imitation de bassin, de forme hexagonale, ornée aussi d'une belle balustrade reliée aux angles par des piliers carrés, sur lesquels figure une petite coupe ornée de feuillages imités en pastillage; les balustrades des étages supérieurs sont ornées dans le même ordre, et, de plus, à chacun des angles, sont appliquées de petites torsades en pastillage, auxquelles sont adaptées de petites clochettes pendantes, également en pastillage.

Dessin 242. — PETIT PAVILLON MODERNE
PLANCHE 67.

S'il est vrai de dire que la forme carrée n'avantage pas les pièces-montées, ce sujet démontre cependant qu'on peut, avec du goût, leur donner une certaine légèreté d'allure.

Cette pièce est à deux étages construits en pastillage de nuance lilas, légère de ton; les bordures, les balustrades, les grillages, les pierres imitées des angles et différents détails de la corniche sont blancs.

Le corps de l'étage principal est de forme carrée, trois fois plus haut que large; il est fixé sur une assise étagée, de forme carrée, coupée sur le milieu de chaque face par les marches d'un escalier.

Les quatre faces de l'étage sont percées à peu près à mi-hauteur, chacune par une fenêtre à grillage, encadrée par un fronton appliqué en relief et posé sur deux colonnes. Le grillage des fenêtres est masqué par une feuille de gélatine transparente; le cadre de l'ouverture est en partie fermé par une fausse persienne pendante.

L'étage supérieur est posé en retraite sur le premier; il peut être exécuté séparément; il se compose d'un petit pavillon ouvert, supporté par quatre colonnes détachées, il est surmonté d'un petit belvédère à toiture élancée. L'étage est construit sur une double assise carrée, en bois, masquée en pastillage, dont la base est ornée d'une double balustrade à jour; la plus large de ces balustrades est reliée aux angles par quatre piliers surmontés d'un petit vase. Les persiennes adaptées à la colonnade sont maintenues pendantes à l'aide de soutiens, prenant tout à la fois leur appui sur l'assise et contre les colonnes. Les quatre faces du belvédère sont percées de fenêtres à grillage, également masquées sur l'arrière par des bandes de gélatine.

Dessin 243. — BASTION MODERNE
PLANCHE 68.

Cette pièce est d'un fort bel aspect, bien coupée, de forme correcte, remplissant toutes les conditions recherchées pour figurer sur la table d'un banquet militaire.

Les détails sont abondants et variés : l'artillerie, l'infanterie, la cavalerie y sont représentées; mais cette pièce n'étant produite ici que comme un modèle de forme, les détails peuvent être modifiés

Pl. 68.

ou groupés différemment, sans danger aucun d'en altérer l'expression.— Cette pièce, élevée sur une assise plus haute, pourrait facilement être transformée en sujet de grand format.

Le bastion sur lequel les détails sont groupés, est construit sur un tambour en bois mince, porté sur une assise à gradins, de forme polygonale, fixée sur une large base circulaire. Il porte sur son centre une tringle en bois, destinée au soutien de la colonne; celle-ci est vide, formée en carton, et masquée en pastillage; le génie qui la surmonte ne pèse pas sur elle, mais bien sur un appui en bois fixé sur le haut de la tringle.

Tous les détails de la pièce: canons, fusils, boulets, drapeaux, sont imités en pastillage blanc; les uns sont moulés, les autres modelés à la main; ils doivent être artistement groupés, c'est là un point très essentiel.

Dessins 244, 245. — PETITES PIÈCES ORNEMENTALES
PLANCHE 68.

Les deux pièces représentées par les dessins 244 et 245 peuvent être exécutées en pastillage ou en sucre, car tous les détails sont moulés [1]; elles sont donc d'une exécution facile, et se prêtent à différentes combinaisons.

Elles sont reproduites ici dans toute leur simplicité, mais elles peuvent recevoir une application plus luxueuse et plus apparente. Dressées sur un large plateau en métal ou en pastillage, et ornementées, elles peuvent être servies dans les mêmes conditions que les autres petites pièces qui précèdent celles-ci, c'est-à-dire entourées d'une abondante garniture de petits gâteaux, pour figurer sur la table d'un dîner comme pièce de milieu.

Mais ces pièces peuvent aussi être appliquées comme ornement des gâteaux de mariage, dans le genre de celles reproduites plus haut.

Ces pièces sont d'autant plus appréciables, qu'elles se composent de différents détails pouvant être appliqués à l'ornementation d'autres pièces; les petits sujets, surtout les figures détachées, peuvent parfaitement trouver ailleurs, une application utile.

Dessin 246. — PETITE FONTAINE A SUJETS
PLANCHE 69.

Les moules des trois pièces reproduites à cette planche, font également partie de la collection de la maison *Linder*.

La grande et la petite coupe de la fontaine, l'assise et le bassin sont en pastillage; les enfants et les cygnes sont en sucre coulé.

Ces derniers sujets étant tout à fait détachés et mobiles peuvent être appliqués à la construction

---

[1]. Les moules de ces pièces et des trois autres reproduites à la planche 102, font partie de la grande collection de la maison *Linder*, que tous les confiseurs et les pâtissiers de Paris connaissent.

Dessin 247.

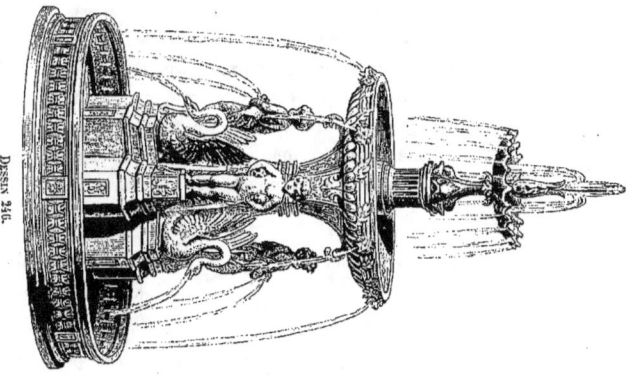

Dessin 246.

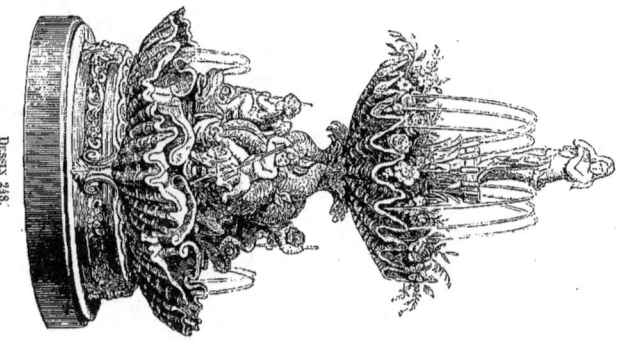

Dessin 248.

Pl. 69.

ou simplement à l'ornementation d'autres pièces du même genre. La petite coupe à bords festonnés, montée sur son socle, constitue un fort joli petit sujet dont un praticien peut tirer bon parti.

    La grande coupe est fixée sur une assise divisée en huit petits socles, dont quatre pour porter les enfants et quatre pour porter les cygnes. Cette assise est posée sur le centre de la base inférieure figurant le bassin de la fontaine, mais dont la balustrade est percée à jour.

    La nappe d'eau s'échappant des coupes et des sujets est imitée avec des nappes de sucre filé fin, et blanc, soutenues par de gros cordons de sucre coulé sur marbre. Le fond du bassin doit être masqué avec une couche de ce sucre filé fin.

Dessin 247. — PETITE PIÈCE AUX FLEURS
PLANCHE 69.

    Cette pièce est de forme quadrangulaire, à deux étages ; le premier de ces étages est composé de deux griffons supportant chacun une coupe, et de deux petites consoles sur chacune desquelles est posé un petit enfant à genoux ; les coupes peuvent être garnies avec des fruits ou des fleurs.

    Le deuxième étage se compose d'une grande et belle coupe soutenue par des acanthes ornementées ; le vide de la coupe est garni de fleurs.

    Cette pièce, exécutée en pastillage ou en sucre, est d'un joli effet ; elle peut être appliquée comme ornement d'un grand gâteau de mariage.

Dessin 248. — PETITE PIÈCE AUX DAUPHINS
PLANCHE 69.

    De même que la précédente, cette pièce peut être appliquée comme ornement d'un grand gâteau de mariage. Elle se compose de deux coquilles, dont l'une plus large que l'autre, coulées en plusieurs pièces. La plus large de ces coquilles pose sur une assise graduée, sur le centre de laquelle s'élève le groupe des dauphins et des enfants supportant la coquille moins large, garnie de fleurs variées ; le centre de cette coquille est occupé par une naïade posant sur un petit socle entouré de roseaux et de plantes aquatiques imitées en pastillage.

    Le groupe des deux coupes est fixé sur une double assise circulaire, exécutée en bois mince, mais masquée en pastillage qui, tout en élevant la hauteur de cette assise, lui donne plus de légèreté.

    Cette pièce, d'une exécution d'autant plus facile que toutes les divisions et les motifs différents qui la composent sont moulés, n'en est pas moins remarquable et intéressante.

SOMMAIRE DES PLANCHES 70 A 76

PETITES PIÈCES DE CONFISEURS.

Dessins 249 a 264. — PETITES PIÈCES MANGEABLES [1]
PLANCHES 70, 71, 72, 73.

Les différentes pièces que renferment les planches de cette série et de la série qui suivra celle-ci, sont des pièces tout à la fois mangeables et ornementales; on leur donne le nom de *pièces de confiseurs*.

Ces pièces sont très usitées dans l'est et le nord de l'Europe : en Autriche, en Russie, en Suède, en Pologne et dans toute l'Allemagne; dans ces pays, les tourtes d'entremets et les gâteaux de broche sont les pièces de pâtisserie préférées dans les maisons bourgeoises, pour célébrer les fêtes de famille.

Ces pièces se composent d'une grande tourte en biscuit sur laquelle sont disposés divers ornements mangeables, dont la nature varie selon le luxe qu'on veut leur donner.

Ces tourtes sont généralement exécutées en biscuit sableux, biscuit fin, biscuit aux amandes, en génoise ou en gâteau-punch; on en fait même d'excellentes avec l'appareil à gâteau de broche, mais moins communément.

L'appareil des tourtes est cuit en feuille, sur plaque, ou cuit dans des moules faits exprès, de forme circulaire, larges et plats, dont les côtés sont droits ou évasés.

Si l'appareil est cuit sur plaque, en abaisses de l'épaisseur de 1 centimètre, on coupe celles-ci du diamètre voulu pour les abricoter et les monter l'une sur l'autre, en les collant : on donne au gâteau l'épaisseur de 5 à 6 centimètres.

Si le biscuit est cuit en moule, on le coupe transversalement en tranches d'égale épaisseur, on les abricote et on les remet en forme. On abricote alors la tourte sur les côtés et sur le haut; on la pose sur une grille pour la masquer avec une glace aux liqueurs ou aux zestes. Quand la glace est sèche, on décore les surfaces latérales et le dessus avec des détails en fruits confits, entremêlés avec de la glace-royale poussée au cornet.

Ces tourtes sont souvent servies telles quelles sur un plateau; mais si l'on veut les servir ornementées, dans le genre de celles reproduites en cette série, il faut, avant de les glacer, pratiquer une ouverture sur le centre du biscuit, traversant la tourte de part en part; on en glace ensuite les surfaces

---

[1]. Une partie de ces petites pièces ont été exécutées par M. Louis Bisier qui fut autrefois, à Paris, un décorateur distingué.

on la décore et on la glisse sur un plateau en bois muni, sur le centre, d'une virole à laquelle on peut adapter un cylindre mobile, en fer-blanc, correspondant à la largeur de l'ouverture faite sur le centre de la tourte. Quand le cylindre est en place, on lui adapte une tringle en pâte d'amandes, en nougat, en sucre ou même en bois tourné, selon le genre des ornements choisis. Si ces ornements ne sont pas lourds, une tringle en pâte à ruche ou en sucre suffit (voy. dessin 249). Si les ornements sont plus compliqués et lourds, la tringle doit être en bois tourné, fixée ou vissée sur le centre d'une abaisse en bois posant sur le cylindre qui sera arrêté juste à niveau de la tourte, de façon que les ornements ne pèsent point sur la tourte, mais seulement sur l'abaisse inférieure et sur la tringle centrale (voy. les dessins 257, 258, 259, 260). — La tringle et l'abaisse en bois doivent être masquées avec de la pâte à massepain. Les ornements appliqués à ces pièces peuvent être exécutés en pâte à massepain, en pâte d'amandes gommée, en pâte d'amandes pour charlotte, en pâte à feuilles de chêne, en nougat, enfin, en sucre tors, en sucre de conserve ou en sucre coulé sur marbre, dans le genre des grandes aigrettes. Ces ornements sont souvent appliqués ensemble, les uns à titre de divisions principales, les autres à titre de simples détails.

La tourte reproduite par le dessin 249 est dressée sur un plateau posant sur quatre pieds, dont la surface plane est masquée d'un rond de papier blanc à bords dentelés, le dissimulant au regard. Les ornements appliqués à la tourte sont en pâte d'amandes; cette pâte est d'abord abaissée au rouleau, puis coupée, à l'aide d'un patron, sur plaque légèrement beurrée et farinée; elle est cuite ainsi à four doux. On fait refroidir les ornements sous presse, on les décore ensuite soit au cornet, soit avec des détails en pâte à massepain. C'est ainsi qu'ils sont groupés autour de la tringle centrale. L'aigrette formant le couronnement de la pièce est exécutée en pâte d'amandes gommée. Les ornements des trois autres petites pièces de la planche 70, sont exécutés dans les mêmes conditions que la précédente; elles sont seulement ornementées dans un ordre différent; mais pour la première comme pour les autres, la nature des ornements peut être changée; on peut les exécuter en nougat, en sucre tors ou en sucre coulé sur marbre dans le genre de ceux appliqués aux petites pièces de la planche 72, portant les numéros 259, 260.

Les deux premières petites pièces reproduites à la planche 71, sont de forme élégante, légère; leur ornementation n'est pas précisément la même, mais elle est composée des mêmes éléments: la pâte à feuilles de chêne.

Les tourtes sur lesquelles les ornements sont dressés, sont doubles, graduées, c'est-à-dire que, coupées d'un diamètre différent, posées l'une sur l'autre, et dressées sur un plateau un peu plus large, elles forment exactement une pyramide graduée.

Les ornements de la première de ces pièces (numéro 253) se composent de trois boules vides, graduées, posées l'une sur l'autre, continuant ainsi la forme pyramidale. La boule la plus élevée est surmontée d'une petite coupe ornée avec du sucre filé, figurant une petite cascade.

Pour exécuter ces boules, il faut cuire la pâte mince, et la couper à la bouche du four, pendant qu'elle est encore chaude, en feuilles ovales, pointues des deux bouts, en opérant à l'aide de trois emporte-pièces différents. Aussitôt ces feuilles coupées, les poser à cheval sur trois formes différentes, afin de les obtenir courbées; quand elles sont bien refroidies, on les groupe autour de la tringle dans l'ordre reproduit par le dessin, en les collant au sucre chaud; on les décore ensuite au cornet ou avec

Pl. 70.

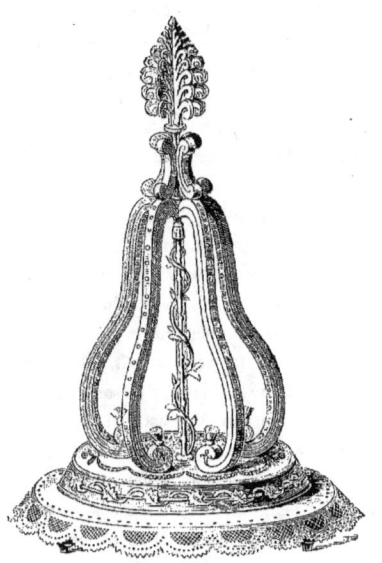

Dessin 249.

Dessin 250.

Dessin 251.

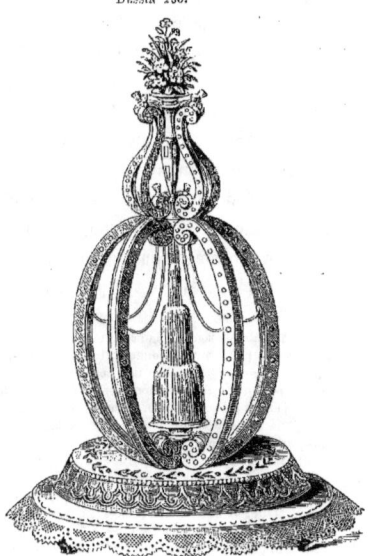

Dessin 252.

des détails en pâte d'amandes. La jonction des boules est dissimulée à l'aide de rubans imités en sucre.

Les ornements de la deuxième de ces pièces, portant le numéro 254, sont comme les précédents dressés sur une double tourte. L'ornementation se compose d'une sorte d'if à cinq montants groupés en forme de pyramide. Ces montants sont en pâte à feuilles de chêne; ils peuvent être exécutés d'une seule pièce, en les coupant vivement à la bouche du four, sur patron; on les fait refroidir, puis on les colle au sucre contre une tringle centrale. Mais on peut aussi couper les feuilles, ou plutôt les croissants des montants, un à un, à l'aide de différents patrons, pour les coller ensuite contre une petite tringle en pâte ou en sucre; en ce cas les cinq montants doivent encore être assemblés et collés debout, au sucre, contre la tringle centrale, traversant les deux tourtes. Sur le haut de la pyramide est fixée une petite coupe de fleurs, portée par une boule de forme allongée, formée à l'aide de cinq feuilles courbées, en pâte cuite, d'après la même méthode que celles de la précédente pièce. Sur la pointe de chaque croissant est collé un petit bonbon ou un détail en sucre cuit.

Les ornements des deux petites pièces reproduites par les dessins 255, 256 peuvent être moulés en pâte à massepain[1] ou coulés en sucre à conserve. Pour la première ce sont des cygnes; s'ils sont en pâte à massepain, ils doivent être levés à la planche, par moitiés, c'est-à-dire qu'il faut quatre planches pour chaque cygne : deux pour les corps, deux pour les ailes; les deux moitiés du corps sont collées ensemble et bien séchées; on leur adapte les ailes, et on les groupe contre la tringle centrale; mais, en raison du poids des ornements, il convient de les grouper sur une abaisse circulaire, en bois, masquée de pâte d'amandes, qu'on fera porter sur le cylindre central seulement, et non sur la tourte. Les ornements disposés au-dessus des cygnes sont exécutés en sucre coulé sur marbre. Le haut de la tringle est orné d'une petite aigrette coulée en sucre, sur matrice. Si les cygnes sont en sucre à conserve, l'opération est la même; ils doivent également porter sur une abaisse en bois mince.

Les quatre dauphins qui forment les ornements de la pièce portant le numéro 256 sont comme les cygnes ou moulés en pâte, ou coulés en sucre à conserve; dans les deux cas, ils sont groupés contre la tringle centrale dans les mêmes conditions que les cygnes. La petite fontaine disposée au-dessus des dauphins est exécutée en pâte d'amandes gommée; elle est ornée avec du sucre filé.

Les deux premières petites pièces de la planche 72 figurent chacune une imitation de fontaine, composée de trois coupes moulées, sur leur pied, en nougat ou en pâte d'amandes, gommée; elles sont de dimensions graduées, de façon à former pyramide, étant dressées l'une sur l'autre. Sur la coupe la plus élevée est disposé un sujet en sucre coulé sur marbre, figurant deux dauphins, portant

---

1. En Allemagne, à Lubeck, à Hambourg et à Berlin même, il existe des maisons ayant la spécialité des *tartes en pâte à massepain*; cette pâte dont je donnerai les proportions, est préparée à la machine; les fabricants sont arrivés à la rendre assez fine et élastique pour qu'on puisse non seulement prendre avec elle des empreintes sur les planches gravées ou dans des moules, mais encore pour qu'on puisse la modeler de façon à lui faire prendre toutes les formes. C'est avec cette pâte qu'on prépare ces belles tartes qui aujourd'hui sont expédiées dans toutes les directions.

La fabrication de ces tartes et des détails qu'elles comportent, constitue bien réellement une industrie nouvelle que je signale aux confiseurs, car elle pourrait devenir pour eux une branche de commerce très étendu, d'un rapport certain.

Je vais donner les proportions et l'apprêt de cette pâte, mais il est bon d'observer que, préparée à petite dose et avec les simples ressources dont on dispose dans un laboratoire de confiseur, cet apprêt est loin de donner les mêmes résultats qu'on obtient en opérant en grand, avec des machines adaptées à cette fabrication :

Mettez dans le mortier 500 grammes d'amandes, mondées et dégorgées, bien blanches : pilez-les en ajoutant de temps en temps un peu d'eau froide; quand elles sont converties en pâte fine, ajoutez peu à peu 250 grammes de glace de sucre. Le mélange opéré retirez la pâte dans une casserole, travaillez-la sur feu très doux, sans la quitter, jusqu'à ce qu'elle soit desséchée, au point où, en la pressant avec les doigts, elle ne s'y attache plus. Retirez-la alors sur la table pour la travailler avec les mains, en lui faisant absorber encore 250 grammes de glace de sucre. Laissez-la reposer à couvert avant de l'employer.

Pl. 71.

Dessin 253.

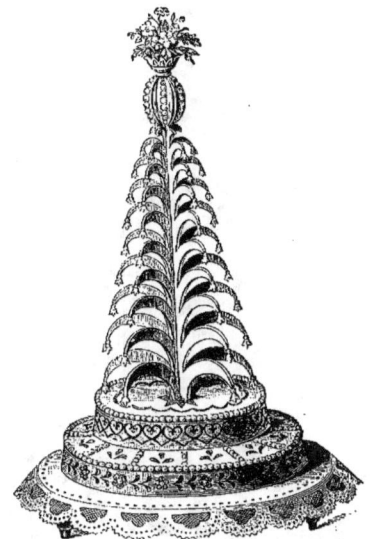

Dessin 254.

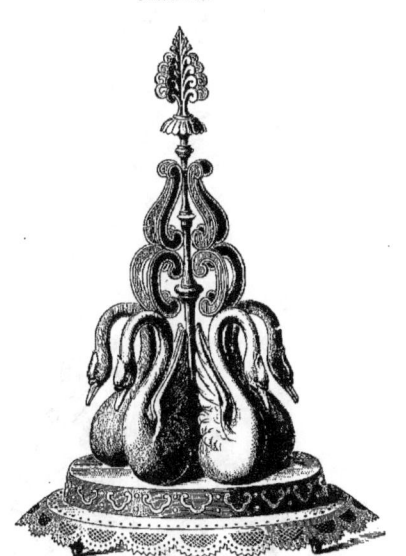

Dessin 255.

Dessin 256.

Pl. 72.

Dessin 257.

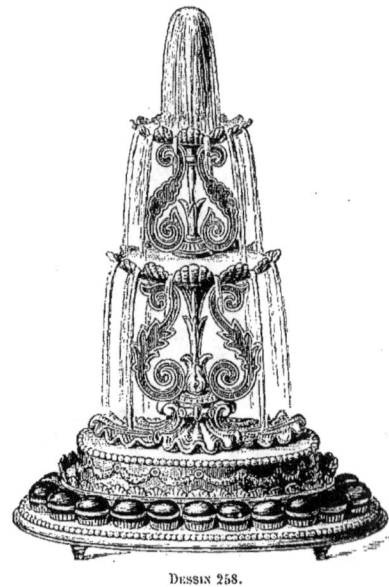

Dessin 258.

Dessin 259.

Dessin 260.

Pl. 73.

Dessin 261.

Dessin 262.

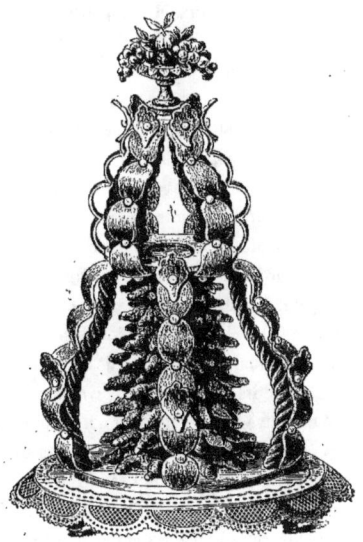

Dessin 263.

Dessin 264.

sur le haut un double pompon en sucre filé; les nappes d'eau s'échappant des coupes sont imitées en sucre filé fin et blanc. La fontaine est montée sur une abaisse en bois masquée en pâte d'amandes, portant seulement sur le cylindre central. Les nappes d'eau sont imitées avec du sucre filé, blanc. La tourte est dressée sur un plateau gradué, dont le plus haut gradin est entouré d'une bordure montante.

La fontaine de la deuxième pièce ne se compose que de deux coupes moulées, portées par des ornements en sucre, coulés sur marbre. La coupe la plus haute est ornée d'un jet d'eau, dont les nappes sont imitées en sucre filé fin. Le plateau sur lequel la tourte est dressée est exécuté dans les mêmes conditions du précédent : l'abaisse inférieure est garnie de petits gâteaux.

Les deux petites pièces de cette même planche, portant les numéros 259, 260, sont établies dans les mêmes conditions que les deux premières, à l'exception que les ornements sont disposés en gradin et non en fontaine; les abaisses de ces gradins sont masquées en pâte à massepain, et bordées; les supports qui ornent les divers étages sont en sucre coulé sur marbre, absolument dans les mêmes conditions que les grands montants d'aigrette, reproduits plus loin au chapitre des accessoires de la pâtisserie. Les plateaux supportant les tourtes sont établis dans le même ordre que les précédents, c'est-à-dire qu'ils sont bordés et garnis de petits gâteaux.

Les ornements de la petite pièce portant le numéro 261 (pl. 73), se composent de quatre cornes d'abondance en nougat, groupées sur une abaisse adaptée à la tringle centrale; les cinq montants groupés au-dessous d'elles comme pour les soutenir sont en sucre coulé sur marbre. Les fruits des cornes d'abondance sont glacés au sucre ; les fleurs et l'ananas que porte la coupe du haut sont imités en pâte à massepain. Le plateau sur lequel la tourte est dressée, n'est pas couvert avec du papier dentelé, car l'espace laissé libre doit être garni avec des petits gâteaux ou des petites caisses de fruits glacés. Les ornements de la petite pièce portant le numéro 262 sont exécutés en pâte d'amandes gommée; c'est une coupe en trois divisions, posée sur un pied ornementé, dont la base forme gradin ; les fruits garnissant les coupes et ceux groupés autour des gradins sont mangeables : ils sont glacés au sucre. La petite corbeille de forme allongée, disposée sur le centre des coupes, et d'où s'échappent trois nappes d'eau, est aussi imitée en pâte d'amandes; les nappes d'eau sont imitées en sucre fin.

Les deux dernières pièces de cette planche, dessins 263, 264, représentent deux gâteaux de broche ornementés dans le même ordre, mais avec des détails différents. Le premier de ces gâteaux est placé sur une large abaisse en pâte d'office à laquelle adhèrent les ornements ; ceux-ci se composent d'une sorte de charpente à deux étages, formant pyramide; le premier étage s'arrête à l'extrémité du gâteau, sur laquelle est collée une abaisse en pâte, formée en anneau plat; c'est sur cet anneau que prennent appui les ornements du deuxième étage. Cette charpente se compose de tresses courbées, en pâte d'amandes cuite, sur lesquelles sont symétriquement disposées des feuilles de chêne de belle nuance, collées au sucre, ornementées soit avec de petits bonbons, soit avec des fruits confits.

La coupe disposée sur le haut de la charpente doit être légère, car elle n'a aucune tringle pour soutien; elle pose seulement sur une petite abaisse, où viennent aboutir les quatre tresses du deuxième étage. Quand le gâteau est ornementé dans les conditions où il est reproduit, on le glisse sur un large plateau posant sur quatre pieds, et dont la surface est masquée d'un rond de papier dentelé.

L'ornementation appliquée à la dernière pièce de cette planche semble ne nécessiter aucune explication de détail, puisqu'elle est en quelque sorte identique à celle de la première.

Dessin 265.

Dessin 266.

DESSINS 265 A 276. — PETITES PIÈCES EN PATE D'AMANDES

PLANCHES 74, 75, 76.

Les petites pièces reproduites dans les trois planches de cette série, quoique différant de celles insérées à la précédente série, sont cependant destinées à remplir le même rôle, c'est-à-dire à être servies dans les dîners familiers, comme pièce de milieu. Elles sont le plus ordinairement exécutées en pâte d'amandes cuite[1], à laquelle on allie avec avantage la pâte à massepain, la pâte d'amandes gommée, la pâte à feuilles de chêne, le nougat et le sucre coulé. Le genre de ces pièces ne comporte aucun luxe artistique : la simplicité leur sied mieux; elles n'exigent ni rochers, ni tambours : un plateau en bois posant sur quatre pieds, masqué en pâte blanche, et bordé, voilà tout.

Le premier modèle de la planche 74 est reproduit dans ces conditions, et elles lui suffisent. Mais, comme ces petites pièces ne sont, en somme, que des modèles, on peut fort bien les modifier ou les exécuter en pastillage; en ce dernier cas on peut les dresser sur rocher ou sur tambour, au même titre que les pièces ornementales. Cependant il est un point qu'il ne faut pas perdre de vue, c'est que ces pièces ne peuvent guère être exécutées qu'en petit format : les grandes allures leur seraient plus nuisibles qu'avantageuses; on ne doit donc pas leur donner plus de 50 à 60 centimètres de hauteur.

Le premier sujet de cette planche constitue un modèle coquet, d'un joli effet et d'une exécution facile. Il est à deux étages de forme hexagonale, dont le plus élevé est surmonté d'une flèche. Les étages sont divisés par une simple abaisse en pâte cuite. Les six colonnes du premier étage sont coulées en sucre à caramels, dans des moules en métal; elles pourraient tout aussi bien être coulées en sucre de conserve ou exécutées en nougat; dans les deux cas, leur fût est enlacé tout au long avec de petites guirlandes en pâte à massepain levée à la planche.

Les colonnes du premier étage peuvent être moulées en pâte à massepain, mais en deux parties, et avec un support intérieur; elles peuvent aussi être coulées en sucre de conserve.

Les ogives détachées, formant la frise des étages, sont exécutées en pâte d'amandes; elles sont coupées sur patron, cuites à four doux, refroidies sous presse, puis, décorées au cornet, ou ornées avec des détails en pâte à massepain.

Mais on peut aussi couler ces ogives en sucre, sur marbre, autour d'un cordon en glace-royale, poussé au cornet sur les lignes tracées au crayon, dans le genre des supports de grandes aigrettes.

Les guirlandes reliant les ogives du premier étage sont en sucre coulé sur marbre; celles du deuxième étage sont levées à la planche. Les ifs disposés entre les ogives sont, comme celles-ci, en pâte d'amandes. La flèche du deuxième étage est en pâte d'amandes; les arêtes des angles sont en sucre ou en pâte à massepain.

1. Les pâtes cuites qui conviennent le mieux sont : la pâte aux amandes (page 219) qui ne rouge pas à la cuisson puis la pâte d'amandes pour charlotte (page 13); la pâte à ruche dont voici les proportions : 500 grammes amandes, 750 grammes sucre, 250 grammes de farine, 4 blancs d'œuf. — Pilez finement les amandes avec un peu de blanc; ajoutez le sucre, puis du blanc d'œuf pour former une pâte molle; travaillez la pâte avec les mains, sur la table, en incorporant la farine.
Voici la recette d'une pâte d'office qui mérite l'attention du praticien; elle est de confection simple et elle ne boursoufle pas à la cuisson : faire la fontaine avec la farine; détremper avec un quart de litre d'eau chaude dans laquelle on aura mis à fondre 250 grammes de sucre en poudre; cette pâte doit reposer longtemps, à couvert.

PETITES PIÈCES DE CONFISEURS.

L'assise sur laquelle porte la pièce, est en pâte d'office aux amandes; elle est ornée d'une balustrade; en servant la pièce, l'espace libre entre l'assise et la bordure du plateau, doit être garni de petits gâteaux.

La pièce portant le numéro 266, se compose d'une colonnade à toiture inclinée, surmontée d'un petit pavillon de forme hexagonale, également surmonté d'une toiture inclinée. Les toitures et le pavillon sont exécutés en pâte d'amandes; les ornements appliqués à leur surface sont ou découpés sur de la pâte à massepain, ou poussés au cornet, en glace-royale. Les bordures et balustrades sont en pâte à massepain, levée à la planche. Les colonnes sont coulées en sucre de conserve; les petites guirlandes qui les entourent sont aussi levées à la planche.

La petite pièce portant le numéro 267 (planche 74) est d'un fort joli aspect, son assise, en forme de tour, est exécutée sur une charpente en pâte d'office aux amandes; elle est fixée sur une abaisse en pâte, puis plaquée avec des bandes de biscuits à la cuiller ou biscuit-punch, coupées en imitation de pierres de taille, et collées avec de la marmelade ou de la glace. Les surfaces de ce biscuit sont ensuite humectées en différents endroits, avec un pinceau imbibé de glace-royale, sur laquelle on saupoudre des pistaches hachées. Les plantes grimpantes sont imitées avec de la pâte à massepain nuancée en vert-tendre. La rampe de l'escalier, de même que la balustrade sont levées à la planche.

Les colonnes du petit pavillon que l'assise supporte, sont coulées en sucre à conserve; la corniche et la coupole sont en pâte à massepain. Mais la coupole et l'assise peuvent fort bien être exécutées en beau nougat, et les colonnes en sucre à caramels, coulées dans des moules en métal.

En tous cas, la pièce doit être dressée sur un plateau posant sur quatre pieds, entouré à sa base avec des petits gâteaux.

Le dernier modèle de la planche 74, dessin 268, est à deux étages, minutieusement ornementés. L'étage principal est en pâte d'amandes, de forme hexagonale, dont les faces sont percées à jour, laissant voir à l'intérieur une petite fontaine imitée en sucre. Les surfaces et les angles de l'étage sont ornés en relief, soit avec des liserons ou autres détails en pâte d'amandes, levés à la planche, soit avec un décor en glace-royale, poussé au cornet. Cet étage est posé sur une assise ronde, en pâte, vide, fixée sur un plateau bordé, posant sur quatre pieds.

L'étage supérieur est formé d'une colonnade portant un dôme; elle est disposée sur une assise basse; l'assise et le dôme sont exécutés avec la même pâte que l'étage inférieur; le dôme est ornementé dans le même ordre. Les colonnes sont coulées en sucre de conserve; elles sont entourées de guirlandes en pâte à massepain, levées à la planche. La balustrade disposée à leur base est aussi levée à la planche.

Le corps de l'étage principal, ainsi que le dôme et son assise, peuvent très bien être exécutés en nougat; en ce cas les colonnes doivent être coulées en sucre à caramels.

Le premier modèle de la planche 75 est à deux étages de forme hexagonale, posant sur une assise à six pans dont les angles sont saillants et arrondis; cette assise est en pâte cuite, vide, plaquée et décorée en pâte à massepain. Les colonnes torses sont coulées en sucre à conserve ou en sucre à caramels. Les ogives sont exécutées en sucre rose coulé sur marbre, entre deux cordons de glace-royale; les guirlandes qui les relient, et celles reliant les colonnes sont en pâte à massepain, levées

Dessin 269.

Dessin 270.

Dessin 273.

Dessin 274.

à la planche sur une petite bande en tulle. Au centre de la balustrade est disposée une statuette posant sur un petit socle, et entourée d'une balustrade ; elle est moulée en pâte ou coulée en sucre.

Le deuxième étage consiste aussi en une colonnade, en retraite sur la première. Les colonnes sont coulées en sucre, mais rayées, à l'aide d'un cordon de glace-royale ; elles supportent un petit entablement formant corniche. Cet étage est surmonté d'un petit vase garni de fleurs imitées posant sur un petit socle, et entouré d'une balustrade à jour.

La pièce représentée par le dessin 270, planche 75, est de forme hexagonale, à deux étages en retraite l'un sur l'autre ; elle est fixée sur une assise circulaire, en pâte d'amandes ; mais la toiture est établie sur une charpente masquée avec des bandes de pâte à massepain, ciselées et disposées à cheval l'une sur l'autre. Les balustrades sont levées à la planche, chacune des façades de la pièce est percée en arceau, et décorée en relief avec des détails en pâte à massepain.

Cette pièce peut aussi être exécutée en nougat ; en ce cas les deux balustrades sont en sucre coulé sur marbre. La pièce est représentée dressée sur un plateau bordé, posant sur quatre pieds.

La pièce représentée par le numéro 271 est à deux étages, montés sur charpente. — Le premier étage consiste en une colonnade fixée sur une base en pâte cuite, supportant un entablement circulaire, en forme de toiture inclinée, portant un pavillon à coupole, de forme hexagonale, dont les façades sont percées à jour. L'entablement et le pavillon sont exécutés sur une mince charpente en pâte d'amandes, plaquée avec des détails en pâte à feuilles de chêne. Les grandes colonnes de l'étage principal et celles appliquées aux angles du pavillon sont également montées sur charpentes en pâte cuite, plaquées avec des petites feuilles courbes, en imitation de palmier. La bordure du pavillon et la balustrade de la toiture sont en pâte à massepain, levées à la planche. Les petits détails d'ornement sont également en pâte à massepain.

La dernière pièce de cette planche, portant le numéro 272, est à deux étages, de forme circulaire, montés sur une assise graduée. L'étage principal est disposé en colonnade supportant un entablement à corniche, et portant sur son centre un petit pavillon à colonnade et à dôme posant sur une petite assise circulaire ; cette pièce peut être exécutée en pâte d'amandes mangeables ou pâte d'amandes gommée ; avec des moules adaptés, elle pourrait être exécutée en beau nougat. Comme variété la coupole et l'entablement peuvent être exécutés en pâte d'amandes et les deux colonnades coulées en sucre à caramels ou en sucre de conserve.

Le premier modèle de la planche 76 représente une pyramide portée sur un socle ouvert sur les quatre faces. Le socle et la pyramide sont exécutés en pâte d'amandes ; les ornements appliqués et les petits vases disposés sur les angles du socle sont en pâte à massepain. L'assise sur laquelle la pièce est posée est en pâte d'office aux amandes, de forme circulaire ; elle est fixée sur un plateau bordé, posant sur quatre pieds.

En changeant l'ornementation de la pièce, on peut facilement l'exécuter en beau nougat ; la forme s'y prête. — Comme variété, cette pièce peut aussi être exécutée sur une charpente en pâte d'office aux amandes, collée sur l'assise, plaquée en biscuit-punch et décorée.

Le modèle portant le numéro 274 (planche 76) est à deux étages, de forme hexagonale ; la colonnade porte sur une assise en pâte d'office, peu élevée, vide ; l'entablement, le corps du pavillon supérieur et sa coupole sont exécutés en pâte d'amandes; les façades du pavillon sont percées à jour, chacune par une fenêtre, fermée sur l'arrière avec une petite draperie et un grillage. Les colonnes sont coulées en sucre de conserve; les guirlandes qui les relient sont levées à la planche, sur une étroite bande de tulle, la balustrade de l'entablement est aussi levée à la planche.

Le corps du pavillon, sa coupole, l'entablement du premier étage et la base qui les supporte peuvent être exécutés en beau nougat ; en ce cas les colonnes sont coulées en sucre à caramels

Le modèle représenté par le numéro 275 (planche 76) peut être exécuté tout en pâte à massepain, mais alors les colonnes sont moulées en deux pièces, dans un moule en plâtre; en ce cas, elles doivent être soutenues intérieurement par un support en fil de fer.

L'entablement de la colonnade et le dôme qu'elle supporte sont d'abord exécutés sur une charpente en pâte d'office aux amandes, mince, qu'on plaque et qu'on ornemente avec de la pâte à massepain; le dôme de la petite colonnade surmontant la première, est exécuté dans les mêmes conditions.

Le modèle représenté par le dessin 276 (planche 76) est à deux étages : une colonnade posant sur une petite base circulaire, portée sur une assise peu élevée, de forme carrée, fixée sur une simple abaisse en pâte cuite. L'assise et le dôme de la colonnade peuvent être exécutés en pâte d'amandes; en ce cas, les colonnes sont coulées en sucre à conserve.

Mais la pièce serait d'un très joli effet, montée sur une mince charpente en pâte d'amandes, plaquée en biscuit-punch; les colonnes doivent être alors moulées en pâte d'amandes gommée, dans un moule en plâtre, en deux parties, soutenues intérieurement avec un support en fil de fer. Si l'assise et le dôme étaient exécutés en nougat, les colonnes pourraient être coulées en sucre à caramels, dans des moules en métal.

SOMMAIRE DES PLANCHES 77 A 80

ORNEMENTS ET ACCESSOIRES DE LA PATISSERIE

Dessins 277 a 325. — MODÈLES D'ORNEMENTS
PLANCHES 77, 78, 79, 80.

Les ornements insérés en ces quatre planches sont simplement la reproduction de détails en pastillage levés sur des planches gravées ou coulées.

Les ornements de la première planche de cette série (pl. 77), consistent surtout en feuilles pleines et en feuilles à jour ; les unes et les autres sont également utiles ; les premières sont ordinairement appliquées contre une surface quelconque ; les feuilles à jour, au contraire, sont appliquées en saillie, détachées ; on les emploie souvent comme bordure, mais alors courbées, c'est-à-dire séchées sur une forme plus ou moins arrondie ; entières ou coupées en deux sur le travers, elles sont souvent appliquées à l'ornementation des socles, et même des grosses pièces de pâtisserie.

Les deux modèles portant les numéros 4 et 7 de la même planche, étant à surface uniforme peuvent être doublés [1], et employés comme écusson ou sujet de hâtelets d'entremets.

Avec les différents modèles de feuilles pleines, ou à jour (pl. 77), on peut exécuter de jolies bordures ; mais les plus grandes feuilles coupées peuvent être appliquées contre une surface.

Avec les modèles de cette même planche (n°s 5, 6, 7, 12), exécutés en pâte d'amande gommée, on peut obtenir des bouquets de feuilles groupées en touffes, pouvant être employées comme couronne d'ananas ou groupées en forme de cactus pour orner le centre d'un gâteau d'entremet (voir les modèles dans *la Patisserie d'aujourd'hui*).

Les six modèles de guirlandes de fleurs et de feuilles (pl. 79) sont utilisables pour l'ornementation des pieces. Ces guirlandes sont le plus souvent appliquées contre une surface ; mais celles qui peuvent être suspendues doivent être sorties de l'incrustation à l'aide d'une petite bande de tulle, collée sur le pastillage.

Pour doubler la grappe de raisin ou le régime de bananes il faut deux incrustations. — Quelques sujets de la planche 79 peuvent être levés en pastillage et doublés ; les autres sont plutôt applicables contre une surface lisse : avec le sujet du centre on peut former une jolie pyramide.

Les quatre grands modèles reproduits à la planche 80 peuvent recevoir différentes applications. On peut en tirer bon parti pour l'ornementation des grandes pièces. Le modèle de balustrade ouvragée, est d'un très bel effet et d'un grand secours pour l'ornementation des grands sujets. Elle

---

[1]. Pour que deux empreintes de la même incrustation puissent être doublées, il faut absolument que le sujet soit uniforme sur les contours et les reliefs, c'est-à-dire que la moitié du sujet soit exactement semblable à l'autre moitié ; de cette façon, en collant les deux épreuves, on obtient un sujet à deux faces. Par exemple, pour doubler la feuille à jour, portant le numéro 277, une seule empreinte suffit, tandis que pour doubler l'aigle il en faut deux.

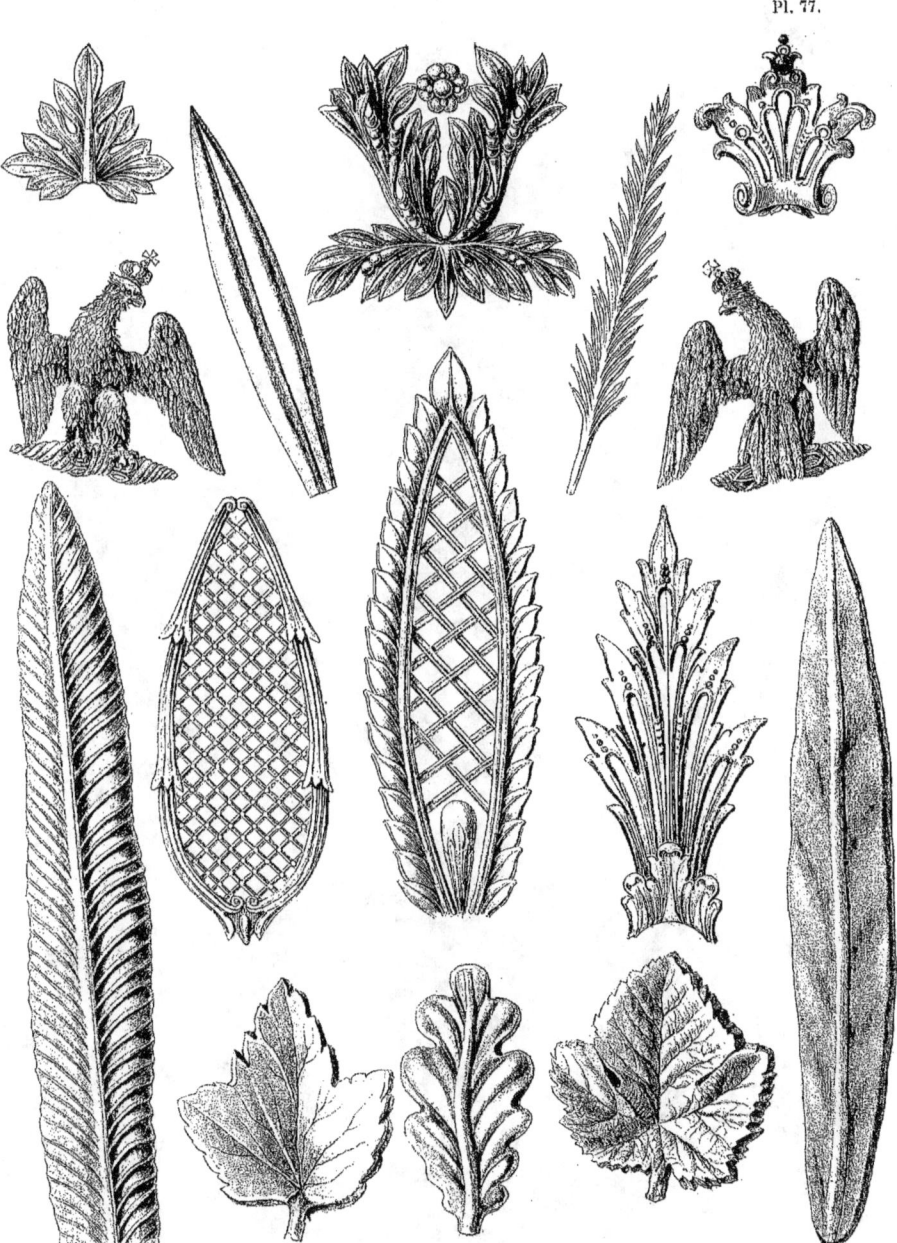

Pl. 79.

peut être appliquée contre une surface ou posée en saillie ; dans les deux cas, elle doit être ser.ie de l'incrustation à l'aide d'une bande de tulle, afin de maintenir les détails d'aplomb. Pour enlever l'empreinte, il faut d'abord la dégager entièrement, peu à peu, à l'aide d'un petit tampon en pastillage ; puis, en humecter les surfaces à l'aide d'un linge humide, et appuyer le tulle dessus ; on l'enlève alors d'un trait ; l'opération est simple.

Les modèles portant les numéros 322, 323, à la planche 80, figurent : le liseron perlé et la planche gravée, à losanges, dont il a été longuement question à la page 270, au sujet de la sultane à grillage reproduite à la planche 29.

Le dessin à losanges ne reproduit qu'une partie de la planche gravée ou plutôt coulée en soufre ; le pointage des lignes indique d'ailleurs que le dessin n'est pas complet. Je n'ai reproduit l'incrustation que pour bien indiquer la dimension exacte des losanges qui, de même que le liseron perlé, sont dessinés de grandeur naturelle.

Le modèle de la sultane, exécutée à l'aide de quatre empreintes de la planche, dans son entier, bien entendu, est représenté par le dessin 324 ; ce dessin indique bien l'assemblage des divisions, et le raccordement des losanges sur la lisière de ces divisions ; les deux lisières se trouvent masquées par le liseron perlé, appliqué en relief : c'est tout ce que j'ai voulu démontrer.

Le fronton reproduit par le dessin 325 a été dessiné de grandeur naturelle ; il peut trouver une application avantageuse dans l'ornementation des grandes pièces.

Dessins 326 a 331. — SUCRE FILÉ, USTENSILES
PLANCHE 81.

Les deux premiers dessins de la planche 81 numéros 326, 327, représentent les poêlons à cuire le sucre, dont j'ai déjà eu lieu de parler ; ils sont en cuivre mince, à fond plat et sans bec ; je parle de ceux à cuire le sucre et non de ceux à le filer [1].

Le dessin 328 représente le poêlon à bec pour couler le sucre : il se distingue surtout des anciens poêlons par la forme du manche : celui-ci est carré. Cette simple différence a pourtant une certaine importance dans la pratique ; le manche carré donne évidemment plus de sûreté et de précision à la main.

Le dessin 329 représente le *filoir* à sucre ; cet ustensile est en cuivre mince, de forme carrée, muni sur le haut d'un couvercle à coulisse, auquel est adapté un manche en bois ; la gravure le représente ouvert ; c'est dans le vide intérieur que le sucre est versé, et c'est par les six tubes du bas, coupés en gouttière, qu'il s'échappe, du moment que le filoir est mis en mouvement. Cet ustensile, très pratique au fond, pourra subir certaines modifications de détail. Le dessin 330 représente ce

---

1. J'ai dans ces derniers temps fait exécuter, d'après l'avis de M. Landry, un poêlon plat argenté à l'intérieur, auquel s'adapte un couvercle en fer-blanc, à rebords saillants, et percé d'une ouverture sur la partie centrale, afin de laisser échapper la vapeur du liquide ; je suis d'avis que les poêlons plats sont préférables aux poêlons creux pour cuire le sucre, car celui-ci cuit plus promptement, et par ce fait est moins exposé à fuir. Quant à l'argenture du poêlon à cuire, elle est essentiellement pratique ; dans ces vases, le sucre reste très blanc, et il est moins sujet à grainer que s'il cuisait dans tout autre vase.

Pl. 80.

Dessin 321.

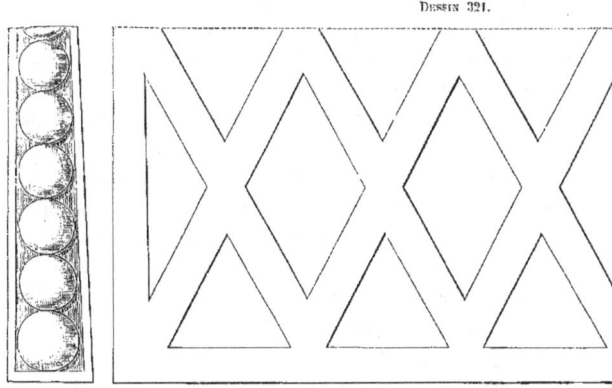

Dessin 322.   Dessin 323.

Dessin 324.

même filoir rempli de sucre cuit, fermé et prêt à être mis en mouvement. J'ai précédemment décrit la méthode de filer le sucre *à la cuiller*, et celle de le couler sur matrice pour l'exécution des *sultanes*; je vais maintenant décrire la méthode de filer le sucre *à la jetée*, c'est-à-dire de le filer en fils fins, formant des gerbes. Pour obtenir du beau sucre filé fin, de belles nappes se conservant intactes, il faut absolument opérer avec du sucre de canne; c'est celui, en effet, qui donne les meilleurs résultats. On file fin le sucre par deux méthodes différentes; la plus ancienne, celle employée jusqu'ici, se pratique à l'aide d'une cuiller; par la méthode nouvelle, on opère à l'aide du *filoir* (330). — Voici d'abord la méthode de filer le sucre à la cuiller : Aussitôt que le sucre est cuit au degré voulu, c'est-à-dire au grand *cassé*, versez-le dans un petit poêlon étroit en haut, afin que la couche soit plus épaisse; placez le poêlon sur un petit plafond, en l'appuyant sur une épaisse couche de cendres tièdes, afin que le sucre se maintienne au même degré. Prenez, de la main droite, une cuiller de table, en argent; trempez-la dans le sucre; laissez égoutter celui-ci jusqu'à ce qu'il n'en découle qu'un cordon. Prenez alors, de la main gauche, un long couteau de cuisine; tenez-le horizontalement à la hauteur de l'épaule, et filez le sucre, en agitant verticalement la cuiller de gauche à droite et de droite à gauche, au-dessus du couteau, afin que les fils du sucre, en se détachant de la cuiller, viennent se poser à cheval sur la lame de ce couteau, et forment ainsi, peu à peu, une gerbe soyeuse, brillante, légère, sans gouttes : toute l'opération est là. A mesure que les gerbes sont volumineuses, enlevez-les pour les ranger en long, sur une table bien propre. — Pour filer convenablement le sucre, il faut opérer dans un lieu à l'abri de courants d'air, et étaler devant soi, sur le parquet, quelques plaques longues, afin que les extrémités de la gerbe du sucre filé ne traînent pas sur le sol.

Voici maintenant la deuxième méthode : prenez un *filoir* [1] en cuivre étamé, à six tubes, propre, bien sec; chauffez-le légèrement, essuyez-le bien, et versez dedans du sucre cuit au *cassé*, blanc ou nuancé; fermez-en aussitôt l'ouverture, puis filez le sucre, en agitant vivement le *filoir* au-dessus d'un manche de spatule, soutenu horizontalement sur la table à l'aide d'un poids; filez-le jusqu'à ce que la gerbe soit formée; enlevez-la aussitôt pour recommencer le filage. Quand le sucre commence à refroidir, chauffez le *filoir*, en présentant tour à tour les surfaces au feu; recommencez ensuite à filer [2]. Cette méthode de filer le sucre *à la jetée* est certainement avantageuse, en raison de la célérité avec laquelle on peut opérer; aussi bien elle est simple et facile, et d'autant plus expéditive que les fils du sucre, découlant de six tubes à la fois, fournissent en quelques minutes une gerbe abondante : tout le monde est à même de comprendre les avantages de cet ustensile, dû à l'invention de M. A. Landry.

1. On trouve à acheter ces filoirs chez M. Glaize, rue des Capucines, à Paris.
2. Quand on a beaucoup de sucre à filer, voici comme on doit opérer pour ne pas en perdre. On cuit d'un bloc, le sucre dont on suppose avoir besoin, en opérant exactement comme il est dit plus haut. Aussitôt qu'il est à point, on le verse sur un marbre très légèrement huilé, pour le laisser refroidir. Quand on veut filer le sucre, on en prend la quantité voulue, on le coupe en petits morceaux, on met ceux-ci dans un petit poêlon chaud, et on le fait fondre à la bouche du four, sans laisser prendre couleur au sucre. Si le sucre est bon, s'il est cuit à point, il fond instantanément.

Pl. 84.

Dessin 326.   Dessin 327.   Dessin 328.

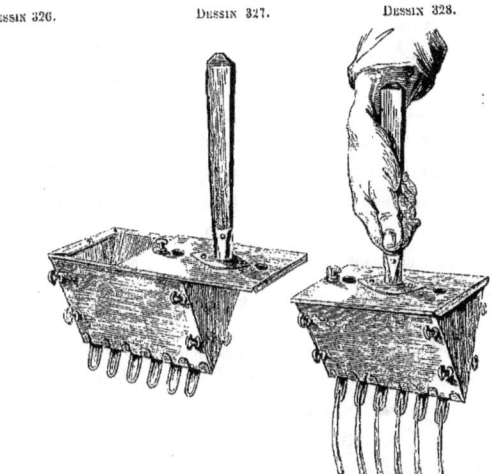

Dessin 329.   Dessin 330.

Dessin 331.

Dessins 332 a 337 — MODÈLES DE MONTANTS D'AIGRETTE, COULÉS EN SUCRE, SUR MATRICES

PLANCHES 82, 83, 84.

Les montants d'aigrette, en sucre, sont exécutés d'après deux méthodes différentes. La première, celle pratiquée jusqu'ici, consiste à tracer sur un marbre, à l'aide d'un crayon, les contours du montant qu'on veut exécuter; on huile ensuite le marbre; puis, prenant de la main droite une cuiller trempée dans du sucre au *cassé*, on le laisse égoutter à point, et on le coule en cordons réguliers, sur le marbre, en suivant les contours tracés : voilà toute la méthode. Ces montants sont plus ou moins réguliers, les cordons du sucre sont plus ou moins correctement coulés, selon l'habileté de celui qui opère. Pour exécuter ces montants dans des conditions irréprochables, il faut non seulement une main exercée, mais aussi du bon sucre, bien cuit.

La deuxième méthode, est celle émise et propagée par M. *Landry;* par cette méthode, les difficultés sont moins grandes : elles diminuent en raison des auxiliaires dont on dispose ; l'opération est par elle-même très simple. Ici, on n'opère plus sur le marbre, en suivant les contours d'un dessin tracé ; on opère sur des matrices huilées, dont les ornements sont en creux, absolument comme pour les sultanes coulées sur plaques gravées en grillage. Toute l'opération se résume donc dans le nombre et le choix des matrices dont on dispose; celles-ci étant peu coûteuses, on peut facilement en former une collection variée. Le coulage du sucre dans une matrice en métal a pour premier résultat un avantage très important, impossible à méconnaître ; c'est de donner un cordon complet, c'est-à-dire arrondi en dessous comme au-dessus; cet avantage, on ne peut l'obtenir en opérant sur la surface d'un marbre, car alors le cordon de sucre ne peut être arrondi du côté qui touche au marbre.

Mais pour couler le sucre dans des matrices, il faut nécessairement en avoir un nombre suffisant, cela se comprend ; car s'il fallait attendre que l'ornement soit refroidi et retiré de la matrice pour en filer un autre, il ne serait plus possible d'agir avec célérité ; il est donc indispensable d'avoir autant de matrices en métal que l'aigrette comporte de montants. C'est là une simple question de dépense insignifiante, ayant cependant des résultats importants. Le premier, c'est de faciliter l'opération et de l'accélérer ; mais le point essentiel, c'est qu'on obtient ainsi des aigrettes absolument de même nuance, attendu qu'un seul poêlon de sucre doit suffire à couler les montants d'une aigrette, sans interruption ; tandis que si l'on est obligé, soit de réchauffer le sucre, soit d'en cuire à nouveau, on s'expose à ne pas l'obtenir semblable.

On peut couler le sucre dans le creux des matrices en métal, soit à l'aide d'un petit poêlon ou d'une cuiller de table, absolument comme on coule sur le marbre ou dans les rayons de la plaque à sultane. Mais on peut aussi le couler avec une plus grande précision, à l'aide d'un cornet de fort papier bien chauffé, dans lequel le sucre est versé : il suffit de bien le fermer, puis de le faire couler en pressant, absolument d'après la même méthode qu'on pousse les cordons de glace-royale ; il faut simplement avoir la précaution d'envelopper le cornet dans un petit linge, ou plutôt d'une petite poche en toile, autant pour conserver plus longtemps la chaleur du sucre que pour prévenir tout accident.

Pl. 82.

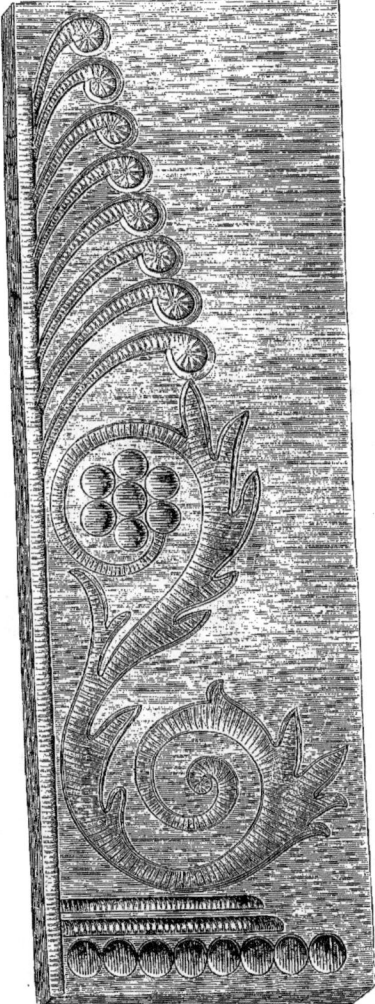

Dessin 332.

Dessin 333.

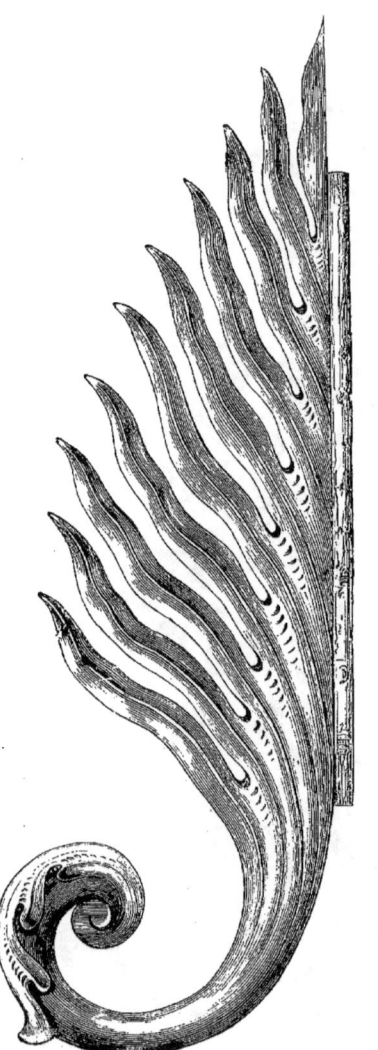

Dessin 334.

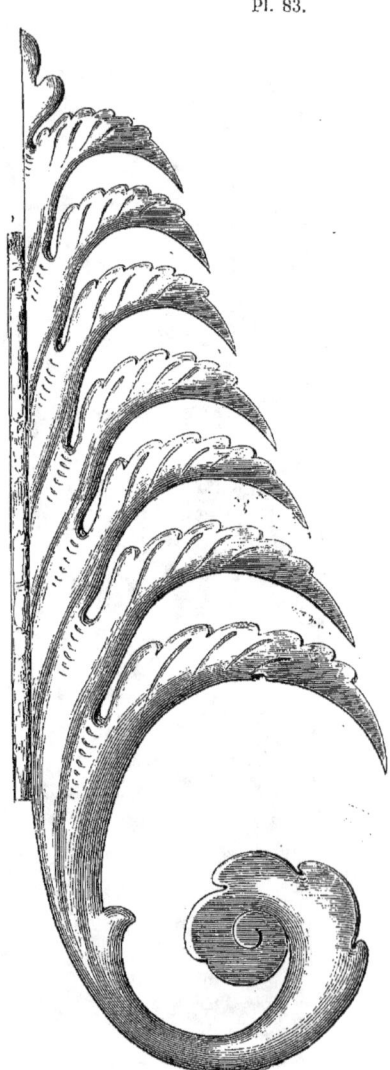

Dessin 335.

Pl. 84.

Dessin 336.   Dessin 337.

Le filage du sucre à l'aide du cornet est peu pratiqué, je le sais; mais c'est précisément ce motif qui m'engage à le préconiser, puisqu'il est praticable, et qu'en résumé, mieux que le poêlon ou la cuiller, il remplit les conditions voulues. Moi aussi j'ai longtemps douté de l'efficacité de ce procédé, mais enfin j'ai pu me convaincre de ses avantages; et voilà pourquoi je n'hésite pas à reconnaître sa valeur. En effet, le cordon qui tombe d'un cornet coupé de dimension voulue sera toujours plus correct, plus régulier que celui qu'on peut obtenir d'un poêlon ou d'une cuiller. Néanmoins, j'estime que ce procédé est encore susceptible d'amélioration. Je me suis souvent demandé s'il ne serait pas possible d'obtenir un résultat plus parfait avec des cornets en fer-blanc, adaptés à une poche, et munis d'un double fond qu'on emplirait d'eau bouillante, afin de maintenir le sucre chaud et liquide jusqu'au dernier moment. Je donne ce problème à résoudre aux hommes du métier qui aiment à marcher avec le progrès.

Les dessins portant les numéros 233 à 237 représentent des montants d'aigrettes, coulés d'une seule pièce dans des matrices en plomb.

Le premier dessin de la planche 82 représente un modèle de ces matrices gravées en creux; celle-ci a été dessinée sur nature; elle mesurait 20 centimètres de hauteur. Je possède un grand nombre de ces matrices creuses, dans lesquelles les montants d'aigrette que je reproduis ont été coulés. Ce sont les fondeurs qui se chargent de l'exécution de ces matrices, il suffit de leur donner un dessin exact pour les obtenir.

Dessins 338 a 345. — MODÈLES D'AIGRETTES EN SUCRE COULÉ
PLANCHES 85, 86.

Les grandes aigrettes en sucre sont destinées à former le couronnement des grosses pièces de pâtisserie, auxquelles elles apportent une élégance considérable, d'autant plus appréciable qu'elle devient en quelque sorte obligatoire, attendu que la plupart de ces pièces, servies sur socle ou sur tambour, exigent d'être surmontées d'un sujet ornemental.

Les aigrettes en sucre, quel qu'en soit le genre et la nature, sont d'une exécution délicate, minutieuse et ingrate, car le moindre défaut en diminue le mérite et la valeur; or donc, pour rendre ces sujets dans des conditions irréprochables, il faut nécessairement leur porter la plus grande attention. — Ces aigrettes sont toujours composées de cinq à six montants, coulés sur marbre ou dans des matrices gravées en creux.

Pour former ces aigrettes, les montants doivent être assemblés sur une pastille ronde et mince, en sucre au *cassé*, coulé sur un marbre légèrement huilé. Si les sujets sont compliqués, il convient de fixer au centre de cette base une mince baguette en sucre sur laquelle prennent appui les principaux montants.

Le sucre cuit, destiné à la confection des aigrettes, doit rester aussi blanc que possible, du moment qu'il n'est pas nuancé; si on le nuance, ce ne doit être qu'avec du carmin végétal, limpide, de façon à lui donner une belle nuance rose. Les nuances vertes, bleues ou jaunes ne conviennent pas pour le sucre filé.

ACCESSOIRES ET ORNEMENTS DE LA PATISSERIE.

L'aigrette représentée par le dessin 338 est une des plus élégantes et des moins compliquées. Elle se compose de cinq montants en *esses* groupés sur une base en sucre, contre une tige centrale; elle est surmontée d'un grand pompon en sucre filé, ayant la forme d'une tulipe fermée, dont la base est ornée de feuilles en sucre tiré. Le gland suspendu dans le vide formé par les cinq montants, est aussi en sucre filé.

L'aigrette représentée par le dessin 339 est plus compliquée que la première; le corps principal se compose de cinq montants en sucre, droits d'un côté, courbés en spirale de l'autre; ils sont groupés autour de la tige, sur une solide pastille masquée, en dernier lieu, avec du sucre blanc filé à la jetée, et ornée avec des détails en sucre rose, coupés à l'emporte-pièce. Cette pastille doit être collée sur un appui central adhérant à la base principale; elle est en outre soutenue par cinq montants courts, dont le côté en spirale est tourné en sens contraire de celui des montants principaux. Cinq autres montants plus petits sont groupés au-dessus de la pastille, de façon à correspondre avec ceux du bas. Le haut de l'aigrette se compose d'un double pompon rose, en sucre filé, fixé sur le centre d'une pastille en sucre; il est entouré, à sa base, de cinq petits montants en spirale, ornés chacun d'une petite clochette montante. Les clochettes pendantes adaptées au groupe central supérieur sont en sucre rose filé, à la jetée; mais elles sont fixées dans des calices en sucre au *cassé*. La division est reliée aux montants du corps de l'aigrette par cinq cordons en sucre, filés sur marbre.

L'aigrette représentée par le dessin 340 doit être exécutée en plusieurs parties. Le corps principal est groupé sur une base formant une sorte de console; celle-ci se compose d'une pastille en sucre, de forme circulaire, portant sur son centre un solide soutien surmonté d'une autre pastille, à laquelle cinq appuis, posés en contrefort, donnent la solidité et le développement nécessaires.

Le corps principal est aussi groupé sur une pastille en sucre, portant la tige centrale de l'aigrette, autour de laquelle sont groupés cinq contreforts à base recourbée et rentrante. Au-dessus de ceux-ci sont groupés cinq montants en arabesques, dont l'extrémité se termine par une olive en sucre filé à la jetée, encadrée d'une rosace de feuilles en sucre *tiré* ou sucre *tors*.

Sur le haut de la tige centrale est fixée une autre pastille ornementée portant un sujet à cinq rameaux, dont chaque extrémité est ornée d'une clochette imitée en sucre blanc, filé à la jetée: l'extrémité du rameau central est ornée d'un pompon droit, en sucre rose.

L'aigrette représentée par le dessin 341 est aussi exécutée en plusieurs parties. La base se compose d'un petit socle à cinq supports, groupés sur une large pastille en sucre; les supports sont coulés en sucre rouge, à caramels, dans des moules en métal; ils sont surmontés d'une pastille, et ornés sur le haut avec des feuilles imitées en sucre *tiré*, disposées de façon à dissimuler la jonction des supports. Le socle porte sur son centre une tige en forme de vase mince et allongé, surmonté d'une baguette en sucre blanc; ce vase est, comme le socle, formé en sucre rose, dans un moule en métal, en deux pièces.

C'est contre ce vase que sont groupés les cinq montants principaux, ornés de petites clochettes pendantes et d'olives encadrées de feuilles: les olives et les clochettes sont imitées en sucre filé à la jetée; les feuilles sont en sucre *tiré*.

Sur le haut de la baguette centrale est fixée une pastille en sucre, ornementée, portant sur son centre une imitation de palmier à cinq montants; les palmes peuvent être exécutées en sucre *tiré*; elles

Pl. 85.

Dessin 338.

Dessin 340.

Dessin 339.

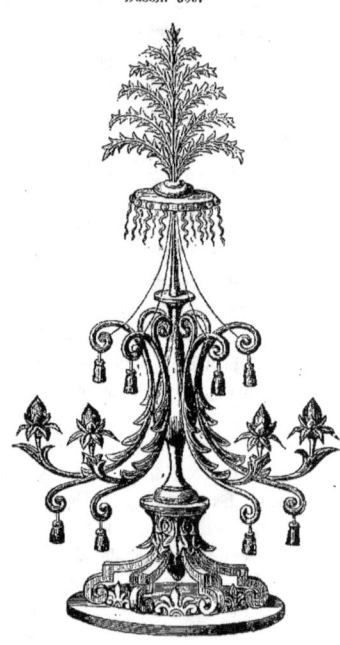

Dessin 341.

Pl. 86.

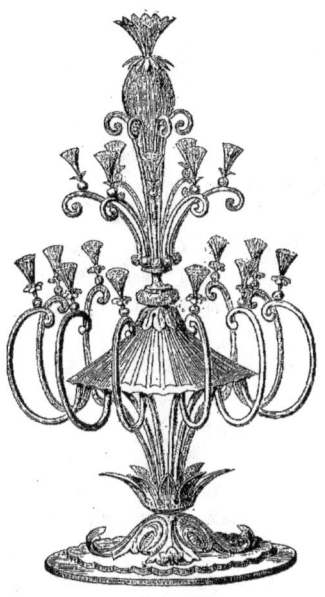

Dessin 342.

Dessin 343.

Dessin 344.

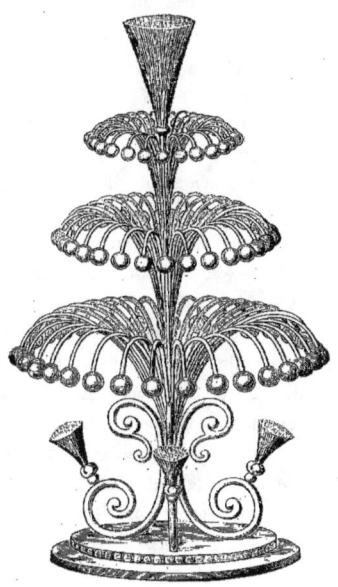

Dessin 345.

sont alors groupées une à une contre une tige de soutien. Mais on peut aussi couler chaque montant d'une seule pièce, soit dans une matrice en métal, soit sur un dessin tracé sur le marbre et entouré d'un cordon de glace-royale.

La première aigrette de la planche 86, numéro 342, est une des plus compliquées ; elle exige une main exercée et compétente. Mais, établie dans de justes proportions, exécutée avec du beau sucre, elle est d'un joli effet. Elle est formée de trois divisions : la base, le corps central et la division supérieure.

La base se compose d'abord d'une double pastille en sucre rouge, coulée sur marbre portant sur son centre un solide appui, surmonté d'une autre petite pastille dont l'épaisseur est dissimulée par des feuilles en sucre, disposées en éventail. L'appui central est aussi dissimulé au regard par un ornement en sucre, filé à la jetée.

Le corps principal est groupé sur une autre pastille portant sur son centre une tige en sucre. Il se compose d'une sorte de dais en forme d'entonnoir renversé, supporté par sept soutiens. Ce dais est formé en sucre coulé à la cuiller, sur un moule à coupe, en fer-blanc ; mais il est masqué en dessus avec des bandes de sucre filé à la jetée, blanc ou nuancé ; les montants qui l'entourent sont au nombre de sept ; ils sont soudés au soutien inférieur avec du sucre, et prennent appui sur le bord du dais. Le haut de ce dais est surmonté d'un pied de coupe, fixé sur une pastille, portant sur le haut une autre pastille ; c'est sur celle-ci qu'est groupée la division supérieure ; elle se compose d'abord de sept montants formant aux deux bouts des enroulements en spirale, disposés en écartement ; puis de cinq autres montants posés debout, tournés en volute sur le haut seulement, formant ainsi un faisceau peu écarté, mais suffisant pour recevoir un pompon de forme conique, surmonté d'un autre pompon évasé, l'un et l'autre exécutés en sucre à la jetée, de nuance rose ; celui des clochettes doit être blanc, mais les clochettes sont fixées dans le creux des calices en sucre.

L'aigrette représentée par le dessin 343 est d'une grande élégance, et en somme peu compliquée, puisque les montants du corps principal et ceux de la base sont d'une seule pièce, et coulés dans la même matrice. Ils sont groupés sur une pastille en sucre, contre une tige centrale qui se continue jusqu'à l'extrémité de la division supérieure ; ils portent sur le centre un pompon formant un double cône, dont l'un renversé et plus large que l'autre ; ceux-ci sont en sucre rose, filé à la jetée. Les clochettes, la chaîne de boules ornant la base, ainsi que le boudin disposé en travers de la tige centrale, au-dessous de la division supérieure, sont également en sucre rose.

L'aigrette représentée par le dessin 344 est certainement plus élégante en nature que sur la gravure. Elle a la forme d'un if à cinq montants ; elle est d'autant plus simple et facile à exécuter, que chaque montant peut être exécuté d'une seule pièce, sur matrice creuse. Ces montants sont groupés sur une pastille en sucre, avec ou sans tige centrale.

La division supérieure est formée de cinq montants enroulés en spirale, groupés debout contre la tige ; le centre du groupe est orné d'un beau pompon rose, en sucre à la jetée. Les boutons sont aussi en sucre rose ; les calices épanouis sont exécutés à l'aide de moules en plomb, trempés dans du sucre au *cassé*.

L'aigrette représentée par le dessin 345 appartient à un genre nouveau ; simple au fond, mais qui ne manque pas d'élégance : elle est exécutée en imitation de palmier. Les tiges courbes peuvent

ACCESSOIRES ET ORNEMENTS DE LA PATISSERIE.

être exécutées sur marbre, coulées au cornet ou à la cuiller, ou dans des matrices en plomb, de trois dimensions différentes. Ces tiges sont en sucre blanc : elles sont groupées autour d'un solide soutien, fixé sur le centre d'une double pastille en sucre, portant chacune à son extrémité une perle en sucre filé rose. Pour donner du dégagement au sujet, la base est simplement entourée de quatre montants enroulés en spirale, et dont chaque volute du bas est ornée d'un petit pompon disposé en éventail.

Dessins 346 a 353. — MODÈLES DE MONTANTS D'AIGRETTE EN SUCRE COULÉ SUR MARBRE

PLANCHES 87, 88, 89, 90.

Les modèles de montants d'aigrette renfermés dans ces trois planches sont exécutés d'après une méthode peu connue en France, mais très suivie en Allemagne, en Russie et en Amérique, partout, enfin, où on travaille le sucre cuit. C'est cette méthode que j'ai tenu à faire bien connaître, en la produisant sous différents modèles que je vais décrire.

Pour exécuter un montant en sucre coulé, quelle qu'en soit la forme et les dimensions, il faut d'abord en tracer le dessin sur du demi-carton blanc, puis avec des ciseaux ou un canif, découper soigneusement le dessin dans tous ses contours. Quand ce dessin est correct, on l'applique sur un marbre bien propre, et on décalque complètement le dessin en suivant les contours du patron à l'aide d'un crayon pointu. Cela fait, on huile légèrement le marbre ; puis, à l'aide d'un cornet de glace-royale, on pousse un cordon sur le marbre, en suivant exactement le tracé. Le cordon de glace doit évidemment être en rapport, comme épaisseur, avec les dimensions du dessin, c'est-à-dire ni trop épais ni trop fin.

Quand la glace est sèche, on cuit du sucre au *cassé*, blanc ou rose, selon le besoin, et on le coule sur le marbre, dans l'espace entouré par les cordons de glace ; on coule ce sucre au poêlon ou à la cuiller ; il faut simplement observer que la nappe de sucre s'étende régulièrement d'une égale épaisseur : l'épaisseur du sucre ne doit pas dépasser celle des cordons en glace-royale.

Avant de dégager ces ornements, il convient de laisser bien refroidir le sucre et de le détacher du marbre avec les plus grandes précautions, afin de ne briser ni le sucre, ni le cordon de glace qui l'entoure ; quand la glace casse, on peut reprendre le cordon avec le cornet, en posant de nouveau l'ornement sur le marbre huilé ; mais, autant que possible, il faut éviter les raccommodages.

Telle est la méthode de couler le sucre sur marbre, soit pour obtenir de simples détails d'ornement, soit pour couler des montants d'aigrettes, dont je donne plus loin un grand nombre de modèles, afin de pouvoir mieux juger de l'effet produit.

Les dessins 346 et 347 peuvent fort bien être employés comme montants de grandes aigrettes, pour servir de couronnement à une grosse pièce de pâtisserie.

Les dessins 348 et 349 sont de simples sujets de fantaisie applicables à l'ornementation de pièces analogues, exigeant un entourage ornementé. On peut voir une application directe des ornements de ce genre dans les accessoires des deux gâteaux de mariage reproduits à la planche 62.

Les dessins 350 à 353 peuvent recevoir différentes applications ; le premier peut fort bien

Dessin 346. Dessin 347.

Pl. 88.

Dessin 348.   Dessin 349.

Dessin 350. Dessin 351.

être employé comme accessoire dans une grande pièce ornementale, dans le genre des deux gâteaux de mariage reproduits à la planche 62 ; mai sa forme se prête peu à être utilisée comme aigrette. Les autres modèles au contraire, peuvent être utilisés dans tous les cas où l'ornementation d'une grosse pièce exige des accessoires gracieux ; mais ils produisent toujours grand effet employés comme montants d'aigrette.

Avec ce genre de montants coulés sur marbre, on peut obtenir des aigrettes d'un très joli effet en les groupant ; les jeunes gens feront bien de s'attacher à cette étude, car ils pourront facilement en tirer de très agréables variétés ; les quelques spécimens produits plus loin suffiront pour les guider.

Ces aigrettes sont surtout d'un aspect distingué, vues le soir sur table, à l'éclat de la lumière.

Dessins 354 a 361. — MODÈLES D'AIGRETTE, EN SUCRE COULÉ SUR MARBRE

PLANCHES 91, 92.

Les montants d'aigrette de ces deux planches sont exécutés sur le marbre, d'après la méthode dont je viens de parler dans le chapitre précédent. J'ai tenu à donner une démonstration pratique de ces jolies aigrettes qui devraient être adoptées partout comme motif de variété. L'effet qu'elles produisent est indiscutable, et, en somme, il ne s'agit pas d'être un grand praticien pour se risquer à leur exécution, c'est donc un double motif pour encourager les hommes du métier à leur prêter toute l'attention qu'elles méritent.

Ces aigrettes sont composées chacune de cinq à six montants assemblés et collés sur une pastille en sucre, sans qu'il soit nécessaire de les maintenir par une tige centrale. Le sucre des montants peut être ou blanc ou rose, quelquefois on emploie les deux nuances en les alternant ; dans les deux cas, le sucre des montants est toujours entouré d'un cordon de glace blanche, si le sucre est de nuance rosée, le sucre des montants est blanc.

Les pompons et les clochettes qui ornent les aigrettes sont en sucre filé à la jetée. Les dimensions de ces aigrettes sont les mêmes que celles données aux aigrettes en sucre, coulées dans les matrices ; elles varient de 15 à 30 centimètres de hauteur, selon que les pièces auxquelles elles sont destinées sont plus ou moins élevées.

Dessins 362 a 400. — MODÈLES DE BORDURES EN PASTILLAGE

PLANCHES 93, 94.

Les bordures destinées à l'ornementation de la pâtisserie sont exécutées en pastillage ou en glace-royale ; dans le premier cas, elles sont levées à la planche ; dans le second, elles sont poussées au cornet. Les deux genres sont également pratiqués : les bordures en pastillage sont plus expéditives, celles en glace plus minutieuses, plus difficiles à obtenir régulières

Pl. 91.

Dessin 354.

Dessin 355.

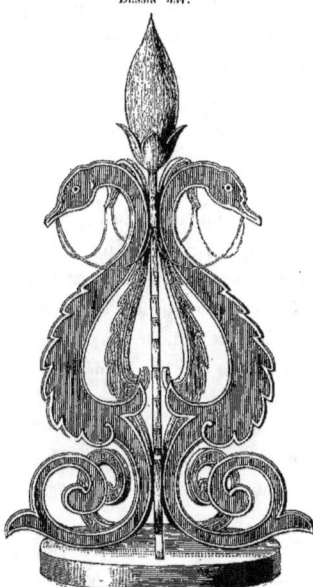

Les bordures en pastillage sont de deux genres : celles destinées à être posées debout ou pendantes, et celles qui sont appliquées contre une surface quelconque.

Les bordures pouvant être appliquées, sont celles qui n'ont ni base ni encadrement, comme aussi les liserons et les moulures. Mais la plupart des bordures en pastillage peuvent être appliquées contre une surface, dès qu'on en a détaché la base.

Les bordures en pastillage sont le plus ordinairement employées à l'ornementation des socles et gradins, des pièces-montées de pâtisserie, et des gradins à supports pour entremets ; celles destinées à l'ornementation des socles sont le plus souvent doubles, c'est-à-dire collées sur l'épaisseur de l'abaisse, l'une montante, l'autre pendante ; dans ces conditions, elles sont toujours d'un joli effet, surtout si l'on a soin de leur donner l'évasement nécessaire : simples ou doubles, les bordures perpendiculaires ne sont jamais gracieuses.

Les bordures en pastillage doivent rester de couleur naturelle, c'est-à-dire aussi blanches que possible.

Toutes les bordures en pastillage, reproduites ici, étant dessinées de grosseur naturelle, d'après des planches originales, peuvent, par ce fait, être données aux graveurs comme modèles ; mais, si l'on dispose d'un modèle en relief, ou plutôt d'une empreinte en pastillage, on peut obtenir une matrice creuse, soit à l'aide du soufre fondu, soit à l'aide de la galvanoplastie.

Les planches à bordure, qu'elles soient gravées ou coulées en soufre, doivent être aussi longues que possible ; les belles planches ont la longueur de 40 à 50 centimètres : plus elles sont longues, moins elles exigent de soudures, ce qui est au fond un grand avantage, car les soudures sont difficiles à bien raccorder, et présentent par ce fait certaines difficultés. Mais aussi, plus les planches sont longues, plus il est difficile d'en retirer l'empreinte. Cependant, avec les précautions nécessaires, avec la pratique surtout, on surmonte facilement l'obstacle.

Les planches en bois exigent d'être entretenues bien propres ; mais il convient de les laver le moins souvent possible, celles en bois du moins, car l'humidité les expose à gondoler, si elles ne sont pas bien séchées ou séchées violemment. Les planches en bois sont nettoyées à l'aide d'une brosse, jamais avec le couteau.

Pour prendre les empreintes sur les planches gravées, il faut avant tout du bon pastillage, lisse, élastique, bien rempli, bien reposé. On le divise et on roule chaque partie sur un marbre ou une table très propre, en lui faisant prendre la forme d'un boudin dont l'épaisseur et la longueur sont proportionnées aux dimensions du creux ; ce boudin est alors posé directement sur le creux préalablement saupoudré avec de l'amidon ; on l'appuie d'abord avec la main, afin de consolider le pastillage, puis on l'appuie avec le rouleau, sans violence, mais à plusieurs reprises, pour que la pâte pénètre dans tous les creux de la gravure. C'est alors qu'à l'aide d'un couteau mince et flexible, on coupe la pâte dépassant le niveau du creux, avec la main droite, juste à niveau des parties creuses, en commençant d'un bout, sans désemparer, jusqu'à l'autre bout, mais en ayant soin d'appuyer le pastillage avec la main gauche. Si l'empreinte était très large ou très longue, il faudrait ciseler le pastillage à niveau, en long ou en travers, et l'enlever par petites portions.

Pour qu'une bordure soit bien coupée, tous les creux de la gravure doivent être remplis, et les contours de l'ornement rester sans mâchures ; on corrige les imperfections de la bordure, dans la

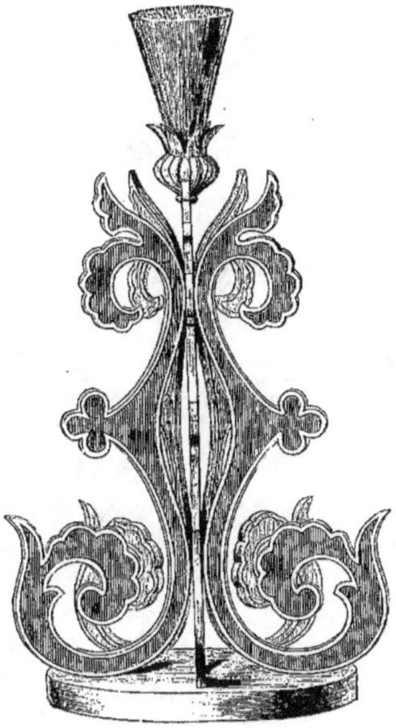

Pl. 92.

Dessin 358.

Dessin 359.

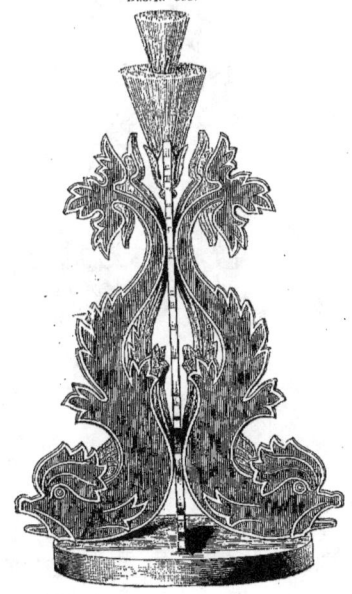

Dessin 360.

Dessin 361.

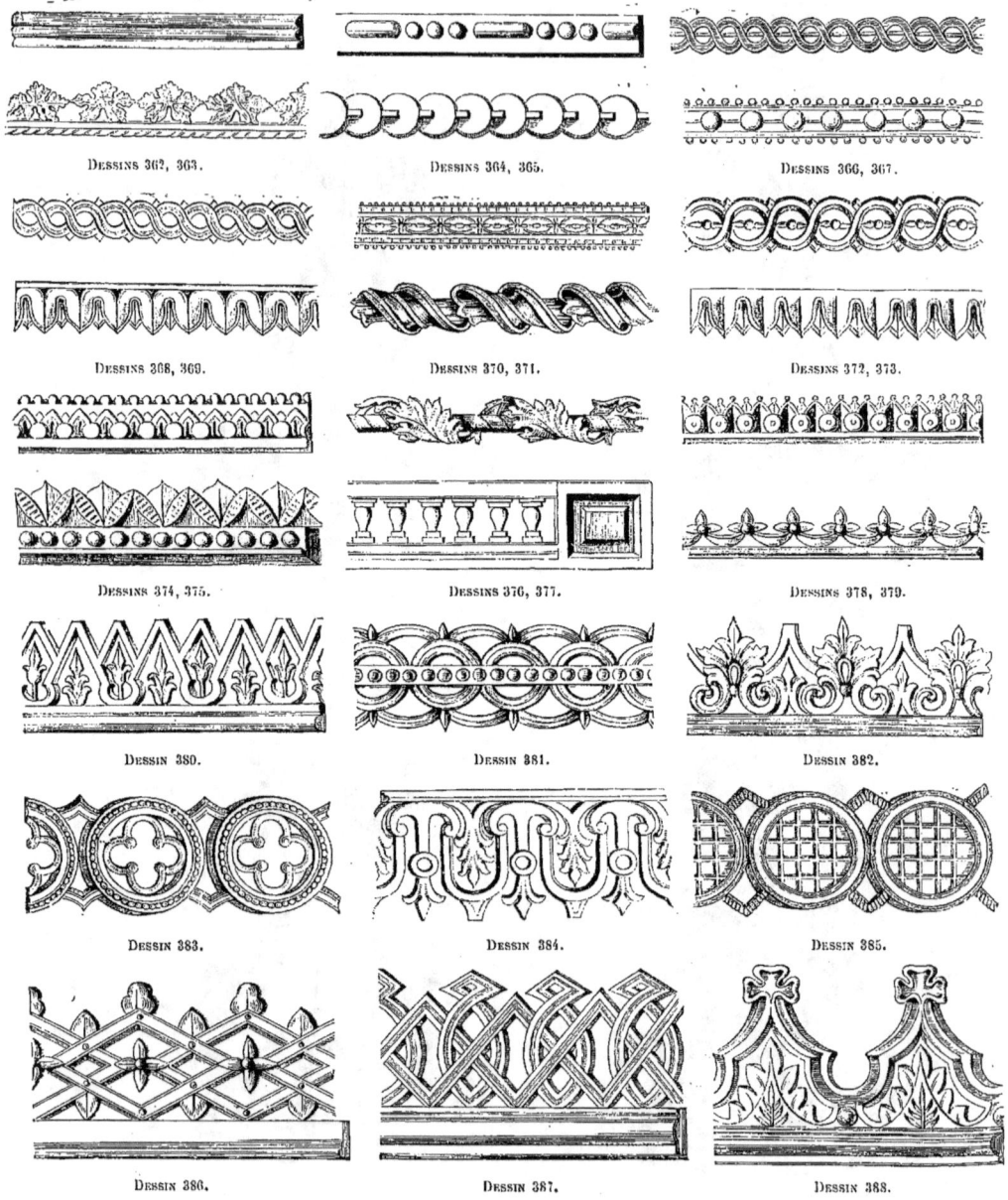

PL. 94.

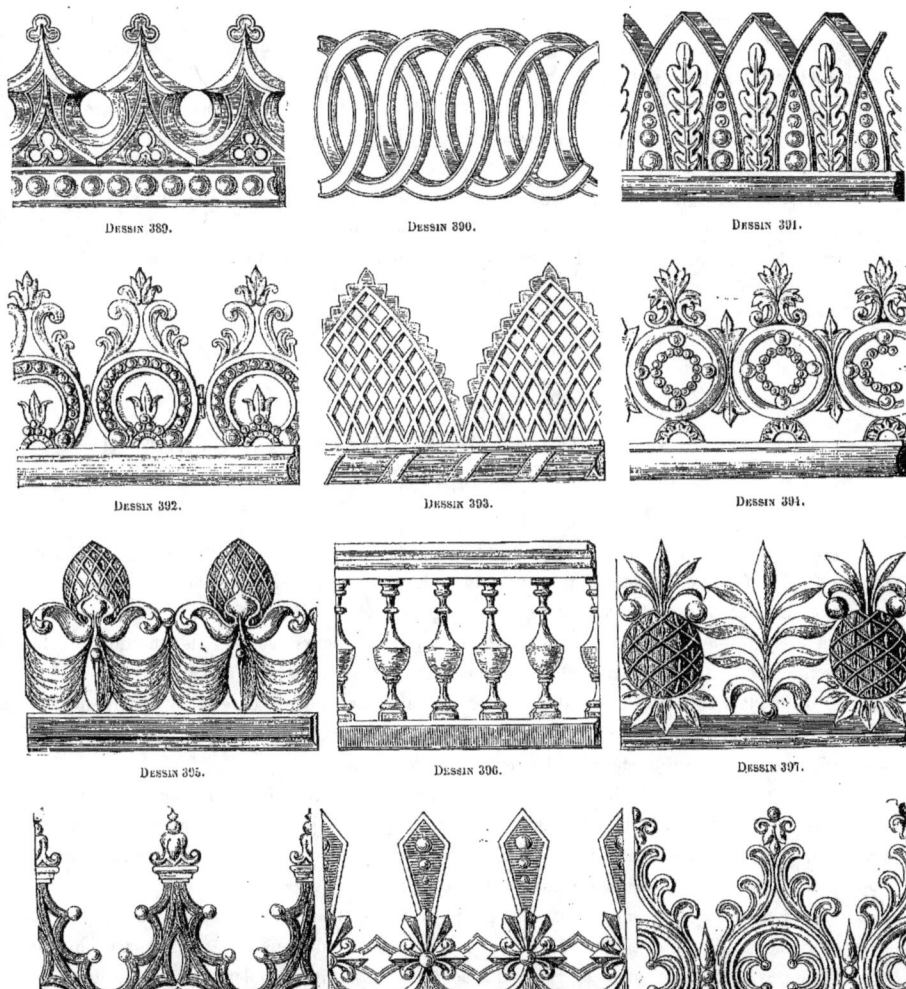

DESSIN 389.   DESSIN 390.   DESSIN 391.
DESSIN 392.   DESSIN 393.   DESSIN 394.
DESSIN 395.   DESSIN 396.   DESSIN 397.
DESSIN 398.   DESSIN 399.   DESSIN 400.

gravure même, après l'avoir coupée, soit en appuyant le pastillage avec les doigts, soit en enlevant le surplus avec la pointe d'un canif.

Quand la bordure est régularisée, il faut l'enlever de la planche avec les plus grandes précautions, afin de l'obtenir aussi intacte que possible ; pour cela faire, il faut rouler dans ses mains un morceau de pastillage frais, sans être passé à l'amidon ; s'il était sec, l'humecter très légèrement, puis l'appuyer tour à tour sur toute la surface de l'ornement en pastillage, mais par petites secousses seulement, afin de le détacher peu à peu ; on enlève enfin la bordure, on la pose du côté plat sur une surface bien plane ; on la laisse reposer quelques instants avant de la coller.

Quand une bordure doit être posée en saillie, c'est-à-dire montante ou pendante, on la colle en appuyant sa base sur un cordon de glace-royale à la fécule, poussé au cornet, à l'endroit même où doit poser la bordure. Si la bordure doit être appliquée à plat contre une surface, il suffit simplement d'humecter le pastillage, à l'aide d'un pinceau, avec de la gomme arabique dissoute ou du repère léger.

Dessins 401 à 410. — MODÈLES DE BORDURES EN GLACE-ROYALE
PLANCHE 95.

Les bordures en glace-royale sont poussées à l'aide d'un simple cornet de papier, dont le bout est coupé du diamètre qu'on veut donner au cordon de glace. Ces bordures, étant comme celles en pastillage, destinées à l'ornementation des socles, des gradins et des grosses pièces, sont disposées dans le même sens, c'est-à-dire montantes et pendantes ; ce n'est d'ailleurs que dans ces conditions qu'elles produisent de l'effet, surtout quand elles sont poussées contre l'épaisseur d'une abaisse.

A cette planche 95, se trouvent réunis les différents genres de bordures pouvant être obtenues à l'aide d'un cornet ; elles sont représentées appliquées contre l'épaisseur des abaisses ; je leur ai donné des proportions suffisantes pour les rendre démonstratives.

Pour pousser une double bordure en glace-royale contre l'épaisseur d'une abaisse, il est nécessaire de la pousser en deux reprises ; mais, comme on ne peut jamais pousser que la division pendante, il faut absolument renverser l'abaisse pour pousser la seconde division. La bordure poussée doit donc être complètement sèche avant d'être retournée : cela s'entend.

L'exécution de ces bordures exige du praticien non seulement beaucoup de soins, mais aussi de l'assurance et un coup d'œil juste, car ce n'est qu'en raison de leur extrême régularité qu'elles sont méritoires : incorrectes ou négligemment exécutées, elles sont sans valeur et sans aucun attrait ; il faut donc avant tout que les cordons se raccordent parfaitement, et forment ainsi un ornement régulier, agréable au regard. Il convient surtout de dissimuler le point de jonction des cordons poussés au cornet — Les six sujets placés entre les quatre bordures sont des ornements en mosaïque, c'est-à-dire du pastillage mince découpé à jours de fins emporte-pièce. On utilise ces ornements comme vitraux de pièces-montées, comme balustrade, ou bien en les appliquant contre une surface lisse.

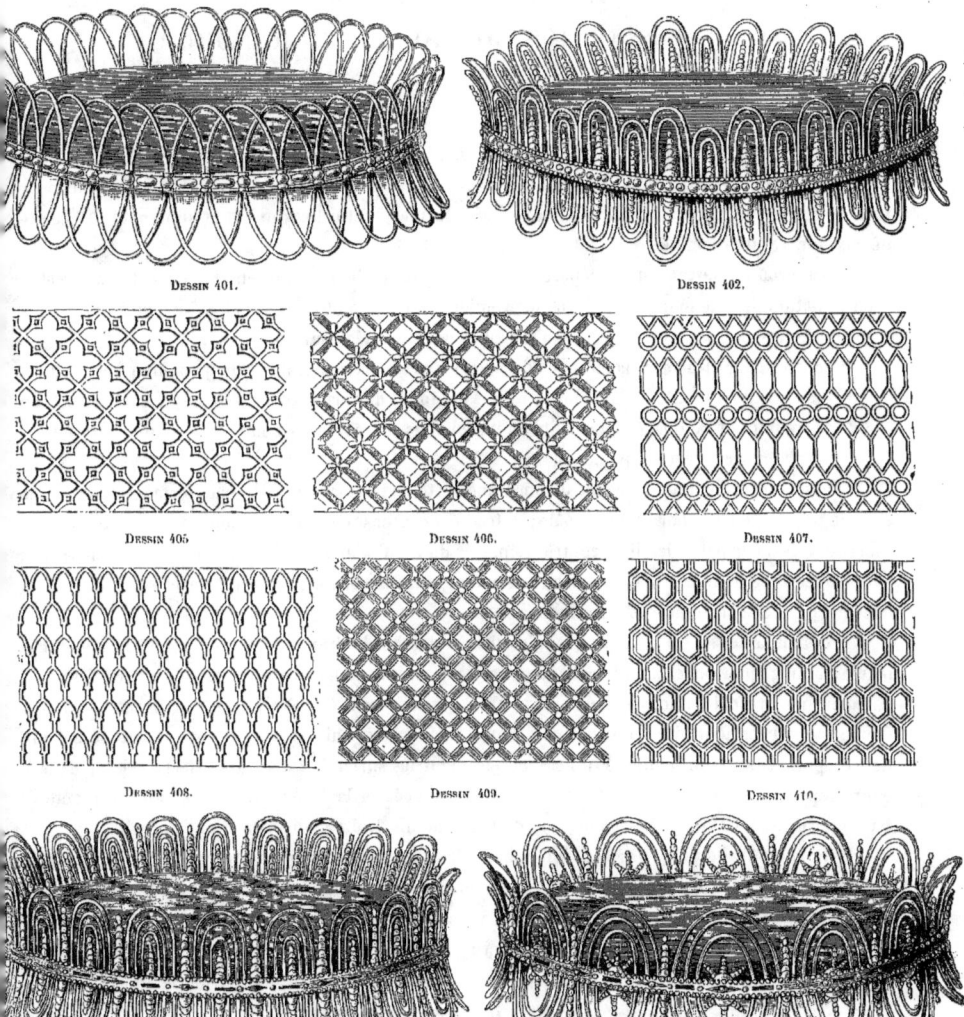

Dessin 401. Dessin 402.
Dessin 405. Dessin 406. Dessin 407.
Dessin 408. Dessin 409. Dessin 410.
Dessin 403. Dessin 404.

Dessins 441 à 445. — MODÈLES DE CROUTES POUR TIMBALES ET PATÉS FROIDS, DE MOYENNE GRANDEUR

PLANCHE 96.

Les 5 sujets reproduits à cette planche représentent différents modèles de croûtes à pâtés froids dans le genre des pâtés de Strasbourg. On peut faire ces croûtes plus ou moins volumineuses; mais celles qui conviennent le mieux, pour entrées froides, sont celles qui ont la hauteur de 16 centimètres sur 18 de diamètre.

Ces croûtes peuvent être préparées d'après deux méthodes différentes : en pâte mangeable et en imitation de pâte mangeable. Dans le premier cas, elles sont formées et cuites en moule; dans le second, elles ne sont pas cuites du tout : elles sont montées sur charpente.

Je vais d'abord décrire la méthode de foncer les croûtes mangeables : pour monter ces croûtes, il faut disposer d'un moule en fer-blanc épais, sans fond, de forme droite et lisse, à charnières; on trouve ces moules chez tous les fabricants ou marchands de moules. Farinez-le à l'intérieur, posez-le sur un plafond couvert de papier blanc.

Pour foncer le moule, formez d'abord une sorte de bourse avec de la pâte ferme, à foncer [1], en élevant peu à peu les bords de la pâte; introduisez-la ensuite dans le moule : le point essentiel consiste à élever la pâte bien lisse contre les parois du moule, en lui conservant une égale épaisseur; pour obtenir ce résultat, il faut opérer lentement, sans secousses, afin de ne pas rider ou gercer l'enveloppe : elle ne doit pas être trop mince.

Quand la caisse est montée, jusqu'au-dessus des bords du moule, masquez intérieurement la pâte avec du papier beurré, en le collant contre les parois; emplissez ensuite le vide de la caisse avec de la farine ordinaire; fermez l'ouverture avec un couvercle en pâte mince, en forme de dôme. Coupez alors la crête droite, pincez-la en dehors et en dedans. Laissez ainsi reposer la pâte une demi-heure; puis, enlevez le moule, et pincez entièrement les surfaces extérieures de la caisse, dans le genre représenté par le dessin 441; décorez-la; laissez sécher la dorure. Entourez alors la croûte de haut en bas avec du fort papier blanc, afin de la maintenir droite; cuisez-la à four doux.

Si la croûte doit être décorée, il faut beurrer le moule et appliquer contre les parois des détails en pâte crue (pâte brisée aux jaunes d'œuf, avec un peu de sucre). Foncez alors le moule en deux fois, d'abord avec une longue bande mince de pâte, puis avec une abaisse ronde pour le fond. Pincez-en la crête, emplissez-en le vide avec riz en grains crus, lentilles, petits noyaux secs ou farine ordinaire.

En sortant la croûte du four, déballez-la, ouvrez-la par le haut, en retirant le dôme; videz-la; laissez-la refroidir. Emplissez-la aux trois quarts, avec un tampon en pain ordinaire; masquez d'abord celui-ci avec un rond de papier blanc, et ensuite avec de la gelée hachée. Glacez au pinceau

---

1. Voici la méthode de préparer la pâte pour foncer les moules à pâté de Strasbourg :
Pour un moule droit de haute ferme, il faut 2 kilogrammes de farine, 600 grammes de beurre, du sel et de l'eau. Faites-la détremper sur table, selon la méthode ordinaire, en la tenant très ferme; fraisez-la trois fois, de façon à l'obtenir bien lisse; enveloppez-la dans un linge, et laissez-la reposer une heure ou deux, en lieu frais.

Pl. 96.

Dessin 411.

Dessin 412.

Dessin 413.

Dessin 414.

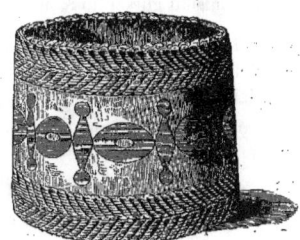
Dessin 415.

les pourtours intérieurs de la croûte, emplissez-en le vide avec du pâté de foie-gras ou du pâté de gibier, cuit en moule ou en casserole, distribué en tranches régulières.

Ces croûtes, de moyenne grandeur, conviennent pour être servies dans les dîners ou dans les banquets nombreux, alors que les plats doivent être multipliés et abondants. Cette méthode est avantageuse, en ce sens qu'avec un pâté cuit en moule on peut garnir plusieurs croûtes, et qu'on peut ainsi servir plus de convives à la fois.

Voici maintenant la méthode pour préparer des imitations de croûtes en pâte crue, c'est-à-dire en pâte à nouille, dans le genre de celle représentée par le dessin 411.

Faites exécuter une caisse en fort carton, chez le premier relieur venu, en lui donnant la hauteur et le diamètre exacts. Cette caisse doit être bien ronde et droite, fermée au fond et sur le haut avec du carton ordinaire mais lisse et fort : le couvercle supérieur doit être percé, sur le centre, d'une petite ouverture circulaire, pour en faciliter le maniement ; le couvercle doit être fixé à 2 ou 3 centimètres au-dessous des bords supérieurs, de façon à former un creux de cette même profondeur.

Étalez en cercle, sur la table, 300 grammes de farine ; battez 7 œufs entiers et 1 jaune, versez-les dans le cercle, faites la détrempe peu à peu, sans ajouter de l'eau, en tenant la pâte ferme ; fraisez-la ; divisez-la en trois parties ; travaillez celles-ci tour à tour avec les mains, pour faire prendre du corps à la pâte et lui faire absorber beaucoup de farine, de façon à la bien remplir. Réunissez alors les trois parties ; puis, formez la pâte en boule ; laissez-la reposer un quart d'heure, à couvert.

Abaissez la pâte au rouleau, en bande de l'épaisseur d'une pièce de 2 francs, assez large et assez longue pour envelopper la caisse ; laissez-la reposer quelques minutes ; coupez-la ensuite de la longueur et de la largeur de la caisse en carton ; coupez en biais et en sens contraire les bouts de la bande, afin de pouvoir mieux les souder. Humectez la surface de la bande avec une mince couche de repère au blanc d'œuf ; puis, avec la main, lissez et broyez cette couche afin d'en imprégner la pâte. Appliquez sur la bande les parois extérieures de la caisse en carton, en la couchant ; relevez aussitôt la bande des deux côtés, de façon à envelopper la caisse. Soudez au repère les deux bouts de la bande ; posez ensuite la caisse debout, et appuyez-en les parois à l'aide d'une simple bande de papier, en la faisant glisser tout autour. Masquez le haut de la caisse, c'est-à-dire la crête saillante, à l'intérieur, avec une bande de pâte, en la soudant avec attention.

Prenez une large pince à pâtisserie, à dents épaisses, et, avec elle, pincez régulièrement les parois extérieures, en commençant par le bas, par rangs, et chaque rang incliné en sens inverse, de façon à former un décor correct et saillant : c'est le point essentiel. Pincez ensuite l'intérieur de la crête et le dessus.

Laissez sécher la pâte un quart d'heure ; donnez-lui alors, à l'aide d'un pinceau, une couche d'ocre jaune délayé à l'eau ; quand la couleur est sèche, donnez-lui une autre couche avec une nuance un peu plus brune, c'est-à-dire avec de l'ocre rouge et jaune, mêlés avec un peu de caramel, de façon à imiter la couleur de la pâte cuite. Quand la couleur est sèche, nuancez légèrement les aspérités avec la même couleur un peu plus chargée en caramel, afin de mieux imiter la pâte cuite au four. Laissez sécher et donnez à l'ensemble une couche de vernis de confiseur.

ACCESSOIRES ET ORNEMENTS DE LA PATISSERIE.

Le point principal de l'opération réside dans la parfaite imitation de la nuance de la pâte cuite : il faut surtout éviter la nuance rougeâtre. — Au lieu de la pâte à nouille, on peut aussi employer la pâte anglaise cuite (page 2).

Ces imitations de croûte, bien nuancées, sont de belle apparence, légères et solides; elles sont peu coûteuses et d'une exécution facile; elles ont ceci de particulier qu'elles peuvent être conservées intactes pendant un an et plus [1], qualité bien suffisante pour attirer sur elles l'attention intéressée des praticiens : je recommande cette méthode.

Le modèle que je produis ici de grande croûte ronde, pour pâté froid (dessin 413), est un spécimen d'innovation récente : c'est un genre tout à fait nouveau qui n'est pas sans mérite. — On peut aussi donner la forme ovale à ces croûtes.

Les grandes croûtes à pâté froid sont ordinairement montées sur charpente en bois mince, les rondes je les ai toujours exécutées sur une boîte à pâté de foie-gras; en tout cas, la charpente doit être en bois mince, fermée en haut et en bas. La frise pincée est seule saillante; elle doit avoir de 3 à 4 centimètres de haut, au-dessus de la surface plane : celle-ci doit porter sur le centre une petite ouverture circulaire pour en faciliter le transport. — L'apprêt de la pâte pour les grandes croûtes à pâté froid est décrit à la page 2, sous le titre : *Pâte à dresser, cuite, à l'anglaise*.

Pour rendre ces croûtes élégantes, il faut absolument que les ornements appliqués contre les surfaces soient tout à fait en relief, aussi corrects que possible, et solidement fixés. Préparez la pâte, dans une casserole, avec un demi-litre d'eau, 300 grammes de beurre, 500 grammes de farine; quand elle est remplie, tournez-la ; abaissez-la ensuite en bande d'un centimètre d'épaisseur, un peu plus large que la hauteur de la charpente, et assez longue pour en faire le tour. Humectez sa surface ainsi que la charpente, avec du repère léger, et appliquez la pâte sur la charpente, de façon à l'envelopper entièrement; appuyez-la fortement; soudez les deux bouts de l'abaisse ; élevez la pâte au-dessus de la charpente, en la pressant avec les mains. Masquez ensuite la surface plane avec une bande mince de pâte, pour dissimuler le bois; pincez les surfaces extérieures, sur le haut et sur le bas ; décorez enfin le centre avec des ornements en pâte, dans l'ordre représenté par la croûte 413.

Les imitations de feuilles, de branchages, de fruits et de fleurs, en un mot tous les ornements[2] en relief, sont façonnés à la main ou coupés à l'emporte-pièce ; ils sont appliqués contre les surfaces préalablement humectées avec du repère léger, afin de mieux les coller; mais cette soudure ne peut suffire qu'aux ornements appliqués à plat; ceux bombés ou appliqués en saillie doivent être soutenus à l'aide de chevilles en bois mince, de façon à leur donner toute la solidité voulue, car c'est là un point des plus importants ; il est évident que ces chevilles doivent être invisibles.

Quand les croûtes sont décorées, elles doivent être complètement dorées, puis placées dans un lieu sec et pas trop chaud, afin que la pâte sèche sans violence; mais pour qu'elle acquière la solidité

---

[1]. Pour conserver ces croûtes en bon état, il faut les envelopper dans du papier de soie, et les enfermer dans des caisses à pâté de foie-gras, en lutant attentivement toutes les jointures avec du papier collé : on les tient en lieu sec. Dans ces conditions, il m'est arrivé de conserver pendant 2 ans ces croûtes en parfait état.

[2]. Il est bon d'observer qu'un grand nombre d'ornements en pâte cuite, dans le genre de ceux appliqués à ces croûtes, peuvent être moulés sur des matrices en plâtre : ce sont surtout les liserons, et bordures pleines, les feuillages, et les fruits qui sortent le mieux.

nécessaire, elle doit rester exposée à l'air au moins 24 heures, et dans l'intervalle être dorée plusieurs fois. Dans les conditions où cette pâte est préparée, il est évident qu'elle ne peut pas se maintenir très longtemps; cependant, on peut bien conserver ces croûtes en bon état pendant 8 à 10 jours.

Quand les surfaces sont parfaitement sèches, il faut légèrement en brunir les parties saillantes avec de l'*ocre jaune* délayé avec un peu de caramel, afin de leur donner l'apparence d'une pâte cuite au four; on brunit légèrement les aspérités; puis on vernit l'ensemble avec le même vernis.

Quand on veut servir ces croûtes, on les garnit, soit avec des pâtés de gibier ou de volaille, cuits en casserole ou en moule, soit avec du pâté de foie-gras cuit en terrine ou en boîte.

Bien que ces croûtes soient fermées sur le haut, il ne faut pas se dissimuler cependant que pour être garnies convenablement, elles exigent une garniture très abondante, correspondant à leur forme. Or, si cette abondance n'était pas réclamée, on pourrait la diminuer, en collant sur le centre de la surface plane un petit dôme en pâte cuite, masqué de gratin ou du pain de gibier, sur lequel on dresserait le foie-gras en pyramide élevée, correcte, se terminant en pointe.

Ces croûtes ainsi garnies, sont dressées sur un plat rond, et entourées à leur base avec de beaux croûtons de gelée.

TABLE ALPHABÉTIQUE

	Pages.
Abricots (appareil de biscuit à l')	22
— (gelée fouettée à l')	109
— (pain de riz à l')	120
— (pain d') aux fruits	253
— (pain d') à l'Impératrice	200
— (pain d') à la vanille	114
— (bordure de semoule aux)	60
— (soufflé d') à froid	57
— (sauce d')	31
— à la sultane	115
— à la Colbert	53
— (beignets d') confits	69
— (pain d') à la royale (D. 54)	183
Aigrettes en sucre filé	222
Amandes colorées pour grunir les gâteaux	98
— colorées pour grunir les gâteaux	219
— en filets pour praliner les gâteaux	98
— hachées pour praliner les gâteaux	98
— hachées pour praliner les gâteaux	218
— roses pour grunir les gâteaux	219
— (pain d') à couper	13
— (pain d') à vacherin	13
— (— d') aux œufs	13
— (— d') gommée, à la vanille	13
— (— d') pour charlotte	13
— (— d') pour petit four	13
— (— d') pour timbale	13
— (— d') soufflée	13
— (pouding soufflé aux)	30
— (soufflé aux)	53
— (appareil de génoise aux) et vanille	45
— de biscuit fin aux	21
— (gâteau Madeleine aux)	117
— (dariole aux) (D. 42)	110
— (crème d') aux œufs	102
— (— plombière aux)	131
— (— française aux)	123
— (— frangipane à la vanille)	103
— (— frangipane aux amandes	103
— (— d') pour gâteaux fourrés	102
— (biscuit d') à la sultane (D. 43)	173
— (— d') au marasquin	151
— cannelons à la crème d' (D. 106)	236
— en filets pour praliner les gâteaux	121
— (pain d') à la sicilienne	115
— (— d') à la Vilain-Quatorze	115

	Pages.
Ananas (beignets d') à l'Impératrice	70
— (mousse à l')	144
— (charlotte à l')	227
— (crème bavaroise à l')	127
— (moscovite à l')	142
— (pain d') à l'orientale	222
— (pain d') à la Véron	116
— (— de riz à l')	120
— (pouding à l')	44
— (— de cabinet à l')	85
— (sauce à l')	31
— (soufflé russe, à l')	50
— (gelée à l')	107
— (— à l') glacée	113
— (croûtes à l') à la maréchale	82
Appareil à dariole	15
— à gaufres italiennes	14
— à gaufres roulées	14
— de biscuit à la crème en caisse	26
— — ambroisie	19
— — à l'infante	21
— — à la crème en caisses	26
— — à la reine	22
— — à la Richelieu	22
— — à l'abricot	22
— — à moka	20
— — au café	24
— — au chocolat	24
— — au chocolat (2ᵉ méthode)	24
— — au citron sur feu	19
— — au pain noir	23
— — au rhum	26
— — aux amandes et à l'anisette	22
— — aux amandes et au citron	22
— — aux amandes travaillé sur feu	21
— — aux avelines	19
— — aux avelines et au kirsch	19
— — aux fleurs d'oranger	24
— — aux noix fraîches	18
— — aux pistaches	18
— — Beaumarchais	19
— — Berchoux	26
— — breton	26
— — breton	255
— — Bucy	25
— — commum	17

424 GRAND LIVRE DES PATISSIERS ET DES CONFISEURS.

	Pages.
Appareil de biscuit Cussy	25
— — (2ᵉ méthode)	25
— — d'amandes à la vanille	21
— — d'amandes au kirsch	22
— — d'Espagne	18
— — Delisle	25
— — de Gênes	23
— — de Genève	21
— — de Portugal	27
— — de Reims de fabrique	27
— — de la Savoie	26
— — de Turin	25
— — en feuilles	18
— — en moule de moyenne grosseur	18
— — Eugénie	20
— — fin	17
— — fin aux amandes	21
— — financier	25
— — flamand	26
— — florentin	26
— — fondant	20
— — friand	23
— — Gallicia	24
— — hollandais	22
— — impérial	23
— — léger	20
— — luchonnais (Bouff)	17
— — Malmaison	24
— — manqué à l'orange	18
— — manqué au cédrat	18
— — mexicain	21
— — moscovite	20
— — mousseline	22
— — norvégien	20
— — orangeade	25
— — palermitain	27
— — Palmerston	27
— — pensée	19
— — pour charlotte	22
— — pour grosse pièce	18
— — punch	17
— — roulé	19
— — sableux	23
— — pour chaud	23
— — sableux pour tourtes allemandes	20 et 23
— — sableux pour chaud	23
— — Saint-Hilaire	23
— — sicilien	20
— — sur feu	24
— — surfin	26
— — trois-frères	24
— — vanillé	21
— — viennois	25
Appareil de gâteau de mariage à l'anglaise et à l'américaine	330
— — de broche à l'allemande	16
— — de broche, de gâteau polonais	16
— — de génoise à l'orange	15

	Pages.
Appareil de génoise angélique	16
— — aux amandes et vanille	15
— — aux pistaches	16
— — aux raisins	16
— — aux zestes	15
— — cassante	15
— — chinoise	16
— — fouettée sur feu	15
— — pour croquembouche	15
— — sur feu à la crème de riz	15
— — sèche pour timbale	15
— — angélique	16
— de nougat à la reine	27
— — aux pistaches	28
— — aux avelines	28
— — en dés	28
— de palais de dames	14
— de pannequets, à la crème	17
— de précieuse	17
Appareil de madeleine à l'orange	17
— de madeleine sur feu	16
— de meringue fine	27
— à meringue, à l'italienne	27
— de pannequets communs	17
— — léger	17
Argenture et dorure	220
Avelines (pâte à gaufre aux)	6
— (sauce crème anglaise aux)	32
— (appareil de biscuit aux)	19
Baba chaud, au chocolat	61
— — au madère	61
Ballon imité (D. 97)	233
Bastion à tourrelles (D. 44)	174
— en nougat (D. 112)	259
— moderne (D. 243)	308
Beignets d'abricots confits	69
— d'ananas à l'impératrice	70
— de cerises	69
— de crème à la vanille	71
— — fourrés	71
— de fraises	70
— de marrons	70
— d'oranges	70
— de pêches	67
— de pêches à l'infante	68
— de poires à la St-Amand	69
— de pommes, glacés	68
— — à la duchesse	68
— de reines-Claudes	69
— de riz, à la crème	73
— soufflés à l'italienne	72
— — à l'orange	71
— viennois	72
Belvédère rustique (D. 208)	326
— (D. 235)	362
— sur rocher (D. 213)	330
Biscuit à la crème d'orange (D. 9)	79
— à la parisienne	151

TABLE ALPHABÉTIQUE.

	Pages.
Biscuit d'amandes à la parisienne	151
— — à la sultane (D. 43)	173
— — au marasquin	151
— glacé, à la Valois	151
— pour rocher de socles	221
Blanc-manger à l'impératrice	121
— à l'orange	120
— à la parisienne	121
— aux noix fraîches	121
Bombe à la Mogador	146
— à la reine	147
— à la souveraine	146
— de crémon-garden	146
— printanière	147
Bordure de blanc-manger à la maltaise	122
— de gelée à la Macédoine	122
— de madeleine au riz	60
— de marrons à la framboisy	60
— de riz, aux reines-Claudes	60
— de semoule, aux abricots	60
— mobiles en pastillage (D. 34, 35)	166
Brioche fourrée, à la Rossini	62
— (pâte à) commune	10
— — fine	9
— — mousseline	10
— — à l'italienne	10
Carmin d'office	217
Carton-pâte pour ornementation	220
Casque en nougat (D. 49)	180
Cep de vigne en sucre	223
Cerises (beignets de)	69
— (sauce aux)	33
Chalet rustique, à l'italienne (D. 236)	362
Chantilly (crème fouettée)	104
Chariot en nougat (D. 59)	188
Charlotte russe aux fraises	139
— à la Montpensier	138
— à l'orange (D. 30)	164
— à l'orientale (D. 31)	164
— à la savoisienne	139
— à la sicilienne	139
— à la varsovienne	43
— Castelane (D. 32)	165
— de marrons (D. 29)	162
— de pommes, à la vanille	42
— Génoise (D. 26)	161
— princière (D. 33)	163
— printanière (D. 28)	162
— russe, aux fraises	139
— rustique (D. 27)	161
— varsovienne	43
Clarification de la colle avec le sucre	97
— de la gélatine	97
— de la colle aux pieds de veau	97
— de la colle de poisson	97
— des sucs de fruits pour entremets	96
Clochettes en sucre filé, fin	222
— — au cassé	222

	Pages.
Conservation du sucre filé	223
Corbeille de fruits glacés (D. 70)	199
Corne d'abondance, garnie de fruits glacés (D. 71)	200
— — aux œufs de Pâques (D. 63)	192
— — droite sur petit socle (D. 46)	177
Cornes jumelles en nougat (D. 69)	199
Couglofl (pâte à) à la crème	11
— — à la hollandaise	11
— — à la viennoise	10
— — à la bavaroise	11
— — à la bohémienne	11
Couglofls divers	10 et 11
Couleur jaune	216
— composée	216
— rouge	216
— aurore	217
— verte	217
— composées	217
— d'office	216
Coupe de fruits sur grand socle (D. 100)	236
Coupes en nougat, garnies de fruits (D. 67, 68)	196
Couronne royale	223
Crème à chou	103
— à fanchonnette	102
— à moka	103
— à St-Honoré	104
— anglaise pour sauce d'entremets froids	104
— au bain-marie, au café	47
— aux fleurs d'oranger	47
— bavaroise à l'ananas	127
— à la Chiboust	126
— bavaroise, à la rose	125
— — au chocolat	127
— — au gingembre	126
— — au riz	125
— — aux fleurs d'oranger	125
— — aux fraises	125
— — aux noix fraîches	126
— — aux pistaches	124
— — en surprise	126
— — panachée à la bohémienne	126
Crème beurrée	101
— à l'orgeat	102
— au lait, pour moka	102
— aux pistaches	102
— aux avelines	102
— pour moka	102
Crème Colbert pour sauce d'entremets froids	104
— d'amandes aux œufs	102
— d'amandes pour gâteaux fourrés	102
— de Pithiviers	103
— espagnole au rhum	124
— fouettée (Chantilly)	104
— française aux amandes	123
— — au chocolat	124
— — à la vanille	103
Crème frangipane à la moelle	103
— aux amandes	103
— glacée, à la vanille	131

	Pages.
Crème pâtissière, à l'orange........................	102
— frangipane au chocolat................	103
Crème plombière à la napolitaine...........	130
— — à la dame blanche...........	128
— — à l'orientale..................	128
— — à la Rachel....................	129
— — à la souveraine...............	128
— — au parfait.....................	129
— — aux amandes..................	131
— — aux pastèques.................	129
— — des dames....................	127
— — Madeleine.....................	130
— — Marguerite....................	130
— — à la moscovite.................	130
— viennoise au marasquin.................	103
Croquante à jours.................................	150
— à la moderne........................	150
Croquembouche à l'ananas (D. 131)...........	282
— — à l'italienne (D. 128)..........	270
— — de marrons confits, à la Chantilly.	149
— — à la châtelaine.................	149
— — d'abricots, sur moyen socle (D. 126)......................	277
— — de génoise, aux fraises.........	149
— — de petits choux, à la crème (D. 50).	181
— — de marrons.....................	148
— — de quartiers d'oranges sur petit socle (D. 45)..................	176
— — en anneaux sur moyen socle (D. 130).......................	280
— — de génoise aux fraises..........	149
— — — sur moyen socle (D. 127).......................	277
— — en torsade (D. 125).............	274
— — de petits choux (D. 50).........	181
— — (grand) d'amandes.............	
Croquettes de riz à l'orange......................	73
Croustades à la crème............................	67
Croûtes à l'espagnole............................	49
— à l'italienne..............................	49
— à la Victoria.............................	48
— à l'ananas à la maréchale (D. 11)......	82
— aux fruits à la portugaise...............	48
— et au madère...........................	48
— printanières, aux fruits.................	50
Croûtons rubanés pour garniture d'entremets.....	95
Cygne aux œufs de Pâques (D. 62)...............	194
Diplomate à l'anglaise............................	143
Dents de loup....................................	222
Extraction de la colle de pieds de veau...........	96
— de la colle de couennes fraîches de porc.	96
Flan de crème, méringué (D. 12).................	83
— de fruits, à l'anglaise (D. 13).............	83
Fontaine monumentale sur rocher (D. 216).......	336
— orientale (D. 209)...................	328
— romaine (D. 214)...................	329

	Pages.
Forteresse en biscuit (D. 65)....................	194
Fraises (beignets de)...........................	70
— (mousse aux)............................	145
— (pain de) à la parisienne................	116
— (— de riz) aux.......................	119
— (— de) à la française..................	117
— (soufflé glacé aux)......................	148
— (suprême aux)..........................	114
— (timbale Châteaubriand aux).............	137
— (pain de) marbré........................	117
— (gelée aux).............................	106
— (glace royale aux)......................	122
— (gâteau savarin aux)....................	179
— (crème bavaroise aux)..................	125
— (Charlotte russe aux)...................	139
— (croquembouche de génoise aux).......	149
— (glace fondante aux)....................	101
Framboises (vacherin aux).....................	187
— (pain de) à la gelée................	117
Fruits à la Madeleine (D. 14)....................	84
— méringués (D. 25)........................	93
Gâteau à la dame-blanche.....................	157
— Millefeuille à la française.................	152
— à la polonaise (D. 17)....................	85
— alsacien (D. 47)..........................	178
— baba à la Montmorency..................	156
— benoiton................................	65
— Bonvalet................................	155
— Bourbonnais............................	158
— Cussy à la Chantilly.....................	158
— de broche (Baum-Kuchen) pour grosse pièce (D. 91)......................	225
— de Castille (D. 3)........................	74
— de Compiègne au Sabayon..............	64
— de Gênes...............................	153
— Delille, sur petit socle (D. 51)............	182
— de mariage de moyenne grandeur (D. 225, 226).....................................	356
— de mariage fleuris (D. 223, 224).........	352
— (grand) de mariage à treillage (D. 221)..	348
— (petits) de mariage......................	366
— de Westphalie, à la crème...............	156
— des deux-frères.........................	154
— des trois-frères.........................	154
— du Congrès, à la groseille................	64
— — au riz......................	65
— espérance (D. 41).......................	171
— Fanchette...............................	159
— fantine..................................	158
— financier................................	157
— impérial................................	153
— italien...................................	155
— Lyonnais (D. 7)..........................	78
— Madeleine aux amandes.................	153
— Malakoff................................	157
— mauresque, à la sultane (D. 42)..........	173
— Mazarin au kirsch.......................	62
— métropolitain (D. 57)....................	186

	Pages.
Gâteau millefeuille sur grand socle (D. 106).....	248
— millefeuille, à l'anglaise...................	152
— millefeuille à la française...............	152
— millefeuille, sur moyen socle (D. 129)......	280
— moscovite au kirsch....................	155
— Mouchy...........................	160
— Narbonne...........................	159
— Palmerston..........................	159
— portugais............................	157
— princesse de Galles (D. 18)..............	87
— punch à l'anglaise....................	154
— Saint-Hilaire.........................	153
— Savarin à la Vespasie..................	150
— sicilien..............................	159
— sultan, (D. 48)..........................	180
— val-la-reine..........................	153
— Victoria.............................	154
Garnitures d'entremets chauds.................	30
— d'entremets froids...................	94
Gaufres à la Bekendoff.....................	160
Gelée à l'ananas............................	107
— — glacée........................	113
— à la crème de cacao...................	107
— à la Macédoine.......................	110
— à l'orange...........................	105
— à la souveraine.......................	109
— à l'orientale, glacée...................	112
— au cresson...........................	108
— au frontignan, glacée.................	113
— au raisin muscat......................	107
— au rhum............................	108
— au suc de quatre fruits...............	106
— aux fraises..........................	106
— aux framboises.......................	105
— aux grenades........................	107
— aux pêches..........................	106
— de Dantzig..........................	108
— fouettée à l'abricot....................	109
— globuleuse, au champagne...............	108
— Macédoine, à la crème.................	110
— — à la maréchale.................	111
— — à l'orange..................	110
— — à la russe..................	111
— — au marasquin...............	112
— rubanée, à la française.................	112
— sultane.............................	109
Glace à Condé.............................	101
— à la crème de moka...................	100
— à royaux............................	99
— au beurre, à la vanille.................	101
— au chocolat..........................	99
— au sirop, à la menthe..................	100
— au sirop à l'orange....................	100
— aux liqueurs, à froid..................	99
— cuite à la vanille......................	100
— — au chocolat.....................	100
— — au lait d'amandes...............	100
— — Moka.........................	100
— de cacao au sirop.....................	99

	Pages.
Glace de sucre ou sucre royal..............	98 et 248
— — en poudre, au suc de framboises..	99
— — en poudre, au suc de groseilles....	99
— — ou sucre royal..................	98
— fondante à la vanille..................	100
— — au café......................	101
— — au chocolat...................	101
— — aux fraises...................	101
— — aux liqueurs..................	101
Glace-royale à la vanille....................	99
— au marasquin...................	99
— aux framboises..................	99
— aux pistaches....................	99
— pour décor......................	249
— pour décors mangeables...........	99
Glace sèche au café........................	100
Gradins à sujet (D. 52, 53)..................	183
— étagés (D. 55, 56)...................	184
Grand croquembouche de choux, sur socle(D. 112).	256
— gâteau de mariage à treillage (D. 221)....	348
— gâteau de mariage ornementé (D. 222, 224).	352
— pavillon à colonnade (D. 218)...........	341
— — militaire (D. 242)..............	345
— rustique sur rocher (D. 214)......	332
— vase aux fleurs en glace ou en pastillage (D. 100)............................	251
Grande pièce monumentale sur rocher (D. 215)...	334
— sur dormant (D. 217).............	338
— sultane à grillage, au cornet (D. 121)...	274
— en pastillage sur socle (D. 114)...	260
— pleine, en pastillage sur tambour (D. 104),.......................	245
— sur socle, filée à la cuiller (D. 102).	241
— tour gothique à clochetons (D. 219).....	344
Grandes ruches en meringue, sur tambour (D. 98-99).	234
Granit pour sabler les gâteaux..........	98 et 248
Grenades (gelée aux)......................	107
Groseille (gâteau du Congrès à la).............	64
Grosses méringues en dôme (D. 95,96).......	230
— — en ruches (D. 102).........	240
Hâtelets d'entremets chauds................	30
Hâtelets pour entremets froids...............	95
Hure de sanglier, imitée en biscuit (D. 75).....	206
Infusion pour baba.......................	33
— savarin.....................	33
Jambon imité en biscuit (D. 74)..............	205
Kiosque turc (D. 202).....................	320
Livre imité en biscuit (D. 73)..............	202
Macédoine de fruits, à la gelée (D. 60).........	189
Madeleine (fruits à la) (D. 14)................	84
Mandarines (pain de)......................	118
— (pain de) à la maltaise (D. 37).......	168
Marrons au riz, à l'espagnole...............	53

	Pages.
Marrons (pain de) à la vanille	116
— (beignets de)	70
— (bordure de) à la Framboisy	60
— (Charlotte de) (D. 29)	162
— (croquettes de) à la vanille	76
— (croquembouche de)	148
— (timbale de) au marasquin	44
Mastic pour pièces montées	217
Meringue (appareil de)	28
— (à l'italienne)	22
— (à l'ancienne)	150
— en ananas (D. 92)	226
— étagée (D. 93)	228
— pour rocher	221
Méthode pour préparer le sucre tassé	299
— pour sabler au sucre de couleur	218
— pour tremper le sucre à filer	222
Modèles de grands socles en sucre taillé (D. 148 à 155)	294
— de mandrins et de gradins à support, pour entremets froids (D. 76 à 80)	208
— de gradins ornés d'un sujet (D. 183 à 186)	306
— de gradins ornés d'un sujet en sucre taillé (D. 171 à 182)	302
— de petits socles en pastillage et en sucre tassé (D. 164 à 179)	299
— d'aigrettes en sucre coulée (D. 338 à 345)	400
— d'aigrettes en sucre coulé sur marbre (D. 354 à 361)	410
— de bordures en glace royale (D. 401 à 410)	416
— de bordures en pastillage (D. 362 à 400)	410
— de charpentes de grands socles (D. 156 à 163)	298
— de croûtes pour timbales et pâtés froids de moyenne grandeur (D. 411 à 415)	418
— de gradins à sujets (D. 194 à 196)	310
— de petits gradins pour gâteaux détaillés (D. 52, 53)	185
— de gradins d'entremets pour petits gâteaux (D. 54, 55)	185
— de gradins à trophée (D. 188 à 191)	306
— de gradins garnis, ornés d'un sujet (D. 180 à 183)	304
— de grands gradins à deux étages (D. 202 à 205)	302
— de grands socles en pastillage (D. 144 à 147)	288
— de grosses pièces postiches sur tambour en sucre et en pastillage (D. 132 à 143)	282
— de montants d'aigrettes; coulés en sucre sur matrices (D. 332 à 337)	396
— de montants d'aigrette en sucre coulé sur marbre (D. 346 à 353)	405
— d'ornements (D. 277 à 325)	388
— de petits socles en sucre taillé, en sucre tassé et en pastillage (D. 164 à 179)	299
— de grands socles en sucre taillé (D. 148 à 156)	294
Moscovite à l'ananas	142

	Pages.
Moscovite aux pêches	141
Mosquée turque (D. 203)	322
Moules chemisés	96
Moulin à vent sur un rocher en amandes (D. 199)	316
Mousse à l'allemande	145
— à l'ananas	144
— à l'orientale	145
— au chocolat	146
— au marasquin	144
— au thé	144
— au fraises	145
Navire en nougat (D. 64)	192
Noix fraîches (blanc-manger aux)	121
Œufs à la neige	59
Omelette à la Célestine	58
— aux confitures	58
— soufflée, à la vanille	59
Orange (quartiers d') pour garniture d'entremets	118
— (sauce crème anglaise à l')	95
— (beignets d')	70
— (beignets soufflés à l')	71
— (blanc-manger à l')	120
— (Charlotte à l') (D. 150)	164
— (crème pâtissière à l')	102
— (croquembouche de quartiers d') sur petit socle (D. 165)	176
— (gelée macédoine à l')	110
— (gelée à l')	105
— (timbale à l') à l'italienne	138
Orange (appareil de génoise à l')	15
— (— madeleine à l')	17
— (moscovite à l')	204
— (pain d') (D. 135)	259
— (paniers d') garnis	245
— (pain d') à la Montpensier	118
— (pâte à savarin à l')	10
— petits soufflés à l')	57
Ornements d'entremets froids	95
— en pastillage	387
— et accessoires de la pâtisserie	301
— en sucre tors	223
Pagode en nougat (D. 115)	264
— orientale (D. 2)	318
Pain d'abricots, à la royale (D. 54)	183
— à la vanille	114
— d'amandes, à la Vilain-Quatorze	115
— à la sicilienne	115
— d'ananas à la Véron	116
— de cerises à la Montmorency	118
— de fraises, à la française	117
— à la parisienne	116
— de fraises marbré	117
— de framboises, à la gelée	117
— de mandarines, glacé	118
— à la Maltaise (D. 37)	168
— de marrons, à la vanille	116

TABLE ALPHABÉTIQUE. 429

	Pages.
Pain d'oranges à la Montpensier	118
— de pêches à la George-Sand	115
— — au marasquin	115
— — à la princesse	120
— — à la reine	118
— — à l'abricot	120
— — à l'ananas	120
— de riz, aux fraises	119
— de riz à l'ananas	120
— de riz à la princesse	120
— de riz à l'abricot	120
— de riz à la reine	119
Panaché à la moderne, (D. 39)	169
— Rosa (D. 38)	170
Panier aux œufs de Pâques (D. 66)	195
Pannequets à la crème d'ananas, meringués	65
— à l'impériale	66
— à la royale	66
— glacés, à la salamanque	66
— au chocolat	66
Parisienne en surprise	142
Pastèques (crème plombière aux)	15
Pastillage	220
Pâte à baba à la crème	12
— — à la varsovienne	11
— — aux raisins	11
Pâte à beignets viennois	8
— à biscuit anglais	14
— à brioche à l'italienne	10
— — commune	10
— — fine	9
— — mousseline	10
— à compiègne	12
— à compiègne aux amandes	12
— à couques	7
— à coulibiac	8
— à chou fine	7
— à chou ordinaire	7
— à chou pour pains de la Mecque	7
— à cougloff à la bavaroise	11
— — à la bohémienne	11
— — à la crème	11
— — à la hollandaise	11
— — à la viennoise	10
— à croûtes de Gênes	14
— à décorer les timbales	3
— à dresser	1
— — cuite à l'anglaise pour les croûtes imitées	2
— à dresser à l'alsacienne	2
— à l'eau chaude pour pâté froid	1
— d'amande aux œufs	13
— d'amandes à la gomme adragante	219
— à dresser molle	1
— à dresser ordinaire	1
— — pour pâté chaud	1
— — pour timbale	1
— brisée pour timbale	2
— à échaudé	3

	Pages.
Pâte à feuilles de chêne	6
— à flan	3
— à gaufres à l'italienne	6
— à foncer fine	2
— — pour entremets	2
— à la russe	8
— à foncer ordinaire	2
— à frire	12
— — à l'italienne	12
— à galette, fine	5
— à galette, fraisée	5
— à gâteau des rois	5
— à gâteau d'York	14
— à gaufre, à l'allemande	6
— à gaufre, aux avelines	6
— à gaufres légères	6
— à guoquis	7
— à gorenflot	11
— à grisin	8
— à massepain	13
— à massepain, aux fleurs d'oranger	14
— à mazarin	12
— — à l'ananas	12
— à muffing	7
— à Munich, aux amandes	12
— à napolitain	9
— anglaise blanche, pour bordures	3
— à nouille	3
— à nouilles sucrées	3
— à pain au beurre à la polonaise	6
— — aux œufs à l'allemande	6
— de pain decuisine	5
— à plomb	5
— — fine	5
— — aux fleurs d'oranger	5
— à plomquet	14
— à pouding à l'anglaise	3
— demi-feuilletée	5
— à précieuses	8
— à ramequin	7
— à ruche	239
— à savarin	10
— — à l'orange	10
— à soleil	11
— à tarte anglaise	8
— à tartelette	3
— à tourte	3
— blanche à bordure	6
— brisée	2
— d'amandes à couper	13
— — à vacherin	13
— — gommée à la vanille	13
— — pour charlotte	13
— — pour petit four	13
Pain d'amandes pour timbale	13
— — soufflée	13
— demi-feuilletage	5
— d'office	219
— — aux amandes	219

	Pages.
Pain feuilleté, au beurre	4
— — commune	4
— frolle à l'allemande	9
— — à la brémoise	9
— — florentine	9
— — à la française	9
— — à la napolitaine	9
— — (pasta-frolla) à la romaine	8
— mazarin à l'ananas	12
— brisée pour timbale	2
Pavillon chinois (D. 223)	318
— de chasse (D. 238)	363
— en nougat (D. 114)	259-260
— exécuté au cornet (D. 119)	266
— (grand) à colonnade (D. 218)	344
— — militaire (D. 220)	315
— — rustique (D. 214)	332
— — turc (D. 255)	360
— — moderne (D. 264)	369
— — de chasse (D. 238)	363
— — mauresque sur grand socle (D.121)	269
— — rustique (D. 232)	328
— — sur un rocher (D. 212)	329
— (Grand) de mariage ornementé (D. 245)	352
Pêches à l'Andalouse (D. 10)	80
— à la Maintenon (D. 19)	87
— au riz, au marasquin	53
— (beignets de)	67
— (pain de) à l'abricot	120
— — à l'ananas	120
— — à la princesse	120
— — à la reine	119
— — au marasquin	115
— — George-Sand	115
— (bordure macédoine aux)	145
— (croustades aux) (D. 17)	87
— (gelée aux)	106
— (moscovite aux)	165
— (petits savarins) sauce aux	64
— (sauce chaude aux)	31
Petit pavillon japonnais (D. 230)	357
— — moderne (D. 242)	368
— — turc (D. 255)	359
Petite fontaine à sujets (D. 246)	370
— pièce aux dauphins (D. 248)	372
— — aux fleurs (D. 247)	372
— — chinoise (D. 241)	366
— — en pâte d'amandes (D. 289 à 298)	382
— — gothique (D. 240)	366
— — japonaise (D. 254)	358
— — tour à clochetons (D. 239)	364
Petites croustades, à la maltaise	67
— pièces mangeables (D. 249 à 264)	373
— ornementales (D. 244 à 245)	370
— pièces montées	357
— — de pâtisserie	363
— — de confiseur	373
— — en pâte d'amande (D. 265 à 276)	382
Petits babas au chocolat	61

	Pages.
Petits Compiègnes au café	64
— gâteaux de mariage (D. 226 à 229)	356
— savarins aux pêches	63
— — sauce aux fraises	64
— soufflés à l'orange	57
— soufflé, café	57
Phare napolitain (D. 94)	229
— moderne (D. 204)	123
Pièce gothique en meringue (D. 119)	268
— en meringue sur tambour (D. 107, 108)	251
— (modèles de grosses), postiches (D. 132 à 143)	282
— (petites) mangeables (D. 249 à 264)	373
— monumentale sur rocher (D. 215)	334
— (petite) aux fleurs (D. 247)	372
— — aux dauphins (D. 218)	372
— — japonaise (D. 232)	358
— — gothique (D. 240)	364
— — chinoise (D. 241)	366
— (grandes) montées de pâtisserie	311
— (modèle de) postiches (D. 132 à 142)	282
Pistaches (crème beurrée aux)	102
— (crème bavaroise aux)	124
— (glace royale aux)	99
— pour garnir les gâteaux	98 et 218
Planches gravées	221
Plompouding (plum-pudding à l'anglaise)	41
Plompouding français (D. 4)	77
Poires à la Mirabeau (D. 6)	78
— (beignets de) à la Saint-Amand	69
— (timbale de) à la Daremberg	47
Poisson imité en biscuits (D. 72)	201
Pommes à la Dauphine	52
— à la Nesselrode	50
— à la Richelieu	52
— au beurre	52
— au madère	51
— au riz à l'orange	50
— (beignets de), à la duchesse	68
— (beignets de), glacées	68
— gratinées	51
— (charlotte de), à la vanille	44
— (suédoise de), à la reine	140
— (timbale de), à la milanaise (D. 21)	70
— (de riz aux)	48
— de terre (croquette de), à la vanille	76
— Voisin	51
Pompons en sucre filé	222
Pouding à l'américaine	37
— à la Cambacérès	42
— à la Cowley	37
— à la Valançay (D. 23)	94
— à la Vernet	35
— andaloux au vin de Xérès	34
— au pain à la gastronome	36
— au pain noir, à l'allemande	35
— d'abricots, à l'anglaise	37
— de cabinet, à la moderne (D. 8)	79
— — à l'italienne	34
— — à la reine	34

TABLE ALPHABÉTIQUE.

	Pages.
Pouding de cabinet, à la royale	33
— — à l'ananas (D. 16)	85
— de nouilles à l'italienne	39
— de pain à l'anglaise	35
— de riz à la Bourdaloue	38
— — à l'orange	38
— de semoule au bain-marie	38
— froid, à la créole	132
— — à l'ambassadrice (D. 61)	190
— — à la duchesse	131
— — à l'italienne	132
— — aux pêches (D. 40)	171
— George-Quatre	36
— glacé à la castillanne	135
— — à la Chateaubriand	137
— — à la diplomate	133
— — à la d'Orléans	134
— — à la Joinville	135
— — à la Macédoine	134
— — à la Magenta	133
— — à la Metternich	135
— — à la Nesselrode	136
— — à la Richelieu	136
— de cabinet (D. 8)	79
— — à l'ananas (D. 6)	85
— — froid aux pêches (D. 41)	171
— Valençay (D. 23)	91
— royal (royal pudding)	41
— soufflé à l'espagnole	41
— — à la saxonne	40
— — au chocolat	41
— — aux amandes	3
— — de Francfort	39
— — mousseline	40
— — Wellington	36
Précieuses aux fraises	58
Purées de fruits pour sauce d'entremets	91
Pyramide de gâteaux bretons p. grosse pièce (D.111)	255
— de génoise, sur tambour (D. 110)	255
— renaissance sur rocher (D. 228)	325
Quartiers d'orange pour garniture d'entremets	95
Raisin muscat (gelée au)	107
Reines-Claude (bordures de riz aux)	60
— (beignets de)	69
Repère au pastillage	221
Rissoles du couvent	73
Rissolettes à la frangipane	73
Riz à l'impératrice	122
— à l'impériale	123
Riz à l'infante (D. 15)	84
— à la Mirabeau	123
— à la Palermitaine	160
— à la princesse (D. 24)	92
— (beignets de) à la crème	73
— (pain de) aux fraises	110
— (timbale) à la napolitaine	45
— aux pommes	46

	Pages.
Rochers pour pièce montée	221
Royal pudding	41
Ruche à la parisienne (D. 58)	186
— en meringue (D. 102)	240
— en pâte d'amandes (D. 101)	239
— (grandes) en meringue (D. 98, 99)	234
Ruine moyen âge sur rocher (D. 205)	324
Sabayon au vin	32
— glacé, en casserole	137
Sauce abricots	31
— à la crème et au rhum	31
— à l'ananas	31
— à l'orgeat	31
— à pouding à l'anglaise	31
— américaine	31
— au café	32
— au chocolat	32
— au madère	31
— au punch	32
— aux cerises	33
— aux purées de fruits	32
— aux sucs de fruits	31
— bischof	32
— chaude aux pêches	31
— crème anglaise à l'orange	32
— — aux avelines	32
— églantine	31
— liée aux liqueurs	33
— mousseuse à la moelle, pour plompudding	33
— mousseuse, à la vanille	94
— pour savarin	33
— Richelieu à la vanille	33
Savarin à l'anglaise	63
— à la Montmorency	63
Sirop de fruits frais, pour sauce d'entremets froids	94
— de pêches et d'abricots, pour sauce d'entremets froids	94
Socles et fonds d'appuis en glace naturelle pour entremets froids	95
Soufflé à la Dauphine (D. 20)	88
— à la gelée de framboises	57
— à la Palphy	55
— au chocolat	77
— mousseline au chocolat, en caisses	56
— au citron	54
— aux amandes	55
— aux zestes	54
— (beignets) à l'orange	71
— d'abricots, à froid	57
— de pommes à la russe	56
— de riz au marasquin	55
— à la Dauphine (D. 20)	88
— Dauphin	54
— glacé, à la hongroise	147
— — à la Palfy	148
— — à la vanille	147
— — à la Marly (D. 36)	168

432   GRAND LIVRE DES PATISSIERS ET DES CONFISEURS.

	Pages.
Soufflé glacé aux fraises	148
— russe, à l'ananas	56
Sucre à couler	223
— en grains de couleur rose pour sabler	217
— — jaune, bleue, violette ou lilas pour sabler	217
— — de couleur verte	217
— filé (conservation du)	223
— filé, ustensiles (D. 326 à 331)	392
— soufflé	224
— vanillé	98 et 218
— à l'orange ou au citron pour parfumer	98 et 218
Suédoise de pommes, à la reine	140
— en pyramide	140
— moderne	141
Sultane en sucre, sur moyen socle (124)	274
— droite, en glace-royale (D. 124)	274
— (grande) à losanges (D. 331)	391
— en pastillage sur socle (D. 114)	260
— — pleine en pastillage sur tambour (D. 103.)	246
— — sur socle filée à la cuiller (D. 102)	241
— — à grillage, au cornet (D. 121)	271
— en pastillage et glace-royale sur tambour (D. 105)	246
Suprême aux fraises	114
— de fruits, à la napolitaine	143

	Pages.
Suprême de fruits, à la russe	113
Temple grec sur grand socle (D. 117)	265
— sur un rocher en sucre soufflé (D. 198)	314
Timbale à la Condé	43
— à la duchesse	44
— à l'espagnole	45
— à la Laguipierre	46
— à la Molitor (D. 2)	74
— à l'orange, à l'italienne	138
— à la Savarin	46
— Chateaubriand, aux fraises	137
— de marrons, au marasquin	44
— de poires, à la Darenberg	47
— de pommes, à la milanaise (D. 21)	90
— de riz, à la napolitaine	45
— de fruits, à la parisienne	45
— de riz, aux pommes	46
— reinette (D. 22)	90
— (pâte à décorer pour)	3
Tour en nougat (D. 114)	264
— moscovite (D. 237)	363
— moyen âge (D. 234)	359
Vernis blanc pour pièces-montées	218
Viennois (beignets)	72
Viennoise de fruits	142
Voluptés en sucre filé	222

FIN DE LA TABLE ALPHABÉTIQUE

1339-95. — Conseil. Imprimerie Ed. Caëte

CORBEIL. — IMPRIMERIE ÉD. CRÉTÉ.

www.ingramcontent.com/pod-product-compliance
Lightning Source LLC
Chambersburg PA
CBHW070528230426
43665CB00014B/1609